GRAETZ · GESCHICHTE DER JUDEN

Geschichte der Juden

von den ältesten Zeiten
bis auf die Gegenwart

Aus den Quellen neu bearbeitet von
Dr. H. Graetz

Achter Band

Vierte unveränderte Auflage

Mit einer Tabelle
über die Abgaben der jüdischen Gemeinden in Castilien

Geschichte der Juden

von Maimunis Tod
(1205)
bis zur Verbannung der Juden
aus Spanien und Portugal
Zweite Hälfte

Von

Dr. H. Graetz

arani

Reprint der Ausgabe letzter Hand, Leipzig 1890

© arani-Verlag GmbH, Berlin 1998
Gesamtherstellung: Ebner Ulm
ISBN 3-7605-8673-2

Geschichte der Juden

von

den ältesten Zeiten bis auf die Gegenwart.

Aus den Quellen neu bearbeitet

von

Dr. H. Grätz,
weil. Professor an der Universität und am jüdisch-theologischen
Seminar zu Breslau.

Achter Band.

Vierte unveränderte Auflage.

Leipzig,
Oskar Leiner.

Geschichte der Juden

von

Maimuni's Tod
(1205)

bis zur

Verbannung der Juden aus Spanien und Portugal.

Zweite Hälfte.

Von

Dr. H. Graetz,

weil. Professor an der Universität und am jüdisch-theologischen
Seminar zu Breslau.

Vierte unveränderte Auflage.

Mit einer Tabelle über die Abgaben der jüdischen Gemeinden in Castilien.

Leipzig,
Oskar Leiner.

Das Recht der Uebersetzung in fremde Sprachen behält sich der Verfasser vor.

Illustrissimae et spectatissimae

Academiae historicae regali Madrituensi

dedicat

hoc maximam partem ad historiam Ibericam

spectans volumen

observantissimo ac grato animo

Auctor.

Vorwort

zur

dritten Auflage.

Meine gewiß nicht unberechtigte Freude darüber, daß die dritte Auflage einiger Teile meiner „Geschichte der Juden" nöthig geworden ist, wurzelt weniger in der Befriedigung der Schriftstellereitelkeit als vielmehr in dem erhebenden Bewußtsein, daß die Kenntniß dieser Geschichte mit ihrem wunderbaren Verlauf, in ihrer Glorie und ihrem beispiellosen Martyrium in weite Kreise gedrungen ist.

Diese erhöhte Interessenahme wird von der auch sonst gemachten Wahrnehmung bestätigt, daß hervorragend jüdisch-geschichtliche Thatsachen und ihre Träger gegenwärtig auch vielen gebildeten Laien bekannt sind, welche früher, zur Zeit als ich vor vier Jahrzehnten zuerst mit meiner Darstellung begonnen habe, auch universell gebildeten Theologen nur bruchstückweise und nebelhaft bekannt waren. Die Theilnahme an dem eigenartigen Geschichtsgange des jüdischen Volksstammes nimmt noch täglich zu. Man könnte versucht sein, dem ebenso giftigen, wie gewissenlos heuchlerischen und verlogenen Antisemitismus Dank dafür zu wissen, daß er diese Interessenahme geweckt und gefördert hat.

Diese neue Auflage erscheint vielfach erweitert und verbessert in Folge neuer Funde, welche seit dem Erscheinen der zweiten Auflage von Forschern gemacht und beleuchtet worden sind. Zur Vermehrung

und Klärung des faktisch geschichtlichen Materials — von der Literatur=
geschichte abgesehen — haben wesentlich beigetragen: Amador de
los Rios, Fidel Fita, Francisco Fernandez y Gonzales,
Güdemann, Halberstamm, Kaufmann, J. Krakauer,
Isidor Loeb, Neubauer, Emile Ouverleaux, Perles,
Elie Scheid, Schorr und andere.

Zu besonderem Danke fühle ich mich meinem verehrten akade=
mischen Kollegen, Pater Fidel Fita, in Madrid verpflichtet, daß er
das von ihm gefundene und verwerthete Material für die jüdisch=
spanische Geschichtsepoche mir freundlichst zugestellt hat.

Breslau.

              Der Verfasser.

Inhalt.

Vierte Periode des dritten Zeitraums.
Epoche des gesteigerten Elends und Verfalles.

Erstes Kapitel.

Die Nachwehen des schwarzen Todes. Versprengung und Verminderung der Juden. Allmälige Rückkehr in ihre alten Wohnsitze in Deutschland und Frankreich. Gier der Fürsten nach Judenbesitz. Die goldene Bulle und die Juden. Rückkehr der Juden nach Frankreich. Manessier de Vesou und sein Eifer. Privilegien der französischen Juden unter Johann und Karl V. Verfall des Talmudstudiums diesseits und jenseits des Rheins. Matthatia, Oberrabbiner in Frankreich. Meïr Halevi von Wien und der Morenu-Titel. Samuel Schlettstadt und seine Schicksale. Gemetzel in Elsaß. Die Rabbinersynode von Mainz. Der Würfelzoll . . . . 1 — 14

Zweites Kapitel.

Das Zeitalter des Chasdaï Crescas und Isaak b. Scheschet. Die Juden in Castilien nach dem Bürgerkriege. Verhalten Heinrich II. gegen sie. Joseph Pichon und Samuel Abrabanel. Die judenfeindlichen Cortes und der noch feindseligere Klerus. Die Apostaten, Johannes von Valladolid und Disputationen. Mose de Tordesillas und Schem-Tob Ibn-Schaprut. Ibn-Esra's Ausleger. Menahem b. Zerach, Chasdaï Crescas und Isaak Ben Scheschet. Chajim Galipapa und seine gesunden Ansichten. Vorgänge unter den französischen Juden. Tod des Manessier de Vesou, seine Söhne. Aufstand in Paris gegen die Juden. Der Prevôt Aubriot. Der Streit um das französische Oberrabbinat zwischen Jochanan b. Matthatia und Josua b. Abba Mari. Die Einmischung des Wiener Rabbiners Meïr Halevi und der Spanier Chasdaï Crescas und Ben-Scheschet. Entartung des jüdischen Adels in Spanien; Angeberei und Blutgerichte . . . 15 — 39

Drittes Kapitel.

(Fortsetzung.)

Joseph Pichon und seine Hinrichtung machen böses Blut in Sevilla. Zorn des Königs Don Juan I. gegen die Juden und Rabbinatscollegien. Verlust der peinlichen Gerichtsbarkeit in Castilien. Gehässige Stimmung gegen die castilischen Juden. Verlust mancher Rechte. Die Juden Portugals, ihre Gemeindeeinrichtung, der Großrabbiner und die Provinzialrabbinen. Die jüdischen Staatsmänner Juda und David Negro. Die Besetzung des Oberrabbinats bildet eine Staatsaktion zwischen Spanien und Portugal. Rabbinat und Clerus, Synagoge und Kirche. Die Raubritter und die Juden. Judengemetzel in Prag. Kaiser Wenzel und die Juden. Löschung der Schuldforderungen jüdischer Gläubiger in ganz Deutschland. — Das blutige Gemetzel von Sevilla und die folgenreiche Verfolgung von 1391 in Spanien. Verfolgung in Frankreich. Zweite allgemeine Vertreibung der Juden aus Frankreich. Die französischen Auswanderer. Der Convertit Peßach-Peter und Lipmann von Mühlhausen . . . 40—72

Viertes Kapitel.

Wirkungen der Verfolgung von 1391; Apostaten und literarische Fehden. Unglückliche Lage der Juden in Spanien. Die Marranen. Die Satyren. Der jubelnde Ton in der spanischen Poesie. Pero Ferrus und die Gemeinde von Alkala. Diego de Valencia und Villasandino. Der Neuchrist Astrüc Raimuch, seine Proselytenmacherei und Salomo Bonfed. Der Apostat Salomo-Paulus de Santa Maria und seine judenfeindlichen Schritte. Joseph Orabuena. Josua Lorqui Ibn-Vives, sein fein zugespitztes Sendschreiben an Paulus de Santa Maria und dessen Erwiderung. Chasdaï Crescas und seine antichristianische Abhandlung. Die feine antichristianische Satyre des Profiat Duran an En-Bonet Buengiorn. E. Duran's (Efodi) anderweitige literarische Thätigkeit. Meïr Alguadez, Großrabbiner und Leibarzt des Königs Heinrich III. Chasdaï Crescas' philosophische Leistung. Tod Don Heinrich's, ein Wendepunkt. Paulus de Santa Maria im Regentschaftsrathe. Edikt gegen die Juden. Hinrichtung des Meïr Alguadez. Die Fortleitung der Kabbala: Abraham aus Granada, Schem-Tob Ibn-Schem-Tob und Mose Botarel, der messianische Schwärmer von Cisneros. Die Einwanderung in die Barbaresken. Isaak b. Scheschet in Algier. Marranen. Simon Duran. Kaiser Ruprecht und der deutsche Großrabbiner Israel . . . . 73—104

Fünftes Kapitel.

Das judenfeindliche Kleeblatt und das ausgedehnte Religionsgespräch von Tortosa. Josua Lorqui Geronimo de Santa Fe, Vicente Ferrer und der Gegenpapst Benedictus XIII. Ferrer's Bekehrungseifer. Die Ausschließungsgesetze des castilianischen Hofes gegen die Juden. Massenhafter Uebertritt der Juden zur Kirche. Die Disputation von Tortosa; die jüdischen Notabeln, Don Vidal, Joseph Albo, Serachja Saladin, Mathatia Jizhari. Das Programm zur Disputation. Geronimo's boshaftes Benehmen und Anlage gegen den Talmud. Spaltung unter den jüdischen Notabeln. Bulle zur Verbrennung des Talmud; Beschränkungen und Zwangspredigten. Das Ende des Papstes Benedictus. Papst Martin und Kaiser Sigismund im Verhalten zu den Juden. Die günstige Bulle des Papstes Martin . . . 105—129

Sechstes Kapitel.

Die Hussiten zum Theil auf Seiten der Juden. Die Predigten der Dominikaner gegen die böhmischen Ketzer trafen auch die Juden. Albrecht von Oesterreich und die Judenverfolgung; die Meßnerin von Enns. Die Kreuzschaaren gegen die Hussiten, zugleich gegen die Juden. Der Sieg der Hussiten bei Saaz, zugleich Rettung der deutschen Juden. Vertreibung der Juden aus Köln und Niedermetzelung in anderen deutschen Gauen. Deutsche Rabbiner von den Landesfürsten ernannt; Jakob Möllin und Menahem von Merseburg. Jüdische Aerzte in Deutschland . . . . . 130—139

Siebentes Kapitel.

Die Ruhepause für die Juden in Spanien. Die Unentbehrlichkeit der Juden in Spanien. Juan II. und sein allmächtiger Günstling Alvaro de Luna. Abraham Benveniste. Seine Thätigkeit gegen die eingerissene Zerrüttung in den Gemeinden. Das Statut von Valladolid. Feindseligkeit der Sippschaft des Pablo de Santa-Maria de Cartagena gegen die Juden. Das Baseler Concil gegen die Juden. Gegenzug gegen die feindliche Bulle. Feindseliger Sinn gegen die Neuchristen in Spanien. Geheimer Krieg zwischen ihnen und Alvaro de Luna . . . . 140—154

Achtes Kapitel.

Stand der jüdischen Literatur im fünfzehnten Jahrhundert. Abnahme der Geistespflege. Das Talmudstudium, die neuhebräische Poesie. Der Reimschmied Dafeira, der Fabulist Vidal, der Satiriker Bonsed. Der italienische Dichterling Salomo Da-Rieti. Die polemische Literatur. Vidal, Joseph Albo, David Naßi, Isaak Nathan. Die hebräische Concordanz. Joseph Ibn-Schemtob . . . . 155—182

Neuntes Kapitel.

Neue Hetzereien gegen die Juden. Capistrano. Papst Eugenius' IV. Gesinnungsänderung gegen die Juden. Trübe Folgen der Bulle in Spanien. Juan II. entgegenwirkendes Dekret zu Gunsten der Juden. Nikolaus' V. feindselige Bulle. Feindseligkeit eines baierischen Herzogs gegen die Juden. Der Philosoph Nikolaus Cusanus im Verhältniß zu den Juden. Die Marranen und das erste Vorspiel zur Inquisition. Der Franciscanermönch Capistrano und sein Wüthen gegen die Juden. Die Wirkungen in Baiern. Ausweisung aus Würzburg. Die Breslauer Gemeinde; Hostienschändung und Blutanklage gegen sie. Vertreibung und Scheiterhausen für die Juden Breslau's und anderer schlesischen Städte. Vertreibung der Juden aus Brünn und Olmütz; die Juden in Polen und ihre günstige Stellung unter Kasimir IV. Die erneuten Privilegien. Capistrano's Geifer dagegen erlangt den Widerruf derselben. Anfang der Leiden der Juden in Polen. Die Türkei, neues Asyl für die Juden. Untergang des byzantinischen Reichs Günstige Stellung der Juden in der Türkei. Mose Kapsali, Großrabbiner, Sitz im Divan. Die Karäer in der Türkei. Die deutsch-rabbinische Schule. Jacob Weil und Israel Isserlein. Die Synode von Bingen und die drohende Spaltung. Wahrung der Rabbinatswürde gegen Entsittlichung . . . . 183—216

Zehntes Kapitel.

Der letzte Schimmer der spanischen Juden. Rückschritt der spanischen Juden. Die letzten Talmudisten in Spanien; die Vertreter der Wissenschaft. Die Kabbala und ihre Uebergriffe. Das Buch Kana und Pelia. Die Kabbala im Dienste des Christentums. Politische Lage in den letzten Jahrzehnten. Jüdische Bevölkerung Castiliens. Abraham Benveniste und der wachsende Einfluß der Juden in Spanien. Ihr erbitterter Feind Alfonso de Spina veranlaßt Verfolgungen. Die Märtyrer von Sepulveda. Erbitterung der Bevölkerung gegen die Marranen, Pedro de Herrera und sein Plan schägt zu Ungunsten der Marranen aus 217—237

Elftes Kapitel.

Die Juden in Italien vor der Vertreibung der Juden aus Spanien. Lage der Juden in Italien. Die jüdischen Banquiers. Jechiel von Pisa und Abrabanel. Die jüdischen Aerzte: Guglielmo di Portaleone. Pflege der Wissenschaft unter den italienischen Juden. Die ersten hebräischen Druckereien in Italien. Messer Leon und Elia del Medigo; Pico bi Mirandola. Jochanan Aleman und die Schwärmerei der Christen für die Kabbala. Del Medigo's Religionssystem. Ahron Alrabi. Obadja da Bertinoro. Die Juden auf der Insel Sicilien. Die nach Italien eingewanderten deutschen Rabbinen: Joseph Kolon, sein Charakter und seine Fehde mit Messer Leon. Juda Menz gegen Elia del Medigo. Der Letztere muß Italien verlassen. Die Mönche feindselig gegen die italienischen Juden. Bernardinus von Feltre und seine giftigen Predigten gegen die Juden . . 238—257

Zwölftes Kapitel.

Die Juden in Deutschland und der Türkei vor der Vertreibung aus Spanien. Tobias und Brunetta von Trient. Bernardinus' Predigten und Machinationen gegen die Juden von Trient. Das angebliche Martyrium Simons von Trient veranlaßt neue Verfolgungen in vielen Ländern. Der Doge von Venedig und Papst Sixtus IV. für die Juden. Die Juden von Regensburg. Die Apostaten Peter Schwarz und Hans Vayol. Israel Bruna und seine Leiden, in Haft wegen Kindermordes gebracht. Kaiser Friedrich und der böhmische König nehmen sich seiner an und setzen seine Befreiung durch. Die Quälereien gegen die Gemeinde von Regensburg. Vertreibung der Juden aus Mainz und dem Rheingau. Die Juden in der Türkei. Mardochaï Comtino, Salomo Scharbit Sahab, Sabbataï b. Malkiel. Fehde zwischen Rabbaniten und Karäern. Elia Baschjazi und sein Religionscodex. Mose Kapsali und die Intrigue gegen ihn. Zustand Palästina's und Jerusalems; Elia aus Ferrara. Die Vorsteher und ihr gewissenloses Verfahren. Obadja da Bertinoro in Jerusalem. Die Anschwärzung gegen Mose Kapsali. Joseph Kolon's ungerechtfertigter Eifer gegen ihn. Ihre Versöhnung . 258—432

Dreizehntes Kapitel.

Die Inquisition in Spanien. Die Marranen, ihre Anhänglichkeit an das Judenthum und ihre unüberwindliche Abneigung gegen das Christenthum. Die Dominikaner lüstern nach Menschenopfern; Alonso de Ojeda, Diego de Merlo und Petro de Solis. Der Katechismus für die Marranen. Eine polemische Schrift gegen den Katholicismus und die Despotie wirkt günstig für die Einführung der Inquisition. Das Tribunal wird eingesetzt. Miguel Morillo und Pedro de San-Martin die ersten Inquisitoren. Der marranische Dichter Montoro Ropero. Das erste Inquisitionsgericht in Sevilla. Die Artikel, um die apostasirenden Ketzer zu erkennen. Die Procession des Auto-da-Fcé. Die Menge der Angeklagten und Hingerichteten. Der Papst Sixtus der IV. Anfangs für dann gegen die Inquisition, bald für Milde, bald für Strenge. Die Inquisition unter dem ersten Generalinquisitor Thomas de Torquemada; seine Constitutionen. Die Marranen in Aragonien. Verschwörungsplan gegen den Inquisitor Arbues. Sein Tod schlägt zum Unheil der Marranen aus. Verfolgung gegen die Verschworenen und ihre Beschützer. Zunahme der Schlachtopfer. Der Proceß gegen zwei Bischöfe von jüdischer Abkunft, de Avila und Aranda. Jüdisches Blut in den Adern des spanischen Adels . . . . 282—320

Vierzehntes Kapitel.

Vertreibung der Juden aus Spanien. Der Zusammenhang zwischen Marranen und Juden. Torquemada's Zwang gegen die Rabbinen, die Marranen anzugeben. Juda Ibn-Verga; Vertreibung der Juden aus Andalusien und Sevilla. Die jüdischen Hofleute unter Fernando und Isabella. Isaak Abrabanel, sein Lebensgang und seine schriftstellerischen Leistungen. Die Juden in Portugal unter Affonso V. Gedalja und Joseph Ibn-Jachja. Abrabanel's Flucht aus Portugal und sein Amt in Spanien. Die Juden in Granada: Isaak Hamon; die Familie Gavison, Saadia Ibn-Danan und seine Schriften. Der Fall Malaga's, die jüdischen Gefangenen, Abraham Senior und Salomo Ibn-Verga. Uebergabe von Granada und trauriges Schicksal der spanischen Juden. Ausweisungsedikt Fernando's und Isabella's. Wirkung des Edikts. Torquemada mit seinen Bekehrungsmitteln. Die Auswanderung aus Spanien, Isaak Aboab nach Portugal. Die schmerzliche Trennung von den Gräbern. Zahl der Auswanderer. Sinken der Blüthe Spaniens durch den Verlust der Juden. Verwandlung der Synagogen und Lehrhäuser in Kirchen und Klöster. Die zurückgebliebenen Marranen, die Masse der Schlachtopfer der Inquisition. Torquemada's Todesangst. Sein Nachfolger Deza als heimlicher Jude angeklagt. Bajasid's treffender Ausspruch über die Vertreibung der Juden aus Spanien 321—354

Fünfzehntes Kapitel.

Vertreibung der Juden aus Navarra und Portugal. Auswanderung nach Navarra und dann Vertreibung. Auswanderer nach Neapel; Der König Ferdinand I. von Neapel und Abrabanel. Leon Abrabanel und sein Schmerz. Die Unglückskette der spanischen Juden in der Berberei, in Fez, Genua, Rom und den griechischen Inseln. Menschliches Benehmen des Sultans Bajasid gegen sie; Mose Kapsali's Eifer für sie. Die spanischen Einwanderer in Portugal. Große Zahl derselben. Die jüdischen Astronomen in Portugal. Abraham Zacuto und José Vesinho. Die jüdischen Reisenden Rabbi Abraham de Beja und Joseph Zapeteiro. Die Seuche unter den spanischen Juden in Portugal. Elend der Auswanderer aus Portugal. Juda Chajjat und seine Leidensgenossen. Härte des Königs João II. gegen die Juden. Anfänglich freundliche Behandlung unter Manoel. Abraham Zacuto. Die Heirath des Königs Manoel mit der spanischen Infantin zum Unheil für die Juden. Ihr Haß gegen die Juden berückt den portugiesischen König. Gewaltsame Taufe der jüdischen Kinder, später der Erwachsenen. Levi b. Chabib, Isaak Caro und Abraham Zacuto. Die Gesandtschaft der getauften Juden an Papst Alexander VI. Der Proceß des Bischofs de Aranda. Versprechen Manoel's zu Gunsten der portugiesischen Marranen. Das Ende der frommen Dulder Simon Maimi und Abraham Saba. Edle Rache der Juden . . . . 355—392

Noten.

Seite

1) Efodi oder Profiat Duran als historischer Schriftsteller und seine Schriften . . . . 393—399
2) Chasdaï Crescas und Isaak Ben-Scheschet und einige Data zu ihrer Biographie . . . . 399—406
3) Die Disputation von Tortosa, die dabei betheiligten Notabeln, die Anklageschriften des Geronimo de Santa Fé und die zwei Josua Lorqui . . . . 406—417
4) Don Abraham Benveniste und seine Zeitgenossen . . . . 417—425
5) Die Rabbinersynoden im vierzehnten und fünfzehnten Jahrhundert und einige damit zusammenhängende Facta und Data . . 425—436
6) Der Ruf aus der Türkei an die Juden Deutschlands, das Land ihres Elends zu verlassen; Isaak Zarfati; Mardochaï Comtino und Obadja Bertinoro . . . . 437—440
7) Glücklicher Zustand der Juden in der Türkei; Mose Kapsali . 440—449
8) Alter und Bedeutung der kabbalistischen Schriften Kana und Pelia 449—455
9) Autorschaft und Vaterland des Pamphlets עלילות דברים . . . 456—459
10) Zahl der jüdischen Bewohner des spanischen Hauptlandes in verschiedenen Zeiten . . . . 450—466
11) Der Inquisitationsproceß wegen des angeblichen Martyriums des Kindes von La Guardia . . . . 466—472
12) Die spanische Inquisition in ihren Anfängen . . . . . 472—481
13) Das Verhalten der portugiesischen Juden gegen die aus Spanien vertriebenen und in Portugal aufgenommenen Stammgenossen, und der Brief des David Abn-Jachja an Jesaia Meseni . 482—483
14) Die Zwangstaufen und die Märtyrer in Portugal unter Manoel 484—487
15) Zur Geschichte der blutigen Vorgänge in Spanien im Jahre 1391 488—492

Register . . . . 493—501
Liste der Abgaben der jüdischen Gemeinden in Castilien . . . 502—505

Vierte Periode des dritten Zeitraums.

Epoche des gesteigerten Elends und Verfalles.

Erstes Kapitel.

Die Nachwehen des schwarzen Todes.

Versprengung und Verminderung der Juden. Allmähliche Rückkehr in ihre alten Wohnsitze in Deutschland und Frankreich. Gier der Fürsten nach Judenbesitz. Die goldene Bulle und die Juden. Rückkehr der Juden nach Frankreich. Manessier de Vesou und sein Eifer. Privilegien der französischen Juden unter Johann und Karl V. Verfall des Talmudstudiums diesseits und jenseits des Rheins. Matthatia, Oberrabbiner in Frankreich. Meïr Halevi von Wien und der Morenu-Titel. Samuel Schlettstadt und seine Schicksale. Gemetzel in Elsaß. Die Rabbinersynode von Mainz. Der Würfelzoll.

(1359—1380.)

Wenn ein Reisender, gleich Benjamin von Tudela, in der zweiten Hälfte des vierzehnten Jahrhunderts durch Europa gewandert wäre, um die jüdischen Gemeinden zu besuchen, zu zählen und zu schildern, so hätte er ein trostloses Bild von denselben entwerfen müssen. Von den Säulen des Herkules und dem atlantischen Meere bis zu den Ufern der Oder oder der Weichsel hätte er in vielen Gegenden gar keine Juden und meistens nur winzige, verarmte oder jammernde Gruppen angetroffen, welche noch an den schweren Wunden bluteten, die ihnen hier die rohen Fäuste der durch die Pest verwilderten Volksmassen und dort der verzweifelte Bruder- und Bürgerkrieg geschlagen hatten. Nach menschlicher Berechnung stand damals der Untergang der Juden im Westen und in der Mitte Europas nahe bevor. Die von den unbarmherzigen Metzeleien und der verzweifelten Selbstentleibung verschont Gebliebenen hatten den Lebensmuth eingebüßt. Die Gemeinde-Verbände waren meistens zersprengt. Die Erinnerung an die erlittenen Gräuelscenen zitterte noch lange nach und ließ dem schwachen Ueberrest keine Hoffnung

auf balbige Besserung. Die tiefempfundenen elegischen Verse des
englischen Dichters (Lord Byron):

> „Die wilde Taube hat ihr Nest,
> „Der Fuchs seine Höhle,
> „Der Mensch sein Vaterland,
> „Israel nur das Grab",

diese Verse passen zwar auf die ganze mittelalterliche Geschichte der
Juden, aber auf keine Zeit treffender als auf diese. Der Westen
und die Mitte Europas war ein großes Grab für die Nachkommen
der Patriarchen und Propheten geworden, dessen weitgeöffneter Schlund
nach immer neuen Opfern schnappte.

Waren sie früher als Gottesmörder geächtet, so wurden sie seit
der Zeit des schwarzen Todes als Menschenmörder, als Vampyre,
als Gierige nach dem Blut der Christen verabscheut. Die schauderhaf=
teste Unthat wurde glaubwürdig befunden, wenn sie einem Juden zur
Last gelegt wurde. Die Poesie selbst, welche die Herzen mildern
sollte, träufelte Gift gegen die Juden. In die harmlose oder lehrhafte
Erzählung aus heidnischer Zeit von der Verpfändung eines Pfundes
Fleisch für ein Darlehen — in vielfachen Wendungen dargestellt —
daß ein Unterthan oder ein Kaufmann auf Ausschnitt des verpfän=
deten Fleischtheiles von einem Herrn oder einem Ritter aus Rache
besteht, in diese Erzählung hat ein italienischer Dichter einen blut=
bürstigen Juden hineingezogen, um sie glaubwürdig zu machen. Der
italienische Novellendichter Giovanni Fiorentino[1]) in der Samm=
lung Pecorone (um 1376) hat einem Juden aus Mestre die ge=
hässige Rolle zugetheilt, daß er auf dem Pfunde Fleisch von dem
christlichen Schuldner besteht, um Schadenfreude an dem Schmerze
und Tode eines Christen zu genießen. Daß ein Kaufmann einem Ritter
oder ein Christ einem andern gegenüber solchen Blutdurst zeigen
sollten — Pfui! Das ist undenkbar, aber ein Jude, ja, das ist etwas
anderes, jeder Leser würde es glaublich finden. Der Wahn aus der
Zeit des schwarzen Todes hat den ersten Ansatz zur Schöpfung des
angeblich von Haß gegen Christen erfüllten Shylock geliefert.

Merkwürdiger Weise waren die Juden, trotz des giftigen Hasses
der christlichen Bevölkerung gegen sie, dieser unentbehrlich geworden.
Nicht blos Fürsten, sondern auch Städte und selbst Geistliche waren
von einer förmlichen Sucht besessen „Juden zu haben". Kaum wenige
Jahre nach der blutigen Raserei in Folge des schwarzen Todes

---

[1]) Vgl. darüber Graetz, Shylock in der Sage, im Drama und in der
Geschichte 1880.

hatten in Deutschland Bürger und ihre Schöppen nichts Eiligeres zu thun, als Juden wieder aufzunehmen; sie vergaßen schnell ihren Eid, daß in ihren Mauern in hundert oder zweihundert Jahren kein Jude wohnen dürfe[1]). Der Bischof von Augsburg bewarb sich beim Kaiser Karl IV. um die Befugniß, „Juden zu heimen und aufzunehmen"[2]). Die Kurfürsten, die geistlichen wie die weltlichen, waren förmlich darauf versessen, das bis dahin ausschließliche Recht der deutschen Kaiser, Kammerknechte zu besitzen, zu beschränken und es sich als Machtbefugniß übertragen zu lassen. Namentlich war der damalige Erzbischof von Mainz, Gerlach, außerordentlich rührig, dem Kaiser Karl IV. dieses Recht abzuringen. Und es gelang ihm auch, da dem Kaiser daran gelegen war, die Kurfürsten in guter Stimmung für sich zu erhalten. Auf dem Reichstage zu Nürnberg (November 1355), wo eine Art deutscher Reichsverfassung, bekannt unter dem Namen „die goldene Bulle", gegeben wurde, ertheilte der Kaiser sämmtlichen Kurfürsten für alle Zeiten — nächst dem Regal für aufzufindende Metall-Minen und Salzbergwerke — auch die Befugniß, Juden zu halten[3]), das heißt, er räumte ihnen auch diese Einnahmequelle neben den andern von Metallgruben und Salinen ein. Aber nur den Kurfürsten gestand der Kaiser dieses Recht zu; über die Kammerknechte unter der Gewalt der kleineren Fürsten und der Städte behielt er sich sein Recht vor. Der erzbischöfliche Kurfürst von Mainz beeilte sich, sofort von dem neuerworbenen Rechte Gebrauch zu machen und gewann einen Juden, der für ihn andere förmlich werben sollte[4]). So wurden die Juden zugleich abgestoßen und angezogen, gemieden und gesucht, geächtet und

---

[1]) Um nicht viele Citate zum Belege zu häufen, will ich nur dafür die drastische Erzählung des elsäßischen Chronikers Königshoven anführen (Chronik von Elsaß und Straßburg V. § 78 p. 296): „In Straßburg kam man überein in dem Rate, daß in 100 Joren kein Jude sollte in die Stadt kommen. Doch eh' zwanzig Jore verkomment, da komment Schöffel und Ammann und der Rat überein, daß man die Juden solte wieder in die Stat empsahen. Also komment die Juden wieder gen Straßburg 1368." Die Urkunde darüber hat Schilter in den Anmerk. zu Königshoven p. 1053 f. mitgetheilt. In Breslau wurden sie schon 1350 zugelassen, Nürnberg nahm 1352 Juden auf, ebenso Zürich, in Worms 1353 „um ihres Nutzens willen." In Wien waren sie bereits 1353, in Erfurt 1354; selbst in Basel, wo sie für zwei Jahrhunderte verbannt sein sollten, waren sie bereits wieder vor 1356, in Heilbronn 1357.

[2]) Vergl. die Quellen bei Winer, Regesten zur Geschichte der Juden in Deutschland I. S. 130.

[3]) Goldene Bulle, Titel 9.

[4]) Vergl. Schaab, diplomatische Geschichte der Juden von Mainz, S. 96ff.

umworben. Sie wußten aber recht gut, daß sie nicht um ihrer selbst willen gesucht wurden, sondern wegen des Nutzens, den die Obrigkeit und die Bevölkerung von ihnen zogen. Wie sollten sie sich nicht auf Geldgewinn verlegen, da sie nur dadurch ihr kümmerliches Dasein fristen konnten?

Wie in Deutschland, so suchten auch die Herrscher von Frankreich aus finanziellen Rücksichten den Juden wieder Zutritt in ihr Land zu gestatten. Dort war durch die häufigen Kriege mit den Engländern besonders seit der Gefangennahme des Königs Johann (September 1356) ein Nothstand eingetreten, der dieses ritterliche Land zu einer Provinz der englischen Krone zu machen drohte. Es fehlte vor allem an Geld. Selbst für die Auslösung des gefangenen Königs mochten die zusammenberufenen Stände keine Mittel bewilligen oder knüpften schwere Bedingungen an die Bewilligung. Der Bürgerstand machte einen Aufstand und ermuthigte auch die Bauern, sich von dem Joche des Adels zu befreien. Im ganzen Lande herrschte Anarchie. Da erschienen dem jungen Dauphin Karl, welcher während der Gefangenschaft des Königs (1356—1360) die Regentschaft führte, die Juden mit ihrer Finanzoperation wie rettende Engel, den Staat vom Abgrunde zu entreißen. Ein kluger Jude, Manessier (Manecier) de Vesou betrieb mit vielem Eifer die Rückkehr der Juden nach Frankreich, wo sie ein halbes Jahrhundert vorher verbannt, wieder zugelassen und wieder verbannt worden waren (Bd. VII$_2$. S. 264. 275). Der Dauphin-Regent hatte zwar selbständig einzelnen Juden die Erlaubniß zur Rückkehr ertheilt, aber wenn das verarmte Frankreich oder der Hof Nutzen davon haben sollte, so mußte diese Rückkehr in großer Masse geschehen. Er fand daher den Plan, welchen Manessier ihm vorgelegt hatte, durchweg annehmbar. Er bewilligte ihre Rückkehr auf zwanzig Jahre und räumte ihnen die allergünstigsten Bedingungen ein. Indessen mochten diese, wie ihr Anwalt Manessier einen für sie so wichtigen Schritt nicht ohne die Genehmigung des gefangenen Königs thun, der nahe daran war, in sein Land zurückzukehren und die Zulassung ohne Weiteres hätte wieder aufheben können. Ihm wurde daher der Plan zur Bestätigung vorgelegt[1]). Auf Betrieb des Manessier de Vesou überreichten die Juden dem Könige eine Denkschrift, worin sie geltend machten, wie sie ungerechter Weise früher aus Frankreich verwiesen worden waren, und wie sie ihr Geburtsland nicht vergessen

---

[1]) Ordonnances des Rois de France de la troisième race T. III. p. 473—481, T. p. 491—496 (Herausgeber Sécousse). Vgl. darüber J. Loeb, les expulsions des Juifs de France. Jubelschrift zu Graetz' 70. Geburtstag p. 39 f.

könnten. Darauf erließ der gefangene König ein Dekret (März 1360), daß er mit Zustimmung der hohen und niedern Geistlichkeit des hohen und niedern Adels und der Bürger allen Juden die Erlaubniß erteilte, nach Frankreich einzuwandern und dort vorläufig zwanzig Jahre zu wohnen. Sie dürften im ganzen Lande in großen und kleinen Städten, Flecken und Burgen ihren Aufenthalt nehmen, dürften nicht nur Häuser, sondern auch Aecker besitzen[1]).

Die Bedingungen, unter denen die Juden nach Frankreich zurückkehrten, die höchst wahrscheinlich Manessier de Vesou entworfen hat, waren außerordentlich günstig. Jedes jüdische Familienhaupt mußte zwar beim Eintritt ins Land für sich vierzehn Gulden (Florins de Florence), für jedes Kind und überhaupt für jedes zur Familie gehörende Glied einen Gulden zahlen und dann eine jährliche Judensteuer von sieben Gulden und für jedes Familienglied einen Gulden leisten. Allein dafür genossen sie auch ausgedehnte Privilegien. Sie standen nicht unter der Willkür der Gerichte und der Beamten, sondern hatten einen eigenen Oberrichter, den Grafen von Etampes, einen Prinzen aus königlichem Geblüt, zu ihrem Beschützer (Gardien, Conservateur), der Untersuchungsrichter und Commissare anzustellen und ihr Interesse, wo es gefährdet war, wahrzunehmen hatte. Ueber Vergehen und Verbrechen unter einander sollten zwei Rabbinen mit Hinzuziehung von vier Männern urtheilen, ohne Angabe der Gründe und ohne Berufung. Die Güter des verurtheilten jüdischen Verbrechers sollten aber dem Könige verfallen und ihm außerdem von Seiten der Rabbinen hundert Gulden gezahlt werden. Wegen älterer Vergehen und Verbrechen ertheilte ihnen der König vollständige Amnestie. Der Gewalt des Adels waren sie entzogen, und auch vor den Chicanen der Geistlichkeit sollten sie geschützt sein. Sie durften nicht gezwungen werden, dem christlichen Gottesdienste und der Predigt beizuwohnen. Wie ihre Möbel, Viehstand, Getreide und Weinspeicher, so waren auch ihre

---

[1]) Depping hat den Landbesitz der französischen Juden nach ihrer Rückkehr in Abrede gestellt, histoire des Juifs au moyen-âge p. 178. Das Factum geht aber aus dem Tenor des 21. Artikels der Privilegien entschieden hervor (Ordonnances III. p. 479). Lat. Text: … quod nulli magistri Hospiciorum nostrorum ..... equos, pecudes, jumenta, quadrigas, blada, vina, fenum, avenam dictorum Judaeorum … capiant vel capere faciant. Franz. Text: … que nulz maistres de nostro Hôtel ne priaigent (prennent) ou facent (fassent) prendre aucuns de chevauls, jumens, bestes à laine, aumaille (animaux domestiques), charretz, blez, vins, foin, aveine de diz Juys ou Juyves. Der Besitz von Pferden, Zugvieh, Schafheerden, Getreide aller Art und Wein setzt doch wohl Bodenbesitz und Bodencultur voraus.

heiligen Schriften, nicht blos Bibel= sondern auch Talmudexemplare, vor Confiscation sichergestellt [1]). Scheiterhaufen für den Talmud sollten sich in Paris nicht wiederholen. Am meisten war ihr Handel geschützt. Sie durften Geld bis auf achtzig Procent (4 Deniers vom Livre) ausleihen, Pfänder nehmen, und ihr Pfandrecht wurde von einem Schutzwall von Gesetzen umgeben. Manessier von Vesou, der geschäftige und eifrige Unterhändler, erhielt eine hohe Stellung bei Hofe. Er war Obereinnehmer (procureur oder receveur général [2]). Er hatte für das pünktliche Einlaufen der Einzugsgelder und der jährlichen Judensteuer unter Verantwortlichkeit zu sorgen und bezog davon nah' an 14 Procent. Massenhaft wanderten in Folge dieser Privilegien Juden in Frankreich ein. Denn auch Solchen, welche nicht aus diesem Lande stammten, wurde es gestattet, sich daselbst anzusiedeln oder einen längern oder kürzern Aufenthalt zu nehmen (1361 [3]).

Freilich wurden diese ausgedehnten Privilegien der Juden von mancher Seite mit scheelem Blicke angesehen. Die christlichen Aerzte, denen die jüdischen Concurrenz machten, klagten: diese hätten keine Prüfung bestanden und seien nur Quacksalber. Die Richter und Beamten, denen keine Gewalt über die Juden eingeräumt und keine Gelegenheit zu Gelderpressungen gelassen war, klagten über Mißbrauch von Seiten der Juden. Die Geistlichkeit war ungehalten über die günstige Stellung der Juden, und da sie keinen Anhaltspunkt zur Klage hatte, so beschwerte sie sich darüber, daß sie an den Gewändern derselben das vorgeschriebene Abzeichen vermißte. Der schwache König Johann ließ sich, zum Theil im Widerspruch mit seinem eigenen Erlasse, ein Gesetz abzwingen (1362), vermöge dessen nur solche Juden die ärztliche Praxis ausüben dürften, welche sich einer Prüfung unterworfen, ferner sollten sämmtliche Juden das Abzeichen, ein großes Rad (Rouelle) von dem Umfange des königlichen Siegels von rother und weißer Farbe tragen, auch diejenigen nicht ausgenommen, welche ein besonderes Privilegium genossen (Manessier und seine Familie). Endlich sollten die Juden den Landgerichten unterworfen sein; hiermit wurde die frühere Bestimmung so ziemlich außer Kraft gesetzt [4]).

---

[1]) Artikel 27 a. a. O. eisdem concedimus, quod volumina, rotuli vel libri dictorum Judaeorum per quemquam officiarium seu alium Christianum nullatenus capiantur.
[2]) Ordonnances III. p. 488, IV. p. 496, V. p. 436.   [3]) Das. III. p. 487 f.
[4]) Das. III. p. 603 f. wiederholt October 1363, das. p. 642 und December 1363, das. p. 648.

Sobald aber der staatskluge Dauphin unter dem Namen Karl V. den Thron bestieg und ein festes Regierungssystem verfolgte, sich nämlich des Beiraths der Stände zu entledigen, sicherte er sich vor allem die Einnahmequellen von Seiten der Juden (Mai 1364). Er stellte ihre zum Theil von seinem Vater verletzten Privilegien wieder her, verlängerte die Erlaubniß zu ihrem Aufenthalte um noch sechs Jahre und gestattete sogar unter der Hand den jüdischen Geldmännern, mehr als achtzig Procent zu nehmen[1]. Auf das Gesuch des für seine Glaubensbrüder so eifrigen Manessier de Vesou entzog er wieder die Juden der ständigen Gerichtsbarkeit und stellte sie wieder unter den ihnen officiel zugewiesenen Beschützer, den Grafen von Etampes[2]. Den Geistlichen, welche ihren Haß gegen die Juden bis zur Unerträglichkeit steigerten, legte er mit Strenge das Handwerk. Die hohen Prälaten hatten nämlich in Südfrankreich predigen lassen, die Christen sollten bei Strafe des Kirchenbanns mit den Juden keinerlei Verkehr haben, ihnen nicht Feuer, Wasser, Brod, Wein reichen oder verkaufen, und hatten auf diese Weise wieder einen Fanatismus entzündet, der nicht blos das Vermögen, sondern auch das Leben der Juden bedrohte. Dagegen erließ nun der Statthalter von Languedoc im Namen des Königs eine Ordonnanz an die Beamten: Laien, Geistlichen und alle diejenigen, welche feindselig gegen die Juden verfahren sollten, unnachsichtlich an Gut und Leib zu bestrafen[3].

Unter Karl's V. Regierung (1364—1380) hatten daher die Juden Frankreichs eine leidliche Existenz. Manessier blieb auch unter ihm Haupteinnehmer der Judensteuer für das nördliche Frankreich (Langue d'Oyl); im südlichen Landestheile (Langue d'Oc) fungirte als solcher Denis Quinon. Auf die Klage des Letztern, daß einige getaufte Juden im Verein mit Geistlichen Juden gewaltsam in die Kirche geschleppt und sie gezwungen hätten, die Predigten mit anzuhören, erließ Karl (März 1368) einen Befehl an seine Beamten, solchem ungebührlichen Zwange mit Strenge zu steuern[4]. Nur einmal wurde das freundliche Verhältniß zwischen dem König und den Juden gestört. Es liefen Klagen gegen jüdische Wucherer ein, daß sie einen höhern Zins genommen hätten, als das Gesetz erlaubt hatte. Karl beschloß daher mit seinem Rathe, die Juden wieder aus Frankreich zu verbannen (um 1368). Es scheint aber nur eine Speculation gewesen zu sein, um bedeutende Summen von ihnen zu er-

---

[1] Das. T. IV. 439, V. p. 496. [2] October 1364, das. IV. p. 496.
[3] Ordonnances IV. p. 440 f. [4] Das. V. p. 167 f.

preſſen. In der That ließ ſich der König bald von Maneſſier und einem andern angeſehenen Juden **Jakob de Pons-Sainte-Maxence** beſänftigen, oder eigentlich durch die Summe von 15,000 Mark, die wöchentlich abgezahlt werden ſollte, erweichen. Darauf erklärte er: er wolle Gnade für Recht ergehen laſſen und ihre Privilegien wieder erneuern. Er ſchärfte zwar, den Geiſtlichen zu Liebe, das Tragen von Judenabzeichen ebenſo ein, wie ſein Vater, befreite indeß davon Maneſſier de Veſou und den Rabbinen **Matthatia von Paris** ſammt ihren Familien und auch diejenigen Juden, welche ihr Geſchäft nach Plätzen führte, wo keine Religionsgenoſſen wohnten[1]). Später verlängerte derſelbe den Aufenthalt der Juden um zehn und dann wieder um noch ſechs Jahre. Alles dies geſchah durch die Bemühung des unermüdlichen Maneſſier[2]). Seinen Eifer für die Juden und den Nutzen, den er dem Könige gebracht, belohnte Karl V. damit, daß er ihn und ſeine Familie von jeder Art Abgabe, Steuer und Leiſtung befreite (1374[3]).

Indeſſen wenn auch die deutſchen und franzöſiſchen Juden nach ſo grauſiger Schlächterei wieder auflebten, ſo war es blos das Leibesleben, ihre Seele blieb todt. Ihre Geiſteskraft war geſchwunden. In Frankreich, wo mehr als zwei Jahrhunderte von Raſchi bis auf die letzten Toßafiſten das Talmudſtudium zur höchſten Blüthe emporgetrieben war, wo ein bewunderungswürdiger, faſt unerreichbarer Scharfſinn und eine erſtaunliche Denktiefe entwickelt worden waren, zeigte ſich unter den Eingewanderten eine ſo erſtaunliche Unkunde[4]), daß von neuem ein Anfang gemacht werden mußte. Die Privilegien der Könige Johann und Karl ſprachen zwar von Rabbinen, welche die Befugniß haben ſollten, unwürdige Juden zu verurtheilen; aber wenn man ſich darunter **tiefe Talmudkundige** denken ſollte, ſo gab es damals in Frankreich kaum einen Einzigen, mittelmäßige aber, nach dem eignen Geſtändniß der Zeitgenoſſen, **fünf**. Der Einzige, welcher damals das Talmudſtudium vertrat, **Matthatia b. Joſeph Provenci**, hat durch kein Schriftwerk ſeine Bedeutſamkeit bekundet. Vom König Karl V. ſo ſehr geachtet, daß er und ſeine Familie vom Schandflecken am Gewande befreit wurde, und wie es ſcheint, mit dem Generaleinnehmer Maneſſier de Veſou verſchwägert, war er indeß in der beſten Lage, dem Mangel abzuhelfen. Aus einer gelehrten Familie ſtammend, welche ihren Wohnſitz in der Stadt Troyes hatte und davon den Namen

---

[1]) Daſ. V. p. 496 f.   [2]) Ordonnances V. p. 44.   [3]) Daſ. p. 118.
[4]) Iſaak de Lates Schaare Zion (vergl. w. u.) zum Schluß: ואז נתבטל
רוב הישיבות מארץ אדום.

Troyes (Treves) führte und Jünger des angesehenen Rabbiners Nissim Ben-Reuben Gerundi von Barzelona (VII, 395), gründete er von neuem ein Lehrhaus in Paris, sammelte Jünger um sich, erklärte ihnen den Talmud, weihte sie ins rabbinische Amt ein und ließ Talmudexemplare copiren¹). Er wurde in Folge seines Eifers und seiner verhältnißmäßig bedeutenden Gelehrsamkeit von sämmtlichen neubegründeten französischen Gemeinden zum Oberrabbiner und zum Oberrichter für die bürgerlichen und peinlichen Processe gewählt und vom Könige bestätigt. Seine Schule hat erst die Gemeinden mit Rabbinen versehen. Aber seine Jünger haben ebenso wenig, wie er selbst die rabbinische Literatur mit irgend einem Erzeugniß bereichert. Selbst die literarisch so fruchtbare jüdische Provence war geistesarm geworden. Nur ein einziger Name klingt aus jener Zeit herüber:

¹) Matthatia's Sohn, Jochanan, berichtet über seinen Vater an Isaak Ben-Scheschet (in des Letztern Respp. No. 270): זה ימים כאשר אולי שמעת היה אבא מארי (ר׳ מתתיה) בצרפת ארון ומושל. ובבואו לארץ אז לא היה בכל לשון וצרפתים מחמשה לששה למדינה בין הרבנים והעם. ואבא מארי אין וחקר והקן מדרשו לרבים ואף ה תלמידים . . . והרבץ תורה בדור הזה כבל אשר היו לפניו זה ימים ושנים ויצאו מלפניו שמונה רבנים הוכרע בהרבה ה׳ את גבול ישיבה. Isaak b. Scheschet referirt über ihn (das. No. 271): פזורי הגולה ונתן להם במלבות צרפת פלטה . . . שלח לפניהם . . . מהרר׳ מתתיה בן כהרר׳ יוסף בן ר׳ יוחנן . . . ור׳ מתתיה הכין לבבו ללמוד וללמד בארץ ההיא . . . . וקבץ שם ישיבות והרביץ תורה לרבים . . . ובזכות הרחמן מצא חן בעיני חסכל ובאהבתו אותו היו כל היהודים בארץ משמרת אתו, היה להם חומה . . . וכל קהלות מלכות ההיא קבלוהו עליהם לשר ושופט וגם המלך שמו ארון עליהם ומשל בכל משפטרים רב ודיין . . . — Es ist gewiß derselbe Rabbiner Matthatia, der in einer Ordonnanz Karl's V. vorkommt, daß er und die Seinigen von den Judenzeichen befreit sein sollten (Ordonnances a. a. O. V. p. 498): excepté tant seulement (de porter l'enseigne): Manesier de Vezou, sa femme, et ses enfants, et Johannes son gendre, maistre Mathatias et sa mère et Abraham son fils. — Johannes, Manessier's Schwiegersohn, ist identisch mit Matthatia's Sohn desselben Namens. — Matthatia's Name kommt auch in einem Talmudcodex (der Münchner Bibliothek) vor, der für ihn copirt wurde: אני שלמה בר . . . כחבתי לפדרש הרב רבינו מתתיה בן מורנו הרב ר׳ יוסף כל השש״ה סדרים וסימתי בי״ב לירח כסלו שנת קמ״ה ושלשה ר״א״ף דשי. Vgl. über diese Datumsangabe und ihre Bedeutung S. Rabbinowitsch Dikduké Sopherim Berachot Einl. p. 28 fg. Daß er als Oberrabbiner in Paris wohnte, ist selbstverständlich, wird aber auch bezeugt. Denn das Resp. des Isaak ben Scheschet zu Gunsten seines Sohnes ist (in einer Handschrift) nach Paris adressirt: פריש ממלכות צרפת לחכמיה (Katalog der Leydener hebr. Bibliothek p. 224). Isaak ben Scheschet bezeichnet Matthatias als Provençalen: יוחנן בן מתתיה פרובינצ׳י (zu No. 271 Ende). Vgl. über Matthatia, seine Abstammung und seine Nachkommen die gelehrte Monographie von N. Brüll in seinen Jahrbüchern zur jüd. Gesch. und Literatur I. 87 fg. Daselbst ist auch überzeugend nachgewiesen, daß die Familiennamen Treves, Tribes von dem Ortnamen Troyes abgeleitet sind und zwar von der Schreibung טרוייש im Hebräischen. Der Name wurde auch verdorben ausgesprochen Dreifuß und Tresousse.

Isaak b. Jakob de Lates, der in einigen Werken vorhandenes Material, auch Litterarhistorisches unselbstständig zusammengetragen hat¹).

In Deutschland, dessen Rabbinen einst so stolz auf ihre Erbweisheit waren, hat der schwarze Tod mit seinem Gefolge von Judenschlächtereien und Ausweisungen die Schaar derselben so sehr gelichtet, daß auch hier eine außerordentliche Geistesarmuth eintrat. Unberufene und Halbwisser mußten aus Mangel an besseren Kräften zu rabbinischen Funktionen zugelassen werden. Diesem Uebelstande arbeitete ein Rabbiner entgegen, der zu jener Zeit als eine hohe Autorität in Deutschland galt: Me√r b. Baruch Halevi (um 1360—90). Rabbiner in Wien, wie sein Vater es war, erließ Me√r eine Verordnung, daß kein Talmudjünger rabbinische Funktionen ausüben dürfe, ohne vorher von einem bewährten Rabbinen dazu ermächtigt worden zu sein²). Bis dahin war es nämlich Brauch, daß Jeder, der in sich die Fähigkeit und den Beruf fühlte, die Rabbinatswürde ohne weiteres bekleidete und sich allenfalls, wenn er sich in der Nähe seines Lehrers niederließ, die Erlaubniß dazu von demselben ertheilen ließ. Da es namentlich in Deutschland seit der Zeit des R. Gerschom von Mainz stets bedeutende Talmudkun-

---

¹) J. de Lates historisches Compendium unter dem Titel שערי ציון ist vollständig edirt von Sal. Buber (Jaroslaw 1885) mit allseitiger Gründlichkeit nach Art dieses gelehrten und verdienstvollen Herausgebers. Dieses Compendium ist eine Einleitung zu einem talmudisch-rabbinischen Werke הולדות יצחק, Handschrift in der Bodleiana. Lates war ein Städtchen in Frankreich am Mittelmeere, wonach viele jüdische Schriftsteller benannt waren. Man darf also nicht lesen: Latas, allenfalls Lattes. Buber hat nachgewiesen, daß de Lates in diesem Compendium Vieles compilirt hat und nicht sehr ehrlich.

²) Dr. B. H. Auerbach (ברית אברהם p. 6, Note) hat nachgewiesen, daß die Verordnung in Betreff der מורנו-Würde von Meïr b. Baruch Halevi (ר' מאיר סגל) ausgegangen ist, wie es auch aus den Respp. des Isaak b. Scheschet No. 268—272 hervorgeht. Sein Zeitalter ist dadurch angegeben, daß diese Responsen noch vor der zweiten allgemeinen Vertreibung der Juden aus Frankreich 1394 und lange vor den ersten Judenverfolgungen in Spanien 1391 erlassen sind. In einer Notiz über Meïr in Wien findet sich das Datum 1364: אני הבוחב מעיד שבירושלים אין סנהדרין בבית הכנסת כלל וזה ספרתי למהר״ר מאיר בן ברוך הלוי בשנת קכ״ד. Der Judenmeister (Rabbiner) Baruch von Wien, mit dem sich die Herzöge Albrecht und Leopold über die Bürgschaft von 20,000 Gulden, Juni 1367, geeinigt haben (Winer, Regesten S. 225 No. 83), scheint dessen Vater gewesen zu sein. In Maharil's und Isserlein's Respp. kommt sein Name öfters vor. Israel Isserlein bezeugt, daß die Familie aus der Rheingegend stammte (Pesakim No. 63): הסכמת הזקן המופלג מהר׳ מאיר סג״ל אשר הוצאותיו מארץ רינוס.

bige gegeben hat, so wirkte die öffentliche Meinung dem Mißbrauch dieser Freiheit entgegen. Denn ein Unberufener, der sich die Rabbinatswürde angemaßt hätte, wäre dem Gespötte und der Verachtung von nah und fern verfallen. In der Zeit nach dem schwarzen Tode dagegen war beim Mangel an Talmudkundigen diese öffentliche Ueberwachung nicht mehr vorhanden. Die Anordnung des Meïr von Wien, daß jeder Rabbiner erst dazu ordinirt werden, sich die Würde (Morenu) erwerben müsse, sonst aber namentlich mit Eheverhältnissen, Trauungen und Scheidungen sich nicht befassen dürfe, ging demnach aus einem Zeitbedürfnisse hervor und war keine Anmaßung von Seiten des Urhebers. Die Geistlosigkeit auch der angesehensten deutschen Rabbinen in jener Zeit zeigt sich auch darin, daß nicht Einer von ihnen irgend ein bedeutendes talmudisches Schriftwerk hinterlassen hat, daß sie vielmehr sämmtlich einen Weg einschlugen, der so recht geeignet ist, Stumpfsinn zu erzeugen. Meïr Halevi's Zeitgenossen **Abraham Klausner**[1]), ebenfalls in Wien, und **Schalom aus Oesterreich**, Rabbiner in Wiener-Neustadt (der aus übertriebener Scrupulosität den Wohnort seiner Vorfahren nicht verlassen mochte), verlegten sich lediglich darauf, die Bräuche der Gemeinden (Minhagim), denen früher nur eine geringe Auf-

---

[1]) Die מנהגי מהר' אברהם קלויזנר oder מנהגי אוישטריך יסד מהר' אברהם קלויזנער sind edirt. Eisak Tyrnau, Verf. der מנהגים (öfter edirt) bemerkt in der Einl. dazu: יען נחמעטו הלומדים ותלמידי חכמים בעוונות הרבים ... ואפס אנשי אמנה יהודה שנאסתריך עד שראיתי ישוב או קהלה שלא נמצא בהן ב' או ג' אנשים היודעים אמיתת מנהג עירו. ואנכי הצעיר אייזק טירנא הייתי בימי גדלותי בין ב' דחכמים המקובלים מהר' שלום ומהר' אברהם קלויזנער ... וכתבתי מנהגים מרבותינו הגרים שטייארמארק ומעדרדרין. Der Herausgeber der Minhage Maharil, Namens **Salomo Steinward**, bemerkt in der Einl. dazu: er habe auch die Minhag-Angaben des Schalom von Oestreich und des Abraham Klausner eingereiht הוספתי בכמה מקומות דברי הר' שלום מאושטריך ורוב מנהגיו עשה אחריו ... ועוד ודוא היה רבו מובהק של מהר' יעקב סגל (מהרי"ל) ... הוספתי ביש מקומות מנהגי הר' אברהם קלויזנר והוא היה גדול בדורו. Die Zeitgenossenschaft des Meïr von Wien und des Abraham Klausner giebt eine Notiz des Jakob Weil (Resp. No. 151 auch in Respp. von Jsserlein No. 125): בינא היה (וכן הר' מאיר הלוי ומהר' אברהם קלויזנר (בזמן אחד). Schalom aus Wien gehört derselben Zeit, da sein Jünger Eisak Tyrnau zugleich Jünger des Abr. Klausner war. Eisak Tyrnau muß noch vor der umfangreichen Judenverfolgung in Oestreich, vor 1421, gestorben sein, da er den Bestand der österr. Gemeinde voraussetzt. Falsch ist daher bei Wolf I. No. 214: daß Eisak T. 1470 geblüht. Es folgt auch daraus, daß Maharil, Eis. Tyrnau's College, 1427 starb und mehr als 30 Jahre Rabbiner war. — Daß Schalom in Schweidnitz war, bezeugt Maharil (Hilchot Sabbat): אמר הר' שלום ... כשהיה בשווידניץ ראה. Rabbiner war er aber in W.-Neustadt, woher auch seine Eltern stammten: שכן בשבת שלחם האפוי בשבת לקוטי מהרי"ל: אמר מהר' שלום לעולם ידור אדם במקום אבותיו כמצות חכמים לולי זה כבר העתקתי אהלי כמה פעמים מעיר נייששט.

merksamkeit geschenkt wurde, niederzuschreiben und zu verewigen. Sie und ihre Jünger Eisak Tyrnau (aus Ungarn), den eine Sage zum Vater einer schönen Tochter in einem eigenthümlichen romantischen Gewebe machte¹), und Jacob Mölin (Maharil) haben nur solche geistlose Zusammenstellungen hinterlassen, die sie von ihren Lehrern überkommen hatten. Wenn diese östreichische Schule, welche damals das Uebergewicht hatte, so geistesarm war, um wie viel mehr die rheinische, von der nur Namen bekannt sind. Ein Rabbiner von Straßburg aus dieser Zeit ist nur durch seine Schicksale bekannt geworden. Samuel Ben-Aaron Schlettstadt²), welcher bereits mehrere Jahre in der Hauptstadt von Elsaß fungirt hatte, wurde beschuldigt, ein strenges Gericht über zwei jüdische Verräther geführt zu haben, weil sie den benachbarten Raubrittern, den Herren von Anblau, zum Nachtheil der Juden Kundschaft hinterbracht hatten. Einer von ihnen, Namens Salamiel, wurde durch

---

¹) Aus dem Besitze des Dichters David Franco theilte Gabriel Polak einen eigenthümlichen Roman mit, worin Eisak Tyrnau und seine schöne Tochter die Hauptrolle spielen (in einem Werkchen מעשה רב אצבע אלהים oder שארית להגאון ר' יצחק טירנא בעל המנהגים, Königsberg 1859). Ein schöner Erbherzog habe sich in Eis. Tyrnau's schöne Tochter verliebt und dem Vater das Versprechen abgenommen, wenn er einst ihrer Hand würdig, d. h. ein tüchtiger Talmudist werden würde, sie ihm nicht zu versagen. Er sei dann hinter dem Rücken seiner Mutter auf Reisen gegangen, habe sich seiner Begleiter durch Gift entledigt, sei in ein Bet-ha-Midrasch eingetreten und habe sich mit so vielem Eifer auf das Talmudstudium geworfen, daß er in ein bedeutender Jünger (Bachur) geworden sei. Dann unerkannt in das Lehrhaus des Eisak Tyrnau eingetreten, habe er sich zuletzt zu erkennen gegeben, denselben an sein Versprechen erinnert und die schöne Rabbinertochter geheirathet. Die trostlose Herzogin-Mutter, welche ihren verschwundenen Sohn überall hatte suchen lassen, sei selbst, von der Schönheit des jungen Paares angelockt, bei dessen Hochzeit zugegen gewesen, ohne ihren Sohn zu erkennen. Durch eine Badefrau, die ihn an einem Maale erkannte, sei er verrathen worden, habe indeß seine fürstliche Abkunft hartnäckig geleugnet und sei vom Kaiser zum Tode verurtheilt worden. Seine unglückliche Mutter habe sich an den Juden Tyrnau's und besonders an dem Rabbiner Eisak rächen wollen. Da habe sie ihr Sohn im Traume gewarnt, und sie habe sich mit der Vertreibung der Juden aus Tyrnau begnügt.

²) Vgl. über ihn aus einem Berichte von Joseph Loan's oder Joselmann (Joselin) Rosheim abgedruckt, Monatsschr. 1875, 409. Die Bannformeln, abgedruckt in Coronel's Sammelwerk ה' קינטרסים p. 108b, vergl. das. p. 111b ff. und Orient VI. 739. Ausführlich zusammengestellt: Carmoly. la France Israelite p. 138 f. und S. Landauer, „ein gelehrter Rabbi auf der Festung Landsberg" Gemeindezeitung für Elsaß-Lothringen 1880 No. 15. Schlettstadt's Enkel (Ahron b. Abraham?) hat eine Nomenclatur der Tosafisten unter dem Titel שם הגדולים zusammengestellt, edirt in Ben-Jakob's Debarim Attikim p. 7 ff. Derselbe hat demnach in der ersten Hälfte des XV. Jahrhunderts gelebt.

des Rabbiners Urtheil ertränkt, der andere entkam, rettete sich
zu seinen Freunden, den Anblau, trat zum Christenthum über und
wurde um so giftiger gegen seine Stammgenossen. Die Anblau
sagten in Folge dessen der Stadt Straßburg Fehde an. Samuel
Schlettstadt war aber noch glücklich genug, sich in die Burg Hohenlandsburg (bei Colmar) flüchten zu können, wahrscheinlich unter dem
Schutze eines den Anblau feindlichen Ritters (um 1376). Hier
brachte er mehrere Jahre zu, weil die Gemeinde von Straßburg den
Zorn oder die Habgier seiner Feinde nicht beschwichtigen konnte. In
der Einsamkeit des Burglebens, wo er von Familie und Glaubensgenossen getrennt war, füllte das Talmudstudium seine Muße aus.
Hat Samuel Schlettstadt während dieser Haft etwa gleich **Meïr von
Rothenburg** scharfsinnige Auslegung des Talmud zu Tage gefördert? Auch das nicht einmal; er arbeitete lediglich ein bereits
vorhandenes, doch ziemlich geistloses Sammelwerk (Mardochai) des
Mardochaï b. Hillel (B. VII$_2$ S. 252) um und veranstaltete daraus
einen Auszug[1]), ein laut sprechendes Zeichen der Kraftabnahme und
der Unselbstständigkeit — eine Schlingpflanze, die sich an eine andere
anlehnt. Samuel Schlettstadt wurde aber aus dem Stillleben auf
Hohenlandsburg aufgestört, von Juden selbst angeklagt, den Tod eines
Glaubensgenossen herbeigeführt zu haben, mußte heimlich entfliehen,
drang bis zum Morgenlande vor und wußte sich einen Bannspruch
von Autoritäten zu verschaffen, von dem Exilsfürsten **David b.
Hodaja** aus Babylonien und vom Rabbinat in Jerusalem, vermittelst
dessen die Gemeinde von Straßburg gezwungen wurde, sich wirksamer
für ihn zu verwenden und ihn schadlos zu halten. Der Kahn, welcher
ihn bei seiner Rückkehr über den Rhein setzen sollte, und auf dem sich
sein Sohn befand, schlug aber um, und der unglückliche Vater mußte vom
Ufer aus den Tod seines Sohnes, dem er schon die Arme entgegen-
gestreckt hatte, mit ansehen. Er klagte sich der Schuld am Tode
seines Sohnes an, weil er gegen seine Gemeinde einen so heftigen
Bannspruch veranlaßt hatte. — Samuel Schlettstadt mag in dem
blutigen Gemetzel mit umgekommen sein, welches die Bürger von
Straßburg in Verbindung mit den Anblau an der Gemeinde einige
Jahre später[2]) verübt haben. An grausigen Metzeleien der Juden
in Elsaß hat es in dieser Zeit nicht gefehlt, während des Krieges
Karls des Kühnen von Burgund gegen den Herzog von Lothringen
und des aufständischen elsäßischen Städtebundes gegen den Kaiser.
Fast alle die Juden von Colmar, Schlettstadt und noch andern kleinen

---

[1]) מרדכי הקטן oder קצור מרדכי genannt.
[2]) Derselbe Bericht des Joselmann Rosheim zum Schluß.

Städten kamen durch Schwert oder den Galgen um¹). Schweizerische Soldbanden und städtische Schützenschaaren wetteiferten mit einander, die Juden dieses vielumstrittenen Landes todtzuschlagen oder zur Taufe zu zwingen. Sie wurden besonders in Deutschland als teuflische Creaturen angesehen, welche den Christen Unheil bringen und daher vertilgt werden müßten.

Durch die Unglückstage des schwarzen Todes und seiner Folgen waren die alten Erinnerungen so sehr erloschen, daß die rheinischen Rabbinen sich veranlaßt sahen, wegen Meinungsverschiedenheit über eherechtliche Punkte eine Synode zu veranstalten, lediglich zu dem Zwecke, alte Verordnungen wieder aufzufrischen. Auf der Versammlung zu Mainz (15. Ab = 5. August 1381)²) erneuerten einige Rabbinen im Verein mit Gemeindevorstehern die alten Bestimmungen von Speier, Worms, Mainz (Tekanot Schum VII.₂ S. 23): daß die kinderlos gebliebene Wittwe ohne Prellerei und Verzögerung von der Schwagerehe entbunden werden und einen festbestimmten Antheil an der Hinterlassenschaft ihres Gatten erhalten sollte. Von den an dieser Synode betheiligten Rabbinen hat indeß auch nicht ein Einziger einen Namen von Klang hinterlassen. — Unter allen deutschen Juden wurden in dieser Zeit diejenigen, welche unter dem Erzbischof von Mainz, Adolf von Nassau, standen — nächst denen in der Reichsstadt Regensburg — verhältnißmäßig am glimpflichsten behandelt. Während sie überall, wo sie von neuem Aufnahme gefunden hatten, geplagt, gefoltert, wieder ausgewiesen oder niedergemetzelt wurden, wendete der Mainzer Kirchenfürst ihnen besondere Gunst zu (1384). Er befreite die zu seiner Botmäßigkeit Gehörigen von dem Zwange der geistlichen Gerichtsbarkeit, stellte einen Rabbinen, Isaak von Wydave, als ihren ständigen Richter an und hob den schändenden Würfelzoll auf. Jeder reisende Jude mußte nämlich bis dahin eine Anzahl Würfel an den Mauthäusern des Mains und Rheins entrichten, zur Erinnerung an das angebliche Würfeln um Jesu Kleider³).

¹) Tagebuch des Joselmann Rosheim, abgedruckt in Revue des Etudes juives T. XVI. p. 88, vergl. das. T. XIII. p. 63. ²) Vergl. Note 5, 1.
³) Schaab, diplomatische Geschichte der Juden zu Mainz S. 107: Eine Urkunde von 1384: „auch haben wir Jn (unsern Juden) besunder gnade gethan, daß sie diese nesten Druck jare keine Würffelen an unsern Zellen zu Wasser oder zu Lande nit geben dorffen." Eine andere Urkunde von demselben Jahre: „Uff Rine oder uff Meyne daß sie alle Juden Mann und Wyp in fürbasser keine Wurffslen zu begehren haben." Vollständig aufgehoben wurde der Würfelzoll erst 1422, Stobbe Juden in Deutschland S. 217 No. 45. Die Urkunde über den Judenmeister Isaak von Wydave, Schaab das. S. 108.

Zweites Capitel.

Das Zeitalter des Chasdaï Crescas und Isaak b. Scheschet.

Die Juden in Castilien nach dem Bürgerkriege. Verhalten Heinrich II. gegen sie. Joseph Pichon und Samuel Abrabanel. Die judenfeindlichen Cortes und der noch feindseligere Klerus. Die Apostaten, Johannes von Valladolid und Disputationen. Mose de Tordesillas und Schem-Tob Ibn-Schaprut. Ibn-Esra's Ausleger. Menahem b. Zerach, Chasdaï Crescas und Isaak Ben Scheschet. Chajim Galipapa und seine gesunden Ansichten. Vorgänge unter den französischen Juden. Tod des Manessier de Vesou, seine Söhne. Aufstand in Paris gegen die Juden. Der Prévôt Aubriot. Der Streit um das französische Oberrabbinat zwischen Jochanan b. Matthatia und Josua b. Abba Mari. Die Einmischung des Wiener Rabbiners Meïr Halevi und der Spanier Chasdaï Crescas und Ben-Scheschet. Entartung des jüdischen Adels in Spanien; Angeberei und Blutgerichte.

(1369—1380.)

Das Herz des jüdischen Stammes war nicht minder wund und siech geworden wie seine Glieder. Auch in Spanien arbeitete äußerer und innerer Verfall daran, den festen Kern der Judenheit, welcher bis dahin allen ätzenden Säuren kirchlicher und staatlicher Elemente getrotzt hatte, aufzulösen. Der Prinz, dem die Juden Castiliens unter der Fahne loyaler Treue so sehr Widerstand geleistet, gegen den sie mit bewaffneter Hand gekämpft hatten, der Bastard Don Heinrich von Trastamara, der Rebell, welcher den Einfall raublustiger Schaaren und den Bürgerkrieg ins Vaterland gebracht, der Brudermörder, welcher die Bande der Natur und des Gesetzes zerrissen hatte, ergriff nach dem Siege bei Montiel mit bluttriefender Hand das Scepter und setzte die geraubte Krone von Castilien auf sein sündhaftes Haupt. Von der zahlreichen jüdischen Bevölkerung war ein großer Theil, Bewaffnete wie Wehrlose, durch den langjährigen erbitterten Bruderkrieg im Felde, in den belagerten Städten und durch Raubschaaren der weißen Compagnie, aufgerieben.

Die größte jüdische Gemeinde der castilischen Hauptstadt „die Krone Israels" im Mittelalter, gewissermaßen das jüdische Jerusalem im Abendlande, Toledo, zählte nach Aufhebung der Belagerung nicht so viele Hunderte, als sie früher Tausende gezählt hatte. Der

Ueberrest der Juden in Castilien war durch Plünderung und Brandschatzung von Feind und Freund an den Bettelstab gekommen. Nicht wenige hatten sich aus Verzweiflung dem Christenthume in die Arme geworfen. Ergreifend schildert ein Zeitgenosse (Samuel Çarça) den trostlosen Zustand der castilianischen Gemeinden in dieser Zeit. „In Wahrheit, es folgten Plünderer auf Plünderer, der Pfennig schwand aus dem Beutel, die Seele aus dem Körper, alle Vorwehen der messianischen Zeit sind eingetroffen, nur der Erlöser kommt nicht"¹). Hatten nicht die wenigen übriggebliebenen Juden nach Don Heinrich's Siege Grund zu zittern? Er hatte die Begünstigung der Juden von Seiten seines Bruders Don Pedro zum Vorwande seines Krieges gegen ihn gebraucht²). Nun war er Herr ihres Geschickes geworden. Wird er nicht, ein zweiter Vespasian oder Hadrian, den Fuß auf den Rücken der Besiegten setzen? Zwar so schlimm, wie sie es befürchtet hatten erging es ihnen nicht. Don Heinrich II. konnte die Juden ebenso wenig entbehren wie seine Vorgänger und wie die französischen und deutschen Fürsten. Die jüdischen Finanzmänner waren allein im Stande, den Staatshaushalt in Ordnung zu erhalten. Und Don Heinrich hatte sie mehr denn je von Nöthen. Er hatte während des Krieges für die Besoldung der Schaaren, welche ihm du Guesclin zugeführt hatte, Schulden gemacht und anderweitige Versprechungen für geleistete Hilfe gegeben, welche gelöst werden mußten. Das Land war durch die langjährigen Kriege verarmt. Wer sollte die nöthigen Summen beschaffen und für regelmäßige Einnahme der Steuern sorgen, wenn nicht die Juden? Auch war er nicht blind gegen das Verdienst der Juden, welches in ihrer standhaften Anhänglichkeit an seinen Bruder lag. Statt die Besiegten zu bestrafen, schätzte er ihre Treue und äußerte sich: „Solche Unterthanen müsse ein König lieben und belohnen, weil sie die gebührliche Treue ihrem besiegten König bis zum Tode bewahrten und nicht zum Sieger überliefen³). Nichtsdestoweniger legte er der ohnehin verarmten Gemeinde von Toledo aus Rache wegen ihrer Parteinahme für seinen Bruder, aber auch aus

---

¹) Vergl. das Citat B. VII₃. S. 407 auch Menahem b. Zerach Zeda la Derech Einl. Jl. de Lates a. a. O. Ende: הכמזר (דון אינריקו) הרג רוב היהודים הנשארים בספרד והנשארים נסו גם נעו לחרפה ולשבי ולבזיון.

²) B. VII₂. S. 401.

³) Imanuel Aboab Nomologia p. 290: Estimó en mucho el prudente Rey don Henrique la constancia de los Hebreos, y dixo: que tales vasallos come aquelles devian los reyes amar mucho y premiarlos, quales tenian mas respecto à la fidelidad de vita a su Rey aunque vencido y muerto, que no á la presente fortuna del vencedor, y despues se le entregaron con partidos muy honrosos.

Geldverlegenheit eine unerschwingliche Summe von 2000 Goldbublonen als Strafgeld auf, mit der Vollmacht für seinen Schatzmeister, die Zahlung durch den Verkauf der Möbel und der Liegenschaften der Juden zu erzwingen; wenn diese nicht ausreichen sollten, von Vermögenden durch Entziehung von Speise und Trank und durch Folterqualen zu erpressen und die Unvermögenden als Sklaven zu verkaufen, bis die Summe vollgezahlt sein würde[1]; (6. Juni 1369).

Don Heinrich ließ sich indeß dasselbe zu Schulden kommen, womit er seinen Bruder in den Augen der Christenheit gebrandmarkt hatte; auch er verwendete fähige Juden zum Staatsdienste und vertraute ihnen namentlich das Finanzwesen an. Zwei Juden aus Sevilla übergab er wichtige Aemter, Don **Joseph Pichon** und **Don Samuel Abrabanel**. Der Erstere war Steuereinnehmer und Almoxarife des Königs und stand bei ihm in hohen Ehren[2]. Welches Amt Samuel Abrabanel bei Hofe bekleidet, ist nicht bekannt; er hatte jedenfalls bedeutenden Einfluß[3]. Noch andere durch Gewandtheit oder Geldmittel hervorragende Juden hatten keinen Zutritt zu Don Heinrich's Hof[4].

---

[1] Amador de los Rios, historia ... de los Judios de España y Portugal II. 312 f. und die Urkunde Documentos justificativos VIII. p. 571. Der gelehrte Don José Amador de los Rios, welcher zuerst in Spanien die Geschichte der Juden mit Unparteilichkeit behandelt hat, schrieb 1848 Estudios historicos politicos y literarios sobre los Judios de España in einem Band, welchen er als Essais — Ensayos — bezeichnete. Statt einer verbesserten Auflage verfaßte er das umfangreiche Werk historia social, politica y religiosa d. l. J. in drei Bänden 1875—76, wobei er viele neue Quellen benutzt hat. In den Citaten aus diesem letzten Werke bezeichnete ich es kurz Amador. Dagegen das erste Werk A. Estudios.

[2] Ayala cronica II. zum Jahre 1379 c. 3.

[3] Menahem b. Zerach a. a. O.: דון שמואל אברבנאל ... כתושבי אישביליא אשר עזרו לצאת מתוך ההפכה ... ומצאתיו בעל שכל אוהב החכמים ומקרבן ומטיב להם ... וכראותי כי דרולכים בחצר אדוננו המלך .. הם מגן וצנה לשאר עם כל איש לפי מעלת Ob unter dem: שר אחד מבני אברבאניל בא משבילא ארץ מולדתו in dem langen Dialog in Schebet Jehuda (No. 7, p. 10) Samuel Abrabanel zu verstehen sei, ist um so weniger zu entscheiden, als der Dialog jedenfalls fingirt ist (vergl. Note 4). Wenn der Kern historisch sein sollte, so müßte er in Don Heinrich's II. Zeit spielen, und man müßte dann im Anfang lesen: ויכוח היה בין (בן) המלך אלפונסו מספרד עם טובאט Allein der Passus p. 17 setzt das Vorhandensein von vielen jüdischen Zwangstäuflingen voraus, was erst im fünfzehnten Jahrhunderte vorkam: אמר המלך אני רחוק מדעת המלכים שקדמוני אשר בקשו להכריח היהודים באמונת ישו לבסוף לא עלתה בידם כי בחדרי משכיתם הם יהודים בכל תנאיהם וכבר אמרו כי שלשה מיתות אכזריות הם מי הבעטישטמו על איש ידודי והמים הנופלים בים והמים שעל היין.

[4] Folgt aus Menahem b. Zerach's Worten oben. Vergl. auch Respp. Isaak b. Scheschet No. 197: ראובן היה חייב ללוי ז' אלפים במשכונה. על קרקעות מן המטבע הישן ואח"כ המלך דון אנריק עשה מטבע חדש שלא היה שוה רביע כמטבע הראשון וזה עשה

Allein wenn auch der König den Antheil, den die Juden an dem Kriege gegen ihn hatten, ihnen rachsüchtig nicht nachtrug, so vergaß ihn die Bevölkerung nicht. Der Adel und die Bürger konnten es ihnen nicht verzeihen, daß sie ihnen in den belagerten Städten und in offener Feldschlacht als Feinde gegenüber gestanden hatten. Rachegefühl und Judenhaß machten sie blind gegen den Vortheil, welchen die Juden der Wohlfahrt des Staates brachten, und sie sannen nur darauf, ihre Leidenschaften zu befriedigen. Jene waren die Besiegten, darum sollten sie zu einer Art Knechtschaft gedemüthigt werden. Die feindselige Stimmung der Bevölkerung gegen die Juden machte sich gleich bei dem ersten Zusammentritt der Cortes von Toro (1371) Luft. Hier eröffneten die Judenfeinde ihre ersten Angriffe. Die Cortes beklagten sich beim König, daß dieses „schlimme und kecke Geschlecht", diese Feinde Gottes und der Christenheit, „hohe Aemter" bei Hofe und bei den Granden des Reiches bekleideten, daß ihnen die Steuerpacht übergeben worden sei, und daß sie dadurch schwache Christen in Abhängigkeit und Furcht erhielten. Die Cortes stellten daher bestimmte Forderungen in Betreff der Juden an die Krone: Sie sollten fernerhin zu keinerlei Amt zugelassen werden, in eignen Judenvierteln, gesondert von der christlichen Bevölkerung, wohnen, das Judenabzeichen zu tragen gezwungen werden, nicht in reichen Gewändern öffentlich erscheinen, nicht auf Mauleseln reiten und endlich keine christlichen Namen führen dürfen. Don Heinrich kamen diese Forderungen ungelegen; allein er konnte nicht umhin, ihnen Zugeständnisse zu machen. Zwar verwarf er die meisten Punkte mit der Bemerkung, daß er sich bei der Behandlung der Juden das Verfahren seiner Voreltern und namentlich seines Vaters, Alfonso XI, zur Richtschnur nehmen werde. Aber die zwei Beschränkungen, die er zugestand, waren, wenn auch nicht materieller Natur, doch von sehr schlimmer Wirkung. Die castilianischen Juden sollten das entehrende Abzeichen tragen und die landesüblichen Namen ablegen[1]). Dadurch war ihr castilianischer Stolz, den sie mit den Granden und Hidalgos theilten, aufs Tiefste verletzt. Anderthalb Jahrhunderte bestand bereits das kanonische Gesetz für das Judenabzeichen, die Ausgeburt päpstlicher Unduldsamkeit und Lieblosigkeit, seit Innocenz III., die Juden Castiliens hatten sich dessen so lange zu erwehren gewußt,

בעבור שלא היה יכול לתת שבר שבר לחילותיו . . . ואחר שנים כשנתישב במלכותו וראה כי היה
נכון הפסד גדול בכל מלכותו מן המשבע ההוא . . . ופסל אותו. וראובן זה שהיה הולך בחצר
המלך כשרבץ רצון המלך ודעתו לבטל המטבע הדוא . . . שם ו׳ אלפים . . לפרעון לוי וכו׳.

[1]) Cortes de Leon y Castilla; Lafuente, historia general de España VII. p. 328. Amador das. 316 f.

und nun sollten auch sie die Brandmarkung an ihren Gewändern zur Schau tragen. Sie, die gewöhnt waren, das Haupt hoch zu erheben und klingende Namen zu führen, sollten gesenkten Blickes, wie die deutschen Juden, einherschleichen und bei den morgenländischen Namen angerufen werden. Sie konnten sich nicht in diese für sie so erbitternde Lage finden. In Folge des Geschreies derer, welche sich durch Darlehen von jüdischen Gläubigern ruinirt hatten und über maßlosen Wucher klagten, machte Don Heinrich auch einen Eingriff in ihr Privatrecht. Er bestimmte, daß die christlichen Schuldner, wenn sie in kurzer Frist ihre Schulden tilgten, nur zwei Drittel des Kapitals zu zahlen hätten[1].

Das Elend in Folge des Bürgerkrieges und die neue Demüthigung wirkten niederbeugend auf die castilianischen Juden. Die jüdischen Großen, welche Zutritt zum Hofe, Reichthum und Einfluß hatten, namentlich Samuel Abrabanel, gaben sich zwar Mühe, dem trostlosen Zustand abzuhelfen und besonders die tiefgesunkene, verarmte und zerrüttete Hauptgemeinde in Toledo wieder aufzurichten. Indessen vermochte sie nicht den erloschenen Glanz wieder aufzufrischen; denn die Toledaner Gemeinde verdankte ihre Stellung als Tonangeberin in der Judenheit ebensosehr der kenntnißreichen Bildung und der geistigen Gehobenheit, wie dem Wohlstande ihrer Glieder. Der unglückliche Krieg mit seinen Folgen hatte aber den Sinn stumpf gemacht und das Interesse vom Geistigen auf das Leibliche gelenkt. Die Verkümmerung nahm daher mit Riesenschritten zu. Die Theilnahmlosigkeit an wissenschaftlichen Bestrebungen erzeugte eine so auffallende Unwissenheit, daß Dinge, welche früher jedem Halbgebildeten geläufig waren, in dieser Zeit als eine unerreichbar hohe Weisheit galten, um die man sich auch gar nicht kümmerte[2]. Als Beispiel der Geschmacklosigkeit, in welche die neuhebräische Poesie gesunken war, zeugen die Verse des Dichterlings Zarak (Zerach) Barfat, welcher das Kunstwerk Hiob durch poetische Umschreibung entstellt hat[3]. Und gerade damals waren Männer von Geist und Kenntnissen, welche sich vor den Riß hätten stellen können, unentbehrlich. Denn die Vertreter des Christenthums fingen damals an, mit Nachdruck Angriffe auf das Judenthum zu machen, um dessen Bekenner zum Abfall zu bewegen.

Don Heinrich hatte der Geistlichkeit viel zu danken; sie hatte

---

[1] Cortes de Leon etc.
[2] Samuel Çarça (Ms.) Einl.: מכלל יופי משתתח שהתורה בראותי זה כל ועם
מישראל ואפילו דברים דגלויים היו משתכחים מישראל וכל שכן הפנימיים וכו׳.
[3] Vergl. darüber Carmoly Orient, Jahrg. 1841 Ltb. col. 235 und die Berichtigung des Dr. Beer das. col. 312 ff. Zarak's Gedicht wurde verfaßt 1364.

seinen Kronenraub geheiligt und seine Legitimität sanctionirt. Aus Dankbarkeit und auch aus falscher Religiosität machte er ihr Zugeständnisse. Auf seinen Befehl mußten die Juden wieder zu widerlichen Religionsdisputationen herhalten, wobei viel zu verlieren und wenig zu gewinnen war, weil in diesem Wortkampf Licht und Luft ungleich vertheilt waren. Zwei getaufte Juden erhielten vom Könige die Befugniß, in jeder Provinz oder Stadt Castiliens Religionsgespräche veranstalten zu dürfen und die Juden zu zwingen, sich auf ihre Einladung dazu einzufinden.

Einer dieser Apostaten war **Johannes von Valladolid**[1]). In **Burgos** fand die Disputation in Gegenwart des Erzbischofs **Gomez von Toledo** statt. In Avila mußte sich die ganze Gemeinde in die große Kirche begeben (1375), wo im Beisein vieler Christen und Mohammedaner disputirt wurde. Von Seiten der Juden führte der auch mit den christlichen Religionsquellen vertraute **Mose Kohen de Tordesillas** das Wort. Der Arme ging mit Zagen an dieses gefährliche Geschäft. Er hatte die christliche Liebe bereits empfunden. Während des Bürgerkrieges hatten ihm christliche Banden alle Habseligkeiten geraubt und ihn auch körperlich mißhandelt, um ihn zur Annahme des Christenthums zu zwingen. Er bestand zwar alle diese Prüfungen mit dem Muthe fester Ueberzeugung, verarmte aber so sehr, daß er von der Gemeinde von Avila Unterstützung annehmen mußte[2]).

Allzuschwer wurde indeß Mose von Tordesillas das Disputiren nicht gemacht. Denn da der getaufte Johannes von Valladolid sich anheischig machte: Die Dogmen des Christenthums, Jesu Messianität, Göttlichkeit und Menschwerdung, die Dreieinigkeit und die Jungfräulichkeit der „Gottesmutter" aus dem alten Testamente zu beweisen, so war es seinem jüdischen Gegner leicht, die allzuerbärmlichen

---

[1]) Dieser Convertit wird öfter von Alfonso de Spina in dessen Fortalitium fidei unter dem Namen Johannes conversus oder magnus Johannes citirt und ist verschieden von Alfonso de Valladolid. Er allegirt von ihm, daß er vierzig Jahre nach dem Vorfall des Propheten von Avila 1295 geboren sei, 1335. In consideratio VII theilte er von demselben mit: qui (Johannes) ex praecepto regis in civitate Burgensi coram domino Gomecio, Archiepiscopo Toletano, cui rex negotium commisit, disputavit cum sapientibus Judaeorum. Dasselbe erzählt Mose de Tordesillas in עזר האמונה (Ms.) Einl. (5135 = 1375 שנת צֻה"ל) שני אנשים (לאבילה) ובאותו השנה באו לכאן בני בליעל וקשים שהטירו הוראנו ובחרו להם תורה חדשה בכח מכתב אדונינו המלך בכל מחוז ופלך שהדרשה להם לאסוף את כל היהודים לכל מקום שירצו ובכל זמן שיחפצו להתוכח עמהם באמונתם ודתיהם ויזמנו אותנו בתחילה לבית כנסתם הגדולה.

[2]) Einleitung zu עזר האמונה.

Beweise zu widerlegen¹). Nach vier Disputationen mußte Johannes als besiegt sein Vorhaben aufgeben. Aber damit war die Sache noch nicht zu Ende. Bald darauf erschien ein Jünger des Apostaten Abner-Alfonso (VII₂., 318) und forderte Mose de Tordesillas auf, sich mit ihm in eine Disputation über den Talmud und Agada-Sentenzen einzulassen. Im Weigerungsfalle drohte er ihm, öffentlich den Talmud als Fundgrube christenfeindlicher Aeußerungen anzuklagen. So mußte Mose wieder albernen Behauptungen und Angriffen Stand halten und sich durch dornige Gespräche durchwinden. Auf Anrathen der Gemeinde von Avila schrieb er den Hauptinhalt seiner Disputationen nieder (unter dem Titel Ezer ha-Emuna) und überschickte das Werk der Toledaner Gemeinde, damit sie davon Gebrauch machen sollte, wenn dieselbe Zumuthung auch an sie gestellt würde²). Mose de Tordesillas bewahrte in seinen Religionsgesprächen Kaltblütigkeit und Ruhe, so schwer es ihm auch wurde; kein verletzendes oder scharfes Wort entfuhr ihm, und er ermahnte die Toledaner, sich nicht vom Eifer zu kränkenden Worten hinreißen zu lassen: „Denn die Christen besitzen nun einmal die Gewalt und vermögen die Wahrheit mit Faustschlägen zum Schweigen zu bringen". Toledo, früher die anerkannte Lehrerin in der Judenheit, mußte sich jetzt die Schülerrolle gefallen und sich Formulare für einen Gedankenaustausch vorschreiben lassen.

Als wenn einige tiefer blickende Juden geahnt hätten, daß die schwersten Prüfungen über die spanischen Juden im Anzuge waren, versahen sie ihre Glaubensgenossen für die Zeit des bevorstehenden Kampfes mit Schild und Helm, um nicht von dem unerbittlichen Feinde unbewaffnet überrascht zu werden. Zu gleicher Zeit mit Mose de Tordesillas verfaßte ein anderer spanischer Jude ein polemisches Werk gegen das Christentum zur Abwehr und Angriff, noch viel eingehender als jener. Schem-Tob b. Isaak Schaprut aus Tudela³) wurde schon als junger Mann in die Lage versetzt, seinen Glauben gegen Bekehrungsversuche vertheidigen zu müssen. Der

---

¹) Einleitung zum selben Werke. Unter Anderem bewies der Convertit Johannes aus dem Schluß-ם im jesaianischen Verse 9, 6 לסרבה המשרה Jesu jungfräuliche Geburt von Maria; das regelwidrige ם soll auf Maria anspielen.
²) Das.
³) Vergl. über ihn und sein polemisches Werk אבן בחן die Bibliographen. Wolf und Andere haben ihn mit dem Namen des um ein Jahrhundert früher lebenden Schem-Tob b. Isaak Tortosi (VII₂ S. 113) verwechselt, was de Rossi bereits berichtigt hat in seinen Codices No. 347, 760 und in seinem Dizionario storico s. v. Sprat. Isaak b. Scheschet, der mit ihm correspondirte, ertheilt ihm nur den bescheidenen Titel: החבר הנכון, No. 210, 226, 515.

Cardinal Don Pedro de Luna, der später als Papst Benedict XIII. so viel Verwirrung in die Kirche und so viel Unheil über die Juden gebracht hat, war von Bekehrungseifer und von einer unwiderstehlichen Disputirsucht über Glaubensdinge besessen. In Pampeluna forderte er Schem-Tob Schaprut auf, mit ihm über Erbsünde und Erlösung zu disputiren, und dieser mußte sich dazu in Gegenwart von Bischöfen und gelehrten Geistlichen anschicken[1]). Die Kriegsgräuel[2]) zwischen Castilianern und Engländern, deren Schauplatz Navarra war, zwangen Schem-Tob Schaprut wie viele andere Juden das Land zu verlassen (1378); er ließ sich in dem nahegelegenen Taragona nieder (in Aragonien). Als er hier gewahrte, daß übergetretene Juden von dem Schlage des Johannes de Valladolid von einer förmlichen Wuth besessen waren, über Glaubenspunkte zu disputiren, Schwachköpfe hinüberzuziehen und die Juden und ihre Literatur bei den Machthabern anzuschwärzen, veröffentlichte er (1380) ein umfassendes Werk (Eben Bochan), um alle Scheinbeweise aus Bibel und Talmud, welche von den christlichen Streithähnen geltend gemacht wurden, in ihr Nichts aufzulösen[3]). Es ist ein Gespräch zwischen einem Einheits- und einem Dreieinigkeitsgläubigen, dem der Inhalt der polemischen Schrift des Jakob b. Reuben (angeblich von David Kimchi, VII$_2$. S. 487) zu Grunde liegt. Um die Juden in den Stand zu setzen, sich Waffen aus dem christlichen Arsenal zu holen, übertrug Schem-Tob Schaprut die vier Evangelien auszugsweise in die hebräische Sprache, woran er spitzige Bemerkungen knüpfte. Später fiel ihm die judenfeindliche Schrift des Apostaten Abner-Alfonso in die Hand, und er widerlegte sie Schritt vor Schritt[4]).

Von allzugroßer Wirkung erwiesen sich die polemischen Schriften in der Zeit der Prüfung nicht, wenigstens leisteten sie nicht das, was

[1]) Eben Bochan II. c. 9: אמר שם טוב להיות אכונת דנוצרים תלויה בביאת כשיחם, לכפר עון אדם הראשון ראיתי להביא הנה הוכוח אשר דית לי עם האדון פידרו די לונה קארדינאל מארגין בעיר פאמפלונה בפני הגאונים וחכמים רבים בביתו.

[2]) Vergl. Note 2.

[3]) Der Eingang zu Eben Bochan lautet: אמר המחבר שם ט״ב... מעיר חטילה... בראיתי אני הצעיר בחכמה ובשנים צרות הזמן... רבו בינינו מאנשי בריתנו אשר יצאו מכללנו רודפים אחרינו... להתוכח עמנו ושואלים לנו מהון פשוטי הכתובים וההגדות מהם לקיום דתם ואמונתם ומהם דברי כבושים להבאישנו בעיני הנוצרים אדוננו והם לנו לפה ולמוקש. גם יש עמנו רבים מהכוכבי דנוצרים רוצים להתוכח עמנו. ובעיונינו שרבו לרבות הגלות וסקריו אנו הולכים ודלים ותורה משתכחת מישאל... ואין אנו יכולים להשיב להם כדת וכהלכה לסבת טרדותינו בעסקי ט ובכן חן. כחיתינו נשינו וטפנו ועול המסים עלינו לכן שמתי פני כחלומי לחבר ספר... אבן בחן. Der Schluß des XIV. Abschnittes lautet: ובזה נשלם... אבן בחן בחדש אייר שנת ה' ק' וארבעים ליצירה בעיר טראגונה.

[4]) Das. Abschn. XV.: בחרי ימים רבים מים חברתי ספר זה — היתה עלי יד ה'... ויראני ספר נאצות אשר חבר מאישטרי אלפונשי המומר על ספר מלחמות ה'.

sich ihre Verfasser davon versprachen. Es fehlte im jüdischen Spanien
gerade nicht an Schriften, aber an Männern, an thatkräftigen Charakteren, an gebietenden Persönlichkeiten und Führern, welche durch Geist,
Willensstärke und Haltung, wenn auch nicht die Masse, so doch die
Halbgebildeten zu sich zu erheben und auf sie einen Theil ihres
eigenen Wesens überzuleiten vermocht hätten. Der Bannfluch gegen
die Wissenschaft, welchen die peinliche Angst und die Ueberfrömmigkeit
erlassen hatten, rächte sich gar empfindlich; er erzog ein Zwerggeschlecht
und raubte die Einsicht in die Zeitverhältnisse, welche nur der durch
die Wissenschaft geschärfte Blick zu geben vermag. Selbst die Glaubenstreue litt darunter, daß dem heranwachsenden Geschlechte die geistes-
nährende Brust entzogen wurde. Nur einen einzigen Juden von
tiefer philosophischer Bildung stellte diese Zeit auf, und auch dieser
hatte nicht vermöge seines überlegenen Geistes, sondern wegen seiner
Stellung und talmudischen Kenntnisse einen, allerdings auch nicht allzu
ausgedehnten, Wirkungskreis. Dagegen waren die meisten spanischen
Rabbinen dieser Zeit entweder geradezu Feinde der Wissenschaft und
namentlich der Religionsphilosophie oder doch gleichgiltig dagegen.

Nur Laien befaßten sich damit, aber ihr Geist war nicht davon
durchtränkt und noch weniger schöpferisch. Es ist charakteristisch für
diese Zeit, daß sich kein Einziger mit Maimuni's religionsphilo-
sophischem „Führer" beschäftigte, daß dagegen Ibn-Esra in Mode
kam. Der bruchstückliche Charakter dieses geistreichen, witzigen, mehr
verhüllenden als aufdeckenden Schrifterklärers, seine Gedankensprünge,
das Vielerlei, das er in seinen Schriften niederlegte, sagten der Zerfahrenheit des geistesschwachen Geschlechts mehr zu. Schem-Tob
Schaprut, Samuel Çarça, Joseph Tob-Elem, Esra Gatiño
und noch Andere verfaßten Supercommentarien zu Ibn-Esra's
Pentateuch-Auslegung. Auflösung Ibn-Esra'scher Räthsel oder Geheimnisse und Erläuterungen seiner Dunkelheiten wurden als Auf-
gaben gestellt und beschäftigten größere Kreise ernstlich. Seine Er-
klärer ließen es sich besonders angelegen sein, von ihm den Makel
der Ketzerei und des Unglaubens zu beseitigen und verfielen in das
andere Extrem, ihn gar zum Stockgläubigen zu stempeln.

Die Beschäftigung mit dem geistvollen Ibn-Esra hat den Geist
seiner Ausleger keineswegs gehoben, vielmehr haben sie ihn lediglich
zu ihrer Flachheit herabgezogen. Der Leidlichste unter ihnen war
noch Joseph b. Elieser Tob-Elem Sefardi (aus Saragossa?
blühte um 1330—1370 [1]). Wie sein Vorbild machte auch er viele

---

[1] Joseph Tob-Elem, Verf. des handschriftlichen Ibn-Esra-Commentars
עינים und des edirten Auszuges daraus אהל יוסף, ist vielleicht identisch mit

Reisen, wohnte längere Zeit in Jerusalem und wurde durch Schicksalsschläge nach Damascus verschlagen. In der Gemeinde dieser Stadt bekleidete ein Nachkomme Maimuni's Namens David II. b. Josua¹) das Amt des Rabbiners und Oberrichters unter dem altüblichen Titel Nagid (Fürst), den seine Vorfahren geführt hatten. Auf dessen Zureden verfaßte Joseph Tob=Elem eine Erläuterung zu Ibn=Esra's Pentateuch=Commentar. Der späte Nachkomme des großen Maimuni hatte demnach eine Art Interesse an einer Wissenschaft, die nicht gerade im Talmud wurzelt. Ob diese Erläuterung ihm auch ganz und gar zugesagt hat? Denn Joseph Sefardi, welcher astronomische und mathematische Kenntnisse besaß, hat diese Seite in Ibn=Esra's Commentar am meisten hervorgehoben, dabei aber einen kühnen Satz aufgestellt, der unbedingt ketzerisch lautet. Ibn=Esra's verhüllte Andeutung, daß manche Verse und Partien im Pentateuch nicht von Mose selbst stammen, nahm sein Erläuterer an und rechtfertigte sie noch dazu. Es sei im Ganzen gleichgültig, meinte er, ob Mose selbst den ganzen Pentateuch niedergeschrieben, oder ob spätere Propheten Manches hinzugefügt haben. Nur Thoren könnten daran Anstoß nehmen. Wenn es heißt: es dürfte nichts hinzugefügt und nichts

dem Verf. des מהתקופות ליחות (in der Vaticana bei Bartolocci III. No. 724), wo er als בסראקוטסאה דיין figurirt. Diese Tafeln sind verfaßt 5095 = 1335. Der Ibn=Esra=Commentar ist verfaßt nach 1358, wie aus einem Passus zu הצוה hervorgeht: אף על פי שרמב״ן גדול סמנו כמה מעלות ואמר שדבריו דברי קבלה הנה
הוא בעצמו דרם קבלהו כאשר אמר בשנת קי״א יבא משיח והנה עבר ק״י והמשיח לא בא.
ואי־קבלתי?

¹) Die Genealogie der Maimuniden ist in Einl. des Tob=Elem'schen Comment., in der Edition wie in den Codices, lückenhaft und zwar wegen Gleichheit der Namen. Sie muß lauten: נקרא נקראתי לפני הנניד הגדול ר' דוד בן ר' יהושע בן ר' אברהם בן ר' דוד בן ר' אברהם בן ר׳מב״ם. Vergl. Maskir Jg. I. S. 21 aus einem Codex. Abraham Maimuni II. lebte im ersten Viertel des XVI. saec. (VI.₂ 305, 341), sein Enkel David II. hat demnach in der zweiten Hälfte desselben Jahrh. nach 1358 gelebt. David's II. zwei Söhne sind durch Tamerlan's Heer 1400 in Gefangenschaft gerathen, wie da Rieti als Zeitgenosse berichtet: והנה ר' אברהם בנו (של ר' דוד) הוליד ר' עוברייה ור' עוברייה הוליד ר' דוד ושני בניו ... הלכו
נשאם הטברילנו בשביה) בשביה ולא נודע מה דיה לדם וזה היה בימי נעירינו :Var) (Vergl. Rieti מקדש מעט ed. Goldenthal p. 101 und Einl. p. XXVII). Der Zeit nach waren diese zwei Gefangenen die Söhne desselben David II., auf dessen Antrieb eben dieser Joseph Tob=Elem sein Werk ausgearbeitet hat. Wenn dieser nun dessen Vater Josua nennt, während da Rieti ihm den Namen עובריה giebt, so kann nur Letzterer sich geirrt haben. Die Genealogie der Maimuniden, wie sie Carmoly aus einem Codex angiebt (Jost's Annalen I. S. 55), beruht wohl auf einem Irrthume, wie auch die dort angegebene Chronologie nicht ganz richtig ist. Vergl. die Genealogie der Maimuniden Joseph Samberi לקוטים in Neubauers Anecdota Oxonien p. 134 f. mit der Schlußbemerkung: עד
כאן מה שנמצא משלשלת היחם והמעלה של הרמבם במצרים.

hinweggenommen werden, so beziehe sich dieses Verbot lediglich auf Gesetzesvorschriften, aber keineswegs auf Wörter oder Verse, welche nur geschichtliche Nachrichten enthalten¹).

Die übrigen Dolmetscher Ibn-Esra's hatten weder diesen kühnen Freimuth, noch erreichten sie Tob-Elem's Kenntnisse; sie gehen sämmtlich über die verfänglichen, ketzerisch anrüchigen Aeußerungen mit nichtssagenden Phrasen hinweg, mehr aus Naivetät als aus Heuchelei. Samuel Çarça (Ibn-Seneh, blühte um 1360—1380 ²) aus Valencia war ein oberflächlicher Schwätzer, der ohne Sinn und Verständniß zusammengestoppelt hat, was er irgendwo gelesen. Er war von demselben Schlage, wie Schem-Tob Falaquera, nur hatte er weniger gediegene Kenntnisse als dieser. Eine böse Zunge hat den armen Flachkopf verläumdet: er habe die Schöpfung der Welt geleugnet und habe diese ketzerische Ansicht eines Tages in einem öffentlichen Kreise bei einer Hochzeit laut ausgesprochen. Als einst der Trauungsact vorgelesen wurde mit dem Datum: so und so viel Jahre seit Erschaffung der Welt, soll Çarça dem ärgerlich widersprochen und an den Haaren seines Bartes handgreiflich gezeigt haben, daß die Jahre der Welt unzählig seien. Darauf soll der anwesende Rabbiner, mit witziger Anwendung eines Bibelverses: „Warum wird der Dornbusch (Seneh-Çarça) nicht verbrannt?" ihn zum Scheiterhaufen verdammt haben³). Çarça hat sich aber gerade in seinen Schriften viel Mühe gegeben,

---

¹) Genesis 3, 5: ולפיכך נראה והכנעני או בארץ Ms. zum Verse צבנת פינח
שלא כתב משה זאת המלה בכאן רק יהושע או אחד משאר הנביאים כתבוה . . . . ואחר שיש
לנו להאמין בדברי קבלה ובדברי הנבואה מה לי שכתבה משה או שכתבו נביא אחר הואיל דברי
כלם אמת והם בנבואה . ואם אמר הנה כתיב לא חוסף?! עלינו התשובה . . . . כי לא נאמר
. . . רק על המצות . . על מספר המצות אבל לא על המלות . . . . ואף כי בדבר שאינו
מצוה רק ספור דברים שעברו . לא יקרא תוספת . . . כן . והמשכיל ידום כי זה לא יזיק. רק
דפתאים יאשימו על כבד.

²) Çarça's Zeitalter, das Wolf um ein Jahrhundert zu früh angesetzt, ist aus der Einleitung zu seinen Schriften deutlich genug gegeben: מקור חיים Supercomment. zu Ibn-Esra, verfaßt 5128 = 1368 (im Münchener Codex und im Abdruck fehlt die Einheit 8) und (מכלל יופי Ms.) verfaßt ein Jahr später (B. VII.₂ S. 407 Anmerk.). Später schrieb er noch vier Werke, wie der Epilog zum letztgenannten Werke angiebt: זאת המליצה ואלה הדברים עשה אותם ר' שלמה בר יצחק הראיבנו מברצלונ"ה על הספרים שחבר המאור ר' שמואל אבן סנה ס"ט (סופו טוב) והם וטהרת הקודש ועצם הדת וצרור המור ומגן אברהם. Die 3 Letztern sind den Bibliographen unbekannt geblieben.

³) Diese Sage hat der erste Editor von Zakuto's Jochasin, Samuel Schullam, man weiß nicht aus welcher Quelle, zuerst mitgetheilt. Die Sagenhaftigkeit ergiebt sich aus der chronologischen Erwägung, daß Isaak Campanton, welcher diese Verdammniß ausgesprochen haben soll, erst 1463 starb, bei Çarça's Abfassung des מקור חיים noch ein Kind war, wenn er auch über 100 Jahre alt geworden ist.

den zeitlichen Anfang der Welt zu beweisen¹), so weit er es mit seinem mittelmäßigen Kopfe vermochte, war überhaupt streng recht- und talmudgläubig und verfaßte ein weitläufiges Werk, um die talmudischen Agadas zu rechtfertigen. „Man müsse Alles was von den talmudischen Weisen mitgeteilt wird, glauben und für wahr halten, und wenn etwas übertrieben oder übernatürlich darin vorkommt, so müsse man dessen Dunkelheit seiner eigenen Kurzsichtigkeit zuschreiben und nicht darüber spotten; denn in ihren Worten sind tiefe Geheimnisse verborgen"²). Wenn Çarça's Persönlichkeit nicht bedeutender war als seine Schriften, so hat man Mühe zu begreifen, wie er noch unter seinen Zeitgenossen Bewunderer finden konnte. Der Mathematiker und Astronomiekundige Isaak b. Salomo Alchabib (auch Dichterling) hat nämlich ein schwärmerisches Sendschreiben an ihn gerichtet³), und Salomo Reubeni aus Barcelona besang ihn förmlich⁴), allerdings in schlechten Versen. — Wo möglich noch geistloser ist die Erläuterung des Esra En-Astrüc Salomo Gatiño aus Agramunt (in Catalonien, geb. um 1310, gest. um 1380⁵). En-Astrüc Gatiño gedachte sich damit im hohen Alter ein Denkmal zu setzen, er hat aber damit nur seine Schwäche bekundet. Er mußte selbst eingestehen, daß ihm die mathematischen und astronomischen Partien in Ibn-Esra's Commentarien unverständlich waren, und über anderweitige tiefere Punkte entlehnte er die Erläuterungen eines älteren Auslegers, des Salomo Franco.

Mit dem Talmudstudium, dem sich natürlich noch immer die bessern Köpfe aus Wißbegier und religiösem Gefühle zuwendeten,

¹) Vergl. den Anfang seines Mekor Chajim.
²) מכלל יופי III. 16.
³) Zu Ende des Mekor Chajim; über Alchabib vergl. Wolf I. No. 1160 und Zunz zur Geschichte S. 423.
⁴) Oben S. 25 Anmerkung 2.
⁵) Derselbe hat seinen Supercommentar in zwei Bücher getheilt; das über die leichteren Stellen nannte er ס' הזכרונות und vollendete es Ellul 1372 im Alter: חברתי לעצפי לעת הזקנה, das zweite über schwierige und dunkle Partien vollendete er später unter dem Titel סוד ה' ליראיו. Beide Ms. noch in mehreren Bibliotheken. Gatiño citirt in seinen Schriften öfter den Supercommentar Franco's und einige Male den des Salomo b. Jaisch. Beide sind in der Bodleiana — No. 1258 und 232 — vorhanden. Franco und S. b. Jaisch waren demnach ältere Zeitgenossen Gatiño's und gehören mithin dem 14. Jahrhundert an. — Daß auch Schem-Tob Schaprut einen Commentar zu Ibn-Esra unter dem Titel צנת פענה — wie Elieser Tob-Elem Sefardi — geschrieben hat, geben Cataloge an: de Rossi Codex No. 1341. Der Vollständigkeit wegen sei noch angeführt, daß Samuel b. Saadia Motot seinen Supercomment. zu J. E. ebenfalls zur selben Zeit verfaßte: 1352; vergl. die Bibliographen.

war es auch nicht besser als mit den profanen und biblischen Wissenschaften bestellt. Auch hier war ein Stillstand, wo nicht noch Schlimmeres eingetreten. Einige Rabbinen großer Gemeinden waren nicht einmal im Stande, einer ihrer Hauptfunktionen, der Auslegung des Talmud für einen Jüngerkreis, zu genügen, wie Amram Efrati in Valencia und En-Vidal Efraim Gerundi auf Mallorca[1]). Ein französischer Talmudist Salomo b. Abraham Zarfati, der sich auf Mallorca angesiedelt hatte, durfte sich herausnehmen, die spanischen Rabbinen sammt und sonders, selbst den gefeierten R. Nissim Gerundi, wegen ihrer stumpfen Talmudgelehrsamkeit geringschätzig zu behandeln und sie gegen die französischen und deutschen Rabbinen zurückzusetzen[2]). Aber auch dieser behandelte das Talmudstudium mehr sophistisch, als scharfsinnig. Den Maßstab für die durchschnittliche Bildung der Rabbinen jener Zeit liefert derjenige, welchen die auch nach ihrer Erschöpfung noch immer bedeutende Gemeinde Toledo zu ihrem geistlichen Führer gewählt hat: Menahem b. Ahron b. Zerach, der auch nach einer anderen Seite die Zeitlage vergegenwärtigt.

Menahem b. Zerach (geb. um 1310, gest. 1385[3]) zählte manche Märtyrer in seiner Familie. Sein Vater Ahron gehörte zu den Unglücklichen, welche durch die Habsucht und Tyrannei eines französischen Königs ausgewiesen wurden (VII₂ 265). Mit den wenigen Mitteln, welche der gesetzlich gewordene Raub der Familie gelassen, hatte sie sich in Estella, einer nicht unbedeutenden navarrensischen Gemeinde, niedergelassen. Dort wurden aber Vater, Mutter und vier Brüder in dem Judengemetzel erschlagen, welches ein Dominikaner angeregt hatte (VII₂ 313), weil jene ihren Glauben nicht verleugnen mochten. Der bereits verheirathete junge Menahem war ebenfalls, aus vielen Wunden blutend, dem Tode nah und verdankte

---

[1]) Vergl. Isaak b. Scheschet Respp. No. 445, 375. [2]) Das. No. 376.
[3]) Sein Todesjahr ist auf seiner Grabschrift gegeben (Epitaph. der Toledaner Gemeinde, Abne Sikkaron p. 15 No. 10), nämlich der Zahlenwerth der Buchstaben אני היו קר = 5145 = 1385. Da er daselbst als alt geschildert wird, so ist sein Geburtsjahr ungefähr gegeben. Es wird aber noch durch zwei Momente näher bestimmt. Er giebt selbst an, daß er in Navarra geboren wurde, also nach der Auswanderung seines Vaters in Folge der Judenvertreibung aus Frankreich, nach 1306. Er giebt ferner an, daß er zur Zeit der Navarrensischen Verfolgung von 1328 etwas über 16 Jahr alt war. — Wenn Zacuto sein Todesjahr 1374 ansetzt, so beruht sein Irrthum hier, wie bei vielen andern Daten darauf, daß er das Jahr, welches Menahem b. Zerach als Beispiel in seiner Kalendertafel gebraucht hat, für das Todesjahr aufgestellt hat. — Die biographischen Notizen sind in der Einleitung zu seinem Werke enthalten.

seine Rettung lediglich einem Ritter von seines Vaters Bekanntschaft. Kaum genesen, setzte er seine tägliche Beschäftigung, das Talmudstudium, unter seinem Lehrer Josua Ibn-Schoaib, einem kabbalistischen Prediger, fort und besuchte später das berühmte Lehrhaus des Ascheriden Juda in Toledo. Als Vierziger leitete Menahem b. Zerach selbst, von der Gemeinde Alcala (de Henares) dazu berufen, eine hohe Schule. Während des Bürgerkrieges in Castilien wurde er von den wilden Soldaten gemißhandelt, verwundet und beraubt. Von seinem Vermögen blieb ihm nur Haus, Feld und Büchersammlung. Don Samuel Abrabanel nahm sich in der Noth seiner an, so daß er sich von den harten Schlägen ein wenig erholen konnte. Durch dessen Vermittelung wurde Menahem von Alcala nach dem Rabbinatssitze von Toledo berufen und eröffnete hier ein Lehrhaus. Als Jünger und Nachfolger des Juda Ascheri wäre man berechtigt, von ihm etwas Bedeutendes im talmudischen Fache zu erwarten. Allein Menahem b. Zerach ragte nicht über die Mittelmäßigkeiten der Zeit hervor. Um der einreißenden Unwissenheit in religiösen Dingen zu steuern, verfaßte er ein Compendium der theoretischen und praktischen jüdischen Lehre (Zedà la-Derech, um 1374[1]) ebenso faßlich und leicht verständlich wie kurz, bestimmt für die jüdischen Großen, welche bei Hofe und mit den Granden verkehrten und keine Muße hatten, aus weitschichtig angelegten Büchern Belehrung zu schöpfen. Er hat in dieses Werk auch Wissenschaftliches eingestreut, medicinische, psychologische und religionsphilosophische Elemente. Aber es klingt Alles darin so abgedroschen, matt und fade, lauter Gemeinplätze. Die angehängten Theile passen nicht zum Ganzen und schlottern daran herum wie erborgte Gewänder eines Riesen an einer Zwerggestalt. Auch das Talmudische darin ist weder tief, noch ursprünglich. Die bescheidene Bemerkung des Verfassers: daß er den ganzen Inhalt seines Werkes ältern Autoritäten entlehnt hat, ist ganz überflüssig, weil seine Abhängigkeit ohne weiteres kenntlich ist. Das Einzige, was an Menahem b. Zerach's Werke als verdienstlich hervorzuheben wäre, ist, daß es einen gemüthlichen, warmen Ton anschlägt und dadurch wohlthuend gegen die trockenen rabbinischen Auseinandersetzungen absticht.

Nur zwei Männer erscheinen in dieser Zeit aus dem Flachstande der Mittelmäßigkeit und Alltäglichkeit durch Charakter und Wissen gehoben: Chasdaï Crescas und Isaak b. Scheschet. Sie lebten

---

[1] Neben dem hebr. Titel צידה לדרך hat es auch einen chaldäischen זודא לארחיץ; erste Edition Ferrara 1554.

allerdings beide im Königreich Aragonien, wo die Juden unter Don
Pedro IV. und Juan I. weder so verarmt, noch so gebeugt waren
wie ihre Brüder in Castilien. Chasdaï Crescas und Isaak b.
Scheschet waren zwar nicht so bedeutend, um ihre Zeitgenossen zu beherrschen und ihnen die Richtung ihres Geistes als Regel vorzuzeichnen,
bildeten aber doch Brennpunkte für größere Kreise und wurden nicht
selten zur endgültigen Entscheidung verwickelter Verhältnisse angerufen.
Beide waren auf die Erhaltung und Förderung des Judenthums,
auf Friedensstiftung in den nahen und entfernten Gemeinden, auf
Aufrichtung der gebeugten Gemüther bedacht, wie sehr auch ihre
Mittel beschränkt und die Zeitumstände ihnen ungünstig waren.

Chasdaï Ben-Abraham Crescas (geb. um 1340 gest. um
1410[1]) zuerst in Barcelona und später bis an sein Lebensende in
Saragossa, gehörte, wenn auch talmudisch geschult und gelehrt,
nicht dem Stande der bestallten Rabbinen an; sein Wohlstand und
seine anderweitige Beschäftigung scheinen ihm keine Muße für dieses
Ehrenamt gelassen zu haben. Er stand nämlich dem aragonischen
Hofe unter Juan I. nah, wurde öfter in wichtigen Fragen zu Rathe
gezogen und verkehrte vielfach mit den aragonischen Granden. Mit
den Ergebnissen der verschiedenen philosophischen Schulen war er
so sehr vertraut, daß er sie mit einer Selbstständigkeit und einer Gedankentiefe beherrschte, die ihn zu einem originellen Denker stempelten.
Freilich war die Religion oder die jüdische Ueberzeugung der Urgrund
seiner Ideen; aber diese gestaltete sich in seinem Geiste zu einem
eigenen Gebilde. Chasdaï Crescas war der erste, welcher die Schwächen
der herrschenden Philosophie — der Aristotelischen Weltweisheit, von
Juden, Christen und Mohammedanern gleich als unfehlbar hochgeschätzt — tief erkannte, und er brachte ihr gewaltige Stöße bei, die
sie bis auf den Grund erschütterten. Wäre seine Zeit metaphysischen
Speculationen günstig gewesen, so hätte sein selbstständiger, die Schulformeln durchbrechender Gedankengang eine Umwälzung hervorbringen
können. — Von seiner Jugendgeschichte ist nichts bekannt, und man
kann auch nicht angeben, unter welchem Einflusse er sich zu dieser
Gedankenreife ausgebildet hat, vermöge welcher er sich nicht blos über
Maimuni und Gersonides, sondern selbst über Aristoteles' Autorität
hinwegsetzte. Seine Vorfahren waren talmudisch gelehrt, und sein
Großvater genoß dasselbe Ansehen wie die gefeierten Ascheriden. Er
selbst war ein Jünger des Nissim Gerundi von Barcelona im talmudischen Fache. Von Gemüth war Chasdaï Crescas mild und sanft,

---

[1] Vergl. über ihn Note 2.

ein Freund in der Noth, ein zuverlässiger Anwalt der Schwachen. In den unglücklichen Tagen, welche über die Juden Spaniens zu seiner Zeit hereinbrachen, hat er mit allen Kräften zur Milderung der Uebel beigetragen.

An Charakter ihm ähnlich, aber an Denkart grundverschieden war sein älterer Freund Isaak b. Scheschet Barfat (Ribasch, geb. um 1336, gest. 1408[1]), halb und halb noch Jünger des Ben-Adret, da er wohl aus Barcelona stammte und sich unter dessen Sohn und unmittelbaren Schülern, Perez Kohen und Nissim Gerundi ausbildete. Wie er sich Ben-Adret's Klarheit in Auffassung und Behandlung des Talmud aneignete, so auch dessen feindliche Stellung zur Wissenschaft, ja Ben-Scheschet überbot ihn noch darin. Jener hat sich durch die Zeitumstände dazu drängen lassen, sie lediglich der unreifen Jugend zu untersagen. Ben-Scheschet dagegen war in seiner abgeschlossenen Gläubigkeit der Ansicht, obwohl in seiner Zeit von Ketzerei wenig zu fürchten war, daß selbst reife Männer sich davon fern halten müßten. Die Naturwissenschaft und Philosophie müsse man durchaus meiden, weil sie die beiden Grundpfeiler der Thora, die Schöpfungs- und Vorsehungslehre, erschüttern, weil sie das Wissen höher stellen als den Glauben, und weil sie gegen die Wunder Zweifel anregen. An dem Beispiele von Gersonides und selbst von Maimuni fand Ben-Scheschet die Schädlichkeit philosophischer Forschung. Obwohl diese beiden unvergleichliche Größen gewesen, so hätten sie sich doch von der Philosophie verleiten lassen, manche ketzerische Ansicht aufzustellen und manche Wunder in der Bibel zu verflüchtigen[2]). Sonst war Ben-Scheschet ein sittlich gehobener Charakter, eine milde Persönlichkeit und brachte öfter sein persönliches Interesse dem allgemeinen Besten und dem Frieden bereitwillig zum Opfer. Aber wo er eine talmudische Satzung oder auch nur einen unwesentlichen Brauch verletzt glaubte, verwandelte sich seine Milde in übermäßige Herbigkeit.

Wegen seiner talmudischen Gelehrsamkeit, seines hellen, durchdringenden Verstandes und seines lauteren Charakters war er eine gesuchte Persönlichkeit. Die bedeutende Gemeinde von Saragossa wählte ihn zu ihrem Rabbinen. Die Gemeinde von Calatajud wollte ihn auch den ihrigen nennen, und da Ben-Scheschet gerade einige Verdrießlichkeiten von Gegnern hatte, nahm er die Wahl an und schickte sich bereits zur Uebersiedelung nach Calatajud an. Indessen gaben sich die Saragossaner viel Mühe, ihren Rabbinen zu

---

[1]) Vergl. Note 2.   [2]) Respp. No. 45, 118, 447.

behalten. Sie riefen die königlichen Behörden zur Hilfe, ihn zum Bleiben zu nöthigen und machten ihm zuvorkommende Zugeständnisse. Er aber wollte sein der Gemeinde Calatajud gegebenes Versprechen nicht eher lösen, bis diese selbst ihn dessen entbände[1]). Später wurde er von Valencia und Tortosa zum Rabbinen gewählt.

Gleich bei seinem Amtsantritt in Saragossa zeigte Isaak b. Scheschet sein zähes Festhalten an Allem, was dem Buchstaben gemäß, wenn auch dem Geiste zuwider ist. Er fand nämlich zu seinem Leidwesen den Brauch vor, daß am Purimfeste in den Synagogen die Esther-Rolle für Frauen und andere des Hebräischen Unkundige in spanischer Uebersetzung vorgelesen wurde[2]). Dieser Brauch war auch in anderen spanischen Gemeinden eingeführt und hatte nicht nur den gesunden Menschenverstand für sich, sondern auch die Zustimmung einiger Rabbinen, welche ihn für talmudisch unanfechtbar hielten. Nichts desto weniger erhob Ben-Scheschet ein Zetergeschrei darüber, als drohte dem Judenthum dadurch der Untergang. Er rief die Autorität seines Lehrers R. Nissim Gerundi zu Hilfe, und beide setzten dem schönen Brauche wortklaubende Klügelei entgegen und scheinen ihn verdrängt zu haben.

Noch charakteristischer für Isaak Ben-Scheschet ist seine Fehde mit einem bereits betagten Rabbinen Chajim b. Galipapa, der von entgegengesetzter Geistesrichtung war. Dieser Mann (geb. um 1310, gest. um 1380[3]), zuerst Rabbiner von Huesca und dann von Pampeluna, war eine originelle Erscheinung im jüdischen Mittelalter, die man gar nicht recht unterbringen kann. Während sich damals, namentlich seit der Herrschaft der ascheridischen Richtung, sämmtliche Rabbinen dem Zuge überließen, Erschwerungen über Erschwerungen zu häufen und in zweifelhaften Fällen immer der Schale der Strenge das Uebergewicht zu geben, ging Galipapa von der entgegengesetzten Ansicht aus: Daß man jeden Anhaltspunkt im Talmud hervorsuchen müsse,

---

[1]) Das. No. 192 gegen Ende. [2]) Das. No. 388—391.

[3]) Das Responsum No. 394 das. ist zwischen 1374—1391 erlassen, weil R'Nissim bereits als verstorben citirt wird, Chasbai b. Salomo aber noch damals in Tudela war (vergl. Note 2). Chajim b. Galipapa wird aber von Ben-Scheschet darin als Greis bezeichnet: חלילה לוקן שקנה חכמה וישב בישיבה. שיאמר על שמאל שהוא ימין. Nach dem Jahre des schwarzen Todes verfaßte er ein Werk: עמק רפאים (Ms. in der Bibliothek Oxford No. 834, 13), worin er auch die Judengemetzel in Catalonien schilderte (VII., S. 361). Er verfaßte auch eine Abhandlung אגרת הגאולה. Vergl. Albo Ikkarim IV. 42. וכן גם כן כתב הר' חיים גליפפה באגרת קראה: אגדת הגאולה כי כל נבואותיו (של ישעיר) היו על בית שני לבד וג'. Er ist auch Verf. eines Commentars zur Aboda, de Rossi Codex No. 313, p. 171.

um Erleichterungen einzuführen. Er berief sich dabei auf ältere Autoritäten, auf R. Tam und andere, welche das talmudisch Verbotene gestattet hätten. Diese Berechtigung dürfe jeder Rabbiner in Anspruch nehmen. Die Zeiten, meinte er ferner, seien auch gegenwärtig viel günstiger für die Entlastung von allzu peinlicher Stockfrömmigkeit, weil die Unwissenheit im Volke nicht mehr so grell sei, und die Befürchtung wegfalle, daß eine Erleichterung die andere nach sich ziehen könnte. Diese Grundsätze sprach Galipapa nicht blos theoretisch aus, sondern befolgte sie auch praktisch. Freilich betrafen seine Erleichterungen nur unerhebliche Punkte. Er gestattete, am Sabbat das Haar zu schlichten und erlaubte, Käse von Christen zu genießen. Aber in dieser Zeit waren auch solche Kleinigkeiten von Wichtigkeit. Auch sonst hatte Galipapa selbstständige, von dem Schlendrian abweichende Ansichten. Den Messiasglauben, seit Maimuni ein Glaubensartikel geworden, dessen Leugnen Ketzerei sei, beseitigte er kühn. Galipapa meinte, die Prophezeihungen im Jesaia von der wunderbaren Herrlichkeit Israels in der Zukunft, seien bereits in der Makkabäerzeit in Erfüllung gegangen. Die Geheimnisse im Buche Daniel deutete er mit richtigem Verständniß, daß der Mittelpunkt derselben die Frevelthaten des Antiochos Epiphanes verhüllt andeute[1]). Er verfaßte eine eigene Schrift darüber. Es bedurfte dazu vier Jahrhunderte, bis diese einzig richtige Erklärung Galipapa's von der Bedeutung des Buches Daniel sich Bahn brechen konnte und allgemein anerkannt wurde. Seine verständnißvolle Schriftauslegung wurde wahrscheinlich von seinen im Nebel der Mystik hindämmernden und sich weiser dünkenden Zeitgenossen belächelt, aber gegen seine kühne Neuerung für die Praxis erhob sich ein Sturm. Sein Nachbar-Rabbiner Chasdaï b. Salomo von Tudela, ein Mann von nicht sehr lauterer Gesinnung, spielte den Angeber gegen ihn bei Ben-Scheschet, und dieser kanzelte den greisen Galipapa, der bereits Jünger ausgestellt hatte, wie einen Schüler ab. Er betrachtete es als Vermessenheit, daß Männer der Gegenwart sich den Größen der Vergangenheit gleichstellen wollten. Er beschwor Chajim Galipapa, das Aergerniß zu vermeiden und keine Gelegenheit zur Spaltung in der Judenheit zu geben. Die bescheidenen Reformversuche hatten keine Folgen weiter.

Die peinlich religiöse Richtung entsprang allerdings der Stimmung und dem Seelenbedürfniß jener Zeit; je strenger desto besser. Ben-Scheschet und sein Freund Chasdaï Crescas, der, wenn auch kein Feind der Wissenschaft und kein Geistesbanner, doch derselben Ansicht

---

[1]) Albo a. a. O.: כתב .. חיים גליפפה ... כה שנאמר (בדניאל) ולקדישי עליונין
יבלא ... הכל נאמר על אנטיוכס וכו׳.

huldigte und die Philosophie in den Dienst der Orthodoxie nahm, sie beide galten nach dem Tode des R. Nissim Gerundi als die ersten Autoritäten jener Zeit nicht blos für Spanien. Rabbinische Anfragen von weit und breit, nicht blos von Frankreich, sondern auch von Italien und Deutschland aus wurden zumeist an Ben-Scheschet[1], aber auch an Chasdaï Crescas[2] gerichtet. Die stolzesten Rabbinen und die bedeutendsten Gemeinden riefen sie als Schiedsrichter an und ordneten sich ihrem Urtheil unter. Als die ungerechte Verketzerung eines hochangesehenen Mannes nach seinem Tode eine allgemeine Unzufriedenheit unter den Juden von Navarra hervorgerufen hatte, wandten sich die angesehensten Männer, der Oberrabbiner und Leibarzt des Königs von Navarra, Joseph Orabuena, an Chasdaï Crescas, durch seine Vermittelung die aufgeregten Gemüter zu beschwichtigen[3]. Auch der aragonische Hof betrachtete sie als Vertreter der Judenheit, freilich zu ihrem Nachtheil. In Folge einer Angeberei Böswilliger von unbekannter Natur ließ der König Don Pedro IV. Chasdaï Crescas, Isaak Ben-Scheschet, auch dessen Bruder Crescas Barfat, den greisen Rabbiner R. Nissim Gerundi von Barcelona und noch zwei andere angesehene Männer in Haft bringen. Sie wurden erst nach einiger Zeit auf Bürgschaft entlassen. Man darf wohl Ben-Scheschet Glauben schenken, wenn er versichert, daß sie sämmtlich unschuldig an den ihnen zur Last gelegten Vergehen oder Verbrechen waren[4]. Ihre Unschuld muß auch an den Tag gekommen sein, da sie später unbelästigt blieben.

Von Frankreich aus wurde die Autorität Chasdaï Crescas' und Ben-Scheschet's in Anspruch genommen, um in einer sehr wichtigen Streitsache in Betreff des Oberrabbinats der französischen Gemeinden ihre endgiltige Entscheidung abzugeben. Dort waren nämlich in den jüdischen Verhältnissen Veränderungen vorgegangen, welche zum Theil mit der politischen Lage des Landes im Zusammenhang standen. Manessier de Vesou, der eifrige Annehmer und Beschützer seiner Glaubensgenossen, war gestorben (zwischen 1375—78[5]). Von seinen

---

[1] Vergl. Ben-Scheschet Respp. No. 262: אם אחרו פעמי תשובתי אל תחמה...; כי סבוני סבבוני והקיפוני שאלות חבילות חבילות מארץ מרחקים; aus Deutschland No. 193, 194, 479; aus der Lombardei No. 127, 171 ff.

[2] Vergl. Note 2.

[3] Das. [4] Vergl. Note 2.

[5] Folgt daraus, daß er in der Ordonnance vom 25. Juni 1375 noch als lebend erwähnt wird, Ordonnances des rois de France ed. Sécousse T. VI. p. 118, dagegen in der vom 9. August 1378 sein Sohn Salomo als commis und receveur des Juifs aufgeführt wird, das. p. 340, verglichen mit der Ordonnance vom 14. Oct. 1380, das. p. 520.

vier Söhnen, Salomo, Joseph, Abraham und Haquinet wurde der erstere in das Amt seines Vaters als Obereinnehmer und politischer Vertreter der französischen Juden eingesetzt, der zweite ging zum Christenthum über[1]). Salomo und seine Brüder genossen bei Hofe dasselbe Ansehen wie ihr Vater, waren auch von dem Tragen des schändenden Abzeichens befreit und traten auch für das Interesse ihrer Stammesgenossen ein; allein unter den Juden selbst scheint ihre Stimme nicht dasselbe Gewicht gehabt zu haben, wie die ihres Vaters. Mit dem Tode König Karl's V. hörte überhaupt ihre Bedeutung auf. Der Regent Louis, Herzog von Anjou, bestätigte zwar — für Summen — sämmtliche Privilegien der französischen Juden (14. Oct. 1380) und verlängerte deren Aufenthalt um noch fünf Jahre. Allein sein Schutz reichte nicht weit, oder vielmehr, er zog durch seine Unbeliebtheit die Juden in Mitleidenschaft. Die arme Bevölkerung von Paris, welche durch den Steuerdruck zur Verzweiflung getrieben, von dem unmündigen König und dem Regenten durch Zusammenrottungen stürmisch Abhilfe verlangte, wurde von dem verschuldeten Adel gehetzt, ihr Geschrei auch gegen die Juden zu erheben, daß der König sie, „die schändlichen Wucherer, welche die Familien ruinirten," aus dem Lande jagen möge. Die Volksmasse blieb aber nicht bei den Verwünschungen stehen, sondern, immer von dem Adel aufgestachelt, stürzte sich (16. November 1380) auf die Häuser der Juden, zerbrach die Kasse der Obereinnehmer (der Familie de Vesou), plünderte die Wohnungen, zerriß die Schuldscheine, eignete sich die aufgehäuften Pfänder an, tödtete auch einige Juden und entriß den fliehenden, klagenden jüdischen Frauen ihre Kinder aus den Armen, um sie sofort zu taufen. Der größte Theil der Gemeinde von Paris entkam dem Tode nur durch die Flucht in die Feste Châtelet. Der Regent war über diese Gewaltthätigkeit sehr aufgebracht, weil ihm dadurch eine Quelle zur Befriedigung seiner Habsucht zu versiegen schien, konnte aber wegen der Aufregung der Volksmassen für den Augenblick die Schuldigen nicht bestrafen. Er ließ vor der Hand die Juden wieder in ihre Häuser einsetzen und ausrufen, daß ihnen die geraubten Güter wieder zugestellt werden mögen. Aber nur wenige kehrten sich daran. Auch der Prevôt von Paris, Ritter Hugues Aubriot — ein thatkräftiger Mann, der sich um die Verschönerung und Vergrößerung der französischen Hauptstadt verdient gemacht hat — nahm sich der Juden eifrig an. Er setzte es namentlich durch, daß die geraubten und getauften jüdischen Kleinen ihren Eltern wieder über-

---

[1]) Ordonnances a. a. O. Depping histoire des Juifs p. 192.

geben wurden. Dafür verfolgte ihn der Haß Derer, welche die Wissenschaft zur Verdunkelung statt zur Erleuchtung des Geistes gebrauchten. Der Prevôt Aubriot hatte sich nämlich durch seine Ordnungsliebe die Universitätslehrer und Studenten von Paris zu Feinden gemacht, und diese schwärzten seine Verwendung zu Gunsten der Juden als Verbrechen an. Er wurde vor dem Bischof von Paris beschuldigt, daß er unkeusche Liebe mit jüdischen Frauen getrieben, und daß er sogar heimlich dem Judenthum anhänglich gewesen. Er wurde auch, als der Ketzerei und des Unglaubens schuldig, verurtheilt und mußte seine Menschlichkeit gegen die Juden mit dem Kerker büßen[1]). Nicht blos in Paris, sondern auch in anderen Städten, wo das Volk sich gegen den Steuerdruck erhob, fielen manche Juden als Schlachtopfer der Aufregung[2]). Vier Monate später wiederholten sich solche blutige Scenen in Paris und anderen Städten, als der Aufstand der Maillatins (der mit Hämmern Bewaffneten) gegen die Erneuerung der Verzehrungssteuer losbrach. Juden wurden drei oder vier Tage hinter einander abermals geplündert, gemißhandelt und erschlagen (1. März 1381[3]). Der König Karl VI. oder der Regent bemühte sich zwar, die Juden zu schützen und durch allerlei Mittel zu entschädigen. Aber diese konnten sich nicht mehr von dem Schlage erholen. Die Söhne des Manessier de Vesou büßten bei diesen Aufständen ihr Leben ein oder verloren durch Verarmung ihr Ansehen und ihre Bedeutung[4]).

Diese Veränderungen hatten im Gefolge einen heftigen Streit, welcher fast sämmtliche Gemeinden Frankreichs in Aufregung versetzte. Der Oberrabbiner Matthatia Provenci (o. S. 8) war nämlich ebenfalls zu seinen Vätern eingegangen; an seiner Stelle hatten die Gemeinden seinen ältesten Sohn Jochanan zum rabbinischen Vertreter erwählt, und der König hatte ihn bestätigt. Als er bereits fünf Jahre als solcher fungirt und auch einem Lehrhause vorgestanden hatte, traf ein ehemaliger Jünger seines Vaters, Namens Astrüc Jesaia Ben=Abba=

---

[1]) Le moine de St. Denys. Laboureur, l'histoire de Charles VI. chap. 7; Juvénal des Ursins p. 8. Sécousse, Einl. zum T. VI. der Ordonnances p. XIX. f. Depping a. a. O. p. 184 f.

[2]) Folgt aus Ordonnances VI. p. 562 . . la notoire et enorme comocion qui n'aguères a esté faicte à l'encontre d'eulx (des Juifs), tant en notre dicte ville de Paris, comme en plusieurs autres lieux. Daf. VII p. 469 . . puis notre couronnement ils aient esté pilez et volez en . . Paris e en aucunes autres lieux; auch daf. p. 232.

[3]) Vergl. Sécousse, Einl. zu Ordonnances T. VI. p. XXV. Note 4.

[4]) Folgt daraus, daß in den Ordonnanzen von 1387 ganz andere Namen: Ysaak, Christofle et Vivant de Montréal als procureurs de Juifs, d. h. als Vertreter, figuriren, T. VII, p. 169 f.

Mari, aus Savoyen, in Frankreich mit einer Vollmacht von dem deutschen Oberrabbiner Meïr b. Baruch Halevi (o. S. 10) ein, vermöge welcher er allein berechtigt sei, ein Lehrhaus zu unterhalten und Jünger als Rabbinen zu ordiniren. Wer ohne seine Erlaubniß rabbinische Funktionen ausüben und sich namentlich mit Trauungen und Ehescheidungen befassen würde, sollte dem Banne verfallen, und die von einem solchen ausgegangenen eherechtlichen Akte sollten null und nichtig sei. Wie es scheint, fand Astrüc Jesaia, der Schützling des Rabbiners von Wien, manche Anhänger in Frankreich, die seiner Autorität Gewicht verschafften; denn selbst seine Gegner gestanden ihm Ueberlegenheit in Talmudkunde zu. Vermöge seiner Vollmachten entsetzte er auch Jochanan seines rabbinischen Amtes, weil dieser sich ihm nicht unterordnen mochte (zwischen 1380—90). Da die Familie de Besou entweder nicht mehr existirte oder ohne Einfluß war, so fand der abgesetzte Jochanan keine kräftige Unterstützung. Indessen waren doch Manche unter den französischen Juden mit diesem gewaltsamen und herrischen Verfahren des eingewanderten Rabbinen unzufrieden und beklagten sich namentlich über die Anmaßung des deutschen Rabbinen Meïr Halevi, daß er Frankreich wie eine deutsche Provinz behandelte und den französischen Gemeinden Gesetze vorschrieb, wozu er vermöge des Herkommens, daß jede Gemeinde und besonders jedes Land selbstständig sei, durchaus ohne Berechtigung wäre. Es entstand in Folge dessen eine Aufregung in den französischen Gemeinden, die noch dadurch vermehrt wurde, daß Jesaia die Rabbinatssitze seinen Verwandten zuwies. Im Lande selbst konnte der Streit nicht ausgetragen werden. Jochanan wandte sich daher mit seinen Klagen über die ungerechte Behandlung und Amtsentsetzung an die zwei Hauptvertreter der spanischen Judenheit, an Chasdaï Crescas und Ben-Scheschet. Der erstere wurde bei seiner Anwesenheit in Frankreich von beiden Parteien als Schiedsrichter angerufen[1]). Beide „catalonische Großen" (wie sie genannt wurden) sprachen sich zu Gunsten des Jochanan aus. Wenn diese Verwendung und Unterstützung ihm auch etwas genützt hat, so genoß er doch die Ruhe nicht lange, denn die Tage der Juden von Frankreich waren gezählt.

Der Sturm, der diesesmal von Spanien ausging, hat den alten Stamm, dessen tiefste Wurzeln in diesem Lande waren — seine Blüthenpracht und sein Laubschmuck waren längst geknickt — bis ins

---

[1]) Von diesem Streite handeln die Respp. Jsaak b. Scheschet No. 268 bis 272. Die Zeit ist oben annähernd bestimmt. In dem Schreiben des Jochanan an Jsaak b. Sch. No. 270 wird Jesaia b. Abba-Mari auch אשתרוק ר' genannt. Vergl. noch Note 2.

innerste Mark erschüttert. Um ihn ganz zu entwurzeln, mußten sich gewaltige Stöße ein Jahrhundert lang wiederholen. In Frankreich genügte ein Windhauch, um die losen, nur wie in Flugsand eingesetzten Pfropfreiser wegzufegen. Das blutige Drama, dessen erster Akt sich gegen Ende des vierzehnten Jahrhunderts und dessen letzter erst zu Ende des folgenden abwickelte, haben die spanischen Juden zum Theil selbst verschuldet. Wenn die Judenfeinde sie anklagten, daß sie sich an den Hof und die Granden drängten, daß sie Reichthümer durch Wucher häuften, daß sie in seidenen Gewändern rauschten, so war allerdings der Tadel zunächst gegen die jüdischen Großen gerichtet, und die Gesammtheit mußte für deren Unklugheiten und Ueberhebungen mitbüßen. Auch von Sittlichkeit durchdrungene Juden klagten über die Selbstsucht und Habgier der jüdischen Reichen. „An diesem Gebrechen haben die jüdischen Fürsten, Adeligen und Reichen am meisten Schuld; sie sind nur auf ihre Ehre und ihre Reichthümer bedacht, auf das Ansehen ihres Gottes nehmen sie wenig Rücksicht"[1]). Es war in der That eine Zerfahrenheit unter den spanischen Juden eingetreten, welche das Band der Einheit, ihre bisherige Stärke, lockerte. Neid und Mißgunst der Großen gegeneinander untergruben die Brüderlichkeit, vermöge welcher früher Alle für Einen und Einer für Alle eintraten. Edelmuth und Hochherzigkeit, sonst die glänzenden Eigenschaften der spanischen Juden, waren nur selten anzutreffen. Ein Zeitgenosse schildert diese Entartung mit grellen Farben, und wenn diese Schilderung auch nur zur Hälfte zutreffend wäre, so muß der Verfall schlimm genug gewesen sein.

„Die meisten jüdischen Großen" — so berichtet Salomo Alami in seinem Zuchtspiegel oder Warnungsbrief[2]) — „welche an den Höfen der Könige verkehren, denen die Schlüssel zu den Staatsschätzen übergeben wurden, thun stolz auf ihre hohe Stellung und ihren Reichthum und gedenken nicht der Armen. Sie bauen sich Paläste, fahren auf Prachtwagen oder reiten auf reichgeschmückten Mauleseln, tragen Prachtgewänder und schmücken ihre Frauen und Töchter wie Fürstinnen mit Gold, Perlen und Edelsteinen. Sie sind gleichgiltig gegen die Religion, verachten die Bescheidenheit, hassen die Händearbeit und fröhnen dem Müßiggange. — Sie denken nur daran, sich steuerfrei zu machen und die Last der Abgaben auf die ärmeren Klassen zu wälzen. — Die Reichen lieben Tanz und Spiel,

---

[1]) Isaak Ben-Scheschet Respp. No. 373.

[2]) Salomo Alami אגרת מוסר, verfaßt 1415 in Portugal, erste Edition Constant. 1619; ich citire nach der letzten Edition von Jellinek (Leipzig 1854); die grelle Schilderung von p. 26 an.

kleiden sich in Landestracht und gehen mit geglättetem Barte einher. Sie füllen ihren Leib mit Leckerbissen, während die Jünger der Lehre in Brot und Wasser der Noth darben. Daher sind die Rabbinen verachtet; denn alle Klassen wenden ihre Söhne lieber dem niedrigsten Handwerke zu, als sie zum Studium des Gesetzes erziehen zu lassen. — Bei der Predigt überlassen sich die Reichen einem süßen Schlummer oder schwatzen mit einander, und der Prediger wird durch das Lärmen von Männern und Frauen hinter der Synagoge gestört. Wie andächtig sind dagegen die Christen in ihren Bethäusern! — Für Almosengaben haben sie kein Geld, lassen sich zehnmal von den Sammlern mahnen oder geben nur, um sich einen Namen zu machen. — In jeder Stadt leben die Vornehmen in Streit mit einander, wegen niedriger Sache regen sie Zwietracht an. — Noch schlimmer ist der Neid und die Mißgunst, die sie gegen einander hegen; sie verläumden einander bei den Königen und den Fürsten."

In der That nahmen in dieser Zeit Angebereien, früher eine äußerst seltene Erscheinung unter den Juden, überhand und richteten sich sogar gegen Rabbinen. Wie der greise R. Nissim Gerundi, Isaak Ben-Scheschet, Chasdaï Crescas mit ihren Freunden durch einen elenden Angeber gefährdet wurden (o. S. 33), so schmiedeten andere Nichtswürdige Ränke gegen den Rabbiner von Alkolea de Cinca, En-Zag Vidal de Tolosa (Sohn des berühmten Jom-Tob Vidal de Tolosa VII$_2$. S. 331) bei der Königin von Aragonien, um ihn zu verderben[1]).

Die Rabbinen, welche mit einigen Beisitzern auch Gerichtshöfe für peinliche Fälle bildeten, verfuhren sehr strenge gegen Angeber und Verräther und verhängten sogar Todesstrafe über sie. In Castilien, Aragonien, Valencia und Catalonien bestand dieser Brauch seit uralten Zeiten[2]). Die jüdischen Gerichtshöfe bedurften zwar zur Vollstreckung eines Todesurtheils einer besonderen Bestätigung von Seiten des Königs durch ein besonderes untersiegeltes Schreiben (Albalá, Chotam), aber diese war im Nothfalle durch die Vermittelung eines jüdischen Höflings oder durch Geld zu erlangen. Dieses Verfahren vergrößerte aber nur das Uebel, statt es zu heilen; denn mit solchen Angebern wurde kurzer Prozeß gemacht, ohne eingehendes Verfahren und Zeugenverhör[3]), was nur dazu beitrug, deren Ver-

---

[1]) Isaak b. Scheschet Respp. No. 473.
[2]) Das. No. 79. Auch bei Ayala Cronicas II. p. 126 .. decian (los Judios) que siempre ovieran ellos por costumbre de matar qualquier Judio, que era malsin.
[3]) Ben-Scheschet das. No. 234 ff.

wandte und Freunde außerordentlich zu erbittern. Dann wurden auch Aeußerungen als verrätherische Angebereien behandelt, die gar nicht diesen Charakter hatten[1]. Das rücksichtslose Verfahren eines jüdischen Gerichtshofes gegen die angebliche Angeberei eines hochgestellten und beliebten Mannes war, wenn auch nicht die Ursache, doch jedenfalls die Veranlassung zur ersten ausgedehnten blutigen Judenverfolgung in Spanien, und diese hatte die Verbannung der Juden aus der Halbinsel in letzter Verkettung zur Folge.

[1] Vergl. dieselbe No. und auch No. 473.

Drittes Kapitel.

Das Zeitalter des Chasdaï Crescas und des Isaak Ben-Scheschet.
Fortsetzung.

Joseph Pichon und seine Hinrichtung machen böses Blut in Sevilla. Zorn des
Königs Don Juan I. gegen die Juden und Rabbinatscollegien. Verlust der
peinlichen Gerichtsbarkeit in Castilien. Gehässige Stimmung gegen die
castilischen Juden. Verlust mancher Rechte. Die Juden Portugals, ihre
Gemeindeeinrichtung, der Großrabbiner und die Provinzialrabbinen. Die
jüdischen Staatsmänner Juda und David Negro. Die Besetzung des
Oberrabbinats bildet eine Staatsaktion zwischen Spanien und Portugal.
Rabbinat und Clerus, Synagoge und Kirche. Die Raubritter und die
Juden. Judengemetzel in Prag. Kaiser Wenzel und die Juden. Löschung
der Schuldforderungen jüdischer Gläubiger in ganz Deutschland. — Das
blutige Gemetzel von Sevilla und die folgenreiche Verfolgung von 1391
in Spanien. Verfolgung in Frankreich. Zweite allgemeine Vertreibung
der Juden aus Frankreich. Die französischen Auswanderer. Der Convertit
Pezach-Peter und Lipmann von Mühlhausen.

(1380—1400.)

Joseph Pichon aus Sevilla, welcher in großer Gunst beim
König, Don Heinrich II. von Castilien, gestanden und sein Obersteuerpächter gewesen war, war von einigen neidischen jüdischen Höflingen des Unterschleifs angeklagt, vom König verhaftet, zu einer
Geldstrafe von 40,000 Dublonen verurtheilt und zuletzt auf freien
Fuß gesetzt worden. Er behielt aber auch später sein Ansehen und
war bei der christlichen Bevölkerung von Sevilla außerordentlich beliebt,
bei seinen Glaubensgenossen dagegen höchst unbeliebt. Aus Rachegefühl oder zur eigenen Rechtfertigung hatte Joseph Pichon seine
Feinde in eine schwere Anklage verwickelt[1]). Während dessen starb
Don Heinrich, und sein Sohn Don Juan I. wurde in der Hauptstadt von Altcastilien Burgos gekrönt (1379). Während der Festlichkeiten der Krönung hatte ein jüdischer Gerichtshof den in Burgos
anwesenden Pichon als Aufhetzer, Angeber und Verräther (Malschin,

---

[1]) Keine Quelle erwähnt, wessen seine Gegner ihn angeklagt haben. A. de
los Rios (II. 333, Note) vermuthet, daß die Anklage vielleicht mit dem Strafgeld für die toledanische Gemeinde in Zusammenhang gestanden haben mag.

Malsin¹) Moszér) verurtheilt, ohne ihn zum Verhör vernommen zu haben. Einige Juden, welche bei Hofe Zutritt hatten, erbaten sich vom jungen König die Erlaubniß, eine gefährliche Person aus ihrer Mitte ohne einen Namen zu nennen, hinrichten zu dürfen. Vertraute des Königs sollen bestochen worden sein, um den König ohne Untersuchung zur Bewilligung seiner Unterschrift zu bewegen. Mit dem Schreiben des Königs und dem Todesurtheil vom Rabbinats-Collegium versehen, begaben sich Pichon's Gegner zum Polizeihauptmann (Alguacil) Fernan Martin und erbaten sich seinen Beistand zu dessen Hinrichtung, dessen Bedenken infolge der Betheiligung des Großrabbiners schwand. Am frühen Morgen (21. August) traten zwei Juden, Don Zulema (Salomo) und Don Zag, mit dem Hauptmann in Pichon's Wohnung, während er noch der Ruhe pflegte, und weckten ihn unter einem Vorwande auf. Sobald er an der Thüre erschien, wurde er, ohne daß ein Wort mit ihm gewechselt wurde, von den zur Vollstreckung des Urtheils beorderten Juden ergriffen und enthauptet²).

Dieses rasche, rücksichtslose Verfahren gegen einen hochgestellten Mann, von dem man nicht weiß, ob er selbst nach den rabbinischen Gesetzen den Tod verdient hat, und ob er nicht als ein Opfer der Ränke seiner Feinde gefallen ist, erregte den Unwillen von Klein und Groß. Der junge König Don Juan I. war in einem hohen Grade gegen die Juden aufgebracht, daß sie einen Mann, der seinem Vater so wesentliche Dienste geleistet hatte, gerade während der Feierlichkeit seiner Krönung umgebracht und von ihm die Einwilligung dazu erschlichen hatten. Er ließ darauf die jüdischen Vollstrecker des Todesurtheils und auch den Richter-Rabbiner hinrichten. Selbst dem Hauptmann Fernan Martin war wegen des Beistandes, den er dabei geleistet, der Tod zugedacht; auf Verwenden einiger Ritter schenkte ihm der König indeß das Leben, ließ ihm aber eine Hand abhauen³). Dieser Vorfall hatte noch weitere traurige Folgen. Vor allem entzog der König den Rabbinen und jüdischen Gerichtshöfen die bis dahin von ihnen ausgeübte peinliche Gerichtsbarkeit⁴), weil sie mit dieser Befugniß Mißbrauch getrieben hatten. Auf der ersten Cortesversammlung zu Soria (1380) erhob der König dieses Verbot zu einem dauernden

---

¹) Das hebräische Wort מלשין „Verleumder" ist auch ins Spanische übergegangen (malsin) und bedeutet in dieser Sprache ebenfalls „Aufhetzer", „Unruhstifter", „Zänker" und davon sind die Abstracta malsindad, malsineria und das Verbum malsinar gebildet.
²) Ayala, Cronica II. p. 126 f. Zuñiga, Annales da Sevilla II. p. 211. Diese Namen der zwei Juden kommen in Ayala's Compendium vor, Note a. a. O. ³) Das. ⁴) Ayala das. p. 127 f.

Gesetz: Daß Rabbinen und Gemeindevorsteher fortan weder Todesstrafe, noch Verlust eines körperlichen Gliedes, noch Verbannung über einen ihrer Glaubensgenossen verhängen dürften. Für peinliche Fälle sollten die Juden christliche Richter wählen, denn die Juden sollen nach dem Ausspruch der Propheten nach Jesu Erscheinen aller Macht und Freiheit beraubt sein[1]. Der noch immer erbitterte König schenkte auch anderen Anklagen gegen die Juden Gehör, namentlich, daß sie die Christen und die Kirche in ihrem Gebete verwünschten und Mohammedaner, Tataren und Personen von anderen Völkerschaften ins Judenthum aufnähmen und beschnitten. Beides wurde unter Androhung schwerer Strafe verboten. — Nicht nur der König und der Hofkreis, sondern auch die castilianische Bevölkerung war wegen des dem Anscheine nach ungerechten Bluturtheils an Joseph Pichon erbittert gegen die Juden geworden, weil nicht einzelne Personen, sondern die Hauptvertreter der Juden, Vorsteher und Rabbinen, daran betheiligt waren. Die Christen von Sevilla, die den Hingerichteten geschätzt und geliebt hatten, wurden dadurch von einem solchen Hasse gegen die Juden entflammt, daß sie nur auf eine Gelegenheit lauerten, um Rache an ihnen zu nehmen[2].

Anschuldigungen gegen die Juden und Gesuche, sie zu beschränken, wurden seit der Zeit die Tagesordnung der Cortes-Versammlungen, wie früher unter den westgothischen Königen auf den Concilien. Der gegen sie aufgebrachte Don Juan ging meistens darauf ein, in so weit dadurch den königlichen Finanzen kein Schaden erwuchs. Er genehmigte auf den Cortes von Valladolid (1385[3]) das von der Geistlichkeit angeregte Gesuch, die kanonischen Beschränkungen zu verwirklichen, erließ demgemäß ein Verbot gegen das Zusammenwohnen von Juden und Christen, gegen das Verabreichen von Nahrung an ein jüdisches Kind von Seiten einer christlichen Amme und belegte solche entsetzliche Verbrechen mit öffentlicher Prügelstrafe. Der König erhob auf einen Antrag als Gesetz: Daß kein Jude (und Mohammedaner) künftig als Schatzmeister, sei es beim König, der Königin oder einem Infanten fungiren dürfte. Derjenige Jude (oder Mohammedaner), der ein solches Amt übernähme, sollte sein Ver-

---

[1] Cortes-Verhandlungen, A. de los Rios das. 336 f. Note.
[2] Zuñiga Annales a. a. O. . . y por ser este Judio (Juçaf Picho) muy amado del pueblo de Sevilla, comenzó a aborrecer los de su Aljama odio que los años adelante porumpio en terribiles execuciones.
[3] Lindo, Auszug aus den Cortesgesetzen p. 166 ff. Nur findet sich dort ein Druckfehler; statt: Cortes met at Saragossa muß es heißen: at Valladolid.

mögen einbüßen und noch dazu körperliche Züchtigung erleiden — ein albernes Gesetz, weil es entweder überflüssig oder unausführbar war. Die Cortes von Valladolid verlangten auch, daß die Schuldforderungen von Seiten der Juden an Christen getilgt, das Privilegium, eigene Executoren zur Einziehung ihrer Schulden und eigene Civilrichter (Alcades) zu haben, ihnen, so wie den Mauren genommen und sie überhaupt in Geldgeschäften beschränkt werden sollten. Darauf ging aber der König Don Juan nicht ein, sondern ließ es bei dem bisherigen, von seinen Vorfahren eingeführten Brauch bewenden, da diese Beschränkung ihm Nachtheil gebracht hätte.

Diesem, man kann nicht gerade sagen judenfeindlichen Könige[1]) begegnete das Unglaubliche, daß der Streit um das Großrabbinat von Spanien ihm die portugiesische Krone aus den Händen entwand, die er bereits aufs Haupt setzen wollte. Er, oder vielmehr seine zweite Gattin, die portugiesische Infantin Beatriz (Brites) war vom König Fernando durch einen Vertrag beim Mangel männlicher Kinder zur Nachfolge bestimmt. Unter dem König Fernando (1367—1383) hatten die Juden Portugals eine außerordentlich glückliche Stellung erlangt, wie sie denn überhaupt in diesem Lande bis zur Vertreibung keine nachhaltige Verfolgung erduldet haben und immer wohlgelitten waren. Seit dem dreizehnten Jahrhundert (1274) hatte hier das jüdische Gemeinwesen überaus günstige Einrichtungen, wie sie in keinem europäischen Lande in diesem Gefüge vorkamen[2]), wenn auch manche Institution von alter Zeit her Brauch gewesen sein mag. An der Spitze der

---

[1]) Das Summario de los Reyes de España hat einen unglaublichen Bericht: Juan I. habe auf Anrathen Uebelwollender die Juden zur Annahme des Christenthums gezwungen, wodurch Viele getauft, Andere ausgewandert und um Hab und Gut gekommen wären; die Juden hätten in Folge dessen die fürchterlichsten Verwünschungen gegen ihn und sein Haus ausgestoßen, worüber die Königin Leonora sich so verletzt gefühlt habe, daß sie sich geweigert habe, die ihr von Juden angebotenen Geschenke anzunehmen, obwohl ihr Beichtvater ihr dazu gerathen habe; und sie habe sich lieber in ihre Geldverlegenheit gefügt (El despensero mayor, sommario ect. p. 77 Note). Das müßte also vor dem Tode der Königin, vor 1382, geschehen sein. Allein aus der urkundlichen Geschichte ist es bekannt, daß die Judenverfolgung erst 1391 begann und daß diese nicht vom König ausging.

[2]) Ueber die Gemeinde- und Rabbinatseinrichtung in Portugal ausführlich: Codex Affonsino in der Ordenançao Affonsino und Joaquim José Fereira Gordo, memoria sobre os Judeos en Portugal in den Historia y memoria da Academia Real das sciencias T. VIII. parte 2 (Lissabon 1823) von cap. 4 u. ff. nach dem Codex Affonsino daraus zusammengestellt in Schäfer, Geschichte von Portugal III. S. 17 ff. und bei Andern. Herculano, da Origem da Inquisição em Portugal I. 85 fg. Kaiserling, Geschichte der Juden in Portugal, S. 8 fg.

portugiesischen Judenheit stand ein Großrabbiner (Ar-Rabbi Mor), der fast fürstliche Befugnisse hatte und wegen seines wichtigen Amtes vom Könige ernannt wurde. Mit dieser hohen Würde pflegte der König geleistete Dienste zu belohnen oder sie auf einen Mann zu übertragen, der in hoher Gunst bei ihm stand. Der Großrabbiner führte ein eigenes Siegel, übte die höhere Rechtspflege und erließ Verordnungen mit seiner Namensunterschrift und dem Zusatze: „Ar-Rabbi Mor durch meinen Herrn, den König, für die Gemeinde von Portugal und Algarve". Er mußte alljährlich sämmtliche Gemeinden bereisen, ihre Angelegenheiten untersuchen und die Einzelnen auffordern, ihre Beschwerden über Beeinträchtigung, selbst von Seiten der Rabbiner, vorzubringen, und wo er Mißbräuche fand, sie abstellen. Auf seinen Reisen begleiteten den Großrabbinen ein jüdischer Oberrichter (Ouvidor), ein Kanzler (Chanceller) mit seiner Kanzlei, ein Secretär (Escrivão) und ein Executor (Porteiro jurado), um die richterlichen Urtheile zu vollstrecken. Die Großrabbiner waren selten im Besitze der talmudischen Gelehrsamkeit. Unter dem Großrabbinen oder Ar-Rabbi Mor standen Provinzialrabbinen (Ouvidores) in den sieben Provinzen, welche von ihm angestellt wurden. Sie hatten ihren Wohnsitz in den sieben Provinzialhauptgemeinden, in Santarem, Vieu, Cavilhao, Porto, Torre de Montcorvo, Evora und Faro. Sie beaufsichtigten die Provinzialgemeinden und waren die Appellrichter für dieselben. Die Ortsrabbinen wurden zwar von sämmtlichen beitragenden Gemeindemitgliedern gewählt; aber ihre Bestätigung und Bestallung empfingen sie durch den Großrabbinen vermöge einer im Namen des Königs ausgestellten Urkunde. Die Rabbinen hatten nicht blos die bürgerliche sondern auch die peinliche Gerichtsbarkeit und behielten sie viel länger als die spanischen. Oeffentliche Urkunden mußten in der Landessprache ausgestellt werden. Die Eidesförmel der Juden, selbst im Prozeß mit Christen, war sehr einfach, lediglich im Beisein des Rabbiners mit der Thora im Arme.

Der König Don Fernando hatte zwei jüdische Günstlinge, welche seine Geldangelegenheiten leiteten: Don Juda, sein Oberschatzmeister (Tesoreiro mor) und Don David Negro, von der angesehensten jüdischen Familie der Iba-Jachia, sein Vertrauter und Rathgeber (Almoxarif). Als dieser leichtsinnige und verschwenderische König gestorben war, und die Königin Leonora — diese wegen ihrer Reize unwiderstehliche, wegen ihrer doppelten Untreue verhaßte und wegen ihrer Rachsucht und Verstellungskunst gefürchtete Frau — die Regentschaft übernahm, traten die Stadtvorsteher von Lissabon vor sie und baten bringend um Abstellung vieler unliebsamen Maßregeln des verstorbenen Königs. Unter Anderem verlangten sie: Juden und Mauren nicht mehr zu Aemtern zuzulassen[1]). Die schlaue Leonora erwiderte darauf: Sie habe sich schon beim Leben des Königs bemüht, die Juden aus öffentlichen Aemtern zu entfernen, sei aber stets mit ihren Vorstellungen abgewiesen worden. Sogleich nach dem Ableben des Königs habe sie Juda von dem Schatzmeisteramte, David Negro von den Finanzen und sämmtliche jüdische Steuereinnehmer abgesetzt. Nichtsdestoweniger behielt sie Juda in ihrer Umgebung weil er ihr mit seinen Reichthümern und seiner Erfahrung zweckdienlich schien. Indessen wurde der Plan Leonora's, die Regentschaft selbstständig zu führen und die Regierung mit ihrem Buhlen, dem Grafen Andeiro de Ourem, zu theilen, durch den noch schlaueren Bastard-Infanten Don João, Großmeister von Avis, vereitelt. Dieser wußte die Volksgunst zu gewinnen und zu benutzen, und er brachte es dahin, daß die Regentin die Hauptstadt verlassen mußte. Die racheglühende Leonora warf sich ihrem Schwiegersohne, dem Könige Don Juan I. von Castilien, in die Arme und erzeugte dadurch einen blutigen Bürgerkrieg. Es entstand neben der Adelspartei, welche der Regentin und dem Castilianer anhing, eine Volkspartei, welche sich um den zum Vertheidiger der portugiesischen Nationalität erwählten Don João de Avis mit hingebender Liebe schaarte. Leonora mußte immer mehr vor dem Volkshasse weichen. Sie suchte in Santarem Schutz; die beiden jüdischen Großen, Juda und David Negro, welche in Verkleidung Lissabon verlassen hatten, waren in ihrem Gefolge. Hier traf auch der König Juan von Castilien ein, zu dessen Gunsten Leonora, um volle Rache an ihren Feinden nehmen zu können, auf die Regentschaft verzichtete, und dem sie ihre Anhänger, fast den ganzen portugiesischen Adel, sowie viele Festungen des Landes zur Verfügung stellte. Sollte der Plan des Castilianers, Portugal mit Castilien zu vereinigen, gelingen, so konnte es nur durch Einverständniß und festes Zusammenhalten des Schwiegersohnes mit der Schwiegermutter durchgeführt werden. Und diese Eintracht wurde gerade durch die Besetzung des Großrabbinats gestört und verwandelte sich in giftige Feindschaft.

Als nämlich das Rabbinat von Castilien erledigt war (1384), wollte die Königin-Wittwe Leonora diese Würde auf ihren Günstling Juda übertragen wissen und verwendete sich beim König von Castilien für ihn. Dieser aber sagte sie auf Wunsch seiner Gemahlin Beatriz

---

[1]) Fernão Lopes, Chronica del Rei Fernando in der Sammlung Collecão da Academia T. IV. p. 502 ff.

dem David Negro zu. Leonora's Erbitterung wurde dadurch bis zu leidenschaftlichen Ausbrüchen gesteigert. Zu ihrer Umgebung sagte sie: „Wenn der König eine so geringe Sache, die erste, um die ich ihn gebeten, mir versagt, mir, einer Frau, einer Königin, einer Mutter, die für ihn so viel gethan, was habe ich, und was habt ihr weiter von ihm zu erwarten! Wahrlich, mein Feind, der Großmeister de Avis, hätte nicht so gehandelt. Ihr thut besser daran, zu ihm, eurem rechtmäßigen Herrn, überzutreten" [1]).

Leonora wurde durch die Vereitelung ihres Planes oder ihrer Laune, Juda zum Rabbi Mor zu erheben, ebenso voll Hasses gegen ihren Schwiegersohn, den König Juan, wie früher gegen den Großmeister de Avis. Sie zettelte eine Verschwörung an, um den König von Castilien, der vor Coimbra zu Felde lag, tödten zu lassen, und dadurch wieder ihre Freiheit und Selbstständigkeit zu erlangen. So viel galt aber der ehemalige Schatzmeister Juda bei ihr, daß sie ihn in die Verschwörung einweihte. Aber der ernannte Großrabbiner David Negro vereitelte die Verschwörung und rettete dem König von Castilien das Leben.

Ein Franciscanermönch, welcher für die Verschworenen in der Besatzung von Coimbra und in des Königs Lager als Zwischenträger diente, war mit David Negro so innig befreundet, daß er ihm geheimnißvoll dringend rieth, das Lager des Königs zu verlassen.

---

[1]) Nunes de Liño, Cronice de D. João, Joseph Suares de Sylva c. 19 memoria para a historia de Portugal T. III c. 212. Schäfer a. a. O. II. S. 133—164. David Negro scheint mit David b. Gedalia aus der portugiesischen Familie Ibn-Jachja und Ibn-Jaisch identisch zu sein. Denn auf der Grabschrift desselben heißt es: מארץ פורטוגאל היו מרגלותיו ולארץ קשטיל"א מעגלותיו נטו (Epitaphien der Toledaner Gemeinde, Abne Sikkaron No. 26 p. 30 ff.). Das Datum seines Todes ist daselbst angegeben: וצדיק יסוד עולם d. h. die Zahl 86 zu 5100 = 5186 = 1426. Es spricht nicht dagegen, daß, wie Carmoly in einem Codex gefunden hat, der Grabhügel dieses David Ibn-Jachja zwischen dem des Ascheri (gestorben 1327) und dem des Menahem b. Zerach (gest. 1386) lag: הרב של ספרד דין דוד הנקבר בטוליטולה בין מצבת הראש ז"ל ובין מצבת הר' מנחם זן זרח (Carmoly p. 8). דברי חיים לבני יחיא Wenn Carmoly daselbst ein anderes Datum (1386) herausbringt, beruhend auf Hervorhebung der Buchstaben עולם, so ist das lediglich gerathen, da Luzzato angiebt: daß lediglich der Buchstabe ו in dem Worte וצדיק und das Wort יסוד mit Zahlen bedeutenden Punkten versehen sind. Falsch auch bei Kayserling das. S. 35 Note. — Der Beiname Negro (schwarz) mag dem Umstande angehören, daß die Familie Ibn-Jachja einen Mohrenkopf im Siegel und Wappen führte, wie der Historiker Gedalia aus dieser Familie referirt (Schalschelet p. 29 b): ובשם שנינו (של בן יחיא הראשון) קראו שם משפחתם על שמו כן נמשכו אחריו ולקחו תכנית חיתמם וטבעם ראש הכושי הזה ובן אנו עושים היום. Die Herleitung dieses Zeichens das. scheint aber eine Fabel zu sein.

Dieser freundschaftliche Wunsch machte ihn natürlich stutzig und veranlaßt ihn, mehr von dem befreundeten Mönch zu erfahren. David lockte ihm auch einen Theil des Verschwörungsplanes gegen den castilianischen König aus und hielt es für seine Pflicht, diesem sofort Mittheilung davon zu machen, da es sich um dessen Leben handelte. Der gewarnte König ließ sofort Vorkehrungen treffen, um die Verschwörung zu vereiteln. Er ließ vor Allem die Königin-Wittwe Leonora verhaften, die Urheberin der Verschwörung, die ihm seit jenem Vorfalle verdächtig war, als er ihren Wunsch, ihren Günstling Juda zum Großrabbiner zu ernennen, unerfüllt gelassen hatte. Auch Juda und Leonoren's Kammerfrau wurden verhaftet und mit der Drohung der Folter zum Eingeständniß gebracht. Da ihre Aussagen gegen Leonora zeugten, so verbannte sie Don Juan nach Tordesillas; Juda sollte gar hingerichtet werden, aber sein Nebenbuhler David Negro verwendete sich für ihn so warm beim König von Castilien, daß dieser ihm das Leben schenkte. Durch das Zerwürfniß Don Juan's mit seiner Schwiegermutter und durch deren Gefangennahme verlor jener ihren Anhang in Portugal, stieß daher überall auf Widerstand und mußte zu Gewaltmitteln greifen, um das Land zu unterwerfen. Alle Pläne mißlangen ihm, und er mußte zuletzt darauf verzichten, Portugal seinem Reiche einzuverleiben[1]).

Wenngleich einige Rabbinen dieser Zeit aus Eitelkeit, Ehrgeiz oder anderen Beweggründen um die Rabbinatswürde mit ihren Collegen in Nebenbuhlerschaft und Feindschaft geriethen, wie David Negro gegen Juda, in Frankreich Jesaia Ben-Abba-Mari gegen Jochanan, auf der Insel Mallorca **Salomo Zarfati** gegen **En-Vidal Ephraim Gerundi** und in **Valencia**[2]) der aus Tudela ausgewanderte **Chasdai b. Salomo** gegen **Amram Efrati**[3]), so waren diese Erscheinungen doch nur seltene Ausnahmen. Den meisten Rabbinen war das Rabbinat ein heiliges Priesterthum, dem sie mit fleckenlosen Händen, reinem Herzen und in selbstlosem Streben dienten. Sie leuchteten der Gemeinde voran nicht blos in Gelehrsamkeit und Frömmigkeit, sondern auch in Gesinnungsadel, Gewissenhaftigkeit und Sittenreinheit. Selbst jene ehrgeizigen Rabbinen haben sich nur Stellenjägerei und Unverträglichkeit zu Schulden kommen lassen, und es hieße ihr Andenken beleidigen, wenn man sie mit den Dienern der Kirche auch nur vergleichen wollte. Denn zu keiner Zeit war das Christenthum durch seine Vertreter mehr geschändet, als im vierzehnten und im folgenden Jahrhundert. Seit-

---

[1]) Die genannten Quellen zur Geschichte Portugals.
[2]) Isaak b. Scheschet Respp. No. 374 ff. [3]) Das. No. 445.

dem das Papstthum seinen Sitz in Avignon aufgeschlagen hatte, war es ein wahrer Pfuhl von Lasterhaftigkeit und Gemeinheit geworden und steckte damit die Gesammtgeistlichkeit bis zu den niedrigsten Dienern herab an. Und nun trat noch hinzu der leidenschaftliche Streit des einen Papstes gegen den andern, des einen Cardinalcollegiums gegen das andere, der die Christenheit in zwei Lager spaltete, von denen eins gegen das andere mit den tödtlichsten Waffen kämpfte. „Die Wahrheit ist an den päpstlichen Höfen zum Wahnsinn geworden", so schildert diese Gesunkenheit der Dichter Petrarca, welcher diese Laster mit eigenen Augen sah. „Die Enthaltsamkeit gilt da als Bauernhaftigkeit, die Schamhaftigkeit als Schmach. Je befleckter und verworfener Einer ist, desto berühmter ist er. Ich spreche nicht von Unzucht, Frauenraub, Blutschande, Ehebruch, welche für die Geilheit der Geistlichen nur noch Kleinigkeiten sind[1]). Ich spreche auch nicht davon, daß die Ehemänner wegen der ihnen entführten Frauen in die Verbannung geschickt werden. Der Schändlichkeiten höchste ist, wenn Ehemänner genothzüchtigter Frauen von den Geistlichen gezwungen werden, sie während der Schwangerschaft ins Haus zu nehmen und nach der Entbindung dem ehebrecherischen Bette wieder zurück zu liefern." „Das Alles habe ich nicht allein gesehen und erfahren, sondern ist in dem Volke bekannt, obwohl es schweigt, und zwar mehr aus Widerwillen als aus Furcht schweigt". Ein anderer Zeitgenosse, der französische Theologe Nicolaus von Clemangis[2]), schilderte „den Verfall der Kirche" jener Zeit in einer wahrhaft grauenerregenden Färbung. „Jedes Vergehen, jeder Irrthum, ja jede Missethat, selbst die allergräßlichste, wird für Geld erlassen, entschuldigt und aufgehoben. Was soll ich viel von den Capiteln und anderen Geistlichen sprechen, da ich es mit einem Worte sagen kann: Gleich den Bischöfen sind auch die Weltgeistlichen unwissend, ämterkäuflich, habgierig, ehrgeizig, neidisch, spürnäsig gegen fremde Angelegenheiten, und dazu gefräßig, wollüstig, geil und leben mit ihren eigenen Bastardtöchtern, wie mit Frauen im Hause". Die frechen Angriffe der Geistlichen auf die Ehrbarkeit der Frauen und auf die Keuschheit der Jungfrauen ging so weit, daß viele Gemeinden darauf bestanden, nur solche Geistliche zuzulassen, welche eigene Concubinen im Hause hielten. Von den Nonnenklöstern sprach man damals nicht anders, als wie von Schandhäusern. Innerhalb der

---

[1]) Petrarca, epistolae sine titulo No. 10. Mitto stupra, raptus, incestus, adulteria, qui jam pontificiali lasciviae ludi sunt.

[2]) Nicolaus de Clemangis, de ruina ecclesiae in von der Hardt's Concilium Constantinum T. I. c. 29, 20 und an anderen Stellen.

Klostermauern wurden die allerscheußlichsten Laster mit einer Art Oeffentlichkeit getrieben, nicht blos Unzucht und Blutschande, sondern auch Kindermord. Und diese schandbaren Vertreter der Kirche beanspruchten die höchste Verehrung. Die Gegenpäpste in Rom und Avignon, welche einander der gröbsten Laster mit und ohne Uebertreibung beschuldigten, verlangten nichts desto weniger jeder für sich göttliche Verehrung durch Kniebeugung. Es war natürlich, daß die Geistlichen die Laienwelt mit dem Pesthauch ihrer bodenlosen Unsittlichkeit und Verworfenheit ansteckten und befleckten! Und diese entartete, entmenschte, tiefgesunkene christliche Welt durfte sich herausnehmen, die keusche, sittenreine, gottergebene Synagoge als eine verworfene, gottverfluchte zu behandeln. Rohe Gesellen und Wüstlinge sprachen den Juden, die ihnen in Allem, mit Ausnahme von raubritterlicher Tugend und Lasterhaftigkeit, überlegen waren, jedes Menschenrecht ab. Was Wunder, wenn sie wie Thiere des Feldes gehetzt und erschlagen wurden! In Nördlingen[1]) wurde damals die ganze Gemeinde mit Weibern und Kindern erschlagen (1384); in ganz Schwaben wurden die Juden gequält und in Augsburg so lange im Kerker gehalten, bis sie 20,000 Gulden gezahlt. Ein charakteristisches Beispiel liefert ein gewiß nicht vereinzelter Vorfall aus jener Zeit. Rabbiner und Gemeindevorsteher von Mitteldeutschland hatten eine Reise angetreten, um in Weißenfels eine Synode zu halten und durch Berathung gemeinnützige oder religiöse Beschlüsse zu fassen (1386). Sie hatten sich mit Geleitsbriefen von den sächsischen Fürsten versehen, weil es ohne solche zu jener Zeit für deutsche Reisende christlichen Glaubens, um wie viel mehr für Juden keine Sicherheit auf der Landstraße gab. Nichts desto weniger lauerten ihnen deutsche Raubritter bei der Rückkehr auf, in der Erwartung, reiche Beute bei ihnen zu finden, plünderten sie aus, mißhandelten sie, nahmen sie gefangen und ließen sie erst um 5000 Groschen Lösegeld in Freiheit. Die gemißhandelten Rabbinen und Vorsteher klagten über den Raubanfall bei den Fürsten, und diese, welche sich in ihrer Ehre verletzt fühlten, daß ihre Namen auf den Geleitsbriefen so wenig geachtet wurden, zogen die ritterlichen Wegelagerer zur Verantwortung. Einer der Angeklagten trat mit der Sprache heraus und rechtfertigte sein und seiner Genossen Verfahren mit der Bemerkung: Daß es ihnen keineswegs eingefallen sei, das Geleitschreiben der Fürsten zu miß-

---

[1]) Stetten, Geschichte von Augsburg I. S. 127. Es scheint nicht, daß sich der Passus in der Zionide הוא באזילא . . אויגשפורג ונער(ר)לינגן . . כלה ביום זעם (bei Landshut Amude Aboda II. Beilage p. IV.) auf diese Verfolgung bezieht, wie Zunz, synagogale Poesie S. 44 annimmt.

achten. Sie wären aber der Meinung, daß die Juden, die Feinde der Kirche, keinen Schutz von der christlichen Obrigkeit verdienten. Er, der Sprecher, werde stets Christi Feinde, wo er sie antreffen werde, verfolgen und mißhandeln[1]). Eine solche Vertheidigung konnte des Beifalls nicht ermangeln. Sie war den meisten damaligen Christen aus der Seele gesprochen. Die Angeklagten wurden auch von den fürstlichen Richtern freigesprochen und die Juden unter Spott unverrichteter Sache entlassen. „Denn die Antwort entzückte die Fürsten."

Die sittlich verkommenen unzüchtigen Geistlichen, die in einem Zeitalter öffentlicher Ehrbarkeit dem allgemeinen Abscheu oder dem Zuchthause verfallen wären, sie fühlten sich durch Berührung mit Juden beschimpft und führten neue Gräuelscenen von Judenmetzeleien herbei, unter dem Vorwande, ihr heiliger Stand wäre durch dieselben geschändet worden. In Prag, seit Karl IV. die Kaiser- und Hauptstadt des deutsch-römischen Reichs, wurde eine blutige Judenverfolgung durch einen Geistlichen hervorgerufen. Ein Prager Priester — vielleicht einer von denen, welche der Kaiser Wenzel zusammen mit ihren Beischläferinnen an den Pranger hatte stellen lassen — zog am Ostersonntag (18. April 1389[2]) mit der Monstranz durch die Judengasse, um sich zu einem Sterbenden zu begeben. Jüdische Knaben spielten gerade — es war am letzten Paßa-Festtage — auf der Straße mit Sand, mit dem sie einander bewarfen. Einige Sandkörner trafen des Priesters Kleid; seine Begleitung war darüber so empört, daß sie die jüdischen Kinder arg mißhandelte. Die Eltern liefen auf deren Geschrei herbei, um sie zu befreien. Aber der Priester eilte auf den altstädtischen Markt und rief mit lauter Stimme: Sein heiliges Priesteramt sei durch Juden entweiht worden. Um der Kleinigkeit Wichtigkeit beizulegen, übertrieb er: Die Juden hätten nach ihm so sehr mit Steinen geworfen, daß ihm die Hostie aus der Hand gefallen sei. Daraufhin rotteten sich das niedere Volk und die Bürger von Prag zusammen, überfielen die Häuser der Juden mit Mordwerkzeugen aller Art und stellten, wie oft geschehen, den Bedrohten die Wahl zwischen Tod und Taufe. Sie fanden die Juden wieder standhaft in ihrem Glauben und konnten ihr Mordhandwerk beginnen. Viele Tausende kamen an diesem Tage und in der darauf folgenden Nacht um. Mehrere Juden, darunter auch der greise Rabbiner, ent-

---

[1]) S. Note 5.
[2]) Hauptquelle für diese Verfolgung ist die Selicha des Abigedor Kara (im böhmischen und polnischen Ritus, Anhang את כל התלאה), die kritische Vergleichung mit anderweitigen Quellen in der Zeitung des Judenthums, Jahrgang 1840, S. 725 f.

leibten zuerst die Ihrigen und dann sich selbst. Die Synagoge wurde eingeäschert, die heiligen Schriften zerrissen und mit Füßen getreten. Nicht einmal der Friedhof blieb von der Rohheit der christlichen Eiferer verschont. Die Leichname auf den Straßen wurden ihrer Kleider beraubt, nackt gelassen und dann mit Thieräsern zusammen verbrannt.

Auch die Gemeinden in der Nähe der böhmischen Hauptstadt wurden dafür, d. h. für nichts, verantwortlich gemacht, „eingesperrt, gepeinigt, gemißhandelt und gequält". Der damalige Papst erließ zwar eine Bulle gegen die Grausamkeiten (2. Juli 1389[1]), in welcher er auf die Verordnung des Papstes Clemens IV. hinwies, daß die Juden nicht zur Taufe gezwungen und ihre Festtage nicht gestört werden sollten, aber ohne Gewissensbisse in den Gemüthern der Gläubigen zu erregen. Vergebens wandten sich die Juden an ihren Schutzherrn, den deutschen Kaiser Wenzel, in dessen eigener Hauptstadt solche Gräuel vorgekommen waren. Dieser Fürst, der, wenn er nicht Kaiser gewesen, ein Raubritter geworden wäre, der nur einige Einsicht hatte, wenn er nicht betrunken war — und das kam selten vor — dieser Kaiser gab sein Urtheil über diesen Vorfall dahin ab: Daß die Juden ihr Geschick verdient hätten, weil sie sich am Ostersonntage außer ihren Häusern hatten blicken gelassen. Nur auf ihre Hinterlassenschaft war er bedacht und ließ sie für seine stets leere Schatulle einziehen. Mehrere Jahre vorher hatte er Anstrengungen gemacht, die Schuldforderungen der Juden an sich zu bringen und dazu die Vertreter der schwäbischen Städte in Ulm zusammen kommen lassen (1385)[2].

Dann erließ der Kaiser Wenzel eine Verordnung, welche die gefährlichsten Eingriffe in das Eigenthum gestattete und die deutschen Juden arm machte, ohne dem Volke, dessen Wohl dabei zum Vorwande genommen wurde, zu nützen. Die Fürsten und Machthaber Deutschlands wollten nämlich auf eine leichte Weise zu Summen gelangen, um ihre Schwelgereien und Balgereien fortführen zu können, und gebrauchten als Mittel dazu, den Kaiser Wenzel anzugehen, wegen des übermäßigen Wuchers reicher Juden zu erklären: Daß sämmtliche

---

[1] Diese Bulle wird nur in einer portugiesischen Quelle angeführt, in der Ordonnançao Affonsino, woraus Gordo ihren Inhalt mittheilt (in der Quelle o. S. 46 Anmerk.). Auffallend ist es aber, daß diese Bulle (ausgest. 2. Juli 1389) Bonifacius IX. zugeschrieben wird, während dieser sein Pontificat erst 2. November desselben Jahres antrat. Sollte sich die portugiesische Quelle im Datum geirrt haben, oder stammt die Bulle von seinem Vorgänger Urban IV?

[2] Vergl. Stobbe, die Juden in Deutschland während des Mittelalters S. 134 fg.

Schuldforderungen der Juden an Christen erlöschen, nicht nur die Zinsen, sondern auch das Kapital, und daß sämmtliche Pfänder ausgeliefert werden sollten. Dem Kaiser war der Vorschlag um so willkommener, als er dadurch Aussicht auf Gewinn erlangte; denn die christlichen Schuldner sollten gehalten sein, ihm fünfzehn auf hundert von den Schuldsummen abzutragen. Die Gemeinden des südwestlichen Deutschlands, besonders Bayerns, wurden daher aufgefordert, Abgeordnete zu diesem Zwecke aus ihrer Mitte nach Prag zum Hofgericht, später zum Reichstag nach Nürnberg zu senden. Die unglücklichen deutschen Juden, welchen dadurch der Verlust nicht nur ihrer Habe, sondern ihrer Lebensbedingungen drohte, bemühten sich, den für sie verderblichen Plan zu vereiteln. Aber es gelang ihnen nicht; denn nicht nur der Kaiser und die Reichsfürsten, sondern auch die Reichsstädte versprachen sich viel Vortheil von der Beraubung der Juden, da die Schuldner gehalten sein sollten, auch ihre nächste Obrigkeit durch Procentsätze zu befriedigen. Von allen Kanzeln der Kirche wurde des Kaisers Erlaß (vom 16. September 1390) wie ein Jubeljahr mit Schuldenerlaß verkündet. Aber nur die Fürsten und die Herren der Reichsstädte hatten Grund zu jubeln. Die Schuldner dagegen wurden noch härter von ihrer Obrigkeit wegen des ihr zufallenden Löwenantheils geplagt, als früher von den jüdischen Gläubigern[1]). Bei aller Verarmung der deutschen Juden, bei denen Haussuchungen nach etwa zurückbehaltenen Pfändern vorgenommen wurden, verlangte der Kaiser doch von jedem Juden, ja selbst von jedem mannbaren Jüngling oder Mädchen den „güldenen" Opferpfennig, jährlich einen Gulden. Er erklärte geradezu den Besitzstand der Juden als sein Eigenthum und verbot ihnen, ihn zu verschreiben oder zu vergeben[2]). Und doch war der Kaiser Wenzel noch nicht der Schlimmste für die Juden! Der Rabbiner Abigedor Kara von Prag rühmte sich seiner Freundschaft. Die Juden Deutschlands flüsterten sich einander zu: Der Kaiser gab nicht viel auf die Christuslehre[3]).

Die Ausplünderung und Verfolgung der deutschen Juden hatten keine weittragenden Folgen; sie konnten dieselben nicht gebeugter und haltloser machen. Sie waren seit lange daran gewöhnt, ihre Wangen den Streichen, ihren Rücken den Schlägen entgegen zu halten. Ganz

---

[1]) Lichtvoll dargestellt ist diese Schuldentilgung bei Stobbe das. S. 136 fg., wo auch die Quellen angegeben sind.

[2]) Würfel, Nachrichten von der Judengemeinde Nürnberg, S. 7. Gemeiner, Regensburger Chronik II. S. 318.

[3]) Aus einem Codex mitgetheilt von Luzzato historische Nachrichten in Gabriel Polak, Halichot Kedem p. 79.

Der Fanatiker Ferrand Martinez.

andere Wirkungen hatte eine gleichzeitige Verfolgung in Spanien; denn sie traf gewissermaßen das Herz des jüdischen Stammes und bildet daher einen trüben Wendepunkt in der allgemeinen jüdischen Geschichte. Die spanischen Juden waren bis dahin mehr verhaßt als verachtet; eine blutige Verfolgung brachte auch sie zur Stufe der Verächtlichkeit herab, schwächte ihren Muth, lähmte ihre Thatkraft und machte ihre Haltung gebrochen. Auch sie ging, wie die von Prag, von einem Priester und von Pöbelhaufen aus, nahm aber die allerweiteste Ausdehnung an und schürzte in vielfacher Verschlingung einen dramatischen Knoten von erschütternder Wirkung. Sie entstand in Sevilla durch einen fanatischen Priester Ferrand Martinez, Erzdekan von Ecija, Vikar des Erzbisthums von Sevilla, der den giftigen Haß gegen Juden als Kern seiner Religion betrachtete. In seinen Predigten nahm er die Aufreizung gegen sie zum Hauptthema und donnerte bald gegen ihren verstockten Unglauben, bald gegen ihren Hochmuth und bald gegen ihre aufgehäuften Reichthümer, ihre Geldgier und ihren Wucher. Er fand in Sevilla eine nur zu geneigte Zuhörerschaft; denn in dieser Stadt waren die Juden nicht blos wegen ihrer so kräftigen Betheiligung an dem Kriege der feindlichen königlichen Brüder Don Pedro und Don Enrique II. besonders verhaßt, sondern auch wegen der unter so auffallenden Umständen erfolgten Hinrichtung des Joseph Pichon[1]), des bei den Christen so beliebten jüdischen Großen. Diese feindselige Stimmung reizte Martinez bis zur leidenschaftlichen Erregtheit. Er mischte sich unberufen in Streitsachen zwischen Juden und Christen ein, verbot mit Androhung des Kirchenbannes den Verkehr mit dem verfluchten Geschlechte, ließ maurische Sklaven im Besitze von Juden entführen und taufen, forderte die Menge bei einer kirchlichen Procession auf, bei welcher einige Juden sich auf dem Platze gezeigt hatten, sie mit Stöcken und Steinen zu verfolgen und wiederholte öfter, daß die dreiundzwanzig Synagogen in Sevilla zerstört werden müßten. Vergebens hatten ihm die Könige Heinrich II. und sein Sohn Juan I., von den Klagen der jüdischen Hofleute bewegt, das Toben auf der Kanzel und die Gewaltthätigkeit gegen die Juden untersagt. Er kehrte sich nicht daran und fuhr mit seiner Aufreizung fort. Er hatte die Frechheit, öffentlich zu verkünden, daß der König und die Königin eine Freude daran empfinden würden, wenn Juden todtgeschlagen würden, und daß die Thäter dafür Verzeihung erlangen würden. Martinez muß in der That Gesinnungsgenossen bei Hofe gehabt haben, welche ihm Straflosigkeit für seine

---

[1]) Vergl. das Citat aus Zuñiga o. S. 42 N.

Widersetzlichkeit gegen die königlichen Befehle zugesichert haben. Denn obwohl der König Juan in einem Schreiben die Drohworte gebraucht hatte, er werde ihn bei fortgesetzter Mißachtung seines Befehles so züchtigen, daß er es bereuen werde (1383), fuhr er nichtsdestoweniger mehrere Jahre fort, gegen die Juden zu wüthen.

Auf den Rath einiger besonnenen und judenfreundlichen Christen trat der Vorsteher der Juden von Sevilla, Don Juda Aben-Abraham, öffentlich als Ankläger gegen ihn vor den Oberrichtern und Schreibern auf dem zum Rechtsprechen errichteten Tribunal auf (Febr. 1388). Der giftige Priester mußte sich zur Rechtfertigung einfinden. Don Juan zählte ihm seine Worte und Thaten zur Gefährdung der jüdischen Glaubensgenossen auf und verlas die Urkunde von den beiden Königen, welche ihm die Wühlerei untersagt hatten. Aber diese feierliche Schaustellung machte nicht den geringsten Eindruck auf den durch Glaubensübereifer gemüthsverhärteten Priester. Anstatt sich zu vertheidigen, ging er zu noch mehr herausforderndem Angriff vor, erklärte, daß er es als Priester für seine Pflicht halte, die Juden zu ächten, da die Evangelien sie wegen ihres Unglaubens zur Verdammniß verurtheilt haben, und wiederholte seinen Herzenswunsch, daß die Teufelssynagogen bis auf den Grund zerstört werden müßten.

Was that der König, dem die Anklage der Juden gegen Martinez und seine Gegenerklärung zur Entscheidung vorgelegt werden mußten, zu dieser Verhöhnung der königlichen Befehle? Don Juan hüllte sich in Schweigen, und der durch die Anklagen noch mehr zur Wuth gereizte Erzdekan erblickte darin eine Ermuthigung zur Verschärfung seiner Feindseligkeit gegen die Juden. Er stachelte in seinen Predigten und auch in außerkirchlichen Reden gegen sie auf, und wenn ihn einige menschlich denkende Priester vom Kapitel zur Rede stellten und ihm die Bullen mehrerer Päpste entgegenhielten, welche die Freiheit der Juden in ihrem religiösen Verhalten und ihren Schutz gegen Gewaltthätigkeit gewahrt wissen wollten, scheute er sich nicht, wie gegen die Juden, so gegen die Autorität des Papstthums Ausfälle zu machen, daß die Päpste nicht unfehlbar seien, und daß sie gegen die Worte des Evangeliums nicht fehlen dürfen. Es war die Zeit des Kirchenstreites von zwei rivalisirenden Päpsten, Urban VI. von Rom und Clemens VII. von Avignon, welche an Schandbarkeit einander nichts nachgaben und gegen einander Bannflüche schleuderten. Sollte Martinez sich durch die Bulle eines Papstes zu Gunsten der Juden in seinem haßerfüllten Beginnen gegen sie abbringen lassen? Dem erzbischöflichen Kapitel von Sevilla war allerdings sein Treiben zu arg, und es schickte zwei Abgeordnete an den König, gegen ihn Klage zu

führen (Sommer 1388). Kühl antwortete der König, er werde über=
legen was gegen ihn zu thun sei. Denn obwohl sein Eifer gegen
die schlechten und verderbten Juden lobenswerth sei, so sei doch zu
fürchten, daß seine Predigten und seine Handlungen das Volk gegen
sie zu Thätlichkeit aufstacheln würden. Da aber Don Juan es bei
der nichtssagenden Antwort bewenden ließ, so lud der Erzbischof von
Sevilla, Pedro Gomez Barroso, Martinez zur Rechtfertigung vor
eine Versammlung von Geistlichen und Gelehrten ein, und als er
trotzdem sich nicht gefügig zeigte, entzog er ihm die Kanzel und be=
drohte ihn mit dem Banne als Hartnäckigen, Widerspenstigen und der
Ketzerei Verdächtigen[1]) (August 1389).

Unglücklicher Weise starb der Erzbischof Barroso, der noch im
Stande war, dem priesterlichen Wütherich Zügel anzulegen, kaum ein
Jahr nach dem Strafverfahren gegen ihn (7. Juli 1390) und drei
Monate später auch der König Don Juan (9. October). So wenig
dieser die Juden liebte, so hatte er doch gewaltthätige Ausschreitungen
gegen sie nicht zugelassen. Sobald Don Juan heimgegangen war
und für den elfjährigen Nachfolger Heinrich III. ein Regentschaftsrath
eingesetzt wurde, dessen Uneinigkeit einen neuen Bürgerkrieg herauf
zu beschwören drohte, glaubte der fanatische Priester das Aeußerste
wagen zu dürfen. Er geberdete sich als Vicar des Erzbisthums und
sandte, kaum zwei Monate nach des Königs Tod (8. December), an
sämmtliche Geistliche des Erzbisthums Sevilla unter Androhung der
Excommunikation und selbst Gewaltmittel den Befehl, die Synagogen,
in welchen die Feinde Gottes und der Kirche, die sich Juden nennen,
ihren Götzendienst treiben, bis auf den Grund zu zerstören und allen
Schmuck und Geräthschaften aus denselben ihm zuzusenden[2]). Es war
geradezu eine Aufreizung, gewaltthätig gegen die Juden zu verfahren.
Sie hatte eine trübselige Wirkung. Eines Tages (15. März 1391)

---

[1]) Diese für die Vorgänge in Spanien bezüglich der Juden hochinteressante
Urkunde hat Amador de los Rios aus dem Archiv einer Sevillanischen Kirche
ausgezogen, a. a. O. II. S. 578 fg. Interessant ist, wie die Geistlichen damals
über das Papstthum dachten. Martinez hatte öffentlich gepredigt: que el Papa
non puede absolver de los pecados; das hielt ihm der Erzbischof vor und
fügte hinzu: é otras cosas que, como quier que para los que lo entien-
den, podrien aver buen sesso, pero á los simples é aun á los non mui
letrados puede traher en grand escándalo, é al Papa en menospreçio
(das. p. 593), d. h. so viel als: die Verständigen wissen, was sie von den Päpsten
und ihrer Unfehlbarkeit zu halten haben, aber den Simpeln und Halbgebildeten
darf man dergleichen nicht offenbaren, denn es würde zur Geringschätzung
der Päpste führen.

[2]) Amador II. 348. Eines seiner drohenden Sendschreiben ist mitge=
theilt das. 611 II.

— ein denkwürdiger Tag nicht blos für die Juden und nicht blos für die Spanier, sondern für die ganze Weltgeschichte, weil dadurch der Keim zur Geburt des Ungeheuers „Inquisition" gelegt wurde — eines Tages predigte Martinez in gewohnter Weise auf einem öffentlichen Platze gegen die Juden und stachelte die Menge geradezu gegen sie auf, in der Erwartung, daß auf diesem Wege viele Judenbekehrungen vorkommen würden. Das Volk ließ sich zu Angriffen auf die Juden entflammen. Indessen schritten die Behörden der Stadt, der Oberpolizeimeister (Alguacil mayor), Don Alvar Perez de Guzman, und zwei Richter zum Schutz der Juden ein und ließen zwei Rädelsführer ergreifen und stäupen. Dieses Verfahren reizte aber das fanatisirte Volk noch mehr. In seiner Wuth tödtete es viele Juden und bedrohte selbst die den Unglücklichen zu Hilfe Eilenden, den Gouverneur Don Juan Alfonso, Grafen von Niebla, und den Oberpolizeimeister mit dem Tode. Einige angesehene Juden von Sevilla, welche einsahen, daß die Behörden zu schwach waren, den Aufstand zu dämpfen, eilten an den Hof des jungen Königs und beschworen den eingesetzten Regentschaftsrath, dem Judengemetzel Einhalt zu thun. Sie fanden auch dazu die beim König versammelten Räthe geneigt. Es wurden sofort Boten nach Sevilla gesandt, die Menge aufzufordern, im Namen des Königs die Juden in Ruhe zu lassen. In Folge dieser königlichen Befehle stellte sich auch der Adel zum Schutze der Juden auf und besiegte die Aufständischen. Und als die christliche Bevölkerung in den Nachbarstädten Miene machte, die Scenen in Sevilla nachzuahmen, sandten die Regentschaftsräthe auch dorthin Boten mit denselben Befehlen[1]). So wurde für den Augenblick die beabsichtigte Judenhetze hingehalten. Allein sie war dadurch keineswegs unterdrückt, im Gegentheil, sie brach von Neuem mit größerer Heftigkeit und in weiterer Ausdehnung aus. Es mag wohl einigen Mitgliedern des Regentschaftsrathes Ernst gewesen sein, die Schlächtereien der Juden nicht zuzugeben; allein es lag ihnen nicht soviel daran, das rechte Mittel anzuwenden, um sie unmöglich zu machen. Ein solches Mittel wäre gewesen: den Mordprediger Ferrand Martinez unschädlich zu machen, oder wenigstens ihm die aufregenden Reden zu verbieten. Nichts dergleichen that die Regentschaft, sondern ließ ihm volle Freiheit, seine giftige Zunge gegen die Juden zu kehren. Gestützt auf die Uneinigkeit im Regierungskreise, auf die ihm erwiesene Straflosigkeit und auf die Gährung, welche im ganzen Lande deswegen herrschte, hatte Martinez den Muth, die Menge gegen die Juden von Sevilla von Neuem zu

---

[1]) Ayala, cronica II. p. 361 f. Zuñiga Annales de Sevilla II. 230 ff. Die jüdischen Quellen sprechen von diesem ersten Aufstande nicht.

hetzen und diesmal mit größerem Erfolge¹). Kaum drei Monate nach dem ersten Gemetzel griff sie am frühen Morgen geräuschlos von allen Seiten, wie auf Verabredung, das Judenviertel (Juderia) an (6. Juni 1391), legte Feuer daran und begann ihr frommes Mord=handwerk ohne die geringsten Gewissensbisse. Inmitten der Ver=wüstung, der Feuersbrunst und der Leichenhaufen stand der Priester, der angebliche Diener der Religion der Liebe, ungerührt von dem Jammergeschrei der Verwundeten und Sterbenden, und ermuthigte die Menge, die Gräuelthaten fortzusetzen, bis sämmtliche Juden ver=tilgt sein würden. Von der bedeutenden, reichen Sevillaner Gemeinde, welche 6000—7000 Familien, also wohl an 20,000—30,000 Seelen, zählte, blieb nur sehr wenig übrig. 4000 fielen unter den gegen sie geführten Streichen, die Meisten, von Todesfurcht ergriffen, ließen sich taufen. Frauen und Kinder verkauften die bluttriefenden Menschen an Mohammedaner als Sklaven. Von den dreiundzwanzig Synagogen Sevilla's wurden die meisten zerstört oder in Kirchen verwandelt. Zu der großen Menge derer, welche in Sevilla Taufwasser gegen Feuer und Schwert gebrauchten, gehörte jener Samuel Abrabanel,

---

¹) Hauptquellen für diese und die folgenden Thatsachen sind die bereits angegebenen, der Zeitgenosse Ayala a. a. O. und auch p. 390; Zuñiga a. a. O. und p. 237; Chasdaï Crescas, Sendschreiben an die Gemeinden von Ara=gonien (wovon später). Ferner Salomo Alami אגרת המוסר p. 23; Schebet Jehuda No. 27, No. 45, 47 und 48, die letztere eine Relation des Zeitgenossen Schem-Tob Ibn-Schem-Tob. In dieser letzten Quellenschrift muß das falsche Datum ק"י in קנ"א emendirt werden 5151 = 1391 und in No. 45 ebenso קנ"א statt קנ"ג. Zacuto hat nichts Neues darüber, sondern lediglich aus den älteren Quellen geschöpft. In Betreff des Tagesdatums für den Beginn der zweiten Metzelei in Sevilla differirt Chasdaï's Relation von Zuñiga's. Der Letztere ganz bestimmt: Martes 6 de Junio se levantó de nuevo tal mutin de los Christianos contra los Judios (en Sevilla). Der Erstere dagegen: יום ר"ח תמוז קנ"א . . . דרך ה' קשת"ת האויב על קהלת סביליא"ה. Der erste Tammus fiel in jenem Jahre auf den 4. Juni, also eine Differenz von zwei Tagen. Da nun Zuñiga neben dem Monatsdatum auch den Wochentag — Dienstag — fixirt und aus Sevillanischen Quellen geschöpft hat, so hat seine Angabe mehr Gewicht. Das Klagelied über diese Verfolgung aus einem Firkowitzischen Codex (edirt in Schebet Jehuda ed. Wiener p. 133) hat weder poetischen, noch historischen Werth. Es giebt die Gemetzel nur sum=marisch in einigen Versen an:

בפ"ט יללה רבה נהיה
בשנת הקנ"א בשאיה
כי נחרב קהל שיאביליה
וקהלות כל אנדלוס
ופרובינציא רע נחוץ
ובקטלוניא היה לבז
וארגון עמם אחוז.

der Ahn der berühmt gewordenen Familie Abrabanel, der unter Don Heinrich II. großen Einfluß hatte und eine Zierde der Gemeinde war; er nahm den **christlichen Namen Juan de Sevilla** an[1]).

Von Sevilla aus wälzte sich das Judengemetzel wie ein verheerender Strom zunächst über die naheliegenden Städte, welche zum Erzbisthum Sevilla gehörten, und in welchen Juden wohnten, in Carmona, Ecija und andere, in denen nicht ein einziger Jude zurückgeblieben ist[2]), und wie auf eine geheime Verschwörung auch über einen großen Theil von Spanien. Die Raubgier hatte mehr Antheil daran, als der fanatische Bekehrungseifer[3]). Zunächst traf es die Muttergemeinde Spaniens Cordova, von wo aus die Gehobenheit der spanischen Juden ausgegangen war. Auch hier wurden Viele schmählich getödtet und Viele zum Christenthume gezwungen. Die Synagogen wurden dem Erdboden gleich gemacht, darunter auch eine, welche ein Prachtgebäude war und mit einer von den Chalifen erbauten kunstvollen Moschee wetteifern konnte[4]). Am Fasttage zur Erinnerung an den Fall Jerusalems (17. Tammus = 20. Juni) erhob sich die Bevölkerung von Toledo gegen die größte Gemeinde Spaniens. Das vergossene Blut Derer, welche an der Einheit Gottes festhielten und ihren Glauben nicht wechseln mochten, floß in den Straßen. Unter den vielen Märtyrern in Toledo fielen die Nachkommen des Ascheri, welche mit der Standhaftigkeit der deutschen Juden dem Tode entgegengingen. Jehuda b. Ascher II., ein Urenkel Ascheri's, der in Burgos lebte, aber damals gerade in Toledo anwesend war, entleibte seine Schwiegermutter, seine Frau und dann sich selbst[5]). Auch in Toledo ging eine große Zahl zum Christenthum über. Ungefähr siebzig Gemeinden wurden von der schrecklichen Verfolgung heimgesucht, darunter die bekannten Ecija, Huete, Logroño,

---

[1]) Schem Tob in Schebet Jehuda No. 48; de los Rios p. 360. Ueber die Zahl der Synagogen, welche theils zerstört und theils in Kirchen verwandelt wurden: A. de los Rios a. a. O. II. 359 Note.

[2]) Zacuto in Jochasin.

[3]) Ayala a. a. O. p. 390: . . et todo esto fue cobdicia de robar, segund parecia, mas que devocion.

[4]) de los Rios das.

[5]) Zacuto in Jochasin ed. Filipowski p. 225: ואז היה בבורגוש חכם גדול דומה לאבוחיו יודע כל התלמוד ר' יהודה בן אשר נינו של הראש ונהרג בטיליטולא קנ"א ועשה ספר חקות השמים. Auch das. p. 222b wird er nicht als Ascheri's Sohn bezeichnet (wie in der Vulgata-Edition); hiermit ist Luzzato's Bemerkung (zu Abne Sikkaron p. 10 Note) bestätigt, die übrigens auch Asulaï gemacht hat. Jiaak b. Scheschet correspondirte mit diesem Jehuba Ascheri II. (Respp. No. 340, 273, 285, 291). Aus No. 240 ergiebt sich, daß er sich mit Avicenna's Werken beschäftigt hat und daß Isaak Alchadib sein Jünger war.

Jaen, Carrion, Ocaña, Cuenca und Madrid[1]), das damals zwar eine geringe Bedeutung hatte, aber bereits jüdische Einwohner innerhalb der Stadt und Umgegend zählte. Auch hier wurden Mehrere getödtet und die Uebrigen zur Taufe gezwungen. Dadurch büßte das Kloster der Dominicaner die Einnahme ein, welche ihm von den Juden zugewiesen war; mit dem Untergang der Gemeinde hörte die Judensteuer von selbst auf. Hier, wie in anderen Städten, wurde zwar auf die Urheber und Hauptschuldigen an den Mördereien, Verwüstungen und Räubereien gefahndet, manche auch in Gewahrsam gebracht; aber mit ihrer Bestrafung wurde wenig Ernst gemacht. Manche Mitglieder des Stadtrathes, berufen, Ruhe und Sicherheit zu schützen, hatten aus Raublust oder Judenhaß bei der Vertilgung ihrer jüdischen Mitbewohner die Hand im Spiele[2]). Auch den Mauren oder Mohammedanern, welche im Königreich Sevilla wohnten, hatten die fanatisirten Christen dasselbe Gemetzel zugedacht. Allein die Besonnenen machten das Volk auf die Gefährlichkeit dieses Schrittes aufmerksam, weil sonst die Christen, welche im mohammedanischen Königreiche Granada wohnten oder jenseits der Meeresenge unter Mauren als Gefangene weilten, als Opfer der Wiedervergeltung fallen würden. Die Maurenschlächterei unterblieb deswegen[3]). Die Juden allein mußten den bittern Kelch leeren, weil sie schwach waren. Nichts kann eindringlicher als dieser Zug beweisen, wie die Geistlichkeit das Volk zu Menschenschlächtern gemacht hat.

Obwohl Herrscher und Volk von Aragonien und Catalonien sich sonst gewöhnlich gegen Castilien absperrten und für Unrecht hielten, was dort als Recht galt, so war doch für den Judenhaß und die Judenverfolgung keine Grenzmarke zwischen diesen beiden Reichen. Diese Länder waren damals von dem wohlwollenden, aber schwachen König Juan I. sozusagen beherrscht, der wegen seiner Jagd- und Musikliebe seinem durchschnittlich ungebildeten Volke zum Gespötte diente und wenig Macht besaß. Kaum drei Wochen nach den Metzeleien in Toledo stand das Volk in der Provinz Valencia gegen den jüdischen Stamm auf (7. Ab = 9. Juli). In der Hauptstadt Valencia[4]) wohnten

---

[1]) Ueber die Juden in Madrid vergl. Revue des Etudes Juives XIII. Jahrg. 1886 p. 245 nach den von Fiel Fita mitgetheilten Urkunden in dessen Estudios historicos V. 1886 p. 77 f.

[2]) Amador d. l. R. a. a. O. p. 362 Note 2.

[3]) Ayala a. a. O. p. 391.

[4]) Ueber Valencia als Ergänzung zu Chasdaï's Bericht: Francisco Danvila, el robo dé la Juderia de Valencia en 1391 und Boletin de la real Academia de historia, Jahrg. 1886, T. VIII. p. 358 f., auszüglich

etwa 1000 jüdische Gemeindemitglieder, etwa 5000 Seelen und unter ihnen sehr reiche, welche Schifffahrt und überseeischen Handel trieben. Don Samuel Abravalla hatte der Stadt während der Belagerung durch Don Pedro von Castilien eine bedeutende Anleihe vorgeschossen und sich erboten, während derselben hundert Ritter auf seine Kosten zu erhalten. Don Joseph Abarim hatte ein Vermögen von 20,000 Goldflorinen. Diese Wohlhabenheit lockte das Gesindel und auch gewissenlose Bürger, sich auf eine leichte Weise zu bereichern. Raufbolde, Galeerensträflinge und Abenteurer gab es damals in Menge in dieser Seestadt, durch auswärtige und Bürgerkriege herbeigelockt. Es herrschte in ihr Anarchie, und Menschenleben wurde gering geachtet. Sobald die Nachricht von dem Gemetzel in Sevilla und andern Städten nach Valencia gedrungen war, sammelten sich etwa dreißig oder vierzig Gassenbuben mit einem Banner und einigen Kreuzen, denen sich der Auswurf der Stadt zugesellte, riefen: „Ferran Martinez kommt, um euch zu taufen" und suchten in das Judenviertel einzudringen, das erst kurz vorher mit einer Mauer und Pforten versehen worden war. Beim Eindringen durch die Pforten, welche die Juden eilig verrammelten, wurden einige Buben eingeschlossen; einer derselben erhielt einen Schlag, alle erhoben ein jämmerliches Geschrei, daß die Juden sie todtschlagen wollten. Darauf sammelten sich Ritter und Bürger, Soldaten und Mönche mit Mordwerkzeugen und suchten eine Holzpforte einzuschlagen. Als bei der Vertheidigung derselben ein christlicher Blutgeselle erschlagen wurde, steigerte sich die Mordwuth der Angreifer. Sie drangen in das Judenviertel mit Wuthgebrülle ein, tapfere jüdische Jünglinge und Männer setzten sich zur Wehr, so entstand ein Kampf Mann gegen Mann. Aber die Christen waren ihnen an Zahl überlegen, mordeten, plünderten die Häuser, entehrten Frauen und Jungfrauen. Etwa 250 Juden kamen dabei um's Leben, von Christen fielen im Kampfe etwa zehn bis zwölf. Ferran Martinez konnte mit dem Gemetzel der Juden in Valencia zufrieden sein. Sein Christenthum hatte triumphirt. Nur Wenige entkamen durch die Flucht in's nahe Gebirge, die meisten Juden gingen zum Christentume über, um dem fürchterlichen Tode durch eine Mordbande zu entgehen. Joseph Abarim ließ sich erst taufen, nachdem er verwundet, sein Bruder getödtet, seine Nichte und eine Amme von Martinez' Jüngern geschändet und sein ganzes Vermögen geplündert worden waren. Auch Don Samuel Abravalla, der Wohlthäter der

in Revue des Etudes XIII. p. 240 f. und bei Amador h. II. Documentos XIV. und XV.

Stadt, mußte sein Leben durch die Taufe retten[1]). Und nicht nur in der Hauptstadt, sondern im ganzen Königreiche wüthete das Volk so sehr mit Feuer und Schwert gegen die waffenlosen Juden, daß nur die jüdische Gemeinde von Murviedro verschont blieb[2]).

Die blutige Raserei wälzte sich von da über das Meer nach der Insel Mallorca. In der Hauptstadt Palma zogen wie in Valencia Gassenbuben und Matrosen durch die von Juden bewohnte Montesionstraße, trugen zwei übereinander gebundene Knüttel als Kreuz vor sich her und riefen: „Tod den Juden" (2. August = 1. Ellul). Als ein handfester Jude, der von der wilden Rotte angegriffen, sich zur Wehre gesetzt und einen der Schreier gepackt und erdrückt hatte, kannte die Wuth der Angreifer kein Maaß. Racheschnaubend stürzten sie in die Häuser der Juden und begannen ein schonungsloses Morden. Vergebens eilte der Gouverneur der Insel mit seinen Rittern den Unglücklichen zu Hilfe; sie konnten der Rotte nicht Meister werden, welche einem Fanatiker Nikolas Brou de Palla folgte und ihnen ein förmliches Treffen lieferte. Selbst die Häuser der Christen, welche barmherzig die Unglücklichen bei sich verborgen hielten, wurden überfallen. So fielen 300 Märtyrer, darunter auch der Rabbiner En-Vidal Esraim Gerundi, der mit Salomo Zarfati in Streit gelebt[3]). Mehrere suchten auch hier ihr Heil in der Annahme der Taufe. Achthundert Personen hatten sich in das Castell gerettet; darauf machten die Wütheriche Anstalten, sie dort zu belagern. Da sich die Belagerten dort nicht lange halten konnten, so entfernten sie sich allmählich mit Erlaubniß des Gouverneurs in dunkler Nacht aus dem Castell und suchten auf Schiffen nach dem Berber=Lande zu entkommen. Der König Don Juan I. (oder vielmehr die Königin Violante) that zwar, als wollte er den gemordeten und geplünderten Juden von Palma Gerechtigkeit widerfahren lassen. Er legte der Stadt Palma eine schwere Geldstrafe dafür auf, aber gerade so, wie in Valencia, wo trotz des Drängens des Bürgerrathes, die Schuldigen zu bestrafen — etwa hundert derselben waren im Kerker — wurde ein Schleier der Vergessenheit über das grausige Gemetzel gebreitet. Allein, es erwies sich hinterher, daß sie nur die Gelegenheit wahrnahmen, den Schatz zu füllen. Denn auch der Adel und die getauften Juden sollten der Geldstrafe verfallen. Vergebens brachte eine Adelsdeputation Beweise herbei, daß dieser Stand weit entfernt, sich am

---

[1]) Bei Danvila und bei Amador a. a. O.
[2]) Chasdaï Crescas Sendschreiben.
[3]) Vergl. über ihn o. S. 50, 2; Simon Duran Respp. II. 256 und öfter bezeichnet ihn als קדוש = Märtyrer.

Gemetzel der Juden betheiligt zu haben, sie vielmehr beschützt hatte. Es blieb dabei, und die Adeligen mußten ebenfalls einen Betrag zu den Bußgeldern liefern, die über 100,000 Florins betrugen¹). Am härtesten wurde aber die Insel Mallorca für das Judengemetzel dadurch bestraft, daß die Handelsblüthe, welche einen schönen Anlauf genommen und mit den italienischen Handelsrepubliken hätte rivalisiren können, seit der Zeit geknickt wurde und sich bis auf den heutigen Tag nicht wieder erhob.

Drei Tage nach der Metzelei in Palma begann die Judenschlächterei, wie auf gemeinsame Verabredung, in der catalonischen Hauptstadt Barcelona, dem Sitz so vielen jüdischen Geistes= und Gesinnungsadels. Der große Wohlstand der Juden dieser Stadt, durch überseeische Geschäfte erworben, scheint das christliche Volk zum Auflauf gegen sie gereizt zu haben. An einem Sabbat und am Tage eines Marienfestes (5. August) griffen Rasende die Juden an, als wollten sie ihre Himmelskönigin durch Menschenopfer verehren. Im ersten Anlauf fielen nahe an 250 Seelen. Der größte Theil der Gemeindemitglieder wurde zwar vom Gouverneur bereitwillig in das Castell aufgenommen und sogar verpflegt. Allein auch hier setzte sich der Pöbel gegen den Adel zur Wehr, griff das Castell mit Wurfgeschossen an, unternahm eine förmliche Belagerung und legte endlich Feuer an. Als die eingeschlossenen Juden keine Rettung mehr sahen, entleibten sich viele unter ihnen mit eigener Hand, Andere stürzten sich von der Mauer, noch Andere verließen die Festung, lieferten den Angreifenden einen Kampf und kamen ehrenvoll um²). Unter den Märtyrern befand sich auch der junge, einzige Sohn des edlen Chasdaï Crescas, der seiner Hochzeit mit einer edlen Jungfrau entgegensah. Elf Tausend Juden sollen sich bei dieser Gelegenheit getauft haben. Nur Wenige entkamen, und nicht ein einziger Jude blieb in Barcelona zurück. Dasselbe Schicksal traf auch andere Gemeinden und Städte, in denen ein Theil getödtet wurde, ein anderer sich taufte und der geringste entfloh. Nur in der strengfrommen Gemeinde Gerona, welche fünf Tage später (10. August) angegriffen wurde, gingen nur Wenige zum Christenthume über. Die Rabbiner leuchteten den Laien als Muster der Todesverachtung und der Standhaftigkeit im Glauben voran. Wie in der Provinz Valencia, so blieben im Königreich Catalonien nur wenig Juden verschont; sie entgingen nur dadurch dem

---

¹) Quellenzusammenstellung über die Verfolgung in Palma bei Kayserling, Geschichte der Juden auf Mallorca S. 164 ff. Revue des Etudes IV. p. 38 No. 26—27, 30—36.
²) Lafuente historia general de España VII. p. 413.

Tode, daß sie mehrere Monate in den Burgen der Edelleute — allerdings für hohe Summen — beschützt wurden. In Aragonien selbst fielen weniger Opfer, weil die jüdischen Gemeinden zeitig und vorsichtig alle ihre Schätze dem Hofe für ihren Schutz angeboten hatten[1]). Ganz zuletzt kamen die Juden der alten und angesehenen zwei Gemeinden Burgos (12. August) und Lerida an die Reihe, wo achtundsiebzig erschlagen und die Leichname, wie Schlachtvieh aufeinander geworfen, auf einem Wagen zum Verscharren geschleppt wurden[2]).

Ein viertel Jahr hat die Judenschlächterei in vielen Theilen Spaniens gedauert, und später noch waren die Gemüther der Juden so beunruhigt und ängstlich, daß der Rest nicht wagte die Zufluchtsstätten zu verlassen. Mit gebrochenem Herzen und thränendem Auge theilte der edle Chasdaï Crescas, welchen die Blutmenschen um seinen einzigen Sohn und sein Vermögen gebracht hatten, in einem Sendschreiben[3]) die traurigen Vorfälle der Gemeinde von Avignon mit, die sich in brüderlichem Mitgefühle Kunde darüber erbeten hatte. — So waren denn auch die spanischen Juden demselben herben, thränenreichen Geschicke verfallen, wie die deutschen kaum ein halbes Jahrhundert vorher zur Zeit des schwarzen Todes. Auch sie hatten nun Stoff für bittere Klagelieder über blutige Verfolgungen, die sie in die Gebetordnung einreihten[4]). Aber für sie waren die Folgen noch entsetzlicher, als die Metzeleien selbst; denn ihr Mannesmuth wurde dadurch vollständig gebrochen, ihr Auge getrübt, ihr Geist verdüstert. Scheu schlichen auch die bis dahin stolzen jüdischen Spanier einher und wichen ängstlich jedem Christen aus, weil sie in ihm einen Mörder oder einen Hetzer zu Mordthaten an Juden argwöhnten. Wenn hundert Juden zusammenstanden, und ein Bube hetzend auf sie los kam, stoben sie wie eine aufgescheuchte Vogelschar auseinander[5]). Erst seit diesen Metzeleien fühlten auch sie die ganze

---

[1]) Chasdaï Crescas Sendschreiben; auch Profiat Duran (Efodi) bemerkt es; vergl. Note 1.

[2]) Ueber diese Gemeinden Amador historia etc. II. 378, 380 Note.

[3]) Chasdaï's Sendschreiben ist aus einem Carmoly'schen Codex edirt in Wiener's Edition des Schebet Jehuda p. 128 ff. Es war früher nur unvollständig und mit corrumpirtem Text aus Ibn-Jachja's Schalschelet bekannt.

[4]) Ein Klagelied aus dieser Zeit ist das o. S. 57 Anmerk. erwähnte. Zwei Bekaschot, das eine von Isaak Tartan und das andere von einem Anonymen (als Anhang zu Profiat Duran's antichristlicher Satyre אל תהי כאבתיך) stammen aus dieser Zeit. Das Erstere mit dem Anfang אל אלהי הרוחות ist kunstvoll angelegt und sehr stachlig gegen die christl. Dogmen.

[5]) Schebet Jehuda No. 7 p. 9: ומה נאמר ממורך לבבכם שאם ימצאו ברחוב מאה; vergl. auch das. im Anhange p. 117. יהודים ויבא נער קטן נכרי ויאמר קום על היהודים יברחו כלם

Bitterkeit des Exils, während sie sich bis dahin trotz mancher Widerwärtigkeiten heimisch und sicher wähnten. Erst seit dieser Zeit ließen auch sie das sonst stolz aufgerichtete Haupt hängen. Es waren nicht mehr dieselben, welche für Don Pedro so muthig die Waffen geführt hatten. Der blutige Fanatismus und die Raublust haben Spanien tiefe Wunden geschlagen, den Wohlstand vernichtet. Die großen Webereien von Sevilla, Toledo, Lerida, Valencia, Teruel und Palma, in welchen die jüdischen Inhaber viele Tausende von christlichen Arbeitern beschäftigt hatten, waren zerstört, die Gerbereien und feineren Lederarbeiten von Cordova vernichtet, die großen Märkte, auf welchen jüdische Kaufleute Prachtgewänder, Geschmeide, Teppiche aus dem Orient, aus Damaskus und Persien ausgestellt hatten, verödet. Spanien wurde dadurch so verarmt, daß die Staatseinkünfte bedeutend veringert waren, und die Kirchen, Altäre, Klöster, denen die Einkünfte von den Steuern der Juden zugewiesen worden waren, den Verlust nicht decken konnten und Bettelbriefe an die Fürsten für ihre Erhaltung richten mußten[1]).

Was ist dem Ungeheuer Ferrand Martinez geschehen, der so unsägliches Elend über die Juden Spaniens heraufbeschworen und mittelbar auch das Land ruinirt hat? Allerdings ließ ihn König Heinrich, sobald er mündig geworden war und die Regierung übernommen hatte (1395), in Haft nehmen und als Volksaufwiegler bestrafen mit dem Zusatze, daß niemand ihm aus Mitleid beistehen sollte. Aber seine Gesinnungsgenossen sorgten dafür, daß seine Strafe nicht allzu herbe ausgefallen ist. Er wurde in einem Kloster in Gewahrsam gehalten. Einige Jahre später durfte er ein Hospital de Santa Maria gründen und seine Tage ruhig beschließen, und von Vielen wurde er als Muster der Frömmigkeit bewundert[2]). Die böse Saat, die Martinez ausgestreut hat, konnte fortwuchern. In kaum zwei Jahrzehnten später hatte er einen Nachfolger, der über die spanischen Juden fast noch mehr Unheil gebracht hat.

Nur in Portugal blieben die Juden im Ganzen von der fanatischen Raserei verschont. Denn dort konnte der König Don João I, von der Volksgunst, die ihn emporgehoben, getragen, mit fester Hand Ordnung halten und Ausschreitungen entgegentreten. Von den nach Portugal Geflüchteten wurden die zwangsweise Getauften, welche dort wieder als Juden lebten, als rückfällig angeklagt, und sahen einer schweren Kirchenstrafe entgegen. Der Oberrabbiner Don Mose

---

[1]) Vergl. Amador, historia II. 382 f. der Noten.
[2]) Derselbe p. 388 nach Gil Gonzalez Davila.

Navarro, zugleich sein Leibarzt, legte ihm indeß zwei Bullen von den Päpsten Clemens VI. und Bonifacius IX. vor, daß die Juden nicht durch Gewaltmittel zur Taufe gezwungen werden dürften. In Folge dessen erließ der König eine Verfügung (17. Juli 1392), daß sich niemand an den Zwangstäuflingen vergreifen dürfe. Die Bullen wurden in allen Städten Portugals öffentlich bekannt gemacht und auch in die Gesetzsammlung aufgenommen. Portugal wurde dadurch eine Zufluchtsstätte für die Gehetzten aus Spanien[1]). Indessen, wenn auch Volksaufläufe gegen sie niedergehalten wurden, so war dieser wankelmüthige König keineswegs stets freundlich gegen die Söhne Jacobs. Er erließ öfter drückende Gesetze gegen sie, bald den Zwang, sich zu Zeiten nicht außerhalb ihres Quartiers blicken zu lassen, bald den, demüthigende Abzeichen zu tragen, legte auch den Geschäften in jüdischer Hand hemmende Beschränkungen auf, mußte sie aber aus Rücksicht auf den Staatshaushalt und auf seinen Leibarzt hin und wider mildern. In Navarra dagegen blieben die spärlichen Gemeinden völlig verschont. Es gab da nicht viel zu rauben seit dem blutigen Gemetzel auf Anstiftung des blutdürstigen Priesters Olligoyen (VII S. 312). Die Zahl der Juden hatte sich da vermindert und der Rest war verarmt. Auch hielt der Leibarzt des Königs, Joseph Drabuenn, zugleich Großrabbiner und Pächter der Staatseinkünfte, dem das navarrensische Königshaus viel zu danken hatte, seine schützende Hand über seine ohnehin unglücklichen Glaubensgenossen[2]).

Aber die südfranzösischen Juden blieben nicht ganz vom Gemetzel verschont. Denn der Sturm der Judenhetze, wie er über's Meer nach der Insel Mallorca flog, setzte auch über die schneeigen Pyrenäen und zog die Juden der Provence in seinen Wirbel. Sobald die Nachricht von den blutigen Angriffen auf die Juden Spaniens nach Südfrankreich gedrungen war, erhob sich auch da die Bevölkerung gegen die Juden in der Provence und fing an sie zu plündern und zu morden. Da das Königthum auch unter dem schwachen Karl VI. bereits erstarkt und die Volkskraft durch die blutige Dämpfung so vieler Aufstände gebrochen war, so gelang es

[1]) Codex Affonsino B. II. Titel 94. Schäfer III. S. 16. Kayserling a. a. O. S. 38. Auch Salomo Alami, welcher entweder 1391 oder 1411—12 von Spanien nach Portugal entfloh, berichtet, daß die Juden Portugals während der spanischen Verfolgungen unangefochten blieben (אגרת המוסר p. 72). ואף גם זאת חשך ה׳ מחשבות לבלתי ידח כמנו נדח כי לא מצאנו באחת הדורות שיגורו עלינו גזרות בזמן אלה הממלכיות אשר אנחנו מתגוררים עמם בחמלתו .... וגם הממלכות (פורטוגאל) נתן לנו מקום להנשג מפני חרב מרוטה.

[2]) Vergl. darüber ausführlich Amador II. p. 449 fg.

den Behörden, Meister der Zusammenrottung gegen die Juden zu werden. Der König ertheilte nämlich den Juden besondere Schutz= briefe (Sauve garde) und gebot dadurch dem heranwehenden Sturme Halt[1]).

Indessen konnten sich die Juden nicht lange mehr in Frankreich halten, trotz der Begünstigung, die ihnen der schwachsinnige und öfter wahnsinnige König und seine Oheime zu Theil werden ließen. Ihre precäre Existenz brachte es mit sich, Gegenstand des all= gemeinen Hasses zu werden. Sie waren nur auf eine bestimmte Zeit in Frankreich zugelassen worden, und wenn diese Frist auch öfter verlängert wurde, so mußten sie stets auf eine Ausweisung bedacht sein und so viel Geld erwerben, um in einem anderen Lande ein Unterkommen finden zu können. Wie ihre Vorfahren in Aegypten, so hatten sie in Frankreich stets ihre Lenden gegürtet, ihre Stäbe in der Hand und ihre Bündel geschnürt, die Wanderung anzutreten. Wenn ihnen auch der Erwerb von Grundstücken gestattet war, so mußten sie sich doch größtentheils auf Geldgeschäfte verlegen und den Augenblick ausnutzen. Sie waren Wucherer aus Noth. Manche unter ihnen nahmen einen höheren Zinsfuß als die Privilegien ihnen gestatteten, und von säumigen Zahlern ließen sie sich Zins von Zins geben. Der König zwang sie förmlich dazu, sich auf übertriebene und aufreizende Wuchergeschäfte zu verlegen. Denn er forderte für seine Kriege so außerordentliche Summen von ihnen[2]), daß sie die= selben nur durch Uebertretung der Gesetze erschwingen konnten. Aber dem Volke machte diese Schinderei die Juden verhaßt. Einige Richter und Prevôts nahmen die jüdischen Wucherer in Strafe und suchten die Juden überhaupt — öfter aus Bosheit — zu schädigen. Der König, in dessen Vortheil die Bereicherung der Juden lag, schritt zwar auf Antrag der jüdischen Vertreter, Isaak, Christofle und Vivant de Montréal, gegen die Behörden ein und verbot

---

[1]) Vaisette berichtet darüber (histoire générale de Languedoc IV. p. 405): Les conseillers du roi de France accordèrent 22 Juli 1391 des lettres de sauve garde aux Juifs de Languedoc, que les peuples du pays menaçaient de tuer et de piller comme en Espagne. Daß die Drohung zum Theil zur Thätlichkeit übergegangen war, folgt aus dem Verse des Klageliedes v. S. 57 Anmerk.

[2]) In einer Ordonnance gestand es der König selbst zu: . . pour les grans sommes. de Deniers que Nous avons fait lever et faisons chacun jour sur eulz (eux, les Juifs), pour aidier (aider) et supporter les fraiz, missions et despens que soustenier Nous convient pour le fait de nos guerres, Ordonnance vom Juli 1387 und Februar 1388 in Ordonnance des rois de France T. VI. p. 171, auch die Ordonnance das. p. 225.

ihnen aufs nachdrücklichste die Schädigung der Juden[1]); aber das verminderte die Gehässigkeit nicht. Ein anderer Umstand trug ebenfalls dazu bei, die Unzufriedenheit der Bevölkerung mit den Juden zu steigern. Um böswillige oder säumige christliche Schuldner zur Zahlung zu zwingen, wendeten die jüdischen Gläubiger die Schuldhaft gegen sie an. Dieses wurde aber in jener Zeit als Macht angesehen, welche „die Söhne des Teufels über die Söhne des Himmels" ausübten. So groß war die Erregtheit der Bevölkerung gegen das Privilegium der Juden, Schuldner verhaften zu dürfen, daß der König Karl VI. es aufheben mußte[2]). Die Nothwendigkeit, den jüdischen Gläubigern dieses Recht einzuräumen, war aber von der anderen Seite so gebieterisch, weil sie ohne dasselbe um ihre ausstehenden Schulden gekommen wären, daß der König und das Parlament es ihnen einen Monat später in beschränktem Maße wieder zuerkannten: daß sie nämlich befugt sein sollten, solche Schuldner verhaften zu lassen, die sich im Schuldscheine mit ihrem Leibe verpflichten würden[3]).

Ein geringfügiger Umstand fachte den Zunder des Judenhasses in Frankreich zur hellen Flamme an. Ein reicher Jude Denys Machault aus Villa-Parisis war zum Christenthum übergetreten und dann mit einem Male verschwunden. Darüber entstanden abenteuerliche Gerüchte. Die Einen sagten: die Juden hätten ihn umgebracht, die Andern: sie hätten ihn ins Ausland befördert, um ihm die Mittel zur Rückkehr in den Schoß des Judenthums zu erleichtern. Die Geistlichkeit mischte sich in diese Angelegenheit ein, das Volk wurde fanatisirt, und das Gericht von Paris stellte eine Untersuchung gegen sieben angesehene Juden an[4]). Eine Commission von Geistlichen und Juristen brachte die Angeschuldigten unter die Folter und erpreßte ihnen das Geständniß: Sie hätten Denys Machault den Rath ertheilt, das Christenthum wieder abzustreifen. Als Beförderer des Abfalls vom christlichen Glauben wurden sie daher von der Commission zum Feuertode verurtheilt. Das Parlament milderte die Strafe zum Scheine: Die Angeschuldigten sollten blos auf drei öffentlichen Plätzen von Paris gestäupt werden, so lange im Kerker bleiben, bis Denys Machault wieder erscheinen würde, und dann mit dem Verluste ihres Vermögens aus Frankreich verbannt werden. Wegen ihrer Oeffentlichkeit machte diese Geschichte ungemeines

---

[1]) Ordonnances a. a. O. und das. p. 232 f.
[2]) Das. p. 589, vom Juli 1389. [3]) Das.
[4]) Quelle Jean Gallus bei Depping, histoire des Juifs en moyen-age p. 192 f.

Aufsehen und entzündete die Gemüther noch mehr gegen die Juden im Allgemeinen.

Der den Juden feindselige Geist kam darauf zum Vorschein durch die Reformatoren, welche Karl eingesetzt und mit ausgedehnten Vollmachten versehen hatte, um Mißbräuche, Beamtenwillkür, Ausschreitungen und Ungerechtigkeit aller Art abzustellen. Diese Reformatoren zogen auch die Juden vor ihr Tribunal, hörten die Klagen und Gerüchte gegen sie über übertriebenen Wucher, Erpressungen, Fälschungen ihrer Privilegien an, brachten die angesehensten Juden in Haft der Conciergerie von Paris, machten ihnen peinliche Processe und trugen auf Confiscation ihres Vermögens an. Es gelang zwar dem Einflusse und dem Gelde der Juden, einen Befehl vom König zu erwirken, vermöge dessen die Anklagen gegen die Juden niedergeschlagen, ihre etwaigen Vergehen verziehen und sie überhaupt der außerordentlichen Gerichtsbarkeit entzogen bleiben sollten (15. Juli 1394[1]). Allein diese Begünstigung war nicht von langer Dauer. Immer mehr wurden der schwachsinnige König und seine Räthe von Geistlichen und Laien bestürmt, die schützende Hand von ihnen abzuziehen und sie aus Frankreich zu verbannen. In einem Vierteljahre hatte sich der Wind bei Hofe gegen sie gedreht. Die Judenfeinde erwirkten endlich vom König die Ordonnanz der Ausweisung[2]). Vielleicht mit Absicht wurde sie gerade am Versöhnungstag erlassen (17. Sept. 1394[3]), während die Betroffenen den ganzen Tag fastend in den Synagogen zubrachten. Da die verlängerte Frist für den ihnen bewilligten Aufenthalt noch nicht abgelaufen war, so mußte ein Beschönigungsgrund für den Bruch des Vertrages angegeben werden. Der königliche Erlaß konnte aber kein bestimmtes Verbrechen und Vergehen ihnen zur Last legen, und bewegte sich daher in dunkeln Allgemeinheiten: Er hätte von glaubwürdigen Personen und auch von seinen Procuratoren und Beamten vernommen, daß sich Klagen über Vergehen und Ausschreitungen der Juden gegen den heiligen Glauben und gegen den Inhalt der ihnen bewilligten Privilegien erhüben, d. h. sie hätten getaufte Juden zum Rücktritt ermuthigt und übermäßigen Wucher getrieben — das Letztere hatte Karl theils gutgeheißen, theils verziehen — darum befehle er mit einem unwiderruflichen Gesetze: daß keine Juden künftighin in irgend einem Theile Frankreichs, weder in Languedoil, noch in Languedoc (Nord- und Südfrankreich) wohnen und weilen dürfen.

---

[1]) Ordonnances p. 643 f.
[2]) Das. p. 675 und Vaisette histoire générale de Languedoc IV. ad. an. 1394.
[3]) Ordonnances a. a. B. p. 676 f. und Vaisette a. a. O. Vergl. Note 1.

So mußten denn die französischen Juden nach dem zweitmaligen vier und dreißigjährigen Aufenthalte zum Wanderstab greifen, etwa neunzig Jahre nach der ersten Austreibung unter Philipp dem Schönen. Aber Karl verfuhr viel milder gegen sie als sein herzloser Vorfahr. Sie wurden keineswegs, wie damals, aller ihrer Habe beraubt und nackt ausgestoßen. Karl VI. erließ im Gegentheil Befehle an den Prevôt von Paris und an die Gouverneure der Provinzen, daß sie dafür Sorge tragen möchten, daß die Juden weder an Leib noch an Gut geschädigt werden sollten. Es wurde ihnen auch ein Termin bis zum 3. November eingeräumt, ihre Schulden einzuziehen. Die Pfänder, welche bis dahin noch nicht eingelöst sein sollten, hätten die Beamten in Beschlag zu nehmen und die Schuldner aufzufordern, Zahlung zu leisten oder gewärtig zu sein, sie einzubüßen. Die ohne Pfänder ausgeliehenen Schulden sollten die Beamten mit aller Strenge zu Gunsten der Juden eintreiben. Bis zum Ablauf dieser Zeit durften sie noch im Lande bleiben, aber keine Geldgeschäfte machen. Die Beamten wurden auch angewiesen, die Juden sicher und ohne Schädigung über die Grenze zu bringen. Sie verließen aber Frankreich erst gegen das Ende des Jahres 1394 oder im Anfang des folgenden[1]). Manche Adelige und Städte waren aber mit der Ausweisung der Juden gar nicht zufrieden. So wollte der Graf von Foix die Gemeinde von Pamier durchaus behalten und mußte von den königlichen Beamten zur Ausweisung gezwungen werden. In Toulouse blieben zwölf jüdische Familien und in der Umgegend sieben zurück, die also besondere Begünstigung erhalten haben müssen. Es blieben auch Juden in denjenigen Landestheilen, welche nicht unmittelbar der französischen Krone unterworfen waren, in der Dauphiné, in der Provence im engern Sinne und in Arelat, welche Lehnsländer des deutschen Kaiserthums waren. Die blühende See- und Handelsstadt Marseille hatte noch lange Zeit nachher eine jüdische Gemeinde[2]). Selbst die Päpste von Avignon duldeten die Juden in ihrem kleinen Kirchenstaate Venaissin, in den zwei größeren Städten Avignon und Carpentras, die sich bis auf die neuere Zeit dort erhielten und einen eigenen Ritus[3]), verschieden von dem spanischen und französischen, hatten. In dieser Zeit hatte das Papstthum sehr wenig von den bis

---

[1]) In den Senechallaten von Toulouse, Carcasonne und Beaucaire waren sie noch am 15. Januar 1395, Ordonnances T. VII. p. 32.

[2]) Vergl. Carmoly, Revue orientale, Jahrg. 1842 p. 217 ff. Depping a. a. O. p. 196 ff.

[3]) מנהג קהל אויניון וקרפנטרש.

zur Ohnmacht geschwächten Juden zu fürchten; darum zeigte es sich scheinbar buldsam gegen sie.

Die Verbannten aus Frankreich, welche in buldsamern Landestheilen, im Avignon'schen Kirchenstaat, in der Dauphiné und in der engern Provence kein Asyl finden konnten, wanderten meistens nach Deutschland und Italien aus, die wenigsten nach Spanien, dem sonst gastfreundlichsten Lande für verfolgte Juden. Seit dem Gemetzel von 1391 fing es an für die eingeborenen Juden eine Hölle zu werden, und die fremden mieden es, wenn sie anderweitig ein Unterkommen finden konnten. Ganze französische Gemeinden besetzten sich im Piemontesischen, in den Städten Asti, Fossano und Moncalvo, wo sie ihren alten Synagogen-Ritus unvermischt erhalten konnten.¹) Der Rabbiner R. Jochanan von Paris, derselbe, welcher einige Jahre vorher um das Ober-Rabbinat von Frankreich einen Streit mit Jesaia b. Abba-Mari hatte (o. S. 35), ließ sich mit seiner Gemeinde in Norditalien nieder²). — Den meisten aus Frankreich Verbannten erging es, wie in jenem schönen Gleichniß des Propheten Amos: „Es fliehet Jemand vor einem Löwen, und es begegnet ihm ein Bär, er eilt ins Haus, stützt seine Hand an die Wand, und es beißt ihn eine Schlange". Denn fast überall brachen Verfolgungen über sie herein, öfter von getauften Juden herbeigeführt. In Deutschland trat ein solcher Namens Peßach, der als Christ den Namen Peter angenommen, mit schweren Anschuldigungen gegen seine Stammgenossen auf, um eine neue Verfolgung über ihre Häupter heraufzubeschwören. Zu den alten Anklagen, daß die Juden Jesus den „Gekreuzigten und Gehängten" nannten, und daß sie in einem ihrer Gebete die Geistlichen verwünschten, fügte Peßach-Peter eine

¹) אסטי פוסאנו מונקלוו ד. ה. מנהן אפס; vergl. Luzzato, Einleitung zum römischen Festritus p. 7.

²) Mose da Rieti in seinem מקדש מעט p. 104: שם אב, שם עמי אומני (צרפת) שם
זאת הגדול מגזרת ספירה.
וזה שמו יוחנן הוא יביאם

In der Anmerkung referirt der Dichter: חכם צרפתי שמו ר' יוחנן . . . . . ובימינו ישב באיטליאה שנים מה אחר גירוש צרפת שנת כל"ה אחר מאה לאלף הששי ר"ל שנת קנ"ה והיה חכם יחיד בזקנתו ובנו הרב ר' יוסף נסמך אחריו . . . ונפטר (ר' יוחנן) יום ט' באב של שנת קפ"ט ור' יוסף אחיו שהיה רב גם נפטר ג' ימים לפניו ור' יוסף בנו של ר' יוחנן נפטר בקרוסטנציאה . . . אחרי זאת שנים מה. Die Identität des aus Frankreich eingewanderten R'Jochanan und des Jochanan b. Matthatia aus Paris ist unzweifelhaft. Aus dieser Familie stammt wohl der Rabbiner Benjamin von Arta und Venedig (Verf. der Respp. בנימין זאב vollendet 1534), der so viel Mißhelligkeit mit David Corfu hatte (Note 7). Er nennt seine Vorfahren im Einleitungsgedicht: Matthatia seinen Vater, Jochanan seinen Großvater. Der Letztere mag ein Sohn des Joseph b. Jochanan gewesen sein.

neue hinzu: Daß sie in dem erhabenen Schlußgebete von der einstigen Gottesherrschaft auf Erden (Alenu-Gebet) eine schmähende Anspielung auf Jesus machten¹), und noch andere lügenhafte und lächerliche Anschuldigungen. In Folge dessen wurden viele Juden in Prag verhaftet (3. August 1399). Unter diesen befand sich auch der erste und vielleicht einzige gebildete deutsche Jude im Mittelalter, Lipmann (Tab-Jomi) aus Mühlhausen²). Er beschäftigte sich nächst dem Talmud auch mit der Bibel, was schon für jene Zeit viel sagen will, und hatte nicht nur karäische Schriften, sondern auch das neue

¹) In Lipmann's Nizzachon gegen Ende. Den Beweis für die Blasphemie gegen Jesus führte er von dem Worte וריק in dem Passus והם משתחוים להבל וריק, dessen Zahlenwerth 316 gleich sei dem Werthe des Wortes ישו.

²) Vergl. über ihn Wolf I. p. 347 ff., wo das Datum in dessen נצחון (verfaßt 1410, zuerst corrumpirt edirt von Hackspan, Altdorf 1644), wo 1459 in 1399 zu verwandeln ist. Beachtenswerth ist der bei Wolf citirte Passus aus einer Widerlegungsschrift von dem Bischof Stephan Bodeker von Brandenburg: Surrexit etiam novissime quidam Judaeus circa annos 1420 in regno Poloniae, in civitate Cracovia, qui se nominat Rabi Libman qui... novas blasphemias veteribus adjunxit. In latina namque lingua utique parumper eruditus. Lipmann lebte aber nicht in Krakau, sondern in Prag, wie der kaum ein Jahrhundert später lebende Naphtali Treves in der Einleitung zu seinem kabbalistischen Gebetbuche bezeugt: ולא אחד אמרו קדוש מהר' ליפמאן מק"ק פרא. Dann wird ein langer Passus von Lipmann citirt, worin der Verfasser sein Nizzachon und sein Buch Eschkol erwähnt, und zum Schlusse heißt es: עד כאן לשון מהר' ליפמאן מפראג הנקראת בלשון מזי גרדי (soll heißen: וייגרדי, d. h. Wyschigrod, ein Theil von Prag). Die Erwähnung des Buches Eschkol von Lipmann führt darauf, daß die lange Abhandlung im Buche ברוך שאמר von Simson b. Elieser über die graphische Darstellung der hebr. Buchstaben und ihre mystische Bedeutung von p. 17a mit dem Anfang הא לך א"ב zunächst bis zum Schlusse p. 24a: כה תפלת החותם טב יומי, demselben Lipmann von Mühlhausen angehört. Denn er beruft sich öfter auf sein Buch Eschkol: באשר פירשתי בספר האשכול, p. 21a, c; p. 22b (mehreremal); p. 23a, b. טביומי ist der chaldäisirte Name für יום טוב = Lipmann. Auch das Weitere im Buche ברוך שאמר stammt von demselben; denn ganz zu Ende heißt es: סליק האלפא ביתא מבעל המחבר ספר האשכול. — Aus dieser Abhandlung über das hebräische Alphabet und aus dem langen Auszuge bei Naphtali Herz Treves folgt, daß Lipmann von Mühlhausen ein entschiedener Anhänger der Kabbala war. In der erstgenannten Schrift combinirt er durch einen kabbalistischen Calcül, daß der Messias תשרי ק"ץ d. h. Sept. 1429 eintreffen werde (29c; 30c. d). Daß Lipmann zu seiner Zeit auch als rabbinische Autorität galt, folgt aus seinem Sendschreiben an deutsche Gemeinden in Betreff des Schofar; vergl. Kerem Chemed VII. p. 56, VIII. p. 207. Herr Halberstamm theilte mir mit, daß in seiner Handschrift (No. 223, Bl. 71) ein Dokument vom Jahre 1413 aus Prag vorkommt, in welchem Lipmann-Mühlhausen als Rabbinatsbeisitzer unterschrieben ist: נוסח הרשאה ...... שנת קע"ג בפראגה מתא ..... Unterzeichnet ist noch: יום טוב בר' שלמה הנקרא ליבמן מילהוזן ריין אביגדור בן הקדוש ר' יצחק קרא דיין.

Testament in lateinischer Sprache gelesen. Ein deutscher Rabbiner, der dieses Alles und noch dazu lateinisch, wenn auch dürftig, verstand, war allerdings ein seltener Vogel in jener Zeit. Freilich mußte sich Lipmann Mühlhausen vor der öffentlichen Meinung des jüdischen Kreises entschuldigen[1]), daß er die gebahnte Straße verlassen und einen Weg eingeschlagen hat, der weit ab vom Talmud lag. Er stellte sich die schwere Aufgabe, das rabbinische Judenthum gegen alle Angriffe von philosophischer, ketzerischer (karäischer) und christlicher Seite zu rechtfertigen, und verfaßte zu diesem Zwecke eine kleine, aber inhaltsreiche Schrift (Nizzachon, Sieg), worin er die vielfachen Einwürfe widerlegte. Allein seine Schultern waren zu schwach, so Schweres zu tragen; er erlag der Last. Das Beste, was er hervorgebracht, sind noch seine Angriffe auf das Christenthum. Gelehrte deutsche Christen, welche mit Erstaunen einen Juden in das neue Testament eingelesen sahen, der noch dazu dessen Schwächen aufzudecken im Stande war, fühlten sich so sehr davon betroffen, daß der Bischof von Brandenburg, Stephan Bodecker, einige Jahrzehnte nach dem Erscheinen der Lipmann'schen Schrift eine Gegenschrift verfaßte.

Lipmann von Mühlhausen, der sich unter den Gefangenen befand, die unter der Anschuldigung des Apostaten Peßach-Peter litten, wurde von der Geistlichkeit aufgefordert, dessen Anklagepunkte zu widerlegen. Seine Widerlegung ist sehr glücklich ausgefallen, scheint aber keine Wirkung hervorgebracht zu haben; denn sieben und siebzig Juden wurden an dem Tage, an welchem der Kaiser Wenzel entthront, und Ruprecht von der Pfalz zum Kaiser erwählt wurde (22. August 1400), hingerichtet, und drei Wochen später wurden noch drei zum Scheiterhaufen geschleppt.[2])

---

[1]) Nizzachon No. 3.   [2]) Nizzachon gegen Ende.

Viertes Kapitel.

Wirkungen der Verfolgung von 1391; Apostaten und literarische Fehden.

Unglückliche Lage der Juden in Spanien. Die Marranen. Die Satyren. Der jüdelnde Ton in der spanischen Poesie. Pero Ferrus und die Gemeinde von Alkala. Diego de Valencia und Villasandino. Der Neuchrist Astrüc Raimuch, seine Proselytenmacherei und Salomo Bonfed. Der Apostat Salomo-Paulus de Santa Maria und seine judenfeindlichen Schritte. Joseph Orabuena. Josua Lorqui Ibn-Vives, sein sein zugespitztes Sendschreiben an Paulus de Santa Maria und dessen Erwiderung. Chasdaï Crescas und seine antichristianische Abhandlung. Die feine antichristianische Satyre des Profiat Duran an En-Bonet Buengiorn. P. Duran's (Efodi) anderweitige literarische Thätigkeit. Meïr Alguadez, Großrabbiner und Leibarzt des Königs Heinrich III. Chasdaï Crescas' philosophische Leistung. Tod Don Heinrich's, ein Wendepunkt. Paulus de Santa Maria im Regentschaftsrathe. Edikt gegen die Juden. Hinrichtung des Meïr Alguadez. Die Fortleitung der Kabbala: Abraham aus Granada, Schem-Tob Ibn-Schem-Tob und Mose Botarel, der messianische Schwärmer von Cisneros. Die Einwanderung in die Barbaresken. Isaak b. Scheschet in Algier. Marranen. Simon Duran. Kaiser Ruprecht und der erste deutsche Großrabbiner Israel.

(1395—1411.)

Traurig genug war auch die Lage der Juden in den beiden Hauptländern der iberischen Halbinsel. Es waren eigentlich nur winzige Ueberbleibsel, die in Folge des über sie gekommenen Jammers ohne Halt und Zusammenhang waren. In den großen Städten Castiliens und Cataloniens gab es eigentlich keine Gemeinde mehr, sondern nur verzweifelte Einzelne. Der König Juan von Aragonien löste die Gemeinde von Barcelona auf (Sept. 1392), die nicht blos reich in jeder Art und glücklich durch verbriefte Privilegien und Freiheiten, sondern auch ausgezeichnet durch Edelsinn und Geistesgröße gewesen war, und er verordnete, daß die Einzelnen sich nimmermehr als Körperschaft (Aljama) zusammenschließen sollten[1]). Das Verbot war eigentlich überflüssig, denn die übrig Gebliebenen und Standhaften,

---

[1]) Amador II. 407 nach Documentos ineditos del Archivo de Aragon. Mitgetheilt in Frankels Monatsschrift, Jahrg. 1866, p. 91 D.

welche nicht zum Kreuze als einem Rettungsanker gegriffen hatten, waren von Sorgen für die Sicherheit ihres Daseins erfüllt und konnten nicht an Fortsetzung oder Aufrichtung des Gemeindeverbandes denken. Viele hatten zur Rettung ihres Lebens die mit jüdischem Blute vielfach gefärbten Stätten verlassen. Aus Castilien waren die an der Grenze der noch in den Händen der Mohammedaner befindlichen Gebiete Wohnenden dorthin geflüchtet. Granada, Malaga, Almeria und andere Städte im mohammedanischen Andalusien im Süden, welche seit der Ausweisung durch die fanatischen Almohaden von Juden gemieden waren, bevölkerten sich wieder durch jüdische Flüchtlinge[1]). Die Gehetzten aus den nördlichen Landestheilen suchten Schutz in Portugal, wo sie auch nicht weich gebettet waren[2]). Der junge castilianische König Heinrich III. oder seine Räthe sahen wohl ein, daß die eingetretene Zerrüttung den Rückgang des Wohlstandes und bedeutende Einbuße an der Einnahme für den Staat und den Hof herbeigeführt hatte, und versuchten, die alte Ordnung durch Beschützung der Juden vor Wiederholung der Wuthausbrüche wiederherzustellen. Mit schweren Strafen wurden diejenigen bedroht, welche wagen sollten, die Ruhe der Juden zu stören oder sich an ihrem Eigenthum zu vergreifen (1395). Daraufhin, auf das Wort des Königs vertrauend, hatten sich Glieder der Gemeinde Cordova und anderer Städte des Südens bestimmen lassen, aus dem Gebiete der Mohammedaner wieder in ihre zerstörten Wohnplätze zurückzukehren. Juan von Aragonien, von denselben Rücksichten geleitet, widerrief sein Edikt, daß in Barcelona keine zusammengehörende Gemeinde bestehen sollte, und gestattete dem dort gebliebenen winzigen Reste sich durch ein Gemeindestatut zu reorganisiren mit Rabbinern und Gemeindebeamten wie in früherer Zeit[3]). Aber weder der eine, noch der andere König haben ihren für die Juden günstigen Erlassen Nachdruck gegeben, um sie thatkräftig durchzuführen. Hat doch der Castilier das Ungeheuer Ferran Martinez, den Urheber so vieler Gräuel, den Zerstörer des Wohlstandes Spaniens, der tausendfach den Tod verdient hatte, äußerst milde bestraft[4]). Vielleicht war des Königs Kränklichkeit daran Schuld, daß er den ernsten Willen, die stets in Todesgefahr Schwebenden zu schützen, nicht ausführen konnte. Seine jüdischen Leibärzte, zuerst Mose Çarçal, und nach dessen Tode Meïr Alguadez, haben es doch gewiß nicht fehlen lassen, ihren Einfluß zu Gunsten ihrer unglücklichen Brüder geltend zu machen. Er konnte

---

[1]) Das. S. 413.   [2]) Das. S. 414.   [3]) Das. S. 408 f.
[4]) Das. 414, zum Theil nach Zuñiga's Bemerkung.

vielleicht nicht den stürmischen Forderungen der Cortes zur Beschränkung und zur Demüthigung der Juden Widerstand genug leisten. So genehmigte er die Beschlüsse der Cortes (1405): die Hälfte der Schuldforderungen jüdischer Gläubiger an christliche Schuldner für verfallen zu erklären, die Zeugenschaft von Juden gegen Christen in Processen nur in beschränktem Maße zuzulassen, und Abzeichen, wie grobe Gewänder zu tragen[1]).

War durch alle diese Umstände die Lage der Ueberbleibsel traurig genug, so wurde sie es noch mehr durch die Täuflinge: Viele Tausende[2]) hatten bei dem grausigen Gemetzel ihr Leben durch die Taufe gerettet. Der Schrecken vor dem Feuer und Schwert war so gewaltig, daß in kleinen Städten die ganze jüdische Bevölkerung sich zur Taufe drängte, und ihre Synagogen in Kirchen umwandelte, die sie der heiligen Maria des Wunders widmete (Santa Maria del Milagro[3]). Sollten ihnen etwa die geballten Fäuste, die blutgefärbten Schwerter, das Wuthgeschrei der frommen Mörder und das Todesröcheln ihrer hingeschlachteten Verwandten, Freunde und Stammgenossen die Ueberzeugung von der Wahrheit der Christusreligion beigebracht haben? Die meisten jüdischen Zwangstäuflinge (Anusim) empfanden daher nach der Taufe mit gebrochenem Herzen und stierem Blicke noch mehr Abneigung gegen das Christenthum als vorher[4]). Viele von ihnen hatten daher den festen Vorsatz, die Maske bei der ersten Gelegenheit fallen zu lassen und sich mit noch größerer Wärme zum Judenthum zu bekennen. Von diesen Neuchristen wanderten Viele nach den nahegelegenen maurischen Ländern, nach Granada oder über die Meerenge nach Marokko, Tunis, Fez aus, die in dieser Zeit toleranter und milder als die christlichen waren und die Juden mit ihrem Gelde oder ihrem Gewerbfleiße gern aufnahmen. Auch nach Portugal hatten sich viele Täuflinge gerettet, um ihrer Religion treu zu bleiben. Hier wurden sie indeß trotz der päpstlichen Bullen als Apostaten vom Volke und der Geistlichkeit angefeindet. Viele, welche sich nicht von dem spanischen Boden

[1]) Das. 420.

[2]) Zacuto in den alten Ausgaben hat die Lesart: המירו דתם יותר ממאתים אלף, die neue Ausgabe von Filipowski dagegen p. 225a: יותר מד' אלפים ירודים gewiß eine zu geringe Zahl. Escolano berechnet allein die Zahl der Täuflinge in Valencia auf 7000, Zuñiga auf 11000. Der Bericht der Rathsherren von Valencia bemerkt, daß die Getauften in dieser Stadt kaum gezählt werden konnten; en la Seu é en los parroquias era è es stada de batejar tants Juheus, que casi non son en nombre. A. das. 602 Documentos, vergl. das. 403.

[3]) Das. 402.

[4]) Ibn-Verga Schebet Jehuda p. 96.

trennen und auch ihre angestammte Religion nicht verleugnen mochten, beobachteten die jüdischen Riten noch immer, wenn sie auch zum Scheine Christen waren. Die Könige von Castilien, Aragonien und Mallorca, welche den Taufzwang durch die Pöbelmassen mißbilligt hatten, ließen sie gewähren. Die Behörden sahen deren Rückfall zum Judenthume nicht oder mochten ihn nicht sehen¹). Die Inquisition hatte damals noch keine Gewalt über sie, sie existierte noch nicht in Spanien. Aus diesen in Spanien gebliebenen Zwangstäuflingen bildete sich eine eigene Klasse, äußerlich Christen, innerlich Juden; man könnte sie Juden-Christen nennen. Von der christlichen Bevölkerung wurden sie aber mit mißtrauischem Auge betrachtet und als Neuchristen mit dem Spitznamen Marranos²) oder die Verdammten fast mit noch glühenderem Hasse als die treugebliebenen Juden umlauert, nicht etwa wegen ihrer heimlichen Liebe zum Judenthume, sondern wegen ihrer Abstammung, ihrer eifrigen Rührigkeit und Anstelligkeit. Diese Abneigung empfanden auch jene getauften Juden, welche gerne das Judenthum von sich abgestreift und nichts davon beibehalten hatten. Es waren weltlich

---

¹) Simon b. Zemach Duran Respp. (תשב"ץ) I. No. 46.

²) Das Wort Marranos ist bisher noch nicht glücklich erklärt worden. Es wurde zwar richtig von Maran atha abgeleitet; aber da dieses im neuen Testamente vorkommende Wort verkannt wurde, so traf das Derivat dasselbe Mißverständniß. Portugiesische Historiker geben an: das Wort Marrano kommt von Maranatha, d. h. „der Herr kommt", und man bezeichnet damit solche, welche die Ankunft des Messias leugnen. Es sei ein Schimpfname für die Bekenner des Judenthums geworden. Aehnlich Llorente (histoire de l'Inquisition en Espagne I. p. 142): Les Juifs se servaient entre eux (comme signe de malédiction) de l'expression hébraïque „Marranos" derivée par corruption des mots Maran-atha „le Seigneur vient". Cet usage fut cause que les anciens Chretiens appelèrent par mepris cette classe de nouveaux fidèles la génération des Marranos, ou la race maudite. Es ist richtig, daß Marranos bedeutet „die Verwünschten", aber nicht weil es von der Phrase „Der Herr kommt" abgeleitet ist. Das Wort Maran atha oder Maranatha kommt im I. Korintherbrief zu Ende (16, 22) vor. Dort heißt es: Wenn Jemand Christus nicht liebt, der sei Anathema und Maranatha. Εἴ τις οὐ φιλεῖ ... Ἰησοῦν Χριστόν, ἤτω ἀνάθεμα, μαραναθά. Gedankenlos giebt die syrische Uebersetzung das betreffende Wort durch: מרן אתא „der Herr kommt" wieder. Welchen Sinn soll nun jener Vers haben? Entschieden ist das Wort Maranatha das neuhebräische Wort מחרם את oder in chaldäischer Form מחרמת „Du bist gebannt", entsprechend dem Worte: Anathema. Daraus ist im Griechischen die Corruption Maranatha statt Maramt oder Maramta entstanden. In Spanien und Portugal bildete man daraus das Wort Marrano, welches „gebannt, verflucht, verwünscht" bedeutet. In der Voraussetzung, daß die Neuchristen Jesus nicht liebten, wandte man auf dieselben das Maranatha an. Man muß daher Marranos orthographiren und nicht, wie Einige haben, Maraños.

gesinnte Menschen, welche Lebensgenüsse, Reichthümer, Ehren über jede Religion schätzten, oder Uebergebildete, welche durch die Philosophie zu Zweiflern geworden waren[1]) und daher jenes Bekenntniß vorzogen, welches sie über die engen Schranken der Judenheit hinausführte und ihnen eine weite Welt öffnete. Diese Klasse, welche schon früher kein Herz für das Judenthum hatte und nur aus Rücksichten oder einem gewissen Schamgefühl darin verharrte, war froh, daß ihr die Zwangstaufe auferlegt wurde, weil sie sich dadurch der Fesseln entschlagen und sich über Bedenklichkeiten hinwegsetzen konnte. Sie schmiegte sich äußerlich dem Christenthume an oder heuchelte eifrig Gläubigkeit, wenn es ihr Vortheil mit sich brachte, wurde aber deswegen weder religiöser, noch besser. Gewissenlose unter diesen Neuchristen fanden einen eigenen Reiz darin, ihr früheres Bekenntniß oder ihre ehemaligen Glaubensgenossen zu verfolgen. Sie traten, um Rache an den Vertretern des Judenthums, an Rabbinen, Vorstehern oder Diesem und Jenem aus der Gemeinde zu nehmen, als Ankläger gegen sie auf[2]) und gefährdeten die Existenz der spanischen Judenschaft überhaupt. Nicht genug, daß die Judenheit durch den Uebertritt gebildeter und gelehrter Männer, Aerzte, Schriftsteller, Dichter, vieler Talente beraubt wurde, und daß die Kirche sich nicht blos mit deren Geld, sondern auch mit deren Geist bereicherte, wendeten diese Neubekehrten sich gegen den Schooß, der sie in die Welt gesetzt. Mit den Schwächen des Judenthums und der Judenheit vertraut, konnten sie leicht auf diese ihre Angriffe richten. Don Pero Ferrus, ein getaufter Jude, nahm die Gemeinde und den Rabbiner von Alkala zur Zielscheibe seines Spottes. Er stellte in einem Gedichte dar, wie er von durchwachten Nächten und langer Erschöpfung endlich in einer Synagoge Ruhe und Schlaf gefunden, woraus ihn „Juden mit langen Bärten und unsauberer Kleidung, zum Frühgebet dahin gekommen", unbarmherzig aufgescheucht hätten. Ein jüdischer Dichter drückte aber im Namen der Alfalaer Gemeinde einen spitzen Pfeil gegen Ferrus' „possenreißende Zunge" ab.

„Ja, wir singen beim Morgenroth
Ein Frühgebet dem Heiligen Israel's,
In wohllautenden Tönen,
Wie sie Nachtigallenkehlen nicht erreichen"[3]).

[1]) Schem-Tob Jbn-Schem-Tob Einleitung zu seiner antiphilosophischen Schrift אמונות und Andere.

[2]) Vergl. Isaak b. Scheschet Respp. No. 11. . . . כי יש בהם (מן האנוסים) מאחר שנשתמדו אף אם תחלתן באונס . . . . . פרקו עול שמים . . . ולא עוד אלא שרודפים אחר היהודים האומללים . . . להעליל כדי להכריתם ולא יזכר שם ישראל עוד.

[3]) Diese und ähnliche Spottgedichte gegen Juden und Judenthum hat ein getaufter Jude, Juan Alfonso de Baëna, in einer Sammlung „el Can-

Die spanische Poesie hatte reichen Gewinn davon. Sie, die bis dahin ernst, steif und feierlich war wie das Hofceremoniell, das in Madrid herrschte, erhielt durch die Spottlust judenchristlicher Satyriker Beweglichkeit, Witz und launigen Uebermuth, wie die neuhebräische Poesie in ihrer Blüthezeit. Nach und nach stimmten auch christliche Dichter in diesen Ton ein und eigneten sich Schlagwörter aus dem jüdischen Kreise an, um der Satyre stechende Spitzen zu verleihen. Wie der getaufte Mönch Diego de Valencia, um die Juden zu verspotten, hebräische Wörter in sein Stachelgedicht einflocht[1]), so gebrauchte auch der christliche Satyriker, damals „der Dichterfürst" Alfonso Alvarez de Villasandino, jüdische Bezeichnungen mit überraschender Gewandtheit.[2]) Ein boshafter Kritiker hätte von dieser Erscheinung bemerken können: Die spanische Poesie sei im Zuge, sich zu verjüdeln. Die Juden hatten durch die Satyre zum Schaden noch den Spott dazu.

Manche Neuchristen waren von einem Bekehrungseifer ergriffen, als wären sie geborene Dominikaner, oder als fühlten sie sich in ihrem neuen Glauben unter den alten Christen vereinsamt und suchten ihre ehemaligen Freunde zur Gesellschaft. Ein neugetaufter Arzt Astrüc Raimuch[3]) aus Fraga, der als Jude zu den Säulen der Rechtgläubigkeit gehört und mit den angesehensten Juden, wie Benveniste Ibn-Labi von Saragossa verkehrt hatte, bemühte sich als Christ, unter dem Namen Francisco Gottfleisch (Dios-carne), Proselyten zu machen. Er breitete seine Netze gegen seinen jungen Freund En-Schaltiel Bonafos aus, um ihn zum Uebertritt zu bewegen. Als

cionero" aufbewahrt, jetzt edirt Madrid 1851. Satyren daraus sind mitgetheilt in Rodriguez de Castro, Bibliotheca I. p. 310, A de los Rios, Estudios p. 421 ff. und Kayserling, Sephardim, S. 69 ff.

[1]) Rodriguez de Castro a. a. O. p. 332 f.
[2]) Das. p. 290.
[3]) Das Sendschreiben des Astrüc Raimuch = ריכוך, der sich später דיוש קורנו (Dios-carne, Fleischgewordener Gott) nannte, ist als Anhang edirt bei Efodi's satyrischer Epistel אל תהי כאבותיך, und auch Bonseb's Antwort befindet sich daselbst, von Isaak Akrish edirt. Vergl. darüber Note 3. Ein Commentar zu den Psalmen befindet sich in der Bodlejana von Abraham b. Chajim בן רמוך, der zu den Notabeln bei der Disputation von Tortosa gehörte (s. Note 3) und dieser Familie angehörte. — Raimuch's Correspondent hieß: אני שלתיאל בונפוס; im Verlaufe bemerkt Raimuch, daß dessen Vater Isaak geheißen: לולא פחר יצחק היה לי הלא הוא אביך קנך. Nun war יצחק בונפוס בן שאלתיאל ein Schwiegersohn des Isaak b. Scheschet, (dessen Respp. No. 71, 133, 147). Sollte dieser auch Vater des En-Schaltiel Bonafos und also sein Sohn der Enkel des Isaak Ben-Scheschet gewesen sein, den Raimuch verführen wollte?

gewandter hebräischer Stylist richtete Astrüc-Francisco ein Sendschreiben in dieser Sprache an denselben, hob darin die Verkümmerung des Judenthums hervor und schwärmte glaubensselig für die christlichen Dogmen. Seine Anwendung biblischer Verse auf die Dreieinigkeit, die Erbsünde, die Erlösung und das Abendmahl nimmt sich im hebräischen Gewande sehr drollig aus. En-Schaltiel antwortete darauf ausweichend und mit milden Worten. Mußten nicht die Juden auf derlei Zumuthungen die Worte auf die Goldwage legen, um die empfindliche Kirche und ihre eifervollen Diener nicht zu verletzen? Mehr Muth zeigte der satyrische Dichter Salomo b. Reuben Bonfed; er erwiderte Astrüc-Francisco in gelungener Wendung mit gereimter Prosa und schonte ihn wenig. Er entschuldigte zuerst seine Einmischung in eine Angelegenheit unter Freunden; allein er stehe der Sache doch nicht so fremd, sie treffe auch ihn als Juden. Wie könnte er auch schweigen, da der Angreifer eine gerade Linie zur krummen und Paare zu Unpaaren mache? Salomo Bonfed geht dann in seinen Sendschreiben näher auf die Dogmen der Menschwerdung, der Erbsünde und der Hostienwandlung ein, hebt deren Unhaltbarkeit und Vernunftwidrigkeit hervor und macht die richtige Bemerkung: „Ihr drehet und deutelt die Bibelverse, um die Dreieinigkeit zu begründen. Hättet ihr eine Viereinigkeit, so würdet ihr sie eben so schlagend und überzeugend aus dem Schriftworte des alten Testaments beweisen"[1]). Ein Umstand jedoch, gestehe er ein, beschwere sein Gemüth, daß die Leiden des Exils für Israel sich so lange, lange hinziehen, und der erhoffte Erlöser sich nicht einstelle. Er beruhige sich aber damit: Die Sündhaftigkeit des israelitischen Volkes habe mehr denn ein Jahrtausend gedauert, und es sei nur gerecht, wenn die Büßung die doppelte Zeit andauere.

Doch keiner von den 1391 getauften Juden hat seinen Stammgenossen so viel Leid zugefügt, wie der Rabbiner Salomo Levi aus Burgos, als Christ Paulus Burgensis oder Pablo de Santo Maria genannt (geb. um 1351—52, gest. 1435 [2]), der es zu sehr hohen

[1]) Bonfed's Sendschreiben a. a. O.: חדשים מקרוב באו יקריב: פסוקים רחוקים על שלשה. ואלו תהיה עמכם רוח אחרת חדשה תמצאו על (l.) (כעל) שלשים על רבעים פסוקים מוסדים.

[2]) Es ist bemerkenswerth, daß der Apostat Salomo Paulus de Santa Maria später vergessen machen wollte, daß er erst in Folge der Verfolgung von 1391 zum Christenthum übergetreten war. Er gab vor, daß ihn die Lectüre der Schriften des Scholastikers Thomas von Aquino bekehrt habe. Vergl. seine Biographica aus Perez de Guzmann und Sanctotis bei Wolf Bibliotheca s. v. und bei Rodriguez de Castro I. p. 295 ff. Es liegen aber Momente vor, welche beweisen, daß er erst 1391 das Judenthum verließ.

kirchlichen Stellungen gebracht hat. Er war in der That vor seiner Taufe Rabbiner, d. h. er war in Bibel, Talmud und rabbinische Literatur eingeweiht, stand, wie es scheint, mit der angesehensten jüdisch-spanischen Autorität, mit Isaak Ben-Scheschet, in gelehrter Correspondenz[1]) und wurde von diesem ebenbürtig behandelt. Philosophische Bildung aber besaß Salomo von Burgos gar nicht. Dagegen war er als Jude sehr religiös, beobachtete alle Ritualien auf's Pünktlichste und galt als eine Säule des Judenthums in seinem Kreise. Er war aber außerordentlich klug und berechnend und wußte, wann Zeit ist zu sprechen und wann zu schweigen[2]). Von Ehrgeiz und Eitelkeit besessen, wurde ihm das Lehrhaus, in dem er eine geraume Zeit lernend und lehrend zugebracht hatte, zu enge und drückend. Er sehnte sich nach einer geräuschvollen Thätigkeit, suchte an den Hof zu kommen,

Sein jüngerer Freund, Josua Lorqui, der ihn wegen seines Religionswechsels zu Rede stellte (wovon weiter), fragte ihn unter Anderem: אחרי התחדש עליך זה הנפלא אשר לשמעו תצלנה אזני שותטת מחשבתי . . איזו סבח הגיעתך ובאכדן מולדתנו הצרות המתחדשות עלינו הטמונו וכמשפט הסתרר השם פנים ממנו ונתנו למאכל לעוף השמים ולחיתו ארץ ועלה בדעתך כי לא יזכר שם ישראל עוד. Paulus kann sich also erst nach dem Gemetzel von 1391 bekehrt haben. Dasselbe geht auch aus der Vergleichnng der Data hervor. Er starb nämlich nach der Angabe seiner Grabschrift im 83. Lebensjahre 1435 (bei Florez España sagrada T. XXVI. p. 387 und bei de Castro l. c. p. 237): Profectus est ad omnipotentem Deum (Paulus de sancta Maria) senex et plenus dierum 29 Augusti anno 1435 aetatis suae 83. Er ist also zwischen 1351—52 geboren. Perez de Guzmann zu Ende der Cronica de Juan II. p. 579 läßt ihn zwar zwei Jahre älter werden: murio . . don Pablo en edad de 85 años . . ano de 1435 en Agosto. Daß er aber nur 83 Jahre alt wurde, folgt auch daraus, daß er sein Werk Scrutinium scripturarum 1432 im 81sten Lebensjahre verfaßt und 1434 veröffentlicht hat. Dieses Datum hat die Princepsausgabe (Mantua 1474). Folglich ist er 1351—52 geboren. Die spätere Edition bezeichnet irrthümlich das Jahr 1434 als das 81ste. Er selbst gab in seinem Testamente an seinen Sohn an, er habe sich in seinem **vierzigsten** Lebensjahre taufen lassen: anno vero aetatis quadragesimo, quod ipse in testamento suo testatur, ad Christum perductum, bei Sanctotis. Folglich empfing er die Taufe 1392 oder 1391, keineswegs früher. Wenn dieser Sohn oder wahrscheinlich gar Paulus selbst angab, er sei 21. Juli 1390 getauft worden, so ist das ein Gedächtnißfehler oder eine geflissentliche Täuschung. Amador de los Rios hat sich davon täuschen lassen und angenommen, daß er aus freien Stücken sich zum Christenthum bekehrt hatte (a. a. O. 404, 490). Es ist eben so unwahr, daß er durch die Lektüre der Schriften des Thomas von Aquino bekehrt worden sei, wie daß ihn Vicente Ferrer bekehrt habe.

[1]) Die Respp. des Isaak b. Scheschet No. 188—192 sind gerichtet an החכם דון שלמה הלוי דבורגוש בר כבוד דון צאק הלוי. Name, Zuname und Ortsname sprechen für die Identität mit dem getauften Salomo Levi Burgensis.

[2]) Garibay, compendio de las chronicas L. XV. c. 48: . . fue (Pablo) de gran consejo y maraviloso silencio y prudencia.

irgend ein Amt zu erlangen, fing an, den Großen zu spielen, hielt sich einen Prachtwagen, ein lustiges Gespann und zahlreiche Dienerschaft[1]. Sein Ehrgeiz ging dahin, es zu einem jüdischen Almoxarifen oder zu einem noch höhern Amte zu bringen. Da ihn sein Geschäft täglich mit Christen zusammenführte und in Religionsgespräche verwickelte, sah er sich in der Kirchenliteratur um, um mit seiner Gelehrsamkeit prunken zu können. Die blutigen Gemetzel von 1391 raubten ihm jede Aussicht, es als Jude zu einer hohen Stellung bringen zu können, und er entschloß sich kurz, sich im vierzigsten Lebensjahre taufen zu lassen. Die hohen Stufen der Kirchen- und Staatsämter, die er später erklomm, mögen ihm dabei verlockend vorgeschwebt haben. Um seinen Uebertritt ausnutzen zu können, verbreitete der Neuchrist Paulus de Santa Maria: Er habe sich freiwillig zum Christenthum bekehrt, die theologischen Schriften des Scholastikers Thomas von Aquino hätten sein Inneres ergriffen. Die Juden zweifelten aber an seiner Gläubigkeit und schrieben, sie, die ihn gut kannten, diesen Schritt seinem Ehrgeiz und seiner Ruhmsucht zu[2]. Seine Familie, Frau und Söhne, sagten sich anfangs von ihm los, als er seinen Glauben wechselte.

Um als Bürgerlicher ein hohes Amt zu erreichen, gab es damals nur einen Weg, nämlich, sich dem geistlichen Stande zu widmen. Salomo-Paulus wußte das und schlug ihn auch ein. Er begab sich nach Paris und verlegte sich an der dortigen Universität auf das Studium der Theologie. Seine Kenntniß des Hebräischen gab ihm Vorsprung und Gelegenheit zur Auszeichnung. Es dauerte nicht

[1] Josua Allorqui, Sendschreiben an Paulus: אשר החחלת אז להתעסק בעניני המלכות ועשית לך מרכבת וסוסים ואנשים רצים למלאות רצונך מפץ לאניו: נחמתי כי המלכתי על עצמי אלה ההצלחות המדומות כי הבל המה מעשה תעתועים . . . מי יתננו למקנה אותה עלית קיר קטנה . . . בשקידות העיון יומם ולילה.

[2] Efodi deutet es in seiner antichristlichsten Satyre an und Joseph Ibn-Schem-Tob sagt es deutlich im Commentar dazu: (פולוס) לא רצה לומר שמלמדו היה מאמין כלל באות דאמונה החליף את דתו לכבוד ועושר ושררה. Selbst Christen haben an der aufrichtigen Gläubigkeit Paulus' und seiner Söhne gezweifelt, und selbst ihre von Orthodoxie strotzenden Schriften konnten diese Zweifel nicht zerstreuen. Perez de Guzmann bemerkt zum Schlusse der Cronica de Juan II. p. 596: y en este lugar cordó de engerir algunas razones contra la opinion de algunos, que sin discrecion e diferencia absoluta e sueltamente condenan e afean en gran estremo esta nacion de los Christianos nuevos en nostro tiempo convertidos, e afirmando, non ser Christianos, ni fue buena e util su conversion . . . . E . . algunos dicen que ellos (D. Pablo e su hijo D. Alonso) hacen estas obras (de gran utilidad a nuestra fé) por temor de los Reyes e de los Perlados, ó por ser mas graciosos en los oyos de los principes . . . y valer mas con ellos.

lange, so war der Rabbiner geweihter katholischer Priester. Dann
begab er sich an den päpstlichen Hof zu Avignon, wo der hochmüthige,
starrsinnige, bekehrungssüchtige Cardinal Pedro de Luna als Gegenpapst Benedictus XIII. gewählt war (seit 28. Sept. 1394). Hier gab
es während des Kirchenstreits und des Schisma der Gegenpäpste die
allergünstigste Gelegenheit für Intriguen und Beförderungen. Paulus
gefiel dem Papste wegen seiner Klugheit, seines Eifers und seiner
Beredtsamkeit, er schien ihm ein brauchbares Werkzeug. So wurde
er zum Archidiaconus von Treviño und zum Canonicus von Sevilla ernannt. Das waren die ersten Sprossen auf der Leiter der katholischen
Hierarchie, die er erstieg. Er wiegte sich aber in hochfliegende Träume,
er gedachte Bischof, Cardinal zu werden, und warum nicht noch mehr?
Die Zeit war dazu günstig. Paulus gab zu verstehen, daß er von
dem ältesten jüdischen Adel seine Abkunft herleite, vom Stamme Levi,
demselben Stamme, dem auch die Gottes-Mutter Maria entsprossen
sei: deßwegen nannte er sich de Santa-Maria. Er war also nicht
ein einfacher Priester aus dem Volke, sondern hatte Ahnen, die
in der Kirche Anerkennung und Auszeichnung finden müßten. Auf
Empfehlung des Papstes überhäufte ihn später der König von Castilien,
Don Heinrich III. mit vielen Gunstbezeugungen und Ehrenstellen. Sein
Ehrgeiz wurde befriedigt.

Der Uebertritt des Salomo Pablo, eines ehemaligen geachteten
Rabbiners, zur Kirche erregte nicht blos das höchste Erstaunen im
jüdischen Kreise, sondern erfüllte die Gemüther mit Angst. Wird das
Beispiel in der Zeit so vieler Anfechtungen und Prüfungen ohne
Nachahmung bleiben? Wird es nicht vielmehr die Schwachen zum
Abfall ermuthigen oder mindestens die Scheinchristen in dem einmal
gethanen Schritte beharren lassen? Zudem betrachtete es Paulus
nach seiner Bekehrung als seine Aufgabe, seine ehemaligen Glaubens-
genossen zu bekehren. Er ließ kein Mittel dazu unversucht. Mit
Wort und Schrift bekämpfte er das Judenthum, und die jüdische
Literatur lieferte ihm Waffen dazu. Nicht lange nach seiner Bekehrung
richtete er ein Sendschreiben an seinen ehemaligen Bekannten, an den
Leibarzt des Königs Karl III. von Navarra, Großrabbinen der na-
varresischen Gemeinden, Joseph (José) Orabuena[1]), legte ihm sein

---

[1]) Sendschreiben des Josua Lorqui Anfang: בא לידי כמו ב' חדשים טופס כתב
ידך לר' יוסף אוראבואינה וראיתי בו היותך מאמין ענין האיש אשר בא בסוף בית שני
שהוא המשיח אשר היו קדמוני מיחלים בו. Von diesem Joseph Orabuena theilt das
diccionario de Antiguadades del reino de Navarra von Yaguas y
Miranda (Pampelona 1840), Artikel Judios T. II. p. 116 eine Urkunde mit:
En 1401. Juze Orabuena, rabi mayor de los Judios del reino, era

Glaubensbekenntniß ab: Daß er Jesus als den von den Propheten verheißenen Messias betrachte und verehre, und forderte ihn wahrscheinlich auf, seinem Beispiele zu folgen. An einen andern Oberrabbinen und Leibarzt des castilianischen Königs Don Heinrich III., Don Meïr Alguades, einen philosophisch gebildeten Mann, richtete Paulus de Santa Maria eine hebräische Satyre in Prosa und Versen[1]), und machte sich darin über ein unschuldiges Fest der Juden lustig. Als gönnte er den Juden die geringe Heiterkeit nicht, der sie sich am Purimfeste hinzugeben pflegten, zog er bei dieser Gelegenheit übertreibend über die Trunksucht der Juden los und hob dagegen seine Nüchternheit hervor. Paulus zeigte in dieser Satyre viel Gewandtheit in Behandlung der neuhebräischen Sprache, aber wenig Witz, so nah er auch bei diesem Stoffe liegt.

Als er am päpstlichen Hofe zu Avignon zu Ansehen gelangte, schwärzte er die Juden an, um, wenn möglich, neue Verfolgungen gegen sie heraufzubeschwören. Er trieb es so auffallend, daß der Cardinal von Pampeluna selbst und andere Geistliche ihm Schweigen auflegten. Freilich mußten die Juden sein Schweigen theuer erkaufen[2]). Auch gegen den eifrigen Annehmer seiner Glaubensgenossen, gegen Chasdaï Crescas, schmiedete er Ränke[3]). So weit ging die Judenfeindlichkeit dieses Apostaten, daß er dem König Don Heinrich III. rieth, nicht nur keinen Juden, sondern auch keinen Neuchristen zu irgend einem Amte zu befördern[4]). Wollte er dadurch jede Neben-

medico del Rey D. Carlos III. etc. Der König schenkte ihm lebenslänglich die Renten, Einnahmen und außerordentlichen Einkünfte von der Gemeinde Tudela, das. I. p. 31. Daß J. Orabuena Lehrer des natürlichen Sohnes Karls III. gewesen wäre, folgt aus der Urkunde das. II. p. 183 durchaus nicht. An diesen J. O. ist ein Sendschreiben des Don Benveniste b. Labi gerichtet in einem Codex (Katalog der Wiener Bibliothek Nr. 108); vergl. Note 2 und 3.

[1]) Diese Purim-Satyre findet sich handschriftlich in mehreren Bibliotheken und hat die Ueberschrift: כתב שלחה דון שלמון הלוי ש״ט (שחק טמיא) מעיר לונדריש (?). להרב דון מאיר אלווידיש וכו׳. Daß er sie als Convertit geschrieben, geht aus einigen Wendungen hervor: באשר התעו אלהים אותי מבית אבי ועוני גרשוני מהסתפח בנחלת אבותי וכו׳.

[2]) Efodi's Satyre: למדנו מפי השמועה ששת באבניגון חשב לדבר (פולוס) על היהודים הוי״ה וצוה מהאדון הקרדונאל ש״י בנפלונא ומשנים אחרים לדבר על ישראל רעה ונתן לו הקהל כ״ה פרחים (Var. הרבה פרחים).

[3]) Vergl. Note 2.

[4]) Garibay a. a. O.: Este notable perlado don Pablo ... con ser converso, aconsejó al Rey don Enrique por causas notables que a ello le devieron mover, que a ningun Judio, ni converso, no recibiese en el servicio de sua casa real, ni en el consejo, ni en la administracion del patrimonio real. Cosa notable, que con ser dellos .. fuesse deste parecer contra su nacion.

buhlerschaft von Seiten eines gewandten oder ihm überlegenen Stammgenossen beseitigen? Als Schriftsteller zeigte sich Paulus de Santa Maria eben so giftig gegen Judenthum und Juden. Während der geborene Christ, der Franciscaner Nicolaus de Lyra, jüdische Schriftausleger und selbst Raschi als Muster einfacher Exegese empfahl[1]), verurtheilte der ehemalige Rabbiner Alles, was je ein rabbinischer Schriftsteller bemerkt hatte, als abgeschmackt, widersinnig und lästerlich, dagegen jede noch so lächerliche Auslegung eines Kirchenschriftstellers sei erhaben und unübertrefflich[2]).

Einsichtsvolle Juden erblickten mit Recht in diesem Neuchristen ihren erbittertsten Feind und rüsteten sich zu einem Kampfe mit ihm. Freilich waren sie in der Wahl der Waffen äußerst beschränkt. Die Vertreter des Christenthums hatten nicht blos das freie Wort, sondern auch die Faust, den Kerker, den Todesknebel zur Behauptung ihrer Dogmen und ihrer Beweisführung, während die Juden sich drehen und winden mußten, um nicht mit einem kräftigen Worte anzustoßen und Gewaltmittel gegen sich in Bewegung zu setzen. Darum sollte das muthige Entgegentreten einer Handvoll Schwacher gegen die erdrückende Zahl Uebermächtiger und Uebermüthiger die Bewunderung aller Derer erregen, welche ihren Beifall nicht der siegenden Gewalt, sondern dem ringenden Rechte schenken.

Das Vortreffen gegen die Gehässigkeiten des Paulus de Santa Maria eröffnete ein junger Mann, der früher zu dessen Füßen gesessen hatte, Josua b. Joseph Ibn-Vives (Lorqui[3]), ein Arzt und Kenner des Arabischen. In einem demüthig gehaltenen Sendschreiben, wie von einem gelehrigen Schüler an einen bewunderten Meister, versetzte Josua Lorqui seinem abtrünnigen Lehrer empfindliche Stiche und unter dem Scheine des Zweifels erschütterte er die Grundfeste des Christenthums. Er bemerkte im Eingange, daß ihm der Uebertritt seines geliebten Lehrers, an den sich sein gläubiges Gemüth früher angelehnt hat, ihn noch mehr als Andere in Erstaunen gesetzt und zum Nachdenken gebracht habe. Er könne sich nur vier Beweggründe für einen so überraschenden Schritt denken. Entweder Paulus habe sich zur Bekehrung bewogen gefühlt aus Ehrgeiz und Sucht nach

---

[1]) Vergl. Bd. VII₂. Note 13. III.

[2]) Die Additiones des Paulus de Santa Maria ad postillam Nicolai de Lyra super Biblias (öfter edirt) haben keinen anderen Zweck, als die von Nikolaus empfohlene einfache Exegese jüdischer Commentatoren zu discreditiren.

[3]) Das Sendschreiben des Lorqui an Paulus ist abgedruckt in dem Sammelwerke Dibre Chachamim von Elieser Aschkenasi Tunensis p. 31 ff. Vergl. Note 3.

Reichthum, Glanz und Befriedigung sinnlicher Begierden oder wegen Zweifels an der Wahrheit des Judenthums und jeder Religion überhaupt aus philosophischen Gründen, und er habe darum diejenige Religion vorgezogen, welche ihm wenigstens freie Bewegung und Sicherheit der Existenz gewährt, oder weil er durch die jüngste grausige Verfolgung der Juden in Spanien den Untergang des jüdischen Stammes mit Sicherheit vorausberechnet habe, oder endlich aus Ueberzeugung von der Wahrheit des Christenthums. Er wolle sich daher erlauben zu untersuchen, so weit er den Charakter seines ehemaligen Lehrers kenne, welcher der vier Beweggründe ihn zu diesem Schritt bestimmt haben könnte. Er könne sich freilich nicht denken, daß Ehrgeiz und Glanzsucht ihn dazu bewogen habe; „denn ich erinnere mich noch, wie Du, bereits von Reichthum und Dienerschaft umgeben, Dich nach Deiner ehemaligen bescheidenen Stellung, eingezogenen Lebensweise und Beschäftigung mit der Wissenschaft zurückgesehnt und Deine damalige hohe Stellung als ein wenig befriedigendes Scheinglück bezeichnet hast". Auch könne er nicht annehmen, daß Paulus von philosophischer Zweifelsucht beunruhigt gewesen sei, da er bis zur Taufe gewissenhaft sämmtliche jüdische Pflichten erfüllt und von der Philosophie nur den mit dem Glauben stimmenden Kern angenommen, die schädliche Schale dagegen verworfen habe. Auch müsse er den Gedanken abweisen, daß ihn die blutigen Gemetzel der Juden an der Möglichkeit des Fortbestandes des jüdischen Stammes haben verzweifeln lassen, da es ihm doch bekannt sein müsse, daß unter den Christen nur die Minderzahl der Juden wohne, der größte Teil derselben dagegen in Asien weile und eine gewisse Selbständigkeit genieße, so daß, wenn es auch Gott gefiele, die Gemeinden in christlichen Ländern vertilgen zu lassen, der jüdische Stamm dadurch nicht von der Erde verschwinden werde. Es bleibe ihm daher, so fährt Josua Lorqui fort, nur die Annahme, daß Paulus das Christenthum genau geprüft und dessen Dogmen bewährt gefunden habe. Er bitte ihn daher, ihm seine Ueberzeugung mitzutheilen und seine Zweifel an der Wahrheit des Christenthums niederzuschlagen.

Im Verlauf macht Lorqui seine Gründe gegen den christlichen Glauben geltend, die meistens sehr schlagend sind. Unter Anderem wirft er ein, daß anstatt der allgemeinen Verbreitung der Gotteserkenntniß und des ewigen Friedens, welche die Propheten mit dem Erscheinen des Messias verknüpft haben, nur Unwissenheit und Kriegsjammer auf Erden herrschen, ja, heftige Kriege haben nach Jesu Auftreten noch mehr zugenommen. Wie könnte er nun der erwartete Messias sein? Wie durfte dieser ferner als Messias das Gesetz des

Judenthums aufheben? Und selbst wenn er Jesu Messianität, jungfräuliche Geburt, Auferstehung und alle unbegreiflichen Wunder zugeben wollte, könne er sich doch nicht mit der Menschwerdung Gottes befreunden; das widerstreite jedem geläuterten Gottesbegriffe. Auch plagen ihn noch andere Zweifel an der Wahrheit der christlichen Dogmen, die er aber nicht wage ihm schriftlich mitzutheilen. Zum Schlusse legte ihm Josua Lorqui noch ein inhaltschweres Dilemma zur Entscheidung vor. Ist Jeder, der in irgend einem Glauben geboren und erzogen worden, verpflichtet zu forschen und andere Religionen zu prüfen, ob sie nicht Besseres lehren? Ist dem so, wo bliebe dann der feste Glaube, da das Gewissen doch in steter Unruhe sein müsse, vielleicht nicht auf dem rechten Wege zur Seligkeit zu sein? Dürfe man aber nicht prüfen und vergleichen, sondern müsse im angestammten Glauben verharren, dann müsse man auch auf die Seligkeit durch eben diesen, so zu sagen, heimischen Glauben rechnen können; sonst würde ja Gott ungerecht erscheinen, daß er das Forschen einerseits verböte und andrerseits die Seligkeit nur den Anhängern einer gewissen Religion zu Theil werden ließe. Lorqui bittet seinen abtrünnigen Lehrer zum Schluß mit Schülerdemuth, ihn über alle diese Fragen und Zweifel aufzuklären. Jeder Satz in diesem Sendschreiben war ein Nadelstich für den judenfeindlichen Neuchristen.

Paulus antwortete auf dieses Sendschreiben; aber man sieht es der Antwort an, daß er in Verlegenheit war und den ihm auf den Leib rückenden Fragen ausweichen wollte. Er entschuldigte sich, daß er sich nicht mehr klar in hebräischer Sprache auszudrücken vermöge, da er durch seine anderweitigen Studien diesem Idiom abgewandt sei. Was er sonst noch sagt, verräth entweder Unklarheit des Geistes oder Heuchelei. Nur eines ist aus seiner kurzen Gegenschrift zu erkennen: daß jeder Jude sich zum Christenthume bekennen und nöthigenfalls dazu gezwungen werden müsse. Er unterzeichnete das Sendschreiben als, „der unter dem Namen Salomo Levi Gott nicht richtig erkannt, aber als Paulus de Burgos ihn auf die rechte Weise verehren gelernt" hatte [1]).

Auch der philosophische Denker Chasdaï Crescas trat als wackerer Kämpfer für den Glauben seiner Väter auf. Er verfaßte (um 1396) eine polemische Abhandlung (Tratado) über die Glaubensartikel des Christenthums, die er vom philosophischen Gesichtspunkte aus beurtheilt, und deren Unhaltbarkeit nachwies. Diese Schrift war mehr an die Christen als an die Juden gerichtet und auf

---

[1]) Paulus' Antwortschreiben an Josua Lorqui, abgedruckt in der Sammelschrift Ozar Nechmad II. p. 5 f.

Veranlassung vornehmer Christen verfaßt, mit denen Chasdaï Crescas befreundet war. Er bediente sich daher nicht der hebräischen, sondern der spanischen Sprache, die er ebenfalls stylistisch beherrschte, und hielt einen ruhigen, gemäßigten Ton ein. Chasdaï Crescas setzte darin die Unbegreiflichkeit der Lehre vom Sündenfall, der Erlösung, der Dreieinigkeit, der Incarnation, der jungfräulichen Geburt, der Abendmahlwandelung auseinander und untersuchte den Werth der Taufe, Jesu Erscheinen, das Verhältniß des neuen Testaments zum alten in einer so leidenschaftslosen Haltung, als wenn er gar nicht wüßte, daß es brennende Fragen waren, an denen sich Scheiterhaufen entzünden könnten. Nur hin und wieder bediente er sich solcher Beweise, die ihm die damaligen Zustände der Kirche an die Hand gaben. Das Christenthum giebt sich, meinte Crescas, als eine neue, das Judenthum gewissermaßen ergänzende und verbessernde Offenbarung aus. Nun diese Offenbarung reiche aber so wenig aus, daß in der so lange dauernden Kirchenspaltung schon eine neue göttliche Verkündigung nöthig wäre, um die verderblichen Irrthümer zu zerstreuen. Zwei Päpste und ihre Anhänger schleudern gegen einander Bannbullen und verdammen einander zur tiefsten Hölle. Wo bleibt da die Wahrheit und Gewißheit einer Offenbarung?[1]).

Tief einschneidend und verwundend wirkte ein scharfer Pfeil, den ein begabter Zwangstäufling, welcher zum Judenthume zurückgekehrt war, gegen das Christenthum und die jüdischen Neuchristen fast zur selben Zeit abgedrückt hat. Seitdem Judenthum und Christenthum in Schriften und Disputationen mit einander rangen, ist keine so gespitzte Satyre von jüdischer Seite losgelassen worden, wie diejenige, welche der Arzt, Astronom, Geschichtsforscher, Grammatiker Duran veröffentlicht hat. **Profiat Duran**, mit seinem jüdischen Namen **Isaak b. Mose** (in Cordova geboren?) und seinem Schriftstellernamen **Efodi** (Ephodaeus[2]), befand sich während der blutigen Verfolgung von 1391 in Catalonien in der Zwangslage, zum Scheine zum Christenthum übertreten zu müssen. Mit ihm zugleich trat sein Freund **David En=Bonet Buen=Giorn** (wahrscheinlich ein Sohn des Astronomen Jakob Buen=Giorn Poel) über. Beide

---

[1]) Vergl. darüber Note 3.

[2]) Die berühmte Satyre: אגרת אל תהי כאבותיך, deren Verfasser Profiat Duran, abgekürzt = אפודי oder אני פריט דוראן = אפוד ist, erschien zuerst von Isaak Akrisch edirt, Constantinopel 1554, und ist in neuester Zeit noch einige mal edirt; vergl. über Efodi Note 1. Efodi nannte er sich erst nach seinem Rücktritt von der Zwangstaufe.

beschlossen später, den ihnen verhaßten Glauben abzuschütteln und nach Palästina auszuwandern, um dort das Judenthum frei bekennen zu dürfen und Sühne für die Sünde des Abfalles zu finden. Nachdem Beide ihre Vermögensverhältnisse geordnet hatten, reiste Profiat Duran nach einer Hafenstadt in Südfrankreich voraus und erwartete seinen Freund. Dieser aber war inzwischen mit dem judenfeindlichen Apostaten Salomon — Paulus zusammengekommen, vielleicht von ihm aufgesucht und von ihm dahin gebracht worden, im Christenthum zu verharren. Wie erstaunt war Profiat Duran, von En-Bonet ein Schreiben zu empfangen, worin dieser ihm sein christliches Glaubensbekenntniß mit vieler Ruhmredigkeit auseinandersetzte, ihn selbst zum Verbleiben im Christenthum aufforderte und eine schwärmerische Verehrung für Paulus de Santa Maria — welcher inzwischen beim König von Castilien in Gunst gekommen war — zu erkennen gab! Profiat Duran durfte nicht dazu schweigen, und er gab in einem Antwortschreiben seinem Freunde und noch mehr dem bekehrungseifrigen Paulus einen Denkzettel, der heute noch nicht vergessen ist. Dieses Sendschreiben (erlassen um 1396[1]) ist voll Jronie, wie sie nicht feiner ausgedrückt werden kann. Der Ton ist so gehalten, als wenn Profiat Duran seinem Freunde in allen Punkten Recht gäbe und ihn bestärkte, im christlichen Glauben zu verharren. „Sei nicht wie Deine Eltern" (Al tehi ka-Abotechá) ist der stete Refrain des Sendschreibens, und es ist so täuschend gehalten, daß Christen es (unter dem Titel Alteca Boteca) für eine Schutzfrist zu Gunsten des Christenthums genommen haben[2]). Indem Profiat Duran zum Scheine „den Glauben der Väter" als irrthümlich darstellte, legte er die Blößen der christlichen Dogmen und Sacramente so offen dar, daß man da, wo das Christenthum herrschende Religion ist, nicht wagen darf, den Inhalt auseinanderzusetzen. Alles, was der gesunde Menschenverstand, die logische Folgerung, die Philosophie, die heilige Schrift gegen die christlichen Glaubensartikel geltend machen können, führt Profiat Duran in Schlachtreihe gegen seinen verführten Freund, aber scheinbar nicht um dessen Sinn zu ändern, sondern ihn noch mehr im katholischen Bekenntniß zu bestärken. Ein Theil der Efodischen Satyre ist gegen den Judenfeind Paulus de Santa Maria gerichtet, von dessen Lob das Schreiben des En-Bonet überfloß. „Du meinst, er werde es vielleicht noch dahin bringen, Papst zu werden, hast mir aber nicht zu erkennen gegeben, ob er nach Rom gehen oder in Avignon bleiben wird", ein Hieb gegen den Kirchenstreit zwischen

---

[1]) Vergl. über die Zeit Note 1.
[2]) Isaak Akrisch' Einleitung zu dieser Satyre.

zwei Päpsten. „Du rühmst ihn, daß er sich bemüht habe, jüdische Frauen und Kinder vom Tragen der Abzeichen zu befreien. Bringe diese frohe Botschaft den Weibern und Kindern. Mir ist aber berichtet worden, er predige Unheil gegen die Juden und mußte vom Cardinal von Pampeluna und Anderen zum Schweigen gebracht werden. Du meinst, Paulus, Dein Lehrer, werde bald einen Bischofs= sitz einnehmen oder den Cardinalshut tragen. Freue Dich deß; denn dann wirst auch Du zu Ehren gelangen, wirst Priester oder Levite werden." Erst gegen den Schluß läßt Profiat Duran seinen ironischen Ton fahren und schreibt mit Ernst: Er bitte seinen ehemaligen Freund, als Christ nicht den Namen seines hochgeachteten Vaters zu führen; denn er würde, wenn er noch am Leben wäre, gewünscht haben, lieber keinen Sohn, als einen abtrünnigen zu haben. Und auch so trauere seine Seele jenseits wohl über den Abfall seines Sohnes. Dieses satyrische Sendschreiben sollte als Flugblatt dienen und wurde verbreitet. Der Verfasser schickte es nicht blos seinem ehemaligen Freunde, sondern auch dem Großrabbinen und Leibarzt des Königs von Castilien, Don Meÿr Alguadez, zu. Es hat eine so einschneidende Wirkung hervorgebracht, daß die Geistlichen, als sie erst den satyrischen Charakter desselben erkannten, darauf fahnden und es verbrennen ließen[1]). — Profiat Duran arbeitete im Auftrage des Chasbar Crescas noch ein anderes gegenchristliches Werk aus[2]), aber nicht in satyrischem Tone, sondern in der ruhigen Sprache geschichtlicher Auseinandersetzung. Vertraut mit dem neuen Testamente und der Kirchenliteratur, wies er nach, wie das Christen= thum im Verlaufe entartet sei. Jesus habe sich gar nicht als einen Gott oder einen Theil der Gottheit ausgegeben, habe auch gar nicht eine neue Religion stiften wollen. Erst die Späteren haben aus Verkennung seiner Absichten ihn dazu gemacht. Profiat Duran setzt darin manchen Punkt des Christenthums in ein eigenthümliches Licht.

Paulus von Burgos stieg indeß, von dem Gegenpapste Bene= dictus XIII. von Avignon begünstigt und gefördert, immer höher und höher, wurde Bischof von Cartagena, Kanzler von Castilien und Geheimrath des Königs Don Heinrich III. Indessen gelang es seinem bösen Willen doch nicht, den König von Castilien gegen die Juden einzunehmen und sie von Hofämtern fernzuhalten. Don Heinrich hatte zwei Leibärzte, denen er besonderes Vertrauen schenkte. Den Einen von ihnen, Don Meÿr Alguadez, einen Astronomen und Kenner der Philosophie, ernannte er zum Großrabbinen über sämmt=

---

[1]) Das. [2]) כלמת הגוים; Note 1.

liche castilianische Gemeinden¹). Er war stets im Gefolge des Königs²). Sein Leibarzt von früher war Don Mose Zarzal (Çarçal³), wahrscheinlich ein Sohn des Don Abraham Zarzal, welcher am Hofe Don Pedro's sehr viel galt (VII.₂ p. 390⁴), besang in volltönenden spanischen Versen die lang ersehnte Geburt des Thronerben für Castilien, entlehnte der neuhebräischen Poesie ihre Farbenpracht, um den neugeborenen Infanten zu verherrlichen und prophezeihte die Vereinigung sämmtlicher Staaten der pyrenäischen Halbinsel in seiner Hand. Die Windstille, welche zwischen zwei wüthenden Stürmen für die spanischen Juden während der Regierung Don Heinrichs III. eintrat, begünstigte den Nachtrieb einiger literarischen Spätlinge, fast die letzten von einiger Bedeutung. Epochemachend waren diese Leistungen allerdings nicht; sie haben nur den Werth, daß sie als Fundort die Schätze aus günstigen Zeitlagen bewahrten und sie nicht in Vergessenheit geraten ließen. Profiat Duran — von dem man nicht weiß, wie es ihm möglich geworden, seine Taufe vergessen zu machen und sich in Spanien oder Perpignan zu behaupten — Profiat Duran commentirte Maimuni's philosophisches Werk, auch Mehreres von Ibn-Esra, verfaßte ein mathematisches und kalendarisches Werk (Chescheb-Efod) und stellte in einem Geschichtswerke die Verfolgungen zusammen, welche sein Stamm seit der Zerstreuung erlitten. Seine beste Arbeit ist seine hebräische Grammatik (Maaszó Efod, verfaßt 1403⁵), worin er die Ergebnisse älterer Forscher zusammenfaßte, ihre Irrthümer berichtigte und sogar den Ansatz zur Lehre einer hebräischen Syntax machte. Dabei beklagt er die unheilbare Krankheit der Zeit, daß das einseitige Talmudstudium und die Verkehrtheit der Kabbala die Bibelerklärung und die Erforschung der

---

¹) Von diesem, dem Uebersetzer der aristotelischen Ethik aus dem Lateinischen, dessen Beiname orthographirt wird bald: אלבואיש, bald אלואיש, auch אלגודיי, berichten die Historiographen הרב הגדול בכל מלכות קשטילייא. Gewiß identisch mit diesen ist der corrumpirte Name, den Bartolocci nach einem vaticanischen Codex anführt (VI. p. 239). ר' משה (legendum מאיר) בן שלמה אלואיש עם עזר דון בנבשתי בן הנביא. לביא (leg.) השוכן בטרקוסתה חבר ספר המדות מארטסטו. Jacuto berichtet, er sei ein Jünger des Juda b. Ascher gewesen; dann müßte er sehr alt geworden sein, es sei denn, daß unter Juda b. Ascher II. (v. S. 58) zu verstehen ist.

²) Handschriftliche Einleitung zur Uebersetzung der Ethik ספר המדות; vergl. Note 3, dessen Beziehung zu Benveniste Ibn-Labi.

³) Cancionero des Alfonso de Baena: este desir fiso don Mosse, curgiano del Rey Enrique quando nascio el Rey nostro señor. Das Gedicht bei Amador de l. R. Estudios p. 419 ff.

⁴) Amador d. l. R. historia II. 352.

⁵) Vergl. über seine Schriften Note 1.

heiligen Sprache durchweg verdrängt und in Vernachlässigung gebracht hatten.

Eine durchaus nicht alltägliche Leistung hinterließ Chasdaï Crescas, schon am Rande des Grabes und durch die Verfolgung zusammengebrochen. Er war ein tiefer und umfassender Denker, der sich nicht an Einzelnes verlor, sondern das Ganze umspannen wollte. Schon der Plan, den er faßte, ein Werk über alle Seiten des Judenthums nach maimunischer Art auszuarbeiten, die Ideen und Gesetze, aus denen die jüdische Lehre besteht, auseinanderzusetzen, das Besondere mit dem Allgemeinen, die auseinander gefallen waren, wieder zu verknüpfen, dieser Plan zeugt nicht blos für seine außerordentliche Gelehrsamkeit, sondern noch mehr für seine Geistesklarheit. Das Werk sollte zugleich ein Leitfaden für das Talmudstudium und ein Handbuch für die Praxis sein. Der Tod scheint ihn an der Ausführung dieser Riesenarbeit gehindert zu haben, und er hat lediglich den philosophischen Theil oder die Einleitung dazu ausgearbeitet[1]). In dieser Einleitung beleuchtet Chasdaï Crescas einerseits die Principien der Religion im Allgemeinen: das Dasein Gottes, die göttliche Allwissenheit, die Vorsehung, die menschliche Willensfreiheit, den Zweck des Weltalls, und andererseits die Grundwahrheiten des Judenthums, die Lehre von der Weltschöpfung, der Unsterblichkeit und vom Messias. Chasdaï ließ sich aber mehr von dem religiösen, als von dem philosophischen Bedürfniß leiten. Ihm lag nicht so sehr daran, die Gewißheit zu haben, daß die Grundlehren des Judenthums mit der Philosophie übereinstimmen (die Hauptgedankenarbeit Maimuni's, Gersonides' und Anderer), als vielmehr nachzuweisen, daß jene von dieser nicht berührt und noch weniger erschüttert werden. Ihm imponirte die aristotelisch-mittelalterliche Philosophie nicht mehr so gewaltig wie seinen Vorgängern, sie hatte für ihn bereits ihre Strahlenkrone eingebüßt, weil sein klarer Geist ihre Schwächen tiefer als Andere erkannt hatte. Mit kühner Hand riß er daher die Stützen des riesigen Gedankenbaues nieder[2]), welchen Maimuni auf aristotelischem Grunde aufgeführt hatte, um das Dasein Gottes und sein Verhältniß zum Weltall zu beweisen. Vertraut mit dem ganzen Gedankenapparat der scholastischen Philosophie, bekämpfte er sie mit wuchtigen Streichen.

---

[1]) Unter dem Titel אור ה׳, zuerst edirt Ferrara 1556 und dann erst wieder Wien 1860, beide Editionen sehr verdorben; der Text bedarf noch der kritischen Vergleichung mit Codices. In der Einleitung setzte er den Plan auseinander, wie er das umfassende Werk נר מצוה bearbeiten wollte.

[2]) In derselben Schrift Or Adonaï I. 2, 1—20.

Während ihm die Philosophie der Zeit auf bodenlose Abwege gerathen zu sein schien, stand ihm das Judenthum auf unerschütterlichem Grunde fest, und er bemühte sich, lediglich die Anfechtungen und Einwendungen von seiten jener gegen dieses in ihr Nichts aufzulösen. Die Religionsphilosophen zerarbeiteten sich, um nur die göttliche Allwissenheit zu retten, sie auf das Wesentliche, Dauernde und Allgemeine zu beschränken. Chasdaï Crescas setzte sich über diese zimperliche Bedenklichkeit hinweg und bewies, daß das göttliche Wissen auch das Einzelne und Mögliche umfasse[1]). Die Vorsehung Gottes folgte ihm ohne Weiteres daraus; sie erstrecke sich nicht blos auf Gattungen, sondern auch auf Einzelne[2]). Die Annahme einer unbegrenzten göttlichen Allwissenheit führte Chasdaï Crescas zu einer kühnen Behauptung: daß der Mensch in seinen Handlungen nicht ganz frei sei, daß vielmehr alles Geschehen nothwendig aus einer Ursache folge, und jede bis zur ersten Ursache hinauf das Eintreffen dieses oder jenes Zustandes unfehlbar bedinge. Der menschliche Wille folge nicht einer blinden Wahl, sondern sei durch die Gliederkette vorangegangener Wirkungen und Ursachen bestimmt. In wiefern könne es aber Lohn und Strafe geben, wenn der Wille nicht frei ist? Darauf antwortete Chasdaï Crescas: Lohn und Strafe erfolgen nicht auf **Handlungen**, sondern auf Gesinnungen. Wer das Gute — das allerdings nothwendig erfolgen müsse — mit Freudigkeit des Herzens vollbringe, verdiene belohnt zu werden, ebenso wie der, welcher das Böse gern befördere, der Strafe verfallen müsse[3]).

Das höchste Gut, dem der Mensch zustreben soll, und der Endzweck der Schöpfung sei die geistige Vollkommenheit des Menschen oder das ewige Leben der Seligkeit. Diese werden aber nicht erworben, wie die Philosophen meinen, durch die Aufnahme von theoretischen und metaphysischen Wahrheiten im Geiste, sondern einzig und allein durch **thätige Liebe zu Gott**. Das sei der Inbegriff der Religion, und besonders des Judenthums[4]). Insofern könne man mit Recht behaupten: Die Welt sei um der Thora willen erschaffen worden, weil sie durch Ideen und Gebote Anleitung zu Gesinnungen und Handlungen gebe und so das ewige Leben fördern wolle[5]).

---

[1]) Das. II. 1.   [2]) Das. II. 1.
[3]) Das. II. 5, 5. Chasdaï's Ansicht hat einige Verwandtschaft mit Spinoza's Theorie von der bedingten Willensfreiheit des Menschen, nur daß dieser von kosmischen Principien ausging, jener sich aber von religiösen Prämissen leiten ließ.
[4]) Das. II. 6, 1.   [5]) Das. II. 6, 2—5.

Chasdaï Crescas, welcher zu allererst den Unterschied zwischen der **allgemeinen Religion** und einer **besonderen Religionsform**, Judenthum und Christenthum, machte, stellte, abweichend von Maimuni, nur **acht** das Judenthum charakterisirende Glaubensartikel auf. Gegen die breizehn Glaubensartikel Maimuni's wendete er mit Recht ein, daß ihrer entweder zu viel oder zu wenig aufgezählt seien, weil darin die **Grundwahrheit jeder Religion** überhaupt mit den **Glaubenslehren des Judenthums** zusammengeworfen und nicht streng geschieden seien[1]). Die acht Grundlagen des Judenthums seien solcher Natur, daß zwar eine Religion ohne dieselben gedacht werden könne, aber wer sie leugne, gehöre nicht mehr zum Juden=thume, sei eben Ketzer. Diese wesentlichen Lehren seien: Die Schöpfung der Welt aus einem freien Willensakte Gottes zu einer bestimmten Zeit; die Unsterblichkeit der Seele; die vergeltende Gerechtigkeit Gottes! die Auferstehung der Todten in einer gewissen Zeitepoche; die Unabänderlichkeit der Thora; die höhere Prophetie Mose's; die Lehre von der göttlichen Verkündigung durch den Hohenpriester vermöge der Urim und Tummim und endlich die Hoffnung auf den Messias[2]). So sehr auch Chasdaï Crescas bemüht war, die Wichtigkeit aller dieser Glaubensartikel zu begründen, so konnte er doch die Willkürlichkeit seiner Annahme nicht ganz verdecken. Er hat sich hierbei mehr vom Talmud als von folgerichtiger Gedankenstrenge leiten lassen. Auch in der Vertheidigung des Daseins von Dämonen[3]) und des Einflusses von Beschwörungsformeln und magischen Kameen folgte er nur allzusehr dem Talmud und der nachmanidischen Schule, in der er sich gebildet hatte. Indessen schützte ihn sein gesunder Sinn vor den Kindereien der Kabbala, und er bezweifelte die kabbalistische Afterlehre von der Seelenwanderung[4]).

Nächst Profiat Duran und Chasdaï Crescas trat auch in der kurzen Pause zwischen zwei blutigen Verfolgungen in Spanien der castilianische Großrabbiner Don Meïr Alguadez als philosophischer Schriftsteller auf, nicht mit einer selbstständigen Arbeit, sondern mit der Auswahl eines Themas zum Uebersetzen. Aristoteles Sittenlehre (Ethik) übertrug er (1405 auf Anregung des Benveniste Ibn=Labi[5]) ins Hebräische und machte sie den Juden zugänglich, welche sie mehr im Leben angewendet haben, als die Griechen, aus deren Schooß sie

---

[1]) Das. III. Anhang.
[2]) Der größte Theil des III. Abschnittes ist diesem Thema gewidmet.
[3]) Das. III. zweite Abtheilung 5te und 6te Untersuchung.
[4]) Das. 8te Untersuchung.
[5]) Vergl. o. S. 90 Anmerk.

hervorging, und als die Christen, welche sich durch Glaubensformeln und Kirchenlehren über die Moral erhaben dünkten.

So lange der junge, aber kränkliche Monarch des Hauptreiches Castilien, Don Heinrich III., regierte, konnten die Juden ihre Existenz noch leidlich führen. Sobald aber dieser König ins Grab stieg (Ende 1406), trat abermals eine unglückliche Wendung für die Juden Castiliens ein, ein Vorbote unglückseliger Tage. Der Thronerbe Juan II. war ein kaum zweijähriges Kind. Die Regentschaft führte die Königin-Mutter Catalina (Katharina) von Lancaster, eine launenhafte, übermüthige, überkirchliche junge Frau, welche zu herrschen glaubte, aber von ihren jeweiligen Favoritinnen beherrscht wurde. Der Mitregent, der Infant Don Fernando (später König von Aragonien), zwar klug und milde, ließ sich ebenfalls von Geistlichen leiten. Im Staatsrath saß neben ihm der abtrünnige Rabbiner Salomo — Paulus de Santa Maria, ein noch schlimmerer Elisa-Acher, dem nicht blos das Judenthum ein Gräuel, sondern auch die Juden Gegenstand des Abscheues waren. Der verstorbene König Don Heinrich III. hatte ihn zum Vollstrecker seines Testaments und zum Erzieher des Throninfanten ernannt, und so hatte Paulus im Regentschaftsrathe eine gewichtige Stimme. Welche Aussicht für die Juden Castiliens! Sie empfanden auch bald den ihnen feindseligen Geist des Hofes. Zunächst war es auf die Demüthigung der angesehenen Juden abgesehen, welche im Verkehr mit dem Hofkreise oder mit den Granden des Reiches standen und als solche eine geachtete Stellung einnahmen. Sie sollten daraus verdrängt und gemahnt werden, daß auch sie zur verachteten Kaste gehörten.

Ein Edikt wurde im Namen des vierjährigen Königs veröffentlicht (25. October 1408), welches die judenfeindlichen Paragraphen der Gesetzsammlung Alfonso's des Weisen (VII.$_2$ 128) zur Ausführung brachte. „Weil die Bekleidung von Aemtern von Seiten der Juden zum Schaden des christlichen Glaubens und der Gläubigen gereiche", so sollte dieses für alle Zukunft untersagt sein. Jeder Jude, der von einem Adeligen oder einer Stadt sich mit einem Amte belehnen ließe, sollte das Zweifache seiner Einnahmen davon als Strafe erlegen, und wenn sein Vermögen nicht ausreiche, dasselbe ganz einbüßen und noch dazu fünfzig Streiche gewärtig sein. Jeder Christ, der einen Juden in ein Amt einsetzte, sollte ebenfalls in eine Geldstrafe verfallen. Um das Edikt wirksam zu machen, wurde bestimmt, daß jeder Angeber einer Uebertretung desselben und der Gerichtshof, der jüdische Uebertreter verurteilte, je ein Drittheil des confiscirten Vermögens erhalten sollte. Alle öffentlichen Beamten wurden angewiesen, es überall bekannt zu machen und auf dessen Erfüllung zu achten. Man kann die Hand des Paulus de Santa Maria in diesem Gesetz nicht verkennen. Er kannte recht gut die starken und schwachen Seiten der spanischen Juden und mochte berechnen, daß die angesehenen Juden, in Gefahr ihr Amt und ihre Stellung zu verlieren, zum Christenthum übergehen würden, und daß die Treubleibenden, ausgeschlossen vom Verkehr mit der christlichen Gesellschaft und von der Betheiligung am öffentlichen Leben und auf sich selbst angewiesen, der Mißachtung verfallen und verkommen würden.

Zu gleicher Zeit richtete sich sein giftiger Haß gegen den ehemaligen Leibarzt des verstorbenen Königs, Meïr Alguadez. Hatte die Königin-Regentin etwas gegen ihn? Oder wollte der Apostat Paulus ihn verderben, weil Meïr Alguadez den Mittelpunkt für diejenigen bildete, welche dessen Plänen entgegen arbeiteten und ihn der Verachtung preisgaben? Ein aufregender Prozeß wurde zu diesem Zwecke in Scene gesetzt. Als die Königin-Mutter mit dem gekrönten Kinde in Segovia war, erhoben einige Priester eine schwere Anklage gegen einen Juden dieser Stadt: Er habe vom Sakristan eine Hostie gekauft, natürlich um sie zu schänden; sie habe so erschreckliche Wunder bewirkt, daß der Käufer sie in Angst und Zittern dem Prior eines Klosters wieder zugestellt habe. Sei es nun, daß dieser Vorfall durchweg erfunden oder daß ein Fäserchen Wahrheit zu einem haarsträubenden Lügengewebe geflissentlich verarbeitet worden war, genug der Bischof Juan Velasquez de Tordesillas gab der Sache eine ungemeine Wichtigkeit, ließ mehrere Juden als Mitschuldige verhaften und darunter auch Don Meïr Alguadez. Die Regentin Catalina ließ in Folge dessen einen peinlichen Prozeß anstellen. Alguadez und die Mitverhafteten wurden gefoltert und gestanden ihre Schuld an der Hostie ein. Meïr Alguadez soll aber ein noch ganz anderes Geständniß unter der Tortur abgelegt haben: daß der König Don Heinrich III. durch seine Hand umgekommen sei. Obwohl alle Welt wußte, daß der Monarch von Jugend an gekränkelt hatte, so wurde Don Meïr — dem die Richter unter der Folter die Frage wegen Vergiftung des Königs vorgelegt haben müssen — auf eine grausame Weise hingerichtet; Glied für Glied wurde ihm ausgerenkt[1]). Dasselbe Loos traf auch seine Mitangeklagten. Damit

---

[1]) Die erste Quelle für dieses Factum ist Alfonso de Spina in seinem Fortalitium fidei ganz am Ende, noch hinter dem Register. Der Verf. hörte die Erzählung von einem Augustiner, Martin aus Cordova, der sie von einem Augenzeugen, einem Dominikaner Juan de Canaleyes vernommen hat. Aus dem Fortalitium fidei schöpfen sie Colmenares, historia de Segovia c. 28

noch nicht zufrieden, beschuldigte der Bischof von Segovia einige Juden, sie hätten seinen Koch bestochen, für ihn Gift in die Speisen zu mischen, wofür die Angeklagten ebenfalls mit dem Tode büßen mußten. Eine Synagoge in Segovia wurde in dieser Zeit in eine Kirche verwandelt.

Die trübe Zeit, welche eigentlich erst den vorausgeworfenen Schatten künftiger unglückseliger Ereignisse bildete, erzeugte die düstere Erscheinung einer neuen messianischen Schwärmerei. Sie ging wieder von Mystikern aus. Die Kabbala, welche — durch den geschickten Kunstgriff, den Sohar als ein heiliges Grundbuch

§ 6—7 und Samuel Usque III. Nr. 23, wie am Rande angegeben ist F. F. Aus der letztern Secundärquelle hat sie Gedalja Ibn-Jchja direkt oder indirekt bezogen und die Neuern sämmtlich aus Secundärquellen. Der Erzählung bei Alfonso de Spina muß ein geschichtlicher Kern zu Grunde liegen, namentlich das Factum von der Hinrichtung des Don Meïr, da der Verf. damals schon gelebt hat und einen Gewährsmann angiebt. Es ist kein Grund, das Factum als unhistorisch zu erklären, etwa weil die jüdischen Quellen nichts darüber berichten. Joseph b. Zaddik aus Arevalo, dessen קצור זכר צדיק Neubauer aus einer Hs. edirt hat (Anecdota Oxoniensia p. 84 fg.) muß etwas davon erwähnt haben, seine chronologische Erzählung erscheint lückenhaft: בזמנו היה הרב דון מאיר אלנואדיש חכם גדול שנה קפ״ב גלה ויסטוטי על ידי דונוא קטלינא המלכה. Daß Alguadez nicht als קדוש bezeichnet wird, spricht ebensowenig dagegen, da er doch nicht wegen seiner Standhaftigkeit in seiner religiösen Ueberzeugung hingerichtet worden ist, wie etwa Simon Maimi, von dem gesagt wird: (הרב ר׳ שמעון מימי הקדוש שמסר עצמו (על קדושת השם. Die Identität des hingerichteten Leibarztes Don Mayer mit dem Don Meïr Alguadez steht außer Zweifel. Die denselben betreffenden Worte des Alfonso de Spina lauten: ... inter quos (accusatos) fuit unus qui dicebatur Don Mayr, qui fuerat medicus regis Henrici .... Hic tormentis expositus, non solum supradicta (de sacramento violato) cum aliis concessit, sed et declaravit, quod ipse occiderat regem Henricum, propter quod membratim divisi sunt ille et alii). Das Datum für dieses Factum bei demselben, nämlich 1456, ist sicherlich ein typographischer Fehler. Denn in diesem Jahre waren die Regentin und ihr Sohn Juan II. bereits aus dem Leben geschieden, und doch giebt Alfonso d. S. selbst an: es sei während der Kindheit des Letztern und der Anwesenheit der Regentin geschehen. Das falsche Datum ist auch bei Usque übergegangen. Colmenares hat dafür 1410 a. a. O. und auch am Schluß in der Synopsis episcoporum Segoviensium p. 649; Juan de Zapeda .. Judaeos Eucharisticum panem igni tradere attentantes ultimo tradidit suplicio anno 1410. Es ist aber zweifelhaft, ob die Regentin in diesem Jahre in Segovia residirte, da die spanischen Quellen angeben, sie habe sich seit 1409 in Valladolid aufgehalten. Ich weiß auch nicht, woher Usque den Zug hat, die Unschuld des Don Meïr und der Hingerichteten sei später an den Tag gekommen, vielleicht aus Esodi's Schrift s. Note 1. Moderne spanische Historiker de los Rios (p. 79) und Lafuente (VIII p. 74) halten die Vergiftung des Königs Heinrich für eine boshaft erfundene Anklage gegen die Juden.

einschleichen zu lassen — immer mehr Boden gewann, hatte zwar in diesem Zeitabschnitte keine besonders befähigte Vertreter, aber doch rührige Parteigänger. Drei Kabbalisten waren besonders thätig, ihrer Lehre die Gemüther zu unterwerfen und die Köpfe einzunehmen: Abraham aus Granada, Schem=Tob b. Joseph und Mose Botarel. Der Erstere verfaßte eine kabbalistische Schrift (zwischen 1391—1409[1]), ein Wirrsal voll von abenteuerlichen Gottes= und Engelnamen, von Buchstabenversetzungen und Spielereien mit Vocal= und Tonzeichen. Abraham aus Granada hatte die Kühnheit, zu behaupten: Wer nicht in kabbalistischer Weise Gott erkennt, gehöre zu den Kleingläubigen, der sündige unwissentlich, den beachte Gott nicht und wende ihm nicht seine besondere Vorsehung zu, wie er die Entarteten und Abtrünnigen dem Zufall überlasse[2]). Er deutete ferner an, daß der Abfall der gebildeten Juden von ihrem Glauben in der leidigen Beschäftigung mit der Wissenschaft und in der Verachtung der Kabbala seinen letzten Grund habe[3]). Andererseits sah er in der Verfolgung von 1391 und in dem Uebertritt so vieler angesehener Juden zum Christenthum die Vorzeichen der messianischen Zeit, die Leiden, die ihr vorangehen müßten, und die Nähe der Erlösung[4]). — Schem=Tob b. Joseph Ibn=Schem=Tob (gest. 1430) beschuldigte geradezu die jüdischen Philosophen, Maimuni, Gersonides und Andere, als Verführer des Volkes zur Ketzerei und zum Unglauben und als eigentliche Urheber der Abtrünnigkeit so Vieler zur Zeit der Prüfung. In einer Schrift (Emunot[5]) machte er die heftigsten Ausfälle gegen die jüdischen Denker und die Beschäftigung mit der Philosophie; er behauptete, das Heil Israels liege in der Kabbala, welche die echte lautere Wahrheit, wie die uralte jüdische Tradition sei. Sein ganzes Buch ist eine lange Reihe der schwersten Anklagen gegen das vernünftige Denken innerhalb des religiösen Gebietes und eine fortlaufende Verherrlichung des kabbalistischen Unverstandes.

Doch waren diese beiden, Abraham von Granada und Schem=Tob, beschränkte, aber doch ehrliche Männer; anders aber Mose Bonjak Botarel aus Cisneros, der es geradezu auf Täuschung

---

[1]) ברית מנוחה, nur ein einziges Mal edirt, Amsterdam 1648; die Edition ist defect im Anfange und am Schlusse. Das Zeitalter des Verfassers ist nachgewiesen B. VII.₂ S. 481.

[2]) Das. p. 16 d.   [3]) Das. p. 14 a.

[4]) Das. p. 15 c. citirt B. VII.₂ S. 481.

[5]) Das Sepher Emunot edirt Ferrara 1556. Das Todesjahr des Verf. giebt Zacuto an.

abgesehen hatte. Er verfaßte ein Werk zur Auslegung des räthselhaften „Buches der Schöpfung" (1409[1]) für einen der Kabbala unkundigen Mann, Maestro Juan, worin er, um seine Alfanzereien zu belegen, geachteten Autoritäten älterer Zeit kabbalistische Aussprüche oder Schriften andichtete oder Namen für angebliche Verfasser mystischer Bücher geradezu erdichtete. Den Amoräer Rab Aschi, die Gaonen Saadia und Haï, den liturgischen Dichter Kaliri, einen Natronaï, ein Schulhaupt Ahron aus Babylonien führte er als Gewährsmänner für kabbalistische Träumereien an. Botarel versicherte aber dabei, daß er nicht lüge[2]), wie er auch mit seiner Bescheidenheit prahlte[3]). Im Gegensatz zu Schem-Tob, der die Philosophie verabscheute, that Botarel sehr schön mit ihr, rühmte Aristoteles als einen Weisen, der, wiewohl Heide, mehr als ein Prophet gewesen sei, machte seinen Zeitgenossen Vorwürfe, daß sie sich von dieser göttlichen Wissenschaft ferne hielten und behauptete, Philosophie und Kabbala hätten dieselbe Lehre und seien nur im Ausdruck und in der Sprechweise verschieden; sie hängen beide zusammen wie die Flamme an der Kohle[4]). Allein das ist Alles eitel Aufschneiderei. Mose Botarel war nicht blos jeder Kenntniß der Philosophie, sondern jedes gesunden Gedankens überhaupt baar. Er war ein beschränkter Kopf, der an die Wirksamkeit von Amuleten und Kameen glaubte, sich darauf zu verstehen vorgab, wie man die Gottesnamen zu magischen Operationen zusammensetzen könne[5]). Er gab ein Verfahren an, wie man durch Fasten, Waschungen, Gebete, Anrufung von Gottes- und Engelnamen solche Träume erzeugen könne, welche die Zukunft enthüllen[6]). Er verschwor seine Seele für die Behauptung, daß die Gaonen Saadia und Haï, ja sogar Maimuni sich solcher Mittel bedient hätten. Dieser Lügenschmied war es wohl, welcher vorher durch Schwindeleien hatte glauben machen wollen, daß ihm, vom Propheten Elia gesalbt, eine messianische Rolle zugewiesen sei. So verdüstert waren die Gemüther in Folge der blutigen Gemetzel, daß nicht Wenige, sich an einen Strohhalm der Hoffnung anklammernd, seinen Spiegelfechtereien Glauben beimaßen und ihn hoch verehrten und unter diesen auch der philosophisch geschulte Chasdaï Crescas. Gestützt auf seinen gläubigen Anhang und treu seiner messianischen Rolle hatte Botarel, sich als das Haupt des großen Synhedrion geberdend, ein ruhmrediges und

---

[1]) In Botarels Jezira-Commentar. Mantua 1562, 46 b. giebt Botarel selbst das Jahr an.
[2]) Das. p. 34 b.   [3]) Das. Einleitung.   [4]) Das. p. 26 b, 70 a.
[5]) Das. p. 34 a, b.   [6]) Das. p. 76 a, b.

prahlerisches Sendschreiben an sämmtliche Rabbinen Israels erlassen, daß er im Stande sei, alle Zweifel zu lösen, alle Dunkelheit zu lichten [1]).

Wie zur Zeit der westgothischen Verfolgung der Juden, welche von den Königen und der Geistlichkeit ausgegangen war, der Spanien gegenüberliegende berberisch-afrikanische Küstenstrich eine Zufluchtsstätte für die Verfolgten bildete, ebenso bei der Wiederholung ähnlicher Scenen, die zwar nicht mehr von den Königen, aber von einem noch strengeren Tyrannen, dem irregeleiteten Volke, herbeigeführt wurde. Die nordafrikanischen Städte Algier, Bugia, Constantine, Miliana, Oran, Tenes, Tlemsen und andere wurden von den Juden bevölkert, welche dem Gemetzel von 1391 entkommen waren, und auch von den Neuchristen, welche das ihnen verhaßte, aufgezwungene christliche Bekenntniß los werden wollten. Fast täglich kamen neue Züge von allen Theilen Spaniens und Mallorca's dort an. Die Flüchtlinge verpflanzten ihre Reichthümer, ihren Gewerbfleiß, ihre Handelsverbindungen und ihre Intelligenz dorthin. Die mohammedanischen Berberfürsten, duldsamer und menschlicher als die Christen, nahmen die flüchtigen Juden ohne Einzugsgebühren auf. Anfangs beschwerte sich zwar die mohammedanische Bevölkerung über diesen Zuwachs, weil sie dadurch eine Vertheuerung der Lebensmittel befürchtete. Als ihr aber ein einsichtsvoller Bey ihre Engherzigkeit und Kleingläubigkeit zu Gemüthe führte, beruhigte sie sich und legte der Einwanderung der Juden kein Hinderniß in den Weg [2]). Die kleinen berberischen Gemeinden, welche sich nach dem Aufhören der almohadischen Intoleranz seit einem Jahrhundert gebildet hatten, erhielten durch den Zuzug größere Bedeutung. Die aus Spanien Eingewanderten führten das Regiment in den Gemeinden.

Der angesehenste Rabbiner Isaak Ben-Scheschet-Barfat, welcher der Verfolgung entgangen war und sich zuerst in Miliana und zuletzt in Algier ansiedelte, wurde vom König von Tlemsen als Oberrabbiner und Richter [3]) über sämmtliche Gemeinden anerkannt. Einer seiner Verehrer, Saul Astrüc Cohen, ein beliebter Arzt, der überhaupt viele Verdienste hatte, seine Kunst nicht nur unentgeltlich ausübte,

---

[1]) Vergl. Note 2, Monatsschr., Jahrg. 1879 S. 75 fg. und die interessante Notiz im Diwan Bonfeds Katalog, Ms. Bodleiana No. 1984 p. 673 klein No. 40:
חתימת ארחית עשאה משה בוטריל בערבי מערב בלשון ארמי ולשון הקדש והתחיל בראשה:
אמר משה בוטריל היושב על כסא ההוראות למופת ולאות. ומקנאתי לחכמי הדור
שמתי בסוף האגרת זאת החתימה ליקר ולתפארת . והיא חתומה בה הרב ר' מתתיה ז"ל והרב ר'
יתחאל הקשלארי ולא עצבורו Herr Neubauer sollte diese Piece veröffentlichen.

[2]) Isaak b. Scheschet Respp. No. 66.

[3]) Das. verglichen mit Respp. Simon b. Zemach Duran (חשב״ץ) I. No. 158.

sondern noch von seinem Vermögen an Mohammedaner und Juden ohne
Unterschied spendete, war ihm dazu behilflich[1]). Im Namen des Königs
wurde den Rabbinen untersagt, ohne Erlaubniß des Großrabbinen
Ben=Scheschet weder religiöse, noch richterliche Funktionen auszuüben.
Wie in Spanien, so wurde er auch in Algier mit Anfragen zur letzt-
giltigen Entscheidung bestürmt[2]). Auch hier wirkte er mit religiöser
Gewissenhaftigkeit und Unparteilichkeit, um Unrecht abzuwenden. Es
gab in seiner Gemeinde ein boshaftes Mitglied von großem Einflusse
bei den Behörden; dieses wollte die immer mehr zunehmende Einwanderung der Marranen aus Eigennutz hintertreiben. Der Eng-
herzige wußte den Kadi zu überreden, sich von jedem eingewanderten
Juden eine Dublone zahlen zu lassen. Als aber auch dieses Mittel
nicht verschlug, und trotzdem Schaaren von Flüchtlingen ankamen,
stachelte derselbe den Eigennutz der Gemeinden auf, sich dem Zuwachs
von Glaubensgenossen zu widersetzen. Fünf und fünfzig zum Judenthum
zurückgetretene Neuchristen aus Valencia, Barcelona und Mallorca
harrten im Hafen von Algier, um zugelassen zu werden, und sie wurden
von den Juden selbst abgewiesen, was so viel bedeutete, als sie den
christlichen Henkern ausliefern. Eine solche Lieblosigkeit und Ungerechtigkeit konnte der Großrabbiner nicht dulden! Er legte die herzlosen Juden, welche sich der Aufnahme der Scheinchristen widersetzt
hatten, in den Bann, und diese Ausschließung aus der Gemeinde ist
wohl für keine gerechtere Sache verhängt worden. Die Gegner
machten zwar Anstrengung, die über sie verhängte Strafe zu vereiteln; aber durch das energische Auftreten Ben=Scheschets gaben
sich seine Anhänger Astrüc Kohen und dessen Bruder Mühe, den
harrenden Marranen die gewünschte Aufnahme zu verschaffen[3]). In
Afrika wirkte Ben=Scheschet Barfat viele Jahre zum Wohle seiner
Glaubensgenossen und zur Hebung von Religion und Sittlichkeit. Er
erhielt aber einen heftigen Gegner an einem jüngern Rabbinen,
welcher aus Mallorca ebenfalls dahin eingewandert und ein bedeutender
Talmudkundiger war, an Simon b. Zemach Duran[4]), und sein
Alter wurde dadurch verbittert; er soll in seiner Gemeinde bis zu
seinem Ableben unbeliebt gewesen sein[5]).

Nach Ben=Scheschet's Tode wurde dieser Simon Duran (geb. 1361,
gest. 1444[6]), welcher dem Gemetzel in Palma entkommen war, zu

---

[1]) Respp. Isaak b. Scheschet No. 60.
[2]) Das. No. 5, 52, 60.   [3]) Vergl. das. No. 60.
[4]) Das. No. 61.   [5]) Das. No. 60, 101.
[6]) Sein Geburtsjahr giebt er öfter in mehreren seiner Werke an, sein
Todesjahr geben die approbirenden Rabbinen in dem langen Vorworte zur

seinem Nachfolger ernannt. Die Gemeinde Algier wählte ihn aber
nur unter der Bedingung, daß er sich nicht vom Könige bestätigen
lassen dürfte¹), weil sein Vorgänger zu selbstständig aufgetreten war.
Simon Duran, ein auch mit wissenschaftlichen Fächern, Mathematik
und Medizin, vertrauter Mann, war der erste Rabbiner, der von der
Gemeinde Sold bezog, was bis dahin in spanisch-jüdischen Gemeinden
ohne Beispiel war. Er hielt es daher für gerathen, sich deßwegen
vor der öffentlichen Meinung zu entschuldigen. Es sei ein Nothfall
für ihn, da er einen Theil seines bedeutenden Vermögens während
des Gemetzels eingebüßt und den Rest auf Bestechung hätte verwenden
müssen, um nicht als judaisirender Christ den Molochsarmen der
Dominikaner überliefert zu werden. Fast als ein Bettler sei er nach
Algier gekommen, und die Arzneikunde, von der er sich Subsistenzmittel versprochen hatte, bringe ihm nichts ein, da der ärztliche
Stand unter den Berbern nicht geachtet sei. Hinterher bemühte sich
Simon Duran die Annahme von Gehalt für rabbinische Funktionen
mit dem Talmud in der Hand zu rechtfertigen²). Waren die Kirchenfürsten, Bischöfe und Aebte ebenso gewissenhaft?

Es ist bemerkenswerth, daß bei der vorherrschenden Neigung
im Mittelalter, einerseits ein straffes geistliches Regiment zu schaffen,
und andererseits sich blindlings der Autorität zu unterwerfen, es
innerhalb der Judenheit nicht gelingen wollte, ein die Gemeinden
und die Rabbinen beherrschendes Oberrabbinat zu gründen. Wo
es vorkam, wie in England und zuletzt auch in Spanien und
Portugal, wurden die Großrabbinen (archipresbyter, Rabi mor)
den Gemeinden vom Staate zum Nutzen der Staatseinkünfte förmlich aufgezwungen. Auch waren die Gemeindeverbände in diesen
Ländern von so geringem Umfange, daß sich neben dem Rabbinen
der Hauptstadt kein ebenbürtiger und gleichberechtigter vorfinden
mochte, und daher eine Unterordnung sich von selbst verstand. In
den größeren Reichen dagegen, bei größerer Dichtigkeit jüdischer
Gemeinden, verspürten diese keine Lust, sich einem außerhalb ihres
Verbandes fungirenden Rabbinen unter allen Umständen zu unterwerfen.

Der Kaiser Ruprecht von der Pfalz machte in dieser Zeit den
Versuch, ein deutsches Oberrabbinat zu schaffen. Dieser einsichts-

---

ersten Edition seiner Respp. an: 53 Jahre nach seiner Ankunft in Algier,
d. h. seit 1391.

¹) Dessen Respp. I. No. 158.
²) Dessen Respp. I. No. 148 und dessen Commentar zu Abot IV. 5. ed.
Jellinek p. 64.

volle und milde Fürst, der sich durch eine Verschwörung gegen seinen Vorgänger, den Trunkenbold Wenzel, die deutsche Kaiserkrone verschafft hatte — die eigentlich eine Dornenkrone war — büßte seine Auflehnung gegen die Majestät des Herkommens dadurch, daß ihn die Hälfte Deutschlands nicht anerkannte, und daß seine Anhänger selbst sich gegen ihn verschworen. Gegen die Juden war er nicht besonders milde, wenn auch nicht ein Wütherich wie sein Vorgänger. Auch er betrachtete nicht blos das Vermögen, sondern auch die Personen der jüdischen Kammerknechte als sein Eigenthum, bestätigte einerseits den ungerechten Erlaß Wenzels, bezüglich der Schuldentilgung, und ertheilte andererseits mehreren Gemeinden Freiheitsbriefe, je nachdem es sein augenblicklicher Vortheil erheischte. Da sich viele Fürsten und Städte gegen ihn auflehnten, oder ihn nicht anerkennen mochten, die Judensteuern unter dem Namen „güldner Opferpfennig" und andern Titeln nicht einliefen, so ernannte er, ohne Beispiel in Deutschland, zwei Juden zu Einnehmern[1]): zuerst **Elia von Mainz** und **Isaak von Oppenheim** und um zwei Jahre später **Meyer von Kronenberg** (Ende 1403) in der Hoffnung, daß Stamm- und Religionsgenossen, die ihren Nutzen dabei haben würden, besser im Stande sein dürften, seine Einnahmequellen flüssig zu machen. Das Mittel, dessen sich die jüdischen Einnehmer bedienen sollten, um den Widerstand der einzelnen Juden und der sie unterstützenden Fürsten und städtischen Obrigkeiten zu brechen, war der Bann. Die Widerspenstigen und Zahlungssäumigen sollten aus der Gemeinschaft ausgeschlossen werden. Dazu bedurfte es aber der Zustimmung der Rabbinen, da ohne sie der Bann nicht verhängt werden durfte. Weil aber diese sich eben nicht immer so willfährig zeigten, des Kaisers Interessen im Widerspruch mit der Landesbehörde zu unterstützen, so kam Ruprecht auf den Plan, ein deutsches Oberrabbinat zu schaffen (3. Mai 1407). Der Oberrabbiner oder „**Hochmeister über alle Rabbinen, Juden und Jüdinnen des deutschen Reiches**" sollte durch Bannsprüche, Vorladungen und andere Mittel für Wahrung der kaiserlichen Rechte an seine Kammerknechte und namentlich für die Judensteuern Sorge tragen. Kaiser Ruprecht übertrug diese Würde oder Bürde dem Rabbinen **Israel** (wahrscheinlich **von Krems**, der Zusätze und Glossen zu Ascheri's Hauptwerk gemacht). Der Kaiser ertheilte diesem Israel das Zeugniß, „daß er ein bewährter und alter Meister in jüdischer Wissenschaft war und in der Judenheit einen guten Leumund hatte, daß er keinem Juden je Unrecht gethan, sondern, ein gelehrter

---

[1]) Vergl. den Auszug der Urkunden von Ruprecht bei Wiener, Regesten I. S. 53 ff.

und redlicher Jude, nie einen Juden oder eine Jüdin mit dem Banne belegt." Um nicht dadurch bei den Kurfürsten und den, Juden besitzenden städtischen Körperschaften Anstoß zu erregen, daß er seinem Oberrabbiner Rechtsbefugnisse über die ihnen zuständigen Gemeinden eingeräumt wissen wollte, machte ihnen der Kaiser die Vorspiegelung, daß es in ihrem eigenen Interesse geschehe. Denn es käme vor, daß Unberufene sich rabbinische Befugnisse anmaßten, einzelne Gemeindeglieder mit dem Banne belegten, um von denselben Geld zu erpressen, wodurch Manche verarmt oder zur Auswanderung gezwungen worden wären. Dem sollte nun durch die Ernennung eines Oberrabbiners über die Judenschaft des deutschen Reiches ein Riegel vorgeschoben werden; denn es sollte keinem sonstigen Rabbinen gestattet sein, den Bann über Jemand auszusprechen[1]).

Indessen waren die deutschen Rabbinen weit entfernt, sich dem neu ernannten kaiserlichen Oberrabbinen unterzuordnen. Sie verdächtigten Israel bei den Gemeinden, daß er das Judenthum verletzt habe, weil er sich von der christlichen Staatsgewalt ein religiöses Amt übertragen ließ — was allerdings sehr mißliebig war. Sie sprengten aus, er werde die Gemeindeglieder übermäßig schätzen und ihnen Geld abnehmen, um sich die Gunst des Kaisers zu erhalten. Von vielen Seiten kamen Sendschreiben nach Nürnberg, laut welchen der neuernannte Oberrabbiner mit dem Banne belegt werden sollte, falls er in seinem Amte verbleiben sollte. Sie warfen ihm vor, daß „er über die Judenschaft gesprungen". Der Kaiser Ruprecht, dem dieser Widerstand geklagt wurde, war natürlich über diese Unbotmäßigkeit seiner Kammerknechte sehr ungehalten, erließ ein Schreiben (23. No-

---

[1]) Diese Urkunde des Kaisers Ruprecht ist mitgetheilt in Fischer, de statu et jurisdictione Judaeorum § 50 und bei Chmel Regesta Ruperti regis p. 254. Daraus hat sie Schaab mitgetheilt, diplomatische Geschichte der Juden zu Mainz, S. 113 f. und Wiener, Regesten a. a. O. S. 71 ff. Stobbe a. a. O. S. 146 fg. Da es im Anfang des XV. saec. keine andere bedeutende rabbinische Autorität Namens Israel gegeben hat, als ר' ישראל מקרימז, Verfasser der הגהות אשרי, wie sein Urenkel Israel Isserlein angiebt, so kommt man ohne Weiteres auf diese Identificirung. Vergl. Asulaï s. v. הגהות אשרי. Wo derselbe seinen Aufenthalt hatte, ist in der Urkunde nicht einmal angedeutet. Ob derselbe vielleicht identisch ist mit dem von Jakob Weil (Respp. No. 151) erwähnten: בנוירנבערק היה מהר"ר ישראל ומהר' קופילמן ז"ל? Auch aus der weiter zu erwähnenden Urkunde scheint hervorzugehen, daß derselbe in Nürnberg wohnte. Nach Isserlein's Wortlaut im Supercommentar zu Raschi's Pentateuchcommentar (Venedig 1545, p. 8a zu ויחי) war Israel von Krems nicht sein Großvater, sondern Urgroßvater: ותירץ אבי אבי החכם ר חיים המכונה העשיל מהיינבורקא בן מורנו ר' ישראל מקרמזיר שחבר הגהות באשרי. Kremsier steht für Krems.

vember 1407) an sämmtliche Juden des Reiches: „keinen anderen als Hochmeister oder Rabbinen anzuerkennen denn Israel" und bedrohte die Widerspenstigen mit schwerer Geldstrafe von zwanzig Mark Goldes[1]). Indessen konnte er seiner Drohung keinen Nachdruck geben. Denn gerade in demselben Jahre traten Fürsten und Städte dem gegen in gestifteten Bunde bei, die Hände wurden ihm von allen Seiten gebunden, und er war in den letzten drei Jahren seiner Regierung (1407—1410) so recht ein Schattenkaiser. Wie gesunken muß das deutsche Kaiserthum gewesen sein, daß Juden, die doch ein fallendes Blatt erschreckte, die Drohungen des Kaisers Ruprecht nicht fürchteten! Das deutsche Oberrabbinat starb gleich nach seiner Geburt, und sein Träger wurde von den Zeitgenossen durch hartnäckiges Stillschweigen über ihn und seine Wahl gerichtet[2]).

[1]) Mone, Zeitschrift für die Geschichte des Oberrheins IX. S. 280 fg.
[2]) Stobbe a. a. O. S. 259 (Note 139) theilt aus einer Schrift Hansselmann's (Nürnberg 1757) mit, daß dieser Israel noch 1415 gelebt und daß ihm der Kaiser Sigismund in diesem Jahre die Function übertragen hat, bei der Eintreibung der Judensteuern zu helfen. Er wurde dem Erbkämmerer Conrad v. Weinsberg darin untergeordnet, und dieser erhielt die Befugniß, falls Israel krank werden oder sterben sollte, zwei oder drei Judenmeister einzusetzen, mit der Vollmacht, renitente Juden in den Bann zu thun.

Fünftes Kapitel.

Das judenfeindliche Kleeblatt und das ausgedehnte Religionsgespräch von Tortosa.

Josua Lorqui Geronimo de Santa Fé, Vicente Ferrer und der Gegenpapst Benedictus XIII. Ferrer's Bekehrungseifer. Die Ausschließungsgesetze des castilianischen Hofes gegen die Juden. Massenhafter Uebertritt der Juden zur Kirche. Die Disputation von Tortosa; die jüdischen Notabeln, Don Vidal, Joseph Albo, Serachja Saladin, Mathatia Jizhari. Das Programm zur Disputation. Geronimo's boshaftes Benehmen und Anklage gegen den Talmud. Spaltung unter den jüdischen Notabeln. Bulle zur Verbrennung des Talmud; Beschränkungen und Zwangspredigten. Das Ende des Papstes Benedictus. Papst Martin und Kaiser Sigismund im Verhalten zu den Juden. Die günstige Bulle des Papstes Martin.

(1411—1420.)

Als wenn die Juden in Spanien noch nicht genug Feinde gehabt hätten an den verarmten und trägen Bürgern und Adligen, welche den Wohlstand der Juden als einen, an ihnen begangenen Raub betrachteten, an den polternden Geistlichen, welche ihre Unsittlichkeit mit dem Mantel des Bekehrungseifers zudeckten, an den neugetauften Emporkömmlingen, welche durch Haß gegen ihre Stammgenossen ihre Abkunft vergessen machen wollten, traten im Anfange des fünfzehnten Jahrhunderts drei Feinde zu gleicher Zeit auf, welche zu den erbittertsten und verbissensten gehörten: ein getaufter Jude, ein Dominikanermönch und ein von allen Seiten verlassener Papst. Diese drei, Josua Lorqui, Fray Vicente Ferrer und Pedro de Luna oder als Gegenpapst Benedictus XIII., haben den verhängnißvollen Knoten zum thränenreichen Trauerspiel der spanischen Juden geschürzt. Josua Lorqui, der seinem Meister Pablo de Santa-Maria gegenüber nur deswegen verfängliche Fragen über den Werth der Jesuslehre aufgeworfen zu haben scheint (o. S. 84), um seine Bekehrung um so lohnender zu machen, — Lorqui, nach seiner Taufe Geronimo de Santa-Fé genannt, wurde Leibarzt des avignonensischen Papstes Benedictus und betrachtete es gleich seinem Meister als

seine Lebensaufgabe, seine ehemaligen Glaubensgenossen durch jedes
Mittel zum Christenthum hinüber zu ziehen oder zu verunglimpfen.
Vicente Ferrer, den die Kirche heilig gesprochen hat, war eine
jener düstern Naturen, welche die Erde als ein Jammerthal betrachten
und sie dazu machen möchten. Er stach allerdings damals gegen den
Troß der Welt= und Klostergeistlichen als ein Heiliger ab. Er war
nicht den Lüsten ergeben, trachtete nicht nach Gold und Glanz, war
von Demuth durchdrungen und nahm es mit seinem Berufe ernst.
Allein er war von der Verkehrtheit befangen, weil die Christenheit,
Geistliche und Weltliche, durch und durch verderbt und angefault war,
so stünde der Untergang der Welt nahe bevor, und sie sei nur dadurch
zu retten, daß alle Menschen zum Christusglauben und zum
mönchischen Büßerleben gebracht würden. Vicente Ferrer erneuerte
daher die alte Entmenschung der Geißelbüßung, zog durch die Länder
mit einer Schaar Blindgläubiger, geißelte den entblößten Leib täglich
mit Knotenstricken, entflammte die Menge zu denselben Uebungen
und glaubte dadurch das Heil der Welt herbeiführen zu können.
Mit beredter Sprache und sympathischer Stimme begabt, gewann
dieser Dominikanermönch eine große Gewalt über die Gemüther.
Wenn er unter Schluchzen an die Leidensgeschichte Jesu erinnerte
oder den nahen Untergang der Welt ausmalte, so rührte er die Zu=
hörer bis zu heftigem Thränenerguß und konnte sie zu jeder That
und Unthat leiten. Er hatte eine hohe Würde am päpstlichen Hofe
aufgegeben, um einfacher Barfüßermönch und Geißelbruder zu
werden. Dieser Umstand wirkte besonders mit, ihm viele Bewunderer
und Anhänger zuzuführen, weil ein solches Verzichtleisten auf An=
sehen und Einnahmequellen von Seiten eines Geistlichen zu jener
Zeit ein unerhörtes Beispiel war. Aber Ferrer mißbrauchte die
Vorzüge, welche ihm die Natur verliehen hatte, seine Gewalt über
die Gemüther durch seine Stimmmittel und seine Herzensdemuth,
zu blutigen Gewaltthätigkeiten. Nicht nur gegen Juden und Ketzer
kehrte er seine fanatischen Reden, sondern selbst gegen seinen Wohlthäter,
der ihn aus dem Staube erhoben hatte. Die tiefe Verderbniß der
Kirche beweist am schlagendsten die Haltung dieses Mönches. Daß
die Kirche damals durch drei gleichzeitige Päpste zerrissen war, von
denen jeder sich als Statthalter Gottes geltend machte und die
Gegenpartei mit Wort und That verfolgte, und daß einer dieser
Päpste, Johannes XXIII. (1410—1415), alle Laster und Todsünden
erschöpfte, Seeräuber, Ablaßkrämer, Henker, Wollüstling und Weiber=
schänder war, das kennzeichnet die Entartung noch nicht so sehr, als
daß eine wirklich reine und sittliche Natur wie Vicente Ferrer Mord=

gedanken hegte und predigte gegen alle solche, welche seine Verkehrt=
heiten nicht theilten. Die Taube ist zur Giftschlange, das Lamm
zum reißenden Thiere geworden. Eine solche Fäulniß kann nicht in
den Menschen, den Trägern der christlichen Religion, sie muß in der
Lehre selbst gesteckt haben.

Anstatt wie Wykliffe und andere Kirchenreformatoren seine
Stimme gegen die Gebrechen der kirchlichen Institutionen zu kehren,
richtete der Büßermönch Ferrer seinen Bekehrungseifer besonders
gegen Juden, Mohammedaner und Ketzer, die ihm als Leugner des
Christenthums oder als Widersacher der päpstlichen Unfehlbarkeit
gleich verhaßt waren. Mit Schrift[1]) und Wort eröffnete er einen
Kreuzzug gegen die Juden. Zunächst galten seine heftigen Ausfälle
den Neuchristen in Spanien, welche während des Gemetzels von 1391
zur Kirche übergetreten waren, aber zum großen Theil dem Juden=
thum nach wie vor warm anhingen. Theils aus Furcht, der schweren
Strafe der Apostasie zu verfallen und theils von den beredten und
feurigen Worten des Predigermönchs gewonnen, legten viel Marranen
ein reumüthiges Glaubensbekenntniß ab, und Ferrer betrachtete
solches als einen großen Sieg der Kirche, als einen Triumph für
die Wahrheit des Christenthums. Dieser Erfolg ließ ihn hoffen,
auch sämmtliche Juden bekehren zu können. Durch seine Gewalt
über das Volk, das ihn als einen Heiligen verehrte, wurde Ferrer
von den Königen Spaniens gebraucht, wo es galt, Volksaufstände
während der Unruhen und Bürgerkriege unblutig zu beschwichtigen.
Die Regentin von Castilien Donna Catalina lud einst den Geißler=
anführer an den Hof ein, um dort zu predigen (December 1411). Seine
Predigten machten wie immer einen tiefen und nachhaltigen Eindruck.
Durch die rücksichtsvolle Behandlung von Seiten der castilianischen
Königsfamilie ermuthigt, erbat sich Ferrer die Befugniß, in den
Synagogen (und Moscheen) nicht nur predigen, sondern auch die
Juden zum Anhören seiner Kapuzinaden zwingen zu dürfen. Mit
dem Kreuze in der Hand und einer Thora=Rolle im Arme, mit Gefolge
von Geißelbrüdern und Lanzenträgern, forderte er die Juden „mit
fürchterlicher Stimme" auf, sich unter das Kreuz zu sammeln[2]).

[1]) Nach Antonio, Bibliotheca hispanica vet. Test. II. p. 136 war Ferrer
Mitarbeiter an dem: tractatus novus . . . contra perfidiam Judaeorum
editus . . jussu Benedicti Papae . . per quatuor famosos magistros in
Sacra Theologia, quorum unus fuit frater Vincentius Ferrerius; Ms. in
der Vaticana.

[2]) Sehr anschaulich beschreibt es Samuel Usque (Consalocões III. No. 22):
e amuntinando um grande numero de gente, sahio (Frey Vicente) com
ella pellas cidades com um crucifico nas manos e um Cefer da

So seraphisch auch sein Thun war, so wollte Vicente Ferrer doch Gewaltmittel zur Bekehrung der Juden angewendet wissen. Er drang bei den Machthabern Spaniens darauf, daß die Juden streng von den Christen geschieden werden, weil ihr Verkehr unter einander und besonders mit den Neuchristen dem Glauben zum Schaden gereiche [1]). Er fand nur allzusehr Gehör. Durch ihn und die beiden andern Judenbekehrer entstanden so unsägliche Leiden für die spanischen Juden, daß die Jahre (1412—1414) zu den traurigsten der leidensreichen jüdischen Geschichte zählen. — Eine kurze Zeit nach Ferrer's Erscheinen am christlichen Hofe erließen die Regentin Donna Catalina, der Infant Don Fernando und dazu der Apostat Paulus Burgensis de Santa Maria im Namen des königlichen Kindes Juan II. ein Edikt von vier und zwanzig Artikeln (12. Januar 1412), welche zum Zwecke hatten, die Juden verarmen zu machen, sie zu bemüthigen und sie zur verachtetsten Stufe der Gesellschaft zu erniedrigen. Sie sollten nur in eigenen Judenquartieren (Juderias) wohnen, welche lediglich eine einzige Eingangs= und Ausgangspforte haben dürften. Jede Uebertretung zog Verlust des Eigenthums und noch dazu körperliche Züchtigung nach sich. Sie sollten keinerlei Handwerk treiben, auch nicht die Arzneikunst ausüben und überhaupt

Ley em braços, chamando a os Judeos em altas e temerosas vozes, que se viesem recolher debaixo a cruz; vergl. Note 1 daß diese Erzählung von Profiat Duran, einem Zeitgenossen stammt.

[1]) Alvar Garcia de Santa Maria (ein Sohn des Paulus Burgensis) in der Chronica de Juan II. gesammelt von Ferran Perez de Guzmann, Valencia 1779 p. 109 bei Amador II. p. 490. Ueber Vicente Ferrer (nicht Ferrier) vergl. die Monographie: Heller, Vicentius Ferrer nach seinem Leben und Wirken, Berlin 1830. Amador führt an mehreren Stellen als Thatsache an, daß Vicente Ferrer bei dem Gemetzel von Valencia beschwichtigend und rettend aufgetreten sei. Er nennt als Quelle dafür das Breviario de Valencia (a. a. O. p. 367). Dagegen bemerkt Francisco Danvila, daß er keine Spur zum Beleg für diese Thatsache gefunden habe (Boletin de la Real Academia de la historia 1886 in der Erzählung vom Gemetzel in Valencia). Amadors Schwiegersohn Fernandez y Gonzalez hat zwar eine Quelle dafür zu finden geglaubt, nämlich in der historia de la vida de San Vicente Ferrer. Allein dieser Bericht von Diago stammt vom Jahre 1600 und ist keine glaubwürdige historische Quelle. Mr. Isidor Loeb bemerkte mit Recht, daß Diago diese Thatsache in Joseph Kohens Bericht über Ferrer her= ausgelesen und falsch herausgelesen hat (Revue des Et. 1886, p. 245). Ferrer hat die Judenbekehrung keineswegs als sanfter Johannes bewirkt, sondern als Engel der Apokalypse, — wie ihn Amador einmal richtig bezeichnet — mit dem Schwerte. So referirt Luis de Hurtado de Mendoza, daß Ferrer die Synagoge in Toledo mit bewaffneter Hand — con mano armada — in eine Kirche verwandelt hat.

gar kein Geschäft mit Christen treiben. Es verstand sich von selbst, daß sie keinerlei christliche Bedienung halten und keinerlei Amt bekleiden dürften. Die eigene Gerichtsbarkeit sollten sie einbüßen, nicht blos die peinliche, die ihnen schon früher genommen war, sondern auch die civilrechtliche. Einige Artikel des Edikts bestimmten die eigne Tracht der Juden. Männer und Frauen sollten lange Kleider, die ersteren von grobem Stoffe, tragen. Wer von ihnen sich der kleidsamen Landestracht bediente oder feinere Stoffe trüge, sollte einer schweren Geldstrafe verfallen, die sich bei wiederholter Uebertretung bis zur Leibesstrafe und Confiscation steigern sollte. Das Tragen der Judenabzeichen von rother Farbe wurde natürlich aufs strengste eingeschärft. Den Männern wurde auch untersagt, sich den Bart abzunehmen oder das Haupthaar irgendwie zu stutzen; die Uebertreter sollten mit 100 Geißelhieben bestraft werden. Kein Jude sollte schriftlich oder mündlich mit dem Ehrentitel Don (Herr) angeredet werden; eine bedeutende Geldstrafe war auch für diese Uebertretung gesetzt. Waffen zu tragen wurde ihnen ebenfalls untersagt. Auch sollten sie nicht mehr von einer Stadt zur andern ziehen, sondern jeder an seinen Wohnort gebannt bleiben. Und nicht einmal entfliehen durften sie dieser Erniedrigung. Der Jude, welcher sich unterfinge, auszuwandern und dabei ergriffen würde, sollte seine Habe einbüßen und zum Leibeignen des Königs gemacht werden. Die Granden und Bürger wurden mit schwerer Strafe bedroht, wenn sie den Juden irgend einen Schutz gewährten[1]).

Es ist nicht zu verkennen, daß bei der Specialisirung dieser judenfeindlichen Gesetze der Apostat Paulus de Santa Maria die Hand im Spiele hatte. Die Juden sollten gerade an ihrer empfindlichsten Stelle, in ihrem Stolze und ihrem Ehrgefühl gekränkt werden. Die jüdischen Reichen, welche gewohnt waren, in Prachtgewändern mit glattem Kinn einherzugehen, sollten in entstellender Tracht mit struppig langem Bart erscheinen. Die Gebildeten, welche als Aerzte oder als Rathgeber der Granden mit den hohen christlichen Ständen verkehrten, sollten auf ihr Judenquartier beschränkt bleiben — oder sich taufen lassen. Darauf liefen alle diese harten Beschränkungen hinaus. Und sie wurden mit unerbittlicher Strenge ausgeführt. Ein Zeitgenosse (Salomon Alami) beschreibt das in Folge des Edikts

---

[1]) Das Edikt in Alfonso de Spina's fortalitium fidei III. ed. Nürnberg p. 93b und zum Theil mitgetheilt von Schem-Tob Ibn-Schem-Tob in Schebet Jehuda No. 49 und Salomo Alami אגרת המוסר p. 22. Im Original mitgetheilt aus der National-Bibliothek und dem Municipal-Archiv von Leon bei Amador historia II. p. 618 fg. No. XIX.

eingetretene Elend vieler Klassen: „Die in Palästen gewohnt, wurden in elende Winkel, in niedrige finstere Hütten gewiesen. Statt der rauschenden Gewänder mußten wir elende Kleider tragen und geriethen in Verachtung. Statt des geschorenen Bartes mußten wir wie Trauernde umherwandeln. Die reichen Steuerpächter geriethen in Dürftigkeit, da sie kein Handwerk verstanden, sich davon zu ernähren. Und auch die Handwerker fanden keine Nahrung. Noth stellte sich bei Allen ein. Kinder starben auf dem Schooße der Mütter vor Noth und Nacktheit"[1]).

In diesem Elend trat der Dominikanermönch Ferrer mit dem Kreuze in der Hand in die Synagogen und predigte mit Donnerstimme das Christenthum, bot auf der einen Seite Lebensgenuß und Ehrenstellung und drohte auf der anderen Seite mit Verdammniß im Himmel und auf Erden. Das Volk, von den heftigen Predigten zum Fanatismus gehetzt, gab ihnen durch thätliche Angriffe auf die Juden Nachdruck. Welche schwere Prüfung für die unglücklichen Juden Castiliens? An Flucht vor diesem Elend war nicht zu denken, da das Gesetz die schrecklichste Strafe darüber verhängt hatte. Es ist daher kein Wunder, wenn die Schwachen und Lauen, die Bequemlichkeit Liebenden und Weltlichgesinnten der Versuchung erlagen und sich durch die Taufe retteten. So gingen viele Juden der Gemeinden **Valladolid, Zamora, Salamanca, Toro, Segovia, Avila Benevento, Leon, Valencia, Burgos, Astorga** und anderer kleiner Städte, überall wo Vicente Ferrer predigte, zum Christenthum über[2]). Manche Synagogen wurden von Ferrer in Kirchen

---

[1]) Salomo Alami ed. Jellinek p. 23.

[2]) Die Leiden der Juden in den einzelnen Städten giebt ein Klagelied aus einem Firkowitzschen Codex, welches Ben-Jakob und Jellinek mitgetheilt haben, im Eingange zu מגן אבות des Simon b. Z. Duran ed. Leipzig 1855. Es geht auch aus dieser Kinah hervor, daß Vicente Ferrer's Judenbekehrungen nicht so harmlos waren, wie sein Biograph Heller und zum Theil auch Amador sie darstellen. Ich theile sie mit, weil sie, in einem entlegenen Winkel edirt, wenig verbreitet ist:

ק י נ ה

I.

אללי לי, ברוב אבלי, כי חטאי לעד נשמר.

קול יללות, על קהלות, עולפו כתוא מכמר.

כי מביתם, בחרדתם, גורשו ביום המר.

בסמורא, הושם מורא, בחרדת צר יתאמר.

בסלמנקא, הושם בריח וחקה, בלבב רך לור הומר.

ואף חרה, בעת צרה, בבליידוליד כים נחמר

קהל טורו, להומר סורו, על כן בשיר סמר.

בקהל שגוביא, חרון אף יה, ואויב כה יתאמר.

עדה אווילא, אוי נא לה, סי לא פנה אל המנוחה.

הורגנו כל היום נחשבנו כצאן טבחה:

verwandelt. Als er in der größten, allerdings damals bereits ver=
minderten Gemeinde Toledo umsonst sein büßermäßiges Christenthum
predigte und die Juden halsstarrig fand, drang er mit dem Kreuze
in eine Synagoge, verjagte die dort zum Gebet Versammelten und
weihte sie als Kirche ein unter dem Namen: „Heilige Maria vom
Schnee" [1]). Die Synagoge von Salamanca wurde in eine Kirche
unter dem Namen: „Das wahre Kreuz" umgetauft. Die daselbst ge=
tauften Juden nannten sich nach seinem Namen Vicentiner [2]).

Als er sich nach dem Königreich Aragonien begeben hatte, be=
rufen nach dem Tode des Königs Martin, in dem Streit um die
Krone zwischen mehreren Prätendenten mitzurathen, und als durch
seine Thätigkeit der castilianische Infant Don Fernando die Krone
von Aragonien erhielt (Juni 1414), trat zwar für die Gemeinden
Castiliens eine geringe Milderung ein. Die Regentin Donna Catalina
erließ im Namen ihres Sohnes ein neues Edikt (17. Juli): daß die

II.

סגור לבי, נקרע בי, לבינבינטו עיר תהלה.
ובא שאון לעיר ליאון, ובלינסא כחלחלה;
באשטורגא, ומיורגא, ובפלינסא עשו כלה.
ובכל סביבם, נחרו בם, להתעולל בם עלילה.
בשנת קע״ב, סכות בעב. מעבור תפלה.
ובא קדש, לפרידיש, ובורגוש היא כטוחה, הורגנו וכו'.

III.

הכוני, פצעוני, וכתבו עלי מרורות.
לעם נחלה, על כל אלה, גזרו כמה גזירות.
והחמירו, עד המירו, החקים והתורות.
אנא מי זה, הוא זה, כל זה יחזה, וישביו ברשקט ובשהה. הורגנו וכו'.

Daß Vicente Ferrer der Urheber dieser Leiden war, ist in dem Satze בא קדש
(Strophe II. Ende), per antiphrasin so genannt, angedeutet. In den Acta
Sauctorum (Bollandistae) ad 5. April p. 494 und in Bzovius, annales
eccles. ad annum 1412 werden nur einige Städte namhaft gemacht, in denen
Vicente Ferrer's Judenbekehrungen gelangen, und es ist nur allgemein angegeben:
In diversis utriusque Hispaniae urbibus supra 20,000 (Variante: 22,500)
ex iis Judaeis ad suscipiendam adduxit religionem et eorum templa in
ecclesias dedicari fecit.

[1]) Amador a. a. O. II. 426.
[2]) Das. p. 430. In dieser Kirche wurden Commemorativ=Verse angebracht.
Antiquum coluit vetus hoc Sinagoga Sacellum,
At nunc est verae religionis sacrum.
Judaeo expulso, primus Vicentius istam
Lustravit pura religione domum.
. . . .
. . . .
Judaei trahunt cives Vicentii nomina multi,
Et templum hoc Verae dicitur inde Crucis.

Juden zwar noch ferner keinerlei Handwerk ausüben, aber doch Märkte mit ihren Waaren beziehen dürften, freilich unter vielen Clauseln und Beschränkungen, daß sie zwar keine christlichen Diener halten dürften — auch nicht mohammedanische — aber doch Tagearbeiter für ihre Aecker und Weinberge, Gärtner für ihre Gärten und Schäfer für ihre Heerden. Läppisch genug gestattete das neue Gesetz die Frisur des Haupthaares, auch das Scheren des Bartes mit der Schere, aber nicht des ganzen Bartes, sondern nur mit Zurücklassung einer Linie von Haaren um das Kinn, verbot auch das Rasiren des Bartes mit dem Messer, als wollten die Königin und ihr weiser Rath der Orthodoxie der Juden nicht zu nah getreten wissen. Auch erlaubt das neue Gesetz Kleidungsstoffe im Werthe von sechszig Maravedis zu tragen (nach dem alten Edikt durften sie höchstens die Hälfte werth sein), befahl aber trichterförmige Kopfbedeckung und verbot solche mit Quasten zu tragen. Gegen das Staatmachen der jüdischen Frauen eiferte das Gesetz so heftig, daß man darin eine weibliche Urheberin erkennt. Das neue Gesetz gestattete auch die Freizügigkeit der Juden; aber der Beschränkungen und Demüthigungen blieben noch genug bestehen. Wer oder was hat diese geringe Milderung herbeigeführt? Merkwürdiger Weise galt dieses Gesetz lediglich den Juden, während die Beschränkung der Mohammedaner (Mudajares) bestehen blieb.

Mit der Reise des Fanatikers Ferrer nach Aragonien kamen auch über die Gemeinden dieses Königreichs Prüfungen und Elend. Der neugewählte König, der castilianische Infant und Regent Don Fernando, hatte dem Dominikanermönch seine Krone zu verdanken, da er als Schiedsmann dessen Partei genommen, ihn als König proclamirt und das Volk für ihn gegen die übrigen Kronbewerber gewonnen hatte. Der aragonische König Fernando verehrte daher den Dominikanermönch ganz besonders als Heiligen, ernannte ihn zu seinem Beichtvater und Gewissensrath und gewährte ihm gern die Erfüllung seiner Wünsche. Obenan stand für Ferrer der Wunsch der Judenbekehrung, und Fernando erließ auch an die Juden Aragoniens den Befehl, die Predigten des fanatischen Bekehrers anzuhören[1]).

---

[1]) Ueber Fernando's und Vicente's Verhalten gegen die aragonischen Juden sprechen zwei Belege, eine Nachricht in den Acta sanctorum l. c. p. 508: jussu Ferdinandi regis decretum est, ut singuli Judaei, qui Perpiniani commorantur, quadam die dominica Vicentii praedicationi interessent. Dann ein Sendschreiben des Dominikaners an denselben König, anknüpfend an das angebliche Erscheinen eines Kreuzsternes am Himmel, bei Raynaldus annales eccles.: ad annum 1414 No. 19: . . demum regem piis suadet monitis (Vicentius), ut regia studia in Judais et Saracenis ad Christi fidem traducendis . . . collocaret.

Auch hier eiferte Ferrer in jeder Stadt, wohin er seinen Fuß setzte, gegen die Juden und brachte Viele zur Bekehrung, so in Saragossa, Daroca, Tortosa, Valencia, Majorca und anderen. Im ganzen sollen mindestens 20 000 Juden in Castilien und Aragonien bei dieser Gelegenheit zwangsweise zum Christenthum übergegangen sein¹).

Die Leiden der spanischen Juden waren damit noch lange nicht zu Ende. Der Papst Benedictus XIII. hatte noch Schlimmeres gegen sie im Sinne und gebrauchte dazu seinen neubekehrten Leibarzt Josua Lorqui oder Geronimo de Santa Fé. Dieser Papst, der von dem allgemeinen Concil von Pisa als Schismatiker, Ketzer und Eidbrüchiger und noch wegen anderer Verbrechen abgesetzt, ja, selbst seiner geistlichen Würde entkleidet und in den Bann gethan worden war, arbeitete daran, die Juden Spaniens massenhaft zur Kirche — die damals von aller Welt als geschändet bezeichnet wurde — hinüberzuziehen. Auf der pyrenäischen Halbinsel wurde er noch als Papst anerkannt und setzte von da aus alle Hebel in Bewegung, seiner Obedienz allgemeine Anerkennung zu erringen. Die massenhafte Judenbekehrung sollte ihm als Mittel dazu dienen. Wie, wenn es ihm gelänge, die Verstocktheit, Verblendung und den Unglauben Israels endlich zu überwinden und es um das Kreuz zu sammeln? Wäre das nicht der größte Triumph für die Kirche und namentlich für ihn? Würde er nicht damit alle seine Feinde beschämen? Würden dann nicht alle Gläubigen sich um den Papst schaaren, der die Kirche so sehr verherrlicht hätte? Wäre er dann nicht unter den falschen Hirten der einzige echte? Für das Gemetzel der Juden von 1391 wurde in einigen Kirchen Gott durch ein Te Deum gepriesen²). Müßte nicht in der ganzen Christenheit ein noch feurigerer Lobgesang angestimmt werden, wenn es ihm gelänge, die Juden ohne Blutvergießen zu bekehren?

Zu dem Zwecke ließ der Papst mit Bewilligung des Königs

---

¹) Vergl. das Citat aus den Acta sanctorum v. S. 112, Anmerk. Zacuto giebt die Zahl der Bekehrten wahrscheinlich übertrieben auf mehr als 200,000 an (in der Filipowskischen Edition p. 225): בשנה עק״ב היה שמד גדול שלא היה כמוהו בארגון ובקשטיליא על ידי גלח פרא ביסונטי (.) ביסינטי) דורש לנוצרים וע״י המלך דון פירנאנדו מלך ארגון . . . וע״י זונה קטליניא מלכת קאשטיליא שהיתה אלמנה שהמירו דתם יותר ממאתים אלף יהודים . ודנשארים בהם היו ז׳ שנים באהלים שמה וברחו לפורטגאל. Dieselbe Zahl hat auch Joseph Ben-Zadik aus Arevalo. In Schebet Jehuda über die Verfolgung desselben Jahres No. 46 ist die Zahl der übergetretenen Juden auf 16,000 angegeben. Joseph Kohen giebt an, daß durch Vicente 150,000 umgekommen und 15,000 sich getauft hätten (Emek ha-Bacha p. 1). Mariana schätzt die Zahl auf 35,000, dagegen Isaak Cordoso nur auf 15,000 (Excellencias de los Hebreos L. XIX. c. 12).

²) Bei Amador II. p. 400 Note.

Don Fernando eine Einladung an die gelehrtesten Rabbinen und Männer der Schrift des Königreichs Aragonien ergehen (25. Nov. 1412), daß sie sich zu einem Religionsgespräche in Tortosa einfinden mögen. Da sollte ihnen der in der jüdischen Literatur belesene Apostat Josua Lorqui — dessen Rathschläge dabei maßgebend waren und der die Hauptrolle spielen sollte — aus dem Talmud beweisen, daß der Messias bereits erschienen sei und in Jesus seine Verkörperung gefunden habe. Durch alle Mittel wollte der päpstliche Hof auf die hochstehenden Juden einwirken, um sie für den Uebertritt zu gewinnen. Dann, wenn erst die Fahnenträger der Juden das heilige Lager verlassen haben, würden die Gemeinden, der Troß, von selbst nachfolgen. Die Einzuladenden waren von Geronimo besonders bezeichnet und vom Papste durch die Bischöfe zur Betheiligung aufgefordert und von ihm oder dem Könige mit Strafe bedroht worden, wenn sie sich nicht einfinden sollten. Was sollten die Berufenen thun? Sich einfinden oder ausbleiben, annehmen oder ablehnen war gleich gefährlich. So erschienen denn zwei und zwanzig[1]) der angesehensten Juden Aragoniens. An ihrer Spitze war Don Vidal Ben-Benveniste Ibn-Labi (Ferrer) aus Saragossa, ein Mann von altem jüdischen Adel, von Ansehen und Bildung, Arzt und neuhebräischer Dichter; ferner Joseph Albo aus Monreal, ein Jünger des Chasdai Crescas, ein Mann von philosophischen Kenntnissen und himmelsreiner Frömmigkeit; Serachja Halevi Saladin aus Saragossa, der Uebersetzer eines arabisch-philosophischen Werkes; Mathatia Jizhari (En-Duran?) aus derselben Stadt, ebenfalls ein gebildeter Schriftsteller Astruc Levi aus Daroca oder Alcañes, ein angesehener Mann in seiner Zeit; ferner Don Todros aus der geachteten Familie der Ibn-Jachja, ein ehrwürdiger Mann; Ben-Astruc aus Gerona, den der Pseudo-Papst dringlich einladen ließ, weil er in den Religionsschriften besonders kundig sei.

Obwohl sämmtliche berufene jüdische Notabeln allgemeine Bildung besaßen und Don Vidal gut lateinisch sprach, so hatte doch keiner von ihnen jene Seelenstärke und Charaktergröße, die auch dem boshaftesten Feinde imponirt, wie sie Nachmani zeigte, als er ganz allein zweien erbitterten Widersachern, dem Dominikaner de Peñaforte und dem Apostaten Pablo Christiani, kräftig und entschieden gegenübertrat (VII.ᵃ 131). Die gehäuften Demüthigungen und Verfolgungen hatten auch ihnen, den Hervorragendsten der Judenheit, den Mannesmuth benommen und sie zu Schwächlingen gemacht. Sie waren der gefahr-

---

[1]) Vergl. das Einzelne über die Disputation von Tortosa und über die Quellen Note 3.

vollen Lage keineswegs gewachsen. Als die Einladung an sie erging, zitterten sie. Obwohl sie unter einander verabredet hatten, mit Besonnenheit und Gelassenheit aufzutreten und zu disputiren, dem Gegner nicht in die Rede zu fallen und überhaupt geeint und geschlossen zu handeln, so wichen sie doch von ihrem Vorsatze ab, gaben sich Blößen und zerfielen zuletzt in Parteiungen.

Der boshafte Abtrünnige Geronimo hatte im Auftrage des schismatischen Papstes vorher ein Programm entworfen, welches den Gang der Disputation leiten sollte. Zuerst sollte aus dem Talmud und anderen damit verwandten Schriften bewiesen werden, daß der Messias bereits erschienen und in Jesus von Nazaret auferstanden sei. Wenn dieses Mittel fehlschlagen und nicht eine massenhafte Bekehrung der Juden — wie sich der päpstliche Hof schmeichelte — herbeiführen sollte, dann sei ein Vertilgungskrieg gegen den Talmud zu eröffnen, weil er lauter Abscheulichkeiten enthalte und die Verblendung der Juden bestärke. Zu diesem Zwecke arbeitete Geronimo de Santa Fé zuerst eine Schrift zur Begründung von Jesu Messianität und Göttlichkeit aus jüdischen Schriftwerken aus. Er trug darin Alles zusammen, was bis dahin an Scheinbeweisen, Sophistereien und Schriftverdrehungen, auf einer trüben und sinnlosen Auslegung beruhend, von seinen Vorgängern geleistet worden war, fügte neuen Blödsinn hinzu, erhob naive, harmlose, spielende Agada=Stellen zu wesentlichen Glaubenslehren und widerlegte was jüdischerseits bis dahin öfter dagegen geltend gemacht worden war. Er stellte vier und zwanzig Bedingungen auf, welche sich beim Erscheinen des Messias erfüllen müßten, und gab sich Mühe nachzuweisen, daß sie sich sämmtlich in Jesus erfüllt hätten. Als Hauptbeweismittel galt ihm die Voraussetzung, daß die Christen das wahre Israel bildeten und in der göttlichen Gnade an die Stelle des jüdischen Volkes getreten seien, und daß die biblischen Bezeichnungen: „**Berg, Zelt, Tempel, Haus Gottes, Zion, Jerusalem**" allegorisch von der Kirche zu verstehen seien. Die Nothwendigkeit der allegorischen Deutung von Bibelstellen bewies Geronimo von jüdischen Auslegern selbst; Maimuni, Raschi Ibn=Esra und Mose de Gerona hätten sie ja angewendet. Als Proben seiner lächerlichen Beweisführung mögen einige Punkte herausgehoben werden. Wie Johannes von Valladolid sah er in der unregelmäßigen Schreibweise eines Buchstabens in dem Worte eines Jesaianischen Verses ein tiefes Geheimniß von der Jungfräulichkeit Maria's und der Erfüllung der messianischen Zeit bei Jesu Ankunft[1]). Einen anderen

---

[1]) In dem tractatus contra Judaeorum perfidiam (vergl. Note 3) heißt es c. 2: Illa enim litera mem (in versu Jesaiae 9. 6: לםרבה המשרה) nomen

Propheten-Vers deutete er auf eine so schamverletzende und lächerliche Weise, um wiederum die jungfräuliche Geburt Jesu aus der Schrift zu belegen[1]), daß man es gar nicht wiedergeben kann. Diese Schrift, welche zugleich einen kirchenväterlichen und rabbinischen Geist athmet, wurde, nachdem sie vom Papste und den Cardinälen geprüft war, der Disputation als Leitfaden zu Grunde gelegt.

Diese Disputation ist die merkwürdigste, die je gehalten wurde. Sie zog sich nach manchen Unterbrechungen ein Jahr und neun Monate hin (vom Februar 1413 bis 12. Nov. 1414) während neun und sechzig Sitzungen. Im Vordergrunde der Papst, der, fast von der ganzen Christenheit verlassen und aus seiner Residenz verjagt, einen günstigen Ausfall nicht zur Verherrlichung des Glaubens, sondern zu seiner eigenen Erhebung wünschte; ferner ein getaufter Jude, der mit rabbinischen Waffen das rabbinische Judenthum bekämpfte, und im Hintergrunde ein wahnbethörter Dominikanerprediger mit seiner Geißlerschaar, die eine Hetzjagd auf die Juden anstellten, um dem Bekehrungseifer, der in Tortosa betrieben wurde, Nachdruck zu geben. Die hilf- und rathlosen Notabeln konnten ihren Blick nur nach dem Himmel richten, denn auf Erden sahen sie sich nur von erbitterten Feinden umgeben. Als sie zuerst zur Audienz vor dem Papste Benedictus zugelassen (7. Februar 1413) und aufgefordert wurden, ihren Namen zu Protokoll zu geben, befiel sie eine große Angst; sie dachten, es ginge an ihr Leben. Der Papst beruhigte sie

suum ostendit, sive in Hebraico, quia dicit Miria(m), sive in Latino Maria, verumque nomen incipit in mem; verum tamen secundum veram orthographiam „Lemarbe" (et multiplicabitur) debet scribi cum mem aperta, sed ideo hic singulariter posita est mem clausa, in medio ditionis, ut hujus Virginis Mariae virginitas esset praenosticata etc. Dasselbe auch cap. 4. Vergl. dieselbe Deutung von Johannes de Valladolid o. S. 21 Anmerk. 1.

[1]) Item potest ista conclusio verificari per hoc, quod habetur Ezechiel 44, 2: „et converti me ad viam portae sanctuarii exterioris . . . et erat clausa, et dixit dominus ad me: porta haec erit clausa, non aperietur, et vir non transibit per eam, quoniam Dominus Deus Israel ingressus est per eam." Haec prophetia nequaquam intelligi posset realiter . . . . sensum intrinsecus habet . . . per portam vero clausam virginis Mariae intellige virginitatem . . . Sunt ergo illa verba de gloriosae Mariae virginitate intelligenda. Porta haec clausa erit in conceptione, non aperietur in partu, et vir non transibit per eam post partum, quoniam Dom. Deus Israelis, Dei filius, patri coaeternus, ingressus est per eam, et erit clausa usque in finem seculorum. Das. c. 4. Vergl. eine ähnliche, aber lange nicht so blasphemirende Deutung im Sohar B. VII. S. 478 f.

aber und erklärte: er verlange nur eine übliche Förmlichkeit von
ihnen[1]). Ueberhaupt behandelte er sie Anfangs mit vieler Milde und
Süßlichkeit, wie es den Kirchenfürsten eigen ist, wenn sie einen Zweck
erreichen wollen. Er beruhigte sie, daß ihnen nichts zu Leide ge=
schehen sollte. Er habe sie lediglich berufen, um sich selbst zu über=
zeugen, ob Geronimo's Behauptung: der Talmud bezeuge Jesu
Messianität, eine Wahrheit oder ein Possenspiel sei. Er sicherte ihnen
vollständige Redefreiheit zu. Nach der ersten Audienz entließ sie der
Papst gnädig, wies einem jeden der Notabeln Wohnung an und ließ
überhaupt für ihre Bequemlichkeit sorgen. Einige unter ihnen
prophezeihten von diesem freundlichen Empfang einen guten Ausgang
für sich und die Sache ihrer Religion; sie kannten Rom und die
Stellvertreter Gottes sehr wenig.

Tags darauf sollte die Disputation beginnen. Als die jüdischen
Notabeln in den Sitzungssaal traten, machte die Versammlung einen
überwältigenden Eindruck auf sie. Der Papst Benedictus auf einem
erhöhten Throne in seinem Prachtornate; um ihn etwa siebzig
Kardinäle und hohe Kirchenfürsten in ihrem auf Augenblendung
berechneten Schmuck, Mönche und Ritter, fast tausend Zuhörer aus
den hohen Ständen. Der Muth entfiel dem Häuflein Vertheidiger
des Judenthums gegenüber dieser siegesgewissen Machtentfaltung des
Christenthums. Der Papst selbst leitete die Verhandlung und er=
öffnete die Sitzung mit einer Anrede an sie, worin er hervorhob: es
solle nicht um die Wahrheit des Judenthums oder Christenthums
verhandelt werden. Denn der christliche Glaube sei über jeden Streit
erhaben und unanfechtbar; das Judenthum sei einst wahr gewesen,
aber von der späteren Offenbarung aufgehoben worden. Die Dis=
putation sollte sich daher lediglich um den Punkt drehen, ob der
Talmud Jesus wirklich als Messias anerkenne. Die Juden waren
demnach auf die schmale Linie der Vertheidigung beschränkt. Als
der Papst seinem Werkzeuge Geronimo das Wort abtrat, hielt dieser,
nach vorangegangenem Fußkusse, eine weitschweifige, von christlichen,
jüdischen und noch dazu scholastischen Spitzfindigkeiten strotzende Rede[2]),
um das Thema auseinanderzusetzen, und hob die Hochherzigkeit und
Gnädigkeit des Papstes hervor, vermöge deren er die Juden zur
Seligkeit bringen wollte. Er bediente sich dabei als Text eines
jesaianischen Verses, mit Anwendung auf die Juden: „Wenn ihr

---

[1]) Bonastrüc's Sendschreiben nach Gerona in Schebet Jehuda No. 40.
[2]) Die lange Rede ist mitgetheilt in Rodriguez de Castro's Bibliotheca I
p. 207 ff.

zustimmt, werdet ihr das Gute genießen, so ihr aber widerstrebet, so rafft euch das Schwert hinweg" — und ließ hiermit im Hintergrunde den letztentscheidenden Beweisgrund der Kirche erblicken. Darauf hielt Don Vidal Benveniste, den die Notabeln zum Hauptsprecher erwählt hatten, eine Gegenrede in lateinischer Sprache, worüber ihm der Papst Complimente machte. Don Vidal setzte Geronimo's Bosheit ins Licht, daß er, ehe noch der Beweis für oder gegen geführt ist, mit dem Schwerte und mit Strafe gedroht. Der Papst erkannte den Tadel als richtig an, meinte aber, das sei eine Unart, die an Geronimo noch von seiner Abstammung haften geblieben sei[1]). Zuletzt machten sich die Notabeln Muth, die Bitte vorzutragen: der Papst möge sie überhaupt von der Disputation entbinden. Sie machten als Grund geltend, daß ihr Gegner sich der scholastischen Methode der Beweisführung bediente, worin sie ihm nicht folgen könnten, da ihr Glaube nicht auf Syllogismen, sondern auf Ueberlieferung beruhe. Natürlich ging der Papst nicht darauf ein, sondern lud sie auf den andern Tag zur Fortsetzung ein und ließ sie von hochstehenden Personen nach ihren Wohnungen geleiten.

Mit bangen Gefühlen im Herzen begaben sich die jüdischen Notabeln und die ganze Gemeinde von Tortosa noch an demselben Tage in die Synagoge und flehten denjenigen um Hilfe an, der ihren Vorfahren so oft in Nöthen beigestanden, daß er ihnen das rechte Wort auf die Zunge lege, damit sie nicht durch eine entfahrene Aeußerung die Löwen, die mit ihren Rachen nach ihnen schnauben, reizen. Serachja Halevi Saladin gab in einer Predigt die trübe Stimmung der zum Gebete Versammelten wieder.

Die Disputation behielt Anfangs einen freundlichen Charakter. Geronimo zog verschollene Stellen aus dem Talmud und andern jüdischen Schriften heran, um das Unglaublichste zu beweisen: daß der Talmud selbst Jesu Messianität gewissermaßen bezeuge. Der Papst führte oft dabei den Vorsitz. Aber bei dieser Beschäftigung quälten ihn drückende Sorgen um die Behauptung seiner Würde, weil die Fürsten das Concil zu Costnitz ausgeschrieben hatten, welches sich zum höchsten Gerichtshof über die drei Päpste erhob. Benedictus mußte daher öfter abwesend sein, um mit seinen Freunden Berathung zu halten. In seiner Abwesenheit präsidirte der General der Dominikaner oder der Magister des päpstlichen Palastes. Die Beweise, welche Geronimo für seine Behauptung aufstellte, waren zu abgeschmackt, als daß es den Notabeln hätte schwer werden können, sie

---

[1]) Bonastrüc's Sendschreiben in Schebet Jehuda p. 69.

zu widerlegen. Allein die Worte wurden ihnen im Munde verdreht, und es wurde öfter im Protokoll aufgenommen: sie hätten diesen oder jenen Punkt zugegeben. Einige von ihnen sahen sich daher veranlaßt, ihre Widerlegung schriftlich aufzuzeichnen. Aber auch diese wurde mit vieler Willkür behandelt. Dieser und jener Punkt wurde, als nicht zur Sache gehörig, nicht zur Diskussion zugelassen. Die Vertheidiger des Judenthums, die ohnehin mit Unmuth daran gingen, wurden müde gesprochen und gehetzt und wollten jede Erwiderung vermeiden. Mit einem Mal warf der Papst die Maske der Freundlichkeit ab, zeigte sein wahres Gesicht und bedrohte sie mit dem Tode[1]. Zwei und sechzig Tage hatte bereits die Zungendrescherei gedauert, und noch zeigte sich bei den Vertretern des Judenthums keine Spur von der christlicherseits so sehr erhofften Geneigtheit, sich zu bekehren. Ihre Widerstandskraft wuchs vielmehr im Kampfe. So ließ denn der Papst in der drei und sechzigsten Sitzung die Angriffsweise ändern. Geronimo trat auf des Papstes Geheiß als Ankläger gegen den Talmud auf und behauptete: daß darin Abscheulichkeiten, Lästerungen, Unsittlichkeit und Ketzerei aller Art enthalten seien, und daß dieses Buch verdammet werden müsse[2]. Einige Neuchristen, **Andreas Beltran** (Bertrand) aus Valencia, Almosenier des Papstes, **Garci Alvarez de Alarcon**, beide mit dem jüdischen Schriftthum vertraut, standen ihm darin wacker bei[3].

Geronimo hatte bereits im Auftrage des Papstes zu diesem Zwecke eine Abhandlung ausgearbeitet[4], worin er Alles zusammenkramte, was irgend einem Agadisten unter so vielen Hunderten im Talmud Unangemessenes entfahren war. Er stellte aber auch, man weiß nicht, ob aus frecher Bosheit oder aus Unwissenheit, Anklagen gegen den Talmud auf, die augenfällig falsch sind. Geronimo behauptete nämlich in seiner Abhandlung: Der Talmud erlaube, die Eltern zu schlagen, Gott zu lästern, Götzendienst zu üben. Weil nämlich die talmudische Gesetzgebung aufstellt: Wer seine Eltern schlägt, ohne ihnen eine Wunde beizubringen, verfällt nicht der über dieses Verbrechen verhängten Todesstrafe; wer Gott bei einem andern Namen als Jhwh lästert, sei nicht todeswürdig; wer Götzen aus Furcht vor Strafe anbetet, nicht straffällig (aber jedenfalls betrachtet der Talmud alle diese Handlungen als Vergehen), daraus folgerte nun Geronimo, die Lehre der Talmudisten sei die allerun-

---

[1] Das. p. 74.
[2] Auszug der Protokolle bei de Castro a. a. O. p. 221.
[3] Das. p. 222. Zurita, Annales de Aragon III. 12 c. 45.
[4] Vergl. Note 3.

sittlichste und verwerflichste[1]). Das unschuldigste Buch Pirke di R. Elieser, das nichts weniger als philosophisch ist, schuldigte er an; es lehre das Vorhandensein einer ewigen Materie, aus welcher Gott die Welt geschaffen, weil es in agadischer Harmlosigkeit predigt: Gott habe den Himmel aus dem Lichte seines Gewandes und die Erde aus dem Schnee unter dem Throne Gottes geschaffen[2]). Lügenhaft behauptete Geronimo ferner, daß der Talmud den Juden Eide zu brechen lehre, wenn sie dieselben im Voraus am Versöhnungstage für ungültig und als nicht geschehen erklärten. Eine skrupulöse Anordnung in Betreff der Eide und Gelöbnisse verwandelte er in eine Gewissenlosigkeit[3]). Er folgerte daraus, daß die Juden den von ihnen geleisteten Eid gegen Christen nicht halten. Es versteht sich von selbst, daß dieser Apostat die Verleumdung des Alfonso von Valladolid (VII.₂ S. 320) wiederholte, als verwünschten die Juden die Christen in ihren täglichen Gebeten. Alles, was im Talmud Feindseliges theils gegen Heiden, theils gegen apostatische Judenchristen ausgesprochen ist, das deutete Geronimo der Art, daß es sich auf Christen bezöge[4]); eine Fälschung, welche die schlimmsten Folgen hatte. Denn die Judenfeinde schrieben und sprachen diese tödtlichen Anschuldigungen ohne weiteres nach. — Als die Angriffe auf den Talmud wider Erwarten Gegenstand der Disputation wurden, vertheidigten die Vertreter des Judenthums die vorgebrachten Anklagestellen, wurden aber so sehr bedrängt, daß sie in zwei Parteien zerfielen. Don Astrüc Levi überreichte eine schriftliche Erklärung[5]), daß er den Agada-Stellen im Talmud, welche als Anklagepunkte gegen denselben geltend gemacht wurden, keine Autorität beilege, sie für

[1]) Tractatus contra Talmud c. 1, 2.
[2]) Das. c. 3.
[3]) Meines Wissens ist Geronimo der Erste, welcher die Kol-Nidré-Formel zum Gegenstande der Anklage gemacht hat. Seine Worte lauten, nachdem er die Talmudstelle, welche gerade diese Vorkehrung zur Vereitelung eines Gelübdes nicht billigt, citirt hat (das. c. 3): . . et isto modo utuntur ad praesens isti Judaei. Nam in nocte ante diem expiationum stat Rabbi in synagoga tenens rotulum legis in brachiis, et omnes Judaei coram ipso cum magna solemnitate, eadem verba proferens supradicta (quod juramenta, promissiones et vota. quae acciderint sibi per totum annum, nullam valorem habeant), et in hoc intelligunt. quod sine onere violandi quodcunque fecerunt juramentum, et signanter Christiano.
[4]) Das. c. 4—6.
[5]) Vergl. Note 3. Irrthümlich stellt Amador auf (a. a. O. p. 441), als hätten sich Astrüc Levi und sein Anhang, d. h. die zwanzig Notabeln, außer Albo und Vidal Ferrer vom Judenthum völlig losgesagt. Sie haben nur erklärt, daß die anstößigen Agada-Stellen für sie keine Autorität haben.

nichtig halte und sich von ihnen lossage. Dieser Erklärung stimmten die meisten Notabeln bei. Um das Leben des Ganzen zu erhalten, opferten sie ein Glied auf. Nur Joseph Albo und Ferrer (Don Vidal) waren damit nicht einverstanden und erklärten, daß die talmudische Agada für sie vollgültige Autorität habe, die verfänglichen Stellen hätten aber einen anderen Sinn, und man dürfe sie nicht nach dem Buchstaben beurtheilen. So war doch dem Papste und seinen Creaturen eines gelungen, eine Spaltung unter den Vertretern des Judenthums hervorzurufen.

Alle Mittel, welche sie zur Erreichung des Hauptzweckes — eine massenhafte Bekehrung der Juden durch das Beispiel ihrer hervorragendsten Führer zu erlangen — angewandt hatten: die freundliche, herzgewinnende Miene, die Drohung, die Verdächtigung und Unterwühlung der jüdischen Ueberzeugungen, alle diese Mittel schlugen fehl. Die Judenfeinde hatten aber etwas in Scene gesetzt, das ganz besonders auf Effect berechnet war. Es sollte einen niederbeugenden Eindruck auf die Notabeln machen, damit sie, betäubt und überwältigt, den Kampf aufgeben und die Waffen strecken sollten. Der fanatische Judenbekehrer Vicente Ferrer war nämlich von Mallorca nach Catalonien und Aragonien zurückgekehrt, setzte da wieder mit seiner schreckenerregenden Geißlerschaar, mit düstern Gesängen und Kreuzpredigten seine Thätigkeit fort, und es gelang ihm, wiederum viele Tausend Juden zum Christenthum hinüber zu ziehen (vom Februar bis Juni 1414). Aus den größern jüdischen Gemeinden Saragossa, Calatajud, Daroca, Fraga, Barbastro ließen sich einzelne taufen, kleinere Gemeinden, wie Alcañiz, Caspe, Maella, Lerida, Alcolea, Tamarit, die in der ihnen feindlichen christlichen Umgebung keine Sicherheit der Existenz mehr hatten, gingen ganz und gar zum Christenthum über. Alle diese neubekehrten Juden ließ der päpstliche Hof nach und nach in kleinern und größern Gruppen nach Tortosa kommen, in den Sitzungssaal führen und dort in öffentlicher Versammlung ihr christliches Glaubensbekenntniß ablegen[1]). Sie sollten als lebendige Trophäen

---

[1]) In den Protokollen ist öfter notirt: an dem und dem Tage der Disputation haben sich Juden bekehrt; so zur 14ten Sitzung: In dicto die conversi fuerunt ad fidem 13. Judaei cum suis uxoribus et familiis; zur 22ten Sitzung: plures ex Judaeis ad fidem conversi, und in der 62ten Sitzung: tunc grandis multitudo Judaeorum ad sanctam fidem catholicam se convertit. Den Schlüssel dazu bieten die Judenbekehrungen des Vicente Ferrer in Aragonien und Catalonien. Sie coincidiren mit der Zeit der Disputation. Die 62te Sitzung, wo „eine große Menge Juden" sich bekehrte, fiel bereits in's Jahr 1414, und gerade in dieser Zeit fanden Vicente's

den Sieg der Kirche verkündigen, die Vertheidiger des Judenthums entmuthigen und ihnen den Glauben beibringen, daß ihr Widerstand vergeblich sei, und daß sie bei ihrer Rückkehr keine jüdische Gemeinde mehr vorfinden würden. Es ist kein geringes Verdienst, daß sich Don Vidal, Joseph Albo und ihre Genossen von allen den auf sie einstürmenden Eindrücken nicht niederbeugen ließen. Der Papst sah seine Hoffnungen getäuscht; nicht ein einziger der jüdischen Notabeln wurde schwankend. Die großen Gemeinden Aragonien's und Catalonien's blieben bis auf einzelne Schwachmüthige ihrem Glauben treu. Von jüdischen Gelehrten und Dichtern, welche bei den Disputationen anwesend waren, bekehrten sich einige aus Ueberzeugung oder vielleicht aus Antipathie gegen den Talmud, aus dessen Inhalt so manches Anstößige aufgedeckt worden war. Genannt werden **Todros Benveniste** und **Vidal Jbn-Labi de la Caballeria**, welche in hohem Ansehen standen, und deren Bekehrung den Notabeln tiefen Schmerz und den Bekehrungssüchtigen Freude machte. Allein dieser Gewinn war nach Zahlen berechnet auch nicht von großer Bedeutung für die Kirche. Benedictus konnte nicht vor dem Concil von Costnitz, das bald zusammentreten sollte, als Triumphator über den Unglauben der Juden auftreten und nicht Siege geltend machen, die ihm das Uebergewicht über seine zwei nebenbuhlerischen Päpste hätten verschaffen können.

In seinem Unmuthe schüttete er seine Galle gegen den Talmud und schmälerte die geringe Freiheit der Juden. In der letzten Sitzung der tortosaner Disputation entließ er die jüdischen Notabeln sehr unfreundlich und ließ ihnen seine feindlichen Beschlüsse verkünden [2]),

Bekehrungen in den genannten Ländern statt. Zurita berichtet a. a. O.: En el estio del año passado se convierteran de las synagogas de Zaragoza, Calatajud y Alcañiz mas de dozientas, y entre ellos .. un Judio de Zaragoza ... **Todroz Benvenist** ... noble en su ley; y despues successivamente en los meses de Hebrero, Marzo, Abril, Mayo y Junio deste año (1414) ... muchos de los mas enseñados Judios de las ciudades de Calatajud, Daroca, Fraga y Barbastro se convierteran hasta en numero de 120 familias, y todas las Aljamas de Alcañiz, Caspe .. la Aljama de Lerida y los Judios de la villa de Tamarit y Alcolea, y fueran en numero de 3000 los que entonces se convierteran en la corte del Papa. Auch in Benedicts Bulle (weiter unten) ist erwähnt: fere tria milia . . . ex illorum gente fidem catholicam susceperunt. Aber gerade in dieser Zeit bekehrte Vicente in diesen Städten. Er war Februar 1414 von Valencia nach Aragonien gekommen. Vergl. Heller, Vincentius Ferrer S. 106. Zahlreiche Bekehrungen sind auch aus jüdischen Quellen bezeugt, vergl. Note 3. [1]) Vorige Note und am Ende Note 3.
[2]) Protokollauszug bei de Castro (p. 222).

die aber wegen Hindernisse erst ein halbes Jahr später (11. Mai 1415) in einer Bulle von dreizehn Artikeln veröffentlicht wurden[1]). Es wurde darin den Juden untersagt: den Talmud und die dazu gehörigen Schriften zu lesen und darin zu unterrichten. Die Exemplare sollten aufgesucht und vernichtet werden.

Auch die antichristlichen Schriften, von Juden verfaßt, und namentlich eine Schrift Mar Mar Jesu[2]) durften unter Strafe wegen Gotteslästerung nicht gelesen werden. Jede Gemeinde, groß oder klein, sollte nur eine einzige kleine, dürftig ausgestattete Synagoge besitzen. Die Juden sollten von den Christen abgesondert werden, nicht mit ihnen speisen, baden, Geschäfte machen; nicht einmal ihnen am Sabbat einen geringen Dienst zu leisten, Feuer anzuzünden, Licht auszulöschen, war gestattet. — Nach dem Vorgang des Gesetzes der Königin Catalina verbietet die Bulle jede Gerichtsbarkeit der Juden unter einander. Sie sollten kein Amt bekleiden, kein Handwerk ausüben, auch nicht die Arzneikunde betreiben. Das Tragen der Juden= abzeichen von rother oder gelber Farbe schärfte die Bulle des Papstes nachdrücklich ein. Endlich sollten sämmtliche Juden gezwungen werden, dreimal des Jahres christliche Predigten anzuhören, zur Zeit des Advents, zu Ostern und im Sommer. In der ersten Predigt sollte ihnen nach Anleitung aus den Propheten und dem Talmud bewiesen werden, daß der wahre Messias bereits gekommen sei; in der zweiten Predigt sollte den Juden vor Augen geführt werden, welche Ab= scheulichkeiten und Ketzereien im Talmud enthalten seien (abermals nach Geronimo's Schrift), und daß er allein an ihrem Unglauben Schuld sei, und endlich in der dritten ihnen ans Herz gelegt werden, daß der Untergang des jüdischen Tempels und ihre Zerstreuung von dem Stifter des Christenthums prophezeit worden sei. Nach jeder Predigt sollte den Juden der Inhalt der Bulle vorgelesen werden. Mit strenger Ueberwachung der Ausführung der in der Bulle ent= haltenen Feindseligkeiten betraute der Papst den Sohn des Apostaten Paulus, Namens Gonzalo de Santa Maria[3]), den der Vater

---

[1]) Bei de Castro a. a. O. p. 223 ff., ausführlich in Bartolocci Biblio- theca Rabbinica T. III. p. 731 ff. und bei Amador II. Documentos No. XX. aus dem Archiv einer toledanischen Kirche mit einigen unwesentlichen Varianten.

[2]) Diese Schrift, welche in der Bulle a. a. O. (bei Bartolocci p. 734) mit den Worten angeführt wird: ut nullus Judaeus de caetero libellum illum, qui apud eos Mar mar Jesu nominatur, quique in contumeliam Redemp- toris nostri affirmatur compositus, legere ... praesumat — ist weiter nicht bekannt. Ob sie identisch ist mit der Schrift תולדות ישו? Bei Amador lautet der Titel Macellum statt Marmar Jesus, gewiß ein Schreibfehler.

[3]) Zurita, Annales de Aragon III. L. 12, c. 53. Aus einer gelegent-

zum Christenthum herübergezogen hatte. Nur einen einzigen für die Juden günstigen Punkt enthielt diese Bulle: daß sie nicht mit Gewalt zur Taufe gezwungen und überhaupt nicht vergewaltigt oder todtgeschlagen werden sollten[1]) — ein charakteristisches Armuthszeugniß für die Christenheit, daß dergleichen ausdrücklich untersagt werden mußte. — Die Bulle blieb nicht todter Buchstabe. In Gerona wurde die einzige Synagoge geschlossen und vermauert[2]).

Augenblicklich hatten die Gehässigkeiten des Papstes Benedictus keine Wirkung. Während er noch die Juden peinigte, erklärte ihn das Concil von Costnitz für abgesetzt. Da er der Zumuthung von Seiten des Königs Don Fernando und des deutschen Kaisers Sigismund, von selbst abzudanken, Halsstarrigkeit entgegensetzte, so sagten sich auch seine spanischen Beschützer von ihm los. Die Pfeile, deren er sich bedient hatte, prallten auf sein eigenes Haupt zurück. Vicente Ferrer's fanatische Predigten entzogen ihm die letzten Anhänger. Der Geißlerprediger ermahnte nicht nur den König von Aragonien, den „entarteten und heuchlerischen Papst" zu verlassen, sondern predigte überall in den Kirchen und auf den Straßen, daß „ein solcher Mensch wie dieser Papst bis aufs Blut verfolgt und von jedem rechtgläubigen Christen todtgeschlagen zu werden verdiente"[3]). Auch der ehemalige Rabbiner Salomo-Paulus von Burgos, den dieser Papst so hoch erhoben hatte, erwies sich undankbar gegen ihn und entzog ihm die Gunst des Königs von Aragonien. Dem von seinen Beschützern, Freunden und selbst seinen Schützlingen verlassenen Pedro de Luna blieb von seiner Herrlichkeit nichts weiter, als eine kleine Festung Peñiscola, worin ihn noch dazu König Fernando auszuhungern drohte. Der ehrgeizige und halsstarrige Mann bedeckte sich noch zuletzt mit Lächerlichkeit, indem er in seiner winzigen Residenz den Papst mit einem Collegium von vier Cardinälen spielte und diese vor seinem Tode beschwor, den in Costnitz gewählten Papst nicht anzuerkennen, sondern einen aus ihrer Mitte als solchen aufzustellen. Diese wählten nach seinem Ableben anstatt Eines Papstes gar zwei. So war die Unfehlbarkeit der Kirche beschaffen, unter deren Joch man die Juden zwingen wollte. Was aus dem

lichen Angabe des Isaak Arama scheint hervorzugehen, daß noch zu seiner Zeit, über ein halbes Jahrhundert später, die Juden Aragoniens gezwungen waren, Predigten anzuhören: Porta IV. חזות קשה חכם אחד מחכמי הגוים בתוך דבריו אשר דבר
בסקהלות עם רב ובאזני קצת גוברין יהודאין אשר קרא לנו לשמוע מפיו דבר כמנהגם.

[1]) Der letzte Passus in der angeführten Bulle.
[2]) Bei Amador III. p. 524 Note.
[3]) Baronius (Raynaldus) Annales ecclesiastici ad an. 1415. No. 52.

boshaften Apostaten Josua Lorqui-Geronimo de Santa Fé nach dem Sturze seines Papstes geworden, ist nicht bekannt. Er erhielt im jüdischen Kreise den wohlverdienten Namen „der Lästerer" (Megadeph[1]). Auch der von Judenfeinden umstrickte König Fernando von Aragonien trat vom Schauplatz ab (1416). Darauf starb auch die judenfeindliche Regentin Catalina von Castilien, das Werkzeug zu Vicente's Judenverfolgung (1418), und endlich dieser selbst (1419), nachdem er noch den Schmerz erleben mußte, daß seine Geißelschwärmerei, die ihn zum Heiligen gestempelt hatte, vom Concil zu Costnitz verdammt, und er gezwungen wurde, seine „weiße Bande" zu entlassen.

Indessen wenn auch die Träger der Judenverfolgung vom Schauplatz abgetreten waren, so blieben doch die von ihnen geschaffenen schlimmen Zustände. Die Ausschließungsgesetze in Castilien und die Bulle des Papstes Benedictus waren noch in Kraft. Ferrer's Judenbekehrungen hatten den spanischen und selbst außerspanischen Gemeinden tiefe Wunden geschlagen. Nur in Portugal hatte er keinen Anklang gefunden. Der portugiesische Herrscher Don João I. verfolgte andere Interessen als Judenbekehrungen. Er war damals mit der ersten Eroberung an der gegenüberliegenden Spitze von Afrika beschäftigt, welche den Grund zur Seeherrschaft der Portugiesen legen sollte. Als Vicente Ferrer sich vom König João die Erlaubniß erbat, nach Portugal kommen zu dürfen, um auch dort die Kanzeln und Straßen von seinen düstern Predigten von der Sündhaftigkeit der Welt und der Blindheit und Verstocktheit der Juden wiederhallen zu machen, ließ ihm der portugiesische König sagen: Er möge kommen, aber mit einer Krone von glühendem Eisen auf der Stirne[2]). Portugal war das einzige Asyl für die Juden vor der Bekehrungswuth; dorthin flohen auch Viele aus Spanien, welche sich der Hetzjagd entziehen konnten. Doch erließ Don João,

---

[1]) מגדף, ein Notaricon seines Namens Maestre Geronimo de (St.) Fé schon in Schebet Jehuda p. 68 erwähnt.

[2]) Usque III. No. 21: . . acometeo passar a Portugal (frey Vicente) . . e antes que o fizese, mandou pidir licença. Porem Elrey dom Duarte . . . lhe respondeo, que elle podia entrar, mas que primeiro lhe avia de mandar una corroa de ferro ardendo na cabeça . . . . p. 65: mais destes (Convertidos por Vicente) se passarão a terra de Mouros e outros a Portugal. Aus Usque schöpfte diese Nachricht Joseph Kohen Emek ha-Bacha p. 71. Aber wenn das Factum wahr sein soll, so kann nicht der König Duarte mit Vicente Ferrer verhandelt haben; denn er kam erst 1433, lange nach Ferrer's Tod zur Regierung. Man müßte also Don João emendiren.

von manchen Seiten gedrängt, später ein Gesetz, daß diejenigen jüdischen Einwanderer, welche durch Zeugen überführt wurden, daß sie, nach dem Ritus getauft, zum Judenthum zurückgetreten wären, als Apostaten bestraft werden sollten[1]), was sie der willkürlichen Beurtheilung der Gerichte und der Geistlichen aussetzte. Auch sonst legte er ihnen vielfache Beschränkungen auf.

In vielen andern Gegenden Europa's dagegen, welche der Fuß des fanatischen Dominikaners betreten hatte, oder wohin der Ruf von seinen Thaten oder Unthaten gedrungen war, mußten die Juden den bittern Kelch der Leiden leeren. In Savoyen, das Vicente Ferrer auch berührt hatte, waren die Juden gezwungen, ihre heiligen Schriften vor der Zerstörungswuth in Gebirgshöhlen zu verbergen[2]). Deutschland war stets ein ergiebiger Boden für Judenverfolgung, und die Anarchie, die dort während Sigismunds Regierung und der Dauer des Costnitzer Concils herrschte, beförderte sie noch mehr. Selbst die italienischen Gemeinden, die meistens unangefochten blieben, lebten in Angst, daß die Hetzereien der Fanatiker in dem politisch so sehr zerrissenen Lande Anklang finden könnten. Sie veranstalteten daher eine Synode, zuerst in Bologna (Nov. 1415) bestehend aus den Abgeordneten von den Gemeinden Rom, Padua, Ferrara, Bologna, Romagna und Toskana, je zwei von jeder Gemeinde, zunächst um eine Umlage für die Beiträge zu der Geldsumme zu machen, womit die päpstliche Curie günstig für die Juden gestimmt werden könnte, und die ihnen drohenden Gefahren abzuwenden.

Als dann nach langer Kirchenspaltung mehrerer Gegenpäpste und bitterm Haber von der Costnitzer Kirchenversammlung der Papst Martin V. gewählt wurde, versammelten sich abermals etwa zwanzig Delegirte jüdisch-italienischer Gemeinden in Forli (Mai 1418), um ihn anzuflehen, die Privilegien der Juden, welche mehrere Päpste ertheilt, andere aber in unduldsamer Kirchlichkeit außer Kraft gesetzt hatten, zu erneuern. Die Delegirten wußten aber recht gut, daß mit leeren Händen bei der Curie nichts auszurichten ist; darum machten sie eine neue Umlage für Beiträge, und zwar um eine recht erkleckliche Summe zu Stande zu bringen[3]). Nebenher hat die Synode auch Bestimmungen gegen den Luxus der Juden getroffen. Martin V., von dem die Zeitgenossen sagten: vor seiner Wahl habe er als einfältig und

---

[1]) Codigo Affonsino Liber II. Titel 77.
[2]) Joseph Kohen Emek ha-Bacha p. 71.
[3]) Die Akten der Synoden von Bologna und Forli sind jetzt edirt aus einer Halberstamm-Handschr. unter dem Titel: תקנות קדמוניות נעשו בבולוניא ופורלי בש' קע״ו וקע״ח, in Graetz Jubelschrift, hebr. Theil, S. 53 f.

gut gegolten, nachher aber sich als sehr klug und wenig gütig gezeigt. — Martin fuhr zwar die Juden barsch an[1]), als sie ihm bei seinem Umzuge in Costnitz in feierlicher Procession mit brennenden Kerzen die Thora-Rolle entgegen reichten und ihn um Bestätigung der Duldung baten, und entgegnete ihnen von seinem weißen Zelter mit seidenen und goldenen Verzierungen herab: „Ihr habt das Gesetz, versteht es aber nicht; das Alte ist entschwunden, und das Neue ist gefunden" (der Blinde tadelte die Sehenden). Indessen erwies er ihnen doch einigermaßen Milde. Auf Antrag des Kaisers Sigismund bestätigte der Papst den Juden Deutschlands und Savoyens sämmtliche Privilegien, welche seine Vorgänger ihnen bewilligt hatten (12. Febr. 1418[2]) d. h. so viel: er rügte die gewaltsamen Angriffe auf das Leben und Vermögen der Juden und ihre Zwangsbekehrungen. Darauf erließ der Kaiser Sigismund — welcher zwar leichtsinnig und geldgierig war, die Kosten, welche die Kirchenversammlung zu Costnitz erforderte, meistens den jüdischen Gemeinden aufbürdete[3]) und sie überhaupt schindete, wo und wie er nur konnte, aber nicht verfolgungssüchtig war — einen Befehl an alle deutschen Fürsten, Beamte, Städte und Unterthanen, seinen Kammerknechten die Gnaden und Freiheiten zu lassen, welche der Papst ihnen bestätigt hat (26. Febr. 1418[4]). Als die von der italienischen Synode abgeordneten jüdischen Deputirten den nach so langer Spaltung allgemein anerkannten Papst um Schutz baten, gewährte er ihnen — um wer weiß welchen hohen Entgelt — eine päpstliche Bulle (Jan. oder Febr. 1419[5]). Selbst die spanischen

---

[1]) Aschbach: Kaiser Sigismund II. S. 304 und Note 28.

[2]) Lang, Regesta Boica XII. p. 276. datum 12. Febr. Martiuus papa ad supplicationem regis Romanorum (Sigismundi) privilegia omnia a praedecessoribus suis Judaeis in Allemannia et Germania ac ducatu Sabaudiae et Greciae (?) commorantibus concessa confirmat.

[3]) Stobbe a. a. O. S. 36 fg.

[4]) Lang a. a. O. S. 278. „Sigmund, römischer König, befiehlt allen Fürsten, Räthen, Knechten, Vögten, Amtsleuten, Bürgermeistern und Reichsunterthanen die Jüdischheit, welche in seine Kammer gehören, bei den Gnaden und Freiheiten, die ihr Papst Martin V. bestätigt hat, bleiben zu lassen."

[5]) Aus der Urkunde von der Synode in Forli (o. S. 126) ergiebt sich, daß die Nachrichten, welche Gedalja Ibn-Jachja (in Schalschelet) mittheilt, nicht so wegwerfend zu behandeln, daß sie vielmehr, wenn auch manchmal entstellt, doch immer authentisch sind. So namentlich seine Nachricht von den italienischen Synoden, von einer Deputation an den Papst und einer günstigen Bulle von demselben (p. 94a): ובשנת ה' קע"ו נפל פחד היהודים שבאיטליאה פן יתחדש עליהם גזירת כמו שעל יתר אחיהם המפוזרים בעולם ויקהלו ויעמדו על נפשם בועד כללי בעיר בולנייא . ובשנת קע"ח נועדו שנית בעין פורלי ועשו גזירות ותקנות הרבה ונחרו אנשים וישלחו אל סרטין אפיפיור ברומה והשיגו בולה אינפיומבטה (Bulla empiombata)

Juden scheinen eine Deputation an denselben Papst gesandt zu haben [1]), und zwar zwei angesehene Männer Don Samuel Abraballa und Don Samuel Halevi. Auf die Klagen der Juden über die Gefährdung ihres Lebens, über die Angriffe auf ihre Ueberzeugung, über die Schändung ihrer Heiligthümer, erließ der Papst eine Bulle (vom 31. Januar 1419) mit der Eingangsformel: „Da die Juden Gottes Ebenbild tragen, ihr Ueberrest einst selig werden soll, und sie unsern Schutz angefleht haben, so bestimmen wir nach dem Beispiel unserer Vorgänger, daß sie in ihren Synagogen nicht belästigt, ihre Gesetze, Rechte und Gewohnheit nicht angegriffen, sie nicht mit Gewalt zur Taufe gezwungen, auch nicht zur Feier der christlichen Feste angehalten, keine neuen Abzeichen zu tragen genöthigt und ihr geschäftlicher Verkehr mit Christen nicht gehindert werden sollten" [2]). Was mag den Papst Martin bewogen haben, den Juden ein so freundliches Gesicht zu zeigen? Wohl wollte er damit dem judenfeindlichen Benedictus, der sich noch immer in einem

עם הרבה תנאים טובים ונהההמה מיד הפפא מרטין רי״ח י״ד פינברא׳ י״ב למלכו כי ט׳ו שנה מלך. Eine Bulle des Papstes Martin zu Gunsten der Juden theilt auch Raynaldus annales eccles. (ad annum 1419, No. 2) mit, worin deutlich angegeben ist, daß die Juden ihn um Schutz angefleht hatten: quia imaginem Dei habent (Judaei) et reliquiae corum salvae fient .... nostramque defensionem et auxilium suppliciter postulant et christianae pietatis mansuetudinem exposcunt, nos .... statuimus etc. Diese Bulle ist ausgestellt Mantuae 2. Kal. Februarii pontificii nostri anno secundo, d. h. 31. Januar 1419. Das Datum bei Ibn-Jachja scheint demnach corrumpirt zu sein, da jedenfalls statt י״ב למלכו gelesen werden muß ב׳. Möglich, daß der Papst im Jan. und auch Febr. 1418 für die Juden eine günstige Bulle ausgestellt hat.

[1]) Von einer jüdisch-spanischen Gesandtschaft bei diesem Papste berichtet auch Schebet Jehuda No. 41, nur muß im Eingange emendirt werden statt: אפיפיור מרטין in בזמן האפיפיור מרקו פלורנטין בא לפני פראי פידרו. Im Verlaufe läßt die Relation den Papst sprechen: הנה שני שלוחים הגיעו אמש להראות לפני יקראו ונשמע מה תשובה יש להם . נקראו האנשים ההם והם דון שמואל אבראבליא ודון שלמה הלוי . ואמר להם האפיפיור אפשר שכתוב בתלמוד שלכם טוב שבגוים הרוג. Wenn auch der ganze Dialog daselbst den Charakter der Fiction hat, so scheint doch der Hauptkern authentisch zu sein, namentlich die Namen der zwei jüdischen Delegirten Samuel Abraballa und Salomo Halevi. Ob der Erstere identisch mit dem reichen S. Abravalla ist, der sich bei dem Gemetzel in Valencia getauft (o. S. 60) und den Namen Villanova angenommen hat? Es heißt von ihm in dem Document bei Amador II. p. 603: E hir lo gran don Samuel Abravalla se bateja ... e ha nom Alfonso Fernandes de Villanova. Dann müßte er aus dem Christenthum ausgetreten, nach Rom entkommen sein, dort über seine und seiner Religionsgenossen Gewalttaufen geklagt und vermöge seiner Reichthümer beim Papste Gehör gefunden haben.

[2]) Raynaldus, annales eccles. a. a. O.

Winkel als Papst geberdete, Schach bieten. Am meisten mochten wohl aber die reichen Gaben, welche die jüdischen Abgeordneten ihm boten, dazu beigetragen haben, ihn milde zu stimmen. Denn obwohl Martin auf dem Concil zu Costnitz der ärmste Cardinal war und deswegen vorgezogen wurde, so verschmähte er auf dem Petristuhl das Geld keinesweges. Man konnte von ihm ohne klingende Münze Nichts, mit solcher aber Alles erlangen. „Denn hier am (päpstlichen) Hofe alle Freundschaft endet, so sich der Pfennig wendet", bemerkte der Gesandte des deutschen Ordens[1]). Als der Kaiser Sigismund den deutschen und italienischen Juden außerordentliche Steuern auflegte, entschuldigte er sich damit, daß die von Seiten des Papstes erneuerten Privilegien der Juden zu ihrem Schutze, die er durchgesetzt habe, nicht ohne Geld und Kosten erlangt werden konnten[2]).

[1]) Raumer, historisches Taschenbuch, Jahrg. 1833, S. 94.
[2]) Stobbe das. 37.

Sechstes Kapitel.

Die Hussiten zum Theil auf Seiten der Juden. Die Predigten der Dominikaner gegen die böhmischen Ketzer trafen auch die Juden. Albrecht von Oesterreich und die Judenverfolgung; die Meßnerin von Enns. Die Kreuzschaaren gegen die Hussiten zugleich gegen die Juden. Der Sieg der Hussiten bei Saaz zugleich Rettung der deutschen Juden. Vertreibung der Juden aus Köln und Niedermetzelung in anderen deutschen Gauen. Deutsche Rabbiner von den Landesfürsten ernannt; Jakob Möllin und Menahem von Merseburg. Jüdische Aerzte in Deutschland.

(1420—1440.)

Während dessen erhielt die Weltgeschichte wieder einen Stoß, von schwacher Hand zwar, aber nichts desto weniger vorwärts treibend. Die um sich fressende Fäulniß in der Kirche, der sich selbst vergötternde Hochmuth und die Habgier der Päpste, die Unflätigkeit der Welt- und Klostergeistlichen empörten die sittlichen Naturen, öffneten den Verblendeten die Augen und ermuthigten, an dem Grundbau des katholischen Glaubens zu rütteln. Von den Kirchenfürsten, Juristen und Diplomaten, welche in Costnitz zu einem Concil versammelt waren, um die Reformation der Kirche an Haupt und Gliedern zu berathen, konnte keine Besserung erwartet werden. Denn sie hatten nur weltliche Zwecke im Auge und wollten nur eine morsche Wand übertünchen, die Macht des Papstthums auf die hohen Geistlichen übertragen, eine hierarchische Aristokratenregierung statt des päpstlichen Absolutismus gründen. Ein tschechischer Priester, Johannes Huß aus Prag, von dem Engländer Wycliffe angeregt, sprach die Formel aus, welche das Netzwerk, in welches die Kirche die Geister verstrickt hatte, aufzulösen vermochte: Nicht der und der Papst, sondern das Papstthum und die ganze Einrichtung der katholischen Kirche bildeten das Grundübel, woran die Christenheit kränkelte. Der Scheiterhaufen, den die Costnitzer Concilsmitglieder für den freimüthigen Priester anzündeten, beleuchtete die von ihm ausgesprochene Wahrheit nur um so heller. Er entflammte eine Schaar in Böhmen, welche mit dem Katholicismus einen Krieg auf Tod und Leben begann. So oft sich eine Partei innerhalb der Christenheit feindselig gegen die bestehende

Kirche kehrte, nahm sie eine alttestamentliche, so zu sagen jüdische Färbung an. Die Hussiten betrachteten nicht mit Unrecht den Katholicismus als Heidenthum und sich als die Israeliten, welche gegen die Philister, Moabiter, Ammoniter einen heiligen Krieg zu führen hätten. Sie zerstörten Kirchen und Klöster, als Stätten des wüsten Götzenthums, als Baals= und Molochs=Tempel, als Astarten=Höhlen, mit Feuer und Schwert. Die Hussitenkriege, von religiösem Unwillen und Racenhaß der Tschechen gegen die Deutschen zugleich erzeugt, fingen an, die Stickluft des Kirchenglaubens ein wenig zu reinigen.

Den Juden kam dieser Wuthausbruch nicht zu Statten, hatte vielmehr für sie eine trübselige Wirkung. Nicht die wilden Hussiten, sondern der gegen die neue Ketzerei aufgestachelte katholische Fanatismus fügte den Juden viel Leides zu. Jene haben höchstens einmal jüdische Häuser neben katholischen ausgeplündert und gegen den Wucher der Juden geeifert. Von besonderer Feindseligkeit der Hussiten gegen die Juden liegen dagegen keine Beweise vor. Die Letzteren wurden vielmehr von katholischer Seite beschuldigt, den Hussiten heimlich Geld und Waffen geliefert zu haben, und wurden deswegen in den an den Böhmerwald grenzenden baierischen Städten als Freunde und Beförderer der Ketzer aufs Grausamste verfolgt[1]). Die Dominikaner, dieses Heer des Antichrists (wie sie genannt wurden), welche racheschnaubende Predigten gegen die Hussiten hielten, schlossen die Juden mit ein und hetzten die Völker und Fürsten gegen die „Sanftmüthigen der Erde". Wie die Kreuzzüge gegen die Mohammedaner und gegen die Albigensischen Ketzer den Anfang mit den Juden nahmen, ebenso begannen die gegen die hussitischen Kelchner mit Judenverfolgung. Der Bischof von Mainz vertrieb die Juden seiner Diöcese mit Weib und Kind (1420) aus keinem andern Grunde, als nur um ihre Sünde und Bosheit nicht zu dulden. Er nahm ihnen auch all ihr Hab und Gut ab und ließ jedem nur dreißig Pfennige zur Erinnerung an den angeblichen Verrath des Judas Ischariot um dreißig Silberlinge[2]). Die Juden Oesterreichs — des Landes, welches gleich Spanien von milder Duldung der Juden zur Verfolgungssucht fortschritt, mit diesem auch eine so große Wahlverwandtschaft in der Bigotterie hatte, daß sich beide zuletzt gefunden und vereinigt haben — die Juden Oesterreichs empfanden zuerst den von neuem aufgestachelten

---

[1]) Vergl. Aschbach: Geschichte Kaiser Sigismund's III. S. 51. Wolf, Studien zur Jubelfeier der Weimarer Universität S. 22 Note: Facultate Theolog. Vindibonensi facta fuit mentio de confederatione Judaeorum et Hussitorum, vom 10. Jan. 1419.

[2]) Bei Stobbe S. 191 f.

ingrimmigen Fanatismus. Der ernste, würdige Erzherzog Albrecht, welcher Aussicht auf die deutsche Kaiserkrone hatte, wurde förmlich aufgestachelt gegen „die Feinde Gottes." Märchen auf Märchen wurden erfunden, die nicht einmal die Neuheit für sich hatten, aber sich doch stets wirksam erwiesen, gerade einen charakterfesten Fürsten, der keine Einsicht in das Lügengewebe der Judenfeinde hatte, zum Aeußersten zu treiben. Drei Christenknaben waren in Wien aufs Eis gegangen, eingebrochen und ertrunken. Als die jammernden Eltern sie nicht fanden, warf die Bosheit das Wort hin: die Juden hätten sie erschlagen, um ihr Blut für die nächste Passa=Feier zu ge=brauchen. Dann wurde Einem von ihnen ein noch mehr aufregendes Verbrechen zur Last gelegt. Die Meßnerin von Enns habe aus der Kirche eine Hostie entwendet, sie an einen reichen Juden Israel ver=kauft, und dieser habe sie in= und außerhalb Oesterreichs an die jüdischen Gemeinden verschickt. Christenkindermord und Hostien=schändung, diese doppelte Anschuldigung, zog noch im fünfzehnten Jahrhundert gar sehr, und ihre Urheber konnten die Wirkung be=rechnen. Auf des Herzogs Befehl wurde die Meßnerin und ihre zwei angeblichen Mitschuldigen oder Verführer, Israel und seine Frau, nach Wien gebracht, verhört und zum Geständniß geführt. Die Ur=kunden verschweigen zwar die Mittel, welche angewendet wurden, um ein Geständniß zu erwirken. Aber man kennt das mittelalterlich=christliche Verfahren bei solchen Processen.

Darauf erließ der Erzherzog Albrecht einen Befehl, sämmtliche Juden seines Landes am frühen Morgen (10. Siwan = 23. Mai 1420[1]) ins Gefängniß zu werfen, der auch pünktlich vollstreckt wurde.

---

[1] Die Quellen dafür in österreichischen Chroniken und Urkunden bei Pez und Kurz, zusammengestellt in (Wertheimers): Juden in Oesterreich S. 98, 155 ff. und Wiener Regesten I. S. 293. No. 163. Eine jüdische Quelle: Isserlein (Zeitgenosse) תרומת הדשן Pesakim No. 241. Wiener berichtigt mit Recht das Datum 24ten Mai bei Kurz nach Isserlein in 23ten Mai. Alfonso de Spina in seinem Fortalitium fidei bringt mit der Geschichte der Meßnerin von Enns die Anklage gegen die Juden wegen der drei ertrunkenen Christenknaben in Wien in Verbindung, giebt auch das richtige Datum 1420 für beide Facta an und nennt einen Gewährsmann, nur setzt er beide fälschlich unter die Regierung des Kaisers Friedrich III. (crudelitas 7): Septima crudelitas Judaeorum accidit circa annum 1420 in Alemania, imperante Friderico imperatore. Tunc enim in Vienna compertum est, quod Judaei occiderant tres infantes Christianos, compertum est etiam, quod mulier quaedam Christiana impiissima vendidit Judaeis corpus dominicum. Quare ex praecepto imperatoris CCC Judaeorum fuerunt igni cremati. Haec mihi retulit vir illarum partium Arnoldus de Alemania. Das Verbrennen von 300 Juden in Wien läßt Alfonso de Spina ebenso als

Die Güter der vermögenden Juden wurden gleichzeitig confiscirt, die Armen dagegen wurden sofort des Landes verwiesen. In den Kerkern wurden Frauen von ihren Männern und Kinder von ihren Eltern getrennt. Als ihre Hülflosigkeit den Grad der Verzweiflung erreicht hatte, kamen die Priester mit dem Kreuze und ihren süßlich-giftigen Worten und forderten sie zur Bekehrung auf. Manche Schwachmüthigen retteten durch Annahme der Taufe ihr Leben. Die Muthigen dagegen entleibten sich selbst sammt ihren Angehörigen durch Aufschneiden der Adern, mit Riemen und Stricken oder mit dem, was sie bei der Hand hatten. Die Ueberlebenden wurden durch lange Kerkerhaft und Grausamkeit mürbe gemacht. Die Kinder wurden ihnen entrissen und in Klöster gesteckt. Dennoch blieben sie standhaft, und sie wurden nach fast einjähriger Haft auf dem Scheiterhaufen verbrannt (9. Nisan = 12. März 1421), in Wien allein mehr als Hundert auf einer Wiese an der Donau bei Erdelburg. Erzherzog Albrecht erließ noch dazu einen Befehl, daß künftighin kein Jude in Oesterreich weilen dürfte.

An den Bekehrten hatte aber die Kirche keine Freude. Der größte Theil derselben benutzte jede Gelegenheit, irgend wohin auszuwandern und zum Judenthum zurückzukehren. Sie wendeten sich nach dem durch die Hussitenspaltung duldsamern Böhmen oder nordwärts nach Polen und südwärts nach Italien. Wie anhänglich die österreichischen Juden ihrer Religion waren, beweist das Benehmen eines gewandten Jünglings. Dieser war nach empfangener Taufe der Liebling des Herzogs Friedrich, des nachmaligen Kaisers, geworden, und obwohl im Ueberfluß fürstlicher Gnade lebend, wurde er von Neue wegen des Abfalls von seinem Glauben ergriffen und erklärte rund heraus, er wolle zum Judenthum zurückkehren. Friedrich gab sich Mühe, seinen Liebling von diesem Gedanken abzubringen, er bat, flehete, drohte, ließ einen Geistlichen zu ihm führen, um ihn zu belehren; Alles vergeblich. Zuletzt übergab der Herzog den „Verblendeten und Rückfälligen" dem geistlichen Gerichte, und dieses verurtheilte ihn zum Feuertode. Ohne Fesseln, mit einem hebräischen Gesang auf den Lippen, bestieg der jüdische Jüngling den Scheiterhaufen[1]).

Strafe wegen der Ermordung der drei Knaben, wie der Schändung der Hostie erfolgen. Doctor Eck von Ingolstadt giebt denselben Causalnexus in seiner judenfeindlichen Schrift: „Juden-Büchleins Verlegung", setzt das Factum aber richtig unter Albrecht. Aus Alfonso de Spina hat Usque die Nachricht geschöpft mit dem Irrthum „Federico Emperador" (III. No. 9), und von da ging der Irrthum durch die Secundärquellen von Manasse b. Israel, Cardoso, Mendelssohn zu den Neuern über.

[1]) Arenpeck, Chronicon Austriacum bei Wertheimer, Juden in Oesterreich S. 99 Note.

Inzwischen entbrannte der verheerende Kampf zwischen den wilden Hussiten und den nicht minder barbarischen Katholiken, zwischen den Tschechen und den Deutschen. Allerlei Völkerschaften betheiligten sich an der blutigen Fehde für oder gegen den Gebrauch des Kelches beim Abendmahl für die Laien. Der Kaiser Sigismund, der mit den Truppen seiner Erbländer allein mit den Aufständischen nicht fertig werden konnte, rief das Reichsheer unter die Fahnen. Wilde Landsknechte, Brabanter und Holländer, wurden in Sold genommen. Von allen Seiten zogen bewaffnete Schaaren gegen das Thalkessel-Land Böhmen und die Hauptstadt Prag, wo der blinde Held Ziska einer ganzen Welt von Feinden Trotz bot. Auf seinem Zuge zeigte das deutsche Reichsheer seinen Muth lediglich an den schwachen Juden. „Wir ziehen in die Ferne", sprach die Söldnerschaar, „um unsern geschmähten Gott zu rächen, und sollten Diejenigen verschonen, welche ihn getötet haben?" Wo sie Juden begegneten, machten sie dieselben nieder, so sie sich nicht bekehren wollten, am Rhein, in Thüringen, in Bayern. Das Kreuzheer gegen die Hussiten drohte den Juden, bei seinem Rückzuge nach erfochtenem Siege, sie vom Erdboden zu vertilgen. Schon hatten glaubenstreue Familienväter in ihrem Hause den Befehl ertheilt, auf einen Wink von ihnen, ihre Kinder zu schlachten, damit sie den Wütherichen nicht in die Hand fallen sollten. Von vielen Seiten liefen Klagebriefe ein über die drohende Gefahr an den damals frömmsten und angesehensten Rabbiner von Mainz Jakob b. Mose Möllin Halevi (gekürzt genannt Maharil, geb. um 1365, gest. 1427[1]) — von dem die heute noch bestehenden Einrichtungen im Synagogenritus und synagogalen Melodien in vielen deutschen Gemeinden und ihren Colonien, in Polen und Ungarn stammen — daß er die Hülfe des Himmels erflehe. Jakob Möllin sandte in Folge dessen Boten an die naheliegenden Gemeinden, mit der Weisung, von dort aus an die immer nächsten zu schicken, ein allgemeines Fasten mit inbrünstigen Gebeten zu veranstalten. Die deutschen Gemeinden versammelten sich zu Trauer- und Bußgebeten und fasteten vier Tage zwischen Neujahr und dem Versöhnungstage (8.—11. September 1421), dann nach dem Hüttenfeste drei Tage hinter einander wie an dem strengsten Fasttage. Es war eine Zeit fieberhafter Todesangst für die deutschen Juden. Sie waren in die Lage gekommen, den Himmel für den Sieg der Hussiten anflehen zu

---

[1] Vergl. über ihn die Bibliographen und Güdemann, Geschichte des Erziehungswesens der Juden III. 17, wo die richtige Aussprache des Namens מלין = Möllin bewiesen ist. Maßgebend wurden seine מנהגים, niedergeschrieben von seinem Schüler Salomon Steinward.

müssen. Es schien auch, als wenn ihr Gebet erhört worden wäre. Denn bald darauf überfiel bei der Nachricht von Ziska's Nähe das Reichsheer und die Söldnerschaar, welche sich bei Saaz gesammelt hatten, ein so gewaltiger Schrecken, daß sie ihr Heil in der Flucht suchten, sich auflösten und auf verschiedenen Wegen der Heimath zueilten. Verhungert kamen Einzelne von denen, welche den Juden Tod und Vernichtung geschworen hatten, auch an deren Thüren in Eger und bettelten um Brod, welches ihnen gerne gereicht wurde. Die Flüchtlinge waren nicht im Stande, auch nur einem jüdischen Kinde etwas zu Leide zu thun[1]).

Die Dominikaner, welche den Auftrag hatten, gegen die Hussiten zu predigen, hörten aber nicht auf, den Haß der katholischen Bevölkerung gegen die Juden zu nähren. Sie donnerten von den Kanzeln zugleich gegen die Ketzer und Juden, warnten die Gläubigen mit ihnen zu verkehren und stachelten bewußt oder unbewußt zu Angriffen auf Personen und Eigenthum der Juden. Diese wandten sich hilfeflehend an den Papst Martin V. — wahrscheinlich mit vollen Händen — und erlangten abermals eine sehr günstige Bulle von ihm (23. Februar 1422[2]), welche den Christen zu Gemüthe führte, daß die christliche Religion von Juden stamme, und daß diese zur Bestätigung des Christenthums nothwendig seien. Der Papst unter-

---

[1]) Diese ganze Relation stammt aus einem handschriftl. Maharil, mitgetheilt von Luzzato in G. Polak's Halichot Kedem (Amsterd. 1847) p. 79 ff. Das Datum ist daselbst nicht angegeben. Joseph Kohen, der aus derselben Quelle geschöpft hat, setzt es 1420 (Emek ha-Bacha p. 74). Von diesem falschen Datum ließ sich Zunz leiten (synagogale Poesie S. 48). Die Angabe in der Hauptquelle von dem panischen Schrecken bei Saaz und der Flucht des Heeres, welche doch Sept. 1421 stattfand, hätte die Historiker belehren können. Der Passus lautet: ואתמחיש נשא שפחץ פתאים כמצאת הלילה נפל קול בהלה בתוך חיל הגדול של אדום . . . אצל העיר זאצ״א במדינת פיהם . . . וברחו כלם מנוסת חרב ורדף אותם קול עלה נדף . . . וחהרו בני בליעל איש למקומו ולארצו כפחי נפש . . . וראיתי חוזרים באיגרא וישאלו פת על פתח היהודים ולא הזיקו גם להתינוק אף בדבור.

[2]) Bei Raynaldus, annales eccles. ad. an. 1422 No. 36. In der Bulle ist angegeben, daß die Aufreizung gegen die Juden von den Dominikanern ausging: quaecunque per praedicatores contra ipsos Judaeos, ne cum Christianis conversari debeant, vel e contra, dicta sunt ... nulla firmitatis existere cernentes (nos) ... praesertim ... superioribus Praedicatorium districtius inhibemus, ne de caetero talia vel similia contra Judaeos ... populis praedicare permittant etc. Aus welcher Quelle Zunz die Nachricht hat, daß „Papst Martin V. 14. Febr. 1426 eine Bulle gegen Israel geschleudert" (synagogale Poesie S. 48), ist mir nicht bekannt, und sie war auch den Kirchenhistorikern Raynaldus und Mansi unbekannt; denn diese wissen lediglich von einer Bulle von Martin's Nachfolger, Eugenius IV., welche wieder die feindseligen Gesetze gegen die Juden einschärfte. Diese Bulle

sagte den Predigermönchen gegen den Verkehr von Juden und Christen zu eifern und erklärte den Bannspruch, welcher über die Uebertreter verhängt wurde, für null und nichtig. Er empfahl den Katholiken ein freundliches und sanftes Benehmen gegen ihre jüdischen Mitbewohner, rügte auf's strengste gewaltsame Angriffe auf diese und bestätigte sämmtliche günstige Privilegien, welche der päpstliche Stuhl je den Juden eingeräumt hatte. — Indessen war diese judenfreundliche Bulle des Papstes von eben so geringer Wirkung, wie der Schutz, den ihnen der Kaiser Sigismund feierlich zugesagt hatte. Der Geist der christlichen Welt blieb verfolgungssüchtig. Die Mönche hörten darum nicht auf, gegen die „fluchwürdige" jüdische Nation zu hetzen, das Volk nicht, die Juden zu schädigen, zu quälen oder gar todtzuschlagen, und die nachfolgenden Päpste selbst gingen über diese Bulle hinweg und machten die gehässigen kanonischen Beschränkungen mit aller Strenge geltend. Ohne sich um Papst und Kaiser zu kümmern, vertrieben die Kölner die wahrscheinlich älteste deutsche Gemeinde aus ihren Mauern „zu Ehren Gottes und der heiligen Jungfrau"; die Ausgewiesenen ließen sich in Deutz nieder (1426 [1]). Anderswo, in den süddeutschen Städten Ravensburg, Ueberlingen und Lindau wurden die Juden wegen einer lügenhaften Blutbeschuldigung verbrannt (1430 [2]).

Die literarische Leistung der deutschen Juden war daher auch in diesem Zeitabschnitte sehr, sehr dürftig und fast null. Die mörderischen Fäuste und die abhetzenden Quälereien haben ihren Geist stumpf gemacht. Selbst im Talmudstudium waren die deutschen Rabbiner mittelmäßig und haben nichts Besonderes zu Tage gefördert. Manche Rabbiner wurden von den Landesfürsten angestellt; wenigstens hat der Kaiser Sigismund einem seiner jüdischen Agenten Haym von Landshut den Auftrag ertheilt, „drei Rabbiner (Judenmeister) in Deutschland zu ernennen"[3]. Später ertheilte er dem Erbkämmerer Conrad von Weinsberg den Auftrag, einen Rabbiner Anselm

vom 8. August 1442 (bei Raynaldus zum genannten Jahre No. 15) hebt ausdrücklich die günstigen Privilegien Martins auf: omnia et singula privilegia, exemptiones, libertates, immunitates, concessiones et indulta per nos ac Martinum Papam V... facta vel concessa... cassamus, revocamus et annullamus. Martin selbst hat also seine Begünstigung durch keine spätere Bulle cassirt.

[1] Nach Zunz a. a. O.; Weyden, Geschichte der Juden in Köln, S. 196; Stobbe a. a. O. S. 93, No. 82 und 191 fg. berichtigt das Datum 1424 in 1426. [2] Joseph Kohen a. a. O. p. 75. [3] Aschbach, Geschichte Kaiser Sigismund's B. III. S. 460, Regesten und Itinerar vom 10. November 1426; vergl. Stobbe das. S. 259.

von Köln (Anschel Halevi) in Nürnberg zum „obersten Rabbi" über die Gemeinden Deutschlands und noch darüber hinaus zu ernennen[1]). Es ist möglich, aber nicht gewiß, daß dieser die Würde oder die Bürde nicht angenommen hat. Talmudische Lehrhäuser gab es wenig in Deutschland. Für das Unterhalten einer Hochschule mit Jüngern, die sich für das Rabbinat vorbereiteten, mußte der Rabbiner eine hohe Summe Steuer zahlen, obwohl der Unterricht unentgeltlich ertheilt wurde. Oefter wurde es überhaupt versagt oder sehr beschränkt[2]). Nächst Jakob Möllin (o. S. 134) taucht aus dieser Zeit nur noch ein einziger Name von einigem Klange auf, Menahem von Merseburg (Me‏ï‎l Zedek genannt um 1420—1450[3]). Er verfaßte ein umfangreiches Werk über die Praxis des rabbinischen Ehe= und Civilrechtes, wozu auch die Besteuerungsverhältnisse für die Gemeindebedürfnisse gehörten, welches die sächsischen Gemeinden zur Richtschnur nahmen. Wenigstens verließ er doch den unfruchtbaren Schlendrian seiner ältern Zeitgenossen oder Lehrer, Jakob Möllin und Eisak Tyrnau, auf die geringfügigsten Dinge in der Liturgie Werth zu legen. Allmählich wurde Menahem von Merseburg als Autorität anerkannt, und eine von ihm ausgegangene treffliche Anordnung fand zu seiner Zeit allgemeinen Beifall. Unter den Juden fanden nämlich damals wie unter den Fürsten frühreife Ehen statt; unmündige Mädchen wurden in aller Eile an den Mann gebracht. Nach talmudischem

---

[1]) Bei Güdemann a. a. O. S. 36.

[2]) Hessner, Juden in Franken, S. 63, Anmerk. Würsel a. a. O. p. 139, Beilage No. XXV.

[3]) Von diesem Rabbinen sind nur wenig Notizen bekannt. Jakob Weil (Respp. No. 133) berichtet von ihm: תחלה אבאר לכם מי הוא הרב המובהק ר' מנחם סמירזובורק ... דירהו היה במדינת זכסן היה לומדן מופלא גדול בדורו הרבה דינים ופסקים שכתב ... ופקץ וחקר מהם ספר גדול. Dann referirt Juda Menz von ihm (Respp. No. 13): וכל מנהג מדינת זכסן אחר אותו ספר מהר"ר כנחם מרזבורק ז"ל שאיזן וחקר ותקן שלא למען. Auch Salomo Lurja Comment. (zu Jebamat XIII. No. 17): בזמן הזה .... הגאון הר' יעקב מרגליות הביא דברי הרמ"מ נהגו בימי האחרונים שלא למען של שלמה zu auch Gittin XI. No. 5: מהחכם מה"ר מנחם מעיל צרק, ובתפשטו תקנותיו וגזירותיו בכל ארץ אשכנו, תיקון גט שהקן ר' ליפמן על פי מהר מנחם סמירזובורג. Juda Menz und S. Lurja identificiren also M. von Merseburg mit Menahem Meïl Zedek. Asulai s. v. scheint sie aber zu diversificiren. Da nun aber Jakob Weil um 1540 von Menahem Merseburg, wie von einem dem früheren Geschlechte Angehörenden, spricht, so muß dieser in dem ersten Viertel des XV. saec. geblüht haben. Aelter ist er wohl nicht, da Maharil ihn nicht erwähnt. Falsch ist die Angabe seines Zeitalters bei Jbn-Jachja und Spätern, als in der zweiten Hälfte desselben Jahrhunderts. Bei den Respp. des Jakob Weil ist angehängt: נמוקי מהר"ר מנחם מרזובורק. In Bodleiana No. 819 f. 40 b ist angegeben: קצת נימוקי מהר' מנחם מירזובורק, nicht identisch mit den edirten: Neubauer Katalog.

Gesetze hat aber ein unmündiges Mädchen, wenn es nicht vom Vater, sondern von der Mutter oder den Brüdern verheirathet wurde, bei eintretender Mündigkeit nach dem zwölften Jahre, unter Umständen sogar noch viel später, das Recht, die Ehe ohne weiteres aufzulösen entweder durch eine ausdrückliche Willenserklärung oder durch das Eingehen einer anderweitigen Ehe (Miun). Menahem von Merseburg fühlte aber das Unanständige einer solchen plötzlichen, oft von der Laune eingegebenen Eheauflösung und bestimmte, daß auch in diesem Falle ein förmlich ausgestellter Scheidebrief nöthig sei. Er begründete seine Bestimmung durch die Erwägung, daß doch die Auflösung einer solchen in Unmündigkeit geschlossenen Ehe nicht von einem Rabbinatscollegium stattzufinden brauche, die gesetzlichen Bedingungen namentlich für das Eintreten der Mündigkeit (Pubertät) nicht Jedermann bekannt seien, und daß daher ein Mißbrauch sehr nahe liege. Auch könnte sich die Meinung festwurzeln, daß jede Ehe ohne Scheidebrief aufgelöst werden dürfe. Diese Anordnung wurde aber im folgenden Jahrhundert durch Zurückführung auf den talmudischen Gesichtspunkt wieder beseitigt[1]).

Auffallend ist es, daß, obwohl unter den deutschen Juden jede außertalmudische Wissenschaft geächtet und von christlicher Seite den Wissensdurstigen der Weg zu den Pflegestätten der Wissenschaft versperrt war, doch hin und wieder jüdische Aerzte vorhanden waren und von christlichen Kreisen gesucht wurden[2]). Jakob von Straßburg wurde bis nach Frankfurt berufen. Einem Rabbiner in Tyrol, Namens Reuben, hat der Herzog Friedrich von Oesterreich (welcher wieder Juden in seinen Erbländern zuließ) wegen seiner Heilkunde Steuer- und Zollfreiheit zuerkannt. In Würzburg gab es eine jüdische Aerztin Sara, welche eine so bedeutende Praxis hatte, daß sie die Güter eines Edelmannes erwarb, die ihr von dem Domherrn, fast dem ganzen fränkischen Adel und vielen Städten verbürgt und gesichert wurden; ein Ritter von Wissentaun wurde ihr als Beistand vor Gericht gegeben[3]). In Regensburg beklagten sich die Bader in einer Beschwerde an den Rath, daß sich fast alle Bürger von den Juden curiren lassen[4]). Wahrscheinlich haben jüdische Aerzte ihre medicinischen

---

[1]) Vergl. B. IX. S. 518.
[2]) Vergl. Kriegk, Frankfurter Bürgerzwiste S. 449, 455 ff. Heffner, Juden in Franken, S. 11, 44. Beilagen D. G.; Wiener, Regesten a. a. B. S. 242, No. 158.
[3]) Heffner a. a. O. S. 13 mit Beilagen; die Urkunden vom Jahre 1419 Stobbe das. S. 279.
[4]) Gemeiner, Regensburgische Chronik IV. 291.

Kenntnisse in den italienischen Arznei=Schulen erlangt, da in Italien mehr Duldung herrschte. Mit Spanien hatten die deutschen Juden keinerlei Verbindung, und es ist fraglich, ob in den ersten zwei Jahr= zehnten des fünfzehnten Jahrhunderts, als die Königin=Witwe und der schismatische Papst jeden Verkehr mit Juden untersagt hatten, jüdische Lernbeflissene zu den Universitäten zugelassen wurden.

Siebentes Kapitel.

Die Ruhepause für die Juden in Spanien.

Die Unentbehrlichkeit der Juden in Spanien. Juan II. und sein allmächtiger Günstling Alvaro de Luna. Abraham Benveniste. Seine Thätigkeit gegen die eingerissene Zerrüttung in den Gemeinden. Das Statut von Valladolid. Feindseligkeit der Sippschaft des Pablo de Santa-Maria di Cartagena gegen die Juden. Das Baseler Concil gegen die Juden. Gegenzug gegen die feindliche Bulle. Feindseliger Sinn gegen die Neuchristen in Spanien. Geheimer Krieg zwischen ihnen und Alvaro de Luna.

(1430—1456.)

In derselben Zeit konnten sich die Juden Spaniens, die letzten Pfleger der Wissenschaft unter ihren Genossen, ein wenig und auf kurze Zeit aus dem Elend erheben, in das sie der kirchliche Wahnwitz, die Bosheit und Mordlust geschleudert, und noch dazu die politischen Verwickelungen hineingezogen hatten. Den ernsten Staatslenkern ging doch allmählich die Erkenntniß auf, daß die Judengemetzel, die Massentaufen, die Durchführung der harten Gesetze zur Ausschließung der Juden von jedem Verkehr mit Christen den staatlichen Wohlstand aufs Tiefste erschüttert hatten und zum völligen Ruin führen würden. Wenn die ehemals Reichen in Folge der Zerstörung ihrer Habe und ihres Ausschlusses vom Verkehr mit der christlichen Welt in den Straßen betteln mußten, so wurde damit auch die Einnahmequelle für die Erhaltung des Staatswesens verstopft. Die Verwaltung der Güter der dem höfischen Müßiggang ergebenen Adligen, die Pachtung der Steuern, der Ein- und Ausgangszölle war bis dahin der Umsicht jüdischer Geschäftskundiger, der Almoxarifen, überlassen worden, und die Finanzen der Granden und des Königs standen sich gut dabei. Seit Verkündigung des Edikts der Königin Catalina und der Bulle des schismatischen Papstes Benedictus (oder Maledictus, wie er genannt wurde), die streng gehandhabt wurden, waren diese Einnahmequellen halb versiegt. Christliche Zollpächter gab es nicht, sie hatten entweder nicht die dazu erforderliche Geschäftskenntniß, oder nicht die Mittel, Vorschüsse zu machen. Die Neuchristen mochten sich nicht damit befassen, um nicht als Juden zu gelten, oder strebten höher hinauf. Mehr noch als nach der Schlächterei der Juden in Folge des schwarzen Todes in Deutschland, machte sich in Spanien die Unentbehrlichkeit der Juden geltend.

Diese Unentbehrlichkeit erkannte mit richtigem Blicke der Günstling des castilianischen Königs Juan II., Namens Don Alvaro de Luna, dem der verweichlichte Herrscher die Last der Regierung nach dem Tode seiner Mutter überließ. Er war ein kluger, gewandter, unternehmender Mann, der das Wohl des Staates und des Königs fest im Auge behielt. Der König hatte ihm die höchsten Würden übertragen. Aus Bewunderung für diesen in allen Künsten des Friedens und Krieges gewandten Günstling machte er sich von ihm so abhängig, daß er nicht das Geringste ohne seinen Rath thun mochte. Alvaro de Luna war allmächtiger Regent in Castilien. Ihm zur Seite stand der Oberhofmeister Furtado de Mendoza. Beide waren darauf bedacht, der Zerrüttung des Staates, welche während der Unmündigkeit des Königs durch den gewissenlosen Staatsrath fast bis zur Auflösung der Ordnung um sich gegriffen hatten, zu steuern. Sie zogen dabei den klugen, edlen und thatkräftigen Juden Don Abraham Benveniste zu Rathe, und dieser war dadurch in den Stand gesetzt, das Elend seiner Glaubensgenossen zu mildern. Abraham Benveniste (geb. 1390, gest. vor 1456) hatte während der Gemetzel und Plünderungen seinen Reichthum behalten und während des Abfalls so vieler Tausende die Treue für sein Bekenntniß bewahrt. Sein Einfluß war so groß, daß die Feinde der Günstlinge des Königs — und sie hatten deren viele und erbitterte — als Grund ihrer Feindschaft gegen sie angaben, daß sie von Don Abraham Benveniste beherrscht würden[1]). Alvaro de Luna durchbrach den Bann, daß Juden kein, wie auch immer beschaffenes, obrigkeitliches Amt bekleiden und nicht als Rentmeister ernannt werden sollten. Joseph Naßi, ein Mann von großen Reichthümern, erlangte die Pacht der einträglichen Hafenzölle (1427) und ein sonst unbekannter Samuel Alfodar die Pacht der Verzehrungssteuer[2]). Zur Kränkung des alten Scheinheiligen und Feindes seiner ehemaligen Brüder Pablo de Santa Maria und entgegen dem frühern Erlasse hatten gebildete Juden wieder wie früher Zutritt zum Hofe und bei den Granden als Aerzte und Rathgeber. Der philosophisch gebildete Prediger, Schriftsteller und Polemiker, Joseph Ben-Schemtob, verkehrte bei Hofe, und der zu seiner Zeit als ausgezeichneter Arzt berühmte Chajim Ibn-Musa hatte Eingang bei Granada. Beide disputirten in Gegenwart des Königs mit gebildeten Christen über

---

[1]) Amador III. p. 23.   [2]) Das. p. 32.

religiöse und philosophische Fragen¹). Da der König unselbstständig war, so ging die Begünstigung und Erhebung verdienter jüdischer Persönlichkeiten von de Luna aus, ohne welchen Niemand seine Hand und seinen Fuß erheben durfte.

Am höchsten gestellt war Don Abraham Benveniste, welcher zum Groß-Rabbiner oder zum **Rabbiner des Hofes** (el Rabi de la corte) ernannt wurde. Mit dieser Würde wurde ihm auch die Befugniß der höheren Gerichtsbarkeit, selbst für peinliche Fälle, ertheilt, welche der Großvater dieses Königs, Juan I., den Rabbinen entzogen hatte. Don Abraham war zugleich Oberrichter über die castilianische Gesammtjudenheit. Er wurde für sie ein Trost und ein Segen. Sie konnte sich durch ihn von den schweren Leiden erholen und die Wunden, welche ihr die Massenmorde und Massentaufen geschlagen hatten, einigermaßen heilen. Vermöge seiner Stellung vermochte er der Zerrüttung und Verwilderung zu steuern, welche in Folge dieser tragischen Ereignisse in den Gemeinden bis zum Uebermaße eingerissen waren.

Selbst ehemals bedeutende Gemeinden waren in den unglücklichen Jahren vermindert und so sehr herabgekommen, daß die synagogalen und religiösen Verhältnisse außer Rand und Band gerathen waren. Schulen für die Jugend waren in vielen Gemeinden gar nicht mehr vorhanden oder in verwahrlostem Zustande. Es war auch Mangel an Lehrkräften eingetreten, da viele dazu Befähigte zum Christenthum übergetreten waren. Es war selbst Mangel an Synagogen, da viele von Vicente Ferrer und seiner Geißlerbande in Kirchen verwandelt worden waren. Die talmudischen Lehrhäuser in den großen Städten waren meistens verfallen und verwaist, und dadurch war eine solche Unwissenheit in der talmudischen Gesetzeskunde eingetreten, daß sich an manchen Orten nicht drei Kundige ausmitteln ließen, ein Rabbinats-Collegium zu bilden. Dafür hatten sich Unwürdige durch Gönnerschaft mit geistlichen Würden belehnen lassen. Mit dem Verfall des Geistes ging der Verfall der Sittlichkeit Hand in Hand, da keine Autorität anerkannt war, ihm zu steuern. Beim Gebete kamen nicht selten Raufereien und selbst Messerstiche von Feinden gegen einander vor. Freche Männer und Jünglinge zwangen durch Drohung oder mit Hilfe von christlichen Helfershelfern Mädchen oder Wittwen zu Eheverbindungen mit ihnen durch gewaltsame Ansteckung eines Trauringes, und es blieb den Furchtsamen nur die Wahl, entweder mit dem Frechen zu leben, oder lebenslänglich zu versitzen, da die Ehescheidung nicht so leicht erzwungen werden konnte.

¹) S. Note 4.

Verderblicher fürs Allgemeine wirkte die gesunkene Sittlichkeit durch Angeberei nichtswürdiger Gemeindemitglieder bei den Behörden oder bei den Granden. Da unter Juan II. Parteiung und Verschwörung an der Tagesordnung waren, um den Günstling Alvaro de Luna und selbst den König zu stürzen oder ihm zu dienen, so mehrten sich Angeber gegen die Glaubensgenossen, welche für oder gegen diesen und jenen Partei genommen hatten, wodurch für die Angeschuldigten Schädigung am Vermögen oder Kerkerhaft und auch empfindliche Leibesstrafen eintraten. Dieser mannigfachen Verwilderung unter den castilianischen Juden suchte Don Abraham Benveniste durch ein bindendes Statut zu steuern.

Er wurde von dem König ermächtigt, aus sämmtlichen Gemeinden Rabbiner und Notablen zu berufen, um in Valladolid im Palaste des Königs eine neue Gemeindeordnung zu berathen und zu genehmigen und die Zuwiderhandelnden durch allerlei Strafen zur Nachachtung zu zwingen: durch Ausschluß aus dem Gemeindeverbande, durch Einkerkerung oder Verbannung, ja selbst durch angedrohte Hinrichtung. Diese jüdisch-castilianische Gemeindeordnung, welche durch Zustimmung sämmtlicher Gemeinden und durch Bestätigung des Königs Gesetzeskraft erhalten hat, (beendet Siwan 1432[1]) ist eine Urkunde, welche zugleich Trauer über den Verfall erweckt, der eine solche Strenge nothwendig gemacht, und Bewunderung für den Urheber erregt, welcher sich in den Riß gestellt hat. — Das Statut von Valladolid sorgte für Pflege des Talmudstudiums, für den Unterricht der Jugend, für die Wahl von Richter-Rabbinen und deren Besoldung, für würdigen Gottesdienst, ordnete die Gemeindesteuer und suchte Unfug und Niedertracht zu bannen. Eine besondere Strenge enthält das Statut gegen Angeber: Geld- und Kerkerstrafen, Geißelhiebe, Ausschluß aus dem Verbande der jüdischen Gemeinschaft. Wer dieses Verbrechens überführt wurde, durfte durch hundert Geißelhiebe oder durch Brandmarkung mit einem Eisen an der Stirne und mit Verbannung bestraft werden. Hat ein solcher die Angeberei dreimal wiederholt, so war der Oberrichter und Großrabbiner Don Abraham berechtigt, über ihn die Todesstrafe zu verhängen und sie durch Zustimmung des Königs vollstrecken zu lassen. Klugerweise hat Don Abraham in diesem Statut einen Punkt aufnehmen lassen: Wenn ein Jude gegen einen andern dem König etwas hinterbringt, was dessen Vortheil betrifft, so sollte er nicht als Angeber betrachtet, vielmehr belobt werden. „Denn wir Juden insgesammt sind verpflichtet, den Vortheil des Königs zu wahren, und

---

[1] Vergl. Note 4.

jeden zu hindern, der ihm Schaden zufügen könnte." Erweist sich die Denunciation als erlogen, so soll den Angeber die härteste Strafe treffen.

Wichtig war auch ein Punkt in dem Statut von Valladolid über die Trachten der Männer und Frauen. Das von der Königin-Mutter Catalina ausgegangene Verbot, kostbare Kleider zu tragen, war unter ihrem Sohne, an dessen Hof jüdische Günstlinge verkehrten, wenig befolgt worden. Besonders waren jüdische Frauen nicht davon abzubringen, sich wie die vornehmen Christinnen in Seidengewänder mit langen Schleppen zu kleiden, Perlen, Agraffen und andere Schmucksachen anzulegen. Dieser Aufwand erregte Neid und Gehässigkeit der christlichen Bevölkerung gegen die Juden überhaupt. Der letzte Paragraph dieser Gemeindeordnung untersagte daher im Allgemeinen augenaufreißende Tracht; die Juden sollten nicht vergessen, daß sie in den Zeiten des Druckes leben. Die Maßregel, daß die Gemeindevertreter selbst den Luxus der Weiber überwachen und ihm steuern sollten, war nothwendig, weil diese trotz des wiederholten königlichen Verbotes nicht davon lassen mochten, und der König selbst soll den jüdischen Hofbeamten gegenüber geäußert haben: "Wenn ihr Männer auch wie die Köhler einhergeht, so sind eure Weiber doch behangen wie das Maulthier des Papstes"[1]).

Dieses Statut sollte zehn Jahre in Kraft bleiben und erst nach dieser Frist, wenn nöthig, abgeändert werden. Ob es für die Dauer ein kräftiges Heilmittel gegen die Schäden geworden ist? Jedenfalls ist es diesem Großrabbinen Abraham Beneniste als Verdienst anzurechnen, daß er das vielfach zerrüttete jüdische Gemeinwesen in

---

[1]) Das Statut findet sich in der französischen Nationalbibliothek der hebr. Handschrift No. 586, spanisch mit hebräischen Sätzen vermischt und das Spanische mit hebräischen Wörtern gegeben. M. Kayserling hat nach einer Copie den Inhalt gegeben mit einem Vorworte im Jahrbuch des Literaturvereins für die Geschichte der Juden und des Judenthums, B. IV. Leipzig 1869, S. 290 fg. Francisco Fernandez y Gonzales hat es besonders abgedruckt (die hebräische Schrift in lateinische umgewandelt) in Boletin de la real Academia de la historia, Madrid 1885 und auch als Separatabdruck, Madrid 1886 Ordenamiento formado por los procuradores de las aljamas hebreas pertenientes al territorio de los estados de Castilla en la asemblea celebrada en Valladolid el año 1432. Eine Beleuchtung des Statuts gab Loeb in der Revue des Etudes juives 1886 p. 187 fg. Das Statut wird genannt Teccana — תקנה oder Escama = הסכמה, weil es mit Zustimmung der Notabeln vereinbart wurde. — Don Abraham wird darin öfter als רב de la corte (Rabbiner des Hofes) und auch als Juez mayor und Juzgador bezeichnet.

Castilien zusammenzufügen und die darniederliegende Geistesthätigkeit wieder aufzurichten versucht hat.

Aber wie viel Hindernisse hatte er zu bekämpfen, um den leiblichen und geistigen Zustand der Gemeinden dieses Königreiches zu heben! Die vielfachen Feinde des Günstlings Alvaro de Luna waren auch seine und seiner Glaubensgenossen Feinde, und dazu gehörten die mächtigen Infanten, die Söhne des Aragonischen Königs Fernando, die Vettern des Königs Juan II., welche diesem den Thron streitig machten und ihn mehrere Male als Gefangenen behandelten.

Am ingrimmigsten haßte die Sippschaft des heuchlerischen Bischofs von Burgos de Santa Maria die Juden, ihren Fürsprecher Abraham Benveniste und ihren Gönner, den Günstling de Luna. Zu dieser Sippschaft, de Cartagena genannt, gehörten zwei Brüder und vier Söhne des Apostaten, welche sämmtlich schlau, ränkevoll, gesinnungslos und falsch waren. Sie ließen sich von dem Kanzler zu höheren kirchlichen, richterlichen oder bürgerlichen Aemtern und Würden befördert, arbeiteten aber heimlich an seinem Sturz. Am Rande des Grabes hatte de Santa Maria in einer Schrift (1434) Gift gegen die Juden gespien und zu neuen Wuthausbrüchen gereizt. Er sagte in dieser Schrift nicht weniger als: Gott habe sich des zwar unwissenden, aber frommen Erzdekans Fernan Martinez in Sevilla, des Urhebers der graußigen Gemetzel, als Werkzeugs bedient, das tapfere Volk gegen die Juden zu stacheln, um an ihnen Jesu vergossenes Blut zu rächen[1]). Es war sein Herzenswunsch, das blutige Gemetzel von 1391 wiederholt zu sehen. Aber so lange Alvaro de Luna den König und die Regierung leitete, unterdrückte er jeden Aufstandsversuch mit starker Hand. Sobald aber dieser durch die Ränke der Infanten und ihrer Parteigänger — wozu die Familie de Cartagena vor allem gehörte — gestürzt war, erhoben diese apostatischen Erzjudenfeinde ihr Haupt. Alvaro de Luna hatte den zweiten Sohn des Paulo de Santa-Maria, welcher nach dem Tode seines Vaters zum Bischof von Burgos ernannt war, als Vertreter der castilianischen Kirche zum Concil nach Basel beordert. Er war der klügste, thatkräftigste, aber auch verworfenste der Brüder Cartagena. Sobald er den Sturz des gefürchteten Kanzlers erfahren hatte, arbeitete er daran, die Demüthigung, ja womöglich die Vernichtung der Anhänger des Judenthums in Castilien durchzusetzen. Den Mitgliedern des Baseler Concils lagen die eigenthümlichen Verhältnisse der Juden fern, und es wäre ihnen nicht in den Sinn gekommen, ihr Dasein als gefährlich für

---

[1]) In seinem Scrutinium Scripturarum.

den Christenglauben anzusehen und sie zum Gegenstand der Concil-
Verhandlungen zu machen. Alfonso de Cartagena brachte aber die
Judenfrage auf die Tagesordnung des Concils, nahm dieses, so wie
den Papst Eugenius IV. gegen sie ein und setzte eine äußerst feindliche Bulle gegen sie durch.

Dieser Papst, von der Baseler Kirchenversammlung von Schritt
zu Schritt gedemüthigt und seiner Würde entsetzt, hatte durch Verrath
einiger Hauptleiter des Concils und durch die Unbeholfenheit der
deutschen Fürsten über das Concil gesiegt. Eugenius war den Juden
Anfangs nicht abhold, obwohl er einen beschränkten mönchischen
Gesichtskreis hatte. Im Beginne seines Pontificats bestätigte er noch
die günstigen Privilegien der Juden, welche sein Vorgänger Martin V.
ihnen verliehen hatte (o. S. 127), sagte ihnen seinen Schutz zu, und
untersagte, sie gewaltsam zu taufen und ihnen Leibes zuzufügen[1]).
Dann wurde er, sowie die Kirchenversammlung im judenfeindlichen
Sinne so sehr bearbeitet, daß er seine Gesinnung änderte. Alfonso
de Cartagena hatte dies bewirkt. Er verfocht auf dem Baseler
Concil die Partei des Papstes Eugenius warm und war daher bei
diesem eine beliebte Persönlichkeit. Der Papst äußerte sich einst:
„Wenn der Bischof von Burgos an unseren Hof käme, müßten wir
ihm auf dem Petrusstuhle den Platz räumen". Er nannte den
Bischof von jüdischer Abstammung „die Freude Spaniens und die
Ehre der Prälaten". Alfonso hatte die weite Reise nach Breslau
zum Kaiser Albrecht gemacht, um diesen für die Obedienz des Papstes
Eugenius zu gewinnen. Was Wunder, daß dieser ihm ebenfalls gefällig war? In Folge seiner verleumderischen Klagen über die Gefährlichkeit der Juden für Spanien erlangte er vom Papste und der
Papst von dem Concil die volle Bestätigung der Bulle des schismatischen
Papstes Benedictus XIII. (o. S. 122) in ihrer ganzen Ausdehnung.
Der Eingang der Bulle lautet: Es sei ihm zu Ohren gekommen,
daß die Juden, die ihnen vom päpstlichen Stuhle bewilligten Privilegien zum Aergernis der Gläubigen mißbrauchten und viele Schänd-
lichkeit und Uebertretung begingen, wodurch die Reinheit des Glaubens
befleckt werde. Er sehe sich also veranlaßt, die Indulgenzen, die er,
sein Vorgänger Martin und andere Päpste ihnen eingeräumt haben,
aufzuheben und als null und nichtig zu erklären. Die Bulle wiederholte dabei sämmtliche gehässige kanonische Beschränkungen und ver-
schärfte sie noch mehr. Juden sollten zu keinerlei Amt und Würden
zugelassen werden, auch nicht eine Erbschaft von Christen annehmen,

---

[1]) Gemeiner, Regensburgische Chronik III. S. 29.

sollten keine neue Synagoge bauen, die alten auch nicht mit Pracht
ausbessern, in der Passionswoche sich nicht öffentlich blicken lassen
und ja nicht Thüre oder Fenster öffnen dürfen. Zeugnisse von
Juden gegen Christen haben keinerlei Gültigkeit. Eugenius' Bulle
schärfte nachdrücklich ein, daß kein Christ bei Juden in irgend einem
dienenden Verhältniß stehen und nicht einmal für sie am Sabbat
Feuer anzünden dürfe, und daß die Juden, durch Abzeichen und eigene
Tracht von den Christen unterschieden, eigene Quartiere einnehmen
sollten. Das Alles verstand sich für den Papst Eugenius von selbst.
Jede Aeußerung eines Juden, die lästerlich gegen Jesus, die Gottes=
mutter oder die Heiligen klänge, sollte vom weltlichen Richter streng
bestraft werden. Diese Bulle sollte im ganzen Lande bekannt gemacht
werden und dreißig Tage darauf in Kraft treten. Jeder Uebertreter sollte aufs Strengste geahndet werden. Wäre es ein Christ,
so sollte er dem Kirchenbanne verfallen, und selbst wenn es der
König oder die Königin sei. Wäre der Uebertreter ein Jude, so
sollte dessen ganzes Vermögen, Bewegliches und Unbewegliches, von
dem Bischof der Diöcese eingezogen und zu Kirchenzwecken verwendet
werden. Durch eigene Sendschreiben ermahnte Eugenius die castilianischen Kirchenfürsten, die Beschränkung der Juden aufs unerbitt=
lichste zu überwachen. Diese die Existenz der spanischen Juden
bedrohende, vom Concil und dem Papste geheiligte Bulle, die Aus=
geburt des bis zum Wahnsinn gesteigerten Hasses, hatte eine ganz
andere Wirkung, als die von dem Apostaten Geronimo de Santa Fé
angeregte Bulle des schismatischen Papstes Benedictus, dessen Autorität
streitig gewesen war.

Die päpstliche Bulle für Castilien wurde in einigen spanischen
Städten bekannt gemacht, darunter auch in Toledo, ohne Zustimmung
des Königs Juan II. Die Fanatiker hatten gewonnenes Spiel, sie
erblickten darin die Erfüllung ihrer Wünsche. Das mißleitete Volk
betrachtete dadurch Juden und Mohammedaner als vogelfrei und
machte hier und da thätliche Angriffe auf deren Personen oder Eigenthum. Kirchlichgläubige Christen meinten, daß sie in Folge der
päpstlichen Verordnung mit Juden keinerlei Geschäftsverkehr eingehen
dürften. Der christliche Hirte ließ die Heerden der Juden (oder
Mohammedaner), der Ackersknecht die Ländereien derselben in Stich.
Die Verbindungen der Städte unter einander (Hermandad) machten
einige Statuten zu vollständiger Bedrückung der von der Kirche
Gebrandmarkten. Die Juden wandten sich daher händeringend an
den König. De Luna war kurz vorher durch die Ränke seiner Feinde
in Ungnade gefallen, und der König war rathlos.

Zum Glücke für die Juden dieses Königreiches wurde er bestürmt, wieder an den Hof zu kommen, und alle seine Würden oder vielmehr seine Regierung über Staat und Heer zu übernehmen. Der König konnte ihn nicht entbehren, und auch die Granden, wie das Volk, sahen in ihm den Retter in der Noth, um der während seiner Verbannung eingerissenen Anarchie, der Häufung von Verbrechen und Skandalen zu steuern. Wie eine beleidigte Frau ließ er sich lange bitten, und als er die Zügel wieder in die Hand nahm, trat wie durch Zauberei Ruhe und Ordnung wieder ein.

Er ließ sich auch die Unterdrückung der begonnenen Gewaltthätigkeit gegen die Juden angelegen sein. War doch der Ausgangspunkt dieser Bulle, deren Urheber er nicht verkennen konnte, von der sträflichen Begünstigung der Juden ein Schlag gegen ihn, daß er einsichtsvolle und erfahrene Juden an den Hof gezogen hatte. Der Kanzler führte sofort einen Gegenstreich gegen seine Feinde und die der Juden. Der König, d. h. de Luna, erließ ein Dekret (6. April 1443[1]) als Erklärung zur Bulle. Sie geradezu aufheben durfte er nicht, auch nicht die frevelhaften Ränke aufdecken, welche sie zu Stande gebracht hatten. Die königliche Erklärung legte sie aber in einem Sinne aus, wodurch sie unwirksam werden sollte. Er sprach seine Entrüstung über die Unverschämtheit derer aus, welche die Bulle des Papstes zum Vorwand ihrer Angriffe auf Juden und Mohammedaner nahmen. Nach kanonischen und königlichen Gesetzen sollten diese unbelästigt und unangefochten unter Christen leben. Außerdem bezeichne die Bulle genau die Beschränkungen gegen Juden und Mohammedaner; daraus folge aber keineswegs, daß sie beraubt, verletzt oder gemißhandelt werden dürfen, auch nicht, daß sie nicht Handel und Handwerk treiben, Zeugweber, Goldarbeiter, Zimmerleute, Barbiere, Schuhmacher, Schneider, Müller, Kupferschmiede, Sattler, Seiler, Töpfer, Wagenbauer, Korbmacher sein, und daß die Christen ihnen darin nicht Dienste leisten dürften. Denn dadurch büßen die Letzteren ihre Autorität keineswegs ein, noch gerathen sie dadurch in allzugroße Vertraulichkeit mit diesen, noch erscheinen die Ersteren durch Betreibung dieser Geschäfte besonders geehrt, was die Bulle doch einzig und allein vermieden wissen wolle. Allerdings sollten die Christen keine Heilmittel von jüdischen und maurischen Aerzten annehmen, es sei denn, daß christliche Hände den Trank bereiteten. Allein auch daraus folge nicht, daß man nicht von

---

[1] Dieses Dekret ist mitgetheilt bei Lindo, history of the Jews in Spain p. 221 ff., es ist aber erst durch die früher erwähnte Bulle verständlich.

geschickten Heilkünstlern jüdischen und maurischen Glaubens ärztlichen Rath annehmen oder Medizin einnehmen dürfe, wo kein christlicher Arzt vorhanden. Juan II. machte es daher allen Magistratspersonen zur Pflicht, Juden und Mohammedaner, als unter des Königs besonderem Schutz stehend, vor jeder Unbill zu wahren und die christlichen Uebertreter durch Kerkerstrafe und Güterconfiscation zu bestrafen. Sein Dekret sollte im ganzen Lande durch den öffentlicher Ausrufer in Gegenwart eines Notars bekannt gemacht werden. Freilich sollte darauf gesehen werden, daß die Juden und Mohammedaner eigne Abzeichen an ihren Kleidern tragen und von Christen getrennt wohnen. Wo kein solches gesondertes Quartier vorhanden sei, sollte es ihnen zu ihrer Bequemlichkeit angelegt werden. Der König machte sich noch anheischig, vom Papst eine Milderung der in der Bulle enthaltenen Beschränkungen gegen die Juden und ihre Beschützer zu erlangen.

So wurden die Juden in Castilien mehr, als ihnen lieb war, in den Parteikampf gezogen. Schlimm genug war es für sie, daß sie von dem Schutze des Alvaro de Luna abhängig waren, der nur aus politischer Berechnung die schützende Hand über sie hielt, und dessen unbeschränkte Macht sich doch nur auf die Schwäche des Königs stützte.

In den Parteikampf unter Juan II. wurden auch die Marranen hineingezogen, die zum Theil diesen Kampf entzündet hatten. Unter den Zwangstäuflingen in Castilien und Aragonien von 1391 und von 1412—1414 und ihren Nachkommen hielten sich diejenigen, welche den Gott ihrer Väter und sein Gesetz im Herzen trugen, fern vom politischen Treiben, zufrieden, wenn sie in Ruhe gelassen waren, gewissensbelastet, daß sie zur Schau die kirchlichen Riten mitmachen mußten. Sie strebten nicht nach Gütern und Auszeichnungen, sondern lebten in der Hoffnung, bald von diesem fürchterlichen Gewissenszwang erlöst zu werden. Anders die weltlich gesinnten Neuchristen, zumeist gebildete, auch talmudisch geschulte Personen. Ihre Theilhaftigkeit an der christlichen Gemeinschaft suchten sie zu ihrem Nutzen auszubeuten, Reichthümer und Ehrenstellen zu erlangen, drängten sich an Adelsfamilien heran, um sich mit ihnen zu verschwägern und dadurch zu Ansehen und Macht zu gelangen. So brangen sie in die Magistratssitze, in Richterämter und in die Cortes=Versammlungen, in die Regierungssphäre, in die akademischen Lehrämter und in die Kabinete der Infanten und Könige ein. In Aragonien kamen Verbindungen des Klein= und Großadels mit Marranen so häufig vor, daß später behauptet wurde, es gäbe nur eine einzige adlige Familie, welche nicht von jüdischem Blute ab=

stamme¹). Diejenigen, welche von Hause aus mit der heiligen Schrift bekannt waren, haschten besonders nach Kirchenämtern²), welche zugleich einträglich und ehrenvoll waren. Diese jüdischen Kanoniker, Dekane und Bischöfe, je weniger sie im Innern durch eine aus ihrem Kreise herübergenommene Zweifelsucht den Christenglauben theilten, heuchelten desto mehr Glaubenswuth. Um ihre kirchliche Rechtgläubigkeit zu bethätigen, feindeten sie meistens das Judenthum und seine Bekenner an und verlästerten es mit unverschämter Niedertracht. Wie der ehemalige Rabbiner Salomo Pablo de Santa=Maria und seine Söhne in Castilien und wie des Meisters würdiger Jünger Lorqui = Geronimo de Santa=Fé, so verunglimpften ihre Gesinnungsgenossen ihre ehemaligen Glaubensgenossen in Wort und Schrift. Der Täufling Micer Pedro aus der berühmten jüdischen Familie de la Caballeria verfaßte eine von Feindseligkeit strotzende Schrift gegen die Juden: „Eifrer Christi gegen Juden und Moham-

¹) Der Beisitzer und Geheimsekretär der Inquisition Juan de Anchias, welcher mit den Proceßakten der des Judenthums angeklagten Marranen und mit ihren Testamenten vertraut war, stellte 1507 eine Genealogie der getauften Juden zusammen. Diese Zusammenstellung führte den Titel: „Das grüne Buch von Aragonien, el Libro verde de Aragon". Im Eingang sagt der Verfasser: Genealogia valde antiqua et bona neophitorum antiquorum qui conversi fuerunt tempore beati Vincentii Ferrarii, confessoris ord. Praedicatt. in civitate Caesaraugustae et extra in regno Aragonum extracta per me Anchiam, assessorem Sanctae Inquisitionis. Im Jahre 1623 gab Philipp IV. dem Generalinquisitor André Pacheco den Auftrag, seinen Eifer zu verdoppeln, um dieses Buch zu vernichten. So ist nur ein einziges Exemplar aus dem 16. Jahrh. in der Bibliothek Colombina gerettet worden. Dieses Exemplar fand Amador de los Rios in einem Versteck in Sevilla, und Don Rodrigo Amador de los Rios, sein Sohn, druckte es ab in Revista de España 1885, XVIII. Jahrgang, Tomo 105 (p. 547 f.) und 106 (p. 249 ff. und 567 ff.). Der Sekretär der Inquisition Anchias stellte die Genealogie der Marranen von Aragonien zusammen, um die altchristlichen Familien zu warnen, sich mit ihnen zu verschwägern. „y assí deliberé de hacer este sumario para dar luz à los que tuviesen voluntad de no mesclar su limpieza con ellos, que sepan de que generaciones de judios descienden los siguientes . . . . Et quia generatio eorum est neque et adultera, infidelis et prava, ideo cum eis cavete negotiare, quia filii ejus sunt hujus senex (?) sagatiores, quam filii lucis, porque son de un vidado que mucho crece y carga y quanto mas lo han cabado [cavado], regado y podado, tando más el fructo amarga." Aus diesem „grünen Buche" entnahm theilweise der Verfasser des „Tizon de la Nobleza" (Schandfleck des Adels in Spanien, gedruckt Madrid, 1849), Cardinal Mendoza y Bobadilla, das Material für sein Memoriale für den König Philipp II. von Spanien, daß der spanische Adel durch Verschwägerung mit jüdischen Familien sich nicht rein erhalten habe.

²) Amador de los Rios III. p. 91.

medaner"¹), in welcher die ersteren als ein verkehrtes Geschlecht, verfluchter Samen, heuchlerisch, falsch, pestilenzialisch gebrandmarkt werden. Ein angeblicher Rabbiner, welcher durch Vicente Ferrers Geißlerpredigten zum Christenthum bekehrt worden war, Juan de España genannt, verlästerte ebenfalls sein ehemaliges Bekenntniß und seine Stammgenossen. In einer Denkschrift über seine Bekehrung und in einem Commentar zum zwei und siebzigsten Psalm gab er als eine Christenpflicht an, die Juden zu zwingen, ihre Irrthümer abzuschwören²).

In Folge ihrer Kenntnisse, ihrer erworbenen Reichthümer, ihrer gehobenen Stellung und ihrer Verbindung mit den gebietenden Kreisen erlangten die klugen Neuchristen Einfluß auf den Gang der Politik in Castilien, das durch Parteiung zerklüftet war, und in Aragonien, wo zuerst ein für Ränkeschmiede zugängliches Weib die Regierung führte, Donna Maria, statt des zu Eroberungen ausgezogenen Alfonso V. und später Juan II. von Aragonien, der gegen seinen Sohn die Waffen führte. In beiden Reichen war solchergestalt die allergünstigste Gelegenheit für ehrgeizige Marranen, welche ihren Ursprung vergessen machen wollten, emporzukommen, eine Rolle zu spielen und gegen ihre ehemaligen Bekenntnißgenossen zu wühlen. So manche unter den Neuchristen benahmen sich, wie es Emporkömmlingen eigen ist, mit Hochmuth und Ueberhebung und erregten dadurch Mißgunst und Erbitterung.

Frommgläubige Altchristen waren indeß voll Mißtrauen gegen die aufrichtige Zuneigung der Neuchristen zur Kirche, wie glaubenseifrig diese sich auch geberdeten. Sie hatten sie in Verdacht, daß sie heimlich die jüdischen Riten beobachteten, und wenn das nicht, so wären sie gar ohne Religion, gegen das Christenthum ebenso gleichgültig, wie gegen das Judenthum. Die mehr weltlichen Altchristen sahen voll Neid auf den wachsenden Einfluß der Marranen. Auf der Stufe hoher Aemter fühlten sie sich zurückgesetzt und verletzt und verwünschten sie noch mehr. Ganz besonders waren Argwohn und Unwille gegen die Neuchristen im Süden, im Toledanischen, in Andalusien und Murcia rege, daß sie durchweg in ihrem Herzen dem Christenthum abgeneigt wären und nur aus Interesse Gläubigkeit heuchelten. Hier kam ein Spott- und Schimpfname für sie auf, der sie brandmarken sollte. Alboraïks wurden die Neuchristen genannt,

---

¹) Zelus Christi contra Judaeos et Saracenos. Vergl. darüber Amador III. 106 Note.
²) Amador Estudios p. 430 f.

hergenommen von der Sage, daß Mohammed von dem Tempel in
Jerusalem gen Himmel gefahren sei auf einem Rosse, Alborak
(der Blitz), das keinem Rosse ähnlich gewesen, sondern von andern
Thieren, Vögeln und Wesen etwas an sich gehabt hätte. Diesem
Alborak glichen die Neuchristen, sie seien weder Juden, noch Christen,
noch Mohammedaner; sie seien von Gier wie wilde Thiere besessen,
spreizen sich wie die Pfauen, fröhnen dem Müßiggang wie Windhunde
und haben ganz besonders die Giftigkeit der Schlange. Wegen dieser
verschiedenen Eigenschaften und besonders weil sie das nicht seien, was
sie vorstellen, passe die Benennung Alboraik ganz besonders auf sie[1]).
Von dieser Benennung, mit welcher die Altchristen ihren Abscheu und
ihren Ingrimm gegen die Eindringlinge ausdrückten, bis zur Erbitterung und Verfolgung war in dem heißblütigen spanischen Süden
nur ein Schritt.

Diese Erbitterung machte sich zuerst in Toledo Luft. Mit der
Glocke der Kathedrale wurde die Menge von den Feinden der

---

[1]) Mr. Isidor Loeb hat in der Pariser Nationalbibliothek ein hoch-
interessantes Manuskript für die jüdisch-spanische Geschichte entdeckt (No. 356
fonds espagnol) und davon Mittheilungen und Auszüge gegeben (Revue des
études j. T. XVIII. No. 36 p. 231). Ein Theil dieses Ms. enthält ein
spanisches Werk, welches den Titel Alborayco führt (das. p. 238 f.). Der
anonyme Verf. giebt selbst die Veranlassung zu diesem Titel in der Einleitung
an. Ich gebe diese hier auszüglich. En la villa de Erena (Llerena) . . fue
puesto nonbre á los neofitos judaizantes, conviene á saber á los
conuersos que se tornan Christianos, agora ha sesenta e mas años,
e de la guerra que estonces se hizo en toda España por muerte de
espada, conviene á saber destruycion de las aliamas (aljamas) de las
Judios, a los que quedaron vivos por la mayor parte los baptizaron por
fuerça e tomaron ellos entre sy un sobrenonbre anuzim, que quiere
dezir forçados . . . . guardando sabad y otras cerimonias iudaycas,
rrezando por libros de Judios, enpero porque ellos tienen la circuncision
commo Moros, e el sabad commo Judios, e el solo nombre de Christianos,
e nin sean Moros, nin Judios, nin Christianos, aunque por la voluntad Judios, pero non guardan el Talmud nin las cerimonias todas
de Judios, nin menos la ley christiana. E por esto los fué puesto esto
sobrenonbre por mayor vituperio, conviene à saber alborayco.
Dann wird die Benennung auf Mohammeds Pferd zurückgeführt, die seltsamen
Körpertheile dieses Thieres beschrieben und in abgeschmackter Weise das Verhalten der Neuchristen damit verglichen. — Bei einer Vergleichung ist angegeben: asy en el Reyno de Toledo e de Murcia e de toda el Andaluzia,
con toda Estremadura, apenas fallaredes dellos algunos Christianos
fieles, loquel es notorio en toda España. Dieses zugleich interessante und
alberne Buch ist verfaßt, 60 und mehr Jahre nach dem großen Judengemetzel
von 1391 und nach der Eroberung Constantinopels durch die Türken, wie
Mr. Loeb eruirt hat, also um 1454—1460.

Marranen zusammengerufen und von zwei altchristlichen Kanonikern
angeführt und aufgestachelt. Aufgeregt stürzte sie sich auf die
Besitzungen eines reichen Neuchristen, Alonso de Cota, zündeten
sie an und machten Anstalt, das ganze Viertel, wo meistens Marranen
wohnten, in Brand zu legen. Bei der Aufregung, in welche
die ganze Hauptstadt gerieth, bewaffneten sich viele Neuchristen unter
Anführung eines reichen Marranen Juan de la Cobbad, um der
Brandstiftung Einhalt zu thun, sie wurden aber trotz tapferer Gegenwehr zurückgeschlagen, ja, der Anführer und mehrere angesehene Neuchristen wurden getödtet, ihre Leichen dann von der aufgeregten
Menge im Triumph durch die Straßen geschleift und mit den
Füßen nach oben an den Galgen gehängt (März 1440). Der König
Don Juan und sein Minister Don Alvaro rückten zwar vor Toledo
mit dem Vorgeben, die Aufwiegler zu züchtigen. Aber der Ober-
mundschenk und Großalkalde Pedro Sarmiento verrammelte die
Pforten vor ihnen, und sie zogen unverrichteter Sache ab. Alvaro,
der sonst nicht mit sich trotzen ließ und das Ansehen des Königs
nicht preisgab, hatte offenbar damit seinen feindlichen Sinn gegen
die Neuchristen kundgeben wollen, weil sie gegen ihn heimlich wühlten
und auf seinen Sturz sannen. Seine Gleichgültigkeit gegen den Auf-
ruhr sollte ihnen zeigen, daß sie ohne seinen Schutz verloren sind.

Sarmiento ging noch einen Schritt weiter gegen die Marranen.
Er ließ eine Art Tribunal und Cortesversammlung zusammentreten
und setzte mit dem Procurador Garcia de Toledo ein Statut
durch, daß fortan kein Neuchrist mit irgend einem weltlichen oder
geistlichen Amt betraut werden sollte. Dieses Statut wurde zum Unheil
für die Marranen verbreitet und hier und da als gesetzlich anerkannt. Vergebens haben diese alle Mittel angewandt, um es als rechts-
ungültig erklären zu lassen, und haben von dem Papste Nikolaus
zwei Bullen erwirkt, welche das Statut unwirksam machen sollten.
Es blieb in Toledo in Kraft. Der Großalkalde Sarmiento entsetzte
darauf dreizehn Marranen ihrer Aemter, darunter mehrere Richter,
Rathsherren, öffentliche Notare, einen Alkalden und einen Syndikus
beim geistlichen Gerichte. Sie wurden als Ungläubige, Verräther,
Verführer und Verderber von edlen Damen, Rittern und Adligen
gebrandmarkt[1].

Dafür haßten die Neuchristen auch den allmächtigen de Luna
mit dem ganzen Ingrimm, den das wurmende Gefühl der Rache
wegen erlittener Ungerechtigkeit und Entwürdigung nur einflößen
kann. Ihm legten sie ihre so verzweifelte Lage zur Last, da er doch

[1] Amador a. a. O. p. 92 fg., 207 fg.

die Angriffe auf sie hätte abwehren können. Sie trugen auch zu seinem Sturze bei. Als der König ihn feigerweise zuletzt doch fallen ließ und ihn gar umbringen lassen wollte, stellte der marranische Bischof von Burgos Alfonso de Cartagena sein Haus zur Verfügung für diese Mordthat. Unter den Räthen, welche der König als Tribunal zur Entscheidung über seinen Tod zusammentreten ließ, haben die von marranischer Abkunft am heftigsten für seine Verurtheilung gestimmt[1]). Das Statut von Toledo über die Unfähigkeit der Marranen zu Aemtern war zwar nicht Gesetz geworden. König Juan selbst und seine Nachfolger haben ihnen trotzdem Aemter und Würden übertragen, aber die Volksstimmung war dadurch um so mehr gegen sie eingenommen und haßte sie wegen ihrer Anmaßlichkeit. In Aragonien hatte dieses Statut weniger Wirkung, weil dort andere Verhältnisse herrschten, und die Marranen in den Fehden zwischen diesem Lande und Catalonien dem König gleichen Namens wesentliche Dienste geleistet haben. Hier spielten sie eine noch hervorragendere Rolle als in Castilien. Eine ganze Reihe von Neuchristen hatte der König wegen ihrer Parteinahme für ihn zu Rittern geschlagen[2]). Allein die Vorgänge in Toledo, ihre Rückwirkung auf die Menge, welche die Neuchristen hier nicht weniger als in Castilien haßte, hätten ein Warnungszeichen sein können, daß über kurz oder lang auch über sie ein herbes Leid hereinbrechen würde. Sie hatten ihr Geschick von dem ihrer ehemaligen Brüder getrennt und ihnen gegenüber sich feindlich gezeigt. In kaum einem Menschenalter traf die hochmütigen Marranen wegen ihrer zumeist heuchlerischen Gesinnung ein Strafgericht so entsetzlich, wie es in dieser Grauenhaftigkeit und Dauer kein Volk, keine Nation und keine Religionsgenossenschaft betroffen hat, viel entsetzlicher als ihre treugebliebenen Brüder, an die sie sich in ihrem tiefen Leid angeklammert und welche sie dadurch in ihr Mißgeschick hineingezogen haben.

[1]) Amador das. 118 fg.   [2]) Das. 118 fg., 50 fg.

Achtes Kapitel.

Stand der jüdischen Literatur im fünfzehnten Jahrhundert.

Abnahme der Geistespflege. Das Talmudstudium, die neuhebräische Poesie. Der Reimschmied Daseira, der Fabulist Vidal, der Satiriker Bonsed. Der italienische Dichterling Salomo Da-Rieti. Die polemische Literatur. Vidal, Joseph Albo, David Naßi, Isaak Nathan. Die hebräische Concordanz. Joseph Ibn-Schemtob.

(1430—1456.)

Don Abraham Benveniste hatte bei der Reorganisation des jüdischen Gemeinwesens in Castilien vor allem darauf Bedacht genommen, die gesunkene Geistespflege wieder zu wecken. Einseitig fromm wie er war, drang er darauf, daß Schulen für das höhere Talmudstudium wieder in Gang kommen sollten. Mit seinem Reichthum unterstützte er Talmudlehrer und Jünger. Aber sein Eifer erzielte keinen glänzenden Erfolg. Selbst die Talmudisten aus dieser Zeit, welche über die Mittelmäßigkeit hervorragten, halten keinen Vergleich mit ihren Vorgängern aus. Und nun gar die höhere Wissenschaft, die keinerlei Unterstützung fand, sie konnte noch weniger einen Aufschwung nehmen. Es ist bewunderungswürdig genug, daß bei der Lichtung des jüdischen Geistesadels durch Gemetzel und Uebertritt zum Christenthum der Schaffensdrang nicht ganz und gar zum Stillstand gekommen und daß nicht völlige Stumpfheit eingetreten ist. Allerdings die neuhebräische Poesie, welche auf spanischem Boden so herrliche Blüthen entfaltet hatte, war welk geworden und näherte sich dem Verfall. Die reinspanische Poesie, welche unter Heinrich III. und Juan II. ihre Geburtszeit hatte, die lustigen Weisen der Villena und Santillana weckten im jüdischen Kreise kein Echo. Nicht einmal ein ergreifendes Trauerlied, welches den Schmerz über das tragische Geschick aushaucht und ihn dadurch erklärt, hat sich einer jüdischen Brust entwunden[1]). Nur wenige Namen tauchen aus

---

[1]) Vergl. die Klagelieder v. S. 57. Das Klagelied eines Unbenannten über dieselbe Verfolgung ist nicht besser. (Aus einer Firkowitzischen Sammlung, mitgetheilt von Gurland in Kobak's Jeschurun, Jahrg. VI. hebr. Abthl. S. 56:

אקונן בטר ואהימה, במחני שק אשימה, ודמעתי אזרימה על בני ישראל

dieser Zeit auf, welche man mit weitgehender Nachsicht als Dichter bezeichnen kann, d. h. die noch in ihren Reimereien die poetische Form
beachtet haben, obwohl in dieser Zeit viel gereimt und vertificirt wurde.

  Salomo Dafiera[1]), Don Vidal Benveniste, der Hauptsprecher von jüdischer Seite bei der Disputation von Tortosa, und
Salomo Bonfed waren noch die bedeutendsten. Der Erstere, ein
Abkömmling des Dichters Meschullam Dafiera aus Südfrankreich, der
gegen die Maimunisten Partei genommen, (VII.₂ 52), hat bei den Ver-
folgungen in Spanien viel gelitten und bei Benveniste Ibn=Labi eine
Zufluchtsstätte gefunden. Er war ein Dichter von Profession, besaß eine
große Gewandtheit in der Reimprosa und in künstlicher Versification,
stellte ein vollständiges Reimlexicon zusammen und schrieb eine Art
Poetik. Aber von ergreifender Dichtkunst hatte er keine Ahnung; seine
Verse sind kunstgerecht, aber gedankenlos und schleppend, und seine
Prosa bis zur Ungenießbarkeit überladen. Nicht besser ist die poetische
Leistung des Don Vidal Benveniste Ibn=Labi[2]), der bei Dafiera
in der Poetik Unterricht genossen hat. Er dichtete eine moralisirende
Parabel (Meliza) von Epher und Dina in gereimter Prosa, abwechselnd mit Versen, die weiter nichts als gekünstelte Anwendung
von Bibelversen und Reimgeklingel ist. Die Parabel selbst ist geschmacklos. Ein abgelebter Mann (Epher), der eine tugendhafte Frau
verloren hat, verliebt sich in eine dralle, junge Schönheit (Dina),
macht sich durch schwärmerische Bewerbung um ihre Hand lächerlich
und verräth seine Mannesohnmacht in ihren Armen. Anstatt aber
es dem Leser zu überlassen, die Parabel selbst aufzulösen und die
Anwendung zu finden, begeht der Dichter Don Vidal die Geschmacklosigkeit, die moralische Nutzanwendung selbst zu machen. Er betheuert,

איך היו לשאיה כל נשיאי שבילה הנשבעים בשם יה באלהי ישראל
פאר גולה גם טובה, אנשי קהל קורטובה, כי לע . . . ונ׳ה (?) בשמך ישראל
טלטל זר טלטלה, לקהלת טוליטולה, לקחו את כל שללה בכל איש ישראל
עדת קדש ברצלונה, הרוגי חרב שמנה, שארית כל שטנה מבני ישראל
הומה במר עדת קונה [קונקה], כי כל חלי וכל צוקה סבבוה מצוקה דנם ככל ישראל
דרכי שבו (שגוביה) אבלות . . . .

(Die eingeklammerten Verbesserungen sind von Kobak.)

  Nicht poetischer ist ein handschriftliches Klagelied im Besitze des Herrn
Halberstamm, welches die Aufschrift hat: מרתיה להר׳ שלמה זלה״ה על הגזרות שעברו.
Es zählt ebenfalls die leidenden Gemeinden auf.

 [1]) Vergl. über ihn Krafft und Deutsch, Katalog der Wiener hebr. Ms.
S. 119 ff. und Carmoly Orient Jahrg. 1840 Litrbl. col. 282. Sein Reimlexicon: אמרי נואש und seine Gedichtsammlung (eigene und fremde): אמרי שפר
sind noch Handschrift. Proben seines Styls Note 3. Die Lautirung seines
Namens ist unsicher.

 [2]) Vergl. über ihn und das Bibliographische seiner פליצת עפר ודינה Note 3.

daß er mit der Form und der poetischen Einkleidung nur bezweckt habe, die lüsterne Jugend einen Augenblick zu fesseln, um sie dann zu moralischen Betrachtungen anzuleiten. Etwas mehr dichterische Begabung besaß Salomo Ben-Reuben Bonfed[1]), er hatte ein Ideal, dem er nachstreben wollte, an Ibn-Gebirol. Aber er besaß nur dessen Empfindlichkeit und Reizbarkeit und glaubte wie diese vibrirende Dichterseele vom Schicksal verfolgt zu sein und ein Recht auf Bitterkeit zu haben. Er rächte sich durch Spottgedichte auf seine Feinde und auf die Gemeinde, welche auch über Ibn-Gebirol Verbannung verhängt hatte. Er läßt diesen Dichter ihm Trost zusprechen und den Stab über die „unwürdigen" Juden Saragossa's brechen. Freilich fehlte ihm der ideale Zug, welcher sein Musterbild so sehr verklärt hat [2]).

Die Fähigkeit zu poetischen Schöpfungen fehlte auch den Juden Italiens im Beginn des medicäischen Zeitalters, als sich dort ein hoher Culturstand entwickelte, der im Verein mit der hussitischen Bewegung wie Wurmfraß an dem Gebäude des katholischen Mittelalters zehrte. Nur einen einzigen Dichter hat das jüdische Italien nach Immanuel Romi erzeugt, und dieser war, genau betrachtet, kein Dichter im edlen Sinne. **Mose b. Isaak (Gajo) da-Rieti in Perugia (geb. 1388, gest. nach 1451**[3]**)**, der die Arzeneikunde betrieb, auch philo-

---

[1]) Vergl. dieselbe Note.

[2]) Das gelungene Epigramm, welches Dukes aus einer Handschr. mitgetheilt hat:

עולל אשר היה חכול תלמיד איך מחרתי רב בקהל רב?

מה נפלאת לו ישיבת עיר . בקר היות תלמיד וערב רב

(Orient. Litbl. 1843 col. 796) stammte gewiß von dem Satiriker Bonfed, obwohl eine andere Handschr. es Dasiera beilegt (המזכיר XIV. S. 87). Es ist charakteristisch für die Zeit der Verwilderung (o. S. 142), in welcher junge Halbwisser sich als Rabbiner geberden konnten.

[3]) Goldenthal, welcher da-Rieti's comedia divina מקדש מעט edirt hat (Wien 1851), hat in dem Vorworte dessen Geburtsjahr nicht richtig angegeben: 1393. Er hat nämlich ein Epigraph in einem Codex von hebr. Uebersetzungen philosophischer Schriften des Leone Romano übersehen, wo das Geburtsjahr deutlich angegeben ist. Codex de Rossi No. 1376 heißt es in lateinischer Uebersetzung: Scripsi ego Moses de Rieti hic Perusiae anno mundi 5196 vitae vel aetatis meae 48. Also 5196 = 1436 war da-Rieti 48 Jahr alt, folglich geboren 1388. Falsch ist auch sein Geburtsjahr, 1416 angegeben, in einem Codex (המזכיר Jahrg. V. S. 132). Das Datum bezieht sich wohl auf den Beginn seines Poems. Im Jahre 1451 und zwar Kislew 5212 wurde unter seiner Leitung Narboni's Commentar zu Alghazali's Makasid Alphalasapha (כונת דפלוסופים) copirt, wie ein Codex Vaticanus angiebt. Daß er sein מקדש מעט 1416 begonnen hat, ist von Goldenthal richtig ermittelt. Daß er Arzt war, beweist sein Commentar zu Hippokrates' Aphorismen (de Rossi Codex 1365, Katalog Leyden Warner 72 A; vergl. auch Bartolocci

sophische Kenntnisse besaß und ebenso elegant hebräisch wie italienisch
zu schreiben verstand, wäre ein Künstler zu nennen, wenn es bei der
Dichtkunst auf Versbau und wohlklingenden Reim allein ankäme.
Denn Beides ist in seinem großartig angelegten Gedichte untadelhaft.
Da-Rieti wollte nämlich alle Wissenschaften, das Judenthum, das
jüdische Alterthum und alle berühmten Männer der Vorzeit durch die
Poesie verherrlichen und wählte dazu künstlich gebaute Strophen, in
denen je drei Verse durch Kreuzreime mit einander verbunden sind.
Aber da-Rieti's Sprache ist holperig, er verfiel in allerhand Geschmack-
losigkeiten, und statt poetischer Erfindung ergeht er sich in Kindereien. Hat er doch die Ueberschriften der ganzen Mischna mit ihrer
Kapiteleintheilung in Verse gebracht! Die talmudischen Legenden und
Märchen hat er mit Haut und Haar wiedergegeben, ohne auch nur
den poetischen Gehalt, der oft darin verborgen liegt, zu ahnen. Da-
Rieti war weiter nichts als Reimschmied, und man that dem größten
italienischen Dichter schreiendes Unrecht, wenn man Mose da-Rieti
den hebräischen Dante nannte. Um das zu sein, fehlte ihm fast Alles
und namentlich Gedankentiefe. Er hatte überhaupt einen sehr be-
engten Gesichtskreis. Er schloß geflissentlich aus seinem Paradiese
die jüdischen Denker Albalag, Levi Ben-Gerson, Narboni als halbe
Ketzer aus, auch seinen jedenfalls ihm weit überlegenen Kunstgenossen
Immanuel Romi, „weil er von Liebe gesungen", und versagte auch
einen Sitz darin einem sonst unbekannten spanischen Schriftsteller
Mustin de Herrera, „weil er gegen die Kabbala geschrieben" [1]).

Bibliotheca III. p. 945a). Seine Kunde der Philosophie beweisen seine in
italienischer Sprache (mit hebräischen Charakteren) geschriebene Encyclopädie
(Katalog, Leyden Scaliger 10, 1), seine Scholien zu Porphyrius-Averroes
Isagoge ad Logicam, nach Anatoli's Uebersetzung (Codex de Rossi Nr. 1209)
und der erste Abschnitt seines מקדש מעט.

[1]) Ein schön geschriebener Codex der Breslauer Seminarbibliothek (aus
der Saravalschen Sammlung Nr. 56) hat einen Zusatz zu da-Rieti's Noten,
der in der Ausgabe zu p. 106 fehlt; er lautet dort zu Ende: אמר הרב הריאיטי
סכ"ד . דע אתה המעיין במליצתי זאת כי לא מפני היות ר' לוי בן גרשום בלתי מוצלח בחכמות
ותושלמת בדעות לא עבר בין כהבי מליצתי זאת כי חכם גדול היה בכל חכמה בהגיון . . . ובלמודיות
יותר מכלם . גם בתלמוד נטה שדירוו. אבל כי בדברים מה מן האלהיות דבר סתר לי אליו . וכן
ר'נחמת החכם הרבני'ברנרני ור' יצחק אלבלג בכמים כבודם ולא זכרתים כי ריב יש לי עמהם מפני
יותר האחד . וכן לא הבאתי עמנואל ממשפחת הצפרוני . . . וכן ר' מוסטין דיארירה וכו'.
Das Uebrige wie in der Edition. Die Notiz schließt mit den Worten: ומה
אעשה לאלה היום אחר שהסכמתי המאמר הזה בלשון אשר תראה: "הסין היצורים עת נסקרין.
Daraus ergibt sich, daß er die historischen Noten gleichzeitig mit den Versen
geschrieben hat, also noch nach 1430 (vergl. Edition p. 104 Note). Ja, da
der letzte Vers בא סנחריב unvollendet geblieben, wie alle Codices haben (auch
der genannte der Seminar-Bibliothek), scheint er bis an sein Lebensende daran
gearbeitet zu haben. — In dem genannten Seminar-Codex geht dem מקדש

Dagegen nahm er unbedeutende Personen aus der jüngsten Vergangenheit in seinen dichterischen Himmel auf, wenn sie sich auch durch nichts als durch eine verkehrte Frömmigkeit ausgezeichnet haben. Der witzig-lustige Immanuel hätte dafür dankbar sein müssen; denn er hätte es in da-Rieti's langweiligem Paradiese nicht aushalten können. Nur nach einer Seite bildet da-Rieti's Gedicht einen Fortschritt in der neuhebräischen Poesie. Der jüdisch-arabische Versbau mit eintöniger Reimendung ist bei ihm vollständig überwunden und abgethan. Seine Klangendungen haben Wechsel und Mannigfaltigkeit. Das Ohr wird nicht durch ewige Wiederholung desselben oder eines gleichklingenden Reims ermüdet. Die fortlaufende Reihe von Versen gliedert sich bei ihm in Stanzen. Auch die Unart der jüdisch-spanischen Dichter, mit Bibelversen zu spielen, vermied er sorgfältig. Da-Rieti hatte die richtige äußere Form für den neuhebräischen Versbau gefunden; aber er war nicht im Stande, dieser Form einen schönen, ja auch nur einen ansprechenden Inhalt zu geben. Dennoch haben die italienischen Gemeinden eine Partie aus da-Rieti's Gedichten in ihren Gottesdienst gezogen und je einen Theil daraus jeden Tag recitirt[1]). In Rom war er einmal gezwungen einer Bekehrungspredigt beizuwohnen, welche die Päpste den Juden als Zwang aufgelegt haben. Als da-Rieti aber den Dominikaner, welcher in der Predigt die heftigsten Ausfälle gegen das Judenthum gemacht hatte, widerlegen wollte, entzog sich dieser der Controverse[2]).

Auf der pyrenäischen Halbinsel, wo der Pulsschlag des geschichtlichen Lebens unter den Juden, trotz zunehmender Schwäche, noch immer stärker war, als in den übrigen Ländern der Zerstreuung, hatten die beiden geistigen Thätigkeiten, welche früher zur Zeit der Blüthe alle Seelenkräfte in Spannung gesetzt hatten, die Vertiefung in die talmudische Forschung und das leichte Spiel des dichterischen

---

מעי eine Art Dialog zwischen Noah und Machla voran, genannt יער הלבנון als dessen Verfasser zum Schlusse Mose da-Rieti genannt ist. Es ist eine philosophisch-religiöse Meditation, worin die Bedeutung der Tempelornamente und Tempelgefäße auseinander gesetzt wird, ohne besondern Werth. Auch in der Bodleiana enthalten. — Noch ist zu bemerken, daß nach Angabe des Kabbalisten Elia Markiano (oder Marciano blühte XVI saecul. Verfasser des אגרת חמודות Ms.), da-Rieti sich ganz und gar der Kabbala hingegeben und im Alter seine wissenschaftliche Richtung bereut habe. Vergl. Carmoly im Orient Jahrg. 1841. Ltb. col. 235.

[1]) Richtige Bemerkung Goldenthals, Vorwort p. XXVI.

[2]) In einem Manuskript der Bodleiana No. 818, welches da-Rieti's Aphorismen enthält, ist eine Notiz angebracht: עוד אמר הרב הריאטי ז"ל וזכרן קצת טענותי נגד האח הצורר אשר חרף בזועו מ,רכות ה' בדרשותו ובקש להשמיד ואמר להרוגה' וחזר בו.

Schaffens und Sanges ihre Zugkraft verloren. Auch die beide Gebiete berührende Disciplin der Schriftforschung fand keine rechte Pflege mehr. Die literarische Thätigkeit dieses Zeitabschnittes richtete sich fast ausschließlich auf einen einzigen Punkt, auf Bekämpfen der Zudringlichkeit der Kirche, auf Abwehr ihrer Angriffe gegen das Judenthum, auf herzhaften Widerstand gegen ihren Bekehrungseifer. Jüdische Denker von Glaubenstreue und fester Gesinnung betrachteten es als ihre Pflicht, ihre Ueberzeugungen laut zu verkünden und die Schwachen unter den Ueberbleibseln Israels in Spanien und anderwärts vor Verführung zu warnen und zu stählen. Je angelegentlicher die Predigermönche und namentlich die zahlreichen Ueberläufer von dem Schlage des Paulus de Santa Maria, des Geronimo de Santa Fé und des Pedro de Caballeria den Juden die Ueberzeugung beizubringen suchten: die christliche Dreieinigkeit sei der wahre Gott Israels, und jemehr die Kirche ihre Fangarme nach den Juden ausstreckte und sich aller, aller Mittel bediente, um sie in ihren Schooß zu ziehen, desto mehr mußte jüdischerseits mit aller Kraft gearbeitet werden, sich das uralte Eigenthum nicht durch einen geschickten Fingergriff aus den Händen winden oder richtiger das Götzenbild nicht in das Allerheiligste stellen zu lassen. Besonders mußten die schwachen Köpfe vor dieser Verwirrung der religiösen Begriffe und Lehren gewahrt werden. Jüdische Prediger nahmen daher mehr denn je das Thema von der reinen Einheit Gottes zum Gegenstand ihrer Kanzelberedtsamkeit. Sie durften es nicht unterlassen, den wesentlichen, unversöhnlichen Unterschied zwischen dem jüdischen Gottesbewußtsein und dem christlichen zu betonen und die Vermischung beider als unwahr und unheilvoll zu stempeln. Die Zeit war derjenigen ähnlich, in welcher eine hellenistisch gesinnte jüdische Partei ihre Brüder zum Abfall vom einigen Gott zu verleiten arbeitete und darin von dem weltlichen Arm mit dem Schwerte unterstützt wurde. Manche Prediger thaten zur Erreichung des beabsichtigten Zweckes des Guten zu viel. Anstatt den Gemeinden die Einheit Gottes aus dem lautern Bibelworte und der phantasiereichen Agada ans Herz zu legen, bedienten sie sich dazu der Künste der philosophischen Scholastik, gebrauchten die Formeln der Philosophen und ließen von der jüdischen Kanzel in Gegenwart der Thora die Namen Plato, Aristoteles, Averroes ertönen neben den Namen der Propheten und der talmudischen Weisen. Diese Predigtweise, welche wieder zu dem Spiele der Allegorie, der Umdeutung von Bibelversen und Talmudstellen zu philosophischen Gemeinplätzen griff, erregte daher hin und wieder gerechten Anstoß.

Als einst ein Prediger dieses Schlages durch scholastische Formeln die Nothwendigkeit, daß Gott einzig sei, weitläufig auseinandersetzte, unterbrach ein schlichter Mann das Geschwätz mit den Worten: „Einst überfielen mich christliche Eiferer in Sevilla, raubten mir Hab und Gut, verwundeten mich und ließen mich zum Tode ermattet liegen. Ich erduldete dieses Alles für das Bekenntniß, daß unser Gott einzig ist. Jetzt will man uns diesen Glauben durch philosophischen Krimskrams beweisen. Ich mag eine solche Predigt nicht anhören". Er verließ darauf das Bethaus und viele Gemeindeglieder folgten seinem Beispiele [1]).

Die Streitschriften-Literatur, welche in dieser Zeit reichlich angebaut wurde, hatte mehr den Zweck, die Verunglimpfung und Schmähung des Judenthums abzuwehren, als etwa eine Christenseele für das jüdische Bekenntniß einzufangen. Sie beabsichtigte lediglich, den Glaubensgenossen die Augen zu öffnen, damit sie nicht durch Unwissenheit und Blendung in die ihnen gelegte Falle geriethen. Allerdings mag sie auch berechnet gewesen sein, die Neuchristen, welche die Todesgefahr der Kirche zugeführt hatten, aufzurütteln, daß sie aus dem Scheine nicht Ernst machen und nicht durch Gewöhnung im Christenthume Befriedigung finden mögen. Die meisten Streitschriften waren daher Vertheidigungsschriften zum Theil gegen die Angriffe von alter Zeit, besonders aber gegen die judenfeindlichen Schriften der Gegenwart, aus der Feder marranischer Gegner. Wie viele schwankende Juden mögen durch den aufrichtigen oder erheuchelten Eifer solcher aus ihrer Mitte hervorgegangenen, mit dem jüdischen Schriftthum vertrauten Bekehrer hinübergezogen worden sein? [2])

Das Verdienst der Männer, denen der Bestand des Judenthums am Herzen lag, ist daher nicht hoch genug anzuschlagen, daß sie sich, nicht ohne Gefahr, vor den Riß stellten und belehrende Schriften ins Volk hineinwarfen, um die Glaubenstreue zu kräftigen. Vor allem waren es dieselben Männer, welche beim Religionsgespräche von Tortosa eine so feste Haltung gezeigt und auch den Talmud gegen die bodenlosen Schmähungen in Schutz genommen (o. S. 121), die auch durch Schriften den Angriffen von feindlicher Seite entgegentraten: Don Vidal Jbn-Labi und Joseph Albo. Der Erstere verfaßte eine Gegenschrift in hebräischer Sprache gegen Geronimo's Anschuldigungen wider den Talmud (Kodesch ha-Kodaschim [3]). Joseph Albo schrieb ein Religionsgespräch, das er mit einem hohen

---

[1]) Vergl. Note 4. III.
[2]) Chajim Jbn-Musa liefert eine interessante Notiz darüber in seinem Werke; vergl. Note 4. III.
[3]) Vergl. Note 3.

Kirchenfürsten geführt hatte, in spanischer Sprache nieder¹) zur Beherzigung für seine Glaubensgenossen. Ein Jude spanischer Abkunft, Don David Naßi, der nach Kandia verschlagen und Vertrauter, Finanzmann und Lehrer des Bischofs Francisco Bentivoglio geworden war, verfaßte eine Schrift für denselben, um aus den neutestamentlichen Bekenntnißschriften selbst die Wahrheit des Judenthums und die Unhaltbarkeit der christlichen Dogmen zu beweisen (1430²); der Cardinal wurde dadurch innerlich überzeugt und verwünschte seinen Stand, der ihn zwang, das Christenthum zu bekennen. Ein in Spanien geborener provenzalischer Jude, der viel mit christlichen Gelehrten verkehrte und oft für seine religiöse Ueberzeugung Rede stehen mußte, Isaak³) Ben-Kalonymos aus einer gelehrten Familie Nathan aus der Provence, verfaßte zwei Streitschriften, die eine zur Widerlegung von Geronimo's Schmähschrift unter dem Titel „Zurechtweisung des Irrlehrers" (Tochachat Matéh) und eine andere unbekannter Tendenz „die Festung" genannt (Mibzar Isaak).

¹) Zacuto in den älteren Editionen; der Passus fehlt in der neuen Filippowskischen Ausgabe: הר' יוסף אלבו בעל העקרים חבר ספרו וחבר ספר אחר בלשון לעז.

²) Vergl. die Einl. der Schrift הודאת בעל דין gedr. Frankf. a. M. 1866.

³) Vergl. über ihn die Bibliographen. Die Einleitung der Princepsausgabe der Nathan'schen Concordanz (Venedig 1523) giebt, so wie manches Bibliographische vom Verfasser, so auch die Data der Abfassung genau an; läßt aber ein Datum zweifelhaft: ותהי ראשית מראתנו א' (שרחשון) שנת קצ"ח לפרט האלף הששי ליצירה הוא ל' שטי' (שטיינברי) אלף ות"ל לחשבון הנוצרים להריון ונגברה מלאכתנו א' של שנת ר"ח רוא י"א איקט' (אוקטוברי) תמ"ה. Die Vollendung war also nach dem hebräischen Datum 1448, nach dem christlichen dagegen 1445. Indessen das jüdische Datum ist jedenfalls falsch; denn selbst wenn man bei dem christlichen eine Corruptel תמ"ח statt תמ"ה annähme, so müßte das jüdische, da die Vollendung in Oct. fiel, ר"ט lauten. Man müßte es also in ר"ח emendiren. — Die Nathan'sche Concordanz führt dreierlei Titel: מאיר נתיב, א"ר זרוע, רחובות. Vergl. Johannes Buxtorf's Einl. zu seiner Concordanz. Daß der Verf. Isaak und nicht Mardochai hieß, wie der Name fälschlich in der ersten und den folgenden Editionen lautet, haben bereits Andere festgestellt; vergl. Reggio Briefe I. 72. Daselbst theilt Reggio Bruchstücke aus einem handschriftl. Werke des Isaak Nathan mit, unter dem Titel: מאמץ כח. Dort nennt er sich: יצחק בן קלונמוס יהודה נתן בן שלמה מגוע בן ישי. Sein Großvater Jehuda Nathan ist also derselbe, welcher nach Codex de Rossi Nr. 623 Ibn-Wasid's materia medica aus dem Arabischen ins Hebr. übertrug. Im Epilog nennt er sich (nach de Rossi's Uebersetzung): ego fil. Salomonis Nathan ex Jesai prosapia .... absolvi (librum) 27 Schebat 112 = 1352. Derselbe übersetzte auch Alghazali's Makasid (וגו:) Codex de Rossi No. 143, 515, auch in andern Bibliotheken. Sein Vater war also der Philosophie, des Arabischen und der Arznei kundig. Jehuda Nathan führte auch den provenzalischen Namen Bongodas; vergl. Carmoly la France Israélite p. 95 f.

Er stellte endlich ein mühsames Werk zusammen, welcher Anderen die Abwehr von Angriffen auf das Judenthum erleichtern sollte. Isaak Nathan mußte öfter bei seinem Verkehr mit Christen diesen und jenen Einwurf gegen das Judenthum, diesen und jenen Beweis aus der hebräischen Bibel für christliche Glaubenslehren anhören, und er fand, daß dieses Alles auf einem mißverstandenen hebräischen Ausdruck beruhte. Dieser aus Unkenntniß des Urtextes entsprungenen Faselei und Deutelei glaubte er ein Ende machen oder wenigstens den Juden die Widerlegung erleichtern zu können, wenn er einen umfassenden Ueberblick über den ganzen Sprachschatz der Bibel geben würde, wodurch sich die richtige, unverfängliche, jeder Willkür widerstrebende Bedeutung der Wörter und Verse von selbst ergeben müßte. In der kürzesten Zeit könnte dann sich jeder durch den Ueberblick belehren, nicht nur wie oft jedes Wort in der Bibel vorkommt, sondern auch welche Bedeutung ihm im Zusammenhange zukäme. Zu diesem Zwecke unternahm Isaak Nathan eine Riesenarbeit, der er eine Reihe von den Jahren seines Lebens widmete (Sept. 1437—1445). Er stellte eine **Bibel-Concordanz** zusammen, d. h. er gruppirte die Bibelverse in alphabetischer Ordnung unter die Schlagwörter nach Wurzeln und Stämmen. Zum Muster diente ihm dabei die lateinische Concordanz der Bibelstellen des Franziskaners **Arlotto de Prato**[1]), welche aber einen ganz andern Zweck hatte, nämlich den Predigern ein Hilfsmittel für Auffinden von Texten zu bieten. Isaak Nathan (der noch verschiedene andere Schriften verfaßte) hat, obwohl seine Arbeit rein mechanischer Natur war, mit seiner Concordanz der Bibelkunde einen außerordentlichen und bleibenden Dienst geleistet. Denn erst dadurch wurde es möglich gemacht, eine gründliche Schriftauslegung anzubahnen und aus dem Gebiete der Willkür und des Hin- und Herrathens zu einer sichern Grundlage zu gelangen. Die Nathan'sche Concordanz ist zwar nicht ohne Mängel, sie ist sogar noch heutigen Tages nicht ganz vollendet, obwohl Spätere die verbessernde Hand daran gelegt haben. Aber sie hat einen festen Grund gelegt, auf dem weiter gebaut werden kann. Hervorgegangen aus einem vorübergehenden polemischen Bedürfnisse, hat die Concordanz die dauernden Siege ermöglicht, welche das Judenthum im Laufe der Zeiten bereits errungen hat oder noch erringen soll.

Der philosophisch gebildete **Joseph Ibn-Schem-Tob** (geb.

---

[1]) Die erste lateinische Concordanz legte Hugo a. St. Caro an 1244, dann Arlotto de Prato um 1290, vermehrt wurde sie auch für die Partikeln von Conrad von Halberstadt um dieselbe Zeit.

um 1400, gest. als Märtyrer um 1460 [1]), der ein fruchtbarer Schriftsteller, ein beliebter Prediger war und am castilianischen Hofe verkehrte (o. S. 141), schärfte ebenfalls Pfeile, um die Unhaltbarkeit und Vernunftwidrigkeit der christlichen Dogmen ins Licht zu setzen. Bei seinem häufigen Verkehr mit hochgestellten Christen, Geistlichen wie Laien, wurde er genöthigt, sich mit dem ganzen Umfange der christlichen Theologie vertraut zu machen, um die Zumuthungen zur Bekehrung durch triftige Gründe abweisen und die oft vernommene Behauptung von der Entwerthung des Judenthums durch das Christenthum widerlegen zu können. Oefter mußte er zu Religionsgesprächen herhalten, um sein Bekenntniß zu vertheidigen, und er legte die gewonnenen Ergebnisse seiner Unterredung und Forschungen in einer kleinen Schrift nieder, unter dem Titel „Zweifel an Jesu Religion" [2]). Joseph Ibn-Schem-Tob kritisirte darin mit einschneidenden Gründen die Dogmen von der Erbsünde, der Erlösung und der Fleischwerdung. Außerdem gab er zur Belehrung seiner Glaubensgenossen einen ausführlichen Commentar zu Profiat Duran's Satire gegen das Christenthum (o. S. 87) und machte die polemische Schrift des Chasdaï Crescas gegen die christliche Religion, welche in spanischer Sprache verfaßt war (o. S. 86), durch eine hebräische Uebersetzung zugänglich. Denn merkwürdiger Weise lasen die spanischen Juden im Allgemeinen mehr hebräisch geschriebene Schriften, als solche, welche in der Landessprache verfaßt waren [3]). Joseph Ibn-Schem-Tob wollte damit seinen Stammgenossen Waffen in die Hände geben, um ihr Heiligthum vertheidigen zu können.

Unter den Verfassern der Streitschriften gegen das Christenthum verdient ein Zeit- und Altersgenosse des Joseph Ibn-Schem-Tob einen besonderen Platz, obwohl sein Name bisher verschollen war. Chajim Ibn-Musa, aus Bejar in der Gegend von Salamanca (geb. um 1390, gest. um 1460 [4]), ein kundiger Arzt, Verskünstler und Schriftsteller, hatte vermöge seiner ärztlichen Geschicklichkeit Zutritt zu den spanischen Großen und zum Hofe. Auch er hatte oft Gelegenheit, mit Geistlichen und gelehrten Laien über Glaubenslehren zu disputiren. Ein Gespräch, das Chajim Ibn-Musa mittheilt, charakterisirt

---

[1]) Vergl. Note 4.

[2]) סככות בעקרים על מעשה ישו הנצרי, Handschrift der Seminarbibliothek Nr. 38.

[3]) In der Einleitung zur Uebersetzung der Schrift: בטול מאמר הנכדל oder מאמר מעט הכמות ורב האיכות אשר חבר Joseph: עקרי הנוצרים (vergl. Note 2)
(הר' חסדאי) בלשון ארצו ולקצורו ועמכן נעלם מעיני בני עמינו תועלתו. מצורף אל זה זרות לשין לאשר לא הרגלו לכור החכמה בזולת לשוננו הקרושה.

[4]) Vergl. Note 4 III.

den Ton, der damals in Spanien herrschte, ehe die finstere Inquisition jede freie Aeußerung verstummen machte. Ein gelehrter Geistlicher fragte ihn einst: Warum denn die Juden, wenn sie nach ihrer Behauptung den rechten Glauben haben, nicht wieder in den Besitz des heiligen Landes und der heiligen Stadt gelangen. Darauf erwiderte Ibn-Musa: Da sie es durch die Sünden der Väter eingebüßt haben, so könnten sie es erst durch vollständige Sühne und Läuterung wiedererlangen. Allein, so formulirte er eine Gegenfrage: Warum sind denn die Christen nicht noch im Besitze des heiligen Grabes, warum befindet dieses sich vielmehr so wie sämmtliche Passionsstätten in den Händen der mohammedanischen Ungläubigen, trotzdem, daß die Christen sich jeden Augenblick durch Beichte und Ablaß vom ersten besten Priester von Sünden frei machen könnten? Ehe sich noch der Geistliche auf eine passende Entgegnung besinnen konnte, nahm ein anwesender Ritter das Wort, welcher sich früher in Palästina umgesehen hatte. Er bemerkte: daß die Mohammedaner allein es verdienten, die Tempelstätte und das heilige Land zu besitzen, weil weder Christen, noch Juden so wie jene die Bethäuser in Ehren halten. Die Christen begingen in den Nächten vor Ostern (Vigilien) in den Kirchen Jerusalems den schändlichsten Unfug, trieben Unzucht darin, beherbergten Diebe und Mörder und führten darin gegeneinander blutige Fehden. Sie entehrten ihre Kirchen ebenso, wie früher die Juden ihren Tempel. Darum habe Gott in seiner Weisheit die heilige Stadt den Juden und den Christen entrissen und sie den Mohammedanern anvertraut, weil sie in ihren Händen vor Entweihung sicher sei. Zu dieser Bemerkung mußte der christliche Priester wie der jüdische Arzt beschämt schweigen.

Chajim Ibn-Musa verlegte sich darauf, die Hauptquellen für die Angriffe gegen das Judenthum, woraus die Christen damals schöpften, die Schriften des Franziskaners Nicolaus de Lyra (VII.$_2$ 339) zu verstopfen, nicht blos die dort aufgeführten Behauptungen zu widerlegen, sondern ganz besonders den Boden zu entziehen, aus dem sie ihre Nahrung schöpften. Die Disputationen, so oft sie sich auch wiederholten, führten deswegen zu keinem Ergebnisse und ließen beide Parteien an ihren Sieg glauben, weil sie sich meistens um untergeordnete Punkte drehten, namentlich weil die Parteien sich nicht über gemeinsame Voraussetzungen verständigten und beide auf Grund unerwiesener Punkte hin und her stritten. Chajim Ibn-Musa wollte nun das Disputiren in eine gewisse Ordnung bringen und die Grundsätze ins Licht setzen, wie die Vertheidigung des Judenthums geführt werden sollte. Er stellte daher gewisse Regeln auf, welche, wenn streng eingehalten, zu einem Ziele führen müßten. Zu allererst sollten Juden, welche zu disputiren aufgefordert werden, stets den einfachen Sinn der heiligen Schrift festhalten, immer auf den Zusammenhang sehen und sich namentlich nicht auf allegorische und typologische Auslegung einlassen; denn eben darin hatten die Vertreter des Christenthums Spielraum für ihre willkürliche Deutelei. Ferner sollten jüdische Disputanten erklären, daß sie weder der chaldäischen Uebersetzung der Bibel (Targum), noch der griechischen (Septuaginta) irgend welche Autorität in Glaubenssachen einräumten, denn nur daraus nähmen die Christen ihre Scheinbeweise. Selbst die agadische Auslegung sollten sie geradezu preisgeben und sich nicht scheuen, auszusprechen, daß diese für die Glaubenslehre des Judenthums kein Gewicht hätte. Mit diesen und anderen Regeln ging Chajim Ibn-Musa daran, die Schrift des Nicolaus de Lyra von Anfang bis zu Ende zu widerlegen und führte seine Sache siegreich durch in einer umfangreichen Schrift, die er mit Recht „Schild und Schwert" nannte. —

Zwei Schriftsteller, Vater und Sohn, die zwar in Algier wohnten und also dem Schauplatze, wo der Bekehrungseifer seine Netze auswarf, entrückt waren, aber durch Abstammung und Bildung Spanier waren, bereicherten ebenfalls die Streitschriften-Literatur gegen das Christenthum: Simon-Duran Ben-Zemach und sein Sohn Salomo Duran. Der Erstere (geb. 1361, gest. 1440), hat in seiner, so zu sagen philosophischen Beleuchtung des Judenthums auch dem Christenthum ein Capitel gewidmet, um die Unverbrüchlichkeit der Thora gegen die Einwürfe von christlicher und mohammedanischer Seite zu widerlegen. In diesem Capitel „Bogen und Schild" betitelt[1]), „zur Abwehr und zum Angriff" führte Simon Duran den bereits von Aelteren und zuletzt von Profiat Duran (o. S. 89) aufgestellten Nachweis durch: daß Jesus das Judenthum keineswegs habe aufheben wollen. Er habe im Gegentheil dessen fortdauernde Gültigkeit scharf betont, und erst seine Jünger, welche die Heidenwelt für den Messias gewinnen wollten, hätten gegen die Absicht des Stifters die jüdischen Religionsgesetze für aufgehoben und

---

[1]) Simon Duran's קשת ומגן, verfaßt 1423, unvollständig edirt in dem polemischen Sammelwerke מלחמת חובה von p. 38b bis p. 63, ist dort fälschlich unter dem Namen seines Sohnes Salomo Duran mitgetheilt. Es gehört nämlich dem Vater an und bildet einen Theil von dessen מגן אבות (edirt 1785) und zwar zum vierten Kapitel des zweiten Theiles, betitelt חלק שושנו. Es ist vollständig gedruckt Livorno 1785 zusammen mit der polemischen Schrift seines Sohnes.

nicht mehr verbindlich erklärt. Der Rabbiner von Algier zeigt darin eine außerordentliche Belesenheit in den neutestamentlichen Grundschriften und eine gründliche Vertrautheit mit den Kirchenschriften, bekämpft beide mit den daraus entnommenen Waffen und übt eine schonungslose Kritik gegen dieselben. Unter Andern greift er die angebliche Abstammung Jesu vom Hause David's, wie es im Matthäi- und Lucas-Evangelium dargestellt ist, an und weist deren unlösbare Widersprüche nach. Er erzählt, er habe zwei edle französische Christen kennen gelernt, welche gerade an dieser widerspruchvollen Genealogie Jesu ein so unüberwindliches Aergerniß genommen hätten, daß sie zum Judenthume übergingen. Unter Mohammedanern lebend, nahm Simon Duran auch auf den Islam Rücksicht und entkräftete die Beweise, welche dessen Bekenner für die Bewahrheitung ihrer Religion geltend zu machen pflegten.

Salomo Duran I. (geb. um 1400, gest. 1467[1]), der seinem Vater im Rabbinate von Algier nachfolgte, verband mit tiefer Talmudkunde eine entschiedene Neigung für eine vernunftgemäße Auffassung des Judenthums. Im Gegensatz zu seinem Urahnen Nachmani und zu seinem Vater war er ein abgesagter Feind der Kabbala. Er verfaßte bei dessen Leben und in dessen Auftrage eine Widerlegungsschrift gegen die unverschämten und lügenhaften Anklagen des Geronimo de Santa-Fé wider den Talmud. In einer eingehenden Abhandlung (Brief des Pflichtenkrieges[2]) widerlegt Salomo Duran glücklich die plumpen Ausfälle des Apostaten. Er weist namentlich den Vorwurf zurück, als wenn der Talmud Unkeuschheit lehrte, während er gerade die äußerste Strenge der Enthaltsamkeit einschärft. Die Juden, welche nach talmudischen Vorschriften lebten, hielten sich von fleischlichen Vergehen gewissenhaft ferne, verabscheuten nichts mehr als solche und wiesen mit Fingern auf diejenigen, welche sich solche zu Schulden kommen ließen. Wie wollten die Christen den Juden Unkeuschheit zum Vorwurf machen, sie, deren Frömmste täglich ein Laster begehen, das man vor keuschen Ohren gar nicht zu nennen wage, und das als „Mönchssünde" (peccato dei frati) bezeichnet werde! Um aber die Anschuldigungen gegen unanständige Agada-Aussprüche ebenfalls zu widerlegen, mußte Salomo Duran zu Sophistereien Zuflucht nehmen.

Die Religionsphilosophie, welche von jüdisch-spanischen Denkern

---

[1] Vergl. über ihn die Biographen und Senior Sachs Kerem Chemed IX. p. 114 ff. Sein Todesjahr nach einer Tradition bei Asulaï s. v. יכין.

[2] אגרת מלחמות חובה verfaßt 1437, zusammen edirt mit קשת ומגן; vergl. oben S. 166 Anmerk. 1.

allein zur Höhe einer Wissenschaft ausgebildet wurde, hatte in diesem Zeitabschnitte ihre letzten Vertreter in Spanien. Dieselben Männer, welche das Judenthum gegen die Anläufe des Christenthums in Schutz nahmen, vertheidigten es auch gegen die jüdischen Finsterlinge, welche alles Licht daraus verbannen und gleich den Dominikanern den blinden Glauben statt vernünftiger Einsicht begründen wollten. Eiferer wie Schem-Tob, Ibn-Schem-Tob (o. S. 97) und Andere, einseitig im Talmud erzogen und von der Kabbala irre geleitet, sahen in der wissenschaftlichen Forschung einen Abweg zur Ketzerei. Durch die Wahrnehmung, daß gebildete Juden zumeist den Bekehrungsversuchen des Vicente Ferrer und des Papstes Benedictus erlagen, wurden Männer von Schem-Tob's Schlage in ihrer Ueberzeugung bestärkt, daß wissenschaftliche Bildung, ja Nachdenken über Religion überhaupt unrettbar zum Abfall führe. Die Verketzerung der Wissenschaft führte sie folgerichtig zur Verdammung Maimuni's und aller der jüdischen Denker, welche der Vernunft in religiösen Dingen eine gewichtige Stimme einräumten. Gegen diese Verketzerungssucht trat Joseph Albo in die Schranken und verfaßte eine ausführliche religionsphilosophische Schrift (Ikkarim, Grundlehren), worin er die wesentlichen Glaubenslehren des Judenthums von den unwesentlichen zu scheiden und die Grenzlinie zwischen Gläubigkeit und Ketzerei festzustellen suchte.

Joseph Albo (geb. um 1380, gest. um 1444[1]) aus Monreal,

[1]) Das Todesjahr des Verfassers von Ikkarim hat sein Uebersetzer L. Schlesinger im Vorworte richtig ermittelt. Bei Fixirung seines Geburtsjahres dagegen ließ er sich von dem falschen Datum leiten, daß Albo's Lehrer Chasbaï bereits 1380 gestorben sei, und machte ihn daher um 30 Jahre älter. Man kann dabei nur von dem Momente ausgehen, daß Albo bei der Disputation von Tortosa 1414 mindestens ein Dreißiger gewesen, und also um 1380 geboren sei. Die religionsphilosophische Schrift Ikkarim ist nach Zacuto 1428 verfaßt, gedruckt wurde sie sehr früh, Princeps-Edition Soncino 1485; übersetzt wurde sie ins Lateinische von Matthias Elias und theilweise von Gilbert Genebrard, von Pertsch und Andern (vergl. die Bibliographen). Daß Albo bei Abfassung dieser Schrift nicht mehr in Monreal, sondern in Soria (Altcastilien) lebte, bezeugt er selbst in der Einl. היושב פה שוריאה אשר הגני הנה הכני הראשון. In diesen Worten scheint eine unfreiwillige Auswanderung zu liegen. In Soria war er noch 1433, wie Zacuto referirt: ביום הפלה של ר' אברהם בנבשתי הקצ"ג ... דרש עליו ר' יוסף אלבו במבצר עיר שוריא (ed. Filipowski p. 226). Seine philosophische Schrift ist zunächst gegen die Verketzerer gerichtet (I. 2): ורוצרכתי לכתוב כל זה לפי שראיתי קלי עולם חכמים בעיניהם מרחיבים פה ומאריכין לשון כנגד גדולי עולם בלא דעת ובלא תבונה. Er scheint hier Schem-Tob im Sinne gehabt zu haben, der in seinem אבות Maimuni und alle Denker verketzerte. — Daß Albo Arzt war, folgt aus der in Ikkarim vorkommenden Beschreibung von Medikamenten. Daß er Prediger war, ergiebt sich nicht blos aus der Notiz bei Zacuto, sondern auch aus der ganzen Darstellungsweise im Ikkarim.

einer der Hauptvertreter des Judenthums bei der Disputation von Tortosa, der wahrscheinlich wegen der Unduldsamkeit des Papstes Benedictus noch Soria auswanderte, verstand als Arzt die Naturwissenschaften nach dem damaligen Stande und als Jünger des Chasdai Crescas die Ergebnisse der Zeitphilosophie. Obwohl ein strenger Anhänger des talmudischen Judenthums, war er wie sein Lehrer den philosophischen Ideen nicht abgeneigt, bestrebte sich vielmehr, beide Elemente in seinem Innern zu versöhnen, natürlich in der Art, daß jenes nicht im Geringsten zu kurz kommen sollte. Albo hatte aber nicht die Geistestiefe seines Lehrers, war vielmehr gemeinplätzig und weit entfernt von strenger Gedankengliederung. Auf den Rath seiner Freunde unternahm er die Untersuchung, in wie weit innerhalb des Judenthums die Freiheit der Forschung in religiösen Dingen gestattet sei. Zugleich wollte er die Frage zum Abschlusse bringen, ob die Zahl der Glaubensartikel im maimunischen System nämlich dreizehn, richtig sei, oder ob sie vermehrt oder vermindert werden könnte, in so fern, daß derjenige, der sie nicht sämmtlich anerkennt, zu den Ketzern gehöre. So entstand sein religionsphilosophisches System, ziemlich das letzte auf jüdisch=spanischem Boden. Albo's Darstellung weicht bedeutend von seinen Vorgängern ab. Er war Kanzelredner und zwar einer der geschicktesten und anmuthigsten, und dieser Umstand hat auf seine Auseinandersetzung einen entschiedenen Einfluß geübt. Sie ist leicht, faßlich, volksthümlich und fesselnd. Albo weiß jeden philosophischen Gedanken durch ein treffendes Bild zu verdeutlichen, ihn durch Bibelverse und agadische Sentenzen geschickt annehmbar zu machen. Was aber seine Darstellung durch diese Vorzüge auf der einen Seite an Gemeinverständlichkeit gewann, verlor sie auf der andern Seite durch eine gewisse Breite und Seichtheit.

Es ist eine bemerkenswerthe Erscheinung, daß Albo, der die Gedankenreihe seines religionsphilosophischen Systems auf dem Boden des Judenthums zu entwickeln vermeinte, doch an die Spitze desselben ein Prinzip stellte, das gerade christlichen Ursprungs ist; so sehr wirkte die Umgebung auch auf diejenigen, welche bemüht waren, deren Einfluß von sich abzuwehren. Obenan stellte nämlich der Religionsphilosoph von Soria den Gedanken, daß das Seelenheil das Ziel des Menschen sei, das ihm hienieden gesteckt sei und vom Judenthume ganz besonders gefördert werde. Sein Lehrer Chasdai Crescas und Andere setzten es in die jenseitige Seligkeit, welche in der Nähe der Gottheit und in der Verbindung der Seele mit dem Weltgeiste zu finden sei. Nach Albo besteht das höchste Glück nicht so sehr in der Erhebung der Seele, als vielmehr in ihrer Rettung. Er mußte daher, weil dieser Begriff dem Judenthum so sehr fremd ist, einen eigenen Ausdruck für Seelenheil schaffen¹). Das ist der Ausgang und Endpunkt seines religionsphilosophischen Systems. — Der Mensch erlange erst nach dem Tode diejenige Vollkommenheit, wozu ihn Gott bestimmt; das diesseitige Leben sei lediglich eine Vorbereitung zu jenem höheren Leben. Durch welche Mittel könne der Mensch dazu gelangen? Es giebt zwar breierlei Institutionen, welche zum Zwecke haben, die Menschen aus dem Zustande thierischer Rohheit zur Stufe der Gesittung zu erheben. Das Naturrecht, eine Art Vertrag der Gesellschaft, sich vom Diebstahl, Raub und Todschlag fern zu halten, ferner eine staatliche Gesetzgebung, welche auch Zucht und Sitte unter ihre Obhut nimmt, und endlich noch eine philosophische Gesetzgebung, welche geradezu darauf Bedacht nimmt, das dauernde Glück der Menschen zu fördern, mindestens die Hindernisse davon zu entfernen. Alle diese Institutionen, selbst die höchstentwickelte, vermögen aber nicht, das wahre Wohl des Menschen, eben sein Seelenheil, seine Seligkeit, zu fördern; denn sie befassen sich lediglich mit Handlungen, wollen zwar auch die Gesittung einprägen, lehren aber nicht die richtige Ansicht, die allen Handlungen zu Grunde liegende Gesinnung. Darum verfalle auch die philosophische Gesetzgebung in Irrthümer, wie denn Plato, der gefeiertste Philosoph, auf philosophischem Wege die Gemeinschaft der Frauen als Belohnung für Dienste im Staate empfohlen hat. Es sei auch gar nicht erstaunlich, wenn diese verschiedenartigen Gesetzgebungen auf Irrwege gerathen. Ihre Urheber waren Menschen, die auch bei weitester Fernsicht nicht alle Fälle im Voraus zu bestimmen und noch weniger die schmale Grenzlinie zwischen Recht und Unrecht, zwischen Sittlichkeit und Lasterhaftigkeit zu ziehen vermöchten. Die menschliche Gesetzgebung ist ihrer Natur nach beschränkt; sie kann auch nur das Zeitliche im Auge haben²).

Ist nun das ewige Leben, die Seligkeit nach dem Tode, höchstes Ziel des Menschen, so müsse es eine göttliche Gesetzgebung geben, ohne welche die Menschen hienieden stets im Finstern tappen und ihres Zieles verfehlen müßten. Diese göttliche Gesetzgebung müsse alle die Vollkommenheiten enthalten, welche der menschlichen abgehen. Sie müsse zu ihrer Voraussetzung haben: einen vollkommenen Gott, der das Heil der Menschen fördern wolle und könne, müsse ferner Gewißheit gewähren, daß dieser Gott eine gewisse, Menschen beglückende

---

¹) Neben הצלח הנפש hat Albo ganz allein den Terminus תשועת הנפש III. c. 35 und נשו I. c. 24 für den Begriff „selig".

²) Ikkarim I. c. 5—8.

Lehre zur Erziehung geoffenbaret habe, und endlich müsse sie eine angemessene Vergeltung für Handlungen und Gesinnungen enthalten.

Den ersten Punkt, das Dasein Gottes, zu beweisen, war für Albo kein so bringendes philosophisches Bedürfniß. Ihm genügte es, daß die Philosophie dafür unter vielen schwachen, auch einige haltbare Beweise aufgestellt hat[1]) und darin mit der Voraussetzung der Religion übereinstimmt. Wichtiger war es ihm, den zweiten Punkt, die **Nothwendigkeit einer göttlichen Gesetzgebung**, zu beweisen. Wenn die andern Naturbildungen in ihrer aufsteigenden Stufenreihe nicht nur einen eigenen Zweck haben, sondern ihn auch erreichen, wenn im Menschen sämmtliche Organe und Funktionen die ihnen zugemessene Bestimmung erfüllen, so müsse doch nothwendiger Weise der Geist des Menschen, worin eben dessen Ueberlegenheit über die niedere Welt besteht, und welcher sein Wesen ausmacht, so müsse also dieser Geist ohne Zweifel nicht nur ein Ziel haben, sondern es auch erreichen können. Dieses Ziel könne aber nicht, wie die Philosophen behaupten, die theoretische Vervollkommnung sein, den Allgeist in sich aufzunehmen und mit ihm Eins zu werden. Denn die Stufe methaphysischer Ausbildung sei lediglich für sehr wenige, besonders begabte Menschen erreichbar, etwa für einen Sokrates und Platon. Nach dieser Annahme würde also der Geist aller übrigen Menschen nicht nur in einem einzigen Zeitalter, sondern seit dem Bestande des Menschengeschlechts sein Ziel nicht erreichen, also müßig und zwecklos sein. Man müsse daher vielmehr annehmen, wenn der menschliche Geist nicht hinter dem Sandkorn und dem Grashalm zurückbleiben soll, daß jeder Mensch eine gewisse Vollkommenheit erlangen könne, wenn er nur die rechte Thätigkeit anwendet. Diese Thätigkeit, welche den Zweck des Geistes erreichen helfen soll, könne wiederum nicht blos einseitig theoretisch sein, etwa bloßes Denken oder in sich selbst Vertiefen, mit einem Worte das Philosophiren, da der menschliche Geist mit einem Körper gepaart ist, der Mensch also aus einer Doppelnatur besteht. Seine Thätigkeit zur Erreichung des ihm gesteckten Zieles müsse demnach zugleich **geistiger und körperlicher Art** sein. Wie sollen nun die Handlungen des Menschen beschaffen sein, damit er zu seiner Vervollkommnung gelange? Sie müssen nothwendiger Weise schon vorher fest bestimmt sein, ehe der einzelne Mensch sie seiner Prüfung unterwirft, sonst würde er im Dunkeln tappen und des rechten Weges verfehlen. Man könne auch nicht zugeben, daß das Betragen der Mehrzahl der Menschen für den Einzelnen die

---

[1]) Das. II. c. 4—5.

Richtschnur abgeben soll; denn die meisten Menschen handeln eben verkehrt, haben selbst Bewußtsein von ihrer Verkehrtheit. Man könne im Allgemeinen nur sagen, daß das Gute das rechte Mittel zur Erreichung der menschlichen Vollkommenheit sei. Denn das Gefühl für das Gute und Rechte ist jedem Menschen angeboren. Jeder Mensch, dessen Herz nicht ganz erstorben ist, freut sich einer guten Handlung und ist beunruhigt nach einer begangenen Schlechtigkeit, d. h. er hat ein inneres Gewissen, das das Gute liebt und das Schlechte haßt. Vermag aber darum der von Temperament und Trieben beherrschte Mensch schon aus sich und seinem Gewissen dieses Gute zu finden und einzuhalten? Die philosophische Ethik giebt zwar an: Das Gute liege zwischen zwei entgegengesetzten Trieben, wie beispielsweise die Mildthätigkeit zwischen Verschwendungssucht und Geiz. Allein, wer kann das Maß für die rechte Mitte bestimmen? Noch mehr. Man müsse eingestehen, daß der Mensch seine höchste Vollkommenheit lediglich durch die Erfüllung des göttlichen Willens ohne Selbstsucht und Hintergedanken erreichen könne. Auch die Himmelssphären, dem Menschen ähnlich aus Geist und Körper zusammengesetzt, thun nichts Anderes, sie verharren in ewiger Bewegung, d. h. sie vollstrecken den ihnen geoffenbarten göttlichen Willen. Worin besteht nun dieser göttliche Wille als Richtschnur für den Menschen? Diesen vermag er noch weniger als das Gute aus sich selbst zu finden, zu bestimmen und abzuwägen. Wollte also der Schöpfer den Menschen, den er so reich ausgestattet hat, nicht in die Irre gehen und von sich selbst abfallen lassen, so mußte er ihm zugleich seinen heiligen Willen und den rechten Weg zum Guten offenbaren. Die Offenbarung einer göttlichen Gesetzgebung, welche die Handlungen des Menschen regelt und ihm Anleitung zur Erreichung seiner höheren Bestimmung giebt, ist daher als nothwendig zu denken[1]). Diese Offenbarung oder diese göttliche Gesetzgebung müsse den Menschen durch das Organ eines hochbegabten Wesens, durch einen göttlichen Sendboten, durch einen Propheten kund geworden sein, der zugleich die Gewißheit und Untrüglichkeit seiner göttlichen Sendung beurkundet habe.

Diese göttliche Gesetzgebung kann nur drei Prinzipien zu ihrer Voraussetzung haben: **Das Dasein eines Gottes, die Offenbarung seines Willens und die gerechte Vergeltung nach dem Tode.** Das sind die drei Säulen, auf denen sie ruht, sie bedarf deren nicht mehr[2]). Freilich schließen diese strotzend-vollen Gedanken viele andere ein. Die Annahme eines gerecht waltenden Gottes ent-

---

[1]) Ikkarim II. c. 1—8.   [2]) Das. I. c. 10.

hält zugleich die logische Bedingung, daß er **vollkommen, geistig
(unkörperlich), eins und ewig sei**. Der Heischesatz einer göttlichen
Offenbarung hat zugleich zu seiner Voraussetzung die **Allwissenheit
Gottes, die Prophetie und die Bewährung eines die Offenbarung empfangenden Mittlers**. Endlich beruht die Annahme
einer gerechten Vergeltung auf dem Gedanken der Vorsehung: daß
Gott ein Auge auf die Menschen habe und ihnen Glückseligkeit bereiten
wolle[1]. Aber diese Ideen sind nur als Folgesätze aus den obersten
drei Prinzipien anzusehen.

Die göttliche Gesetzgebung fällt also mit einer geoffenbarten
Religion zusammen. Unter allen bekannten Religionen entspreche nach
Albo das Judenthum allen Anforderungen, welche die Vernunft selbst
an eine göttliche geoffenbarte Gesetzgebung stellt, nicht blos am meisten,
sondern vollständig. Es hat daher die drei Glaubenslehren zu seinem
Hauptinhalte: **Gott, Lehranweisung und Vergeltung**. Das
Judenthum wird selbst von seinen Gegnern, von den Bekennern des
Christenthums und des Islam, als eine göttliche Offenbarung anerkannt und hat sich auch als solche durch die geschichtliche Erfahrung,
wie durch seinen Inhalt bewährt. Tausende von Menschen haben
am Sinai die Gottesstimme vernommen. Dadurch sei eben der Glaube
an einen geistigen Gott und an die Wahrheit und Göttlichkeit der
Thora über allen Zweifel gesichert. Dieser Glaube mache selig, d. h.
führe den Gläubigen zu seiner Vollkommenheit, zu seinem Seelenheil,
zur Seligkeit. Wer einen der drei Glaubensartikel, das Dasein Gottes,
die Göttlichkeit der Lehre und die gerechte Vergeltung nach dem Tode
mit ihren Folgesätzen leugnet, ist ein rechter Ketzer und verwirkt seine
Seligkeit[2].

Es wird freilich Albo sehr sauer, den Schwerpunkt seines Reli-
gionssystems, **das Seelenheil durch Unsterblichkeit**, als im
Judenthum begründet, nachzuweisen. Er muß eingestehen, daß die
Vergeltung, welche die Thora und die Propheten den Gerechten und
Sündern verheißen, eine diesseitige ist, lediglich Wohlergehen oder
Unglück auf Erden. Er muß sich daher mit dem Nothbehelf durch-
winden, daß solche irdische Belohnung und Bestrafung nicht dem
Einzelnen zugedacht seien, sondern lediglich der israelitischen Nation
als Gesammtkörper. Diese **nationale Vergeltung** sei grundverschieden
von der individuellen, die eben nicht leiblicher, sondern geistiger Natur
sei und nicht diesseits, sondern jenseits stattfinden werde[3]. Es wird
Albo auch schwer, die Belohnung durch Unsterblichkeit aus dem Talmud

---

[1] Das. I. c. 15.   [2] Das. I. c. 11, 18—21.   [3] Das. IV. c. 40.

zu beweisen; denn die „zukünftige Welt", welche die talmudische Agada lehrt, steht mit dem Glauben an die Auferstehung im Zusammenhang und wird ebenfalls als ein wunderbarer Vorgang auf Erden betont. Indessen bot ihm die bunte Agada-Literatur einige Anhaltspunkte, an welche er seinen Hauptsatz von der geistigen Unsterblichkeit und Seligkeit anlehnen konnte [1]).

Das Judenthum ist also, nach Albo, eine Veranstaltung Gottes, um dessen Bekenner zur ewigen Seligkeit zu bringen. Darum enthalte das Judenthum „die göttliche Gesetzgebung" (Dat Elohit), so viele Religionsgesetze — 613, nach der üblichen Zählungsweise — damit es jedem Einzelnen möglich sei, sein Seelenheil zu fördern. Denn auch nur eine einzige Religionsvorschrift mit Sinn und Andacht ohne Nebengedanken und Nebenzwecke erfüllt, führe zur Seligkeit. Die Thora habe demnach mit ihren gehäuften Verpflichtungen ihren Bekennern nicht eine Last auflegen und nicht, wie die christlichen Lehrer behaupten, die Juden unter den Fluch stellen wollen, wenn sie nicht sämmtliche Gebote erfüllten, sondern im Gegentheil den Weg zur höheren Vollkommenheit erleichtern wollen. Darum heiße es in der Agada: sämmtliche Israeliten haben Antheil an dem ewigen Leben (Olam ha-Ba); denn jeder könne auch durch eine einzige religiöse Pflichterfüllung dazu gelangen [2]).

Freilich gebe es auch Stufen in der Seligkeit. Je mehr Religionspflichten Jemand erfüllt, je beständiger er darin ist, je mehr religiösen Sinn er damit verbindet, desto mehr Lohn habe er zu erwarten, d. h. desto höher sei seine Stufe jenseits. Den höchsten Grad von Vollkommenheit erreiche derjenige, der die ihm obliegenden Religionsvorschriften aus reiner Liebe zu Gott und mit innerer Freude ausübt [3]). Die Bekenner des Judenthums seien aber nicht allein zur Seligkeit berufen, sondern, da alle Menschen Gottes Geschöpfe sind, habe er auch sie des ewigen Lebens theilhaftig werden lassen wollen. Darum stellte auch der Talmud den Lehrsatz auf: „Die Frommen aller Völker haben Antheil an der Seligkeit". Zu diesem Zwecke habe Gott auch für dieselben, für die außerjüdischen Völkerschaften, Religionsvorschriften geoffenbaret, nämlich die sieben noachidischen Gebote [4]). Wer von den Nichtjuden dieselben erfülle, könne damit seine Seligkeit begründen. Albo findet eine Bestätigung seiner Ansicht von der Nothwendigkeit einer göttlichen Leitung der Menschen durch Gesetze in der freilich in der Bibel blos angedeuteten, vom Talmud dagegen bestimmter formulirten Aufeinanderfolge mehrerer

[1]) Das. IV. c. 31.   [2]) Das. I. c. 21, III. c. 29.
[3]) Das. III. c. 30—36.   [4]) Band III4 S. 352.

Gesetzesoffenbarungen. Adam habe der Schöpfer sofort nach seiner Erschaffung gewisse Vorschriften gegeben und eingeschärft. Dieses sei als die erste, elementare, einfache, göttliche Gesetzgebung anzusehen. Diese sei später vermehrt und sogar verändert worden, durch neue Vorschriften an Noah und seine Söhne, die für sämmtliche Völkerschaften, welche von diesen abstammen, also für die Noachiden, verpflichtend sein sollten. Eine Offenbarung Gottes wurde ferner Abraham zu Theil, ebenfalls mit gesetzlichem Charakter — wie die Beschneidung. Die sinaitische Offenbarung mit ihren zahlreichen Gesetzesvorschriften sei als die vierte Gesetzgebung zu betrachten.

An diesem Punkte angelangt, erörtert der Religionsphilosoph von Soria die Frage: Kann die sinaïtische Gesetzesoffenbarung, das Judenthum, jemals eben so abgeändert werden, wie die frühern durch diese verändert worden sind? Diese Frage erforderte um so eher eine besonnene Untersuchung, als die Vertreter des Christenthums die Juden mit der Behauptung plagten: Die Christuslehre sei ebenfalls eine neue Offenbarung, durch den „neuen Bund" sei der „alte" aufgehoben, durch das Evangelium sei die Thora erfüllt, d. h. außer Kraft gesetzt. Um nicht in den Consequenzen seines eigenen Systems gefangen zu werden, griff Albo zu einer eigenen Unterscheidung. Dasjenige, was Gott einmal **selbst und unmittelbar** geoffenbart habe, sei eben dadurch unabänderlich und für alle Zeiten verbindlich, dagegen könne wohl dasjenige, welches lediglich durch einen prophetischen Mittler mitgetheilt worden, eine Veränderung oder gar Aufhebung erleiden. Die Zehngebote, welche das israelitische Volk am flammenden Sinaï unmittelbar aus Gottes Munde vernommen, seien unabänderlich; darin seien die drei Hauptprinzipien einer göttlichen Gesetzgebung niedergelegt. Die übrigen Gesetzesvorschriften des Judenthums dagegen, die dem Volke lediglich durch Mose vermittelt worden waren, könnten wohl abgeändert oder gar außer Kraft gesetzt werden. Es sei auch geschichtlich vorgekommen, daß ein Prophet die Aussprüche eines anderen aufgehoben habe. Die Vorschrift, die Monate mit dem Frühlingsanfange, mit dem Nissan zu zählen, sei nach dem babylonischen Exile außer Brauch gekommen und dafür der Jahresanfang mit dem Herbst, dem Monat Tischri, eingeführt worden. Esra habe statt der althebräischen Schriftzeichen die neuen, assyrischen für die heilige Schrift angenommen[1]). Indessen sei die Veränderungsfähigkeit eines Theils oder gar des größten Theils der judenthüm-

---

[1]) Ikkarim I. c. 25.

lichen Religionsgesetze vor der Hand nur theoretisch, als Möglich=
keit zugegeben. Für die Praxis dagegen seien die Verpflichtungen
der Thora so lange als verbindlich und unabänderlich zu betrachten,
bis es Gott einmal wieder gefallen sollte, andere Gesetze durch einen
eben so großen Propheten, wie Mose, und auf eine ebenso offen=
kundige und überzeugende Weise zu offenbaren, wie es am Sinai
geschehen[1]). Bis jetzt habe sich kein Prophet als solcher bewährt,
daß durch ihn das Judenthum hätte außer Kraft gesetzt werden
können. Auf diese Weise wies Albo die Ansprüche des Christenthums
und auch des Islam dem Judenthume gegenüber ab. Das Letztere
sei vermöge seines Hauptkernes, die Zehngebote, und seiner noch immer
verbindlichen Vorschriften als die einzige, wahre Religion, als die
echte göttliche Gesetzgebung zu betrachten.

Das Judenthum, welches das Seelenheil der Nachkommen
Abraham's fördern wolle, biete zwei Mittel dazu dar: den rechten
Glauben und die rechte Bethätigung. Denn aus diesen zwei
Haupttheilen bestehe das Judenthum, aus religiösen Grundlehren
und religiösen Geboten[2]). Zur Erlangung der Seligkeit sei eben
Beides erforderlich. — Die Hauptlehren des Judenthums seien eben
die drei Grundgedanken jeder göttlichen Gesetzgebung: der Glaube an
das Dasein Gottes, an die Göttlichkeit der Thora und an eine gerechte
Vergeltung nach dem Tode. Die maimunischen dreizehn Glaubens=
lehren und die acht seines Lehrers Chasdaï Crescas verringerte Albo
also auf drei, aber nur scheinbar, er erweiterte diese drei wieder
nach der andern Seite. Denn nach seiner Ansicht schließe der erste
Glaubensartikel: Gottes Dasein, viele Punkte als Folgesätze ein: daß
dieser Gott eins, unkörperlich, urewig und vollkommen sei.
Der zweite Glaubensartikel setze zugleich die Allwissenheit Gottes,
die Prophetie überhaupt und die Sendung Mose's voraus, und
der dritte zugleich die Vorsehung Gottes für die Menschen. Es
kommen also im Ganzen acht Glaubensartikel heraus, gerade so viel,
wie Chasdaï Crescas aufgestellt hatte. Grundlehren oder Glaubens=
artikel sind, nach Albo, solche, deren Beherzigung die Rechtgläubigkeit
und deren Leugnung Ketzerei und Heraustreten aus dem Kreise der
Juden bedinge[3]); außer diesen lehre das Judenthum noch sechs andere,
die sich aber von den acht wesentlich unterscheiden. Das Leugnen
derselben sei zwar auch eine Art Ketzerei, hebe aber das Grundwesen
des Judenthums nicht auf und verwirke daher auch nicht die Seligkeit.
Diese sechs seien: Der Glaube an die Weltschöpfung Gottes aus

[1]) Ikkarim III. c. 14—19.   [2]) Das. III. c. 24—25.
[3]) Das. I. c. 15, 26.

Nichts, an die **höhere Prophetie Mose's**, an die **Unveränderlichkeit der Thora**, an die **Erreichbarkeit des Seelenheils** durch die fromme Erfüllung eines der Religionsgebote, an die **Auferstehung der Todten** und endlich der **Glaube an die einstige Erscheinung des Messias**[1]). Dadurch sei innerhalb des Judenthums die freie Forschung in der Art gesichert, daß, wer nur die Grundartikel desselben anerkenne und unangetastet lasse, von eigener Schriftauslegung und philosophischem Nachdenken geleitet, Dieses und Jenes anders auffassen dürfe. Diejenigen, welche auch die geringste Abweichung vom Hergebrachten verketzern und verdammen, seien also im Unrechte[2]). Albo selbst machte von dieser Forschungsfreiheit Gebrauch, den Glauben an das Messiasthum nicht als wesentlichen Glaubensartikel aufzustellen, indem selbst manche Talmudisten und fromme Männer den Messias nicht mehr erwartet hätten und darum doch nicht als Ketzer angesehen worden wären. Die messianischen Schriftverse lassen sich anders deuten. Die Hoffnung auf die messianische Erlösungszeit sei höchstens eine innerhalb des jüdischen Stammes sich fortpflanzende Ueberlieferung, aber kein unerschütterlicher Glaubensartikel[3]). Albo wollte damit offenbar die Grundlage des Christenthums erschüttern, welche auf dem Messiasthum beruht. Er wurde aber von Spätern wegen dieser Behauptung arg geschmäht[4]).

Albo's Religionssystem ist weit entfernt, zu befriedigen. Wie es von einem fremden, christlichen Grundgedanken der Heilslehre ausging, mußte es auch im christlichen Sinne den Glauben als eine Hauptbedingung zum Seelenheil aufstellen und die Gebote des Judenthums als **Sakramente** behandeln, wie etwa das Christenthum die Taufe, das Abendmahl, die letzte Delung, von deren Anwendung die Seligkeit bedingt sei. Es bewegt sich auch stets im Zirkelschlusse, indem es bald eine allgemeine göttliche Gesetzgebung, bald die besondere des Judenthums als Maßstab aufstellt. Albo's Gedankengang war so wenig unbefangen, daß er der Kabbala einige Berechtigung einräumte und nicht klar genug erkannte, daß diese Afterreligion und Afterphilosophie dem Judenthume und der Vernunft gleicherweise ins Gesicht schlägt. Selbst den Sohar erkannte er als ein heiliges Buch

---

[1]) Das. I. c. 23. Albo geräth dadurch zum Theil in Widerspruch mit sich selbst, denn I. c. 2 bemerkt er: Die Leugner der Messiaslehre dürften nicht als מינים, Ketzer, bezeichnet werden.

[2]) Das. I. c. 2, 24.

[3]) Das. IV. c. 42.

[4]) Namentlich von Abrabanel in seinen messianischen Schriften, besonders in משמיע ישועה.

an, ein sehr verdächtiges Symptom für die Klarheit seines Denkens[1]). Seine Auseinandersetzung ist auch keineswegs gedankenmäßig. Die Predigtmanier ersetzt bei ihm nur gar zu oft die Logik. Albo ergeht sich im Predigertone in weitläufiger Auslegung der Bibel und Agada, um die Gedanken recht breit zu treten.

Straffer im Denken war sein jüngerer Zeitgenosse Joseph Ibn-Schem-Tob, obwohl auch er Prediger war. Zu einer Zeit, als er bei dem König von Castilien in Ungnade gefallen war und ein Wanderleben führte, hielt er nämlich an jedem Sabbat vor einem großen Publikum Vorträge[2]). Er war gut philosophisch geschult. Gewiß zum Aergerniß seines kabbalistisch-düstern, fanatischen Vaters, welcher Philosophie als ein Grundübel verdammte, Aristoteles in die Hölle verwünschte und selbst Maimuni verketzerte, vertiefte sich sein Sohn Joseph mit ganzer Seele in die aristotelisch-maimunische Lehre und war so heimisch darin, daß er Commentarien zu Aristoteles' Seelenlehre und Ethik und zu einigen philosophischen Schriften des Averroes schrieb[3]). Er sagte Gott Preis dafür, daß er dem Heiden Aristoteles von seiner Weisheit gespendet habe. Er bemühte sich nachzuweisen, daß der Philosoph von Stagira keineswegs die göttliche Vorsehung über die Menschen geleugnet habe. Joseph Ibn-Schem-Tob scheute sich nicht seinen Vater gleich Anderen dieses Schlages des Irrthums zu zeihen, wenn sie behaupteten: die Anwendung der höheren philosophischen Erkenntniß auf die Religion sei vom Uebel. Sie sei vielmehr erforderlich zur Erreichung der hohen Bestimmung, (behauptete er), zu welcher der Mensch und besonders der Israelit berufen worden. Der philosophisch gebildete Jude, welcher die religiösen Pflichten des Judenthums gewissenhaft erfüllt, werde gewiß weit eher sein hohes Ziel erreichen, als derjenige, welcher sie blos blindlings ohne Einsicht und Bewußtsein übe. Die Wissenschaft habe auch darum einen hohen Werth, weil sie den menschlichen Geist vor Abwegen und Irrthümern warne. Denn es liege einmal in der Eigenthümlichkeit des unvollkommenen menschlichen Wissens, neben Wahrheiten auch Irrthümer zu

---

[1]) Von der Kabbala spricht Albo I. c. 20; III. c. 25; IV. c. 41; und vom Sohar IV. c. 32.

[2]) S. Note 4. II.

[3]) Das. Seine Commentarien zu Ibn-Roschd's הדבקות, אפשרות, zu Alexander Aphrodisias' מאמר השכל (de intellectu), verf. Oct. 1454, und sein Commentar zu Aristoteles' Ethik, vollendet 1. Nissan = 20. März 1455, sind noch handschriftlich vorhanden. Schon in der Jugend verfaßte er ein kleines Werk über Oekonomie הנהגת הבית, wohl nach aristotelischen Principien, Munk Mélanges p. 507.

hegen; die richtige Erkenntniß gebe aber eine Anleitung, das Wahre vom Falschen unterscheiden zu können.

Indessen, wenn Joseph Ibn=Schem=Tob auch auf der einen Seite in die aristotelisch=maimunisch=averroistische Scholastik verliebt war, so hatte er doch einen Blick für ihre schwachen Seiten und suchte daher ihr Verhältniß zum Judenthum scharf zu begrenzen. Sein religions= philosophisches Werk (Kebod Elohim[1]), welches kein abgerundetes System, sondern nur die Grundrisse dazu entwickelt, stellt sich eben diese Aufgabe. Es betont mit aller Schärfe den Gedanken, der Maimuni selbst nicht klar geworden ist, daß es durchaus nicht wahr sei, zu behaupten: Judenthum und Philosophie deckten sich vollständig und stünden in schönster Harmonie miteinander. Im Gegentheil: sie gingen in wesentlichen Punkten weit auseinander. Es sei durchaus unrichtig, was Maimuni und seine Nachfolger, namentlich die Prediger aufstellen, daß die mosaische Weltschöpfungslehre mit der aristotelischen Naturlehre übereinstimme, und die prophetische Vision vom Thron= wagen Gottes (Maasze Merkaba) ganz dasselbe lehre, was die aristo= telische Metaphysik. Das Judenthum als Ausfluß Gottes offenbare vielmehr ganz andere Wahrheiten als die Philosophie, welche lediglich ein Erzeugniß des menschlichen Geistes sei. Wenn auch die jüdische Religion und die Vernunftlehre einige gemeinsame Wahrheiten ent= halten, so folge daraus durchaus noch nicht ihre vollständige Gleichheit. Wenn die von der Philosophie weit abweichenden Wahrheiten des Judenthums sich auch nicht syllogistisch beweisen ließen, so seien sie darum doch nicht abzuleugnen; denn sie haben ihre Bestätigung und Gewißheit in den Wundern, welche Propheten und fromme Männer gezeigt und die Israeliten viele Jahrhunderte hindurch mit eigenen Augen wahrgenommen hätten[2]).

Joseph Ibn=Schem=Tob hatte demnach auf einer Seite den maimunischen Standpunkt vollständig überwunden. Mit der Ver= söhnung zwischen Judenthum und Philosophie ist es aus, es kommt wieder zum Bruche zwischen beiden. Joseph versprach, in einem Werke nachzuweisen, welche Widersprüche zwischen der einen und der andern Lehre bestehen, und wie die Philosophie im Irrthum sei[3]). Aber so wie er hinter die Schwäche des maimunischen Standpunktes gekommen ist, mußte er zugleich an einer vernünftigen Auffassung des

---

[1]) Verfaßt 1442, vergl. darüber Munk a. a. O. Erste und einzige Edition des כבוד אלהים, Ferrara 1555 ohne Seitenzahl. Von seinem Vater spricht er das. Bl. 4a. B. 28 b ff. entschuldigend.

[2]) Kebod Elohim Bl. 22.

[3]) Das. Bl. 27 b.

Judenthums verzweifeln. Er ist genöthigt, sich an Nachmani anzuklammern und das Judenthum auf Wundern beruhen zu lassen[1]). In der Erörterung der Bestimmung des Menschen fußte Joseph Ibn-Schem-Tob auf dem aristotelischen System, daß die höchste Ausbildung und Vervollkommnung des Geistes die menschliche Seele der Gottheit näher bringe. Das sei nun das höchste Ziel der menschlichen Thätigkeit. Sie stehe um Vieles höher als das sittliche Thun, weil dieses lediglich in einer bestehenden Menschengesellschaft Werth habe, die höchste Erkenntniß aber von allen gesellschaftlichen und staatlichen Verhältnissen unabhängig sei und auch in der Einsamkeit erreicht werden könne. Allein, so fährt Joseph Ibn-Schem-Tob weiter fort, aus Aristoteles' Glückseligkeitstheorie durch theoretische Ausbildung des Geistes folge noch gar nicht die Unsterblichkeit der, wenn auch mit hoher Weisheit erfüllten Seele. Die von dem Geiste errungene und erworbene Wahrheit behalte noch ihren Werth, wenn die Trägerin derselben, die Seele, mit dem Absterben des Leibes, ihres steten Genossen, sich gleichfalls verflüchtige und verschwinde[2]).

Diese Lücke in der Philosophie ergänze erst die sinaïtische Lehre. Sie setze die Glückseligkeit des Menschen in die Fortdauer des Geistes nach dem Untergange des Leibes; sie stehe darum unendlich höher als jene. Das Judenthum gebe auch die Mittel an die Hand, wodurch diese Seligkeit erlangt werden könne, nämlich durch die gewissenhafte Erfüllung der religiösen Verpflichtungen[3]). In diesem Punkt trifft Joseph Schem-Tob's Ansicht zum Theil mit Joseph Albo zusammen; auch nach jenem haben die Gebote des Judenthums einen **sacramentalen Charakter**, nur daß er nicht wie dieser das Seelenheil betone. Joseph Ibn-Schem-Tob ging so weit, den Religionsvorschriften erkennbare Zwecke überhaupt abzusprechen und ihnen gewissermaßen eine mystische Wirkung beizulegen[4]). Von einer schwärmerischen Verherrlichung der Philosophie ausgehend, gelangte er zu einem mystischen, wundergläubigen Standpunkte. In seiner Beweisführung liegt daher wenig Ueberzeugendes. Joseph Ibn-Schem-Tob bezeichnet lediglich den Bruch, der damals in dem Innern der jüdischen Denker zwischen Glauben und Philosophiren eingetreten war. Nicht unerwähnt darf es bleiben, daß sein Bruder Isaak noch entschiedener für Maimuni's System gegen die Ausfälle des eigenen Vaters Partei nahm und

---

[1]) Das. Bl. 22.
[2]) Das. Bl. 17a—18b, 26a.
[3]) Das. Bl. 21, 22 und noch ausführlicher in seiner Schrift עין הקורא.
[4]) Das. Bl. 23b. 24.

sich in einem Commentar zum „Führer" auf eine Widerlegung derselben einließ[1]).

Beim besten Willen kann Simon Duran nicht einmal Joseph Albo und Joseph Ibn-Schem-Tob an die Seite gestellt werden. Er besaß allerdings Kenntnisse in Mathematik und Astronomie, that sich auch ein wenig darauf zu Gute, besaß auch philosophische Gelehrsamkeit, wußte über alle religionsphilosophische Schlagwörter ein Langes und Breites zu sprechen und verfaßte ein umfangreiches Werk[2]), das diesem Thema gewidmet war, worin er überhaupt von allen Dingen und von noch manchem Anderen verhandelte. Aber ein klarer Zusammenhang bestand in seinem Kopfe keineswegs oder richtiger, metaphysische und wissenschaftliche Fragen berührten ihn nur oberflächlich. Wo sich bei ihm eine folgerichtige Gedankenreihe zeigt, ist sie von Joseph Albo entlehnt. Jünger des mittelmäßigen Rabbiners En-Vidal Ephraim[3]), ging auch seine talmudische Gelehrsamkeit mehr in die Breite als in die Tiefe. Da er aber ein außerordentlich fruchtbarer rabbinischer Schriftsteller war und bis in sein hohes Alter Commentarien, Abhandlungen und Gutachten über talmudische Themata verfaßte[4]), so galt er den Späteren als eine bedeutende Autorität. Bei all' seiner umfangreichen Gelehrsamkeit war aber Simon Duran ein Rabbiner von beschränktem Gesichtskreise, und das Wissen hatte keinerlei Einfluß auf seine Gesinnung. Simon Duran hielt seinen Blick stets auf sein Geburtsland, die Insel Mallorca, gerichtet, von wo er wegen des Judengemetzels hatte entfliehen müssen (o. S. 61). Die Ueberbleibsel der Gemeinde Palma, einst reich und zahlreich, wurden durch den Bekehrungseifer des fanatischen Mönches Vicente Ferrer noch mehr geschwächt und verringert. Dennoch herrschten in ihr heftige Streitigkeiten, und Simon Duran richtete öfter Ermahnungsschreiben an sie, sich mit einander zu vertragen und sich zu erinnern, daß mehr die Zwistigkeiten als die Bosheit der Fanatiker die einst bedeutende Gemeinde zu einem so kläglichen Zustande heruntergebracht haben. Mehr aber noch als die Unverträglichkeit rügte Simon Duran die religiösen Vergehungen an den Gemeindegliedern von Palma. Er schalt sie aus, daß sie vertrauten Verkehr mit den getauften Juden, den Neubekehrten, unterhielten. Er verkündete der Gemeinde von

---

[1]) Respp. Mose Alaschkar No. 117 ed. Zolkiew p. 56 b.
[2]) מגן אבות, vergl. o. S. 166. Anmerk. 1.
[3]) Vergl. Saulus Frankel-Graetz, Monatsschr., Jahrg. 1874 S. 458 und Respp. des Simon Duran II. No. 256.
[4]) Er giebt selbst das Verzeichniß seiner Schriften zu Ende des zweiten und dritten Theils seiner Responsen an. Sein Hauptreligionswerk ist מגן אבות o. S. 154.

Mallorca unfehlbar Unheil, weil einige ihrer Glieder von einer Mohammedanerin Wein kauften, die nur nothdürftig und zum Schein durch das Untertauchen im Wasser zur Jüdin gestempelt ward[1]). Er war entrüstet über die Wahrnehmung, daß die jüdischen Jünglinge sich den Bart abschoren[2]).

[1]) Respp. Simon Duran III. Nr. 226.
[2]) Das.

Neuntes Kapitel.

Neue Hetzereien gegen die Juden. Capistrano.

Papst Eugenius' IV. Gesinnungsänderung gegen die Juden. Trübe Folgen der Bulle in Spanien. Juan II. entgegenwirkendes Dekret zu Gunsten der Juden. Nikolaus' V. feindselige Bulle. Feindseligkeit eines baierischen Herzogs gegen die Juden. Der Philosoph Nikolaus Cusanus im Verhältniß zu den Juden. Die Marranen und das erste Vorspiel zur Inquisition. Der Franciscanermönch Capistrano und sein Wüthen gegen die Juden. Die Wirkungen in Baiern. Ausweisung aus Würzburg. Die Breslauer Gemeinde; Hostienschändung und Blutanklage gegen sie. Vertreibung und Scheiterhaufen für die Juden Breslaus und anderer schlesischen Städte. Vertreibung der Juden aus Brünn und Olmütz; die Juden in Polen und ihre günstige Stellung unter Kasimir IV. Die erneuten Privilegien. Capistrano's Geifer dagegen, erlangt den Widerruf derselben. Anfang der Leiden der Juden in Polen. Die Türkei, neues Asyl für die Juden. Untergang des byzantinischen Reichs. Günstige Stellung der Juden in der Türkei. Mose Kapsali, Großrabbiner, Sitz im Divan. Die Karäer in der Türkei. Die deutsche rabbinische Schule. Jacob Weil und Israel Isserlein. Die Synode von Bingen und die drohende Spaltung. Wahrung der Rabbinatswürde gegen Entsittlichung.

(1444—1456.)

Es war damals nicht schwer, Unglück über die Juden zu prophezeihen. Denn abermals regte sich der finstere kirchliche Geist, der mit düsterem Flügelschlag über die europäischen Länder unheilsschwanger flog. Wie zur Zeit Innocenz III., so dekretirte auch in dieser Zeit die Kirche durch ihre vollwichtigsten Vertreter, durch die Väter der Kirchenversammlung zu Basel, welche sich Unfehlbarkeit zuschrieben und über das Papstthum selbst zu Gerichte saßen, die Erniedrigung und Aechtung der Juden auf die allerfeierlichste Weise. Wunderbar genug! Das Concil konnte im eigenen Hause nicht fertig werden, war nicht im Stande, die den Katholicismus verhöhnenden Hussiten in den Schooß der Kirche zurückzuführen, verzweifelte daran, die Liederlichkeit und Lasterhaftigkeit der Geistlichen und Mönche abstellen zu können, und warf doch sein Auge auf die Juden, um sie zum Heile zu führen. Räudige Schafe, wollten sie unbeschädigte Lämmer heilen! Die Baseler Kirchenversammlung, welche dreizehn Jahre tagte (Juni 1431 bis Mai 1443) und die großen europäischen Fragen vor ihren Richterstuhl zog, beschäftigte sich auch mit der Judenfrage. Damit der christliche Glaube befestigt werde, müßten die

Juden gedemüthigt werden, das war der Grund, die alten Beschränkungen durch das allgemeine Concil in der neunzehnten Sitzung aufzufrischen und neue hinzuzufügen¹). Zu den alten kanonischen Beschlüssen waren einige neue Punkte hinzugekommen, daß Juden zu keinem **Universitätsgrade** zugelassen werden sollten²) und daß an den Hochschulen auch hebräische, chaldäische (und arabische) Sprache gelehrt werde, um Mittel zu haben, auf das Gemüt der Juden einzuwirken. Das allgemeine Concil, das sich als vom heiligen Geist inspirirt ausgab, hatte es also auf die Massenbekehrung der Juden abgesehen. Es nahm das Programm Peñaforte's, Pablo Christiani's, Vicente Ferrer's und des schismatischen Papstes von Tortosa an, welche eine systematische Bearbeitung der Juden zum Aufgeben „des Unglaubens" so sehr empfohlen hatten. Auch den bereits getauften Juden wendete die Baseler Kirchenversammlung eine besondere Sorgfalt zu. Sie sollten einerseits begünstigt und andererseits überwacht werden, daß sie sich nicht unter einander verheirathen, nicht Sabbat und jüdische Feste feiern, nicht ihre Todten nach jüdischem Ritus beerdigen und überhaupt die jüdischen Gebräuche nicht mitmachen sollten.

Die Hand Esau's, die der Söhne des Salomo-Paulus de Santa Maria, welche Mitglieder dieses Concils waren, ist dabei nicht zu verkennen (o. S. 145 f.). Aus dem Schlangenei des apostatischen Rabbiners Salomo Levi de Burgos waren Basilisken ausgekrochen. Sie gaben seinem Judenhasse eine europäische Tragweite und machten die höchste kirchliche Autorität zur Helfershelferin.

Ein erneuerter fanatischer Paroxysmus gegen die Juden kam dadurch an verschiedenen Punkten Europas zum Ausbruch. Den Reigen eröffnete die **Insel Mallorca**³). Die Ueberbleibsel der Gemeinde Palma waren der Geistlichkeit und dem von ihr beherrschten Pöbel verhaßt, und beide schenkten nur allzuwillig einem Gerüchte Glauben, die Juden hätten in der Charwoche (1435) den maurischen Diener eines Juden gekreuzigt und ihn Folterqualen erdulden lassen. Der angebliche Märtyrer war zwar noch am Leben, aber nichtsdestoweniger ließ der Bischof Gil Nunjoz zwei Juden, welche als die Urheber galten, einkerkern. Darüber entspann sich ein Competenzstreit zwischen ihm und dem Gouverneur Juan Desfar, an den sich die Reichen der Gemeinde gewendet hatten. Der Letztere behauptete: Die Juden unterlägen nicht der geistlichen Gerichtsbarkeit, sondern

---

¹) Mansi concilia T. 29. p. 98 f.
²) Das. .... nec ad gradus quosque scholasticos admittant (Judaeos).
³) Quellen bei Kayserling, Geschichte der Juden von Navarra u. s. w. S. 173 ff.

seien Eigenthum des Königs, der allein über sie zu urtheilen habe.
Der Bischof mußte die eingekerkerten Juden herausgeben, und diese
wanderten in den Kerker des Statthalters (6. Mai). Die Geistlichen
hetzten aber das Volk gegen ihn und die Juden und sprengten aus:
die Justiz sei für Geld feil. Ehe Juan Desfar ein Verhör anstellen
konnte, um das Verbrechen der Angeklagten zu ermitteln, war der
Pöbel schon gegen ihn eingenommen. Der Statthalter wurde genöthigt
mit Strenge zu verfahren und einen Gerichtshof zu ernennen, der
größtentheils aus Dominikaner- und Franziskanermönchen bestand.
Das Gericht kannte kein wirksameres Mittel, um hinter die Wahrheit
zu kommen, als Anwendung der Folter. Wie Einer der Angeklagten
unter die Tortur kam, bekannte er Alles, was man von ihm wünschte,
und bezeichnete alle diejenigen Juden als Mitschuldige, welche man
von ihm verlangte. Doch hätte man diesem Bekenntniß vielleicht
selbst in damaliger Zeit kein großes Gewicht beigelegt, wenn sich nicht
ein gewissenloser, aber in Ansehen stehender Jude Namens Astrüc
Sibili, welcher mit vielen Gemeindemitgliedern in Streit lebte und
fürchtete, in die Blutanklage verwickelt zu werden, zum Ankläger
seiner Glaubensgenossen aufgeworfen hätte. Scheinbar freiwillig stellte
sich Astrüc Sibili dem Gerichte, gestand ein, daß der Diener gekreuzigt
worden, und bezeichnete gewisse Juden als Verbrecher. Obwohl er
sich von jedem Verdachte rein zu machen wußte, ereilte Astrüc Sibili
doch bald die Strafe seiner Angeberei. Er wurde als Mitangeklagter
in den Kerker geworfen. Dieser Ausgang des Angebers und
die Flucht einiger jüdischen Familien von Palma in das naheliegende Gebirge, weil sie mit Recht die Wiederholung von Mord-
scenen befürchteten, steigerte noch mehr die Aufregung der christlichen
Bevölkerung. Die Flüchtigen wurden eingeholt, gefesselt, nach der
Stadt gebracht, und ihre Flucht wurde als neuer Beweis für die
Theilnahme der ganzen Gemeinde an dem Verbrechen erklärt. Astrüc
Sibili und noch drei andere wurden zum Feuertode verurtheilt, jedoch
begnadigten sie die Richter zum Tode durch den Strang, wenn sie sich
taufen ließen. Sie gingen auch darauf ein, indem sie die Taufe als
Strohhalm zur möglichen Rettung ihres Lebens betrachteten. Aber
auch die ganze Gemeinde, mehr als zweihundert Personen, Männer,
Frauen und Kinder, gingen ebenfalls aus Angst vor der fürchterlichen
Todesqual zum Christenthum über. Die Geistlichen hatten vollauf
Beschäftigung, die Neubekehrten zu taufen. Wie wenig sie selbst an
die Schuld der Verurtheilten glaubten, bewiesen sie dadurch, daß sie,
als jene bereits auf dem Richtplatze waren, bereit den Galgen zu
besteigen, um deren Begnadigung riefen und das Volk ebenfalls dazu

veranlaßten. Der Gouverneur gab der allgemeinen Volksstimme nach, und die Verurtheilten wurden unter Procession und Chorälen vom Schaffot nach der Kirche geleitet, und ein Te Deum wurde angestimmt. So endete die Gemeinde von Palma, welche über ein Jahrtausend bestanden und so viel zur Blüthe der Insel beigetragen hatte. Mit ihr schwand auch der Wohlstand dieses fruchtbaren und günstig gelegenen Eilands. Simon Duran, den der Uebertritt der Gemeinde von Palma, welcher er mit allen Fasern seines Herzens angehörte, tief betrübte, beruhigte sein Gewissen damit, daß er es nicht an Ermahnungen habe fehlen lassen[1]).

Der giftige Judenhaß, der in Spanien und Deutschland am meisten heimisch war, steigerte sich, wo möglich, seit der Mitte des fünfzehnten Jahrhunderts und erreichte bis gegen Ende desselben seinen Höhepunkt. In Spanien entsprang er mehr aus dem Neide über die einflußreiche Rolle, welche die Juden, wie geschwächt und gedemüthigt auch immer, dort spielten, in Deutschland dagegen, wo sie wie Schatten umherwandelten, war die ungeberdige Rohheit, verbunden mit Glaubenswuth, die Erzeugerin. — Für die deutschen Gemeinden war der Tod des Kaisers Sigismund (gegen Ende 1437), gerade als ihnen das Baseler Concil einen finsteren Blick zuwarf, ein betrübendes Ereigniß. Wenn dieser Fürst auch kein zuverlässiger Beschützer war, sie oft genug wegen seiner bodenlosen Geldverlegenheit abzapfte und sogar die Kosten für das Concil zu Costnitz ihnen aufbürdete[2]), so duldete er doch nicht, so weit er es hindern konnte, daß sie ungerechter Weise verfolgt oder niedergemetzelt würden. An seiner Stelle wurde jener österreichische Herzog Albrecht zum deutschen König und Kaiser erwählt, der so viel Unmenschlichkeit an ihnen begangen hatte (o. S. 132). Albrecht II. war ein Todfeind der Juden und Ketzer. Freilich ausrotten konnte er beide nicht. Die hussitischen Ketzer besaßen gute Waffen und Muth, und die Juden waren eine unentbehrliche Geldquelle. Aber gern gab Kaiser Albrecht seine Zustimmung zu Unbilden gegen sie. Als der Rath zu Augsburg beschlossen hatte, die jüdische Gemeinde auszutreiben (1439), ertheilte der Kaiser freudigen Herzens seine Erlaubniß dazu. Zwei Jahre bewilligte ihnen der Rat ihre Häuser und Liegenschaften zu verkaufen, nachdem diese Frist abgelaufen war, wurden sie sämmtlich ausgewiesen und die Grabsteine des jüdischen Kirchhofes zur Ausbesserung der Mauern verwendet. Augsburg hatte aber später viel Unannehmlich-

---

[1]) Simon Duran Respp. II. No. 226.
[2]) Vergl. Gemeiner, Regensburg'sche Chronik III. S. 24 ff. Stobbe a. a. O. S. 56 fg.

keiten wegen dieser Vertreibung; denn Kaiser Albrecht starb, ehe die Urkunde von der kaiserlichen Erlaubniß zu dieser Hartherzigkeit ausgeliefert wurde[1]). Er regierte zum Glücke für die Juden nur zwei Jahre und überließ die Zügel des deutsch-römischen Reiches, oder richtiger die vollständige Anarchie in demselben, dem gutmüthigen, schwachen, trägen und lenksamen Friedrich III., der nicht judenfeindlich war, sie vielmehr da, wo er eingreifen konnte, gegen Unbill beschützte. Dafür traten zwei andere wüthende Judenfeinde auf: der Papst Nikolaus und der Franciskanermönch Johannes de Capistrano, dieser ein Menschenwürger in Gestalt eines demüthigen Gottesdieners.

Eugenius' Nachfolger, der Papst Nikolaus V. (März 1447—März 1455), setzte das System der Demüthigung und Knechtung der Juden fort. Sobald er den Petristuhl bestiegen hatte, ließ er es sich angelegen sein, die Privilegien der italienischen Juden, welche Martin V. bestätigt und Eugenius nicht förmlich aufgehoben hatte, zu zerreißen und ihre Inhaber unter Ausnahmegesetze zu stellen. In einer Bulle (vom 23. Juni 1447[2]) wiederholte er dieselbe Beschränkung für Italien, welche sein Vorfahr eingeschärft hatte, und schenkte ihnen auch kein Titelchen davon, nicht einmal das, daß ein Christ für Juden am Sabbat kein Feuer machen dürfe. Wenngleich Nikolaus' Bulle nur eine Copie war, so hatte sie doch eine größere Tragweite als das Original. Denn er ernannte darin den Juden- und Ketzerhenker Johannes de Capistrano zum Vollstrecker derselben. Dieser sollte selbst oder durch seine Ordensgenossen, die Franciskaner, die pünktliche Befolgung überwachen und die Bestrafung der Uebertreter vollziehen. Der Mönch Capistrano hatte demnach die Befugniß, wenn beispielsweise ein jüdischer Arzt einem kranken Christen ein Heilmittel reichte, ihm sein Hab und Gut zu confisciren, und dieser Heilige mit einem Herzen von Stein war ganz der Mann dazu, auch ein solches Vergehen mit unerbittlicher Strenge zu ahnden.

Die systematische Judenfeindlichkeit, wovon die Baseler Kirchenversammlung und die Päpste beseelt waren, wirkte ansteckend in weiten

---

[1]) Quellen: Stetten, Geschichte von Augsburg I. S. 169, 164, 177 f. Gemeiner, Regensburg'sche Chronik III. S. 258, auch Schubt, jüdische Denkwürdigkeiten I. S. 336. Stobbe das. 86 fg. Noch im Jahre 1569 durften keine Juden in Augsburg wohnen, und als einige die Erlaubniß erhielten, sich im Dorfe Pfersen bei Augsburg niederzulassen, arbeitete der Rath dagegen: Stetten a. a. O.

[2]) Die Bulle ist in extenso mitgetheilt in Hermann's Capistranus triumphans (Cöln 1700) p. 254 ff. und Wadding, Annales Minorum T. XI. p. 280 ff.

Kreisen. Mit Recht waren die Juden von Schrecken ergriffen, als der Papst Nikolaus, um das erschütterte Ansehen des Statthalters Christi zu heben, ein Jubiläum ausschrieb (für 1450) und allen Rompilgern Sündenerlaß verhieß. Auf die leichteste Weise konnten da die Judenplünderer und Judenberauber ihre begangene Sünde sühnen — wenn sie es überhaupt als Sünde ansahen, das verfluchte Geschlecht zu vertilgen. Der Rabbiner Isserlein verordnete daher ein allgemeines Fasten, um Gottes Barmherzigkeit gegen die Feindseligkeit der Jubel-Pilger zu erflehen[1]). Der eben so wilde, wie bigotte baierische Herzog von Landshut, Ludwig der Reiche genannt, „ein Feind des Wildes und der Juden", ließ nicht lange nach seinem Regierungsantritt sämmtliche Juden seines Landes an einem Tage (Montag 5. October 1450) festnehmen, die Männer in Kerker, die Frauen in die Synagogen einsperren und all ihre Baarschaft und Kleinodien für sich confisciren. Die christlichen Schuldner wurden angewiesen, ihren jüdischen Gläubigern nur das Capital zu zahlen und davon noch die Zinsen abzuziehen, die sie etwa vorher gezahlt hätten. Nachdem die Unglücklichen vier Wochen in Gewahrsam waren, mußten sie dem Herzog 30,000 Gulden für ihr Leben zahlen, dann wurden sie sämmtlich arm und fast nackt aus dem Lande gewiesen[2]). Gerne wäre Ludwig mit der reichen und großen Regensburger Gemeinde, die unter seiner Botmäßigkeit stand, eben so verfahren. Allein da er nur eine eingeschränkte Gewalt über sie hatte, und die Juden dieser Stadt als Bürger unter dem Schutze des Rathes und seiner Gerechtsame standen, so mußte er sich mit einer Art Brandschatzung begnügen. Viele Juden sollen damals aus Angst und Noth zum Christenthum übergetreten sein[3]).

Wie die europäischen Juden auf ihre spanischen Brüder, als auf eine gehobene und begünstigte Klasse blickten, so richtete auch das Papstthum sein besonderes Augenmerk auf diese, um sie nicht in einer günstigen Stellung im Staate zu lassen. Entweder auf Antrag des Königs Juan II, die strengen kanonischen Beschränkungen gegen sie zu mildern, was er in dem Dekret von Arevalo verheißen hatte (o. S. 148), oder auf Gesuch ihrer Feinde, dieselben zu bestätigen, erließ der

---

[1]) Frankel-Graetz, Monatsschr. 1869, S. 229.
[2]) Hauptquelle bei Oefele, scriptores rerum boicarum I. p. 105 b, II. p. 665, auch bei Aretin, Geschichte der Juden in Baiern, S. 33, Note e. Gemeiner a. a. O. III. S. 182, 205. Auch Joseph Kohen in Emek ha-Bacha hat eine Nachricht darüber (p. 77), nur ist das Datum dort falsch angegeben ק׳ ה׳ = 1340 statt ה׳ ר׳י = 1450.
[3]) Gemeiner a. a. O. III. p. 182.

Papst Nikolaus eine neue Bulle (1. März 1451.[1]), worin er ihre Ausschließung aus der christlichen Gesellschaft und jeder ehrenhaften Laufbahn bestätigte und die Privilegien der spanischen Juden eben so wie die der italienischen vollständig außer Kraft setzte. — Dieser herzlosen Härte in der kanonischen Gesetzgebung gegen die Söhne Israels lag unbewußt eine Art Furcht zu Grunde. Das übermächtige Christenthum fürchtete den Einfluß des jüdischen Geistes auf die christliche Bevölkerung durch allzu vertrauten Verkehr. Was das Papstthum in der Räucherwolke seiner officiellen Erlasse verschwieg, das verrieth ein diesem Kreise sehr nah stehender philosophischer Schriftsteller und Cardinal.

Nikolaus von Cusa (aus Cues an der Mosel), der letzte Ausläufer der scholastischen Philosophie, der sie mit einer Art Mystik verschmelzen wollte, hat durch sein zweideutiges Benehmen die Verbesserung und Versittlichung des Christenthums seiner Zeit vereitelt. Auf der Baseler Kirchenversammlung einer der eifrigsten Vertheidiger der Macht eines allgemeinen Concils über den Papst, verließ und verrieth er dasselbe, ging zum Papst Eugenius IV. über, arbeitete mit seiner ganzen Kraft an der Wiederherstellung der päpstlichen Allgewalt und trug zu dessen Sieg bei. Dafür wurde er auch von dem Papst Nikolaus V. mit dem Cardinalshute beschenkt. Inmitten der Zerfahrenheit und Zerklüftung des Christenthums schwärmte Nikolaus Cusa in seiner philosophischen Träumerei für eine Vereinigung aller Religionen zu einem einzigen Glauben. Die kirchlichen Ceremonien wollte er zum Opfer bringen, ja, selbst die Beschneidung wollte er sich gefallen lassen, wenn nur die nichtchristlichen Völker dafür gewonnen werden könnten, an die Dreieinigkeit zu glauben. Er fürchtete aber, wie er ausdrücklich bemerkte, die Hartnäckigkeit der Juden, welche sich an ihrer Gotteseinheit allzufest anklammern, er tröstete sich indeß mit dem Gedanken, daß das unbewaffnete Häuflein der Juden den Frieden der Welt nicht stören könne[2]). Allerdings waren die Juden nach dieser Seite hin waffenlos; um sie aber auch geistig zu entwaffnen, dazu wollte Nikolaus Cusanus das Seinige beitragen. Der Papst hatte diesen Cardinal zum Legaten für Deutschland ernannt, um theilweise eine Reformation des verderbten Kirchen- und Klosterlebens durchzuführen (1450—51). Cusanus beschäftigte sich aber auch, wohl im Auftrage, mit den Juden. Auf dem Provinzial-Concil von Bamberg schärfte er die kanonische Satzung von dem

---

[1]) Bei Baronius (Raynaldus) a. a. O. ad annum 1451 No. 5.
[2]) Nicolaus Cusanus de pace seu concordantia fidei c. 12 Ende, auch c. 20 (in dessen Gesammtwerken).

Judenabzeichen ein, daß die Männer einen rothen, runden Flecken an der Brust, die Frauen einen blauen Streifen auf dem Kopfputze tragen, und daß die Christen bei Vermeidung des schwersten Bannes nicht Geld auf Zins von Juden borgen sollten (Mai 1451[1]), als wenn die Brandmarkung der Juden die Welt- und Klostergeistlichen und die von ihnen angesteckten Laien von der liederlichen Unkeuschheit und Lasterhaftigkeit hätte heilen sollen. Die Absonderung der Juden von den christlichen Kreisen hat nur die Wirkung gehabt, daß jene von der Befleckung der Unzüchtigkeit freigeblieben sind. Auch der Cardinal-Legat Cusanus konnte es nicht durchsetzen, den geistlichen Stand sittenrein zu machen, oder den Betrug mit der Blutung durchstochener Hostien und der Wunderthätigkeit der Heiligenbilder — dagegen er so sehr geeifert hat — abzustellen. Die Kirche blieb bis in ihr innerstes Mark verderbt. Die Juden waren allerdings zu fürchten, wenn sie mit ihren Fingern in die eiternden Wunden hätten greifen dürfen.

Besonders fingen die vielen Tausende getaufter Juden in Spanien, welche die Metzeleien, die Kreuzpredigten und die Beschränkungen der Kirche zugeführt hatten, an, für diese selbst eine Plage zu werden. Nicht blos die weltlichen Neuchristen, sondern auch diejenigen, welche in den geistlichen Stand getreten waren oder das Mönchskleid angelegt hatten, beobachteten meistens, der Eine mehr heimlich, der Andere mehr öffentlich, die jüdischen Religionsgesetze. Die Sophistereien der übereifrigen Convertiten, von der Klasse der Santa-Fé, sowie der Kirchenpomp und die Predigten, daß das alte Testament und sogar die talmudische Agada Jesu Messianität, die Menschwerdung Gottes, die Dreieinigkeit und andere Kirchendogmen bestätigten, hatten eben so wenig Wirkung auf viele Marranen. Sie blieben im zweiten und dritten Geschlecht eben so, wie vorher, halsstarrig und blind, d. h. treu dem Glauben ihrer Väter. Als der mächtige Minister de Luna eine scharfe Waffe gegen seine neuchristlichen Feinde brauchte, bewog er den König, sich mit Klagen an den Papst über deren Rückfall zu wenden (o. S. 149). Ganz ersonnen werden die Beschwerden gegen den Glauben der Neuchristen wohl nicht gewesen sein, jedenfalls hat Nikolaus V. an deren Missethaten geglaubt. Er richtete daher ein Schreiben an den Bischof von Osma und an die Professoren von Salamanca (20. November 1451[2]) und ermächtigte sie, Inquisitoren zu ernennen, welche die des Judaisirens verdächtigen Neu-

---

[1] Heffner, Juden in Franken S. 25.
[2] Baronius (Raynaldus), Annales eccles. ad. annum 1451 No. 1. Llorente, der die Geschichte der Inquisition beschrieben hat, kannte diese Bulle nicht. Sie lautet auszüglich: Venerabili fratri episcopo Oxomensi et

christen vor ihr Tribunal laden sollten. Die Inquisitionsrichter sollten die Befugniß haben, die Ueberführten zu bestrafen, einzukerkern, ihr Vermögen einzuziehen, sie ehrlos zu machen, wenn sie Geistliche sind, sie zu begrabiren und sie sogar dem weltlichen Arm zu übergeben, d. h. in der Blumensprache der Kirche, dem Feuertode als Ketzer zu überliefern. Das war der erste Zunder zur Feuerhölle der Inquisition, welche mehr Unmenschlichkeit begangen hat, als alle Tyrannen und großen Verbrecher, die je in der Geschichte gebrandmarkt worden sind. Für den ersten Augenblick scheint diese Bulle keine Wirkung gehabt zu haben. Die Zeit war für diese Blutaussaat noch nicht reif. Juans II. Minister machte Anfangs keinen Gebrauch davon. Die Bulle sollte seinen neuchristlichen Todfeinden nur die Waffe zeigen, die er zu ihrer Vernichtung in Händen hatte, wenn sie ihre feindseligen Ränke zu seinem Sturze fortsetzen sollten. Er vertraute zu sehr auf die Abhängigkeit des Königs von ihm, und dieses blinde Vertrauen hat

dilectis filiis scholasticis ecclesiae Salamantinae ac dicti episcopi in spiritualibus vicario generali salutem etc. Cum sicut ad nostrum ex charissimi in Christo filii nostri Joannis Castellae et Legionis Regis illustris relatione pervenit auditum, in regnis ac dominiis ejusdem Regis sint plures laicae et ecclesiasticae, tam saeculares quam diversorum ordinum regulares utriusque sexus personae, qui licet ore se Christianos profiteantur, operibus tamen se tales fere mentientes, Judaeorum (et Saracenorum) caeremonias observare, nec non quamplura ab ipsius fidei veritate aliena et contraria, palam et clandestine committere praesumpserunt, et dietim praesumunt, in non modicum animarum suarum periculum, dictae fidei vilipendium, pernitiosum quoque exemplum et scandalum plurimorum; nos . . . . ipsius etiam Regis in hac parte supplicationibus excitati mandamus, quatenus vos . . . contra omnes et singulos praesumptores praedictos et ipsorum quemlibet, cuiuscumque status, gradus, ordinis, nobilitatis, et conditionis fuerint ac quacumque ecclesiastica, seu mundana dignitate etiam pontificali praefulgeant de praemissis quo modo libet suspectos . . . . inquirere, procedere, eosque punire, corrigere et castigare auctoritate nostra curetis; . . . . et si id ipsorum demerita exegerint, dignitatibus et beneficiis ecclesiasticis et bonis etiam temporalibus privandi, et ad illa imposterum obtinenda inhabilitandi, incarcerandi, degradandi et si facti atrocitas id poposcerit, curiae saeculari tradendi; . . . . Da bekanntlich Johann II. keinerlei Initiative hatte, sondern sich in Allem von Alvaro de Luna leiten ließ, so hat gewiß der Letztere die Supplicationes im Namen des Königs an den Papst gerichtet. Es war zwei Jahre nach den Vorgängen in Toledo gegen die Neuchristen (o. S. 152). Daß auch Saracenen, Mudejares genannt, in der Bulle erwähnt sind, ist lediglich Curialstyl. Die wenigen zum Christenthum übergetretenen Mohammedaner brauchten nicht zu heucheln, sondern konnten nach dem mohammedanischen Granada auswandern. Die Bulle ist lediglich gegen judaisirende Marranen gerichtet.

seinen Untergang herbeigeführt. Seine neuchristlichen Todfeinde ver=
doppelten ihre Mittel, ihn in Ungnade zu bringen, um nicht von ihm
ins Verderben gestürzt zu werden. Kaum zwei Jahre nach dem
Erlaß der päpstlichen Inquisitionsbulle wurde er auf den Befehl
seines Gönners, der von seinen Todfeinden gedrängt wurde, schmählich
aufs Schaffot gebracht. Die Bulle blieb vor der Hand todter Buchstabe.

Welch eine Verkehrtheit war es nun, zu den alten jüdischen
Täuflingen mit erheucheltem christlichen Bekenntnisse auf den Lippen
neue hinzufügen! Solche sollte der Franciskaner=Mönch Capistrano
vermehren. Dieser Mönch mit ausgemergelter Gestalt und häßlichem
Wesen besaß ein einschmeichelndes Organ und eine Willensstärke,
wodurch er nicht blos die stumpfe Menge, sondern auch die höheren
Stände rühren, fesseln, begeistern, erschrecken und zu einem frommen
Lebenswandel und zu grausigen Unthaten bewegen konnte. Wie bei
dem spanischen Dominikaner Vicente Ferrer (S. 106), so lag bei
Capistrano die wunderbare Gewalt, die er über die Gemüther hatte,
nicht so sehr in einer hinreißenden Beredtsamkeit, als in einer sym=
pathischen Stimmenmodulation und in einem unerschütterlichen Wahn=
glauben[1]). Er selbst war davon überzeugt, daß er mit dem Blute,
das er von der Nase seines Meisters Bernardinus von Siena
gesammelt hatte, und mit dessen Kaputze Kranke zu heilen, Todte zu
erwecken und Wunder jeder Art zu verrichten vermöchte. Das wahn=
bethörte Volk glaubte nicht nur an seine Wunderthätigkeit, sondern
vergrößerte und übertrieb sie noch mehr. Seine streng asketische
Lebensweise, sein Haß gegen Luxus, Wohlleben und Schwelgerei
machte einen um so größeren Eindruck, als sie gegen die üppige
Lebensweise der Welt= und Klostergeistlichen grell abstach. Wo
Capistrano auftrat, strömten Tausende von Zuhörern zusammen, um
sich von seinen Predigten erbauen und erschüttern zu lassen, wenn
sie auch kein Wort von seinen lateinischen Reden verstanden. Die
Päpste Eugenius IV. und Nikolaus V. bedienten sich seiner als eines
brauchbaren Werkzeuges, um das erschütterte Ansehen des päpstlichen
Stuhles wieder herzustellen. Sie ließen ihn überall für die Unfehl=
barkeit des Papstthums, für Vertilgung der Ketzer, d. h. nicht blos

---

[1]) Gegen die apotheosirenden Biographien von Nicolaus de Fara und
Christoforus de Varisio (in den Acta sanctorum October T. X. und in
Hermann's Capistranus triumphans) erschien von protestantischer Seite eine
skizzenhafte Lebensbeschreibung desselben von Diaconus Adolf Peschek in
Jllgens Zeitschrift für historische Theologie, B. II. 2tes Stück S. 259 ff. und
eine Berichtigung der Apotheose in Sybels historischer Zeitschr. Jahrg. 1863
Heft III. S. 19 ff. von G. Voigt.

der Hussiten, sondern auch derer, welche an dem Papstthum zu mäkeln wagten, und für den Kampf gegen die siegend vordringenden Türken predigen und eifern, und hatten auch nichts dagegen, wenn er gegen unschuldige Spiele, Zeitvertreib und Lebensverfeinerung seine Capucinaden ausstieß, da sie selbst dadurch in ihren Genüssen und Freuden nicht gestört wurden. Zu den stehenden Punkten der aufregenden Predigten Capistrano's gehörten — nächst seinem Geifer gegen Ketzer und Türken und gegen den Luxus und die Spiele — auch seine Wuthausbrüche gegen die Juden, ihren Unglauben und ihren Wucher. Der Papst Nikolaus machte ihn deswegen zum Inquisitor gegen sie, um die Ausführung der kanonischen Beschränkungen gegen sie zu überwachen. Schon früher hatte ihn die Königin Johanna von Neapel zum Inquisitionsrichter über die Juden eingesetzt und ihn ermächtigt, die schwersten Strafen über sie zu verhängen, wenn sie gegen die Kirchengesetze fehlen oder das Judenabzeichen — das Zeichen Thau (Tod) — nicht tragen sollten.[1]

Als der Papst Nikolaus Capistrano als Legaten nach Deutschland und den slavischen Ländern schickte, wo die Autorität des Papstthums durch die Hussiten und durch den auch unter den Katholiken sich regenden freieren Geist am meisten erschüttert war, um dort die blind unterwürfige Gläubigkeit in die Gemüther zurückzuführen, veranstaltete er, von der Eitelkeit, Eroberungen zu machen, besessen, eine Disputation in Rom mit einem Rabbinen Namens Gamaliel (?). Durch seine Beredtsamkeit sollen nicht blos dieser Rabbiner, sondern noch vierzig Juden für das Christenthum gewonnen worden sein[2]. — Wo dieser geifernde Kapuzinerprediger in Deutschland hinkam, verbreitete er Furcht und Schrecken unter die Juden. Sie zitterten, wenn sie nur seinen Namen nennen hörten[3]. Auch den Christen[4] war dieser ungestüme, giftige Heilige ein Gegenstand des Schreckens, namentlich solchen, welche nicht die kirchliche Frömmigkeit über Rechtschaffenheit und Gesinnungsadel stellen mochten. Denn der Zulauf der Menge zu seinen Predigten war in Deutschland noch größer als in Italien und, unterstützt von dem Anhange der Massen, durfte er Gesetze vorschreiben und die Obrigkeit zwingen, sich seinen Anordnungen blindlings zu fügen. In Bayern, Schlesien, Mähren und Oesterreich, wo der kirchliche Eifer der Katholiken wegen der Feindseligkeit gegen die

---

[1] Hermann, Capistranus triumphans p. 272.
[2] Wadding, Annales Minorum T. XII. p. 64.
[3] Bei Klose, Geschichte von Breslau in Briefen B. II. 2ter Theil S. 39, de Varisio a. a. O. p. 499.
[4] Gemeiner, Regensburgische Chronik III. S. 271 f.

Hussiten ohnehin hoch gespannt war, erhielt er durch Capistrano noch mehr Nahrung und kehrte sich — da sie den Ketzern in Böhmen nicht beikommen konnten — zunächst gegen die Juden. Die bayerischen Herzöge Ludwig und Albrecht, welche schon früher die Juden ihres Gebietes verjagt hatten, wurden von Capistrano noch mehr fanatisirt. Der Erstere stellte an einige Grafen und an Regensburg die Forderung, ihre Juden auszuweisen[1]). Der Bürgermeister und Rath dieser Stadt entzogen ihnen zwar nicht den Schutz und das Bürgerrecht, das sie seit alten Zeiten genossen haben. Aber sie konnten die Juden nicht vor den Quälereien der Geistlichen schützen[2]). Der Herzog Ludwig bestand darauf, daß mit Strenge auf das Tragen der Abzeichen von Seiten der Regensburger Juden gehalten werde (24. August 1452[3]). Dasselbe wurde durch einen Synodalbeschluß für die Gemeinden in der Augsburger Diözese eingeschärft[4]). Auch die Regensburger Bürger ließen sich, bei allem Wohlwollen für ihre jüdischen Mitbürger durch Capistrano's Fanatismus allmählich zur Feindseligkeit gegen sie hinreißen. In der Hebammenordnung, welche in demselben Jahre erlassen wurde, kam das Gesetz vor, daß christliche Geburtshelferinnen bei Leibe nicht jüdischen Frauen beistehen sollten, auch nicht in Todesnöthen[5]).

Die Sinneswandelung gegen die Juden, wie sie durch Capistrano hervorgerufen wurde, zeigt sich augenfällig an dem Verhalten eines geistlichen Fürsten gegen sie vor und nach dem Erscheinen des Kapuziners in Deutschland. Der Bischof Gottfried von Würzburg, zugleich Herzog von Franken, hatte den Juden nicht lange nach seinem Regierungsantritt Privilegien ausgestellt[6]), wie sie sie nicht günstiger wünschen konnten. Er sagte darin für sich und seine Nachfolger allen anwesenden und künftig zuziehenden Juden besonderen Schutz zu. Keiner sollte vor ein weltliches oder geistliches Gericht geladen werden dürfen; ihre Streitsachen sollten vielmehr durch eigenes Gericht berathen und entschieden werden. Der Freiheitsbrief Gottfrieds von Würzburg erklärte ferner den Rabbiner (Hochmeister) von Würzburg steuerfrei und gestattete ihm, nach seinem Belieben in seinem Lehrhause Jünger zu halten. Er befreite die Synagogen und den Friedhof von

---

[1]) Das. S. 205.
[2]) Aretin, Geschichte der Juden in Bayern, S. 36.
[3]) Gemeiner a. a. O. S. 205 f.   [4]) Aretin a. a. O.
[5]) Gemeiner a. a. O. S. 207.
[6]) Die Urkunde, ausgestellt 1444 und vom Kapitel bestätigt Samstag vor St. Walpurgistag (22. April) 1445, bei Heffner: die Juden in Franken S. 61 Beilage W.

jeber Steuer, erlaubte ausbrücklich den reichen Juden Geldgeschäfte mit Christen auf Zins zu machen und bestimmte den Zinsfuß. Er bewilligte ihnen Freizügigkeit und versprach den Wegziehenden Hilfe zur Einziehung ihrer Schulden und friedliches Geleit. Dieser Freiheitsbrief enthielt noch mehr günstige Privilegien, deren Tragweite uns nicht mehr verständlich ist, und versprach zum Schlusse, daß sie nie verändert und aufgehoben werden sollen. Der Dechant und das ganze Kapitel erkannten die Privilegien an und verbürgten sich dafür, „für sich und ihre Nachfolger im Kapitel". Jedem Juden, der in sein Gebiet einwanderte, stellte der Bischof Gottfried einen besonderen Schutzbrief aus[1]). Einen gewissen David ernannte er zum Rabbinen von Würzburg[2]).

Aber einige Jahre später, nach den Kreuzpredigten Capistrano's, welch' ein veränderter Ton gegen die Juden! Derselbe Bischof und Herzog von Franken erläßt „wegen der schweren Klagen der Unterthanen seines Stiftes gegen die Juden" eine Ordnung und Satzung (1453[3])) gegen sie. Sie sollten bis zum Januar des folgenden Jahres alle ihre Liegenschaften verkaufen und vierzehn Tage später auswandern; denn „er will keinen Juden in seinem Stifte mehr dulden". Alle Städte, Grafen, Herren und Richter wurden angewiesen, auch ihre Juden zu vertreiben. An den Schuldforderungen sollten die jüdischen Gläubiger ebenfalls gekürzt werden. Das waren die Früchte des menschenfeindlichen Fanatismus, der einen edlen Kirchen-Fürsten und ein ganzes Domkapitel zum Wortbruch verleitete, wenn es den Juden galt!

Am unheilvollsten war Capistrano's Einfluß den Juden Schlesiens; hier zeigte er sich so recht, wie ihn seine Bewunderer nannten, als „Geißel der Hebräer". In dieser damals halb zu Polen und halb zu Böhmen gehörenden Provinz gab es zwei Hauptgemeinden, zu Breslau und zu Schweidnitz[4]). Die Breslauer Judenschaft wurde vom Bürgermeister und Rath öfter geplagt. Einmal erließen diese eine eben so sinnlose, wie quälerische Verordnung, daß ein Jude, der einen Eid zu leisten habe, mit entblößtem Haupte und bei dem Gottesnamen (Jhwh) schwören sollte, den das talmudische Gesetz aus heiliger Scheu auszusprechen verbietet. In ihrer Gewissensangst

---

[1]) Heffner das. die Urkunden S. 66.
[2]) Das. S. 67 Beilage B. B. vom 26. August 1447.
[3]) Das. S. 68. Urkunde C. C. Von dieser Ausweisung der Juden aus Würzburg scheint auch die erste No. der Respp. des Mose Menz zu handeln.
[4]) Ueber das hohe Ansehen des Rabbinats von Schweidnitz vergl. Respp. Jacob Weil Nr. 146, 76. Respp. Isserlein (פסקים) Nr. 255, 261.

wandte sich die Gemeinde an die damals angesehenste rabbinische Autorität, Israel Isserlein Ben=Petachja (Rabbiner von Marburg), ob sie verpflichtet seien, sich der Verordnung selbst mit Gefährdung des Lebens zu widersetzen, da ihnen gerade bei dem religiösen Akte der Eidesleistung zweierlei Uebertretungen zugemuthet würden. Isserlein ließ den Breslauern darauf den gutachtlichen Bescheid zugehen: Im Falle die städtische Behörde mit ihrer Verordnung nicht geradezu eine Verleugnung des Judenthums, sondern lediglich eine Verschärfung des Eides beabsichtigte, so dürften sie den heiligen Gottesnamen unbedenklich aussprechen. Entblößten Hauptes zu schwören, sei überhaupt nicht als religiöses Vergehen anzusehen[1]).

In Schlesien besaßen vermögende Juden wie anderswo baares Geld, weil sie keine Liegenschaften besitzen konnten, und auch hier machten sie Geldgeschäfte. Die meisten Herzöge waren ihre Schuldner, und ebenso manche Städte, welche Bürgschaft für ihre Fürsten übernommen hatten[2]). So mancher vornehme Schuldner mag heimlich geplant haben, durch Beseitigung der Juden seiner Schulden los zu werden. Die Ankunft des fanatischen Kapuziner=Mönches gab die beste Gelegenheit dazu.

Auf Einladung des Bischofs Peter Nowak von Breslau, der mit seiner Geistlichkeit nicht fertig werden konnte, war Capistrano nach der damals blühenden schlesischen Hauptstadt gekommen. Bei verschlossenen Thüren der Kirche mußte der Franciskanerprediger den Geistlichen ihr sündhaftes, sittenloses, wollüstiges Leben vorhalten; kein Laienohr sollte etwas von der Entartung der Kirchendiener vernehmen. Aber mehr noch als die Sittenverbesserung der Geistlichen lag ihm am Herzen die Vertilgung der Hussiten, deren es damals auch in Schlesien gab, ferner die Quälerei der Juden, die Beseitigung der Spielbrette und Karten und die Erbauung einer neuen Kirche zu Ehren seines Meisters Bernardinus von Feltre und zu seinem eigenen Ruhme, obwohl es damals viel zu viel Kirchen in Breslau gab, wie der ehrliche Stadtschreiber Eschenloer bemerkte. Der durch Capistrano's Predigten erregte wahnsinnige Fanatismus der Breslauer kehrte sich besonders gegen die Juden. Ein Gerücht wurde ausgesprengt, ein Jude, Namens Meyer, welcher zu den reichsten Juden Breslau's

---

[1]) Isserlein a. a. O. Nr. 235: על ההיא גזירה שחדשו השלטונים בברסלאו
שהיהודים חמחוייבים שבועה יצטרכו לישבע בשם המיחד בקריאתו להדיא ובגילוי הראש ....
ובגילוי הראש לא אשכחן קפידה להדיא לאיסור.

[2]) Ludwig Oelsner, schlesische Urkunden zur Geschichte der Juden im Mittelalter (1864) S. 33. H. Markgraf, Geschichte Schlesiens rc. in der Zeitschr. für Geschichte und Alterthum Schlesiens I. Heft 2. S. (1872) S. 346.

gehörte und viel Schuldverschreibungen von Bürgern und verkommenen
Adeligen in Gewahrsam hatte, hätte von einem Bauer eine Hostie
gekauft, sie zerstochen, geschändet und Theile davon den Gemeinden
von Schweidnitz, Liegnitz und noch anderen zu gleicher Schmähung
zugestellt. Es versteht sich von selbst, daß die verwundete Hostie Blut
gezeigt hat. Dieses blödsinnige Märchen, das den Rathsmännern zu
Ohren gekommen war, fand ohne Weiteres Glauben. Sofort wurden
sämmtliche Juden Breslau's, Männer, Weiber und Kinder, in Kerker
geworfen, die gesammte Habe derselben in der Judengasse (jetzt Ursu-
linerstraße) mit Beschlag belegt, und — was den Urhebern am meisten
am Herzen lag — die Schuldverschreibungen, die etwa 25,000 ungarische Goldgulden betrugen, den Gläubigern entzogen (2. Mai 1453).
Da einige der Unglücklichen die Flucht ergriffen hatten, aber wieder
ergriffen wurden, so schien die Schuld dadurch um so gewisser. Die
Leitung dieses wichtigen Prozesses nahm Capistrano in die Hand.
Ihm, als Ketzerrichter, gebührte die erste Stimme bei der Verfolgung
von Hostienschändern. Er war aber schlau genug, das Interesse des
damals vierzehnjährigen Königs Ladislaus Posthumus, Sohnes
des fanatischen Albrecht II. (o. S. 132), oder vielmehr seiner Räthe
rege zu machen. Der Hussitenführer Georg von Podiebrad, welcher
Böhmen mit starker Hand beherrschte, hatte den jungen König noch
nicht anerkannt und betrachtete die Nebenländer Schlesien, Mähren
und andere als Theile des Böhmerlandes, die bis zur erfolgten Königs-
wahl ihm und nicht dem König zu gehorchen hätten. Capistrano
rieth aber den Breslauern, den Judenprozeß Ladislaus vorzulegen,
um damit zu verstehen zu geben, daß sie ihn als rechtmäßigen König
anerkannten und von Podiebrad nichts wissen mochten. Am Hofe zu
Wien war daher beim Einlaufen des Schreibens aus Breslau große
Freude. Man that entsetzt über die Geschichte der Schändung an
dem Leichnam des Herrn, sandte zwei Commissäre nach Breslau und
ertheilte ihnen und dem Breslauer Rath die Befugnisse, mit den
Juden und Jüdinnen an Leib und Gut zu verfahren. Darauf ließ
Capistrano einige Juden auf die Folter spannen und gab Anleitung,
wie die Schergen verfahren sollten; der Mann hatte Erfahrung darin
gesammelt. Die Gemarterten gestanden ein. Während dessen wurde
eine neue schändliche Lüge verbreitet. Eine boshafte getaufte Jüdin
sagte aus: die Breslauer Juden hätten schon früher einmal eine Hostie
verbrannt, die so erstaunliche Wunder gezeigt, daß eine alte Jüdin
dadurch gläubig geworden wäre. Die Juden hätten aber das alte
Weib todtgeschlagen. Die getaufte Jüdin sagte ferner aus: Juden
hätten einmal einen gestohlenen Christenknaben gemästet, dann ihn in

ein Faß, das von innen spitze Nägel hatte, gelegt und so lange gewälzt, bis der Knabe den Geist aufgegeben. Von seinem Blute hätten die Juden an die übrigen schlesischen Gemeinden geschickt. Man fand sogar die Gebeine des gemordeten Knaben. Die vielfache Schuld der Juden schien erwiesen: die Juden von Striegau, Jauer, Schweidnitz, Löwenberg, Liegnitz und Reichenbach wurden ebenfalls gefänglich eingezogen und nach Breslau abgeführt, im Ganzen dreihundert und achtzehn Personen. Capistrano saß über sie zu Gericht, und man schritt zur Exekution. Auf dem Salzring (jetzt Blücherplatz), wo Capistrano seine Wohnung hatte, wurden ein und vierzig als schuldig erkannte Juden verbrannt (2. Juni 1453[1]). Der Rabbiner (Pinehas?) erhängte sich; er hatte auch Andern gerathen, sich zu entleiben. Die Uebrigen wurden aus Breslau verwiesen, nachdem man ihnen die Kinder unter sieben Jahren gewaltsam entrissen, getauft und Christen zur Erziehung übergeben hatte. So wollte es Capistrano, und er bewies es dem König Ladislaus in einer gelehrten Abhandlung, daß solches der christlichen Religion und der Rechtgläubigkeit gemäß sei. Der biedere Stadtschreiber Eschenloer, der nicht wagte, eine laute Bemerkung über die Unmenschlichkeit zu machen, schrieb in sein Tagebuch: „Ob dies göttlich sei oder nicht, setze ich auf Erkenntniß der geistlichen Lehrer". Die geistlichen Lehrer hatten sich aber in Kannibalen verwandelt. Die Güter der verbrannten und ausgewiesenen

---

[1]) Quellen darüber: de Fara und de Varisio a. a. O. p. 467 ff. und 499; der zeitgenössische Eschenloer, Geschichte der Stadt Breslau (herausgegeben von Kunisch, Breslau 1827—28) B. I. S. 14 f.; Urkunden bei Klose, Geschichte von Breslau II. B. 2. Theil S. 39 ff.: Wadding, Annales Minorum T. XII p. 142; bei Schudt jüdische Denkwürdigkeiten I. S. 387, 389. Von jüdischen Quellen nur die Respp. des zeitgenössischen Israel Bruna Nr. 267 andeutungsweise: כבר ידוע שכל המדינה שנפל בה עלילה מן העלילות דלא שייכי בממון אפילו בעיר אחת אז כל המדינה בסכנה כרמוכח בעוונותינו במדינת שיליזיא. Das Datum des Gemetzels in Breslau ist schwankend angegeben. Eschenloer, der erst 1455 nach Breslau kam, giebt gar kein Datum an, sondern zählt das Factum unter die Begebenheiten zwischen 1451—55 auf. Wadding setzt es fälschlich 1452. Die Quellen bei Schudt haben einmal das Datum 1451 und das anderemal 2. Mai 1453. Klose scheint das Factum 1454 zu setzen. Capistrano's Begleiter de Fara, ein Augenzeuge des Gemetzels, und de Varisio geben an, daß es während Capistrano's zweitem Aufenthalte in Breslau stattgefunden, de F. leitet die Erzählung ein durch den Satz: in Vratislaviam . . . rediit (das. p. 467), de Varisio das. p. 528, d. h. nach seiner Rückkehr aus Polen 1454. In der Urkunde Ladislaus' vom Januar 1455 ist das Gemetzel, als früher geschehen, erwähnt. Jedenfalls unrichtig bei Zunz (synagogale Poesie S. 50) das Jahr 1455. Aus den Urkunden bei L. Oelsner, schles. Urkunden z. Gesch. d. J. (Wien 1864) ergiebt sich, daß die traurige Geschichte vom 2. Mai bis in der zweiten Hälfte Juni 1453 spielte.

Juden wurden natürlich eingezogen und damit die Bernhardinerkirche erbaut. Die Schuldscheine waren erloschen. Es war nicht die einzige Kirche, welche mit Blutgeld aufgerichtet wurde. Den Juden in den übrigen schlesischen Städten erging es nicht besser. Ein Theil wurde verbrannt und die Uebrigen nackt verjagt.

Als der junge Ladislaus von dem Breslauer Bürgerrath angegangen war, durch ein Gesetz zu erklären, daß sich künftighin kein Jude in Breslau niederlassen dürfte, genehmigte er nicht blos diesen Antrag „**Gott zum Lobe und dem christlichen Glauben zu Ehren**", sondern billigte noch dazu die Mordthaten an den schlesischen Juden mit dem Bemerken, „daß sie nach Verdienst gelitten haben"[1]), eine Aeußerung würdig eines Sohnes von Albrecht II., der die Juden von Oesterreich verbrennen ließ (o. S. 133). Derselbe König genehmigte auch, ohne Zweifel auf Betrieb Capistrano's, der sich mehrere Monate in Olmütz aufgehalten hatte, die Vertreibung der Juden von Olmütz und Brünn. Nachdem sie ausgewandert (zwischen Juli und November 1454[2]), schenkte Ladislaus den Bürgern die Häuser, Synagogen und sogar den Friedhof; einen Theil der Synagoge von Brünn überließ er den Metzgern, als Schlachthaus zu benutzen. Wie viel Unheil mag der Mönch Capistrano, diese „**Geißel der Juden**", ihnen in anderen Gegenden Europas zugefügt haben, dessen Einzelheiten nicht in die Chroniken eingetragen wurden![3])

Bis nach Polen erstreckte sich seine giftig-judenfeindliche Beredtsamkeit und störte die jüdischen Gemeinden dieses Landes aus dem ruhigen Leben, das sie seit Jahrhunderten dort genossen. Polen war nämlich seit langer Zeit eine Zufluchtsstätte für alle gehetzten, verfolgten und mühebeladenen Juden geworden[4]). Die Verbannten aus Deutschland, Oesterreich und Ungarn fanden an der Weichsel eine günstige Aufnahme. Die günstigen Privilegien, welche ihnen der Herzog Boleslaw ertheilt und der König Kasimir der Große erneuert und bestätigt hatte (VII.$_2$ 380.), waren noch immer in Kraft. Während der Regierung der neapolitanischen Linie nach dem Aussterben der Piasten und noch mehr während des Weiberregiments

---

[1]) Klose a. a. O. Band II. Theil I. S. 491 vom Januar 1455.

[2]) Quellen bei Wiener, Regesten I. S. 247 f. S. Maskir, Jg. 1863. p. 67.

[3]) Wadding, Annales Minorum T. XII. p. 412: Judaeorum usuras et in Christianos dolosas invidias multis in locis coërcuit (Capistranus), et tanquam irreconciliabiles Christi nominis hostes, eosdem ex plerisque urbibus fecit expelli: Acta SS. a. a. O. p. 499: de multis civitatibus eos (Judaeos) expelli aut alias puniri fecit.

[4]) Vergl. Note 5.

durften zwar die Dominikaner, die geschworenen Feinde der Juden, manches Lügenmärchen von Hostienschändung und Kindermord erfinden und verbreiten und manchen Unfug gegen sie anstiften. Aber das günstige Statut Boleslaw's und Kasimir's blieb unangefochtenes Gesetz für die Behandlung der Juden Polens. Sie waren nämlich in diesem Lande noch unentbehrlicher als in den übrigen Theilen des christlichen Europa. Denn da es in Polen nur Adel und Leibeigene gab, so vertraten die Juden den mangelnden Bürgerstand, sorgten für Waaren und Baarschaft und brachten die todten Capitalien des Landes in Fluß.

Als Kasimir IV. nicht lange nach seiner Thronbesteigung in **Posen** weilte, gerieth diese damals bereits angesehene Stadt in Brand und wurde bis auf die wenigen gemauerten Häuser ein Raub der Flammen. Bei diesem Brande wurde auch die Urkunde der Privilegien, welche Kasimir der Große ein Jahrhundert vorher den Juden ertheilt hatte, eingeäschert. In Folge dessen begaben sich jüdische Deputirte polnischer Gemeinden von **Posen, Kalisch, Sieradz, Lenciz, Brzest, Wladislaw** zum König Kasimir, klagten über den Verlust der für sie so wichtigen Urkunde und baten ihn, laut vorhandener Copien, eine neue auszustellen und überhaupt ihre alten Rechte aufzufrischen und zu bestätigen. Kasimir ließ sich nicht lange bitten und ertheilte den Juden Polens, „damit auch sie unter seiner glücklichen Regierung getröstet und glücklich leben könnten", Privilegien, wie sie solche in keinem europäischen Staate genossen (ausgestellt Krakau, 14. August 1453[1]). Dieser König war überhaupt kein Knecht der Kirche und wies die Geistlichen so sehr in ihre Schranken, daß sie in ihrer Anmaßung über Grausamkeit und Beraubung von seiner Seite klagten. Die Einmischung der Kirchendiener in Staatsangelegenheiten verbat er sich und meinte: „Er wolle der eigenen Kraft vertrauen"[2].

Die Vergünstigungen, welche das Statut Kasimir's IV. den Juden Polens einräumte, waren noch um Vieles beträchtlicher[3] als die älteren Privilegien, sei es, daß dem Könige eine unechte Copie als Inhalt des Originals zur Genehmigung vorgelegt wurde, oder daß er selbst ihre Wirkung erweitern, aber den Schein meiden wollte, als begünstige er die Judenheit über die Maaßen und sie lieber als bloße Erneuerung ausgeben mochte. Das neue Statut gewährte ihnen nicht nur freien Handel und Freizügigkeit durch das ganze damals sehr ausgedehnte Polenreich, mit der ausdrücklichen Bemerkung, daß sie nicht

---

[1] Dieselbe Note.
[2] Dlugoß (Longinus), Historia Polonica II. p. 157. B.
[3] Vergl. Note 5.

mehr Zoll als die Christen zu zahlen hätten¹), sondern hob geradezu
kanonische Gesetze auf, welche die Päpste so oft und jüngsthin erst die all=
gemeine Kirchenversammlung zu Basel eingeschärft hatten. Kasimir's IV.
Privilegien erlaubten ausdrücklich, Juden mit Christen gemeinschaftlich
zu baden und überhaupt mit einander zu verkehren²). Sie hoben
besonders hervor: daß kein Christ einen Juden vor ein geistliches
Gericht laden dürfte, und wenn vorgeladen, brauchte der Jude
nicht Folge zu leisten. Die Palatine der Provinzen sollten darauf
achten, daß die Juden nicht von Geistlichen belästigt würden, und
ihnen überhaupt kräftigen Schutz gewähren³). Ferner dürfte kein
Jude beschuldigt werden, Christenblut (am Passa=Feste) gebraucht oder
Hostien geschändet zu haben, weil „die Juden unschuldig an solchem
Vergehen sind und es gegen ihre Religion verstößt". Sollte ein
Christ als Ankläger gegen einen einzelnen Juden auftreten, daß dieser
Christenblut gebraucht hätte, dann sollte er seine Anklage durch in=
ländische, glaubwürdige jüdische, und vier ebensolche
christliche Zeugen beweisen, und in diesem Falle sollte der des
Verbrechens überführte Jude allein die Strafe erleiden, ohne seine
Glaubensgenossen hineinzuziehen. Ist aber der christliche Ankläger
nicht im Stande, den Beweis durch glaubwürdige Zeugen zu führen,
dann sollte er mit dem Tode bestraft werden⁴). Damit war ein
Riegel vor den so oft wiederholten lügenhaften Anschuldigungen und
den dadurch herbeigeführten Judenmetzeleien vorgeschoben. Leben und
Eigenthum der Juden waren bereits durch das alte Statut gesichert,
und Kasimir IV. brauchte nur die Gesetze zu bestätigen. Er erkannte
auch die eigene Gerichtsbarkeit der Juden an. In peinlichen Fällen
unter Juden allein oder zwischen Juden und Christen sollten sich nicht
die gewöhnlichen Gerichte einmischen, sondern der Palatinus (oder sein
Stellvertreter) sollte gemeinschaftlich mit Juden darüber zu Gerichte
sitzen⁵). Ueber geringe Prozeßsachen wurde den jüdischen Aeltesten
(Rabbinen) allein die Entscheidung eingeräumt⁶). Denselben wurde
auch die Befugniß ertheilt, über Ungehorsame, welche der Vorladung
nicht Folge leisten sollten, eine Geldstrafe (6 Marken) zur Hälfte für
die Richter und zur Hälfte für den Palatinus zu verhängen⁷). Die
Strafe sollte gesteigert werden, wenn ein Angeklagter seine Wider=
spenstigkeit länger fortsetzte⁸). Ein Urtheil des jüdischen Gerichtes

---

¹) Bei Bandtkie Jus polonicum aus Codex Bandtkianus III. § 17 u. 48.
²) Vergl. Note 5. ³) Das. ⁴) Das.
⁵) Bei Bandtkie aus Codex B. III. § 7. Et illi (Palatinus Judaeorum
aut ejus locotenens) taliter judicabunt in judicio, locando scabellum
cum Judaeis.
⁶) Das. § 10. ⁷) Das. § 11. ⁸) Das. § 23.

sollte aber nur dann Gültigkeit haben, wenn eine förmliche Vorladung durch den jüdischen Synagogendiener (Skolny) oder den königlichen Gerichtsdiener (Ministerialis) vorausgegangen war[1]). Um der Willkür des jüdischen Gerichts zu steuern, bestimmte Kasimir's IV. Gesetz, daß ein Urtheilsspruch (Bann?) über einen Juden nur mit Zustimmung der Gemeinde verhängt werden dürfte[2]). Gewiß besaßen damals die Juden im christlichen Europa nirgends solche günstige Privilegien, nicht einmal unter Juan II. von Castilien trotz ihrer Begünstigung durch Abraham Benveniste. Der König hatte sie mit Zustimmung der polnischen Magnaten erneuert und erlassen. Auch den Karäischen Gemeinden in Troki, Luzk und anderen hat Kasimir ihre Privilegien, die sie vom Lithauischen Herzog Witold aus dem dreizehnten Jahrhundert besaßen, erneuert und bestätigt (1446[3]).

Die Geistlichkeit sah aber mit scheelem Blicke auf diese Begünstigung der Juden und arbeitete mit allem Eifer daran, den König Kasimir zur Aufhebung derselben zu bewegen. An der Spitze des den Juden feindseligen polnischen Clerus stand damals der einflußreiche Bischof und Cardinal von Krakau, Namens Zbigniew Olesnicki. Ihm war der Schutz, den der König den Juden und Hussiten eingeräumt hatte, ein empfindliches Aergerniß. Die böhmische Lehre vom Laienkelche hatte nämlich auch zahlreiche und vornehme Anhänger in Polen, wozu die Bischöfe am meisten Veranlassung gaben; denn durch ihre Selbstsucht, Uneinigkeit unter einander und ihren unheiligen Wandel machten sie die katholische Lehre, die sie vertraten, nur verhaßt. Um gegen die Hussiten in Polen wirksam wüthen zu können, lud der Bischof Zbigniew den Ketzerbanner Capistrano dringend ein, nach Polen zu kommen. In Krakau wurde er vom König und der Geistlichkeit wie ein höheres Wesen im Triumph eingeholt. Die ganze Zeit, welche der Mönch in Krakau weilte (28. August 1453 bis Mai 1454[4]), stachelte er im Vereine mit dem Bischof Zbigniew den König Kasimir gegen die hussitischen Ketzer und die Juden auf. Capistrano stellte ihn öffentlich darüber zur Rede, drohte ihm mit Höllenstrafen und prophezeihte ihm einen schlechten Ausgang des Krieges gegen den preußischen Ritterorden, den Kasimir damals vorhatte, wenn er nicht die günstigen Privilegien der Juden aufheben und die hussitischen Ketzer dem Blut-

---

[1]) Das. § 25.   [2]) Das. § 24.
[3]) Aus einem Manuskript in Troki, copirt von Firkowitz, mitgetheilt in Neubauer's: aus der Petersburger Bibliothek S. 141 Nr. 58.
[4]) Vergl. Dlugoß a. a. O. II. p. 122.

durst der Geistlichen überlassen würde¹). Eine Niederlage gegen die preußischen Ritter war leicht zu prophezeihen, weil der Papst und selbst die polnische Geistlichkeit sie heimlich gegen den König Kasimir unterstützten.

Als nun der Ritterorden, einen förmlichen Kreuzzug gegen Polen antretend, um den Preußen zu Hilfe zu eilen, das polnische Heer in schmähliche Flucht schlug, und der König Kasimir besiegt und tief beschämt vom Kampfplatze weichen mußte (Sept. 1454), hatte die Geistlichkeit gewonnenes Spiel. Sie verbreitete, daß die Niederlage der Polen wegen des Königs Unbotmäßigkeit gegen die Kirche und wegen seiner Begünstigung der Juden und Ketzer erfolgt sei²). Um die Scharte auszuwetzen und einen kräftigen Feldzug gegen die Preußen zu unternehmen, brauchte Kasimir den Beistand des Bischofs Zbigniew, und dieser durfte seine Bedingungen stellen. Die Juden fielen als Opfer; der König mußte sie aufgeben. Im November (1454³) widerrief Kasimir durch ein Gesetz sämmtliche den Juden ertheilte Privilegien, „da die Ungläubigen nicht einen höhern Vorzug vor den Verehrern Christi genießen, und die Knechte nicht besser gestellt sein dürfen als die Söhne". Durch öffentliche Ausrufer wurde der Entschluß des Königs im ganzen Lande bekannt gemacht. Außerdem verordnete Kasimir, daß die Juden Polens eine besondere Tracht anlegen sollten, welche sie von den Christen unterscheiden sollte. Capistrano hatte auf der ganzen Linie gesiegt; die Juden waren durch seine Arbeit auch da gedemüthigt, wo sie damals am günstigsten gestellt waren. Die Folgen der Ungunst stellten sich bald ein. Die jüdischen Gemeinden wendeten sich händeringend an ihre Brüder in Deutschland, daß der „Mönch" auch über sie unter dem Scepter des Königs von Polen, wo sie bisher so glücklich gelebt und den anderswo Verfolgten die Zufluchtsstätte bieten konnten, ein schweres Geschick heraufbeschworen habe. Sie hätten es früher kaum glauben können, daß ein Feind gegen sie in die Thore Polens dringen würde, und nun müßten sie unter der Last des Königs und der Magnaten seufzen⁴).

Während dessen wurde die Christenheit von einem thatsächlichen Strafgerichte Gottes schwer betroffen. Das sündenbelastete byzantinische Reich, das sich Jahrhunderte lang in wurmstichigem Zustande behauptet hatte, war endlich nach mehr denn tausendjährigem Bestande mit dem Falle Constantinopels (29. Mai 1453) zusammengestürzt, gerade als die Vereinigung der griechischen Kirche mit der

¹) Vergl. Note 5. ²) Dlugoß a. a. O. p. 157.
³) Note 5. ⁴) Dieselbe Note.

lateinischen (Henotikon) durch den letzten griechischen Kaiser, die officielle griechische Klerisei und den Papst Nikolaus V. vollzogen war. Der türkische Eroberer Mohammed II. hatte Sklaverei, Schändung, Tod und alle Schrecken und Qualen über Neu-Rom gebracht, aber ihm noch nicht den geringsten Theil dessen vergolten, was es an Andern und an sich verbrochen hatte. Von dem ersten Gründer des byzantinischen Reiches, Constantin, welcher der Kirche ein blutbeflecktes Schwert in die Hand gab, bis zum letzten Kaiser, dem Paläologen Constantin Dragosses war die lange Reihe der Herrscher (mit Ausnahme des vom Christenthume abgefallenen Julian) mehr oder weniger von sich selbst vergötterndem Hochmuthe, von Treulosigkeit und Verrath, von heuchlerischer Gesinnung, Verlogenheit und Verfolgungssucht beseelt. Und das Volk, sowie die Diener des Staates und der Kirche waren der Herrscher würdig. Von Konstantinopel ging, so wie die Knechtung der Geister, so auch die Entwürdigung der Juden aus. Die Gleichberechtigung mit den übrigen Staatsbürgern, die sie bis dahin im römischen Reiche vollgültig genossen, haben ihnen die christlichen Sultane des byzantinischen Reiches genommen. Von ihnen entlehnten die germanischen, romanischen und slavischen Völker und die Vertreter der Kirche den Grundsatz, daß die Juden zu einer Ausnahmestellung herabgewürdigt oder gar vertilgt werden müßten. Nun lag Byzanz, die Schöpfung des ersten christlichen Kaisers, zertrümmert. Wilde Barbaren gründeten darauf das neue türkische Reich; sie haben schwere Rache geübt. Jüdische und marranische Kriegskundige und Waffenschmiede, welche nach den Zwangstaufen Spanien verlassen und in der Türkei Zuflucht gefunden hatten, trugen zu Byzanz' Fall bei[1]). Mohammed II., der Eroberer von Constantinopel, richtete auch seinen Blick nach dem übrigen Europa, nach den Ländern der lateinischen Kirche. Die ganze Christenheit schwebte in großer Gefahr. Und doch konnten sich die christlichen Herrscher und Völker nicht zu einem kräftigen Kriege gegen die türkischen Eroberer ermannen. Die Verlogenheit und Verderbniß des Papstthums trugen jetzt bittere Früchte. Als der wortbrüchige Papst Nikolaus V. die Christenheit zu einem allgemeinen Kreuzzuge gegen die

---

[1]) In der Schmähschrift gegen die Marranen unter dem Titel „Alboraco" (o. S. 153) ist die merkwürdige Thatsache angeführt, daß Juden aus Spanien bei dem Kriege gegen Constantinopel Hilfe geleistet haben. (Revue des études j. a. a. O. p. 240): E ahe esperiença provada que de los que yoran al Turco el año de 1400 años, ansi los que quemaron (? quedaron?) comme los que se rescataron en Valencia de Aragon fueron 1467, los quales yoran a yudas al Turco por derramar la sangre de Christanos.

Türken aufforderte, mußten sich seine Legaten auf dem Reichstage zu Regensburg Worte gefallen lassen, welche die Fäulniß schonungslos aufdeckten. Der Papst und der Kaiser, hieß es, denken gar nicht daran, Krieg gegen die Türken zu führen, sie wollen lediglich das zusammengebrachte Geld verprassen. Alle Welt sagte: „Warum sollten wir unseren Schweiß, unsere Güter, das Brod für unsere Kinder preisgeben, während der Papst den Schatz des heiligen Peter in Thürmen mit dicken Steinmauern verbirgt, den er doch zur Vertheidigung des Glaubens zuerst herausgeben sollte." Vergebens predigte sich Capistrano heiser, um Begeisterung für einen Kreuzzug anzufachen, als die Türken Anstalten trafen, in Ungarn einzufallen und die Länder des linken Donauufers eben so dem Halbmond zu unterwerfen, wie die zur rechten. Seine Capucinaden zogen nicht mehr, und nur ein zusammengelaufenes Heer von Studenten, Bauern, Bettelmönchen, Hungerleidern und romantischen Fanatikern sammelte sich. Die Ritterschaft Europas rührte sich nicht, sie war nüchtern und mißtrauisch geworden. Der mittelalterliche Spuk begann bei dem nahen Anbruch des Tages zu schwinden.

Der ungarische Krieger **Hunyad Corvinus** und **Capistrano** befehligten das Kreuzheer von 60 000 Mann bei Belgrad gegen Mohammed II. und die Türken, und die Laune des Schlachtengottes verlieh ihnen einen geringfügigen Sieg; die Türken mußten vor der Hand die Eroberung Ungarns aufgeben — um sie später aufzunehmen. Welch' ein Jubelruf ertönte in der Christenheit über den Sieg bei Belgrad! Boten über Boten verkündeten den Triumph des Kreuzes. Capistrano's Verblendung ging so weit, sich allein den Erfolg beizulegen, und in einem Schreiben an den Papst des Helden Hunyad mit keiner Silbe zu erwähnen. Der mehr schlaue, als gläubige **Aeneas Sylvius Piccolomini**, ein gesinnungsloser Schöngeist, der es später vom Geheimsekretär des Kaisers zum Papste (als Pius II.) gebracht hat, dem nicht viel Wahres aus dem Munde kam, fällte über Capistrano's letztes Benehmen ein wahres Urtheil: „Der Franziskanermönch konnte Besitz verachten, der Süßigkeit des Lebens entsagen, die Wollust besiegen, aber die Eitelkeit des Ruhmes konnte er nicht überwinden. Er wollte seinen Namen allein durch den Sieg bei Belgrad verewigen" [1]. Eigen ist es, daß sich ein Jude (Mose Soncin [2]) rühmte, seinerseits Capistrano mit seiner Schaar besiegt zu haben.

[1] Aeneas Sylvius, Historia Bohemiae c. 8. c. 66.
[2] Gerson Soncin, der Editor vieler Werke in verschiedenen Officinen, bemerkt auf dem Titelblatt zur Edition des Kimchischen Michlol (Const. 1532): אמר גרשם איש שונצין בן הח״ר משה והוא נלחם בעיר פירט נגד הרשע פרא יואן די

Jedenfalls genoß der fanatische Streiter den Ruhm, nach dem er strebte, nicht lange; noch in demselben Jahre raffte ihn der Tod hin (23. Oktober 1456); aber damit hatte seine judenfeindliche Wuth noch kein Ende; denn seine zahlreichen Jünger und Ordensgenossen folgten seinem Beispiel mit unermüdlicher Beharrlichkeit.

Es sieht fast wie ein Werk der Vorsehung aus, daß bei der Zunahme und Heftigkeit der Judenverfolgungen in Europa das neue türkische Reich entstand, das den Gehetzten ein gastfreundliches Asyl bot. Als der Sultan Mohammed II. drei Tage nach dem Strafgerichte, das er über Constantinopel ergehen ließ, einen Aufruf veröffentlichte: Alle versteckten und flüchtigen Bewohner mögen in ihre Häuser und Besitzthümer ohne Furcht vor Belästigung zurückkehren, bedachte er auch die Juden mit wohlwollendem Sinne. Er gestattete ihnen, sich frei in Constantinopel und in den übrigen Städten niederzulassen, räumte ihnen besondere Wohnplätze ein und erlaubte ihnen Synagogen und Lehrhäuser zu errichten[1]). Mohammed II. hatte einen jüdischen Leibarzt Hekim Jacob, den er besonders auszeichnete und zu einem seiner Finanzverwalter (Defterdar) ernannte[2]). Diesem oder einem andern Arzte (Hamon?), der, aus Spanien nach der Türkei ausgewandert, auch bei dem Sultan in Ansehen stand, gewährte Mohammed für sich und seine Nachkommen vollständige Abgabenfreiheit[3]).

Wie er bald nach seiner Besitzergreifung von Constantinopel einen griechischen Patriarchen erwählen ließ, den er gewissermaßen zum politischen Oberhaupte über sämmtliche Griechen seines neuen Reiches ernannte, so wählte er auch einen jüdischen Ober-Chacham für sämmtliche türkische Gemeinden in der Person eines frommen, gelehrten und wackern Mannes, Namens Mose Kapsali[4]). Mohammed berief diesen Großrabbiner in den Divan und zeichnete ihn besonders so aus, daß er seinen Sitz neben dem Mufti, dem mohammedanischen Ober-Ulema und noch den Vortritt vor dem Patriarchen Gennadios hatte. Mose Kapsali (geb. um 1420, gest. um 1495) erhielt auch vom Sultan eine Art politischer Machtbefugniß über die

---

קפּיסטרנו ונרש אותו עם כל חילו משם. Meines Wissens ist das die einzige Stelle in dem jüdischen Schriftthum, wo Capistrano's Name deutlich vorkommt. פירט ist vielleicht Firet bei Tolnau unweit Mohacs an der Donau. Ueber eine Erwähnung Capistrano's in einer jüdischen Quelle vergl. Note 5.

1) Vergl. Note 7.
2) Vergl. von Hammer, Geschichte des osmanischen Reichs II. S. 247. Vergl. auch dieselbe Note.
3) Dieselbe Note. 4) Vergl. über ihn dieselbe Note.

türkischen Gemeinden. Er vertheilte die Steuern, welche die türkischen Juden einzeln oder gemeindeweise zu leisten hatten, ließ sie einziehen und lieferte sie an die Kasse des Sultans ab. Mose Kapsali hatte auch Strafbefugnisse über sämmtliche Gemeindemitglieder, bestätigte die Rabbinen, mit einem Worte, er war das Oberhaupt und officielle Vertreter eines zusammenhängenden jüdischen Gemeinwesens.

Selbst das in den Zustand völliger Erstarrung gerathene Karäerthum wurde durch die Berührung mit Rabbaniten im türkischen Reiche zu einigem Leben aufgerüttelt. Auch die karäischen Gemeinden in Constantinopel und Adrianopel erhielten neuen Zuwachs[1]) aus der Krim, aus Asien und auch aus Südpolen. Die Karäer, deren Prinzip auf Forschung in der Bibel und auf vernunftgemäßer Auslegung derselben beruht, waren in eine so klägliche Unwissenheit gerathen[2]), daß ihr ganzes Religionsgebäude ihnen noch mehr als den Rabbaniten als Satzung und Ueberlieferung älterer Autoritäten galt. Sie, die Verächter der Tradition, waren vollständige Traditionsgläubige geworden. Den Grad ihrer Unwissenheit kann man daraus ermessen, daß sie in einem langen Jahrhunderte keinen einzigen auch nur leidlich selbstständigen religiösen Schriftsteller hatten. Ein einziger Autorname taucht in dieser langen Zeitreihe nach Ahron Nikomedi (VII₂ S. 353) auf: Abraham b. Jehuda[3]), der aber nur ein exegetisches Werk zusammengetragen und darin eben so viel von Rabbaniten, ja, vom Talmud selbst wie von den Bekenntnißgenossen aufgenommen hat. Diejenigen Karäer, welche sich belehren lassen wollten, mußten sich zu den Füßen rabbanitischer Lehrer setzen und von ihnen Auslegung der Schrift und des Talmud empfangen[4]). Die stolzen Meister der Bibel-Auslegung waren zu unmündigen Jüngern der von ihnen einst verachteten Rabbaniten geworden. Die Versteinerung des Karäerthums bezeugt noch ein anderer Vorgang in der europäischen Türkei. Ein

---

[1]) Elia Baschjazi אדרת אליהו: p. 32 d: היתר הדלקת הנר בערב ונמשך זה ונתפרסם בכל הקהל זולת אנשים מעט אשר באו מארץ מרחקים האיים הרחוקים אשר לא שמעו את שמעה שם וזה בכדי שלשים שנה. Baschjazi schrieb dieses Werk um 1490 (vergl. das. in den Additamenten von Asendopolo zum Schlusse p. 1 b); die Einwanderung ist also um 30 Jahre vorher, d. h. um 1460, nach der Einnahme von Constantinopel, geschehen. Genannt werden Jacob der Arzt aus Russia und Salome aus Kaffa, Neubauer das. S. 123.

[2]) Baschjazi, das. 1. 28 d.: אמנם בעתות הזה אין כבוד לחכמים וגם לא ליודעים הן אמנם יד הסכלות פשטה ומחשיבים איתם כאחד הסכלים עמי הארץ לבד לא נשאר הכבוד כי אם בעדה וזקן ובבעלי לשון ובבעלי העושר.

[3]) Vergl. über diesen Schriftsteller, der in der ersten Hälfte oder um die Mitte des XV. saecul. schrieb und über sein Werk סוד מקרא in der Leydener Bibliothek, Katalog derselben Bibl. p. 1 ff.

[4]) Elia Misrachi Respp. No. 57; vergl. Note 7.

karäisches Collegium, bestehend aus Menahem Baschjazi, seinem Sohne Mose Baschjazi, Menahem Maroli, Michael dem Alten, seinem Sohne Joseph und noch andern Männern (in Adrianopel), hatte eine Neuerung eingeführt, die darin bestand, daß es gestattet sei, am Freitag Licht für die Sabbatnächte vorzubereiten, damit sie nicht gerade an dem heiligen Tage im Finstern zubringen sollten. Das Collegium hatte Gründe dafür geltend gemacht. Nach dem karäischen Prinzip hat nicht bloß eine geistliche Behörde, sondern auch jeder Einzelne die Berechtigung, auf Grund einer löblichen Auslegung, einen älteren Brauch abzustellen und Satzungen aufzuheben. Nichts desto weniger bildete sich später (um 1460) eine heftige Opposition gegen diesen Beschluß, der gegen einen Brauch verstieß, welcher vielleicht noch von dem Stifter Anan stammte und dadurch die Heiligkeit des Rostes von sieben Jahrhunderten für sich hatte. Es kam dadurch zur Spaltung und Reibung. Der Theil der Gemeinde, welcher sich erlaubte, Beleuchtung für den Sabbatabend vorzubereiten, wurde von einer strengern Partei gehöhnt und verketzert[1]). Die Spaltung unter den Karäern über den Anfang der Festeszeiten dauerte in dieser Zeit noch immer fort. Die Palästinenser und die in der Nachbarschaft wohnenden karäischen Gemeinden richteten sich nach der Gerstenreife und bestimmten darnach die Jahresform, ob ein einfaches Jahr oder Schaltjahr sein sollte; sie blickten noch immer nach dem eingetretenen Neumonde, um die Festtage darnach zu regeln. Die entfernt wohnenden Gemeinden dagegen in der Türkei, in der Krim und in Südpolen hielten sich an den Kalender der Rabbaniten[2]). Diese Erbkrankheit mußte weiter schleichen; es gab kein Mittel, sie zu heilen und eine feste Norm aufzustellen.

Die offenkundige Schwäche des Karäerthums und die Unwissenheit seiner Bekenner gaben den Rabbaniten im türkischen Reiche Gelegenheit, jene mit dem talmud'schen Judenthum zu versöhnen oder wenigstens ihre herbe Feindseligkeit gegen dasselbe einzustellen. Die rabbanitischen Lehrer Chanoch Saporta (aus Catalonien eingewandert), Elieser Kapsali aus Griechenland und Elia Halevi aus Deutschland machten den karäischen Jüngern, die sie im Talmud unterrichteten, zur ersten Bedingung, daß sie sich in Rede und Schrift der Schmähungen gegen talmudische Autoritäten enthalten, und daß

---

[1]) Elia Baschjazi a. a. O. 32d: bei Neubauer a. a. O. S. 122 fg., Gurland, neue Denkmäler der jüdischen Literatur (בני משמרות) p. 30 fg.
[2]) Das. p. 20a 22d Brief des Obadia Bertinoro im Jahrbuch für Geschichte der Juden des Literaturvereins Jahrg. 1863 p. 207.

sie Feiertage nach rabbanitischem Kalender nicht entweihen sollten[1]). In der argen Verlegenheit, in der sie sich befanden, um aus ihrer bodenlosen Lage herauszukommen, mußten die lernbegierigen Karäer dieses Versprechen geben. Der türkische Großrabbiner Mose Kapsali war aber der Ansicht: man dürfe die Karäer gar nicht in den Talmud einweihen, weil sie ihn verwerfen. Er war nämlich ein Jünger der strengen, deutschen Schule, welche in ihrer düstern Ueberfrömmigkeit zu keinerlei Zugeständniß zu bewegen war, wenn auch dadurch die allmähliche Bekehrung einer abgefallenen Sekte möglicher Weise zu erreichen wäre. Ihr Grundsatz war, was in irgend einem Ritualwerke bis auf die jüngste Zeit herab als verboten aufgestellt ist, dürfe kein Rabbiner sich herausnehmen als erlaubt zu erklären[2]).

Es ist wahrhaft erstaunlich, wie das Talmudstudium in Deutschland unter den widerwärtigen Verhältnissen, „unter steter Angst, Zittern, Quälerei und Verfolgung"[3]), wieder einen solchen Aufschwung nehmen konnte, daß Jünger aus den entferntesten Gemeinden die deutschen Hochschulen in Erfurt, Nürnberg, Regensburg, Prag aufsuchten, und die daselbst gebildeten Rabbinen neidlos als die Befähigtesten anerkannt wurden. Die scharfsinnige toßafistische Lehrweise überraschender Combinationen und haarscharfer Distinctionen, verbunden mit der Gründlichkeit der Schulen von Rameru, Sens, Paris, lebte in Deutschland wieder auf[4]). Das deutsche Wesen gründlicher Gelehrsamkeit und sinnender Grübelei war auch auf die deutschen Juden übergegangen. Die hervorragendsten Rabbinen, welche diesen Geist wieder gepflegt und vererbt haben, waren Jacob Weil und Israel Isserlein. Der Erstere, (blühte um 1425, gest. vor 1456[5])

---

[1]) Elia Misrachi a. a. O. vergl. Note 7.

[2]) Isserlein, Terumat ha-Deschen Pesakim etc. No. 241.

[3]) Isserlein, Terumat ha-Deschen Respp. No. 198.

[4]) Jakob Weil, Respp. No. 164 und Isr. Bruna No. 29: כי ודאי כשאנו מפלפלים ולומדים חריפות כגון בזמן החדשות או אנו רגילין למשכל ולמטה בדקדוקי ובחלוקים דקים כמעיל פילא בקופא דמחטא אבל לפסוק הדין או להתור האיכור אין לפסוק הדין ואין להתיר האסור אלא בראיות ברורות מלוונות ומהדורות מתוך פשטים סוגיא דשמעתא ולא מתוך הדקדוק. Vergl. Israel Bruna's Ausspruch (Respp. Joseph Kohen Nr. 170 p. 188b): הפלפול הוא דבר und weiter p. 189a: עקר הרבנות הלוי בפלפול חשוב וראי פשיטא שכן הוא. אמנם הבקיאות הוא דבר חשוב מאד.

[5]) Ueber Jakob Weil's Lebensalter sind nur unbestimmte Data vorhanden. Noch beim Leben seines Lehrers Jakob Möllin (Maharil), also noch vor 1427 erhielt er die Ordination in Nürnberg zu fungiren (Respp. No. 151). Ein von ihm ausgestelltes Formular zum Scheidebrief hat das Datum Tebet 5204 = 1443. In der wichtigsten Verhandlung über einen Scheidebrief vom Jahre 1457 (Isserlein פסקים Nr. 11, 19—21) ist Jakob Weil nicht zu Rathe gezogen worden, weil er wahrscheinlich damals schon verschieden war. Daß Jakob Weil vor Isserlein starb, folgt aus Nr. 112; vergl. noch Note 5.

Jünger des Jakob Möllin (o. S. 137), verband mit dessen Gründlichkeit im Talmud und der ganzen rabbinischen Literatur eine besondere Tiefe. Von seinem Lehrer autorisirt, rabbinische Funktionen in Nürnberg auszuüben, enthielt er sich derselben aus Bescheidenheit, um nicht einem längst Eingesessenen, Salomo Kohen, zu nah zu treten. Als Jakob Weil später Rabbiner von Erfurt wurde, erkannten ihn nahe und ferne Gemeinden als Autorität an und unterwarfen sich seinen Entscheidungen. Er hat zwar außer seinen gutachtlichen Bescheiden kein schriftstellerisches Werk von Belang hinterlassen; aber diese beurkunden hinlänglich eben so sehr seine Klarheit wie seinen edlen Sinn. Die Rabbinatswürde hatte keinen Werth in seinen Augen, um sich dadurch höher als die Laienwelt zu dünken. Von Processen hielt sich Jakob Weil, so viel es nur anging, fern und rieth den Parteien, sich lieber einem Schiedsgerichte von sachverständigen Männern anzuvertrauen[1]). Wo es aber Wahrung der Rechte galt, verfuhr er, der Sanftmüthige und Milde, mit einer Thatkraft, die kein Ansehen der Person kannte. Das bewies er einmal gegen seine eigenen Verwandten.

Einem sehr reichen, angesehenen und talmudkundigen Manne Abraham-Esra, der bei einem Bischof (von Merseburg oder Magdeburg) viel Gewicht hatte, wurden von einem Herzog Frau und Enkelin entrissen und in den Kerker geworfen, wahrscheinlich um von ihm viel Geld zu erpressen. Das junge Mädchen sollte zur Taufe gebracht werden. Aller Einfluß des Abraham-Esra auf den Bischof vermochte nicht, die Freiheit der Eingekerkerten zu erlangen. Da nahm sich ein gewisser David Zehner der Unglücklichen an und setzte ihre Befreiung aus fünfmonatlicher Kerkerhaft für eine bedeutende Geldsumme durch. Statt dem Helfer in der Noth zu danken, verweigerte der Gatte und Großvater demselben die Erstattung der Auslagen unter dem Vorwande, seine Frau und Enkelin wären auch ohne dessen Bemühung durch den Bischof in Freiheit gesetzt worden. Der Mann war überhaupt nicht blos ein Geizhals, sondern auch ein Betrüger, der seinen Reichthum durch Unrechtthun erworben hatte, und außerdem ränkevoll und gefährlich für diejenigen, die ihm hinderlich waren. Der Rabbiner seiner Gegend wagte es nicht, ihn vorzuladen, damit er David Zehner entschädige. Da machte ihm Jakob Weil, obwohl mit ihm verschwägert, den Proceß und bedrohte ihn mit dem schwersten Banne, wenn er nicht die ausgelegte Summe binnen kurzem zurückerstatten sollte[2]).

---

[1]) Jakob Weil, Respp. No. 146.
[2]) Das. Nr. 148—150, auch Respp. Israel Bruna Nr. 235, 236.

Die deutschen Rabbinen.

Jakob Weil's jüngerer Zeitgenosse, Israel Isserlein b. Petachja, — wahrscheinlich Enkel jenes Israel aus Krems, den der Kaiser Ruprecht zum Großrabbiner gemacht hatte (o. S. 102) — war zuerst Rabbiner von Marburg (Steiermark), dann von Wiener-Neustadt (blühte um 1427—1460[1]). Sein Hauptlehrer war R' Oser aus Schlesien[2]), er übertraf ihn aber an Fruchtbarkeit und Scharfsinn. Isserlein wird daher von den Rabbinen des folgenden Jahrhunderts als eine rabbinische Autorität erster Größe angesehen und Ascheri an die Seite gesetzt[3]). Auch er war von sittlicher Hoheit und von Edelsinn durchbrungen, ein abgesagter Feind jeden eigennützigen Strebens und jeder Gewaltmaßregel. Als einst der Rabbiner Elia von Prag vermittelst Bannflüche und Berufung auf die christlichen Behörden eigene Processe zu seinen Gunsten durchsetzen wollte, rügte Isserlein sein Verfahren eindringlich: er möge sich einen Namen durch Weisheit und Hebung des Lehrhauses und nicht durch Gewaltsamkeit und Denunciationen machen[4]). Isserlein erklärte, daß es durchaus nicht ehrenhaft für einen Rabbinen sei, Sporteln von Hochzeiten, Scheidebriefen und Ausstellung anderer rabbinischen Aktenstücke zu nehmen[5]). Bei jeder Gelegenheit trat er gegen die Ueberhebung derjenigen Rabbinen auf, welche gleich dem christlichen Clerus eine geistliche Gewalt beanspruchten, und wahrte kräftig die Gemeindefreiheit. Durch Isserlein's Ansehen wurde ein Zerwürfniß und eine Spaltung in den rheinischen Gemeinden, dem Ausbruche nah', gedämpft und unterdrückt.

In Bingen am Rhein (dessen Gemeinde unter dem Erzbischof von Mainz stand), lebte damals ein angesehener Rabbiner Seligmann Oppenheim, dessen Jünger die Rabbinatssitze am Niederrhein einnahmen. Da er sich in dieser Gegend als Mittelpunkt betrachtete, wollte er neue Verordnungen einführen und sich eine gewisse entscheidende Autorität beilegen. Zu diesem Zwecke schrieb Seligmann eine Rabbinersynode nach Bingen aus (um 1455—56[6]) und lud auch dazu Delegirte der Gemeinden der Kreise Köln, Geldern und Jülich ein, ohne ihnen jedoch durch ein Programm Kenntniß von den Punkten

---

[1]) Der Beginn des Rabbinats 1427 folgt aus dessen פסקים Nr. 11 und 15. Vergl. über ihn Berliner in Fr. Graetz Monatsschrift 1869 S. 130.

[2]) Mose Isserles in den Additamenta zu Jochasin ed Krakau Ende.

[3]) Vergl. darüber Asulai s. v. Seine Schriften sind: 1) Beantwortung fingirter Anfragen: שאלות; 2) Wirklich ertheilte Responsen auf Anfragen: פסקים וכתבים, beide zusammen unter dem Titel תרומת הדשן; 3) Erklärungen zu Raschi's Pentateuch-Commentar; 4) Anmerkung zu Isaak Düren's שערי דורא.

[4]) Isserlein Pesakim No. 64. [5]) Das. Nr. 128.

[6]) Vergl. Note 5.

zu geben, welche auf der Synode verhandelt werden sollten. Trotzdem daß diese Gemeinden keinen Deputirten abgeschickt hatten, ließ Seligmann gewisse Beschlüsse fassen, welche für sämmtliche rheinische Gemeinden bindend sein sollten; auf deren Uebertretung der Bann verhängt werden sollte. Aber die Gemeinden von Mainz, Worms, Frankfurt, Oppenheim, Köln, Geldern und Jülich protestirten gegen die Anmaßung, ihnen Verbindlichkeiten und Erschwerungen aufzulegen, zu denen sie, dem bisherigen Gewohnheitsrechte gemäß, nicht ihre Zustimmung ertheilt hatten. Seligmann und sein Anhang behaupteten nichts desto weniger die Verbindlichkeit der Binger Beschlüsse für die rheinischen Gemeinden. Es brachen in Folge dessen Streitigkeiten aus. Da wandten sich die Protestirenden an R'Israel Isserlein nach Wiener-Neustadt und riefen ihn als Schiedsrichter und endgültig entscheidende Autorität an. Dieser trat mit aller Entschiedenheit Seligmann entgegen, bewies ihm nach den rabbinischen Bestimmungen, daß er durchaus nicht berechtigt sei, den Gemeinden ohne ihr Vorwissen und ihre Zustimmung nachtheilige Beschlüsse aufzuzwingen. „Selbst wenn es einer allgemein anerkannten rabbinischen Größe gestattet wäre, gemeinnützige Verordnungen aus eigener Machtvollkommenheit einzuführen, so darfst du dich nicht als solche halten, da du doch höchstens eine örtliche Berühmtheit hast." Isserlein führte ihm zu Herzen, den Frieden und die Eintracht der Gemeinden nicht zu stören, zu einer Zeit, wo über ihrem Haupte sich neue Gefahren sammeln von Seiten des Erzbischofs von Mainz (Dietrich, Diether von Isenburg). In demselben Sinne sprachen sich auch jüngere Rabbinen, die befragt worden waren, aus: Ahron Lurja, Israel Bruna aus Regensburg, Salman Kitzingen aus Ulm und R' Meisterlein in Wiener-Neustadt. Auch der Letztere beschwor Seligmann und seinen Anhang, das Band der Einheit, welches die Juden umschlang, nicht leichtsinnig oder eigensinnig zu zerreißen. R' Meisterlein machte sie besonders aufmerksam, wie nur einträchtiges Zusammenleben der Juden im Stande sei, den sie von allen Seiten umringenden Gefahren und Nöthen zu entgehen. Er schilderte ihnen, wie die Juden Polens ihre Hände flehend nach ihren Brüdern in Deutschland ausstreckten, ihnen Rath und Hilfe zu gewähren gegen den Fanatismus, welchen Capistrano in Polen angefacht hatte. Die Ermahnungen Isserlein's und der übrigen Rabbinen scheinen Eindruck auf Seligmann gemacht und ihn bewogen zu haben, die Binger Beschlüsse aufzugeben; wenigstens ist keine Rede mehr von ihnen und von Unfrieden unter den rheinischen Gemeinden.

Es war von bedeutendem Nutzen für die Entwickelung der

Judenheit, daß die beiden angesehensten Rabbinen ihrer Zeit, Jakob Weil und Israel Isserlein, von wahrhafter, sittlicher Frömmigkeit und von Demuth durchdrungen, der beginnenden Anmaßlichkeit mancher Rabbinen eine Schranke setzten. Denn auch Andere neben Elia von Prag und Seligmann von Bingen fingen an, von dem bösen Beispiele in der Kirche verführt, sich den Laien gegenüber geistliche Vorrechte anzumaßen. „Es giebt Rabbinen", so geißelt sie Jakob Weil, „welche kaum den Talmud gründlich verstehen und sich doch herausnehmen, mit der Krone des Rabbinats hoffärtig zu thun, aus Ehrgeiz, um an der Spitze zu stehen, oder aus Gewinnsucht. Sie sind baar aller jener Tugenden, welche der Talmud von seinen Jüngern verlangt, Einige unter ihnen lassen sich gar Vergehungen zu Schulden kommen, wodurch sie in üblen Leumund kommen und den Namen Gottes ent= weihen" [1]. Als nun solche wenig würdige Rabbinen mit Berufung auf den Talmud diejenigen Laien, welche ein beleidigendes Wort gegen sie ausstießen, in Geldstrafe nahmen und sich durch Verhängung des Bannes Selbstrecht verschafften, so erklärte Jakob Weil rund heraus: Daß die Rabbinen in gegenwärtiger Zeit kein Vorrecht vor Laien haben, daß überhaupt gegenwärtig Niemand als Weisenjünger (Talmid Chacham) im Sinne des Talmuds zu betrachten sei, und daß sie durchaus nicht berechtigt seien, wegen Beleidigungen gegen ihre Person Geldstrafe oder Bann zu verhängen [2]. Sehr streng war Jakob Weil gegen Halbwisser, welche sich von dem Landesfürsten oder der Obrigkeit das rabbinisch=geistliche Amt übertragen ließen und besonders gegen die Bettelrabbinen und gegen jene Unberufenen, die sich als Rabbinen ausgaben, auf ihrem Wanderleben geistliche Funktionen übten, Ehen einsegneten und Scheidungen vornahmen [3]. Die Rabbinen der deutschen Gemeinden, Jakob Weil, Israel Isserlein und ihre Jünger, Israel Bruna, Joseph Kolon, die beiden Menz und mehrere Andere, welche seit der Mitte des fünfzehnten Jahrhunderts immer mehr Lehrer und Muster für die Gesammtjudenheit in Europa wurden, haben zwar litterarisch nichts Bedeutendes geleistet, aber sie haben das Rabbineramt, so viel an ihnen lag, vor Verwilderung und Ent=

---

[1] Jakob Weil Respp. No. 163, auch aufgenommen in Respp. Joseph Kolon Nr. 163.
[2] Das.
[3] Das. Nr. 85, 128, gegen einen gewissen Abram, der in Doppelehe lebte und wegen seines guten Gedächtnisses Effect machte. Vergl. auch Gemeiner Regensburg'sche Chronik III. S. 258. Ein Jude war als Hochmeister (Rabbiner) umhergereist und hatte den ordentlichen Judengerichten zu Abbruch Parteien erhört ꝛc. (1456). Vergl. Güdemann, Gesch. des Erziehungswesens ꝛc. der Juden in Deutschland, B. III. S. 39 f.

sittlichung bewahrt, was bei den Plackereien, welche die Juden in Deutschland und den Nebenländern zu erdulden hatten, nicht hoch genug angeschlagen werden kann.

Gegenüber der kläglichen Lage der Juden in Deutschland, deren Ende gar nicht abzusehen war, mußten sich diejenigen, welche in dem neuen türkischen Reiche wohnten, wie in einem Paradiese vorkommen. Jüdische Auswanderer aus Deutschland, welche den täglichen Plackereien entkommen waren, geriethen in förmliche Entzückung über die günstige Stellung der türkischen Juden. Sie hatten nicht den güldenen Pfennig und nicht Kronengelder, den dritten Theil des Vermögens zu zahlen und waren so ziemlich abgabenfrei. Handel und Wandel war ihnen unverwehrt. Sie durften über ihr Eigenthum verfügen, hatten freie Bewegung im ganzen Reiche, durften sich nach Belieben kleiden und in Gold und Seide einhergehen. Das ergiebige Land, welches den faulen griechischen Christen entrissen war, bot ihrer Geschäftigkeit reiche Erwerbsquellen. Die Türkei war ein Land, wie ein begeisterter Jude es schildert, „in dem Nichts, gar Nichts fehlt." Zwei junge jüdische Männer, Kalmann und David, welche nach der Türkei gekommen waren, bemerkten, daß wenn die deutschen Juden nur den zehnten Theil dessen wüßten, was sie da finden würden, so würden sie, allem Ungemache trotzend, massenhaft dahin auswandern. Diese beiden forderten daher einen Mann auf, welcher in früherer Zeit nach der Türkei übergesiedelt, und dessen Namen — Isaak Zarfati — in Deutschland nicht unbekannt war, ein Rundschreiben an die Juden von Schwaben, der Rheingegend, Steiermark, Mähren und Ungarn zu erlassen, ihnen die günstige Lage der Juden unter dem Halbmonde, im Gegensatz zum Joche unter dem Kreuze, zu schildern und sie zu bestimmen, die große Folterkammer Deutschland zu verlassen und nach der Türkei zu wandern. Licht und Schatten konnte nicht greller gezeichnet werden, als Isaak Zarfati's Sendschreiben (um 1454[1]) es in einer lebhaften, oft zu witzelnden Sprache that, die sich größtentheils nicht wiedergeben läßt.

„Es ist mir von den Mühsalen, noch bitterer als der Tod, erzählt worden, welche unsere Brüder in Deutschland betroffen haben, von den tyrannischen Gesetzen, den Zwangstaufen, den Ausweisungen, die täglich vorkommen. Und wenn sie von einem Orte fliehen, trifft sie an einem anderen Orte noch herberes Unglück. — Ich höre ein freches Volk über die Treuen seine wüthende Stimme erheben; ich sehe seine Hand gegen sie schwingen. Wehe von Innen, wehe von

---

[1] Vergl. Note 6.

Außen. Tägliche Erlasse von Zwingherren, um das Geld zu erpressen. — Die Geistlichen und Mönche, die falschen Priester, erheben sich gegen das unglückliche Volk und sprechen: „Wir wollen sie bis zur Vernichtung verfolgen, Israels Name soll nicht mehr genannt werden." Sie wähnen, ihr Glaube sei gefährdet, weil die Juden in Jerusalem vielleicht gar die Grabeskirche an sich kaufen würden. Darum haben sie einen Befehl erlassen, jeden Juden, der sich auf einem christlichen Schiffe befände, das nach dem Morgenlande steuert, in die Fluthen zu werfen. — Wie wird den heiligen deutschen Gemeinden mitgespielt, wie sehr ist ihre Kraft geschwächt! Sie vertreiben sie nicht nur von Ort zu Ort, sondern stellen ihnen nach dem Leben, schwingen über sie das scharfe Schwert, werfen sie in loderndes Feuer, in reißende Fluthen oder auch in stinkende Sümpfe. — Meine Brüder und Lehrer, Freunde und Bekannte! Ich, Isaak Zarfati, der ich aus Frankreich stamme, in Deutschland geboren bin und dort zu den Füßen von Lehrern gesessen, rufe euch zu: daß die Türkei ein Land ist, in dem Nichts fehlt. Wenn ihr einwilligt, so kann es euch gut gehen. Ihr könnt sicher durch die Türkei nach dem heiligen Lande gelangen. Ist es nicht besser unter Mohammedanern, als unter Christen zu wohnen! Hier dürft ihr euch in die feinsten Stoffe kleiden. Hier kann jeder unter seinem Feigenbaume und Weinstocke ruhig leben. In der Christenheit dagegen dürft ihr es nicht einmal wagen, eure Kinder in Roth oder Blau zu kleiden, ohne sie auszusetzen, zerbläut oder roth geschunden zu werden. Darum müßt ihr ärmlich und zerlumpt einhergehen. Alle eure Tage sind düster, auch die Sabbate und Festzeiten. Fremde genießen euer Vermögen. Was nützen dem reichen Juden seine Schätze? Er bewahrt sie nur zu seinem Unglücke auf, und an einem Tage ist's verloren. Ihr nennt's euer? Nein, ihr ist's[1]). Lügenhafte Beschuldigung erfinden sie gegen euch. Sie achten nicht Alter, nicht Wissen. — Und wenn sie dir eine Zusicherung mit sechzig Siegeln gegeben, so brechen sie sie doch[2]). — Sie legen immer Doppelstrafen auf, schmerzhaften Tod und Güterberaubung. Sie untersagen den Unterricht in Lehrhäusern, stören das Gebet, verbieten den Juden, an christlichen Feiertagen zu arbeiten und Geschäfte zu treiben. Und nun Israel, warum schläfst du? Auf und verlasse

---

[1]) Sehr witzig ist die Anwendung einer talmudischen Phrase auf den unsicheren Besitzstand der jüdischen Kammerknechte in Deutschland (Sendschreiben p. 22, Zeile 7): ולא יועיל הון ביום עברתו ואבד העשר ההוא. דלכון אמרי? דלהון הוא.

[2]) Das. Z. 20: ואף אי כתב לך אשרתא יקומהון חשתין גושפנקי עדי חתימי כרתי.

dieses verfluchte Land!"¹) Isaak Zarfati's Aufruf hat wohl Manche bewogen, nach Palästina und der Türkei auszuwandern. Mit ihrem düstern Wesen, ihrer Ueberfrömmigkeit, ihrer eigenen langen Tracht und ihren Kaputzen stachen die eingewanderten deutschen Juden von den morgenländischen und griechischen ab und beeinflußten bald die Urbewohner.²)

Mit dem Verbote, nach Palästina auszuwandern, hatte es eine eigene Bewandtniß. Die jüdischen Bewohner Jerusalems hatten von einem Pascha die Erlaubniß erlangt, auf einem Theile des Berges Zion eine Synagoge zu erbauen. Der Platz stieß an das Besitzthum, welches der Franciskaner-Orden inne hatte, oder er besaß darauf eine verfallene Kapelle, welche die „Davids-Kapelle" benannt wurde. Darüber erhoben die Mönche eine bittere Klage, als wenn die heilige Stadt und das Land von je her ihr erbgesessenes Eigenthum gewesen wäre. Sie wandten sich an den Papst mit Beschwerden und deuteten an, wenn es so fort ginge, würden die Juden auch die Grabeskirche an sich reißen. Darauf hin erließ der Papst eine Bulle, daß kein christlicher Schiffseigener Juden zur Ueberfahrt nach dem heiligen Lande aufnehmen sollte. Da die Schifffahrt nach der Levante damals zumeist in den Händen der Venetianer war, so wurde der Doge bewogen, allen Schiffskapitänen des Festlandes und der Inseln einzuschärfen, keinen Juden zur Seefahrt nach Palästina aufzunehmen³).

¹) Gegen Ende p. 24 ist noch eine witzige Darstellung der christlichen Dogmen: לאפוקי מהמינים המאמינים . . . בשלוש וגשמות, ואמודים בפסיק רישיה ולא ימות, רחמנא ליצלן מהאי דעת אבא שקרא, ובן כזיבא . . וכתיב ועד השלשה לא בא.

²) Von den deutschen Juden in der Türkei berichtet Baschjazi, אדרת אליהו (p. 6 b): ומפני שיראת אנשים מלומדה מהאנשים התלמודיים הבאים מאשכנז שאוכלים השלשא עם השמים ועולה במוחם ומרעישים הקהלות עם הציצית והתפילין והמלבושים הארוכים עד רגליהם ומלבוש הראש המקושט שהוא הקפוצי הרום נתון על שכמם זה כדי להראות ולהיחד המון דאנשים . אמנם בלתי זה היו החכמים הנמצאים פה ובגלילות אחרות ובספרד שרודים אחרי הפשט היו מודים על האמת. Von Palästina referirt Obadja da Bertinoro (Reisebericht. Note 6): כי לא היה מספר לספרים אשר הקדישו כל הבאים שם מן האשכנזים מספרי תלמוד ופוסקים.

³) Vom Jahr 1427—28 s. Note 6.

Zehntes Kapitel.

Der letzte Schimmer der spanischen Juden.

Rückschritt der spanischen Juden. Die letzten Talmudisten in Spanien; die Vertreter der Wissenschaft. Die Kabbala und ihre Uebergriffe. Das Buch Kana und Pelia. Die Kabbala im Dienste des Christenthums. Politische Lage in den letzten Jahrzehnten. Jüdische Bevölkerung Castiliens. Abraham Benveniste und der wachsende Einfluß der Juden in Spanien. Ihr erbitterter Feind Alfonso de Spina veranlaßt Verfolgungen. Die Märtyrer von Sepulveda. Erbitterung der Bevölkerung gegen die Marranen, Pedro de Herrera und sein Plan schlägt zu Ungunsten der Marranen aus.

(1456—1474.)

Wie herabgekommen waren die Juden der pyrenäischen Halbinsel, sie, ehemals die leuchtenden Vorbilder der Gesammtjudenheit, daß sie in der Auslegung des Talmud, welcher damals der Gradmesser des Geistes war, nicht einmal mit den Deutschen wetteifern konnten! Freilich hatten sie ihre Verkommenheit nicht selbst verschuldet. Die Diener der Kirche hatten die guten jüdischen Köpfe teils abgeschlagen, teils zum Christenthum herübergezogen. Nach dem Aussterben des Geschlechtes, welches einen Riesenkampf mit den Apostaten Paulus de Burgos und Geronimo de Santa Fé zu bestehen hatte, kam kein kräftiger Nachwuchs zu. Auf talmudischem Gebiete waren die Leistungen der spanischen und portugiesischen Rabbinen gleich nichts. Der fromme Eifer, den Abraham Benveniste, sein Sohn Joseph und seine Enkel Don Vidal und Don Abraham II[1]) mit ihrem großen Vermögen bethätigten, die Lehrstätten wieder aufzurichten und Meister wie Jünger zu unterstützen, konnte den Verfall nicht aufhalten. Die klägliche Lage durch Demüthigung und Verarmung raubte die Muße und trübte die Freudigkeit an geistesanstrengenden Studien. Der Rabbiner Isaak Campanton, der länger als ein Jahrhundert lebte, (geb. 1360, gest. 1463[2]), der alle Gräuelthaten

---

[1]) S. Note 4.
[2]) Imanuel Aboab bemerkt von ihm Nomologia II, 2, e. 25: A este señor (Campanton) clamavan comunamente el Gaon de Castilla, vivia 103 annos hasta que en el 1463 passé á gozar la vida eterna. Dasselbe

des Ferran Martinez und des Vicente Ferrer mit allen ihren ent=
setzlichen Folgen erlebte, obwohl als helles Licht und Gaon von
Castilien gepriesen, hat weiter nichts zu Stande gebracht, als ein
wenig bedeutendes talmudisch=methodisches Werk, das weder von
reichen Kenntnissen, noch von Geist zeugt. Er hinterließ drei Jünger[1]),
welche in Spanien zwar sehr gefeiert wurden, aber weder die jüdische
Literatur im Allgemeinen, noch das Talmudstudium durch irgend etwas
Originelles bereichert haben: Isaak de Leon (geb. um 1420, gest.
um 1490), Isaak Aboab in Toledo (geb. 1433, gest. 1493), der
das Rabbinat seines Lehrers Camptanton einnahm, und Samuel
Ben=Abraham Valensi (Valenci, Valenciano, geb. 1435, gest. 1487).
Der Erstere ist nur als Wunderthäter bekannt und hat wahrscheinlich
gar nichts Literarisches hinterlassen[2]). Isaak Aboab, der auf einem
Auge blind war, war noch der fruchtbarste Schriftsteller unter den
Dreien, aber er verfaßte lediglich Commentarien und Predigten[3]), die
geschmacklos und aus Sätzen von Philosophen und Kabbalisten
zusammengestoppelt sind. Rechnet man noch dazu Joseph Chajun,

auch Zacuto in Jochasin ed. Filipowski p. 226 b: נקרא גאון (קנפונטון) ר׳ יצחק
בכסטיליא . . . והוא נפטר בפיניפל רכ״ג ליצירה. Ebenso Joseph Ben=Zaddik aus
Teruel in (Neubauer, Anecdota Oxoniens. p. 99) זכר צדיק נפטר הגאון ר׳ יצחק
קנפונטון בפיניאפל ש׳ ה׳ אלפים רפ״ג [.I רכ״ג).

[1]) Vergl. über dieselben Zacuto in Jochasin ed Filipowski p. 226 und
Imanuel Aboab, a. a. O. und über die letzten zwei Schulchan Aruch,
Orach Chajim No. 141: ומעשה באחד שקרא כמו שהיא כחובה (בענין קרי וכתיב) בפני
גדולי הדור הר״ יצחק אבוהב והר׳ אברהם ואלאנסי והר שמואל ואלאנסי בנו והחתן בו
מהטיבה . . . שיקרא כפי המסורת ולא רצה ונדותו והורידוהו מהטיבה. — Von Samuel Valensi wird
ein Werk כללי קל וחומר citirt. Samuel Valensi, der 1532 als Anführer
einer Schaar so tapfer kämpfte, war ohne Zweifel ein Enkel dieses Rabbiners.
(Imanuel Aboab a. a. O. p. 305 f.)

[2]) Daß die Antikritik מגילת אסתר von Isaak de Leon gegen Nachmani's
Kritik zu Maimuni's ספר המצות nicht von diesem, sondern von einem spätern
Namensverwandten verfaßt wurde, hat Asulaï s. v. unwiderleglich dargethan.
Citirt doch der Verfasser der Antikritik nicht blos die Responsensammlung des
Joseph Kolon, sondern auch ein Werkchen des Salomo Almoli als eines
Zeitgenossen, der erst im Anfang des sechszehnten Jahrhunderts lebte.

[3]) Isaak Aboab's Werke sind: 1) Supercommentar zu Raschi (unedirt);
2) Supercomment. zu Nachmani's Pentateuch-Comment. ed. princeps, Venedig
1558; 3) שטות zu einigen talmudischen Tractaten, Venedig 1608; 4) דרשות unter
dem Titel נהר פישון, Const. 1538; 5) Anmerkungen zu den Turim, im Alter
verfaßt und unvollendet (Im. Aboab a. a. O. und Andere). 6) Auch Responsen
sind von ihm handschriftlich vorhanden. Seine Autorschaft des agadisch-
moralischen Sammelwerkes מנרית המאור hat bereits Asulaï (s. v.) angezweifelt,
und Zunz hat es kritisch nachgewiesen, daß es einem älteren Isaak Aboab angehört, der um 1300—1320 gelebt (Ritus S. 204 ff.). Folglich gehören auch
dem älteren an die darin citirten Werke שלחן העדות und שלהן הפנים. So viel

Die letzten jüdischen Philosophen in Spanien.

(blühte um 1450—1480 [1]), so sind damit die letzten rabbinischen Berühmtheiten auf der pyrenäischen Halbinsel erschöpft. Joseph Chajun war ein sehr frommer, sehr würdiger Mann, aber ohne hervorragende Bedeutung; er verlegte sich mehr auf die leichte Agada, als auf das gedankenanstrengende Talmudstudium.

Die Leistungen der spanischen Juden in den letzten Jahrzehnten auf andern Gebieten der Wissenschaft sind nicht viel nennenswerther. Die Wissenschaft war bereits auch in diesem Lande verdächtig, wo nicht gar geächtet und als Verführerin verrufen. **Isaak Arama**, ein zu seiner Zeit und auch später beliebter Prediger, der seinen Vorsitz in Zamora, Taragona, Fraga und Calatayud hatte (blühte um 1450—1490 [2]), eiferte wie andere Prediger und Rabbiner mit Entschiedenheit dagegen, um ihr die letzten Anhänger zu entziehen. In der Philosophie, in welcher die jüdisch-spanischen Denker früher Meister gewesen, waren sie in dieser Zeit so herabgekommen, daß ein Pfleger derselben, **Ali b. Joseph Chabilio** [3]) aus Monzon Schriften der Scholastiker **Thomas von Aquino**, **Duns Scotus** und **Wilhelm von Occam** ins Hebräische übersetzte, die doch unmittelbar oder mittelbar von dem Geiste jüdischer Denker gezehrt hatten. Nicht viel bedeutender war sein Zeitgenosse **Abraham b. Schem-Tob Bibago** zuerst in **Huesca** und später in **Saragossa**, (blühte um 1446 bis 1489 [4]), der wahrscheinlich als Arzt am Hofe Juan II. von Aragonien

zur Berichtigung des irregeführten Imanuel Aboab und Anderer. — Die Anekdote über dessen Einäugigkeit wird von Joseph Sambari mit Varianten erzählt (Anecdota Oxon. Neub. p. 142).

[1]) Vergl. über ihn die Bibliographen und Einl. wie Schluß zu seinem Werke מלי דאבות (Venedig 1605). Seinen Comment. zu Abot verfaßte er 1470, und 1490 war er bereits todt.

[2]) Vergl. über ihn Polaks Einl. zu dessen Hauptwerk עקדת יצחק oder מאה שערים. Arama's Schrift חזות קשה ist gegen die Wissenschaft gerichtet.

[3]) Vergl. über ihn Jellinek: Thomas von Aquino in der hebr. Literatur. Ein physikalisches Werk übersetzte Chabilio 1472. Er hat nicht blos einige Schriften Thomas' übersetzt, sondern auch des Nominalisten Occam, wie de Rossi's Codex No. 457, 10 hat: Okam summa lib. logicae ab Chabilio translata, und Codex No. 281: Chabili quaestiones philosophicae ... testatur (auctor) se eos ... potissimum ex Thoma Aquinate, Scoto et Okamo .. sumpsisse. No. 457, 3. Chabili confirmatio argumentorum quae protulerat (adversus Schem Tob b. Schem Tob).

[4]) Munk, Mélanges p. 507 theilt aus der Vorrede von Bibagos' Comment. zu de demonstratione mit, daß es beendet war Huesca 1446, und von einem Copisten, daß er in Saragossa im Lehrhause des Bibago war Tebet = Dec. 1471. Nach Baß' Schifte Jeschenim soll er noch 1489 gelebt haben. In seinem Hauptwerke דרך אמונה (Editio Const. 1521) giebt er gegen Ende Bl. 102b an: אכתוב לך בני מה שקרה לי עם חכם אחד מופלא בחרותי על שלחן המלך דון

verkehrte. Bibago war eigentlich mehr Prediger als metaphysischer Denker, hinterließ daher nur Kanzelreden und verarbeitete lediglich vorhandene philosophische Ideen in Uebersetzungen und in einem eigenen Werke (den Weg des Glaubens), das auch nur den Charakter von Predigten hat. Er hatte schon mit dem festgewurzelten Vorurtheil der öffentlichen Meinung zu kämpfen, daß jede wissenschaftliche Forschung, die über den engen Kreis der Religion hinausstreife, verdammenswerth sei und zur Ketzerei führe[1]). Die meisten spanischen Juden waren bereits stolz auf die Unwissenheit und blinde Gläubigkeit. Chabilio's Freund, Schem=Tob II. b. Joseph Ibn=Schem=Tob, Sohn des Religionsphilosophen (o. S. 163, 178) und Enkel des wissensfeindlichen Eiferers (o. S. 97) in Segovia und Almazon (blühte um 1461—1489[2]), hat sich zwar viel mit Philosophie beschäftigt, mehrere derartige Commentarien verfaßt, auch einen zu Maimuni's „Führer"; aber er war ebensowenig selbstständiger Denker, sondern bewegte sich in allen Geleisen und gebrauchte abgegriffene Schulformeln. Schem=Tob b. Joseph war wie sein Vater

---

נואן במלכות ארגון. שאל אלי האתה יהודי פילוסוף?. Das kann nur unter Juan II. von Aragonien geschehen sein, der 1456—1479 regierte. Er war also noch in den fünfziger Jahren jung. Seine Predigtsammlung führt den Titel זה ינחמנו (Salonichi sine anno). Wolf, Bibliotheca III. p. 23 vermuthet, daß Bibago der Verfasser der handschriftlichen Paralipomena medica in der Sorbonne sei. Vergl. המזכיר B. XXI. p. 82 und über Bibago's Schriften Monatsschrift Jahrg. 1883 p. 84 f., 125 f.

[1]) Bibago, Derech Emunot Bl. 97b: הלא תראה כמה אנשים יקראו עצמם מאמינים ובעלי ברית משה ואם ישאלום מספר אמונותיהם ומה הם, ידם פוחה הראה והאמונה אשר להם היא מצית אנשים מלדותה לא זולת. כדרך אנשי זמננו יקראו מינים ובלתי מאמינים אנשי השכל והבונה. Interessant ist auch, was er das. Bl. 48d bemerkt: ואם אמור יאמרו נמצאו חכמים באומתי יצאו מן הכלל והמה אנשים רעים וחטאים וסמרות מגונות. נשיב בזה כתשובת החכם כי גם אנחנו נראה בלתי כשיגים... ונקראים חכמים בעבור אשר העמיקו בחכמת התלמוד. והנה הם אנשים רעים. יוצאים מן הכלל גם כן. ובכל שכן מי שלא קרא ושנה. העמיקו שחתו. בחצריהם ובטירותם.

[2]) Munk Mélanges p. 509 theilt über handschriftl. Werke desselben aus der Bibliothek des Oratoire mit: 1) המאמר מסבה התכליתית; 2) eine Abhandlung über die erste Materie und ihr Verhältniß zur Form, verfaßt 1461; 3) einen Commentar über einen aristotelischen Theil von der Seele באור כח הדברי beendet in Almazon, Marcheschwan = September 1478; 4) Commentar zu Aristoteles' Physik, beendet das. Marcheschwan = October 1480. 5) Den Commentar zum Moré schrieb Schem=Tob II. 1488: denn dieses Datum giebt er zu I. 74 an. 6) Seine דרשות (ed. Venedig 1547) vollendete er Nissan 1489, wie zum Schlusse angegeben ist. 7) de Rossi Codex 457 enthält: Schem Tob (b. Joseph) b. Schem Tob responsa ad eadem quaesita (Ali Chabilii עלי בן חבליו). Bei den Bibliographen Wolf und de Rossi sind die Schriften dieses Schem=Tob b. Joseph II. mit denen seines Großvaters gleichen Namens zusammengeworfen.

ein Prediger und verflachte noch mehr als dieser philosophische und religiöse Gedanken zu Gemeinplätzen.

Wie befangen auch die Tonangeber der spanischen Judenheit im letzten halben Jahrhundert vor ihrer Ausweisung waren, so fehlte es doch nicht ganz und gar an einem Rüger und Mahner, welcher einen offenen Blick für die Verkommenheit hatte und schmerzlich davon berührt war, wenn er seine Zeit mit der ehemaligen Glanzperiode verglich. Denn die Gesunkenheit der spanischen Juden, welche aus ihrer erniedrigten Stellung in der Gesellschaft und ihrer Gleichgiltigkeit, wo nicht gar Verachtung gegen wissenschaftliche Forschung hervorgegangen war, zeigte sich nicht blos hier und da, sondern ergriff, wie ein eingewurzelter Krankheitsstoff im Organismus, das ganze religiöse und gesellschaftliche Leben. Ein Zeitgenosse, Joseph b. Meschullam (?)[1], legte diese Schäden in einer satirischen Schrift, die einen sehr bedeutenden rednerischen Werth hat, schonungslos blos. Der Verfasser (um 1468), der Grund gehabt haben muß, seinen Namen halb zu verhüllen, beginnt seine bittere Geißelung mit einem fingirten Wechselgespräche, worin Betrachtungen über das jammervolle Elend des jüdischen Stammes angestellt werden, und dieses auf die Entartung des Judenthums, als auf seine Ursache, zurückgeführt wird. „Die reine Quelle der göttlichen Offenbarung sei durch Menschenwerk vielfach getrübt und unkenntlich gemacht. Nicht blos die Bibel, sondern auch die talmudische Lehre sei durch vielfache Zusätze und abergläubische Bräuche überwuchert, und die Verkehrtheit der Kabbala trage ihrerseits zur Trübung bei. Die götzendienerischen Israeliten haben ehemals gerufen: „o Baal, erhöre uns", und die Juden der Gegenwart flehen auf dieselbe Weise den Engel Michael oder eine kabbalistische Sephira an, und setzten solchergestalt Gott zurück." Die geistvolle Satire zeigt in einem Traumgesichte ein weibliches Wesen, das voller Wunden, Eiterbeulen und geschundenen Leibes ist und Klagen vor dem Throne eines hehren Königs über erfahrene Mißhandlung und Verstümmelung erhebt. Es ist das Bild des Gebetes, welches über Entstellung, vielfache unschöne Zusätze, Gedankenlosigkeit und Lippengemurmel vor Gott Klage führt. Der Verfasser geißelte besonders die Rabbinen, daß sie, „die armen Häupter", Bibel und Wissenschaft vernachlässigen, den Talmud spitzfindig auslegen, müßige Fragen ausspintisiren und das Mittel zum Zweck umkehren.

Die wüste Kabbala mit ihren windigen Hirngespinsten und wirren Träumen war damals in ihrer Triebkraft eben so sehr

[1] Vergl. Note 9.

erschöpft und geschwächt, daß sie, die nichts schaffen konnten, sich aufs Zerstören verlegte. Im Ganzen hatte sie damals in ihrer Urheimath Spanien wenig, sehr wenig Pfleger und Anhänger[1]). Die Erinnerungen nennen etwa drei Namen Abraham Saba, Juda Chajat und allenfalls Joseph Sarco[2]). Der Letztere war zwar Arzt und deßwegen bei der Portugiesischen Grafenfamilie de Menezes als Leibarzt beliebt, war nichtsdestoweniger der gedankenlosen Mystik ergeben. Diese Kabbalisten hinterließen nichts Selbstständiges, sondern lediglich Commentarien zu älteren kabbalistischen Schriften, zu Gebeten und Sentenzen. Um aber etwas Neues zu bieten und der ziemlich verlassenen Geheimlehre neue Freunde zu gewinnen, kehrte ein Lehrer der Kabbala die Spitze gegen die Pfleger des Talmud, gegen diesen selbst und sogar gegen die Religionsvorschriften des Judenthums. „Niemand baut ein Haus, es sei denn, daß er den Plan abträgt, und wenn sich ein baufälliges Mauerwerk darauf befindet, so muß es niedergerissen werden, um den Neubau aufführen zu können. So muß unsere Lehre zerstört und aufgelöst werden, damit wir sie dann um so fester aufbauen können". Diese Aufgabe stellte sich ein namenloser Kabbalist, der sich bald Kana, bald Elkana[3]) nennt und sich als Sprößling aus der mischnaitischen Familie Nechunja Ben=Hakana ausgiebt. Seine theils kühne, theils sinnverwirrende Geheimlehre legte er bald seinem greisen Vater Ibn=Gedor (oder Abi=Gedor), bald seinem dreijährigen Sohne Nachum, bald dem Propheten Elia und bald anderen mystischen Wesen in den Mund. Er lebte ohne Zweifel in Spanien und prophezeihte die Ankunft des Messias durch mystische Zahlencyclen für das Jahr 1490. Dieser namenlose Kabbalist verfaßte zwei umfangreiche Schriften (Kana und Peliah, Wunder) und wiederholte darin in ermüdender Breite die Alfanzereien des halbwahnsinnigen, messianischen Schwärmers Abraham Abulafia (VII₂ 208), dessen Spielereien mit Zahlen und Buchstabenversetzungen und dessen Deuteleien. Neu ist nur bei ihm die eigene Manier, die talmudischen

---

[1]) פליאה (Ms. p. 30 a): ואם ימצא אחר מעיר ושנים ממשפחה לדעת ספרי החכמה
ילעיגו בו ולא יקשיבו לקולו והם אינם יודעים כי היא בלי בלבול דעת ובלי ספק כלל. Ueber Peliah und Kana und deren Abfassungszeit vergl. Note 8.

[2]) Ueber die beiden Ersteren vergl. die Bibliographen. Ueber Joseph Sarco, dessen Name שרגא geschrieben wird, vergl. Kayserling, Gesch. d. Juden in Portugal S. 70 fg. Gedruckt von ihm משה הקטורה und handschr. פירוש על התפילות und Beantwortung kabbalistischer Anfragen an den Pseudomessias Ascher Lämlein. Patul. Bobl. Neub. 1663, 3—4.

[3]) Vergl. Note 8.

Schlagwörter und Deutungsregeln in kindischer Spielerei auf die Kabbala anzuwenden.

Dabei konnte dieser kabbalistische Verfasser nicht genug Zorn gegen die Rabbinen, die Jünger des Talmud, entladen; er schmähte sie: daß sie „mit lauter Stimme und blitzartiger Beweglichkeit" über talmudische Probleme disputiren, angeblich neue Ergebnisse entdecken, dabei ein Wohlleben führen, das Volk nicht auf den rechten Weg weisen und besonders der Kabbala keine Aufmerksamkeit zuwenden. — „Diese Blinden, die sich noch ihrer Blindheit rühmen, streiten um eitlen Wind und meinen weise zu sein, weil sie zu disputiren verstehen. Nein, der kann nicht weise genannt werden, der selbst den ganzen Talmud versteht, sondern nur der in die kabbalistischen Geheimnisse eingedrungen ist". Der verkappte Kana bekämpft den Talmud mit talmudischen Waffen. Er nennt ihn einen Krebsschaden in den edlen Theilen; man müsse die Wurzel des Uebels beseitigen, um gesundes Fleisch anzubringen — natürlich die Kabbala. Nur durch sie behalten die Ritualien des Judenthums ihren Werth, ohne die kabbalistische Grundlage müßte man annehmen, das ganze Judenthum habe mit der Tempelzerstörung Sinn, Bedeutung und Verbindlichkeit eingebüßt. Nach talmudischem Gesichtspunkte müßte man sagen: Da Gott sein Volk von sich gewiesen, es in die Fremde verstoßen und gewissermaßen verkauft habe, so habe er es damit seines Dienstes entbunden und von der religiösen Verpflichtung befreit. „Man kann nicht zweien Herren dienen". — Der namenlose Kabbalist gebrauchte die derbsten Ausdrücke, um die talmudische Lehrweise in ein ungünstiges Licht zu stellen. „Das talmudische Gesetz hat herausgedrechselt, daß das weibliche Geschlecht von manchen an die Zeit gebundenen religiösen Satzungen entbunden sei; es erniedrigt damit das arme jüdische Weib bis in den Staub und stellt es dem Sklaven gleich. O Gott, was hast du uns gethan? Du hast in deinem Gesetze befohlen, nichts hinzuzufügen, und dann hast du uns den Händen der Talmudisten überliefert, daß wir nicht von ihren Satzungen weichen sollen, und sie haben so Manches zu deinem Gesetze hinzugefügt"! So reißt der Kabbalist unter dem Namen Kana das talmudische Judenthum nieder, wirft die kitzlichsten, verfänglichsten Fragen auf, freilich angeblich, um wieder aufzubauen, d. h. um die Fragen durch kabbalistische Ungereimtheiten zu beantworten und solchergestalt die Ueberlegenheit und Unentbehrlichkeit der Kabbala darzuthun und zu begründen. Ehe drei Jahrhunderte seit Entstehung der Mystik vergangen waren, wurden Talmud und Kabbala Feinde und lieferten einander blutige Fehden, und noch um zwei Jahrhunderte später wurden sie Todfeinde.

Das Kunststück, einer älteren, ehrwürdigen Autorität mystische Lehren in den Mund zu legen, wendete auch ein getaufter Jude, Paulus de Heredia[1]), in Aragonien an, um das Christenthum zu verherrlichen. Er mißbrauchte ebenfalls die Namen des Mischnaiten Nechunja Ben-Hakana, dessen angeblichen Sohnes Hakana und des Jehuda Hanaßi zu Mystificationen. Paulus de Heredia (geb. um 1405, Greis um 1485) hatte in der Jugend als Jude mit christlichen Theologen disputirt und das Judenthum in Schutz genommen; nichtsdestoweniger ging er später zum Christenthum über und griff seine ehemaligen Glaubensgenossen in einer Schrift „Paulus' Schwert" (Ensis Pauli) an. Um den Juden oder den Christen weis zu machen, daß die talmudischen Weisen die christlichen Geheimnisse anerkannt hätten, verfaßte er ein mystisches Werk „Brief der Geheimnisse" (Iggeret ha-Sodot), legte es Nechunja und seinem Sohne Hakana bei und gab vor, es blos aufgefunden und ins Lateinische übersetzt zu haben. De Heredia war aber so unwissend in der talmudischen Literatur, daß er Nechunja Mittheilungen aus einer Schrift des später lebenden Jehuda Hanaßi machen läßt. In dieser Schrift (Offenbarung der Geheimnisse Galia Raze) beantwortet angeblich der Mischnah-Sammler mystische Fragen, welche sein kaiserlicher Freund Antoninus an ihn gerichtet haben soll, im christlichen Sinne. Er erkennt die christliche Dreieinigkeit, die jungfräuliche Geburt Jesu und dessen Messianität an, giebt zu, daß das jüdische Gesetz durch Christus' Erscheinen aufgehoben sei und deutet die geheimnisvollen Gottesnamen (von vier und zweiundvierzig Buchstaben) auf Jesus. Nachdem Nechunja die Fragen und Antworten seinem Sohne mitgetheilt, ermahnt er diesen, Jesus als den wahren Messias anzuerkennen, und Hakana legt zuletzt ein christkatholisches Glaubensbekenntniß ab. Paulus de Heredia verrieth sich aber dadurch als ungeschickter Fälscher. Wer von den Juden konnte den Worten Glauben schenken, die er Hakana sprechen läßt: „Ich bin einer von denen, die an Christus glauben und habe mich der heiligen Taufe geweiht"? Ob seine Schriften gegen den Talmud (de Mysteriis fidei) und über die unbefleckte Empfängniß

---

[1]) Was Geßner und Antonio über Paulus de Heredia berichten, theilen Wolf I., III., IV. s. v. und Rodriguez de Castro Bibliotheca I. p. 363 ff. mit. Sein Alter folgt daraus, daß er bereits als Greis seine Schrift Corona regia dem Papst Innocenz gewidmet hat (1484—1492). Die Schrift Hacanae filii Neumiae (l. Neuniae) ad cognitionem generationis Christi epistolae und epistola Secretorum (ספר הסודות) scheint de Heredia vor der erwähnten verfaßt (oder übersetzt?) zu haben. Der Schluß dieser Schrift lautet: Ego Haccana sum unus ex illis qui credunt in eum (Christum), meque aquis sanctissimis ablui.

Maria's (Corona regia), die er dem Papste Innocenz VIII. gewidmet hat, besser waren? Die jüdischen Wortführer scheinen auf de Heredia's untergeschobenes Machwerk nichts entgegnet zu haben.

Bei oberflächlicher Beobachtung konnte der Schein entstehen, als sei der ehemalige Glanz der, wenn auch an Zahl und Geisteskraft heruntergekommenen Bekenner des Judenthums dieses Landes, wenngleich durch dunkle Wolkenschichten vielfach abgetönt, doch nicht ganz erloschen gewesen. Heißblütige Optimisten mochten aus Zeichen der Zeit eine Besserung erhoffen. Gerade unter der Regierung des castilianischen Königs Don Heinrich IV. (1454—74) und des aragonischen Königs Don Juan II. (1456—1479) schien die Lage der spanischen Juden verhältnißmäßig günstiger als unter deren Vorgängern. Es war gewissermaßen die Windstille vor dem verheerenden Sturme eingetreten. Der im doppelten Sinne impotente castilianische König war von einer so weichen Gemüthsart, wie es einem Herrscher nicht geziemt. Seine Nachgiebigkeit grenzte oft an Feigheit, und er war noch unselbstständiger als sein Vater. Er ließ sich ebenfalls von seinen Günstlingen leiten, die ihm aber nicht so treu ergeben waren, wie Alvaro de Luna seinem Vater, sondern sie gaben ihm verkehrte Rathschläge, wodurch seine Feinde Nutzen zogen, ließen ihn öfter im Stich und gingen zu seinen Feinden über. Castilien war unter ihm durchwühlt von Parteikämpfen; die Granden waren mächtiger als der König, entsetzten ihn auch einmal auf eine komödienhafte Weise seines Thrones, um seinen ihm feindlichen Bruder darauf zu setzen. Don Heinrich's Unglück war besonders sein vertrautester Rathgeber, Don Juan de Pacheco, der ihn mehr als einmal verrieth, und der wie sein Bruder Pedro Giron einen jüdischen Stammvater Ruy Capon=Tavira hatte[1]). Eben so gewissenlos gegen ihn war sein Hausminister Diego Arias Davila, ebenfalls von einem getauften Juden abstammend[2]), der durch seine Habgier sich und den König verhaßt machte. Diese Staatsmänner waren wenigstens nicht so verworfen, ihre Stammgenossen von ehemals noch mehr bemüthigen zu lassen oder ihnen die Lebensluft abzuschneiden. Sie gönnten ihnen die bescheidene Rolle, welche sie spielten. Davila ließ jüdische Rent=

---

[1]) Vergl. Amador historia III. p. 34. Pacheco war Begründer des abligen Hauses de Villena und Giron der des hochabligen Hauses de la Puñonrostro.

[2]) Das. p. 131. Ein Satiriker dichtete auf ihn das beißende Couplet:
A ti, Diego Arias puto,
Que éres e fuiste Judio
E tienes gran Señorio,
Con tigo non disputo.

meister auch verdienen und setzte sich über die kanonischen, wie über die königlichen Erlasse hinweg. Das Beispiel des Hofes wirkte auf den hohen Adel, der überhaupt, wenn sein Interesse es erforderte, sich wenig an die kirchlichen Satzungen kehrte. Selbst Geistliche und Klöster zogen jüdische Gutsverwalter vor, sei es wegen deren größerer Zuverlässigkeit oder Verschwiegenheit [1]).

Die Arzneikunde war immer noch von Juden vertreten, und sie öffnete ihnen die Kabinette und Herzen der Könige und der Großen. Die päpstlichen Bullen hatten gut verbieten: Christen sollten sich nicht jüdischer Aerzte bedienen. Es gab keine oder nur wenige christliche Heilkundige, und es blieb den Kranken nichts übrig als zu Juden Zuflucht zu nehmen. Selbst die hohen Geistlichen kehrten sich wenig an die Bullen der Päpste Eugenius, Nikolaus und Calixtus. Auch sie hatten ihren Leib zu lieb, als daß sie wegen einer kanonischen Satzung den ärztlichen Beistand eines Juden zurückweisen sollten [2]). Die meisten früheren Beschränkungen aus der Jugendzeit Juan's II. und der Regentin Catalina (o. S. 108) waren in Castilien so ziemlich vergessen [3]).

---

[1]) Amador, historia III. p. 133 und 134, Note. In dieser Note führt Amador eine Reihe jüdischer Rentmeister mit Namen auf, welche von den Herzögen von Bejar in den Jahren 1355—1462 verwendet wurden. Der Haupteinnehmer dieser Herzöge (El Recaudador principal o Almoxarife) war Mose Zarfati, welchem sämmtliche Steuerpächter Rechnung legen mußten. Ein Rabbi Abraham und Juçaf Castellano hatten in den Jahren 1460—62 die Güterverwaltung des Bisthums von Roa, und ein Don Mose aus Briviesca die Güterpacht des Klosters San-Salvado de Oña.

[2]) Der Zeitgenosse Alfonso de Spina klagt darüber mit vielem Seufzen: Plurimi enim Judaeorum, videntes negligentiam Christianorum in discendo artem medicinae, viribus laborant super pericia dictae artis. Domini temporales, immo — quod flendum est — et praelati ecclesiastici eis adhaerent, ut vix inveniatur aliquis eorum, qui non habeat penes se diabolum Judaeum medicum, et ideo in regno isto obtinent privilegia (Judaei) etiam in domo regia, et unus magnus miles vel pluries, qui eorum est advocatus et defensor, quocunque accusante eos (Fortalitium fidei III. crudelitas 13). In Catalonien, wo der Judenhaß so groß war, daß sich auch der Aermste nicht mit reichen getauften Juden verschwägern mochte (bei Amador III. 88 N. Que no se ha hallado en toda ella (Cataluña) algun Catalan o Catalana que aunque mas pobre ... se haya sujetado jamás á casarse con persona manchada de Judios), also in Catalonien wurden doch jüdische Mediciner gesucht. Die Stadt Reus in Catalonien schloß einen Vertrag mit einem jüdischen Arzt, Ben-Jehuda aus Saragossa, daß er für einen Jahresgehalt die armen Kranken unentgeltlich behandeln sollte. Ebenso eine andere Stadt mit einem Arzte Don Benjamin (das. 229 N.).

[3]) Derselbe fährt fort (das. crudelitas 15), nachdem er die 14 Beschrän-

An den Höfen verkehrten jüdische Aerzte und jüdische Finanzkundige. Der König Heinrich von Castilien war von jüdischen Aerzten umgeben. Seinen Hauptleibarzt Jakob Aben-Nuñes ernannte er zum Großrabbinen, behielt ihn bis an sein Lebensende, trug ihm auf, die Steuern der jüdischen Gemeinden im ganzen Lande zu regeln, sie auf die einzelnen zu vertheilen und sie als Renten für Infanten, Granden, Prälaten und Kirchen zu verwenden oder meist gar zu verschwenden[1]). Der König Juan von Aragonien hatte ebenfalls einen jüdischen Arzt, Abiatar-Abn Crescas, und den halb philosophischen Schriftsteller Abraham Bibago um sich. Der Erstere hatte ihm durch eine gelungene Operation das Augenlicht wiedergegeben[2]) und wird ihm wohl auch sonst noch den Staar gestochen haben; denn solche Vertrauenspersonen der Fürsten haben es gewiß nicht fehlen lassen, die zu Recht bestehenden harten Beschränkungen ihrer Brüder zu mildern. Die materiellen Interessen, welche durch die Ausschließung der Juden vom Verkehr mit der christlichen Gesellschaft hart geschädigt waren, machten die Durchbrechung dieser Mauer so sehr zum unabweislichen Bedürfniß, daß die Cortes von Toledo (1462) die empfindlichen Nachtheile, welche der Bann des Gesetzes gegen die jüdischen Geschäftsleute mit sich brachte, dem König klagten und Abhilfe verlangten[3]). Sie setzten auseinander, daß trotz des Verbotes geldbedürftige Christen zu den Darlehnsgeschäften mit jüdischen Kapitalinhabern Zuflucht nehmen mußten. Da es aber nur mit Umgehung des Gesetzes oder unter dem Scheine christlicher Gläubiger geschehen müsse, so entständen daraus nachtheilige Folgen für die christlichen Schuldner. Ganz besonders aber erwachse den königlichen Städten ein unersetzlicher Schaden, indem in diesen die Ausschließung strenger gehandhabt würde, als in den Besitzungen der Magnaten und selbst der Abteien, was die Auswanderung der Juden in duldsamere Plätze und daher Entvölkerung und Verarmung jener zur Folge habe. Heinrich IV., ohnehin dem fanatischen Judenhaß abgeneigt, milderte die Ausschließungsgesetze. So durften die aus den königlichen Städten ausgewanderten Juden wieder dahin zurückkehren. Die Beschränkung ganz aufheben durfte der König nicht, und noch weniger konnte er den entfesselten bösen Geist der Glaubenswuth bändigen, wenn er auch mehr Charakterfestigkeit gehabt hätte.

---

lungen der Juden unter Juan II. aufgezählt: Nihil vel modicum Praelati et principes de omnibus supradictis observant.
[1]) Amador, das. III. 171 fg., vergl. Note 10.
[2]) Das. 228. [3]) Das. 134.

Diese Glaubenswuth war verkörpert in dem General des Franciskaner-Ordens Alfonso de Espina[1]), zugleich Rektor der Universität Salamanka und Beichtvater des Königs. Er war ein Ordens- und Gesinnungsgenosse Capistrano's, welche Beide die giftige Zunge und giftige Feder zum Hasse in Bewegung setzten. De Espina genoß eine gewisse Berühmtheit wegen des zufälligen Umstandes, daß er als Beichtvater den Staatsmann Alvaro de Luna, den mächtigen Minister Juan's II., zum Richtplatz begleitet hatte. Seit dessen Tode donnerte er von der Kanzel gegen die Juden und ihre Gönner. Da seine Predigten ihm nicht genug zu wirken schienen, so verfaßte er ein giftgeschwelltes Werk in lateinischer Sprache gegen Ketzer, Juden und Mohammedaner unter dem Titel „Glaubensfestung" (Fortalitium fidei, verfaßt um 1460). Alles, was nur irgend ein Judenfeind Feindseliges geschrieben oder erzählt hatte, stoppelte er darin zusammen, tischte die lächerlichsten Märchen auf und machte Alles so drastisch als möglich. Ketzer und Mohammedaner sollten natürlich, nach seiner Ansicht, mit Stumpf und Stiel vertilgt werden. Gegen die Juden wollte er scheinbar glimpfliches Verfahren angewendet wissen: Man sollte ihnen nur die jungen Kinder entreißen und sie christlich erziehen, ein Vorschlag, den er dem Scholastiker Duns Scotus und seinem Ordensgenossen Capistrano entlehnte. Alfonso de Espina bedauerte am meisten, daß die Gesetze zur Demüthigung der Juden aus der Jugendzeit Juan's II. unter dessen Nachfolgern nicht mehr in Kraft waren. Er tadelte mit den spitzigsten Worten den König, die Großen und die Geistlichen dafür, daß sie die Juden begünstigten. Um das Volk aufzuwiegeln, frischte er die Märchen von Kindermord und Hostienschändung in breiter Erzählung auf und stichelte, daß solche Schandthaten durch die Parteilichkeit des Königs ungeahndet blieben.

Besonders verderblich war für die Juden der Bürgerkrieg, welchen die Intriguanten des Hofes, der Minister Don Pacheco an der Spitze, entzündeten. In Avila hatten sie Don Heinrich auf eine burleske Weise entthront und dafür seinen jüngeren Bruder Alfonso zum König ausgerufen. Alfonso's Parteigänger, ebenso judenfeindlich wie ge-

---

[1]) Wolf hat unwiderleglich nachgewiesen, daß Alfonso de Espina keineswegs ein getaufter Jude, sondern ein geborener in der jüdischen Literatur horrend unwissender Christ war (Bibliotheca Judaica II. p. 112). Nichtsdestoweniger machen ihn jüdische und christliche unkritische Bibliographen noch immer zum gelehrten Rabbiner, in neuester Zeit auch Lafuente historia general de España IX. p. 96. Wolfs unwiderlegliche Beweisführung ist, daß de Espina von den Täuflingen Alphonsus und de Santa Fé sagt: Testis de eorum genere singularis. Folglich stammte er nicht aus dem jüdischen Geschlecht.

Alfonso de Espina.

wissenlos, verabredeten einen Plan, der Gemeinde von Sevilla den Garaus zu machen und ihre Habe zu plündern. Es bedurfte großer Anstrengung von Seiten der Ordnungsliebenden, um Ruhe wieder herzustellen[1]). Da der König nur ein Spielball in den Händen des Adels und der hohen Geistlichkeit war, so konnten die Cortes, nur von judenfeindlichen Mitgliedern beherrscht, ihm die nachtheiligsten Beschlüsse zur Beschränkung der Juden abtrotzen. So setzten es die Cortes von Toledo (1465) durch, daß die drückende Ausschließung derselben aus der Zeit der Königin Catalina wieder zum Gesetz erhoben wurde. Das von Juan II. für sie günstige Edikt von Arevalo (o. S. 148) wurde damit außer Kraft gesetzt. Da selbst die feindseligen Granden die Unentbehrlichkeit der Juden für den Wohlstand des Landes nicht übersehen konnten und fürchteten, daß sie, um die Quälerei los zu werden, auswandern würden, so fügten sie zu den Paragraphen der Beschränkungen noch den hinzu, daß ihre Auswanderung durch allerlei Mittel verhindert werden sollte[2]). Die Hetzereien gegen die Juden von Seiten de Espina's erzeugten immer mehr eine feindselige Stimmung unter allen Klassen der Bevölkerung, welche die bei Hofe verkehrenden jüdischen Aerzte und Günstlinge um so weniger bannen konnten, als der König völlig ohnmächtig war.

Wo möglich noch viel boshafter wüthete de Espina gegen die Neuchristen oder, wie er sie nannte, heimlichen Juden[3]). Allerdings wendeten sich manche Marranen, Söhne oder Enkel der durch Gewaltmittel Getauften, angeekelt von dem unsittlichen Treiben der damaligen Vertreter des Christenthums, dem Glauben ihrer Väter mehr oder weniger heimlich zu[4]), bemüht, einerseits die Gesetze des Judenthums nicht zu übertreten und andererseits nicht als Apostaten oder

---

[1]) Ferreras a. a. O. § 267.   [2]) Amador das. p. 164.

[3]) Fortalitium fidei, crudelitas XV: Quia ex nimia conversatione eorum (Judaeorum) et frequenti munerum acceptatione jam venerunt in profundum malorum ... cum multi christiani facti sunt Judaei, ut vel melius dicam, erant occulti Judaei et facti sunt publici. Alii caeremonias Judaicas impune observant. Vergl. dazu Salomo b. Simon Duran Respp. Nr. 90 (רשב״ש) verfaßt vor 1467): ושאלתי על אלה האנוסים אשר לבם לשמים וחפצים לקיים המצות איך יכלתם בפסח הנדחגם בעני אביתם שלא יבואו לידי כרת .. כי אפילו אם יאכלו אורז ודוחן לו יעלילום הנצרים לאמור עדין אתם מתנהגים בחקות אבותיכם לאכול אורז בפסח כי בכל דבתים מבטשים אורז.

[4]) Da vom Jahre 1481 bis 1498 mehrere Tausend auf dem Scheiterhaufen verbrannt und mehr als 20000 Reuige zum Tragen des Armensünderkittels (Sambenito) verurtheilt wurden, außer denen, welche sich dem Feuertode durch die Flucht entzogen hatten und denen, welche gestorben waren und deren Gebeine verbrannt wurden, so muß die Zahl der heimlich judaisirenden Marranen unglaublich groß gewesen sein (vergl. Note 11).

vom Christenthum Zurückgetretene (relapsi) entlarvt oder auch nur verdächtigt zu werden. Der gallige Franciskanermönch hatte jedenfalls Kunde von der Anhänglichkeit einiger Marranen an das Judenthum, schilderte aber in geflissentlicher Uebertreibung, daß viele Neuchristen jüdische Bräuche mitmachten und zwar in Folge ihres Verkehrs mit den Juden. Er schrieb in seinem zur Aufreizung verfaßten Buche: Wäre in unserer Zeit eine gewissenhafte Inquisition (wie zur Zeit der Westgothen) gegen die jüdischen Täuflinge, so würden viele, die frecher Weise judaisiren, dem Feuer übergeben werden. In dem Vertrage, welchen die Cortes dem gedemüthigten König vorgelegt hatten, war auch die Forderung einer Inquisition enthalten[1]. — Vom Wort wollte de Espina zur That übergegangen wissen. Die franciskanischen Theologen der Universität Salamanka hatten eine Bulle des Papstes in Händen, welche sie autorisierte, ein Ketzertribunal zu errichten (o. S. 190). Es galt also blos, den weltlichen Arm dafür zu gewinnen. Die Franciskaner hielten darauf beim König an, die Bulle in Ausführung zu bringen. Da aber Don Heinrich, obwohl betroffen von der Schilderung des Rückfalles so vieler Neuchristen zum Judenthume, nicht so rasch ihren Willen erfüllte, hatten sie einen stürmisch-wilden Prediger Hernando de la Plaza von der Kanzel in Madrid gegen die Gotteslästerung der Neuchristen donnern lassen (1461), um das Volk aufzureizen und auch den König zur Nachgiebigkeit zu zwingen. Der Prediger hatte behauptet, handgreifliche Beweise in Händen zu haben, daß an hundert Neuchristen ihre Knaben hätten beschneiden lassen. Eine Untersuchung, die der König über diese belastenden Beweise hatte anstellen lassen, hatte zwar diese Behauptung als eine freche Lüge erwiesen, aber die Aufregung in Madrid gegen die Marranen war nichtsdestoweniger so gewaltig, daß der König einen anderen Prediger vom Orden der Hieronymisten Alfonso de Oropesa bewegen mußte, das Volk zu beschwichtigen[2].

Jedenfalls war dadurch der Gedanke nahe gelegt, eine sorgfältige Untersuchung über die heimliche Lebensweise der Marranen anzustellen. Der Primas von Spanien trug dem General desselben Ordens auf, die Untersuchung in Toledo anzustellen, wo die Feindlichkeit zwischen Alt- und Neuchristen von neuem ausgebrochen war und blutige Folgen hatte.

In Toledo bestanden zwei feindliche Parteien, die sich um zwei feindliche Häuser scharten, die de Silva, an deren Spitze die Herzöge von Cifuentes standen, und die de Ayala, deren Haupt die Herzöge

---

[1] Lafuente IX. 227.
[2] Amador das. III. 142f.

von Fuensalide war. Parteifehden waren damals bei dem bis zur Ohnmacht gesunkenen Königthum an der Tagesordnung. Die Neuchristen wurden von der Partei de Silva patronisirt und selbstverständlich von der Gegenpartei gehaßt. Bei einer Veranlassung (1467), als das Kapitel von Toledo zur Pracht gewisser Renten auch jüdische Bewerber zuließ, dagegen der Groß-Alkalde Alvar Gomez sie aus der Stadt jagen ließ, wodurch das Kapitel sich verletzt fühlte, kam es zum Kampfe. Unter Anführung dieses Alkalden und des angesehensten der Neuchristen Fernando de la Torre drang eine große Menge derselben in die dem Kapitel angehörende Kathedrale, rief „Tod, Tod den Kirchenschändern!" schlug den Kirchenpförtner, der ihr Eindringen hindern wollte, an einem Altare nieder, läutete die Glocken zum Sturme und bemächtigte sich unter dem Beistande der de Silva der Brücken und Pforten der Stadt. Die Gegenpartei rief dagegen die Bevölkerung der Vorstadt zur Gegenwehr, und diese legte Feuer an die Häuser der Neuchristen an, das sich im heißen Sommer mit solcher Schnelligkeit verbreitete, daß an demselben Tage sechzehnhundert Gebäude, von mehr als viertausend Neuchristen bewohnt, eingeäschert wurden. Dadurch erschreckt und entmuthigt mußten die Partei de Silva und die Marranen den Kampf aufgeben. De la Torre und sein Bruder, in die Hände des Siegers gerathen, wurden an den Galgen gehängt, und mehr als hundert und dreißig Neuchristen kamen in dem Tumult ums Leben. Der Rest derselben suchte die Berge als Zuflucht auf, weil sie in der bewohnten Umgegend ihres Lebens nicht sicher waren[1]).

Kaum war die Partei des Don Alfonso durch den Tod des Puppenkönigs (1468) aufgelöst, so bildete sich gleich wieder eine andere, die zum Vorwande nahm, die Rechte der Infantin Isabella, Schwester Don Heinrich's, vertheidigen zu wollen. Die grenzenlose Schwäche, welche der König den Rebellen gegenüber zeigte, ermuthigte sie zu den unverschämtesten Angriffen auf seine Rechte. Die zu Ocaña versammelten Cortes (1469), welche ihn bemüthigen wollten, beschäftigten sich auch mit den Juden, erinnerten den König an die Gesetze seiner Ahnen, daß jene weder Juden, noch Mohammedaner zu irgend einem Posten zuließen, „und jene Könige hatten auch guten Grund zu diesem Gesetze". Die Cortes sagten ferner dem Könige ins Gesicht, daß er jene Gesetze verletzt, die Hauptämter für die königlichen Einnahmen Juden anvertraut habe, daß durch dieses von oben gegebene Beispiel auch Kirchenfürsten an Juden und Modejaren

---

[1]) Amador das. III. 147 f.

die Einnahmen von ihren Sprengeln verpachteten, und die Pächter in den Kirchen selbst die Vertheilung vornähmen. Sie drangen darauf, jene Bestimmung wieder streng zu befolgen und für die Uebertretung hohe Strafen zu verfügen¹). Welchen Bescheid Don Heinrich darauf ertheilte, ist nicht bekannt geworden, aber gewiß keinen solchen, wie die Cortes ihn erwartet hatten. Die Finanzen dieses Königs, der bei seiner Freigebigkeit und zur Dämpfung der unaufhörlichen Aufstände viel Geld brauchte, hätten einen sehr traurigen Stand gehabt, wenn er sie christlichen Pächtern anvertraut hätte. Denn diese verlangten sie um einen niedrigen Pachtschilling oder hätten sich hinter die aufrührerischen Parteien stecken können, um ihrer Verpflichtungen ganz und gar los zu sein. Ein König, welcher zu seinem Schatzmeister sagte: „Gieb den Einen, damit sie mir dienen, und den Andern, damit sie nicht rauben, dazu bin ich König und habe Schätze und Einkünfte für Alles"²), ein solcher König konnte jüdische Finanzmänner nicht entbehren. Es bestand daher in Castilien ein Zwiespalt zwischen den Gesetzen gegen die Juden und dem Staatsinteresse, und dieser Zwiespalt reizte die Bevölkerung, welche von kirchlichem Fanatismus und habsüchtigem Neid in gleicher Weise gegen ihre jüdischen Mitbürger eingenommen war, immer mehr zu leidenschaftlichen Wuthausbrüchen.

Die Verheirathung der Infantin Isabella mit dem aragonischen Infanten Don Fernando (19. Oktober 1469) bildet einen tragischen Wendepunkt für die Geschicke der spanischen Juden. Hinter dem Rücken ihres königlichen Bruders und mit offenem Wortbruche — nachdem sie feierlich versprochen hatte, sich nur mit der Einwilligung ihres Bruders zu verheirathen — hatte sie dem aragonischen Prinzen die Hand gereicht, der in der jüdischen Geschichte und auch in der spanischen, unter dem Namen „der Katholische", ein fluchwürdiges Andenken hinterlassen hat.

Merkwürdig genug ist diese Ehe von einem klugen jüdischen Rathgeber, dessen Stimme bei einigen Granden großes Gewicht hatte, befördert worden. Es war Don Abraham Senior, der später eine hervorragende Stellung einnahm. In Folge seines Rathes und Eifers erhielt er bei den Freunden der Infantin Isabella, welche von den Prinzen von Portugal, Frankreich und England umworben wurde, Fernando von Aragonien den Vorzug, obwohl der König und mehrere weltliche und geistliche Fürsten gegen die Verbindung mit ihm am meisten eingenommen waren. Abraham Senior soll aber im Interesse seiner

¹) Petition bei Lindo a. a. O. p. 239.
²) Lafuente, historia general de Espana IX. p. 38.

Glaubensgenossen diese Heirath so heftig betrieben haben, weil
Fernando von einer jüdischen Urgroßmutter stammte[1]) und vorauszusehen war, daß er, auf den Thron von Aragonien und Castilien
gelangt, seiner Abstammung eingedenk, den Juden zugeneigt sein
würde. Don Abraham hat daher die heimliche Zusammenkunft und
Vermählung Ferdinands mit Isabella in Valladolid betrieben. Später
brachte derselbe Abraham eine Aussöhnung des Königs Don Heinrich
mit seiner Schwester in Segovia und die Zustimmung zu der ihm
solange verhaßten Heirath, sowie ihre Anerkennung als Thronerbin zu
Stande. Isabella war ihm so dankbar dafür, daß sie ihm ein Jahr-
gehalt von hunderttausend Maravedis aus den Einnahmen von den
königlichen Gütern bewilligte[2]). Diese Ehe, welche den Grund zu
Spaniens Größe und zu Spaniens Verkommenheit gelegt hat, brachte
zunächst Unglückstage für die Marranen. Als hätten die Parteigänger
Isabella's geahnt, daß unter ihrer und ihres Gemahls Regierung die
Verfolgung zum Gesetze erhoben werden würde, griffen sie in Valladolid,
Isabella's Hauptsitz, zu den Waffen und fielen die Neuchristen an
(September 1470). Diese setzten sich zur Wehr, unterlagen aber.
Sie schickten daher eine Deputation an den König Don Heinrich IV.
mit der Bitte sie zu schützen. Dieser zog zwar Truppen zusammen
und marschirte gegen die aufrührerische Stadt, war aber froh, daß
die Bürger ihn überhaupt nur aufnahmen, und konnte an Bestrafung
der Rädelsführer nicht denken.

Von Tag zu Tag steigerte sich die Glaubenswuth in Spanien
bald gegen die Marranen, bald gegen die Juden. Die Verkümmerung
der Juden genügte den fanatischen Feinden nicht, sie wünschten deren
vollständige Vertilgung. Um diese vorzubereiten, sprengten die Ver-
bissenen das Gerücht aus: die Juden der kleinen Gemeinde Sepulveda
(unweit Segovia) hätten in der Charwoche auf Eingebung ihres
Rabbiners Salomo Pichon heimlich ein Christenkind so sehr

---

[1]) Elia Kapsali Chronik p. 47. Die Abstammung Ferdinands des
Kathol. von einer Jüdin wird daselbst folgendermaßen erzählt. Der Admiral
von Castilien (Don Federico Henriquez) hatte ein schönes jüdisches Weib
Namens Paloma verführt und mit ihr einen Sohn erzeugt. Diesen Sohn,
der von ausnehmender Schönheit gewesen sein soll, erklärte er für legitim und
übertrug ihm die Würde des Almirazago. Eine Tochter dieses von einer
Jüdin geborenen Sohnes, Johanna Henriquez, heirathete der König
Johann II. von Aragonien, und aus dieser Ehe stammte Ferdinand der
Katholische. Diese Thatsache vernahm Kapsali aus dem Munde eines gewissen
Jakob, von den aus Spanien Vertriebenen, welcher selbst bei der Zusammen-
kunft Ferdinands und Isabellas Botendienst verrichtet hat.

[2]) Alonso de Palenzia, bei Amador III, 279f.

gemartert, daß es am Kreuze den Geist aufgegeben. Auf Veranlassung des Bischofs Juan Arias Davila, des Sohnes des von Juden abstammenden Diego Davila (o. S. 225), wurden acht Juden, welche der Volksmund als Schuldige bezeichnete, von Sepulveda nach Segovia geschleppt und dort zum Scheiterhaufen, zum Galgen oder zur Erdrosselung verurtheilt (1471). Ein Knabe, der auch in die Anklage verwickelt war, flehte um sein Leben, versprach dafür die Taufe anzunehmen und wurde deßwegen begnadigt und in ein Kloster gesteckt. Nach einigen Tagen bereute er diesen Schritt und entfloh der Religion, welche durch Galgen und Scheiterhaufen zur Seligkeit führen wollte. Die Christen von Sepulveda fielen über die geringe Zahl der dortigen Gemeinde her und ermordeten einige Personen. Die Uebrigen, die aus der Stadt entflohen waren, konnten keinen Schutz finden[1]). Ist es nicht merkwürdig, daß in Castilien und Schlesien, in Italien und in Polen zur selben Zeit dieselben Anklagen erhoben wurden und dieselben Verurtheilungen erfolgten? Was ein Zeitgenosse, der die Vorgänge in seiner Zeit gewissenhaft aufgezeichnet hat, Joseph Ibn Zadik aus Arevalo, bei der Erzählung des Vorfalles in Sepulveda hinzufügt: „sie wurden unschuldig hingerichtet"[2]), das könnte von denselben Anschuldigungen in anderen Ländern ebenfalls gesagt sein.

Der Bischof Davila, welcher die Märtyrer gemacht hatte, hätte wohl aus seinen jüdischen Familienerinnerungen bezeugen können, daß die Angeklagten unschuldig an dem ihnen aufgebürdeten Verbrechen waren, zumal in Spanien bis dahin kein Beispiel eines solchen Prozesses vorgekommen war. Er mag aber seine jüdische Abstammung

---

[1]) Die Hauptquelle dafür ist Colmenares in historia de Segovia c. 33 § 2 und kurzgefaßt in der Synopsis episcoporum Segoviensium das. p. 650: Johannes Arias de Avila episcopus Segoviensis Judaeos (sedecim) ad Septem-publicam (Sepulveda) Christi salvatoris odio infantem cruci affigentes, flammis aliisque supliciis tradidit anno 1468. Jacuto differirt von Colmenares im Datum und in der Zahl der Verurtheilten. Er berichtet (Jochasin ed. Filipowski p. 226b): ובים שבת כ"ז לסיון שנת רל"א קדשו את השם ח' יהודים משיפולבידה (l.) על לא חמס בכפיהם מחמת עדות שקר שנים נחנקן וב' נשרפו והד' נתלו, d. h. im Jahre 1471. Joseph Ibn Zadik, welcher sein epitomatisches Werk קיצור זכר צדיק im Jahre 1487 vollendet hat, giebt dieselbe Zahl und dasselbe Datum (Neubauer Anecdota Oxoniensia p. 99): יום ד' כו' לסיון ש' ה' אלפים רל"א קדשו את השם ח' יהודים משפולבידא ויהרגו אתם במאמר השופט אשר למלך על לא חמס בכפם וכו'. Dieser Joseph stand damals im Mannesalter und hatte sicherlich eine gute Erinnerung von dieser erlogenen Blutanklage. Seine Erzählung ist also glaubwürdiger, als die Angabe bei Colmenares. Jacuto, der im Jahre 1471 noch jung war, hat das Factum von Joseph de Arevalo entlehnt.

[2]) Siehe vorhergehende Note.

haben vergessen machen wollen. Ehe zwei Jahrzehnte vergangen
waren, wurde er zu seinem Schrecken daran erinnert. Denn die
Partei der Fanatiker, welche von der pietistischen Gesinnung der
Infantin Isabella die Förderung ihres tief angelegten Planes hofften,
die Christen von jüdischer Abstammung aus ihren hohen Stellungen
zu verdrängen oder sie ganz und gar verschwinden zu lassen, machte
kein Hehl daraus und begann offen gegen sie vorzugehen und sie als
falsche Christen erscheinen zu lassen. In Cordova wurde dieser Plan
offen betrieben und führte tragische Scenen für die Neuchristen herbei.
Einige Geistliche stifteten unter Begünstigung des Bischofs und anderer
Großen eine „Brüderschaft" (Cofradia) unter dem Namen „christliche
Liebe", aus welcher sie sämmtliche Neuchristen, auch die hochgestellten
weltlichen und geistlichen Würdenträger, geradezu ausschlossen. Um
diese Brüderschaft einzuweihen, wurde eine feierliche Procession (März
oder April 1473) mit dem Bilde der Gottesmutter, ihrer Schutz-
patronin, aufgeführt. Die Straßen und Plätze, durch welche die
Procession ihren Weg nehmen sollte, waren glänzend mit Blumen-
gewinden und Teppichen geschmückt. Die Neuchristen ließen aber, um
gewissermaßen einen stillen Protest dagegen zu erheben, ihre Häuser
ungeschmückt und verschlossen dieselben, worin die große Menge
schon eine Verhöhnung des Gegenstandes ihrer göttlichen Anbetung
sah und gereizt war. Plötzlich stieß am Hause eines der reichsten
Marranen ein Schmied ein Wuthgeschrei aus. Was war geschehen?
Es hieß, ein junges Mädchen, Tochter eben dieses Neuchristen, hätte
eine unsaubere Flüssigkeit auf das Marienbild gegossen. Der Schmied
zündete mit der Fackel für die Procession unter dem Rufe: „Es lebe
der Gottesglaube" das Haus an, und die Menge wiederholte tausend-
stimmig diesen Ruf, zündete die Häuser anderer Neuchristen an,
plünderte, raubte und richtete ein Blutbad unter den Marranen an.
Der Statthalter Alfonso de Aguilar, ein Edler von königlichem
Geblüte, eilte mit seiner Mannschaft auf den Schauplatz des Gemetzels
und durchbohrte den aufwieglerischen Schmied mit seiner Lanze. Aber
damit goß er nur Oel ins Feuer. Denn ein Müller entzündete von
neuem die Menge, welche sich vor den Lanzen der bewaffneten Mannschaft zerstreut hatte, durch Hinweisung auf den Leichnam des gemordeten
Schmiedes, der als Märtyrer für den reinen Glauben angesehen wurde.
Nah an 20 000 Altchristen erschienen auf den Straßen und erneuerten
die Scenen von Mord und Brandstiftungen in den Häusern der
Neuchristen. De Aguilar vermochte mit seiner Mannschaft nicht dem
Gemetzel Einhalt zu thun. Er war selbst bedroht und zog sich in
seine Festung zurück, nahm aber ritterlich mehrere Marranen und

Juden, deren Leben ebenfalls bedroht war, mit sich. Den in der Stadt noch zurückgebliebenen Neuchristen wurde gnädigst bewilligt, ihren Zufluchtsort zu verlassen und auszuwandern. Die Verjagten wurden aber von der Landbevölkerung angegriffen, beraubt und erschlagen. In dem ganzen Bisthum Cordova, in allen Städten und Plätzen wurde gegen die Marranen mit Feuer und Mord gewüthet¹). Wo man ihrer ansichtig wurde, war ihnen der schmählichste Tod gewiß. Bauern bei der Feldarbeit schlugen sie ohne Weiteres todt. Das Gemetzel der Marranen in Cordova wälzte sich von Stadt zu Stadt. In Jaen war das Volk so wuthentbrannt gegen die Neuchristen, daß es einen Militärbeamten Jranzu, der sie schützen wollte, in der Kirche erschlug²).

Die Flüchtlinge von Cordova, welche in der nahegelegenen Stadt Palma eine augenblickliche Zuflucht gefunden hatten, dachten daran, sich einen sicheren Ort zu verschaffen, wo sie die Blutgier und der Fanatismus der gegen sie eingenommenen Bevölkerung nicht würden erreichen können. Einer aus ihrer Mitte, Pedro de Herrera, der in großer Achtung bei seinen Leidensgenossen und bei dem Befehls= haber de Aguilar stand, begab sich zu diesem Zwecke zum Statthalter der Provinz, dem Herzog von Medina=Sidonia, nach Sevilla und erbat von ihm die Bergfestung Gibraltar, welche dieser zehn Jahre vorher den Mohammedanern entrissen hatte, als Zufluchtsstätte für sich und seine Brüder unter ihrem eigenen Commando. Er versprach dafür eine bedeutende jährliche Abgabe zu leisten. Der Herzog=Statt= halter war mit dem Vorschlage einverstanden. Die Neuchristen aus Palma begaben sich in Folge dessen nach Sevilla, um den Vertrag zu unterzeichnen. Die Freunde des Herzogs riethen zwar davon ab, weil sie Mißtrauen gegen die Marranen hatten und die Befürchtung äußerten: die Neuchristen möchten mit den Mohammedanern in Ver= bindung treten und ihnen die wichtige Festung, den Schlüssel zu den Küsten Spaniens, in die Hände liefern. Der Herzog von Medina= Sidonia bestand nichtsdestoweniger darauf, den Vertrag mit den Neuchristen abzuschließen. Da gaben die Feinde derselben dem Pöbel von Sevilla einen Wink darüber, und alsbald rottete sich dieser in fanatischer Wuth gegen die Marranen zusammen. Kaum vermochte sie der Statthalter zu schützen. Eilends wurden sie zur Rückreise nach Palma gezwungen und unterwegs von dem Landvolke aus= geplündert und mißhandelt (1473³). Der Plan des Pedro de Herrera

---

¹) Nach der von Amador verglichenen Quelle III, p. 153 fg.
²) Das. 159.
³) Hefele, der Biograph des Großinquisitors Ximenes de Cisneros, hat

und seiner Freunde hatte nur noch größeres Elend über sie gebracht und sämmtliche Neubekehrten so wie auch die Juden gefährdet. Von ihren Todfeinden bedroht, mußte der Herzog von Medina-Sidonia eine starke Truppenmacht in die Stadt ziehen, um die Marranen schützen zu können.

Blutige Angriffe auf die Neuchristen wurden so alltäglich, daß sie der schlaue und ehrgeizige Minister Pacheco geradezu in Scene setzte, um einen Staatsstreich auszuführen. Dieser gewissenlose Intriguant, welcher zwei Jahrzehnte hindurch die größte Verwirrung in Castilien angestiftet hat, sah mit Ingrimm die Versöhnung des Königs Don Heinrich mit seiner Schwester, der Thronfolgerin Isabella, die seinen Einfluß zu vernichten drohte. Um neue Verwickelungen hervorzubringen, wollte er sich der wichtigen Festung (Alcazar) von Segovia bemächtigen, wo sich der König damals befand. Er veranstaltete zu diesem Zwecke durch seine Anhänger einen blutigen Angriff auf die getauften Juden, seines Ursprungs uneingedenk. In der Verwirrung sollten sich seine Helfershelfer des Schloßvogtes (Alcaide) Cabrera bemächtigen und womöglich auch des Königs. Die Verschwörung wurde zwar einige Stunden vor ihrem Ausbruch verrathen, aber die Hetze gegen die Neuchristen brach nichtsdestoweniger los. Bewaffnete Banden durchzogen die Straßen von Segovia, erbrachen die Häuser der Marranen und tödteten Alle, die ihnen in die Hände fielen, Straßen und Plätze waren mit Leichen bedeckt (16. Mai 1474). Hätte Cabrera nicht Truppen gegen die Angreifer einschreiten lassen, so wäre damals kein Einziger der segovianischen Neuchristen und Juden am Leben geblieben[1]). Zu noch größerem Unglück für den jüdischen Stamm starb Don Heinrich (December 1474), und seine bigotte Schwester, welche von judenfeindlichen Gewissensräthen geleitet war, und ihr Gatte, der gewissenlose Don Fernando, der sich bigott stellte, sie beide wurden die Herren der gesammtspanischen Länder. Ein noch thränenreicheres Geschick war für die Söhne Jakob's auf der pyrenäischen Halbinsel im Anzuge.

dieses Factum mißverstanden, als wenn die Juden Gibraltar für einen Haufen von Gold hätten kaufen wollen. — Er folgert daraus einen falschen Schluß von der gewaltigen Geldmacht der spanischen Juden. Aber nicht die Juden, sondern die Neuchristen wollten eine Zufluchtsstätte erwerben. Auch Amador hat diesen Irrthum begangen, N. III. 167.

[1]) Colmenares, Historia de Segovia 33 § 10.

Elftes Kapitel.

Die Juden in Italien vor der Vertreibung der Juden aus Spanien.

Lage der Juden in Italien. Die jüdischen Banquiers, Jechiel von Pisa und Abrabanel. Die jüdischen Aerzte: Guglielmo di Portaleone. Pflege der Wissenschaft unter den italienischen Juden. Die ersten hebräischen Druckereien in Italien. Messer Leon und Elia del Medigo; sein Verhältniß zu Pico di Mirandola. Jochanan Aleman und die Schwärmerei der Christen für di Kabbala. Del Medigo's Religionssystem. Aaron Alrabi. Obadja da Bertinoro. Die Juden auf der Insel Sicilien. Die nach Italien eingewanderten deutschen Rabbinen: Joseph Kolon, sein Charakter und seine Fehde mit Messer Leon. Juda Menz gegen Elia del Medigo. Der Letztere muß Italien verlassen. Die Mönche feindselig gegen die italienischen Juden. Bernardinus von Feltre und seine giftigen Predigten gegen die Juden.

(1474—1492.)

Die spanischen Juden hätten die angeborne Scharfsicht und die aus der Erfahrung gewonnene Klugheit verleugnen müssen, wenn sie nicht eingesehen hätten, daß ihre Lage für die Dauer unerträglich sein werde. Viele von ihnen richteten daher zeitig ihren Blick auf diejenigen Länder, deren Bewohner zu jener Zeit in ganz Europa am günstigsten für die Juden gestimmt waren. Italien und das dem Kreuze entrissene byzantinische Reich waren damals die duldsamsten Länder. In Italien, wo man die Verworfenheit der Päpste und der Priesterschaft am besten kannte und täglich von deren selbstsüchtigen Bestrebungen zu leiden hatte, waren die Kirche und ihre Diener ohne nachhaltigen Einfluß auf die Bevölkerung. Der Weltverkehr der blühenden und reichen Handelsrepubliken, Venedig, Florenz, Genua, Pisa und anderer, hatte die gläubige Beschränktheit zum Theil überwunden und den Blick erweitert. Die Interessen der Börse hatten die Interessen der Kirche in den Hintergrund gedrängt. Geld und Einsicht waren auch an denen geschätzt, welche nicht das katholische Glaubensbekenntniß ableierten. Nicht blos der Handelsstand, sondern auch die ihm fernstehenden Dynasten brauchten Geld, um Condottieren mit ihren Söldnerschaaren zu den täglich sich erneuernden Fehden unterhalten zu können. Die Juden als Inhaber von Capitalien und als kluge Rathgeber waren daher in Italien wohlgelitten. Als ein Beispiel mag Folgendes angeführt werden. Als die Stadt Ravenna sich der Republik Venedig anschließen wollte und Bedingungen für ihren Anschluß stellte, verlangte sie unter Anderm: Daß reiche Juden dahin geschickt werden sollten, um eine Leihbank zu eröffnen, damit der Armuth der Bevölkerung aufgeholfen werden könnte [1]).

Die jüdischen Capitalisten erhielten daher in vielen Städten Italiens von den Fürsten oder dem regierenden Senate ausgedehnte Privilegien, Banken zu eröffnen, Geldgeschäfte zu machen und sogar hohe Zinsen zu nehmen (20 Procent) [2]). Der Erzbischof von Mantua erklärte (1476) im Namen des Papstes, daß es den Juden gestattet sei, auf Zins zu leihen [3]). Die kanonischen Gesetze gegen den Wucher konnten sich gegen das allgemeine Interesse nicht halten. Wie die regierenden Herren, so schützten auch die Gemeindestatuten die jüdischen Banquiers vor Concurrenz. Die Rabbinen verhängten den Bann über diejenigen Gemeindeglieder, welche ohne obrigkeitliche Erlaubniß Geld auf Zins ausliehen [4]). Eine Jude Jechiel in Pisa (1470—1490) beherrschte den Geldmarkt von Toscana. Er war aber keineswegs ein herzloser Geldmensch, wie die Kirchlichen ihn verlästerten, sondern ein Mann von edler Gesinnung und weichem Herzen, der mit seinem Golde den Armen beistand und Unglückliche mit Wort und That tröstete. Jechiel von Pisa war auch kundig in der hebräischen Literatur, nahm warmes Interesse an ihr und stand in freundschaftlichen Beziehungen zu dem letzten jüdischen Staatsmanne auf der pyrenäischen Halbinsel, zu Isaak Abrabanel. Als der König von Portugal, Alfonso V., die afrikanischen Hafenstädte Arzilla und Tanger eingenommen und unter den Gefangenen auch Juden jedes Alters und Geschlechts nach Portugal gebracht hatte, war es für die portugiesischen Gemeinden, eine Herzensangelegenheit, sie auszulösen. Abrabanel stellte sich an die Spitze eines Comités, welches Gelder dafür sammelte. Da aber die Mittel der portugiesischen Juden nicht dazu ausreichten, die Ausgelösten zu verpflegen, bis sie einen Erwerbszweig gefunden, so wendete sich Abrabanel an Jechiel von Pisa, um ihm anzudeuten, in Italien eine Geldsammlung zur Unterstützung der Unglücklichen zu

---

[1]) Rubcus in Acta Sanctorum (Bollandisten) Sept. T. VII. p. 925. No. 318.

[2]) Acta Sanctorum das. Nr. 312.

[3]) Wolf, Aktenstücke zur Geschichte der Juden in der bibliographischen Zeitschrift Maskir (hebr. Bibliographie) I. S. 17.

[4]) Joseph Kolon Respp. No. 187; Meïr von Padua Respp. No. 41.

veranstalten. Die portugiesische Gesandtschaft an den Papst, bei der ein Freund Abrabanel's war, überbrachte das Schreiben an den Capitalisten in Pisa, zugleich auch einige gelehrte Schriften von Abrabanel für ihn, und eine treue Sclavin von seiner Frau für dessen Frau als Geschenk [1]).

Die Juden waren übrigens im Lande der Lombarden nicht die einzigen, welche Geld auf Zins ausliehen [2]). Aber nicht blos als Bankinhaber und Geldmänner, sondern auch als Aerzte waren Juden in Italien gesucht. Trotz der alten medizinischen Schule in Salerno gab es wenig geschickte christliche Aerzte, und da selbst Kirchenfürsten — und gerade die am meisten — auf die Erhaltung des Leibes mehr gaben, als auf Läuterung der Seele, so standen den jüdischen Heilkünstlern die Häuser der Großen offen [3]). Ein berühmter jüdischer Arzt Guglielmo (Benjamin?) di Portaleone aus Mantua war zuerst Leibarzt des Königs Ferdinand von Neapel und wurde von ihm in den Adelstand erhoben; dann stand er im Dienste des mailändischen Herzogs Galeazzo Sforza, und zuletzt (1479) wurde er Leibarzt des Herzogs Ludovico Gonzaga [4]). Er wurde Stammvater eines eblen Hauses und geschickter Aerzte in Italien. Die in dieser Zeit beginnende Schwärmerei in Italien für die Alterthümer der griechischen und römischen Zeit, um in das enge Gehäuse der Kirche

---

[1]) Bernardinus von Feltre referirt von einem hochangesehenen Juden von Pisa: Advolavit etiam huic rei evertendae (monti pietatis) Judaeus Pisanus, omnium hujus gentis foeneratorum, qui per Tusciam erant dispersi, primarius et director ac clam distributis viginti millibus auri Florenorum, consules (Florentiae) corrupit (Acta Sanctorum a. a. O. No. 216). Dieser Judaeus Pisanus ist ohne Zweifel identisch mit Jechiel von Pisa. Vergl. den höchst interessanten Brief Isaak Abrabanel's an Jechiel von Pisa, ausgestellt Adar 1472, von Carmoly mitgetheilt zu Abrabanel's Biographie, Ozar Nechmad II. p. 65 ff. S. auch Maskir V. p. 146.
שתי קינות והספד על ר' יחיאל מפיסא שהיה חכם ועשיר ומרבה להטיב והניח שני בנים נכבדים
. . . יצחק ושמואל ומת ר' יחיאל י"ט אדר א' בשנת ר"ל.

[2]) Der Fanatiker Bernardinus spricht öfter von Hebraei et Christiani usurarii, Acta Sanctorum a. a. O Nr. 152 und öfter.

[3]) Bernardinus a. a. O. Nr. 65. Wadding, annales Minorum T. XIV. p. 132. Domos penetrabant et Christianorum consiliis se ingerebant Tobias medicus et Brunetta, femina ejusdem gentis vaferrima, Acta Sanctorum l. c. No. 219: Et hodiedum quilibet ad suas curandas infirmitates Hebraeos libere adhibet medicos; das. No. 323; Impium Hebraeum Lazarum toti urbi auctoritate, pecunia et doctrina dominantem, ut expelleretur, effecit Faventia (Bernardinus).

[4]) Urkunde bei Wolf in Maskir Jahrg. 1863 S. 66. Carmoly, histoire des medecins juifs p. 130. Revue des Etudes Juives T. XII. p. 114 das Verzeichniß seiner Nachkommen.

und der scholastischen Lehrstätten frische Luft einströmen zu lassen, weckte auch das Interesse an dem biblischen und jüdischen Schriftthum. Tonangeber der höheren italienischen Kreise verlegten sich darauf, sich in die hebräische Sprache, wie in die griechische einführen zu lassen. Sie suchten dazu jüdische Literaturkundige auf. Auch um sich in die Philosophie einweihen zu lassen, brauchten strebsame Personen jüdische Lehrer und Uebersetzer. Der wunderliche Graf **Pico de Mirandola**, der nicht minder wunderliche Cardinal **Egidio de Viterbo** und der kluge Cardinal **Domenico Grimani**, welcher ein gewichtiges Wort in einer die Judenheit betreffenden brennenden Frage zu ihren Gunsten gesprochen hat, und mehrere andere von klangvollen Namen, welche sich in das jüdische Schriftthum vertieften, mußten zu den Füßen jüdischer Meister sitzen. Diese Erscheinung bahnte die Annäherung der italienischen Kreise an jüdische an und vermittelte ein trautes Verhältniß zwischen den Anhängern der Kirche und denen der Synagoge. Als ein reicher Jude, Leo in Crema, zur Hochzeit seines Sohnes glänzende Festlichkeiten veranstaltete, die acht Tage dauerten, betheiligten sich sehr viele Christen dabei, tanzten und belustigten sich zum Aerger der Kirchlichen[1]. Vergessen schien die Bulle, welche erst jüngst der Papst Nicolaus V. erlassen hatte, worin er sämmtliche Privilegien seiner Vorgänger zu Gunsten der Juden aufgehoben, sie der allerdemüthigsten Beschränkung unterworfen und namentlich jeden Umgang, jedes Zusammenleben und die Zuziehung jüdischer Aerzte aufs strengste verpönt hatte. Statt der kanonisch vorgeschriebenen Judenflecken trugen die jüdischen Doctoren ein Ehrenkleid, eine Art Ornat, ganz gleich den Christen dieses Standes, und die den Höfen nahestehenden Juden trugen goldene Ketten und andere Ehrenzeichen[2]. Das Verhältniß der Stellung der Juden in Italien zu der anderer Länder vergegenwärtigen zwei ähnliche Vorfälle zu gleicher Zeit in Italien und Deutschland, die einen verschiedenen Ausgang nahmen. — In Pavia hatte eine Familienmutter aus Unzufriedenheit mit ihrem Gatten den Willen kund gegeben, zum Christenthum überzutreten. Sie war bereits in einem Kloster untergebracht, wo sie die Täuflingsvorbereitung empfangen sollte. Der Vikar des Bischofs, so wie andere Geistliche, waren schon sehr geschäftig, ihr das Seelenheil beizubringen, als sie plötzlich Reue

---

[1]) Bernardinus in Acta Sanctorum l. c. No. 210. Leo Hebraeus propter sui filii nuptias publicum convivium hic Cremae per octoduum celebravit et tum multi (Christiani) ad ejusdem epulas — ad choras ad jocos conveniunt.

[2]) Joseph Kolon Respp. No. 88, 149.

empfand. Der Bischof von Pavia, weit entfernt, sie dafür zu bestrafen oder sich ihrem Schritte zu widersetzen, verwendete sich vielmehr für sie bei ihrem Gatten, redete ihm zu, sie eilends aus dem Kloster abzuholen und legte für sie ein günstiges Zeugniß ab, damit sie von ihrem Manne, der ein Ahronide war, nicht nach dem jüdischen Gesetze geschieden zu werden brauchte [1]). In demselben Jahre hatte in Regensburg ein boshafter Mensch, der Vorbeter Kalmann, das Gelüste Christ zu werden. Er verkehrte viel im Kloster, besuchte die Kirche und wurde endlich vom Weihbischof ins Haus genommen und in der christlichen Religion unterrichtet. Um sich bei den Christen beliebt zu machen, verleumdete er seine Glaubensgenossen, daß sie lästerliche Schriften gegen das Christenthum besäßen. Aber auch Kalmann bereuete später den Schritt, besuchte wieder heimlich die Synagoge, verließ endlich während des Weihbischofs Abwesenheit dessen Haus und kehrte zu den Juden zurück. Die Geistlichen von Regensburg spieen Feuer und Flammen gegen ihn, stellten ihn vor das Probstgericht, und er wurde angeklagt, daß er so lange die Kirche, Gott und die Gottesmutter habe lästern wollen. Namentlich wurde ihm eine Aeußerung zur Last gelegt: er würde, wenn getauft, nur so lange Christ bleiben, bis er auf freien Fuß gesetzt werde. Darauf hin wurde Kalmann [2]) zum Tode verurtheilt und ertränkt.

Ueberall, wo den Juden nur ein wenig Luft und Licht gelassen war, regte sich die in ihnen schlummernde Triebkraft, und die italienischen Juden konnten sie um so eher entfalten, als sie bereits früher, zur Zeit des Immanuel und des Leone Romano, einige Culturstufen erklommen hatten. Sie nahmen daher regen Antheil an dem geistigen Aufschwung und an der Wiederverjüngung der Wissenschaften, welche das Zeitalter der Medicäer so sehr verklärt haben. Jüdische Jünglinge besuchten die italienischen Universitäten und eigneten sich eine höhere Bildung an [3]). Von der neuerfundenen Kunst Gutenbergs machten die italienischen Juden zuerst Gebrauch [4]), und es entstanden

---

[1]) Das. No. 160; die Zeit 1470.

[2]) Gemeiner, Regensburgische Chronik III. p. 456, ebenfalls 1470.

[3]) Schreiben des Jacob Provenzali im Sammelwerke Dibre Chachamim p. 73.

[4]) Ueber die ersten hebr. typographischen Officinen vergl. de Rossi Annales Hebraeo-typographici. Die bis jetzt bekannten ersten hebr. Druckwerke sind von 1475—76. Ein hebr. Gedicht auf die Erfindung der Typographie trägt das Jahr 1474—5: שיר בשבח מלאכת הדפוס כדרת, למספר בני ישראל ה' אלפים רל"י לםוכרח (vergl. Orient. Litbl. Jahrg. 1840 col. 414). Der erste jüdische Typograph war Abraham Ben-Garton in Reggio, vergl. אגרות יש"ר I. p. 94.

bald Druckereien in vielen Theilen Italiens, in Reggio, Mantua, Ferrara, Pieva di Sacco, Bologna, Soncino, Iscion, Neapel. Allerdings an den damaligen Kunstschöpfungen, Malerei und Bildhauerkunst, hatten die Juden keinen Antheil, sie lagen außer ihrem Bereiche. Aber wohl haben einige gebildete Juden zur Hebung und Ausbreitung der Wissenschaft in Italien beigetragen. Zwei verdienen besonders hervorgehoben zu werden: **Messer Leon** und **Elia del Medigo**; der letztere hat nicht blos empfangen, sondern auch gespendet.

Messer Leon (oder mit seinem hebräischen Namen Jehuda b. Jechiel) aus Neapel (blühte um 1450—1490 [1]) war zugleich Rabbiner und Arzt in Mantua, kannte neben der hebräischen Literatur auch sehr gut die lateinische und hatte Geschmack an Cicero's und Quinctilian's stylistischen Feinheiten. Der aristotelischen Schule angehörend, erläuterte er einige Schriften dieses in der Synagoge und Kirche so hochgeachteten Philosophen, verfaßte eine Grammatik und Logik, Alles in hebräischer Sprache für einen jüdischen Kreis. Wichtiger als diese Schriften ist Messer Leon's hebräische Rhetorik (Nófet Zufim [2]), in welcher er die Gesetze, auf denen die Anmuth, Eindringlichkeit und Wirkung der Beredtsamkeit des höheren Styles beruht, erforschte und nachwies, daß dieselben Gesetze auch der heiligen Literatur zu Grunde liegen. Er war der erste Jude, welcher die Sprache der Propheten und Psalmisten mit der Cicero's im Vergleich brachte, gewiß in jener Zeit eine kühne That, weil die meisten Juden und Christen die heilige Schrift so überschwänglich hoch stellten, daß ein Vergleich mit der profanen heidnischen Literatur schon als eine Art Lästerung galt. Freilich war das nur möglich in dem medicäischen Zeitalter, wo die Liebe für das griechische und lateinische Alterthum sich bis zur Schwärmerei verstieg. Messer Leon, der gebildete Rabbiner von Mantua, war überhaupt freisinnig. Er konnte die Stockfrommen nicht genug tadeln, daß sie fremde Einflüsse vom Judenthum fern halten wollten, als wenn es dadurch entweiht würde. Er war vielmehr der Ansicht, daß das Judenthum durch Ver-

---

[1] Sein logisches Werk: מכלל יופי hat er verfaßt Tebet-Schebat 5214 = 1454 (de Rossi Codex No. 114: falsch bei Wolf III. p. 333). Messer Leon gab eine Approbation zur Princeps-Edition des אגור, die zwar sine anno et loco ist, aber von de Rossi (annales Hebraeo-typographici p. 146) als ein Druckwerk von 1487—91 Neapel erkannt wurde.

[2] Ueber seine Schriften vergl. die Bibliographen. Nachzutragen sind noch: Theses academicae (in lateinischer Sprache?) de Rossi Codex No. 145, 9, und zwei Sendschreiben an die Juden von Bologna und Florenz 1474, das. 145, 12.

gleichung mit der Cultur der alten klassischen Literatur nur gewinnen könne, weil erst dadurch dessen Schönheit und Erhabenheit ans Licht träten [1]).

Elia Del=Medigo oder Elia Cretensis (b. Mose Abba), geb. um 1460, gest. um 1497 [2]) aus einer deutschen nach Creta (Candia) eingewanderten Familie, war eine bedeutende Erscheinung, die erste Größe, welche die italienische Judenheit erzeugt hat. Er hatte kaum das reife Mannesalter erreicht, als er schon wegen seines Geistes und seines Charakters die Aufmerksamkeit von Juden und Christen auf sich gezogen. Elia del Medigo war ein klar denkender Kopf, der aus dem Nebel seiner Zeit lichtvoll hervorragt, ein Mann von vielen

[1]) Nófet Zufim (wahrscheinlich bereits 1476 in der ersten Mantuaner Officin von Abraham Cunat oder Conat gedruckt) III. 13. Eine Jubelausgabe davon zu Ehren Mannheimers veranstaltete Jellinek, Wien 1860.

[2]) Die Bibliographen haben Del Medigo's Todesjahr irrthümlich 1493 angesetzt und damit auch sein Geburtsjahr verfrüht. Sie ließen sich dabei von einer Notiz des Saul Kohen leiten, der in seinem Schreiben an Abrabanel vom Jahre 1506 bemerkt: sein Lehrer del Medigo sei seit ungefähr 13 Jahren todt: ואחרי שנתים ימים . . . כשובו אליה דלמדיגו אל ביתו (בקנדיאה) לקח אדונו מעל ראשי; זה לו כשלש עשרה שנה; also 1506—13 = 1493. Allein aus einem andern Momente hätten die Bibliographen ihren Irrthum einsehen können, daß Del Medigo mindestens nach 1494 gestorben sein müsse. Denn Joseph Del=Medigo berichtet in מצרף (p. 3): Elia del M. habe nach dem Tode seines Jüngers Pico di Mirandola wegen Quälereien Italien verlassen und nach Kandia zurückkehren müssen: גם השר יואן פיקו מיראנדולאנו תלמידו נפטר בימים ההם שהיה מן בעדו וצרים ראשו . . . וצרצרך להיות (אליה דלמדיגו) כצפור נודדת כן קנה ונתולגל ובא לאי קנדיאה ארץ מולדתו. Nun starb Pico di Mirandola, wie bekannt ist, 1494. Wie kann nun sein Lehrer ein Jahr früher gestorben sein? Nach Joseph del Medigo starb E. del Medigo erst zwei oder drei Jahre nach seiner Rückkehr nach Kandia: כי לא האריך ימים שאחר ימים שתים או שלש שנים (אחר שובו) לקח אותו אלהים. Saul Kohen bestimmt es auf zwei Jahre. Also blieb E. d. M. noch bis um 1496 in Italien, noch zwei Jahre nach Pico's Tod. Daß er jung gestorben, referirt Mose Metz (Elim p. 29): האיש המעולה הזה (כמהרר' אלידו) לא האריך ומת בחצי שנות האדם, d. h. im 35ten Lebensjahre. Was N. Brüll gegen diese Combination einwendet, ist nicht von Belang (Jahrbücher für jüd. Geschichte und Litteratur III. 194). — Del Medigo schrieb lateinisch: quaestiones de primo motore, de creatione mundi, et de esse, Essentia et Uno und einen lateinischen Commentar zu Aristoteles' Physik auf Pico's Verlangen. Er übersetzte Averroes' Commentar zu Aristoteles' Metaphysik aus dem Hebr. in's Lateinische, der noch bei seinem Leben (Venedig 1488) gedruckt wurde; ferner: Averrois quaestio in librum priorum (Analyticorum) de Hebraeo in Latinum traducta per Heliam Hebraeum. Der Schluß lautet: Has nobiles quaestiones . . . transtuli domino Johanni Pico Mirandolano. Seine Traktate: de creatione, vollendet Venedig 1480 (Wolf B. IV. 873), de intellectu = אחדות השכל היולאני, vollendet Schebat 1482 und de substantia orbis = עצם הגלגל, vollendet in Bassano Marcheschwan 1485, sind größtentheils auf Pico's Anregung entstanden. Es sind noch handschriftliche Briefe von ihm an Pico

und gründlichen Kenntnissen und von klassischer und philosophischer Bildung. In den lateinischen Styl hatte er sich so hineingelebt, daß er nicht blos Schriften in dieser Sprache verfassen konnte, sondern auch den hebräischen Satzbau in lateinischer Fügung darstellte. Von den Verwüstungen, welche der neuaufgefundene, durch **Ficinus** eingeführte neuplatonische Schwindel in den Köpfen der italienischen Halbdenker angerichtet, hielt sich Del-Medigo fern und schloß sich an die gesunden Denker, Aristoteles, Maimuni und Averroes, welche seine Führer in der Philosophie waren. Mit diesen Systemen machte er die christlichen Forscher in Italien mündlich und schriftlich durch Uebersetzungen und selbstständige Arbeiten bekannt. Der Wunderjüngling seiner Zeit, der Graf **Giovanni Pico di Mirandola**, lernte seinen Altersgenossen Del-Medigo kennen und wurde sein Jünger, Freund und Beschützer. Di Mirandola, welcher zu seiner Zeit wegen seines eisernen Gedächtnisses, seiner umfassenden Gelehrsamkeit und seiner dialektischen Fertigkeit angestaunt wurde und mit dem regierenden Hause der Medicäer in Toskana befreundet war, lernte von seinem jüdischen Freunde nicht blos hebräisch, sondern auch die aristotelisch-arabische Philosophie. Er hätte auch von ihm Klarheit im Denken lernen können.

Als einst an der Universität Padua ein gelehrter Streit ausbrach, die Professoren und die Studenten sich deswegen in zwei Parteien spalteten und — nach christlichem Brauch — die Frage mit Rappier und Stoßdegen lösen wollten, berief die Universität in Uebereinstimmung mit dem Senat von Venedig, welcher die Streitigkeit beendigen wollte, Elia del Medigo als Schiedsrichter. Man erwartete von seiner Gelehrsamkeit eine endgültige Entscheidung und auch Unparteilichkeit. Del-Medigo disputirte über das Thema öffentlich in Padua und verschaffte durch das Gewicht seines Urtheils der einen Partei den Sieg. Dafür wurde er aber von der besiegten gehaßt. In Folge dieses Vorfalls wurde er öffentlicher Lehrer der Philosophie und hielt in Padua und Florenz vor zahlreicher Zuhörerschaft Vorträge[1]). Wunderbar genug! Unter den Augen des Papstthums, welches an der Demüthigung und Knechtung der Juden arbeitete, sogen christliche Jünglinge Weisheit von den Lippen eines

---

vorhanden (in der Pariser Bibliothek). Vergl. darüber die Bibliographen und besonders **Munk**: Mélanges p. 513. Jules Dukas Recherches sur l'histoire litteraire du XVème siècle 1876 und המזכיר hebräische Bibliographie B. XXI. 1881—82, S. 71.

[1]) Saul Kohen, Sendschreiben an Abrabanel p. 10 a. (ed. Venedig); Joseph Del-Medigo Mazref p. 3.

jüdischen Lehrers. Gegen die Gönner der Juden in Spanien schleuderte es Bannstrahlen, und in Italien mußte es die Begünstigung der Juden von Seiten der Christen mit ansehen.

Pico di Mirandola, mehr Gelehrter als Denker, empfand auch das Gelüste, in die Abgründe der kabbalistischen Geheimlehre zu steigen. Er ließ sich in die Irrgänge der Kabbala von einem nach Italien eingewanderten Mystiker Jochanan Aleman[1]) einführen, der, selbst ein wirrer Kopf, ihm weis machte, die Geheimlehre sei uralt und enthalte die tiefste Weisheit. Pico di Mirandola, der eine außerordentliche Fassungsgabe hatte, wurde in den kabbalistischen Formeln heimisch und fand darin eine Bestätigung der christlichen Dogmen, überhaupt mehr Christenthum als Judenthum. Die Afterlehre der Kabbala bewahrheitete ihm die Glaubenspunkte der Dreieinigkeit, der Menschwerdung, der Erbsünde, des Falles der Engel, des Fegefeuers und der Höllenstrafen. Pico hatte nichts Eiligeres zu thun, als einige kabbalistische Schriften aus dem Hebräischen ins Lateinische zu übertragen, um christliche Leser mit dieser geheimen Weisheit bekannt zu machen. Unter den 900 Streitsätzen, welche der vierundzwanzigjährige Pico zu vertheidigen sich anheischig machte — wozu er alle Gelehrten der Welt nach Rom einlud und ihnen die Reisekosten versprach — war auch die These: Daß keine Wissenschaft mehr Gewißheit über Christi Gottheit gebe, als die Magie und

---

[1]) Gebalja Ibn-Jachja berichtet: הרב ר' יוחנן אלמאן . . . מלמד דון פיקו דלמירנדולה (Schalschelet 50 a). Gaffarelli theilt die Titel von drei kabbalistischen Werken mit, welche in Pico's Besitz waren, und die er ins Lateinische übersetzt und mit Anmerkungen versehen hat (bei Wolf, Bibliotheca Hebraea I. zum Schluß). Diese Bücher hatte Pico von einem Juden, der ihm bei der Uebertragung behilflich war. Diese drei Bücher waren: 1) Menahem Recanati's kabbalistischer Commentar zum Pentateuch (falsch das. R'Levi de Recineto); 2) de scientia animae d. h. חכמת הנפש, von Elieser Katon, dem deutschen, d. h. Elieser von Worms, gedruckt Lemberg 1875; 3) Schem-Tob Falaquera's ס' המעלות, das hin und wieder kabbalistische Sentenzen hat. Diese drei Werke sind Pico von einem Juden zugeführt worden, und es liegt um so mehr nah, daß es Jochanan Aleman war, als dieser in seiner Einl. zum Hohenliede-Comment. (חשק שלמה), genannt שער החשק, ein Sammelsurium von Quasi-Philosophie und Mystik zusammengestoppelt hat. Ueber Aleman vergl. Reggio in Kerem Chemed Jahrg. 1829 p. 3 und seine Briefe (אגרות ישר) II. p. 63 ff. Perls a. a. O. S. 191 f. Aleman's geistlose, confusionsvolle Schriften aufzuzählen, lohnt das Papier nicht. Ueber Pico's Schwärmerei für die Kabbala vergl. die Auszüge Gaffarelli's aus dessen Schriften (bei Wolf l. c. p. 9) .. vidi in illis (libris cabbalisticis) religionem non tam mosaicam, quam Christianam; ibi trinitatis mysterium, ibi verbi incarnatio etc. Es ist ein großes Compliment für das Judenthum, daß die Kabbala mehr Verwandtschaft mit dem Christenthume, als mit Mose's Lehre hat.

die Kabbala¹). Selbst der Papst Sixtus IV. (1471—1484) wurde dadurch für die Kabbala so sehr eingenommen, daß er großen Eifer entfaltete, zum Nutzen des Kirchenglaubens kabbalistische Schriften ins Lateinische übertragen zu lassen²).

Von diesem Geistesdusel, dieser kindischen Schwärmerei für die Afterlehre der Kabbala, hielt sich Elia del Medigo fern, und es ist ein schlagender Beweis für seinen nüchternen Sinn und sein gesundes Urtheil. Er verachtete den kabbalistischen Spuk gründlich und hielt nicht damit zurück, ihren Unwerth bloszulegen. Er hatte den Muth, es auszusprechen: Daß die Kabbala auf sumpfigem Grunde beruhe, daß im Talmud keine Spur von dieser Lehre nachweisbar sei, daß die anerkannten Autoritäten des Judenthums älterer Zeit nichts von ihr gewußt, und daß ihr für heilig und alt ausgegebenes Grundbuch, der Sohar, keineswegs das Werk des gefeierten Simon b. Jochai, sondern das eines Fälschers sei. Del Medigo fand die Annahme der Kabbala lächerlich oder gar lästerlich: als vermöge der Mensch, der Jude, mittelst gewisser religiös vorgeschriebenen Handlungen oder Gebete auf die höhere Welt und auf die Gottheit einzuwirken. Die Menschen seien ja kaum im Stande, auf sich selbst zur Besserung einzuwirken, und sie sollten gar die höhere Welt bestimmen können! Die Kabbala sei durch einige Lappen und Plunder der neuplatonischen Schule entstanden³). Del Medigo hatte überhaupt sehr gesunde Ansichten über die Religion. Obwohl ein warmer Anhänger des Judenthums und ein Verehrer auch der talmudischen Elemente darin⁴), war er doch weit entfernt, Alles, was im Talmud vorkommt, als Wahrheit anzuerkennen. Von einem seiner jüdischen Jünger, Saul Kohen Aschkenasi aus Candia, aufgefordert⁵), sein jüdisches Glaubensbekenntniß abzulegen und überhaupt seine Ansichten über die Merkmale einer wahren Religion zu entwickeln, arbeitete Elia Cretensis eine

---

¹) Apologia p. 42 in dessen opera I.: Nulla est scientia, quae nos magis certificet de divinitate Christi quam magia et Cabbala.

²) Gaffarelli bei Wolf a. a. O. p. 9: Hi libri (Cabbalistarum) Sixtus IV. pontifex maximus . . . maxima cura studioque curavit, ut in publicam fidei nostrae utilitatem latinis litteris mandarentur, jamque cum ille decessit, tres ex illis (scil. Recanati oracula in Pentateuchum, Elieseris de animae scientia et Schem-Tob Falaquerae liber graduum) pervenerant ad Latinos. Es sind die oben S. 246 Note genannten.

³) Bechinat ha-Dat p. 39 ff. und p. 68 ed. Wien. In p. 43 giebt er an: er habe in einer andern Schrift die Uebereinstimmung der Kabbala mit dem Neuplatonismus nachgewiesen.

⁴) Vergl. die Responsen Joseph Kolon's an Elia del Medigo in Kolon's Respp. No. 94.

⁵) Schreiben des Saul Kohen zum Schlusse des genannten Werkes.

kleine, aber inhaltsreiche Schrift „Prüfung der Religion" (Bechinat ha-Dat¹) aus, welche zugleich einen tiefen Einblick in seinen Gedankengang gewährt.

Del=Medigo, obwohl ein Bewunderer Maimuni's, ging von einem andern Grundsatze aus, als dieser große Religionsphilosoph. Nach seiner Annahme beruhe das Judenthum keineswegs auf **Glaubenslehren** (Dogmen), vielmehr auf *religiösen Handlungen*. Dadurch unterscheide es sich wesentlich einerseits von andern Religionsformen und andererseits von der Philosophie²). Die Religionsgesetze, welche das Judenthum vorschreibt, seien entweder an sich sittlicher Natur oder haben zum Zwecke, eine sittliche Gesinnung zu erzeugen und zu erhalten, wovon eben das Glück des Einzelnen wie das der Familie und des Staates bedingt sei³). Da der gesetzliche Theil des Judenthums einen selbstständigen (nicht, wie die Religionsphilosophen annehmen, blos untergeordneten) hohen Werth besitze, so habe auch das mündliche Gesetz oder die talmudische Ueberlieferung ihre Berechtigung. Denn selbst menschliche Gesetze bedürfen der Erläuterung und Auslegung, um wie viel mehr göttliche, die doch jedenfalls dunkler gehalten sind⁴). Der Einwand: Wenn die Ueberlieferung göttlicher Natur wäre, wie denn eine so große Meinungsverschiedenheit darüber denkbar sei, wie sie im Talmud über jede einzelne Gesetzbestimmung vorliegt, dieser Einwand erschien del Medigo nicht erheblich. Denn die Meinungsverschiedenheit sei eine Folge des Unglücks, welches den jüdischen Stamm betroffen hat, weil dadurch die Einheit der gesetzgebenden und gesetzauslegenden Behörde (eines Synhedrin) zersprengt und das Gedächtniß der Ueberliefernden getrübt worden sei. So lange ein solches berechtigtes Collegium vorhanden war, sei keine so weit auseinandergehende Meinungsverschiedenheit vorgekommen⁵). Indessen sei nicht Alles, was im Talmud in Form der Ueberlieferung auftritt, als solche zu nehmen: denn öfter werden Gesetze durch eigenthümliche Schriftauslegung abgeleitet, was eben nicht Tradition, sondern menschliche und darum fehlbare Erklärung sei⁶). Noch weniger können die im Talmud enthaltenen agabischen Elemente als Offenbarung betrachtet werden; es seien vielmehr lediglich Aussprüche solcher Männer, die zugleich auch Träger der Ueberlieferung waren. Insofern die Agada der Vernunft widerspricht, habe sie

---

¹) Zuerst erschienen in der Sammlung תעלומות חכמה von Samuel Aschkenasi, Basel 1619 und dann von Reggio, Wien 1833. Vollendet wurde das Werk 18. Tebet 5251 = 31. Dec. 1490.

²) Das. Wiener Ausgabe p. 27, 71.

³) Das. p. 66.   ⁴) Das. p. 29—34.   ⁵) Das. p. 36.   ⁶) Das.

keinen Anspruch auf Glaubwürdigkeit. Denn selbst an die Worte
eines Propheten, wenn er sich nicht als solcher, sondern als Mensch
und Weiser ausgesprochen hat, dürfe man den Prüfstein der Halt=
barkeit anlegen, ob sie begründet, d. h. mit der Vernunft überein=
stimmend seien oder nicht, um wie viel mehr dürfe die Agada der
Prüfung unterworfen werden[1]). Die agadischen Sentenzen mögen
einen tiefen Gedankenkern bergen, aber maßgebend für den Glauben
seien sie keineswegs. Wolle man Glaubensartikel aufstellen, so dürfe
man auf die Agada, als etwaigen Ausfluß der Tradition, keine Rück=
sicht nehmen. Noch viel weniger Werth habe die sogenannte Geheim=
lehre der Kabbala; sie habe erst den Beweis zu führen, ob sie wirk=
lich das sei, d. h. Ueberlieferung und uralten Ursprungs, was ihr
sehr schwer fallen dürfte.

Das Judenthum enthalte allerdings neben den Gesetzen auch
gewisse Glaubenslehren, wie die Einheit und Unkörperlichkeit Gottes,
seine vergeltende Gerechtigkeit, der Glauben an Wunder, welche Gott
für die Offenbarung seiner Lehre und das israelitische Volk gethan,
die Hoffnung auf einen zukünftigen Erlöser und an die Auferstehung
(oder Unsterblichkeit). Durch den Inhalt dieser Grundgedanken des
Judenthums unterscheide es sich von andern Religionen, namentlich
vom Christenthume. Denn diese Glaubenslehren enthalten keinen
logischen Widerspruch in sich, wie etwa die Dreieinigkeit, noch thun
sie den menschlichen Grundanschauungen oder gar der Sinnes=
wahrnehmung Gewalt an, wie der Kirchenglaube von der Hostien=
wandlung. Die Grundlehren des Judenthums seien vielmehr der
Art, daß sie einerseits dem schlichten Menschenverstande einleuchten
und andererseits auch den philosophisch gebildeten Geist befriedigen,
ihm wenigstens keinen Anstoß geben[2]). Del=Medigo tritt der bis
dahin unter den denkenden Juden gangbaren Ansicht entgegen, als sei
es religiöse Pflicht, sich der Grundwahrheiten des Judenthums durch
philosophische Erkenntniß zu vergewissern, damit der Glaube feste
Ueberzeugung werde. Höhere Erkenntniß zu erwerben, meinte er,
könne nicht Jedermann zur Pflicht gemacht werden, und auch der
jüdische Denker soll nicht die Grundlehren beherzigen, weil sie wahr,
sondern weil sie geoffenbart seien[3]). An den Geistesbegabten ergehe
allerdings die Anforderung, sich seinen Glauben klar zu machen, und
der jüdische Glaube sei der Art, daß er das philosophische Denken
nicht zu fürchten habe. Zwar sei jene Annahme nicht richtig, daß
Judenthum und Philosophie sich nach allen Seiten hin deckten und

---

[1]) Das. p. 53—58.   [2]) Das. p. 13—16.   [3]) Das. p. 2—8.

denselben Inhalt hätten. Dem sei nicht so. Man könne nur sagen: Der jüdische Glaube werde von dem philosophischen Denken nicht erschüttert, weil derselbe auf einem andern und sichern Wege durch eine andere Methode gewonnen werde. Kein wahrhaft gebildeter, geistig gehobener Jude, ja kein Denker, könne dem Judenthume seine Anerkennung versagen[1]). Nur die Halbgebildeten seien es, welche ebenso das Judenthum, wie die Philosophie in Mißkredit bringen. Diese Halbwisser suchen einen Mittelweg zwischen den zwei Gegensätzen anzustreben, aber lassen weder das Eine, noch das Andere zu seinem Rechte kommen[2]).

Man kann nicht behaupten, daß Elia Del-Medigo in dieser „**Prüfung der Religion**" neue Gedanken angeregt hätte. Es war den Italienern überhaupt nicht beschieden, das Judenthum mit neuen Ideen zu befruchten. Er hielt auch mehr den gläubigen, als den denkmäßigen Standpunkt fest und verfuhr mehr abwehrend als begründend. Allein in der Gedankenöde jener Zeit erscheint seine gesunde Ansicht wie eine Oase in der Wüste. Es muß ihm auch als Verdienst angerechnet werden, daß er wenigstens die Entstellungen, welche die Kabbalisten und die Afterphilosophen dem Judenthum beigebracht hatten, als fremdartige Zusätze erkannt und zu beseitigen gewünscht hat.

Seine Bedeutung tritt noch mehr hervor, wenn man einen Blick auf Halbwisser seiner Zeit wirft, die ihm ein Gräuel waren. Ein solcher war **Ahron b. Gerschon Alrabi (Arrabi**[3]) aus Catanca in Sicilien. Schwiegersohn des **Don Mose Gabbai** (der aus Mallorca nach Nordafrika ausgewandert war), wahrscheinlich selbst ein Verbannter, hatte Alrabi weite Reisen gemacht, die Türkei, Aegypten, das ganze heilige Land besucht und war selbst bis nach Kaffa und noch weiter gedrungen. Auf seinen Reisen hatte er viele Kenntnisse gesammelt und besaß auch Verständniß und Prüfungssinn. In Italien hatte er Zutritt zum päpstlichen Hofe und Unterredungen mit dem Papste und einigen Kardinälen. Allein Alrabi hatte von der Weisheit nur gekostet und war nicht in ihr Wesen eingedrungen. Daher kam er auf allerlei Schrullen in Betreff des Judenthums. Er behauptete unter anderen Ungereimtheiten: die mosaischen Bücher seien nur die Uebersetzung aus einer arabischen Urschrift. Alrabi verfaßte viele und verschiedene Schriften, deren Verschollenheit nicht sehr zu bedauern ist.

---

[1]) Das. p. 9—20. [2]) Das. p. 52, 58.
[3]) Ueber Alrabi vergl. Schorr's Mittheilungen in Zion I. p. 166 ff., 193 ff. und die Bemerkungen von Zunz: zur Geschichte S. 518 ff. Zunz hat richtig gegen Schorr nachgewiesen, daß Alrabi im fünfzehnten Jahrhundert lebte.

Die gebildeten Juden Italiens, selbst solche von Alrabi's Schlage, bildeten, wie überall, nur eine geringe Minderzahl; die meisten derselben dagegen verhielten sich gleichgültig, manche sogar feindlich gegen die Wissenschaften. Selbst ein milder Mann, von liebenswürdigem Charakter, Obadja da Bertinoro aus Citta di Castello (in der Romagna, blühte um 1470—1520[1]), dem die finstere, fast mönchische Ueberfrömmigkeit der deutschen Juden und der Wahnglaube zuwider waren, selbst dieser war dem philosophischen Forschen abgeneigt. Bertinoro, der in der Schilderung seiner Reise von Italien nach dem heiligen Lande einen offenen Blick zeigt, so viel Bildung besaß, daß er die morgenländischen Juden für Barbaren hielt und Bemerkungen machte, in welchen Ländern und Städten er schmutzig oder reinlich gekleidete Juden antraf, und wo es schöne Frauen gab, der so duldsam war, daß er nicht blos Karäer, sondern auch Samaritaner als Juden betrachtete, er hatte nur Verwünschungen gegen Aristoteles, die Philosophen und alle diejenigen, welche sich mit Philosophie beschäftigen[2]). — Am tiefsten in Unwissenheit versunken waren die Juden Siciliens, wo sie das schwerste Joch tragen mußten und sogar zur Frohnarbeit beim Hafenbau und in den Schiffswerften herangezogen wurden. Vermöge ihres Bildungsmangels und ihres gemüthlichen Verkehrs mit den Christen in duldsamen Zeiten hatten sie Vieles von den Christen angenommen, und ihre Religion hatte einen katholischen Anstrich. Die Juden von Palermo — damals ungefähr 850 Familien zählend — hielten mit äußerster Strenge auf die Ritualien, waren aber keineswegs so gewissenhaft in Betreff der Sittlichkeit und Keuschheit. Wein von Christen zu trinken, galt in ihren Augen als eine Todsünde, die meisten Bräute pflegten aber in schwangerem Zustande unter den Brauthimmel zu treten. Obadja da Bertinoro, dessen Predigten bei seiner Anwesenheit in Palermo sie in Begeisterung versetzten, zollten sie eine Verehrung, wie die Katholiken ihren Heiligen,

[1]) Obadja da Bertinoro's interessante zwei Sendschreiben oder Reisebeschreibung, jüngst von Senior Sachs und Neubauer edirt (vergl. Note 6), geben einige Data. Er reiste von עיר קשטילו d. h. citta di Castello, Kislew 1486 ab und da er seinen Commentar zur Mischna noch in Italien begonnen hat, so folgt seine Blüthezeit von selbst daraus. Daß er nicht 1530, sondern viel früher gestorben ist, hat bereits Conforte (Kore ha-Dorot p. 30 b) bemerkt. Seine von Urbanität und Toleranz zeugenden Bemerkungen Sendschr. S. 196, 201, 206, 213. Er verf. außer dem vielfach edirten Comment. zur Mischna einen Supercommentar zu Raschi's Pentateuch-Comment. gedr. Pisa 1810 = עפר נקא und einen homiletischen Commentar zu Ruth מדרש רות, Krakau sine anno et loco im sechzehnten Saecul.; vergl. darüber die Bibliographen.

[2]) Bertinoro's Sendschreiben p. 215 und Mischna-Commentar zu Abot V. Ende.

die aber ihm, dem bescheidenen, demüthigen Manne, überlästig war. Die niedrigen Juden rissen sich um ein Kleidungsstück von ihm; eine Frau, welche so glücklich war, sein Hemd zu waschen, glaubte ihrer Seligkeit sicher zu sein[1]).

Eine entschieden feindselige Stellung gegen die philosophische Forschung und ihre Träger in Italien, gegen **Elia Del-Medigo** und **Messer Leon**, nahmen die aus Deutschland dahin ausgewanderten Rabbinen ein. Mit ihrer aufrichtigen, aber einseitigen und übertriebenen Frömmigkeit warfen diese, wohin sie das herbe Geschick zersprengt hat, einen düstern Schatten. Neue Stürme, welche über die deutschen Gemeinden hereingebrochen waren, hatten viele deutsche Juden, die Unglücklichsten ihres Stammes, in das Land jenseits der Alpen geschleudert. Unter dem Kaiser Friedrich III., der ein halbes Jahrhundert hindurch die frechste Reichsverletzung von Seiten der herrschsüchtigen reichsunmittelbaren Fürsten, der räuberischen Junker, der entsittlichten Geistlichen, der selbstsüchtigen kleinlichen städtischen Patricier mit erstaunlichem Gleichmuthe ansah, unter diesem unempfindlichen Kaiser mußten viele deutsche Gemeinden zum öftern den Leidenskelch kosten. Er war den Juden keineswegs feindlich gesinnt, er erließ im Gegentheil öfter Dekrete zu ihrem Schutze. Allein seine Befehle blieben meistens todte Buchstaben, und seine Lässigkeit in Handhabung der Regierung ermuthigte die Bösen nur zu den grausigsten Schandthaten. Auch nur die Mauern ihrer Stadt zu verlassen, war für die deutschen Juden mit Gefahren verbunden[2]). Jedermann war ihr Feind und lauerte ihnen auf, um entweder seinen Fanatismus oder seine Habsucht an ihnen zu befriedigen. Jede Fehde, die in dem angefaulten deutschen Reichskörper bald hier, bald da ausbrach, brachte den Juden Unglück. Der Streit zweier Erzbischöfe um die Kurwürde von Mainz, des **Diether von Isenburg** und des **Adolph von Nassau**, der von beiden Seiten und von dem päpstlichen Hofe mit frechster Gemeinheit geführt wurde, hatte auch für die deutschen Juden traurige Folgen. Obwohl der Erstere sie launenhaft behandelte, das eine Mal sie begünstigte, das andere Mal die strengsten Gesetze, wie „gegen hartnäckige Teufel" erließ und dann — für große Summen — seine feindseligen Befehle wieder zurücknahm, so hingen die Mainzer Juden doch mehr an Diether als an seinem Gegner. Als nun Adolph durch Verrath in die Stadt

---

[1]) Das. p. 196, 198. Vergl. über die Juden Siciliens und ihre Schicksale Zunz zur Geschichte S. 495 ff., 517 ff. Güdemann Geschichte des Erziehungswesens der Juden in Italien 268 fg.
[2]) Joseph Kolon Respp. No. 21.

gelassen wurde, büßten die Juden mit den Bürgern, welche Diether anhänglich waren, schwer. Sie wurden aus der Stadt gejagt[1]). Unter den Ausgewiesenen waren zwei gründliche Talmudisten, zwei Vettern, Juda Menz und Mose Menz, von denen der erstere nach Italien wanderte und in Padua das Rabbinat erhielt, der letztere zuerst in Deutschland blieb und dann nach Posen übersiedelte[2]). Auch aus andern Gegenden Deutschlands strömten Rabbinen in Folge von Ausweisungen oder Bedrückungen nach Italien, so R' Liwa (Juda) Landau und sein Sohn Jakob nach Pavia, Abraham der Deutsche (aus Sachsen) nach Bologna und mehrere Andere[3]). Wegen ihrer überlegenen talmudischen Kenntnisse erhielten die eingewanderten Deutschen die bedeutendsten Rabbinatssitze in Italien und verpflanzten ihre Einseitigkeit und Beschränktheit unter die Juden des Landes, welches damals alle Anstrengungen machte, sich von den mittelalterlichen Fesseln zu befreien.

Die angesehensten Rabbinen Italiens wurden damals Juda Menz und Joseph Kolon, und gerade diese beiden waren der freien Regung in der Denkweise über Judenthum am feindseligsten und traten den Trägern der freien Richtung nachdrucksvoll entgegen. — Joseph Ben=Salomo Kolon (blühte um 1460—1480[4]) war zwar der Abstammung nach ein Franzose — dessen Vorfahren aus Frankreich ausgewiesen worden waren — war aber in der deutsch=talmudischen Schule herangebildet[5]). Er wohnte mit seinen Verwandten in Chambéry, bis die Juden auch aus Savoyen verjagt wurden[6]). Mit Vielen seiner Leidensgenossen wanderte Joseph Kolon nach der Lombardei und verschaffte sich seine Subsistenzmittel durch Unterricht für Knaben[7]); dann wurde er Rabbiner von Bologna und Mantua. Mit einem

---

[1]) Vergl. darüber Schaab: diplomatische Geschichte von Mainz S. 120 bis 124, 127. Die Ausweisung geschah 29. Oct. 1461. Vergl. Note 5.

[2]) Vergl. Note 5.

[3]) Vergl. Respp. Mose Menz Nr. 97—99. Respp. Joseph Kolon, Nr. 45, 93.

[4]) Das erste Datum folgt aus Codex de Rossi Nr. 134. Im Jahre 1466 hatte J. Kolon bereits einen Jünger. Das letzte Datum folgt aus dem Streite mit Mose Kapsali; vergl. Note 7. Kolon's Biographie im Orient Jahrg. 1848, Litbl. col. 365 ff. und 379 ff. ist sehr mager gehalten, reichhaltiger Güdemann, Geschichte des Erziehungswesens III. 2 f.

[5]) Seine französische Abstammung folgt aus mehreren Stellen seiner Respp. No. 92, 170, 172.

[6]) Kolon spricht Nr. 71, 115, 159 seiner Respp. von Savoyen und einmal: זכרני שכימי נעורתי בכנבארי אירע מעשה זה. Von der Judenverfolgung in Savoyen 1471 referirt Joseph Kohen Emek ha-Bacha p. 79.

[7]) Ders. Respp. No. 72.

außerordentlichen Scharfsinn begabt und an gründlicher Talmudkunde den deutschen Rabbinen ebenbürtig, hatte Kolon vor ihnen voraus die Bekanntschaft mit den Auslegungen und Entscheidungen der Tossafisten-Schule, die sich im Kreise der französischen Juden durch Ueberlieferung und seltene Schriften erhalten hatten. Joseph Kolon wurde daher zu seiner Zeit als eine rabbinische Autorität erster Größe gefeiert, und sein Lehrhaus wetteiferte mit der deutschen Schule[1]). Aus italienischen und sogar deutschen Gemeinden ergingen Anfragen an ihn. Aber von den Dingen außerhalb des Talmud und von Wissenschaften hatte Joseph Kolon eben so wenig Kunde wie seine deutschen Fach- und Standesgenossen. Eine entschiedene willensstarke Natur, machte Joseph Kolon seine Ansichten auf religiösem Gebiete mit aller Rücksichtslosigkeit geltend. Dieses schroffe Wesen verwickelte ihn in unangenehme Händel mit Mose Kapsali in Konstantinopel[2]) und in einen hitzigen Streit mit dem gebildeten Messer Leon in der eigenen Gemeinde. Wiewohl sie eine Zeit lang mit einander verkehrten, so waren Joseph Kolon und Messer Leon, der Eine Stocktalmudist, der Andere Aesthetiker, nicht geartet, sich für die Dauer mit einander zu vertragen. Als sie sich entzweiten, nahm die ganze Gemeinde von Mantua an ihrer Fehde Theil und spaltete sich in zwei Parteien, in Anhänger des Einen oder des Andern. Der Streit nahm zuletzt einen so heftigen Charakter an, daß der Herzog Joseph von Mantua sie beide aus der Stadt verbannte (um 1476—77[3]). Kolon wurde darauf Rabbiner von Pavia. — Noch schroffer war das Verhältniß zwischen dem Rabbinen Juda Menz und dem Philosophen Elia Del-Medigo. Jener (geb. 1408, gest. 1509), ein Mann von altem Schrote, von umfassender Gelehrsamkeit auf talmudischem Gebiete und von erstaunlichem Scharfsinn, war jeder wissenschaftlichen Forschung und freiern Bewegung auf religiösem Boden aufs entschiedenste abhold und ver-

[1]) Sein Zeitgenosse Jochanan Aleman stellt ihn neben die größten Heroen des Talmud (in שער החשק ed. Livorno 1790 p. 7a) לא על שלכוותו בדינן כד' מאיר ור' טרפון או כרבינא ור' אשי או כרב אלפס ורבינו משה או כמהר"ר יוסף קולון ומהרר' ישראל. Dieser Israel ist entweder Israel Isserlein oder Israel Bruna.

[2]) Weiter unten.

[3]) Ueber den Zwist berichtet Ibn-Jachja in Schalschelet, ohne ein Datum anzugeben. Wolf l. c. p. 447 Nr. 752 giebt das Datum 1475, ich weiß nicht aus welcher Quelle. So viel ist gewiß, 1471 war Kolon noch nicht in Pavia nach Respp. No. 60, und 1476 war Messer Leon wahrscheinlich noch in Mantua (o. S. 240, Anmerk. 1). Die erste Veranlassung zum Streite scheint in Kolon's Respp. No. 171, 172 zu liegen. Die Ausfälle in der letzten Nummer gegen einen Anonymen (p. 204): לא חשתי לחרופיו־וגדופיו כי לא נחשב בעיני להשים לב על דבריו אלה... יש לאל ידי לרש"ב גמולו בראשו.. על פי רבותינו אשר באשכנז ובצרפת אשר הם מקפידים על כבודי, scheinen gegen Messer Leon gerichtet zu sein.

pflanzte den einseitigen Geist der deutschen Rabbinen nach Padua und Italien überhaupt. Da Elia Del-Medigo aus seinen freien Ansichten über Judenthum und Geheimlehre kein Hehl machte, so wurde er von den Rabbinen der deutschen Gemeinde in Padua verketzert, vielleicht in Folge seines religionsphilosophischen Werkes „Prüfung der Religion". Es entspann sich eine heftige Fehde zwischen beiden, die ihren Ausdruck in Streitschriften fand. Juda Menz mußte bei der Handhabung literärischer Waffen gegen seinen Widersacher den Kürzeren ziehen; denn er war, wie die deutschen Juden überhaupt, schwerfällig im Ausdrucke und nicht einmal im Stande, in talmudischen Sachen seine Gedanken klar und verständlich auseinanderzusetzen. Es scheint, daß er dann zum Bannstrahl gegriffen und Elia Del-Medigo aus Padua verdrängt hat[1]). Der letzte geistvolle Vertreter des gedankenmäßigen Judenthums mußte, von jüdischen und christlichen Gegnern verfolgt, Italien verlassen und nach seiner Heimath Kandia zurückkehren.

Die theilweise sichere und geehrte Lebensstellung der Juden in Italien mißgönnten ihnen die fanatischen Mönche, welche ihren ausschweifenden Lebenswandel oder ihre ehrgeizige Einmischung in weltliche Angelegenheiten mit dem Mantel des Feuereifers für die Religion decken wollten. Je lauer die christliche Welt gegen Ende des fünfzehnten Jahrhunderts gegen die kirchlichen Institutionen wurde, desto mehr eiferten namentlich die Klostergeistlichen gegen die Juden. Die Predigermönche ließen die Kanzel von fanatischen Capuzinaden gegen die Juden wiederhallen und predigten geradezu deren Ausrottung[2]). Ihr schlimmster Feind war in dieser Zeit der Franciskaner **Bernardinus von Feltre**, ein würdiger Jünger des blutdürstigen Capistrano. Ein stehender Text seiner Predigten war: christliche Eltern mögen ein wachsames Auge auf ihre Kinder haben, damit sie die Juden nicht stehlen, mißhandeln oder kreuzigen[3]). Er

---

[1]) Ueber den Streit zwischen Juda Menz und del Medigo vergl. Joseph del Medigo Mazref Anfang und über des Erstern Biographie Gherondi in Kerem Chemed III. p. 89. Woher Gherondi die Fabel entlehnt hat (das. p. 90), daß Juda Menz philosophisch gebildet gewesen sei und vor christlichen Studirenden und Vornehmen philosophische Vorträge gehalten haben soll, ist mir unersindlich. Es scheint eine Verwechselung mit Elia Del-Medigo zu sein. Vollständig unbrauchbar ist dessen Biographie in Orient. Jahrg. 1846. Litbl. col. 520 f.; vergl. Note 5.

[2]) Respp. Joseph Kolon Nr. 192.

[3]) Die Biographie des Bernardinus von Feltre und sein Verhalten gegen die Juden ist zusammengestellt in Acta Sanctorum (Bollandisten) zu September T. VI. Auch bei Wadding, Annales minorum T. XIII. von p. 74 an. Das hier Angegebene ist das. acta Sanct. No. 69.

pries den Mönch Capistrano, den Judenschlächter, als Musterbild eines wahren Christen[1]). Der freundnachbarliche Verkehr mit Juden war in seinen Augen ein Gräuel, die höchste Versündigung gegen die kanonischen Gesetze. Die christliche Liebe befehle zwar, meinte er, auch gegen Juden Menschlichkeit und Gerechtigkeit zu üben, da auch sie der menschlichen Natur theilhaftig sind; allein die kanonischen Gesetze verbieten, Umgang mit ihnen zu haben, an ihren Mahlen Theil zu nehmen und sich von jüdischen Aerzten behandeln zu lassen. Da die Großen überall aus Vortheil auf Seiten der Juden standen, so hetzte Bernardinus die niedrigen Volksklassen gegen die Juden und ihre Gönner. Er schildert die Juden wegen einiger Kapitalisten unter ihnen, die glückliche Geldgeschäfte machten, sammt und sonders als Blutsauger und reizte den Unwillen des Volkes gegen sie. „Ich, der ich von Almosen lebe, und das Brod der Armen esse, sollte ein stiller Hund sein und nicht bellen, wenn ich sehe, daß die Juden das Mark armer Christen aufzehren? Ich sollte nicht für Christus bellen?" Von der Art waren seine Predigten[2]). Um die Kapitalien der jüdischen Bankhäuser entbehrlich zu machen, ließ es sich Bernardinus angelegen sein, in den italienischen Städten, die er bettelnd und predigend durchzog, Summen zusammenschießen zu lassen, um Vorschußkassen zu gründen, von denen die Aermeren auf fünf Prozent Darlehn erhalten sollten (Mons pietatis). Aber, wie schwer hielt es, die christlichen Geldmänner dazu zu bewegen! Wenn nicht damals schon ein gesunder Sinn in der italienischen Bevölkerung geherrscht hätte, so wäre der Franciskaner Bernardinus für die Juden Italiens das geworden, was im Anfang desselben Jahrhunderts der Dominikaner Vicente Ferrer für die Juden Spaniens und Capistrano für die Gemeinden Deutschlands und der Slavenländer gewesen waren. Allein die Machthaber erschwerten ihm das Handwerk der Judenverfolgung, und seine blutigen Predigten verhallten oft in den Wind. Als er in **Bergamo** und **Ticini** seine Judenpredigten hielt, verbot es ihm der Herzog Galeazzo von Mailand[3]). In Florenz und im Toskanischen überhaupt nahmen sich der Wissenschaften fördernde Fürst und der Senat der Interessen der Juden mit Nachdruck an. Der giftige Mönch verbreitete aber: sie hätten sich von Jechiel von Pisa und andern reichen Juden durch große Summen bestechen lassen. Als daher Bernardinus die Jugend gegen die Juden hetzte und ein Volksaufstand gegen sie im Anzuge war, bedeuteten ihm die Machthaber, Florenz und das Land zu verlassen, und er mußte sich fügen

---

[1]) Acta Sanctorum a. a. O. No. 253.
[2]) Das. Nr. 218, 219.   [3]) Im Jahre 1480 das. Nr. 87.

(1487 ¹). Auch der Herzog von Calabrien und der König Ferdinand von Neapel nahmen sich der Juden warm gegen den fanatischen Franciskaner an ²). Dieser aber benutzte jede Gelegenheit, die Juden zu schädigen. Er fanatisirte die Tochter des Königs Ferdinand, Gemahlin des Herzogs von Ferrara, daß sie den Vater umstimmen möge ³). Es gelang ihm auch nach und nach durch unermüdliches Wiederholen derselben Anklagen die öffentliche Meinung gegen sie einzunehmen, so daß sie selbst der Senat von Venedig nicht immer zu schützen vermochte ⁴). Bernardinus bewirkte am Ende doch eine blutige Judenverfolgung, wenn auch nicht in Italien, so doch in Tyrol, die sich bis nach Deutschland wälzte.

¹) Daj. Nr. 216—220.   ²) Daj. Nr. 252.   ³) Daj. Nr. 278.
⁴) Daj. Nr. 217—220, 338, 372.

Zwölftes Kapitel.

Die Juden in Deutschland und der Türkei vor der Vertreibung aus Spanien.

Tobias und Brunetta von Trient. Bernardinus' Predigten und Machinationen gegen die Juden von Trient. Das angebliche Martyrium Simons von Trient veranlaßt neue Verfolgungen in vielen Ländern. Der Doge von Venedig und Papst Sixtus IV. für die Juden. Die Juden von Regensburg. Die Apostaten Peter Schwarz und Hans Vayol. Israel Bruna und seine Leiden, in Haft wegen Kindermordes gebracht. Kaiser Friedrich und der böhmische König nehmen sich seiner an und setzen seine Befreiung durch. Die Quälereien gegen die Gemeinde von Regensburg. Vertreibung der Juden aus Mainz und dem Rheingau. Die Juden in der Türkei. Mardochaï Comtino, Salomo Scharbit Sahab, Sabbataï b. Malkiel. Fehde zwischen Rabbaniten und Karäern. Elia Baschjazi und sein Religionscodex. Mose Kapsali und die Intrigue gegen ihn. Zustand Palästinas und Jerusalems; Elia aus Ferrara. Die Vorsteher und ihr gewissenloses Verfahren. Obadja da Bertinoro in Jerusalem. Die Anschwärzung gegen Mose Kapsali. Joseph Kolon's ungerechtfertigter Eifer gegen ihn. Ihre Versöhnung.

(1472—1492).

Als der Franciskaner-Mönch Bernardinus in Trient war, bemerkte er nämlich mit vielem Verdruß den gemüthlichen Verkehr zwischen Juden und Christen. Ein geschickter, jüdischer Arzt Tobias und eine kluge Jüdin Brunetta waren bei den höheren Ständen sehr beliebt und genossen deren höchstes Vertrauen. Diese Wahrnehmung erregte besonders seinen galligen Eifer. Er ließ daher auch in Trient die Kanzeln von seinen gehässigen Predigten gegen die Juden wiederhallen. Als ihn einige Christen wegen seines Judenhasses zur Rede stellten und die Bemerkung machten: die Juden von Trient seien, wenn auch ohne den wahren Glauben, doch gute Menschen, erwiderte der Mönch: „Ihr wißt es nicht, welches Uebel diese Guten über euch bringen werden. Ehe der Ostersonntag vorüber sein wird, werden sie euch einen Beweis von ihrer ausnehmenden Vortrefflichkeit liefern." Er hatte gut prophezeihen. Denn es wurde von ihm und anderen Pfaffen ein so arglistiger Plan angelegt, daß er nicht blos den Untergang der Gemeinde von Trient herbeiführte, sondern auch zum großen Unheil der Juden vieler Länder ausschlug. Der Zufall spielte ihnen eine günstige Gelegenheit in die Hände.

Die Blutanklage in Trient.

In der Osterwoche (1475) ertrank nämlich in Trient in der Etsch ein kaum dreijähriges Christenkind, Namens Simon, ein Sohn armer Eltern, und die Leiche wurde gerade beim Hause eines Juden an einem Rechen festgehalten. Dieser eilte, um Mißdeutungen zuvorzukommen, zum Bischof Hinderbach, um ihm Anzeige davon zu machen. Der Bischof nahm zwei hochgestellte Männer mit, begab sich an Ort und Stelle und ließ das ertrunkene Kind in die Kirche bringen. Sobald sich die Nachricht davon in der Stadt verbreitete, erhoben Bernardinus und andere judenfeindliche Pfaffen ein wüthendes Geschrei gegen die Juden: daß sie das Kind gemartert, getödtet und ins Wasser geworfen hätten. Man stellte die Leiche des angeblich gemordeten Kindes aus, um die Wuth des Volkes gegen sie zu stacheln. Der Bischof Hinderbach ließ darauf sämmtliche Juden von Trient von Groß bis Klein in Fesseln werfen, stellte den Prozeß gegen sie an, und ein Arzt, Matthias Tiberinus, wurde zugezogen, um den gewaltsamen Tod des Kindes zu bestätigen. Ein getaufter Jude, ein Schönschreiber Wolfkan aus Regensburg, trat bei dieser Gelegenheit mit den boshaftesten Beschuldigungen gegen seine Stammgenossen auf. Sie fanden um so eher Glauben, als die gefangenen Juden unter der Folter bekannten, Simon zerfleischt und dessen Blut zum Passah-Abend getrunken zu haben. Brunetta soll die Stecknadeln dazu geliefert haben. Bei einem Rabbiner Mose soll ein Brief gefunden worden sein, den man aus Sachsen empfangen habe, Christenblut für die nächste Ostern zu liefern. Nur ein Gefolterter, Namens Mose, erlitt alle Qualen geduldig, ohne das Lügengewebe der Feinde durch seine Aussagen zu bestätigen. Das Ende war, daß sämmtliche Juden von Trient verbrannt, und der Beschluß genehmigt wurde, daß sich kein Jude dort niederlassen dürfe. Der Arzt Tobias soll sich entleibt haben. Zum Christenthum traten nur vier Personen über und wurden begnadigt [1]).

---

[1]) Die lügenhaften Quellen darüber zum Zeugnisse für das Martyrium Sancti Simonis parvi in den Acta Sanctorum (Bollandisten) zum 24. März bei Bzovius Annales eccles. zum Jahre 1475 und Raynaldus ann. eccl. zum selben Jahre, Ende. Bernardinus' Antheil daran Acta sanct. zum 27. Oct., bei Wadding, Annales Minorum XIV. p. 132 f. Auch in Dr. Eck's Verlegung des Judenbüchleins Bogen K 3 fg. wird die Geschichte in boshafter Weise geschildert. Diese Nachrichten sind zumeist aus Tiberinus' lügenhaftem „Programm" an den Rath und die Gemeinde von Brixen geschöpft. Vergl. auch Gemeiner, Regensburgische Chronik III. S. 567 f. Von jüdischer Seite Joseph Kohen Emek ha-Bacha p. 79. Die Lügenhaftigkeit des Martyriums und die Beleuchtung des Factums hat kritisch und warm dargestellt Wagenseil: die Hoffnung auf die Erlösung Israels, S. 105 ff.

Der Bischof Hinderbach von Trient und die Mönche aller Orden machten alle Anstrengung, um den Vorfall zum Verderben der Juden überhaupt auszubeuten. Die Leiche des Kindes wurde einbalsamirt und der Menge als heilige Reliquie empfohlen. Tausende wallfahrteten zu seinen Gebeinen. Bald wollten die Wahnbethörten gesehen haben, daß die Gebeine des jungen Simon erglänzten. Man sprach soviel davon, daß selbst die Erfinder an das Märtyrerthum glaubten. Die Dominikaner verkündigten von allen Kanzeln das neue Wunder und eiferten gegen die Bosheit der Juden. Zwei Rechtsgelehrte aus Padua, welche nach Trient gekommen waren, um sich von der Wahrheit des Vorfalles zu überzeugen, wurden von der fanatischen Menge beinah erschlagen[1]). Das Wunder sollte geglaubt werden, und so wurden die Juden aller christlichen Länder neuerdings gefährdet. Selbst in Italien durften sich die Juden nicht aus den Städten hinauswagen, um nicht von dem ersten Besten als Kindesmörder erschlagen zu werden. Der Doge Pietro Mocenigo und der Senat von Venedig erließen zwar auf die Klage der Juden wegen Unsicherheit ihres Lebens und Eigenthums an den Podestà von Padua einen Befehl, die Juden gegen Angriffe kräftig zu schützen und den Predigermönchen zu verbieten, das Volk gegen sie aufzureizen. Der Doge bemerkte dabei, daß das Gerücht: die Juden in Trient hätten ein Christenkind erschlagen, erlogen sei, eine List ihrer Feinde, zu irgend einem Zwecke erfunden[2]). Als der Papst Sixtus IV. angegangen wurde, den kleinen Simon selig zu sprechen, verweigerte er es standhaft, erließ ein Sendschreiben in diesem Sinne an alle Städte Italiens (10. October 1475), verbot Simon von Trient als Heiligen zu verehren, bis er die Sache werde untersuchen lassen, und beschwichtigte die Aufregung gegen die Juden. Er soll einen eigenen Legaten zur Untersuchung nach Trient geschickt haben; dieser wurde aber in Bern gemißhandelt[3]). Die Geistlichen ließen nichtsdestoweniger

---

[1]) Joseph Kohen a. a. O.

[2]) Das Edict zu Gunsten der Juden vom Dogen und Senate von Venedig befindet sich im Paduaner Archiv und ist abgedruckt in Cardoso: Excellencias de los Hebreos p. 427, bei Isaak Viva vindex sanguinis p. 17 und bei Wagenseil a. a. O. S. 119. Der Hauptkern ist: Credimus certe: rumorem ipsum de puero necato commentum esse et artem; ad quem finem viderint et interpretentur alii. Erst ein Jahrhundert später hat ein Papst auf Drängen der Trientiner den Cultus zu Ehren des Kindes officiell genehmigt.

[3]) Mansi in einer Note zu Raynaldus Annales eccl. ad an 1475 Ende: Sixtus IV. encyclis literis duis per Italiam datis X. Octobris vetuit, ne puer Simon pro Sancto haberetur et coleretur, de cujus caede inquisitionem institui mandavit, ac tantum motas in Judaeos ea occasione

die Gebeine des Simon verehren und veranstalteten Wallfahrten zu der für sie erbauten Kirche. Der Judenhaß in Deutschland erhielt dadurch neue Nahrung. Die Bürger von Frankfurt a. M. ließen ein Standbild an der Mainbrücke, die nach Sachsenhausen führt, anbringen, worauf ein gemartertes Kind und die Juden in scheußlicher Stellung mit dem Teufel in Verbindung dargestellt wurden. Zwei schlechte Verse waren dabei angebracht:

"So lang Trient und das Kind wird genannt,
Der Juden Schelmstück bleibt bekannt"¹).

Die lügenhafte Nachricht von dem Kindesmorde in Trient verbreitete sich wie ein Lauffeuer durch viele Länder der Christenheit und verursachte den Juden neues Leidwesen, aber nirgends in so hartnäckiger Weise, wie in der ehrenfesten Reichsstadt Regensburg. Die Qualen der Juden von Regensburg in dieser Zeit geben zugleich ein anschauliches Bild von dem damaligen kläglichen Zustand Deutschlands.

Die jüdische Gemeinde dieser Stadt, eine der ältesten in Süddeutschland, galt im Allgemeinen nicht blos als sehr fromm, sondern auch als sehr sittlich. Seit Menschengedenken wurde kein eingeborner Jude dieser Stadt wegen eines sittlichen Vergehens vor Gericht gestellt ²). Es war eine besondere Ehre, mit Regensburger Juden verschwägert zu sein. Die Gemeinde wurde als die gelehrteste und als die Mutter aller übrigen deutschen Gemeinden angesehen ³). Sie hatte verbriefte Freiheiten von Alters her, welche die Kaiser für die Leistung der Kronengelder beim Regierungsantritt zu erneuern pflegten. Die Regensburger Juden wurden halb und halb als Stadtbürger anerkannt und bezogen gleich den Christen als Miliz die Wache ⁴). Man könnte fast sagen, daß sich die bayerischen Fürsten und Körperschaften um die Regensburger Juden rissen — freilich um Geld von ihnen zu zapfen. Sie waren daher in der letzten Hälfte dieses Jahrhunderts ein wahrer Zankapfel geworden. Zunächst beanspruchte das Recht auf sie der Kaiser Friedrich III., der, im Reiche und selbst in seinen Erbländern von allen Seiten beschränkt, mit dem Reichthume der Juden seine leere Kasse füllen wollte. Als er daher nach seinem Römerzuge als Kaiser gekrönt war, verlangte er auch von der

per urbes Italiae turbas compesci jussit. Bei Eck a. a. O. Auch Joseph Kohen a. a. O. p. 80.

¹) Abbildung und Beschreibung bei Schudt: jüdische Denkwürdigkeiten II. S. 256. Wagenseil a. a. O. S. 109.
²) Gemeiner a. a. O. III. S. 332 aus Urkunden.
³) Das. S. 617 Note 1294.
⁴) Gemeiner I. S. 449; II. S. 14, 167; III. S. 361.

Regensburger Gemeinde den „dritten Pfennig" von ihrem Vermögen „nach altem gutem Brauche"[1]). Der Herzog Ludwig von Bayern-Landsberg und Pfalzgraf bei Rhein, der Reiche genannt, machte dagegen geltend: daß die Regensburger Gemeinde so wie die bayerischen Juden überhaupt, dem Kaiser nichts zu leisten hätten, indem sie der Kaiser Ludwig der Bayer vor mehr denn hundert Jahren den Landesherzögen um 46,000 Gulden verpfändet hätte. Ihr Eigenthum sei daher diesen, aber nicht dem Kaiser verpflichtet[2]). Der Herzog Ludwig war zwar ein Todfeind der Juden, hatte sie aus seinem Gebiete verjagt und hätte sie gerne auch aus Regensburg ausgewiesen (o. S. 188), wenn er die Befugniß dazu gehabt hätte. Allein ihr Vermögen wollte er doch nicht in des Kaisers Säckel fließen lassen, zumal er mit ihm in Feindschaft lebte. Außerdem machte das Geschlecht der Kamerauer Ansprüche auf die Regensburger Juden geltend[3]), auch der Rath der Stadt und allenfalls auch der Bischof[4]). In Folge dieser widersprechenden Ansprüche und Streitigkeiten waren die Regensburger Juden keineswegs auf Rosen gebettet. Es kamen bald von der einen, bald von der anderen Seite Befehle an den Rath, die Juden oder die Vorsteher oder ihren Rabbinen — damals der vielgeprüfte Israel Bruna — so lange zu verhaften, bis sie, durch den Kerker mürbe gemacht, sich zur Zahlung entschlössen[5]). Der Rath der Stadt suchte sie zwar zu schützen, aber nur so lange keine Fährlichkeit für die Bürger in Aussicht stand, und so lange die Juden nicht den christlichen Zünftlern Concurrenz machten[6]).

Um den Plackereien und den herzlosen Willkürlichkeiten zu entgehen, gab ihnen Klugheit den Rath ein, sich unter den Schutz des einen oder des andern hussitischen Edelmanns oder Kriegers zu begeben, um solchergestalt mehr Sicherheit zu genießen, als unter des Kaisers sogenannter Schirmherrschaft[7]). Denn die raschen Hussiten waren noch immer von den schwerfälligen Deutschen gefürchtet. Obwohl sie ihren ketzerischen Fanatismus halb und halb abgelegt und sich unter katholische Könige begeben hatten, so flößte doch der Heldenmut der Kelchner noch immer den Katholiken und namentlich der Geistlichkeit einen großen Schrecken ein. Die Folge bewies, daß die Juden klug gehandelt hatten, den Schutz der Hussiten anzurufen. Es wurde nämlich in Regensburg ein Bischof gewählt — Heinrich —

---

[1]) Das. III. S. 224. [2]) Das. S. 205, 225, 569, 579.
[3]) Das. S. 66, 255. [4]) Das. S. 530 Note 1052 und S. 566.
[5]) Das. S. 252, 354, 528; vergl. Note 5. [6]) Das. S. 415.
[7]) Das. S. 561, 570.

der von finsterer Gemüthsart war und kein Erbarmen kannte. Er hielt streng auf die Ausführung der kanonischen Beschränkungen gegen die Juden, ließ einst ein christliches Mädchen, das in den Dienst eines Juden getreten war, und ein anderes Mal einen christlichen Bader, der einem Juden zur Ader gelassen, zum warnenden Beispiel unerbittlich bestrafen. Seine judenfeindliche Gesinnung wirkte ansteckend. Als einst die jüdische Hebamme erkrankt war, und eine christliche den Kindesnöthen jüdischer Frauen beistehen sollte, wagte es der Rath nicht, ohne die bischöfliche Zustimmung die Erlaubniß dazu zu ertheilen[1]). Der Bischof Heinrich und der Herzog Ludwig, gleichgestimmt im Judenhaß, befolgten nun einen, wie es scheint, gemeinsam verabredeten Plan, die Regensburger Juden zu ruiniren oder zu bekehren. Sie versicherten sich dazu einerseits der Zustimmung des Papstes und andererseits der Beihilfe einflußreicher Personen im Bürgerrathe[2]).

Ihr Feldzugsplan begann mit Bekehrungsversuchen und lügenhaften Anschuldigungen, und sie bedienten sich dabei zweier nichtswürdiger getaufter Juden. Der Eine, Namens Peter Schwarz, verfaßte Anklage- und Schmähschriften gegen seine ehemaligen Glaubensgenossen. Zum Schein erbat sich der Herzog Ludwig vom Bischof die Erlaubniß, daß Peter Schwarz für die Juden Bekehrungspredigten halten dürfte, und zugleich, daß diese gezwungen werden sollten, sie anzuhören. Der Bischof Heinrich that ihm den Gefallen und zwang die Juden, die gegen sie gerichteten Schmähreden des Apostaten zur Osterzeit in der bischöflichen Kapelle anzuhören[3]). Der andere getaufte Jude, Namens Hans Vayol, schleuderte die schwersten Beschuldigungen gegen den greisen Rabbinen Israel Bruna, darunter auch, als habe er ihm ein siebenjähriges Christenkind abgekauft und es geschlachtet[4]). Der bereits durch schwere Leiden geknickte Rabbiner von Regensburg wurde in Folge dessen auf den Tod angeklagt.

Israel Bruna (von Brünn, geb. um 1400, gest. um 1480[5])

---

[1]) Das. 512.   [2]) Das. 530 und Note Nr. 1053.

[3]) März 1474. Gemeiner das. 530 f. Aretin, Geschichte der Juden in Bayern, S. 36. Würfel a. a. O. S. 96. „1478 predigte Schwarz für die Juden auf dem Kirchhofe, suchte sie zu überzeugen, hat aber nicht viel ausgerichtet." Vergl. über ihn Wolf, Bibliotheca II. p. 1111 IV, 527.

[4]) März 1474. Gemeiner das. III. 532.

[5]) Sein ungefähres Geburtsjahr ergiebt sich aus der Angabe in den Urkunden bei Gemeiner (a. a. O.), daß „Israel von Bruna" 1474 bereits „ein alter abgelebter Mann" war. Im Jahre רז״ל = 1477 erging noch eine Anfrage an ihn (Respp. No. 217). 1456 war er bereits in Regensburg (Respp. No. 121): וברינגשפורק שנת רי״ו היה פדיון הבן; vergl. Note 5.

war einer jener Unglücksmenschen, die von einer Widerwärtigkeit in die andere gerathen. Jünger des Jakob Weil in Erfurt und des Israel Isserlein in Wiener-Neustadt, verband er mit der erstaunlichen Talmudfestigkeit einen außerordentlichen Scharfsinn und war zu der bedeutendsten Rabbinerstelle berechtigt. Wahrscheinlich in Folge der Judenvertreibung aus Brünn (o. S. 189), wo er bereits als rabbinische Autorität anerkannt war[1]), kam er nach vielen Wanderungen über Prag[2]) nach Regensburg, besetzte sich daselbst und wollte rabbinische Funktionen ausüben für solche, welche ihm Vertrauen schenkten. Aber ein dort wohnender Talmudkundiger Amschel, obwohl selbst nur Privatmann und nicht von der Gemeinde als Rabbiner angestellt, erhob Widerspruch gegen die rabbinische Concurrenz und verbot Israel Bruna, Vorträge für Jünger zu halten, Ehescheidungen vorzunehmen, alle diejenigen Funktionen zu üben, welche damals mit dem Rabbinate verbunden waren, und die Ehrenbezeigung mit ihm zu theilen. Da Beide ihren Anhang hatten, so entstand in Folge dessen eine Spaltung in der Regensburger Gemeinde. Seine zwei Lehrer, Jakob Weil und Isserlein, Vertreter des freien Rabbinats und abgesagte Feinde des geistlichen Beamtenthums, nahmen sich zwar des verfolgten Israel Bruna an, denen sich ein Rabbiner von Nürnberg, David (Tevele) Sprinz, anschloß. Sie machten die einleuchtendsten Gründe geltend, daß es jedem Juden unbenommen sei, insofern er nur die genügende Kenntniß besitze, von einem Lehrer autorisirt sei und einen frommen und sittlichen Wandel führe, die Rabbinatsfunktionen zu handhaben. Zu Gunsten des Israel Bruna führrten sie noch an, daß er seinen Beitrag zu den Gemeindelasten spendete und demgemäß ein berechtigtes Gemeindeglied war[3]). Nichtsdestoweniger dauerte die Spaltung in der Regensburger Gemeinde fort, und Israel Bruna war öfters Beleidigungen von Seiten der Gegenpartei ausgesetzt. Als er einst einen Vortrag halten wollte, verließen einige Rädelsführer das Lehrhaus, und Viele folgten ihrem Beispiele[4]). Jünger seines Gegners malten wiederholt heimlich an seinem Sitze in der Synagoge Kreuze, schrieben dabei das entsetzliche Wort „Ketzer" (Epicuros) und brachten noch andere

---

[1]) Respp. No. 25; Isserlein Pesakim No. 128.
[2]) Respp. Israel Bruna No. 130.
[3]) Respp. Jakob Weil, No. 153; Isserlein, Pesakim No. 126—128; Respp. Israel Bruna Nr. 253. Aus Isserlein Nr. 138 geht hervor, daß Israel Bruna selbst Anfangs nicht für die Freiheit der rabbinischen Funktion war. Auch in seinem Streit mit Salmoni (Respp. Joseph Kolon No. 169, 170) zeigte J. Bruna, daß er seinen beiden Lehrern an Hochherzigkeit und Selbstverleugnung nachstand.
[4]) Respp. Israel Bruna Nr. 231.

Schmähungen gegen ihn an¹). Nach und nach, namentlich nach dem Tode der beiden rabbinischen Größen Jakob Weil und Israel Isserlein, wurde Israel Bruna zwar als unanfechtbare rabbinische Autorität anerkannt, und von Nah und Fern wurden Anfragen an ihn gerichtet. Aber seine Leiden hörten damit nicht auf. Als der Kaiser Friedrich von der Regensburger Gemeinde die Kronengelder forderte, der Herzog Ludwig Einspruch dagegen erhob, und der Rath von Regensburg rathlos war, nach welcher Seite er Willfährigkeit und nach welcher er Widerstand zeigen sollte, ließ der Kaiser den Rabbinen in Haft bringen, damit er durch den Bannspruch die Gemeinde zur Leistung des dritten Theils vom ganzen Vermögen der Gemeinde nöthigen sollte²). Er wurde nur gegen Bürgschaft mit seinem Vermögen aus dem Kerker entlassen. Und nun wurde noch dazu gegen den bereits abgelebten Mann von dem getauften Juden Hans Vayol die fürchterliche Anklage des Kindermordes und anderer Verbrechen erhoben.

Der Bischof Heinrich und die Geistlichkeit wollten aus dieser Beschuldigung Kapital für ihren Judenhaß machen, und das dumme Volk schenkte dem Märchen um so eher Glauben, als sich Gerüchte von Christenkindermord durch jüdische Hände von Tag zu Tage häuften. Nur wenige Jahre vorher hatte der Markgraf von Baden auf solche Beschuldigungen hin mehrere Juden seines Gebietes martern und hinrichten lassen und den übrigen Juden ihr Vermögen abgenommen. Der Kaiser hatte zwar ein strenges Schreiben an denselben und an alle Deutschen jeden Standes gerichtet: daß die Päpste durch kundige Männer haben erforschen lassen³), daß die Juden kein Blut brauchten. Seine Stimme wurde so wenig gehört wie die der Vernunft. In Regensburg zweifelte Niemand daran, daß der greise Israel Bruna ein Christenkind umgebracht hätte, und er sollte schon auf Antrag der Geistlichkeit gerichtet werden. Um ihn der Wuth des Volkes zu entziehen, ließ ihn der Rath, welcher dafür verantwortlich gemacht zu werden fürchtete, in Kerkerhaft bringen.

Indessen wendete sich die geängstigte Gemeinde nicht blos an den machtlosen Kaiser, sondern auch an den mehr gefürchteten böhmischen König Ladislaus, und bald darauf liefen von Beiden dringende Schreiben ein, denselben ohne Entgelt aus dem Gefängnisse zu entlassen⁴). Der Rath entschuldigte sich aber mit der Furcht vor dem

---

¹) Respp. Mose Menz. Nr. 76. ²) Vergl. Note 5.
³) Die Urkunde von Freitag (?) vor Johannistag 1470, ist mitgetheilt in Wagenseils Hoffnung der Erlösung Israels S. 102 ff.
⁴) Schreiben vom Kaiser vom 12. und 16. März 1474 und vom König Ladislaus vom 18. März. Gemeiner a. a. O. S. 532.

Bischof und dem Pöbel. Darauf erfolgte wieder eine Mahnung vom Kaiser, mit der Hinrichtung von Israel Bruna zu warten, bis er zum Reichstage nach Augsburg kommen würde. Damit war der Rath noch weniger zufrieden; er fürchtete nämlich bei dieser Gelegenheit seine Gerichtsbarkeit über die Juden zu verlieren. Er entschloß sich demzufolge zu einem entschiedenen Akte. Der Rath ließ den Ankläger Hans Vayol auf die steinere Brücke führen, dort stand der Scharfrichter bereit; der Tod wurde ihm angekündigt, und er wurde angegangen, nicht mit einer Lüge in's Jenseits überzugehen. Der verstockte Sünder blieb indeß bei seiner Anschuldigung gegen die Juden im Allgemeinen, gestand jedoch ein, daß der Rabbiner Israel Bruna unschuldig an dem ihm zur Last gelegten Kindermord sei. In Folge dessen und auf eine neue Zuschrift des Kaisers wurde Vayol verbrannt und der Rabbiner der Haft entlassen. Er mußte aber Urfehde schwören, daß er keine Rache für die langen Leiden nehmen würde[1]. Der arme, schwache Greis, er sollte sich rächen!

Kaum war dieses Unglück von der Regensburger Gemeinde abgewendet, so traf sie ein anderes mit noch weit stärkerer Wucht. Kaiser Friedrich hatte einen thatkräftigen Kriegszug gegen den kühnen Herzog Karl von Burgund unternommen; dazu brauchte er natürlich Geld. Die Juden, die lebendigen Goldminen, mußten wieder herhalten, ausgebeutet zu werden. Der Gemeinde Regensburg wurde eine außerordentliche Kriegssteuer von 4000 Gulden aufgelegt[2]. Ob sie im Stande war, diese Summe zu leisten, danach wurde nicht gefragt. Und wenn sie auch zahlungsfähig gewesen wäre, so durfte sie doch nicht zahlen; denn der Bürgerrath und der Herzog Ludwig waren beide entschieden dagegen, jener weil er fürchtete, daß dem Kaiser dadurch ein Rechtsanspruch erwachsen möchte, Kriegskontribution von Bürgern der Reichsstadt überhaupt nach Belieben zu erheben, dieser, weil er das Vermögen der Juden als ihm verpfändet betrachtete. Die Juden mußten also die Zahlung verweigern. Der Kaiser brauchte aber Geld, und so sandte er einen Commissär nach Regensburg, mit der Vollmacht, bei beharrlicher Weigerung der Juden ihre Synagogen zu schließen, das Judenviertel zu sperren und die ganze Gemeinde in Haft zu halten[3]. Sie war in einer argen Klemme, zahlte sie nicht, so reizte sie den Zorn des Kaisers, und zahlte sie, so stand ihr das Schlimmste von Seiten des Herzogs bevor. Es blieb natürlich nichts

---

[1] Gemeiner a. a. O. Ueber das Datum der Urfehde 14ten April vergl. Note 5.

[2] September 1474.

[3] Das. S. 521. Note 1155. S. 557 f.

Anderes übrig, als sich mit dem kaiserlichen Fiscus unter der Hand abzufinden. Dadurch riefen die Juden wieder den Haß des Herzogs und der Geistlichkeit wach. Die Steuerzahlung fiel natürlich den Reichen zu, und diese machten Geldgeschäfte. Je mehr sie belastet wurden, desto mehr waren sie auf Zinsnahme angewiesen. Der Bischof und der Herzog, feindseligen Geistes gegen die Juden, verboten nun mit einem Mal das Zinsgeschäft und erklärten die christlichen Schuldner ihrer Verpflichtungen — Kapital nebst Zinsen — ledig. Vergebens beriefen sich die jüdischen Kapitalisten darauf, daß der Kaiser eine Bulle vom Papst ausgewirkt habe, die ihnen das Zinsnehmen gestatte. Vergebens erließ der Kaiser Friedrich an den Bischof und an den Rath Befehle, „die Juden nicht so hart zu halten, sondern nach altem Herkommen mit ihnen zu verfahren" (August 1475); die Geistlichkeit war stärker als das schwache Reichsoberhaupt. Der Rath wollte ebenfalls den Juden beistehen, aber seine Mitglieder wurden wegen ihrer Theilnahme für die Juden in den Bann gethan[1].

Nun kam die Nachricht von der angeblichen Marter des Kindes Simon von Trient nach Regensburg und goß Oel in's Feuer. Der Bischof Heinrich war recht glücklich, eine Gelegenheit gefunden zu haben, die Juden ungestraft und im Interesse des Glaubens martern und verfolgen zu können. Auf seiner Reise nach Rom hatte er von dem Trienter Kindermorde etwas erfahren; auf seiner Rückkehr wollte er in Trient selbst die Proceßakten in Augenschein genommen und aus der Aussage des getauften Regensburger Juden Wolfkan (o. S. 259) die Ueberzeugung geschöpft haben, daß einige Regensburger Juden acht Jahre vorher ein Christenkind gekauft und abgeschlachtet hätten. Bei seiner Rückkehr war es für den Bischof eine hochwichtige Angelegenheit, den Rath zu bestimmen, gegen die von Wolfkan bezeichneten Juden einen hochnothpeinlichen Proceß einzuleiten. Ein großer Theil des Rathes und der judenfeindliche Kämmerer Rothscherf gingen gerne darauf ein, zumal in Aussicht stand, daß durch die herbeizuführende Verbannung der Regensburger Gemeinde der Stadt das Judenquartier zufallen würde. In spießbürgerlicher Aengstlichkeit wollte sich indessen der Rath zuerst vergewissern, ob der Herzog Ludwig ihn gegen etwa daraus entspringende Ungelegenheiten schützen würde, und holte zu dem Zwecke die Erlaubniß von ihm ein, gegen die Juden verfahren zu dürfen. Dieser Erzjudenfeind bewilligte natürlich noch mehr als von ihm verlangt wurde, und so wurden vor der Hand sechs Regensburger Juden eingezogen, in den Kerker geworfen und

---

[1] Gemeiner a. a. O. S. 528. Note 1045, S. 539, 547.

des Mordes eines Christenkindes angeklagt (März 1476). Städtische, herzogliche und bischöfliche Commissarien leiteten die Untersuchung. Auf die Folter gespannt, bekannten die Unglücklichen nicht blos das ihnen zur Last gelegte Verbrechen, sondern sagten auch aus, daß sie zu verschiedenen Zeiten mehrere Kinder unmenschlich gemartert und getödtet hätten. Das Geld für die gekauften Kinder sei aus der Gemeindekasse geliefert worden. Das Blut hätten sie gesammelt und entfernten Freunden einen Fingerhut voll davon oder in Leinwand getränkt zum Geschenk gemacht. Solches Blut tränken die Juden in Wein gemischt am Passa-Abend oder strichen es auch auf den Osterkuchen als Mittel gegen den Aussatz, oder um eine gesunde Gesichtsfarbe zu erzielen. Die Angeklagten gaben selbst an, wo sie die Gebeine der ermordeten Kinder verscharrt hätten, und sie wurden richtig an der bezeichneten Stelle gefunden[1]). Dies alles glaubten die Wahnbethörten oder stellten sich, als ob sie es glaubten. Indessen behaupteten unbefangene Christen: der Rath habe ausgegrabene Kindergebeine an einen bestimmten Ort begraben lassen und sie dann als Beweise für das Verbrechen geltend gemacht[2]). In Folge der durch die Folter erpreßten Aussagen wurden nicht nur noch elf Juden zu den sechs eingezogen und in den Proceß verwickelt, sondern auch die ganze Gemeinde in Haft gehalten. Wachen standen Tag und Nacht an den vier Thoren des Regensburger Judenquartiers und ließen Niemanden hinaus oder herein. Das ganze Vermögen sämmtlicher Regensburger Juden nahmen die Commissarien und Richter in Beschlag und schrieben Alles auf. Ein entsetzliches Gericht erwartete die Unglücklichen.

Indessen fiel dieser Proceß, der zu seiner Zeit viel Aufsehen machte, ebenso sehr zum Nachtheil der Bürger, wie der Juden aus. Gleich beim Beginn der Untersuchung hatten mehrere Juden Regensburg verlassen, sich nach Böhmen und zum Kaiser begeben und alle Mittel aufgeboten, um ihre unglücklichen Brüder zu retten[3]). Die Juden wußten aber, daß, um ihre gerechte Sache an's Licht zu bringen, vor Allem Geld, viel Geld nöthig sein würde. Zu diesem Zwecke traten mehrere bayerische Rabbinen zu einer Synode in Nürnberg zusammen — wahrscheinlich unter Vorsitz des damaligen Rabbiners **Jakob Margoles**[4]) und beschlossen, daß sämmtliche bayerische Gemeinden und jedes einzelne nicht ganz verarmte Mitglied einen verhältnißmäßigen Beitrag geben sollte, um die Summe zur Befreiung der Regensburger Angeklagten zusammen zu bringen. Die Synode machte mit Recht geltend, daß diese so durch und durch erlogene An-

[1]) Das. S. 567—575. [2]) Das. S. 590.
[3]) Das. S. 570 und 576. [4]) Vergl. Note 7.

schuldigung des Kindermordes sämmtliche bayerische Gemeinden in Mitleidenschaft ziehen würde. Die Nürnberger Gemeinde trug aber Scheu, den Bann gegen Gemeindemitglieder zu verhängen, welche die Beisteuer versagen sollten, weil sie dann bei geschehener Anzeige von ihrer Obrigkeit in Strafe genommen worden wäre. Sie wandte sich daher an den angesehensten Rabbiner Italiens, an Joseph Kolon (o. S. 253), um ihrem Beschlusse Nachdruck zu geben. Dieser erließ sofort ein Rundschreiben an sämmtliche bayerische, möglich auch an andere deutsche Gemeinden, ihren Beitrag nach Schätzung der Nürnberger Synode nicht zu versagen und sich das Leid ihrer Brüder in Regensburg zu Herzen zu nehmen[1]).

Indessen bedurfte es nicht so großer Anstrengung, um die Summe zusammen zu bringen. Wo es die Rettung ihrer Brüder galt, waren die Juden, so sehr sie auch das Geld liebten, nicht engherzig. Zwar führte die Verwendung der böhmischen Edelleute, in deren Schutz sich viele Regensburger Juden begeben hatten, zu Gunsten ihrer Schützlinge zu keinem Erfolg[2]). Aber viel wirksamer waren die Geldmittel, welche die Vertrauensmänner der Regensburger Gemeinde beim Kaiser Friedrich und seinen Räthen anwandten. Man muß diesem sonst so schlaffen Kaiser Gerechtigkeit widerfahren lassen, daß er in diesem Processe viel Thatkraft und Beharrlichkeit gezeigt hat. Er war nämlich von der Lügenhaftigkeit der Blutbeschuldigung gegen die Juden so fest überzeugt, daß er sich durch keine Vorspiegelung irre machen ließ. Er erließ ein Handschreiben an den Regensburger Rath, die eingekerkerten Juden von Stunde an frei zu lassen und die Haft ihres Vermögens aufzuheben (April 1476). Da der Rath dem Befehle keinen Gehorsam leistete, so erließ er ein zweites Handschreiben „daß er mit großem Mißfallen bemerke, daß die Juden Regensburgs noch nicht in Freiheit gesetzt sind" (10. Mai[3]). Dem Rath schien es aber unmöglich, darauf einzugehen, ohne sein Ansehen blos zu stellen. Auch eiferten die Predigermönche selbst in Gegenwart des kaiserlichen Commissärs von der Kanzel gegen die Juden, so daß zu befürchten stand, wenn die Juden freigelassen würden, der fanatische Pöbel töbtliche Angriffe auf sie machen würde. Der Rath entschuldigte sich daher beim Kaiser und schob Alles auf den Herzog Ludwig, dem die Juden verpfändet wären, und der auf seine Rechte über sie eifersüchtig sei. Kaiser Friedrich bestand indeß um so beharrlicher auf die Freilassung der Juden, weil es zugleich galt, sein erschüttertes kaiserliches Ansehen bei den Fürsten und Freistädten zu befestigen.

---

[1]) Vergl. Note 5.   [2]) Gemeiner das. S. 570.   [3]) Das. S. 576.

Er sandte daher hochgestellte Beamte nach Regensburg, den Erbmarschall von Pappenheim und den Vogt von Sumerau, um den Herzog auf freundlichem Wege zur Nachgiebigkeit zu bewegen und den Rath mit Beschädigung des Handels und Gewerbes der Handelsstadt zu bedrohen, falls er in Ungehorsam verharren sollte. Schon wurden der Herzog Ludwig und selbst der Bischof Heinrich, welche die Fäden gesponnen hatten, schwankend, als der Rath alle Anstrengung machte, den Herzog auf seine Seite zu ziehen und eine neue Gesandtschaft an den Kaiser abgehen zu lassen. Kaiser Friedrich gerieth aber in aufwallenden Zorn über die Halsstarrigkeit der Spießbürger, zumal ihm hinterbracht worden war: der Rath habe, gegen die kaiserlichen Befehle, einige Juden hinrichten lassen. Er erklärte daher die Stadt in des Reiches „Pön, Strafe und Buß" wegen halsstarrigen Ungehorsams verfallen und lud sie zur Verantwortung vor sich (14. Juli). Zugleich sandte er den kaiserlichen Fiskal ab, der Stadt den Blutbann zu entziehen und mit andern schweren Strafen zu drohen (2. September).

Der Rath war also durch diese Händel in arge Verlegenheit gerathen. Die Ehre der Stadt stand auf dem Spiele; die Prozeßkosten beliefen sich auf 180 Pfund. Wer sollte sie tragen? Die Väter der Stadt beeilten sich daher vor Allem, durch einen Notar bestätigen zu lassen, daß die siebzehn angeklagten Juden noch am Leben seien, und stellte die Aufzeichnung des Vermögens der Gemeinde ein. Zugleich drang der Rath darauf, daß herzögliche und bischöfliche Abgeordnete mit den städtischen zusammen den Kaiser und durch bedeutende Geldsummen die kaiserlichen Räthe umstimmen sollten. Auch an den Papst sandte die Stadt eine Bittschrift, ihr beizustehen. Aber das Geld gab diesmal nicht den Ausschlag; der Kaiser bestand unumwunden darauf, die Juden müßten sofort in Freiheit gesetzt werden, und der kaiserliche Fiskal verfolgte die Stadt beharrlich[1]). Die Verbrechen, welche in der Stadt begangen wurden, mußten ungestraft bleiben; Handel und Wandel stockte in Regensburg, weil die Kaufleute ohne Schutz waren; das neidische Nürnberg suchte ihn an sich zu ziehen. Als in dem Judenviertel ein Feuer ausbrach, war der Rath auf's Aengstlichste besorgt, daß die Juden an Leib und Gut keinen Schaden dabei erleiden sollten, damit die Schuld nicht auf ihn gewälzt werde. Um dem Kaiser ein wenig entgegen zu kommen, entließ der Rath die Gemeindeglieder, welche nicht direkt als Kindesmörder angeklagt waren aus der Haft; sie mußten aber ein Handgelübde geben, daß sie die Stadt nicht verlassen würden (Oktober 1477). Abgeordnete des Rathes

---

[1]) Das. S. 577—581.

reiften hin und her und waren zu großen Geldbewilligungen ermächtigt, um des Kaisers Einwilligung zu erlangen, an den Juden die Strafe vollstrecken zu dürfen. Aber der Kaiser war so aufgebracht gegen Regensburg, daß er die Abgeordneten gar nicht zur Audienz ließ.

Der Rath setzte sich daher mit dem päpstlichen Legaten Alexander in Verbindung, um durch dessen Vermittlung aus der Ungelegenheit gezogen zu werden. Eine Appellationsschrift an den Papst wurde ausgearbeitet, um ihn gegen die Juden einzunehmen. Aber diese waren nicht säumig, auch ihrerseits eine Schrift dem päpstlichen Legaten zu überreichen, worin sie ihre Unschuld an dem Kindermorde darlegten und sich darauf beriefen, wie der päpstliche Stuhl ihre Glaubens= genossen öfter gegen Ungerechtigkeit in Schutz genommen habe[1]. Auch legten die Juden dem Kaiser Friedrich eine Schrift vor, worin sie durch angebliche Urkunden nachwiesen, daß ihre Vorfahren lange, lange vor Christi Geburt in Deutschland und Regensburg gewohnt, folglich für Jesu Kreuzigung nicht zu büßen haben sollten[2]. Der Legat Alexander nahm indeß Partei für die Regensburger Christen und suchte auf den Kaiser judenfeindlich einzuwirken[3]. Dieser fuhr nichts= destoweniger fort, sich der Juden kräftig anzunehmen.

Als die städtischen Abgeordneten nach vieler Bemühung und durch reiche Bestechung einmal zur Audienz zugelassen wurden und dabei die Juden mit der Bemerkung anschwärzten: „Es wäre vor Gott und Menschen nicht zu verantworten, wenn die Juden mehr begünstigt und schonender behandelt werden als die Christen" (d. h. daß man den Letztern nicht einmal gestatten wollte, unschuldige Juden hinrichten zu lassen), würdigte sie der Kaiser nicht einmal einer unmittelbaren Antwort, sondern ließ ihnen durch seinen Kanzler erwidern: daß es in Betreff der Regensburger Juden bei seinem Befehle verbleibe, die Verhafteten loszulassen. Es war sonst kein Wort vom Kaiser heraus zu bringen[4]. Friedrich, sonst so schlaff, zeigte sich bei dieser Angelegenheit überraschend fest. Es waren sogar neue kirchenschänderische Anklagen gegen die Juden erhoben worden. Sie wurden beschuldigt, bei Passau Hostien von einem Christen gekauft und gemartert zu haben, wobei Wunder geschehen

---

[1] Daj. S. 589—91, S. 594.

[2] Christianus Ostrofrancus oder Hofmann bei Aretin, Geschichte der Juden in Bayern S. T. Fabricius, Codex pseudepigraphus novi Testamenti III. p. 497 enthält einen ähnlichen pseudepigraphischen Brief der Tolebaner Gemeinde an die von Jerusalem zur Zeit Christi gegen Jesu Verurtheilung.

[3] Gemeiner a. a. O. S. 602.   [4] Daj. S. 595.

seien. Es seien nämlich Figuren von Tauben oder Engeln aus der zerstochenen geweihten Oblate geworden. Daraufhin hatte der Bischof von Passau eine große Menge Juden hinrichten lassen, einige glimpflich durchs Schwert, andere auf Scheiterhaufen und noch andere mit glühenden Zangen. Und „zur Ehre Gottes" und zum Andenken an diese Unmenschlichkeit wurde eine neue Kirche erbaut (Frühjahr 1478 [1]). Ein Jude und eine Jüdin aus Regensburg waren der Theilnahme angeklagt und ebenfalls in den Kerker geworfen worden. Alle diese Vorfälle wurden dem Kaiser von verschiedenen Seiten mitgetheilt, um in ihm Fanatismus rege zu machen. Allein er blieb bei seiner Ueberzeugung von der Unschuld der Regensburger Juden und erließ einen neuen Befehl: die wegen Hostienschändung Eingekerkerten weder zu martern, noch zu tödten, sondern mit diesen wie mit den andern Gefangenen zu verfahren. Vergebens schickte der Rath Abgeordnete über Abgeordnete an den kaiserlichen Hof und bot die damals hohe Summe von 4000 Gulden. Es erschien ein kaiserlicher Beamter mit einem Mandate, die eingekerkerten Juden binnen drei Wochen dem Kaiser auszuliefern bei Androhung der Reichsacht und des Verlustes aller Privilegien und einer Geldstrafe von 1000 Mark Goldes (März 1478).

In Folge dieser ernsten Sprache zerfiel der Rath selbst in zwei Parteien: die Eine für den Widerstand, die Andere für Nachgiebigkeit. Doch wurde der spießbürgerliche Mittelweg eingeschlagen, die Sache zu verschleppen. Die Judenfeinde rechneten auf den baldigen Tod des Kaisers. „Dann würden sie sich die Juden durch einen Gewaltstreich vom Halse schaffen, sie aus der Stadt treiben und ihre Häuser schleifen oder auch sich aneignen" [2]. Es wurden neue Unterhandlungen gepflogen, neue Vorschläge gemacht. Ein Intriguant Ramung, der bei der Verfolgung der Juden in Trient und Passau eine Rolle gespielt hatte, wurde gewonnen, den Kaiser umzustimmen. Aber auch diese Machination scheiterte an des Kaisers Festigkeit. Er erklärte rund heraus: „Mit Fug und Ehren mag und will ich die Juden nimmermehr tödten lassen, und die von Regensburg dürfen in der Verachtung und in dem Ungehorsam, in dem sie so lange verharrt sind, dieselben nimmermehr richten" [3].

So mußte denn der Rath nach langem Sträuben in den sauren Apfel beißen und eine schriftliche Versicherung ausstellen, die gefangenen

---

[1] Quellen bei Aretin a. a. O. S. 38. S. Dr. Eck's Judenbüchleins Verlegung T. 3 b. fg.
[2] Gemeiner a. a. O. III. S. 603—605.   [3] Das. S. 607.

Juden zu entlassen und die Juden überhaupt wegen dieses Processes nicht aus der Stadt zu jagen. Außerdem sollte die Stadt 8000 Gulden Strafgelder an den kaiserlichen Schatz zahlen und dann Bürgen für 10,000 Gulden Buße stellen, welche die Regensburger Juden — man weiß nicht warum — zu leisten hätten. An den Papst zu appelliren verbot die Einsicht „daß der päpstliche Hof noch goldgieriger war als der kaiserliche".

Als der Regensburger Gemeinde dieser Beschluß eröffnet wurde, daß sie unter der Bedingung frei werden würde, wenn sie nicht blos die ihr auferlegte Summe, sondern auch die Strafgelder der Stadt und die Proceßkosten zahlte, weigerte sie sich darauf einzugehen. Es überstieg all ihr Vermögen, bemerkten ihre Vertreter, zumal sie drei lange Jahre der Freiheit und Gelegenheit zum Erwerb beraubt waren (Sommer 1478). Die Gefangenen und in Haft Gehaltenen wollten lieber in ihrem elenden Zustande verharren, als Bettler werden. Vergebens ließ sie der Kaiser durch seinen Hofjuden David (b. Ahron aus Marburg?) auffordern, sich dem Beschlusse zu fügen[1]). Und so blieben sie noch zwei Jahre in Arrest theils wegen der Geldangelegenheit und theils wegen der zu leistenden Bürgschaft für sie. Sie wurden erst in Freiheit gesetzt, als sie Urfehde versprochen und geschworen, daß sie weder ihren Leib, noch ihr Gut aus der Stadt Regensburg bringen würden (4. September 1480[2]) Georg, der Herzog von Bayern, Sohn des judenfeindlichen Ludwig, beschuldigte den Rath, daß er in der Anklage gegen die Juden zu lau verfahren sei und nicht kurzen Proceß mit ihnen gemacht, ehe die kaiserlichen Räthe sich einmischen konnten. Er verbot, daß die Juden Abschlagzahlung an die Bürger leisten sollten. Sie mußten sich daher Plackereien gefallen lassen von denen, welche sie zwar nicht mit dem Schwerte tödten durften, aber mit Nadelstichen marterten. Der Schutz, den ihnen der Kaiser verlieh, war trügerisch[3]). Die Herzöge wünschten nur, daß die Juden je eher je lieber ausgetrieben würden[4]).

Zehn Jahre vorher wurden die Juden der uralten Gemeinde Mainz und des Erzbisthums überhaupt ausgewiesen. Ihr Erzfeind Adolph von Nassau wurde nach Entsetzung des Diether von Isenburg (o. S. 252) vom Papste als Erzbischof von Kurmainz bestätigt. Wiewohl er sich Anfangs durch große Summen bestimmen ließ, sie zu dulden, so sagte er plötzlich ihnen doch seinen Schutz auf und gewährte ihnen nur eine kurze Frist (5. Sept. bis 29. Oct.), mit

---

[1]) Daf. S. 611. [2]) Daf. S. 699 — 11, 647, 639, 640.
[3]) Daf. S. 649, 671, 775. [4]) Daf. S. 734, Note 1433.

Weib und Kind auszuwandern. Die alte Synagoge verwandelte der Erzbischof Adolph in eine Kirche. Vergebens hatten sich die ausgewiesenen Juden an den Kaiser Friedrich gewendet und dieser sie dem Schutze des Grafen Ulrich von Württemberg empfohlen. Der eigensinnige Priester ließ sich keine Vorschriften gefallen. Seit dieser Zeit durften sich nur vereinzelte Juden durch einen besondern Schutz und für schweres Geld in Mainz und Umgegend aufhalten[1]). Zur selben Zeit sind auch die Juden aus Schwaben[2]) vertrieben worden, die Veranlassung und die näheren Umstände sind noch nicht ermittelt.

In Folge der Ausweisungen der Juden aus verschiedenen Gauen Deutschlands in der zweiten Hälfte des fünfzehnten Jahrhunderts und der höllenähnlichen Quälereien in Spanien neigte sich der Schwerpunkt der Judenheit immer mehr dem Osten zu. Polen und die Türkei wurden Zufluchtsstätten für sie. Eine gewisse Frische des Geistes zeigte sich auch bald unter den türkischen Juden, der Sinn für Wissen und die Theilnahme an geistigen Interessen erwachte. Es gab hier Männer, die sich auch mit anderen Zweigen außer dem Talmud beschäftigten. Mardochai Ben=Eleasar Comtino (oder Comtiano, blühte um 1460—1490[3]), aus Constantinopel nach Adrianopel übergesiedelt, war ein Kenner der Mathematik und Astronomie. Er verliebte sich in Jbn=Esra's Schriften, legte sie aus und erläuterte den Pentateuch mit steter Rücksichtnahme auf die Karäer. Comtino beruhigte sich in seinen Forschungen nicht beim Hergebrachten, sondern suchte eigene Pfade auf und gab seine Vernunft nicht an alte Autoritäten gefangen[4]). Rabbaniten und Karäer saßen zu seinen Füßen und lernten von ihm Weisheit und gegenseitige Duldung. Er selbst sprach mit Achtung und Anerkennung von den Karäern[5]).

[1]) Schaab, diplomatische Geschichte der Juden von Mainz S. 120 fg. 130 fg.

[2]) Folgt aus Reuchlin's de accentibus, praefatio ad Hadrianum l. III. cui (mihi) plane nulla Judaeorum relicta est conversatio. Quippe cum fuerint prope toto vitae meae tempore a mea patria exacti et extorres, nec in ullo ducis Suevorum territorio habitare audeant. Da Reuchlin 1455 geboren ist, so folgt aus diesen Worten, daß die Juden aus Schwaben um 1460—1470 vertrieben wurden.

[3]) Vergl. Note 6.

[4]) Vergl. den Passus aus Comtino's Polemik gegen Sabbataï b. Malkiel, Katalog Leyden p. 204.

[5]) Joseph Bagi in אגרת קריה נאמנה (Codex in der Leydener Bibliothek, Katalog Beilage VII. p. 392); והנה לך עדים נאמנים על מה שאמרתי דברי הרב מרדכי (כומטינו) בעצמו שאמר על הקהלה הקראית שהיה באדריאנופולי זה לשונו: ראיתי אנשים חכמים ונבונים אבות על רודפי צדק מבקשי התורה . . . חוקרים ודורשים הראיות והפרושים ואמר בפרטות מעלת כיר׳ יוסף רבצי (l.) רביצי.

Isaak Zarfati, der Verfasser des Sendschreibens aus der Türkei (o. S. 214), erbat sich von ihm eine verständliche Erklärung zu den aristotelischen und maimunischen logischen Schriften.

Noch andere Juden niedern Grades im türkischen Reiche befaßten sich mit weltlichen Wissenschaften oder lehnten sich an Ibn-Esra, die Verkörperung einer vernunftgemäßen Schriftauslegung, an. Salomo b. Elia Scharbit-Sahab (blühte um 1470—1500¹) in Salonichi und Ephesus, Dichter, Prediger und Grammatiker, verfaßte ein astronomisches Werk mit Tafeln und vertiefte sich ebenfalls in Ibn-Esra. Sabbatai b. Malkiel Kohen, von einer der griechischen Inseln nach der Türkei eingewandert, wollte in Ibn-Esra's Geist tiefer als Comtino eingedrungen sein und band mit diesem deßwegen eine gelehrte Fehde an²). Es war ein günstiger Boden für eine frische Anpflanzung jüdisch-wissenschaftlichen Geistes in der Türkei vorbereitet, wenn nicht schlimme Einflüsse die junge Aussaat zerstörten. Selbst das freundnachbarliche Verhältniß zwischen Rabbaniten und Karäern oder ihre Reibungen gegen einander durchbrachen die Beschränktheit der buchstabenstarren Ueberfrömmigkeit. Zwei Karäer, Elia b. Mose Baschjazi aus Adrianopel und Joseph Rewizi, bildeten sich unter Comtino aus³). Der Erstere

---

¹) Elia Baschjazi citirt in seiner kurzen Berichtigung gegen Elia Misrachi (im letzten Blatte zu Firkowitz Edition des אדרת אליהו) in Betreff des Erbrechtes: כי כן אמרו . . ר' שלמה שרביט הזהב ומורי . . מרדכי כומטיינו. Er scheint demnach ein Zeitgenosse Baschjazi's gewesen zu sein (d. h. um 1470—90) und über den Pentateuch geschrieben zu haben. Im Katalog der hebräischen Grammatiker (bei Wolf I. p. 340) wird שרביט הזהב als Verfasser einer hebr. Grammatik השק שלמה 1490 angeführt. De Rossi Codex Nr. 314, 3 enthält dessen Comment. zu Ibn-Esra's ספר השם (auch in der Vaticana bei Bartolocci IV. p. 269), in dem angegeben ist: Se eum concinnasse, quum e patria sua exsul veniret ad urbem Ephesi anno הא ספר (nur die punktirten Buchstaben als Datum herauszuheben 5261 = 1501). Menahem Tamar citirt ihn schon in seinem Supercommentar zu Ibn-Esra Pentateuch-Comment. (Katalog, Leyden p. 122) von 1484(?) als Lebenden. S. Scharbit-Sahab verfaßte noch: de incessu planetarum (מהלך הכוכבים) et tabulas astronomicas (bei Bartolocci l. c.), dann Predigten (das.). Die übrigen Schriften bei Bartolocci sind zweifelhaft (vergl. Wolf I. p. 1040 und 1096). Ein Gedicht von ihm nach Art von כתר מלכות citirt Luzzato (Kerem Chemed IV. p. 39).

²) Vergl. Katalog Leyden p. 202 f. Nebenher sei noch erwähnt: Menahem Tamar (um 1446—1500), der einen Supercommentar geschrieben (oben) und אזהרות = אל תנחומות gedichtet hat, Katalog Leyden p. 139 f.

³) Elia Baschjazi nennt in seinem nomokanonischen Werke אדרת אליהו (Ed. Firkowitz, Eupatoria 1855) öfter Mardochaï Comtino als seinen Lehrer. Von יסף רביצי (wie der Name in Simcha Isaak Luzki's Orach Zadikim p. 21b lautet), berichtet Joseph Bagi. Vergl. oben Anmerk. 1.

erlangte eine unbestrittene Autorität unter den Karäern durch sein Gesetzbuch (verfaßt um 1480—1490[1]), welches einen Abschluß in der Reihe der karäischen Religionsschriften bildet und darum von den Spätern als Norm anerkannt wurde. Zu seiner Zeit hatte aber Elia Baschjazi mit einer stockorthodox=karäischen Partei, welche von der Krim und Rußland nach der Türkei eingewandert war, zu kämpfen. Sie wollte sich nämlich die Neuerung nicht gefallen lassen, für die Sabbathnächte Beleuchtung vorbereiten zu lassen[2]). Von der einen Seite liefen gelehrte Rabbaniten förmlich Sturm gegen das Karäerthum. Comtino bei aller seiner Freundlichkeit und Zuthunlichkeit gegen die Karäer, Salomon Scharbit=Sahab, Mose Kapuzato und der junge Elia Misrachi aus Constantinopel[3]) um dessen Anhänger herüberzuziehen, und auf der anderen behaupteten die Karäer: Einsichtsvolle Rabbaniten würden sich ohne weiteres Anan's Bekenntniß zuwenden, wenn sie nicht das Geschrei der finstern und fanatischen Deutschen fürchteten[4]). Ein Don Gedalja Ibn=Jachja Negro, der, von Lissabon ausgewandert, um nach Palästina zu reisen, in Konstantinopel zurückgehalten wurde, arbeitete mit Zustimmung der Karäer daran, die beiden so lange getrennten Sekten wieder zu vereinigen (um 1487); allein viele Rabbaniten stemmten sich gegen diese Vereinigung[5]).

Denn nicht blos die jüdisch=deutschen Einwanderer, sondern auch der Großrabbiner der türkischen Gemeinden, Mose Kapsali, (o. S. 206) vertrat mit Nachdruck das rabbanitische Judenthum und wehrte jede Annäherung an das Karäerthum ab. Dieser in der

[1]) Vergl. Note 6.
[2]) Baschjazi, Aderet Eliahu p. 31 b. Vergl. oben S. 203.
[3]) Zunz setzt fälschlich Mose Kapuzato um 1365 (synagogale Poesie S. 224). Baschjazi, der ihn im genannten Werke öfter als Polemiker gegen den Karäismus citirt, bezeichnet ihn p. 7a als seinen Zeitgenossen: השחורה עלתה במוח מר משה (קפוצטו) היוני ודבר עתק על ר' אהרון בעל המבחר... והוא נבל פה ומבלבל החכמים בלשונו הנבלה... אמנם מפני שבקשו ממני להשיב על דבריו מפני שהיה אחרון מטבעלי הקבלה וזמנו קרוב לזמננו ודבר עתק על חכמינו. In der Einleitung und auch im Texte nennt ihn Baschjazi, מר משה, היונ המכונה קפוצטו. Joseph Bagi stellt ihn zwischen Comtino und Scharbit Sahab (a. a. O.): מר מרדכי (קומטינו) יהקפוצטו ושרביט. — Elia Misrachi muß noch vor 1490 eine polemische Schrift gegen die karäische Exegese geschrieben haben; denn Baschjazi widerlegte einen von dessen Einwürfen (in dem Prodromus zu אדרת letzte Seite).
[4]) Vergl. das Citat o. S. 216 Anmerk. 2.
[5]) Ibn=Jachja in Schalschelet p. 50 teilt das Factum mit, das Datum hat Carmoly aus einer Grabschrift ermittelt, wonach dieser Gedalja Ibn=Jachja in Konstantinopel 3ten Tischri 5248 = 1588 starb (Biographie der Jachjiden p. 17).

deutschen Schule gebildete erste Chacham Baschi war ebenso asketisch wie gewissenhaft. Trotz der hohen Würde, die er auch unter Mohammed's II. Nachfolger, dem Sultan Bajasid (Bajazet) II., einnahm und trotz des Wohlstandes, der ihm aus seiner reichen Einnahme erwuchs, fastete er öfter und schlief nie in einem Bette, sondern auf harter Erde[1]). Mose Kapsali war dem freundlichen Entgegenkommen gegen die Karäer ganz besonders abhold und nahm Anstoß daran, daß Rabbaniten sie im Talmud unterrichteten, da sie ihn doch verwerfen. Ungeachtet seiner religiösen Peinlichkeit entging er indeß nicht dem Hasse und der Verleumdung von Seiten derer, welche es aus verkehrter Ueberfrömmigkeit oder aus Heuchelei oder gar aus persönlichen Beweggründen auf seinen Sturz abgesehen hatten, weil er gegen ihr anarchisches Treiben unnachsichtig war. Einige Gegner verleumdeten ihn, den Gesetzesstrengen, der Uebertretung der Religionsvorschriften. Die Intriguen einer Partei in Constantinopel verwickelten Mose Kapsali in bittere Feindseligkeit mit dem leidenschaftlich heftigen Rabbiner Joseph Kolon in Mantua (o. S. 253) und regten überhaupt eine hitzige Fehde innerhalb der Judenheit an.

Die Veranlassung zu dem weit um sich greifenden Streite war der faule Zustand der Juden Palästina's und besonders Jerusalem's. Die heilige Stadt war stets, seitdem ihre Krone in den Staub gesunken war, der Tummelplatz kleinlicher Parteiung aller Bekenntnisse. Die jüdische Gemeinde war keine ständige, sondern wechselte stets durch neue Ankömmlinge. Im fünfzehnten Jahrhundert scheinen italienische Einwanderer das Uebergewicht in Jerusalem erlangt zu haben, und als ein sonst wenig bekannter Talmudist und Arzt, Elia di Ferrara, dahin gekommen war, beeilten sich die Vorsteher, ihm das Rabbinat zu übertragen[2]), weil in ihrer Mitte kein Mann von Kenntnissen vorhanden war. Als sich später deutsche Zuzügler in Jerusalem niederließen, maßten sich die Eingesessenen eine Art Patricierthum über dieselben an, chikanirten sie auf eine kränkende Weise, denuncirten sie, wo sie selbst ihnen nicht beikommen konnten, beim Pascha und brachten sie in vielfache Gefahren. Die unglücklichen deutschen Juden waren überall die Sündenböcke, auf deren Häupter Fremde und Stammgenossen alles Elend häuften. Um die Habgier des Mamelucken-Sultan Melk Eschref Kaïtbay und der Würdenträger zu befriedigen, mußten die Juden viel Geld aufbringen,

---

[1]) Vergl. Note 7.
[2]) Das interessante Sendschreiben des Elia de Ferrara vom Jahre 1438 im Sammelwerke Dibre Chachamim p. 61 ff. und übersetzt von Carmoly Itinéraires p. 331 ff.

und die eingesessenen Alten, welche das Regiment führten, legten die meisten Lasten auf die Deutschen[1]). Sie trieben es so weit, daß am Ende für sie selbst die nachtheiligsten Verwirrungen entstanden. Die allzubelasteten bedrückten Deutschen wichen aus der Stadt, welche ihnen, statt Seelenruhe, Unheil brachte, und ließen meist ihre Weiber und Kinder, von Mitteln entblößt, zurück, so daß nach und nach die Zahl der hilflosen Frauen die der schaffenden Männer bei weitem überstieg. Von dreihundert Familienvätern waren kaum siebzig zurückgeblieben[2]). Dadurch stieg die Armuth der Zurückgebliebenen ins Maßlose; die Vorsteher waren daher genöthigt, zu den gewissenlosesten Mitteln zu greifen, die Steuern zu erschwingen, um sich das Wohlwollen der mohammedanischen Behörden zu erhalten. Sie verkauften Hospitäler, Synagogen-Ornamente, Bücher und selbst die Thorarollen und zwar an Christen[3]), welche ein gutes Geschäft machten, da für eine Thorarolle aus Jerusalem in Europa eine hohe Summe gezahlt wurde. Der Druck von Seiten des Jerusalemer Vorstandes trieb einen Juden dazu, den Turban zu nehmen, und eine Mutter, welche sich an ihren Stammgenossen wegen der Kränkungen an ihrem Sohne rächen wollte, weihte ein Haus, das sie im Vorhofe der großen Synagoge hatte, zum Bau einer Moschee. Die mohammedanische Behörde nahm sofort Besitz davon, und als die Moschee fertig war, hieß es: Die Synagoge sei ihnen im Wege, denn die Mohammedaner könnten wegen der ringsum stehenden jüdischen Häuser keinen Zugang zur Moschee finden. Als nun zufällig das Haus eines Juden einstürzte und einen Weg eröffnete, wollten die Mohammedaner den Wiederaufbau desselben verhindern. Es kam zum Proceß und zum erbitterten Streite, und am Ende wurde auf Anreizung eines Scherchs die Synagoge zerstört (um 1473—1475). So genossen die Eingesessenen die bittere Frucht ihres Uebermuths. Da aber damals auch im Oriente, wie auch im christlichen Europa Alles für Geld zu erlangen war, so bewirkte der Vorstand von Jerusalem vom Sultan eine neue Untersuchung in Kairo; einige Richter und der Scheich wurden bestraft, und der zerstörte jüdische Tempel durfte wieder aufgebaut werden. Dadurch öffnete sich für die Habgier der „Alten" eine wahre Goldmine. Send-

---

[1]) Israel Isserlein, Pesakim No. 88: ומה שכתבת לי עוד מ‎ילוחך לארץ צבי ולעיר הקדש . . . . שמענו כמה פעמים שיש בני ברית מערבים נחשבים לרשעים גמורים מוסרים מפורסמים ודם טורדים ומבלבלים האשכנזים שהם שופרי תורה. Dieses Urtheil stimmt vollständig mit dem autoptischen Bericht des Obadja da Bertinoro, wovon weiter unten und Note 6.

[2]) Obadja da Bertinoro, Reisebericht a. a. O. S. 209, 213.

[3]) Das. 209, 214.

boten wurden nach Ost und West ausgeschickt, um Gelder zum Bau der Synagoge in der heiligen Stadt zu sammeln, wovon mehr als die Hälfte in den Säckel der Vorsteher floß. Starb ein jüdischer Pilger in Jerusalem, so trat der Vorstand dessen Erbschaft an, angeblich damit die Kosten des Baues zu decken, und theilte sie mit dem Pascha. Erkrankte ein Fremder in Jerusalem, so wagten es seine Freunde und Nachbarn nicht einmal an sein Bett zu treten, weil sie sich sonst der Gefahr aussetzten, von dem Vorstande beschuldigt zu werden, etwas vom Kranken entwendet zu haben, und demgemäß der Bastonade oder dem Tode entgegenzusehen[1]). Das gewissenlose Treiben der Jerusalemer Vorsteher verscheuchte die Bessern aus der Stadt, weil diese sich wegen ihrer lästigen Ermahnungen oder stillen Unzufriedenheit gefährdet fühlten. Eine bedeutende Persönlichkeit, Nathan Schalal aus der Berberei, reich, fromm, gelehrt und alt, mußte ebenfalls aus Furcht vor Denunciationen die von Räubern verwaltete, heilige Stadt meiden und wurde in Aegypten zum Oberrabbiner (Nagib) sämmtlicher Gemeinden ernannt[2]). Als der herzliche und liebenswürdige Prediger Obadja da Bertinoro, seine Sehnsucht nach dem heiligen Lande zu befriedigen, nach Aegypten gekommen war (1488), warnte ihn dieser Nathan eindringlich, sich nach der Räuberhöhle Jerusalem zu begeben. Dieser aber, bewaffnet mit dem Muthe des Märtyrers, ließ sich nicht zurückhalten. Er war auch so glücklich berichten zu können, daß ihm bei seiner Ankunft in Jerusalem nichts Leides von den Eingesessenen und dem Vorstande zugefügt worden sei[3]); er wisse aber nicht, wie es weiter gehen würde. Es konnte ihm aber nicht schlecht gehen; denn Obadja da Bertinoro mit seinem sanften Wesen, seinem herzbewegenden Organ und seiner Rednergabe entwaffnete die Bosheit der Gewissenlosen. Die Gemeinde lauschte mit Andacht auf seine Predigten, und er wirkte nach und nach durchs Ohr auf ihr Herz. Die Jerusalemer Vorsteher zeigten ihm gegenüber einen Schein von Reue

---

[1]) Das. 214, eine grausenerregende Schilderung der bodenlosen Immoralität der זקני ירושלם. Auch Joseph Kolon (Respp. No. 5) giebt Nachricht über die Bettelei für die Synagoge in Jerusalem: ויהי כהיום אשר קרה מקרה בן פרש ידו צר על בית הכנסת בירושלם . . ונתק הבית הגדול והקדש ועל זה הוצרכו קהלות קדושות שבירושלם להוציא מעות רבות כדי להשתדל לבנות ולנהרסות על ידי מלך מצרים גם בהוצאה הבנין ולענינים אחרים והוצרכו ללות ברבית מן הגוים ממון הרבה ונשתעבדו בגיף וממון ואין לאל ידם לפרוע וכו׳, alles lauter Aufschneiderei der Sendboten. Es ist hier wahrscheinlich von derselben Synagoge die Rede, welche in Folge eines Streites zwischen Juden und Mohammedanern zerstört wurde. Vergleiche darüber Munk, Palestine p. 644 nach einer arabischen handschriftlichen Quelle: l'histoire de Jerusalem et d'Hebron.

[2]) Obadja da Bertinoro p. 209.   [3]) Das. p. 213, 220, 223.

ob ihrer Unthaten und verfuhren seitdem minder hart gegen neue Ankömmlinge ¹).

Für den Bau der großen Synagoge und für die Armen Jerusalems wurde indeß fortwährend und überall durch Sendboten gebettelt. Ein solcher Sendling Namens Mose Vierundzwanzig²) war auch nach Constantinopel gekommen und hatte bei dem Großrabbinen Mose Kapsali die Erlaubniß nachgesucht, durch Predigten in den türkischen Gemeinden die Reichen für die Jerusalemer Spenden zu gewinnen. Da aber damals Krieg zwischen dem türkischen Sultan Bajasid II. und dem ägyptischen Chalifen Melek Eschref Kaïtbaï (1487—1488) bestand, und Geldausfuhr von der Türkei nach den ägyptischen Provinzen, also auch nach Palästina, verboten war, so durfte und mochte Mose Kapsali die Geldsammlung für Jerusalem nicht unterstützen. Ohne Empfehlung von dem Großrabbinen fand der Jerusalemer Sendbote keine Theilnahme in den türkischen Gemeinden und war dadurch gegen denselben gereizt. Obwohl Mose Kapsali sich sonst seiner warm annahm und ihm Genugthuung verschaffte, als ihn der junge Prediger Elia Misrachi einst von der Kanzel weisen ließ, so gab sich Mose Vierundzwanzig dennoch zum Helfershelfer einer Intrigue gegen den Chacham Baschi her. Vier ränkesüchtige und gewissenlose Männer, welche voller Ingrimm gegen Mose Kapsali waren: Elia der Vorsteher (Parnas der Deutschen?), Aaron b. Abaji, Isaak Altirno und Ascher aus Köln, erfanden schwere Anschuldigungen gegen denselben, als habe er in Ehesachen leichtsinnige und neuerungssüchtige Entscheidungen getroffen. Die Anklagepunkte waren: Er habe einem jungen Mädchen, das mit einem jungen Manne vermittelst einer Feige die Ehe eingegangen worden war, gestattet, sich anderweitig ohne Scheidebrief zu verheirathen und habe das erste Ehegelöbniß für null und nichtig erklärt, weil er eine Anordnung getroffen habe, eine Ehe dürfe nur in Gegenwart von zehn Zeugen eingegangen werden. Ferner habe Kapsali die kinderlose Frau eines getauften Juden von der Pflicht der Schwagerehe entbunden. Dann habe er in einem Scheidebriefe den Ehemann statt unter seinem bekannten Namen unter einem unbekannten aufführen lassen und dadurch die Scheidung formell ungültig gemacht. Endlich habe er die Braut eines Mannes, der zum Christenthum übergegangen war, ohne weiteres als ledig erklärt. Diese Anklagepunkte setzten die vier Gegner Kapsali's in einem Schreiben auseinander und übergaben es dem jerusalemischen Bettler mit dem Auftrage, es Joseph Kolon

---

¹) Das. p. 213. ²) Vergl. über alles Folgende Note 7.

nach Italien zu überbringen. Sie machten ihm noch mündliche Mittheilungen, wie er Kapsali anschwärzen sollte, um den als einen heftigen Eiferer bekannten Kolon gegen ihn einzunehmen.

Das Ganze war aber nichts als ein ganz gemeines Lügengewebe. Nichtsdestoweniger schenkte Joseph Kolon, sobald der Jerusalemer Mose Vierundzwanzig ihm die Schrift eingehändigt hatte, den vier Unterzeichneten vollen Glauben, vertrauend auf die Namen, die ihm als ehrenwerthe Männer geschildert waren. Mit der Heftigkeit und dem Ungestüm seines Naturells erhitzte er sich in einen Eifer, als wenn dem Judenthum von Seiten Kapsali's die höchsten Gefahren drohten. Er erließ ein Sendschreiben (um 1488), worin er Kapsali als einen unwissenden Menschen, der den Rabbinerstuhl schände, schilderte und die vier jüdischen Gemeinden von Konstantinopel (die urbyzantinische, negropontische, deutsche und italienische) aufforderte, ihm den Gehorsam zu kündigen und ihn nicht als Rabbinen anzuerkennen, „da er viele zur Sünde verleite, Aergerniß gebe und Gottes Namen entweihe". Ja, Joseph Kolon bedrohte diejenigen mit dem Banne, welche Mose Kapsali auch nur den Titel „Rabbiner" geben sollten. Dieses Amtentsetzungsdekret eines italienischen Rabbinen gegen einen Genossen im türkischen Reiche war jedenfalls ein Eingriff in die Selbständigkeit der Gemeinden, selbst wenn die Anklage begründet gewesen wäre. Aber wer sollte das Schreiben nach Konstantinopel bringen und dort bekannt machen? Der Sendbote selbst behielt es fast zwei Jahre in der Tasche und getraute sich nicht damit an die Oeffentlichkeit zu treten. Als das Sendschreiben Kolon's endlich in die Hände Kapsali's gelangte, lud er selbst die verschiedenen Gemeinden ein und las es ihnen vor. Die höchste Entrüstung ergriff die Zuhörer ob dieser bodenlosen Verleumdung und Anklage gegen ihren fleckenlosen, geachteten und gewissenhaften Großrabbinen. Die Urheber der Verleumdung sollen vorher von der Pest hingerafft worden sein. Kapsali schrieb an Kolon eine Entgegnung, worin er es, in dem Bewußtsein seiner gekränkten Unschuld, an scharfen Worten nicht fehlen ließ. Da Kolon schwer zu überzeugen war, daß die Anschuldigungen lediglich auf einer bodenlosen Lüge beruhten, und er von boshaften Ränkeschmieden als Werkzeug mißbraucht worden wäre, beharrte er Anfangs auf seinem Beschlusse. Die Angelegenheit kam daher in die Oeffentlichkeit und machte weit und breit einen peinlichen Eindruck. Nicht blos die angesehensten Juden Constantinopels nahmen sich Kapsali's, als eines schwer Gekränkten an, sondern auch die bedeutendsten Rabbinen Italiens und Deutschlands: **Juda Menz** in Padua, die drei gelehrten Brüder Delmedigo: **Elkana** in Kandia, **Mose** (später in

Jerusalem) und Elia; ferner Jakob Margoles, Rabbiner in Nürnberg und andere, sie alle legten Zeugniß für Kapsali's unantastbaren Character, musterhafte Religiosität und tiefe Talmudkunde ab und tadelten Kolons Benehmen gegen ihn schonungslos.

Da dieser nicht aus Ehrgeiz oder Rechthaberei den Kampf aufgenommen hatte, sondern in reinem Eifer für die vermeintlich verletzte Religion aufgetreten war, wurde er zuletzt erschüttert und gab seine Reue unverhohlen zu erkennen, sobald er überzeugt worden war, daß er Kapsali Unrecht gethan hatte. Auf seinem Todtenbette (um 1490) schickte er eigens seinen Sohn Perez Kolon nach Constantinopel, um von dem Beleidigten Verzeihung zu erlangen, damit er nicht mit einer so schweren Sünde ins Jenseits eingehen müßte. Kapsali war großmüthig genug, die Beleidigungen zu vergessen, nahm sich nicht blos des Sohnes seines Beleidigers mit warmem Herzen an (wie einst Alfâßi gegen den Sohn seines Gegners Albalja), sondern sprach von Joseph Kolon stets mit großer Verehrung. Solche Tugenden zierten die geistigen Führer der Juden in dem Zeitalter, in dem die christlichen Priester mit Gift, wirklichem Gifte gegen einander wütheten. Noch öfter spritzten sie es gegen diejenigen aus, aus deren heiligen Schriften sie nur Haß und nicht Menschlichkeit lernten. Als der Fanatismus im Bunde mit der Raubsucht die jüdischen Bewohner Spaniens und Portugals ins Elend jagten, und diese nach den ihnen offenen Freistätten in Italien und der Türkei steuerten, stand der Franziskaner-Mönch Bernardinus von Feltre wie ein entmenschtes Ungethüm an den Hafenplätzen, um den Schiffbrüchigen die gastliche Aufnahme in italienischen Städten zu verwehren[1].

[1] Acta Sanctorum September T. VII. p. 375.

Dreizehntes Kapitel.

Die Inquisition in Spanien.

Die Marranen, ihre Anhänglichkeit ans Judenthum und ihre unüberwindliche Abneigung gegen das Christenthum. Die Dominikaner lüstern nach Menschenopfern; Alonso de Ojeda, Diego de Merlo und Pedro de Solis. Der Katechismus für die Marranen. Eine polemische Schrift gegen den Katholicismus und die Despotie wirkt günstig für die Einführung der Inquisition. Das Tribunal wird eingesetzt. Miguel Morillo und Pedro de San-Martin die ersten Inquisitoren. Der marranische Dichter Montoro Ropero. Das erste Inquisitionsgericht in Sevilla. Die Artikel, um die apostasirenden Ketzer zu erkennen. Die Procession des Auto-da-Fé. Die Menge der Angeklagten und Hingerichteten. Der Papst Sixtus IV. Anfangs für, dann gegen die Inquisition, bald für Milde, bald für Strenge. Die Inquisition unter dem ersten Generalinquisitor Thomas de Torquemada; seine Constitutionen. Die Marranen in Aragonien. Verschwörungsplan gegen den Inquisitor Arbues. Sein Tod schlägt zum Unheil der Marranen aus. Verfolgung gegen die Verschworenen und ihre Beschützer. Zunahme der Schlachtopfer. Der Proceß gegen zwei Bischöfe von jüdischer Abkunft, de Avila und Aranda. Jüdisches Blut in den Adern des spanischen Adels.

(1474—1492.)

Ein jüdischer Dichter[1] nannte Spanien die Hölle für die Juden. Und in der That haben giftgeschwollene Calibans in Mönchskutten, die Erfinder der Inquisition, das schöne Land dazu gemacht. Alles Elend, allen tragischen Schmerz, den nur die ausschweifendste Phantasie eines Dichters ersinnen kann, allen Jammer, der das Herz des Menschen in seinen Tiefen zu erschüttern geeignet ist, haben diese Unmenschen im Gewande der Demuth über die Juden der hesperischen Halbinsel gebracht. Auch diese Calibans sprachen: „Verbrennet nur ihre Bücher, denn darin liegt ihre Kraft." Nicht blos den Leib, auch den Geist der Juden wollten die Dominikaner tödten. Freilich haben sie das Leben des Judenthums nicht tödten können, es gelang ihnen nur, das paradiesische Spanien allmählich in einen großen Kerker umzuschaffen, in dem nicht einmal der König frei war. Das Inquisitionstribunal, das die Mönche geschaffen, hat den Juden tiefe, aber nicht unheilbare Wunden geschlagen. Sie sind gegenwärtig bald vernarbt, Spanien kränkelt aber noch heute an den Wunden, welche die Inqui-

---

[1] Samuel Usque in der Einleitung zu seinem Dialogon: As consolacães.

sition ihm beigebracht. Ferndando der Katholische und Isabella die Bigotte, welche durch die Vereinigung von Castilien und Aragonien und die Entdeckung Amerikas den Grund zur Größe Spaniens gelegt, haben zugleich durch die Schöpfung des Inquisitionstribunals dessen Verkümmerung und Verwesung angebahnt.

Die Neuchristen, zu Tausenden in den Königreichen Castilien und Aragonien, raubten den Mönchen ihren Schlaf. Mehrere von ihnen waren trotz ihrer Verfolgung und der Abneigung der Altchristen gegen sie in den Bisthümern Toledo und Cordova (o. S. 151, 230) in Castilien und mehr noch in Aragonien mit hohen Staatsämtern und Kirchenwürden bekleidet, hatten durch Reichthümer großen Einfluß auf maßgebende Kreise und waren mit altadligen Familien verschwägert[1]). Die Neuchristen machten den dritten Theil der Städtebewohner aus und waren intelligent, fleißig und rührig. Viele Marranen hatten in den tiefen Falten ihres Herzens ihre Liebe zum Judenthum und zu ihrem Stamme bewahrt. Und selbst solche, die aus philosophischen Gründen gegen das Judenthum gleichgiltig waren, hatten einen unüberwindlichen Widerwillen gegen das Christenthum, das ihre Lippe öffentlich zu bekennen gezwungen war. Wenn sie auch nicht ihre Kinder beschneiden ließen (o. S. 230), vielmehr sie zur Taufe brachten, so vernachlässigten sie doch die Kirchen-Riten und Sakramente mit mehr oder weniger Heimlichkeit. Die Juden, welche die religiöse Gesinnung vieler ihrer abgefallenen Stammgenossen achteten, leisteten ihnen Vorschub, die religiösen Satzungen erfüllen zu können[2]).

[1]) Vgl. Amador h. III. p. 237 f. die Namen der marranischen Würdenträger.
[2]) Quellen über die Einführung der Inquisition: Bernaldez (Reyes Catolicos) und daraus Llorente und die neueren Geschichtschreiber; Mariana; Prescott B. I.; Adolfo de Castro, Judios en España (Cadix 1847), de los Rios, Estudios und hist. T. III. 246 f. und Lafuente historia general de España T. IX. bei der betreffenden Zeit. Fernere Hauptquellen: Pulgar Reyes Catolicas (Valentia 1780) T. II. c. 77; Zuñiga, Annales de Sevilla II. p. 386 ff. Das reichste Material hat Llorente aus Urkunden zusammengestellt, da er Sekretär der Inquisition unmittelbar vor ihrer Aufhebung war, und sämmtliche höllische Procefakten zu seiner Disposition standen. Ueber neuentdeckte Quellen la Inquisicion Toledana und andere vergl. Note 11. Von der unvertilgbaren Liebe vieler Neuchristen zum Judenthume und ihrer Abneigung gegen das Christenthum berichtet der Zeitgenosse Saadia Ibn-Danan in einem Gutachten unmittelbar nach Einführung der Inquisition (Chemda Genusa, Sammelwerk von Edelmann p. 14, 15): כי יחוד האל ואהבתו בלבם (בלב האנוסים) והרבה מהם עושים מצות במטמוניות ומסכנים בעצמם . ואפילו הרשעים מהם הנוטים למינות ואפיקורסות אין ההבל ההוא של גוים חשוב בעיניהם לכלום ולא יוכל לבם להאמין שיש בו ממש . . . והגוים מחרפים אותם כל היום וקורין להם יהודים וצונאים אותם מפני נטותם לתורת יהודית.

In dem Edikt für die Vertreibung der Juden aus Spanien motivirt das Königspaar diese Grausamkeit mit der Behauptung, daß die Juden die Mar-

In den Augen der katholischen Geistlichen galten die meisten Marranen, wenn nicht alle, als judaisirende Christen oder als apostasirende Ketzer. Auf den Ursprung ihrer Bekehrung, die durch Gewalt mit Feuer und Schwert bewerkstelligt worden war, achteten sie nicht; jene hatten einmal das Sakrament der Taufe empfangen, und somit seien sie und ihre Nachkommen verurtheilt, in dem christlichen Glauben zu verharren, so widerwärtig es ihnen auch sein mochte. Eine vernünftige Gesetzgebung hätte ihnen freigestellt, zum Judenthum zurückzukehren und allenfalls, um das Aergerniß zu vermeiden, sie gezwungen auszuwandern. Allein die Vertreter der Kirche waren damals voller Verkehrtheit. Das, was die freieste Regung der Seele erfordert, sollte durch Gewaltmittel erzwungen werden — zum größten Lobe Gottes.

Der von mehreren Seiten angeregte Plan, ein Ketzergericht einzusetzen, zuerst von Juao II. oder vielmehr von Alvaro de Luna (o. S. 190), hatte unter dem schlaffen König Heinrich IV. keine feste Gestalt erhalten, zumal die Forderung bis dahin immer nur formulirt war, daß die Inquisition über die verdächtigen Marranen von den Bischöfen geleitet werden solle, mehrere Neuchristen aber selbst Bischofswürden inne hatten und daher die Sache lau betrieben oder gar hintertrieben. Da nahmen die Dominikaner den Plan auf und betrieben ihn mit dem diesem Orden eigenen Feuereifer und beharrlicher Zähigkeit. Sie zielten darauf hin, daß das Tribunal aus ihren Ordensmitgliedern zusammengesetzt sein sollte und zwar unabhängig von den Bischöfen. Sie beabsichtigten damit ihrem Orden Macht und Ueberlegenheit über die anderen zu verschaffen und zugleich die Berechtigung zu erlangen auch hohe Kirchenfürsten vor das Tribunal zu ziehen. Von dem neuen Königspaar versprachen sich die Dominikaner einen großen Erfolg für ihr Vorhaben, von Isabella, welche ihre Beichtväter zu ihrer Sclavin gemacht hatten, und von Don Fernando, welcher zwar nicht so übermäßig kirchlich gesinnt, aber gern die Religion zum Deckmantel seiner Habsucht machte. Man erzählte sich, daß der Beichtvater Thomas de Torquemada einst der Infantin Isabella ein Gelübde abgedrungen habe, wenn sie zum Thron gelangen würde, ihr Leben der Vertilgung der Ketzer zu weihen, zumranen zur Observanz der jüdischen Riten verführt und ihrem Abfall vom Christenthum Vorschub geleistet hätten, und führt eine lange Reihe von Einzelheiten auf: instruyendo los (á los malos Christianos) en las crecencias e ceremonias ... procurando de circumidor á ellos e á sus fijos .... notificandoles los pascuas ... dandoles è levandoles de su pano azimo e carnes muertas con ceremonias etc. Diese lange Schilderung ist jedenfalls übertrieben und ist wohl dem Königspaare von den Inquisitoren insinuirt worden. (Dieses Edikt bei Amador III. p. 604.)

Ruhme Gottes und zur Verherrlichung des katholischen Glaubens[1]). Jetzt war sie Königin geworden: „und ihr Thron war befestigt." Ihr Sinn war benebelt genug zu glauben: „Gott habe sie nur erhöht um die spanische Christenheit von dem Makel des Judenthums zu säubern." Der Prior des Dominikaner-Klosters von Sevilla Alonso de Ojeda, der das Ohr des Königspaares hatte, machte ihm eine abschreckende Schilderung von der Lästerung der Neuchristen gegen den Glauben. Er erzählte: Ein Ritter, der sich bei einer marranischen Familie aufgehalten, habe bemerkt, wie mehrere Neuchristen am Charfreitag den Glauben gelästert und sogar ein Christenkind gekreuzigt haben. Der päpstliche Nuntius in Spanien, Nicolo Franco, unterstützte den Vorschlag der Mönche, ein außerordentliches Tribunal zu errichten, welches die Neuchristen ob ihres Vergehens zur Bestrafung vorladen sollte. Don Fernando ging ohne Bedenken auf den Antrag ein, da er voraussah, daß sein Säckel sich durch die Güterconfiscationen der Verurtheilten füllen werde. Mehr Bedenken hatte die scrupulöse Königin. Indessen wandte sich das Königspaar an den Papst Sixtus IV. und die zwei spanischen Gesandten am römischen Hofe, die Brüder Francisco und Diego de Santillana, bearbeiteten den Papst und das Cardinalcollegium, den Wunsch ihrer Monarchen zu erfüllen. Sixtus, bei dem für Geld Alles, Gutes wie Böses, zu erlangen war, faßte ebenfalls die gewinnbringende Seite der Inquisition ins Auge, erließ eine Bulle zu diesem Zwecke (1. November 1478[2]) und ermächtigte das Königspaar, außerordentliche Inquisitoren von Bischöfen, Welt- oder Klostergeistlichen zu ernennen, die Ketzer, die Abtrünnigen zu vertilgen und ihre Gönner zu richten und zu verurtheilen. Auffällig ist es, daß das Königspaar fast zwei Jahre hingehen ließ, ehe es von dieser päpstlichen Bulle, welche seinen Herzenswunsch erfüllte, Gebrauch machte.

Isabella, auf welche auch den Neuchristen günstige Stimmen einwirkten, wollte, wie es scheint, nicht sogleich strenge Maßregeln erlassen; sie versuchte Anfangs den Weg der Milde. In ihrem Auftrage arbeitete der Erzbischof von Sevilla, Cardinal Pedro Gonzalez Mendoza,

---

[1]) Zurita, Annales de Aragon IV. p. 323.

[2]) Diese für die Einführung der Inquisition Grund legende Bulle war bisher so wenig bekannt, daß einige ihren Erlaß ins Jahr 1480 datirten. Sie war auch noch dem Historiker der spanischen Kirchengeschichte P. B. Gams vor zehn Jahren unbekannt. Erst Fidel Fita hat sie entdeckt und mitgetheilt in Boletin de la Real Academia de la historia 1889. T. XV, p. 449—452. Dadurch ist das Datum 1478 gesichert.

einen Katechismus zum Gebrauche für die Neuchristen aus (1478)
und übergab ihn den Geistlichen seiner Diöcese, die Marranen in den
christlichen Glaubensartikeln, Religionsgebräuchen und Sakramenten
zu belehren. Es gehörte allerdings eine bewundernswürdige Naivetät
dazu, zu glauben, daß getaufte Juden ihre Antipathie gegen das
Christenthum, die täglich mehr Nahrung fand, durch einen trockenen
Katechismus würden fahren lassen. Viele Marranen blieben natürlich
in ihrer Verblendung, nach der Anschauung der Kirche, d. h. in ihrem
reinen Gottesbewußtsein und in ihrer Treue gegen ihre angestammte
Religion. Als aber ein Neuchrist das Königspaar durch die Veröffent=
lichung einer kleinen Schrift verletzte, indem er darin zugleich den
Katholicismus mit seinem götzendienerischen Cultus und die Staats=
verwaltung mit ihrem despotischen Charakter brandmarkte, wurde die
Königin immer mehr geneigt, den Vorschlag zur Errichtung des
Bluttribunals gutzuheißen[1]). Diese Schrift machte nämlich einen so
starken Eindruck, daß der Beichtvater der Königin, Fernando de
Talavera, von jüdischer Abkunft, später zum Erzbischof von Granada
befördert, eine Widerlegung auf höheren Befehl ausarbeitete. Immer
gehässiger wurde die Stimmung des Hofes gegen die Neuchristen.
Und als die Commission, welche das Königspaar ernannt hatte, über
die Besserung oder Halsstarrigkeit der Marranen Bericht zu erstatten,
die Erklärung abgab: dieselben seien unverbesserlich, wurde das
Inquisitionstribunal von dem Königspaare genehmigt und die Mit=
glieder desselben ernannt (7. September 1480). Es bestand aus
Männern, würdig ein solches Blutgesetz zu vollstrecken: aus zwei
Dominikanern, Miguel Morillo, bis dahin Inquisitionsrichter in
der Landschaft Roussillon und als Ketzerbekehrer durch das Mittel
der Folter bewährt, und Juan de San=Martin, ferner aus
einem Beisitzer, dem Abte Juan Ruiz, und endlich aus einem
Procurator des Fiscus, Juan Lopez del Barco. Sie waren
von dem Papste Sixtus IV. als Glaubens= und Ketzerrichter bestätigt
worden[2]). Dieses erste Ketzergericht gegen die Marranen war zu=
nächst für die Stadt Sevilla und deren Umgegend ernannt, weil
dieser Landstrich unter unmittelbarer königlicher Gewalt stand und
keine Cortes hatte und weil hier Marranen in großer Zahl wohnten.
Drei Wochen später erließ das Königspaar eine Verordnung an die

---

[1]) Vergl. Amador III, 241. Note.
[2]) Bernaldez bei Amador h. III 247 e. Ovnieran (los Reyes) Bulla
de Sixto IV para proceder con justicia contra la dicha heregia por via
de fuego. Die Bulle des Papstes bestätigte stillschweigend das Gesuch des
Königspaars: ut talium perniciosam sectam ... radicitus exstirpare.

Beamten, die Inquisitoren mit allen Mitteln zu unterstützen. Zugleich wurde ein hoher Beamter Diego de Merlve ernannt, die Güter der zu Verurtheilenden zu confisciren.

Bemerkenswerth ist es, daß die Bevölkerung mit der Einführung des Ketzergerichtes, sobald sie bekannt wurde, unzufrieden war, als ahnte sie, daß sie selbst in das Netz verstrickt werden könnte, welches den getauften Juden bereitet wurde. Während früher die Cortes von Medina del Campo selbst die Errichtung eines Tribunals für die Neuchristen beantragt hatte, beobachtete die große Landesversammlung zu Toledo in demselben Jahre — die erste seit dem Regierungsantritte Fernando's und Isabella's, dieselbe welche, durch neue Gesetze eine Umgestaltung der öffentlichen Verhältnisse schuf — ein vollständiges Stillschweigen über diesen Punkt, als wollte sie jede Betheiligung an dieser so unheilvollen Schöpfung ablehnen. — Der Schrecken, welchen die als unerbittlich grausam bekannten Ketzerrichter den Marranen einflößten — sie hatten sofort ihre Thätigkeit mit Vorladung und Einkerkerung verdächtiger und reicher Neuchristen begonnen — bewog viele derselben aus Sevilla, Cordova, Toledo und anderen Orten sich durch Flucht zu retten. Ihre Zahl soll 8000 betragen haben[1]. Sie begaben sich unter den Schutz des Don Rodrigo Ponce de Leon, Marquis von Cadix, welcher eine glänzende Rolle in den Kriegen gegen die Mohammedaner spielen sollte. Dieser, sowie andere Granden und selbst Ordensmeister an der Grenze nahmen die Flüchtlinge auf. So unzufrieden waren sie mit der Einsetzung der Inquisition. Aber die Ketzerrichter verdoppelten dadurch ihre Strenge. Sie bedrohten den hochangesehenen Marquis, sowie alle Granden mit Verlust ihrer Würden und Aemter und mit der Aufwiegelung ihrer Untergebenen gegen sie, wenn sie nicht die Flüchtlinge in einer bestimmten Frist gebunden in die Kerker des Tribunals abliefern und auf deren Hab und Gut Beschlag legen sollten[2]. Um eine Flucht der Zurückgebliebenen zu vereiteln, stellten die Inquisitoren Wachen an den Stadtthoren auf und bedrohten sie, im Falle sie entweichen und ergriffen werden sollten, mit sofortiger Todesstrafe[3].

[1] Die ersten Inquisitoren richteten einen Drohbrief an die Granden im Süden, vom 2. Jan. 1481 (Boletin XV, 454) und bemerkten: algunos personas ... vezinos de Sevilla e de otros logares de un mes a esta parte poco mas ò menos se an absentado .... Bernaldes giebt die Zahl auf mehr als 8000 an. Amador 250.

[2] Im Drohbrief a. a. O.

[3] Bernaldes: e pusieronles (á los conversos en Sevilla) pena que no fuyesen so pena de muerte, e pusieron guardas à las puertas de la ciudad.

Die Stimmung der Marranen, auch solcher, welche dem Juden= thum entfremdet waren und untadelhaft christlich lebten, veranschaulicht ein Dichter jüdischer Abkunft, der letzte spanische Troubadour, Anton de Montoro Ropero, der sich nach seiner Taufe von seinen Gegnern den Spitznamen „der boshafte Kohen" gefallen lassen mußte. Dieser Dichter wagte in einigen Versen an die Königin ihr Vorstellungen zu machen, wegen der Strenge, womit die Neuchristen behandelt werden sollten. Das Gedicht hat zugleich einen satirischen Stachel[1]).

> O Ropero, wehdurchzuckt, traurig,
> Empfindest du nicht brennenden Schmerz?
> Sechzig Jahre alt geworden
> . . . .
> Schwurst niemals beim Schöpfer,
> Sondern leiertest das Credo ab,
> Verzehrtest Gerichte mit Schweinebissen,
> Mit halbgebratenen Schinkenschnitten.
> Messe hören, beten, Kreuze schlagen,
> Alles vermochte nicht die Spur
> Vom getauften Juden zu verwischen!
> Die Augen verdrehen
> Und mit großer Andacht
> An den heiligen Tagen
> Hergesagt und hergebetet
> Christi Leidensgeschichte,
> Anbetend den Gottmenschen,
> Daß er mich von meiner Sünde erlöse,
> Kann ich doch nicht den Namen
> Des alten schandbaren Juden verlieren.
> O Königin von großer Macht!
> Zum Gedeihen des heiligen Glaubens
> Will unser Herr nicht
> Mit Zorn den Tod des Sünders,
> Sondern daß er lebe und Reu' empfinde.

Angesehene Neuchristen von Sevilla traten indeß zu einer Be= rathung zusammen, um den gegen sie gerichteten Streich abzuwehren[2]). Die Hauptanführer aus Sevilla und den Vorstädten waren Diego de Susān, der zehn Millionen Maravedis besessen haben soll, Benedeva, dessen Sohn Kanonikus und Verwalter einer Kirche war;

---

[1]) Montoro, Poesias varias bei Kayserling, Sephardim p. 91. Sein Name Ropero „der Trödler" bedeutet nicht seine Profession, sondern war wohl ein Familienname; vergl. weiter unten.

[2]) Amador das. 249 aus einer Handschrift in der Bibliotheca Colombina: Relacion de la junta y conjuracion, que hicieron en Sevilla los Judios conversos contre los Inquisidores, que vinieron a fundar y establecer el santo oficio de la Inquisicion.

Juan Fernando Abolafio, ein Gelehrter, Oberrichter und königlicher Oberzolleinnehmer, dabei auch mehrere Richter, Schöffen und Polizeimeister. Da sie beim Volke beliebt waren und Macht und Geld besaßen, verabredeten sie den Plan, wenn die Inquisitoren mit ihren Schergen sie festnehmen sollten, mit ihren Leuten und mit einem Volks= aufstand über sie herzufallen und sie zu tödten. Zu diesem Zwecke vertheilten sie heimlich Waffen und Geld und verabredeten einen An= griffsplan. Allein die Verschwörung wurde durch die schöne Tochter de Susan's an die Inquisitoren verrathen, welche ein Liebesverhältniß mit einem altchristlichen Ritter hatte und ihn zum Vertrauten gemacht hatte[1]). Das schöne Mädchen, wie sie allgemein genannt wurde, gab dem Blutgerichte Gelegenheit, seine Thätigkeit alsbald zu beginnen. Mehrere Verschwörer wurden festgenommen und mit ihnen reiche und angesehene Marranen, welche nicht die Flucht ergriffen hatten. Viele waren nämlich nach der benachbarten, mohammedanischen Stadt Granada, nach Portugal und selbst nach Rom entflohen, um am päpst= lichen Hofe gegen das Blutgericht zu arbeiten. Gegen die Verhafteten ging das Ketzergericht mit rücksichtsloser Strenge zu Werke. Sobald es sich im Kloster St. Paulo zu Sevilla constituirt hatte (2. Januar 1481), und einen Aufruf erlassen hatte, die flüchtigen Marranen auszuliefern und ihre Güter mit Beschlag zu belegen, muß der hohe und niedere Adel sich beeilt haben, diejenigen, denen sie eben Schutz verheißen hatten, zu ver= haften und nach Sevilla abzuliefern. Denn die Zahl der verhafteten Neuchristen war so groß, daß das Inquisitions=Gericht sich nach einem andern Gebäude für seine Funktionen umsehen mußte, zumal das Kloster nicht sicher genug war und von den Marranen und ihren Freunden hätte überrumpelt werden können. Es wählte dazu ein Schloß in Triana, einer Vorstadt Sevilla's. Am Portale dieser Blutstätte wurden später als Inschrift, gewissermaßen zum Hohne der Juden, Verse aus ihrer heiligen Schrift gewählt, welche die ganze Herzlosigkeit der Richter bezeichnen: „Auf Gott richte deine Sache!" „Fanget uns Füchse"[2]). Die eingefangenen Flüchtlinge wurden als überwiesene Ketzer behandelt. Schon am vierten Tage nach der Einsetzung der Inquisition hielt das Tribunal sein erstes Blutgericht. Sechs Marranen, welche entweder vor den Richtern ihren alten Glauben bekannt, oder auf der Folter gräßliche Geständnisse gemacht hatten und fünf von den ergriffenen Verschwörern wurden zum Tode verurtheilt und verbrannt[3]). Mit

---

[1]) Amador h. III 249. N.
[2]) Zuñiga. Annales de Sevilla III p. 398.
[3]) Amador 250.

jedem Tage wuchs die Zahl der Schlachtopfer, so daß die Stadt Sevilla einen eigenen Platz (Tablada) zum beständigen Scheiterhaufen hergeben mußte. Er wurde im Verlaufe die Brandstätte (el Quemadero) genannt. Vier große mißgestaltete Bilder von Propheten bezeichnen den Ort, der sich bis auf den heutigen Tag zur Schmach erhalten hat.

Mehr als drei Jahrhunderte sah man das entsetzliche Schauspiel, wie der Rauch verkohlter Unschuldigen zum Himmel stieg. Die erste Blutthat, welche die herzlosen Molochpriester „Glaubensakt" (auto da fé) nannten, wurde mit einer feierlichen Procession eingeweiht, dabei hielt der fanatische Dominikaner Prior Alonso de Ojeda die Einweihungsrede. Die Pest, welche gleich darauf in Sevilla wie auch in anderen Gegenden Spaniens wüthete, zwang zwar die Priester von Menschenopfern die Stadt zu verlassen, unterbrach aber ihre Arbeit nicht. Denn in dem Städtchen Aracena, wohin sie Zuflucht genommen hatten, zündeten sie ebenfalls Scheiterhaufen an und verbrannten dreiundzwanzig Marranen[1]). Nach Sevilla zurückgekehrt, verbrannten sie auf dem Quemadero (26. März) abermals siebzehn Neuchristen, die geständig waren, dem Judenthum im Geheimen treu geblieben zu sein, darunter drei Weltgeistliche und fünf Mönche und einen angesehenen Prediger Namens Sabariego[2]). Bis Anfangs November, also in kaum einem Jahre wurden in Sevilla allein 280 Marranen dem Feuertode überliefert[3]). Es waren solche, welche das Judenthum bis zum letzten Augenblicke bekannten und ihren Abfall von der Kirche nicht verleugnet hatten. Bemerkenswerthe Treue und Standhaftigkeit! — denn es waren Enkel derer, welche bei dem Gemetzel von 1391 oder bei den Massentaufen durch Vicente Ferrer zum Christenthum übergetreten waren.

Aber nicht einmal der Tod gewährte Sicherheit vor der Wuth des heiligen Officium. Die Schergen der Religion rissen die Gebeine der als jüdische Ketzer[4]) gestorbenen Neuchristen aus den Gräbern, verbrannten sie, confiscirten ihr Vermögen aus den Händen ihrer Erben und verdammten diese zur Ehrlosigkeit und zur Armuth, daß sie niemals zu einem Ehrenamte gelangen dürften. Welch ein weiter Spielraum für die Habsucht des Königs. Wenn man einem reichen Erben

---

[1]) Bei Amador III 251. Note.
[2]) Das. p. 251.
[3]) Das. 152 f. im Texte. Die Zahl, welche bei Amador fehlt, giebt Llorente I p. 160.
[4]) Amador.

nicht beikommen konnte, so brauchte man nur gegen den verstorbenen Vater Beweise aufzustellen, daß er judaisirt habe, und das Vermögen verfiel zum Theil dem königlichen Fiscus und zum Theil dem Inquisitionstribunal. Die entflohenen Marranen wurden im Bilde verbrannt.

Dieses grauenerregende Blutwerk machte selbstverständlich das größte Aufsehen in Spanien und erregte besonders Schrecken und Furcht im Herzen aller Neuchristen. Wer war gegen Anklagen und Verurtheilung gesichert? Es gab indeß menschlich fühlende Christen, welche über diese Grausamkeit empört waren. Ein angesehener Geschichtschreiber Fernando del Pulgar mißbilligte diese unerbittliche Glaubenswuth. Dadurch wurde der Gedanke angeregt, den Marranen eine Frist zu gewähren, innerhalb welcher sie sich freiwillig stellen, ihre etwaigen Vergehungen bekennen, Aussöhnung mit der Kirche erflehen und demzufolge vor der Untersuchung und dem Tode geschützt sein sollten.

Mit jenem bekannten mildsüßlichen Tone, welcher hinter der Taubensanftheit die Schlangenklugheit und das Schlangengift so geschickt verbirgt, forderten in Folge dessen (Juli 1482) Miguel Morillo und seine Genossen die Neuchristen auf, welche sich des Rückfalls ins Judenthum schuldig gemacht hatten, sich bis zu einer gewissen Zeit freiwillig zu stellen. Dann würden sie Sündenvergebung (Absolution) empfangen und auch ihr Vermögen behalten dürfen. Das war das **Edikt der Gnade**, das aber auch den drohenden Finger zeigte, wenn die Marranen die Frist verstreichen lassen und durch Andere als abgefallen vom Glauben denuncirt werden sollten, die ganze Strenge des kanonischen Gesetzes gegen Ketzerei und Abfall würde dann an ihnen angewendet werden. Die Leichtgläubigen folgten in großer Menge der Aufforderung und erschienen mit zerknirschten Mienen vor den Blutrichtern, bereuten ihre schrecklichen Sünden, daß sie judaisirt hatten, und erwarteten Absolution und unangefochtene Existenz. Aber die Inquisitoren stellten ihnen hinterher die Bedingung, die Personen ihrer Bekanntschaft nach Namen, Stand, Wohnung und sonstigen Zeichen anzugeben, von welchen sie wüßten, daß sie judaisirende Apostaten wären. Sie sollten ihre Aussagen durch einen Eid bekräftigen. Man verlangte von ihnen im Namen Gottes, daß sie Angeber und Verräther werden sollten, der Freund an dem Freund, der Bruder an dem Bruder, der Sohn an dem Vater. Wenn der Schrecken, verbunden mit der Zusicherung, den Verrathenen den Namen ihrer Verräther zu verschweigen, die Zunge der Schwachsinnigen löste, so hatte das Tribunal vor der Hand eine Liste von Ketzern, mit denen es sein Bluthandwerk fortsetzen konnte, und sie setzte es mehr als drei Jahrhunderte fort[1]).

Indessen nicht blos die gehetzten Marranen, sondern auch sämmtliche Spanier forderten die Inquisitoren auf, Verräther zu werden. Bei Vermeidung der schweren Excommunication sollte Jeder gehalten sein, innerhalb dreier Tage die Personen seiner Bekanntschaft anzugeben, welche sich der jüdischen Ketzerei und des Rückfalls ins Judenthum schuldig gemacht hatten. Es war ein Aufruf an die häßlichsten Leidenschaften der Menschen, Bundesgenossen des Gerichts zu werden, an die Bosheit, den Haß und die Rache, sich durch Angebereien zu befriedigen, an die Habsucht, sich zu bereichern, an die Glaubensdummheit, sich durch Verrätherei die Seligkeit zu erwerben. Was waren die Anzeichen solcher Ketzerei oder Apostasie? Die Inquisition hatte, recht praktisch, ein langes Verzeichniß aufgestellt, damit jeder Angeber einen Anhaltspunkt für seine Denunciation haben könnte. Als Merkmale wurden angegeben: Wenn getaufte Juden Messiashoffnung gehegt, Mose's Gesetz für das Seelenheil eben so wirksam gehalten als Jesus', den Sabbat oder einen der jüdischen Festtage gefeiert, die Beschneidung an ihren Kindern vollzogen, die Speisegesetze beobachtet haben. Wenn Jemand am Sabbat ein sauberes Hemd oder bessere Gewänder getragen, den Tisch mit dem Tafeltuch bedeckt, kein Feuer an diesem Tage angezündet, oder wenn er am Versöhnungstage ohne Fußbekleidung gegangen oder einen Andern um Verzeihung gebeten, oder wenn der Vater auf das Haupt seiner Kinder seine Hände segnend gelegt, — ohne das Kreuzeszeichen dabei zu machen; ferner wenn Jemand beim Gebete mit dem Gesicht zur Wand gekehrt oder dabei den Kopf bewegt, über einen Weinkelch einen Segensspruch (Baraha, Beracha) gesprochen und davon den Tischgenossen zu kosten gegeben. Natürlich war das Unterlassen kirchlicher Bräuche der stärkste Verdächtigungsgrund zur Anklage. Wenn ein Neuchrist die Psalmen hergesagt, ohne zum Schlusse hinzuzufügen, „Preis dem Vater, dem Sohne u. s. w." oder wenn er in der Fastenzeit Fleisch genossen, wenn eine Frau sich nicht vierzig Tage nach ihrer Niederkunft in der Kirche eingefunden, wenn Eltern ihren Kindern einen jüdischen Namen beigelegt. Auch Handlungen unschuldiger Natur wurden, wenn sie auch als jüdischer Brauch vorkamen, als Zeichen arger Ketzerei angesehen. Wenn Jemand am jüdischen Hüttenfeste Gaben von der

---

[1]) Der letzte Scheiterhaufen wurde in Sevilla 1781 unter dem vierzigsten General-Inquisitor Philipp Cultran angezündet, gerade 300 Jahre nach Eröffnung der Inquisition in Sevilla. 1808 hob Napoleon die Inquisition gesetzlich auf. Aber 1826 wurde bei der Reaction wieder ein Ketzer verbrannt.

Tafel der Juden empfangen oder solche geschickt, oder ein neugeborenes Kind in Wasser gebadet, worein Gold und Getreidekörner gelegt wurden, wenn der Sterbende beim letzten Athemzug das Gesicht zur Wand gekehrt¹). Gewissenlose Menschen hatten dadurch bequeme Handhaben zu Angebereien, und das Tribunal konnte auch die kirchlichsten Neuchristen als Ketzer anklagen, wenn es deren Einfluß hemmen oder deren Vermögen einziehen wollte. Die Reuigen oder Ausgesöhnten (reconciliados) wurden geächtet und mit allerlei Büßungen gemartert.

Die treugebliebenen Juden mußten mit den Marranen büßen. Die Fanatiker der Inquisition wälzten die Schuld des „Rückfalls" der Neuchristen auf die Juden, als hätten diese sie dazu verleitet, dem Judenthum heimlich treu zu bleiben. Der sonst milde General des Hieronymisten-Ordens Alfonso de Oropesa, welcher die Grausamkeit des Blutgerichtes tadelte, hetzte mündlich und schriftlich gegen die Juden, daß durch deren Verkehr mit den Marranen das Unheil entstanden sei. Sie, die Feinde des christlichen Glaubens, verführten nicht blos die Neuchristen, sondern auch Altchristen zu ihrem Glauben oder Unglauben, verderbten fast öffentlich christliche Jungfrauen und dergleichen mehr. Von verschiedenen Seiten wurde die Forderung laut ausgesprochen, die Marranen müßten von den Juden völlig getrennt werden. Das Königspaar gab dieser Stimme Gehör und erließ einen Befehl (1480—81), daß die Juden aus Andalusien, besonders aus den Diöcesen Sevilla und Cordova, wo Neuchristen in größerer Zahl als in den übrigen Gebieten wohnten, ihre Wohnstätten verlassen und sich anderswo ansiedeln sollten. Der Befehl wurde Anfangs nicht allzustreng vollzogen; den jüdischen Bewohnern der einen oder andern Stadt wurde ein Aufschub der Auswanderung bewilligt. Das Interesse der königlichen Finanzen und des Wohlstandes im Allgemeinen, welches die Uebersiedelung geschädigt hätte, überwog hin und wieder. Aber nach und nach wurde die Ausweisung doch vollstreckt und zwar auf Betrieb der Inquisition. Viele tausend Juden, deren Vorfahren diesen Landstrich vielleicht noch vor der Einwanderung der Gothen und deren Bekehrung zum Christenthum bewohnt hatten, mußten ihn verlassen (1481). Mehr als viertausend Häuser, welche Juden gehört hatten, blieben zum Theil unbewohnt²).

---

¹) Die 37 Artikel über die Merkmale der judaisirenden Ketzerei bei Llorente a. a. O. I. p. 153 ff. und IV. Beilage VI. und Revue des Etudes Juives T. XI. p. 96 f.

²) Nach Pulgar und Zurita. Dieses Factum berührt das Ausweisungsedikt von 1492. „Obwohl wir ein Mittel dagegen (gegen den Verkehr der

In den Städten außerhalb Andalusiens, wo sie wohnen durften, wurde mit der völligen Abschließung von den Christen und mit der Verordnung, das Schandzeichen zu tragen, — so oft erlassen und so oft nachgesehen, — bitterer Ernst gemacht[1]). Nur den jüdischen Aerzten, welche die spanische Bevölkerung trotz des eben so oft wiederholten Verbotes nicht missen konnte, wurde gestattet, die christlichen Quartiere zu besuchen. Die Zeit war vorüber, in welcher einflußreiche Juden bei Hofe so harte Maßregeln gegen sie abändern konnten. Am Hofe war zwar damals Don Abraham Senior[2]) wegen seiner Klugheit, Findigkeit und seines Reichthums sehr angesehen.

zweierlei Juden) durch die Vertreibung der Juden aus allen unsern Königreichen hatten, waren wir doch Willens, uns mit dem Befehl zu begnügen, daß sie alle großen und kleinen Städte von Andalusien verlassen sollten (con mandarlos salir de todas las ciudades . . . . de Andalucia), wo sie, wie es scheint, den größten Schaden angerichtet haben." Der Befehl zur Ausweisung wurde 1480 erlassen, wie in dem Edikt von 1492 angegeben ist. en las cortes que Nos fecimos en la ciudad de Toledo en el año passado de mill quatrodocientos ochenta mandamos apartar los Judios. Fidel Fila hat durch Akten der Stadt Xerez de la Frontera unwiderleglich bewiesen, daß die Ausweisung nicht streng durchgeführt und öfter aufgeschoben wurde. (Boletin XV, 313 ff.) In einem Aktenstück vom 8. Januar 1483 heißt es daselbst: (p. 323 f.) Vinieron . . . Mayr Aben-Sancho y Mosé Aben Semerro . . . dixeron, qua han sabido que los . . . padres ynquisidores an mandado pregonar, unos disen que los Judios de Sevilla e de su tierra salgan della; (das. vom 21. Jan. 1483) p. 325: eran mandado salir (los Judios) por los padres inquisidores del arcobispado de Sevilla e obispado de Cadix. (Das. p. 328 vom 4. Februar 1484) bemerkt das Königspaar, daß die Juden die Stadt Xerez hätten verlassen sollen: y como despues sobre ello mandamos dar algunas prorrogaçiones und fügte hinzu, daß die Ausweisung noch 6 Monate aufgeschoben werden soll. Eine Bulle des Papstes Sixtus IV. vom 31. Mai 1484 spricht noch von: in provincia Vandaliae Judei et Saraceni insimul permixti cum Christianis habitare (das. p. 443). Joseph Ibn Zadik von Arevalo, ein Zeitgenosse, welcher von der strengen Durchführung der Juderias in ganz Spanien spricht, weiß nichts von der Ausweisung der Juden aus Andalusien. Barnaldes bemerkt darüber: Fallaron especialmente en Sevilla y Cordoba y en los ciudades y villas del Andalusia en aquel tiempo quatro mil casas, do morava muchos de aquel linage (Judios).

[1]) Das Ausweisungsedikt erinnert an zweierlei Beschränkungen aus früherer Zeit, die Ausweisung aus Andalusien und an die Absonderung innerhalb des zum Mitbewohnen erlaubten Gebietes. Darauf bezieht sich die Chronik des Joseph ben Zadik von Arevalo (Neubaur Anecdota p. 99). בשנת רמ״ב התחילו
השופטים לחקור כנגד כל האנוסים . . . בזאת השנה צוה המלך בכל מלכותו להבדיל בין
ישראל לגוים כמגורידם ובכל מושבותם.

Vergl. Amador p. 288, daß die Stadt Madrid im März 1481 bei der durchgeführten Absonderung eine Ausnahme für den Rabbi „Jakob Fisico" gemacht hat.

[2]) Note 4, I. Ende.

Die kriegerische Unternehmung des Königspaares gegen die letzten mohammedanischen Besitzungen in Südspanien verdankten ihren glücklichen Erfolg der Umsicht Don Abrahams, mit der er für die Verpflegung und Beschaffung der Geldmittel für das Heer gesorgt hat[1]). Er wurde, entgegen den kanonischen und königlichen Bestimmungen, Hauptverwalter aller Staatseinnahmen, und vom Königspaar zum Großrabbiner über die spanischen Gemeinden ernannt als Nachfolger des Jakob Nuñes. Seine warme Theilnahme an dem Geschick seiner Stammgenossen hat Don Abraham mehr als einmal bethätigt. Als Malaga von den Spaniern eingenommen wurde, befanden sich unter den Gefangenen mehr als vierhundert und fünfzig Personen, meistens Frauen, darunter auch solche, welche als Marranen aus Sevilla und Cordova entflohen und in jener Stadt Zuflucht genommen hatten. Das Königspaar erließ den Befehl, diese Apostaten auf der Stelle ums Leben zu bringen. Die anderen kaufte Don Abraham um 20000 Dublonen los[2]). Aber das Dekret der hermetischen Abschließung der Juden in Spanien vermochte er nicht rückgängig zu machen.

Diejenigen verfolgten Marranen, denen es gelungen war, nach Rom zu entkommen, wendeten sich an den damaligen Papst Sixtus IV. und führten flehentlich Klage über das grausame und willkürliche Verfahren des Inquisitionstribunals gegen sie und ihre Leidensgenossen. Da die Kläger nicht mit leeren Händen gekommen waren, so fanden sie ein geneigtes Ohr. Der Papst erließ ein sehr scharfes Sendschreiben (29. Januar 1482[3]) an das Königspaar und tadelte das Verfahren der Inquisitoren mit unverhüllten Worten. Es sei ihm versichert worden, daß dieselben gegen alle Rechtsformen vorgehen,

---

[1]) Amador h. III. 280, 295 f.

[2]) Das. 298 f. vgl. indeß w. u.

[3]) Dieses päpstliche Sendschreiben, welches ein grelles Licht auf die ersten Anfänge der Inquisition in Spanien gegen die Marranen wirft, hat Llorente a. a. O. T. IV. als Beilage mitgetheilt (p. 346 ff.) und neulich Fidel Fita in Boletin XV. 459 f., woraus das im Texte Angegebene gezogen ist. Der betreffende Passus lautet: Quo factum est, ut multiplices querelae et lamentationes factae fuerint tam contra Nos . . . quam contra Majestates vestras et contra . . Michaelum de Morillo . . et Joannem de Sancto Martino . . . pro eo quod (ut asseritur) inconsulte et nullo juris ordine servato procedentes, multos injuste carceraverint, diris tormentis subjecerint et Haereticos injuste declaraverint, ac bonis spoliaverint, qui ultimo supplicio affecti fuere, adeo ut plures alii justo timore perterriti in fugam se convertentes, hunc inde dispersi sint, plurimi ex eis se Christianos et veros Catholicos esse profitentes, ut ab oppressionibus hujusmodi releventur, ad sedem (nostram) . . confugerint, etc.

Viele ungerecht eingekerkert, mit grausamen Folterqualen gepeinigt, Unschuldige als Ketzer erklärt und deren Erben die Güter entzogen hätten. Der Papst erklärte: er habe die Bulle zur Errichtung der Inquisition unüberlegt erlassen. Er sollte eigentlich, bemerkte der Papst weiter, die Inquisitoren de Morillo und San-Martin absetzen; allein aus Rücksicht auf die Majestäten wolle er sie noch in ihrem Amte lassen, aber nur so lange, als sich nicht wiederum Klagen gegen sie erheben würden. Sollten wieder Beschwerden gegen sie vorkommen, so werde er das Inquisitionsamt denen wieder zustellen, welchen es von Rechtswegen gebührt. Der Papst Sixtus lehnte auch das Gesuch des Königs Fernando ab, für die übrigen Gebietstheile der vereinigten Königreiche außerordentliche Ketzertribunale zu errichten.

Doch diese sittliche Entrüstung war eitel Heuchelei. Der Papst freute sich im Herzen über den Tod der Sünder, welchen das außerordentliche Inquisitionstribunal über die Marranen verhängte, weil dadurch die Selbstständigkeit der Bischöfe, denen früher das Untersuchungsrecht zustand, aufgehoben wurde. Sollte man es glauben, daß kaum vierzehn Tage nach Erlaß der Entrüstungs-Bulle gegen das empörende inquisitorische Verfahren gegen die ersten Inquisitoren, Sixtus auf Antrag des Königspaares vermittelst eines Breve (11. Februar 1482) sechs neue Inquisitoren hinzuernannt hat, weil die zwei, de Morillo und St. Martin, für den Umfang der Königreiche Castilien und Leon nicht ausreichten, die „Pestsekte" der Neuchristen zu vertilgen! Diesen neuen Richtern schärfte der Papst ein „die Wurzel der Verderbniß aus dem Weinberge des Herrn Zebaoth gründlich auszurotten und die kleinen Füchse zu vertilgen." Unter den sechs neuen Inquisitoren war auch der Blutmensch Thomas de Torquemada[1]). Auch für das Königreich Aragonien mit seinen Nebenländern hat in derselben Zeit Sixtus IV. Inquisitoren ernannt (17. April 1482) und sie ermächtigt, ohne sich an die Rechtsformen zu binden, die zur Rechenschaft gezogenen Marranen zu richten[2]). Aber dieses rechtswidrige Verfahren des Tribunals in diesem Lande, wo die königlichen Rechte selbst durch einen überwachenden Oberrichter (Justicia) beschränkt waren, erregte so viel

---

[1]) Dieses Breve hat Fidel Fita im Original veröffentlicht (Boletin, a. a. O. S. 462—464.) Der Inhalt bei Llorente I., 162. In diesem Breve kommt der Passus vor: ut radix pravitatis penitus evellatur . . . . exterminatis exinde vulpeculis. Das letztere ist eine Anspielung auf den am Inquisitionsgebäude in Sevilla angebrachten Vers aus dem Hohenliede. capite nobis vulpeculas (S. 290.)

[2]) Ist erwähnt in dem folgenden Breve.

Mißfallen, Aufregung und Klagen, daß Fernando selbst den Papst bitten ließ, seinen Befehl an die aragonischen Inquisitoren zu ändern und dafür ein regelrechtes Verfahren eintreten zu lassen.[1]

Dieser Papst befreundete sich so sehr mit dem Vertilgungskrieg gegen die Neuchristen, den er als ein heiliges Amt im Interesse der katholischen Kirche betrachtete, daß er das von ihm früher verdammte grausame Verfahren der Inquisition auch in Sicilien, das zu Aragonien gehörte, einführen wollte, wohin wohl auch verfolgte oder dem Judenthume im Herzen treugebliebene Marranen geflüchtet waren. — Aber hier, wo von altersher ein freundliches Verhältniß zwischen Juden und Christen bestand, widersetzten sich selbst die königlichen Behörden zum großen Verdruß des Papstes dieser Einführung (1482 bis 1483[2]).

In Castilien herrschte ebenfalls eine dumpfe Gährung über die sich täglich mehrenden Opfer der Inquisition. Man raunte sich einander zu, daß die Königin nicht aus Religionseifer sie gefordert habe, sondern aus Ehrgeiz und Gier nach deren Gütern. Statt diese Stimmung, welche der Papst recht gut kannte, zu benutzen, um ein formgerechtes Verfahren gegen die Angeklagten durchzusetzen und die empörende Güterconfiscation der auf dem Scheiterhaufen Verbrannten abstellen zu lassen, lobte der Papst (23. Febr. 1483) den fanatischen Sinn der Königin und ihr Wüthen gegen die Neuchristen[3]. Da es häufig vorkam, daß die von dem Ketzergericht verdammten Neuchristen,

---

[1] Bei Llorente Aktenstück IV p. 349 ff. Llorente irrte, indem er angab, daß dieses Schreiben auch an Isabella gerichtet war; es ist sowohl in der Ueberschrift, wie im Contexte an Fernando allein adressirt und betrifft lediglich die Marranen der aragonischen Provinzen: Carissimo ... mandavimus per Ordinarios et inquisitores in regnis tuis Aragoniae, Valentiae, et Majorcarum ac principatu Cataloniae deputatos contra reos hujusmodi criminis (apostasiae) etc. auch Boletin daf. 465—8.

[2] Dieses Factum ist erwähnt in dem Sendschreiben an die Königin vom 23. Februar 1483.

[3] Bei Llorente IV. 352, Boletin, daf. 468—79. Darin kommt der Passus vor: quod si non defuerint qui asserint (quando tam severe animadvertere cures) ambitione potius et bonorum temporalium cupiditate, quam zelo fidei et catholicae veritatis. Pater Gams machte sich verlorene Mühe in seiner Schrift: Geschichte der spanischen Kirche (III, 2. S. 20 f.) die Kirche oder ihre Hauptvertreter von dem unauslöschlichen Flecken der außerordentlichen Inquisition in Spanien rein zu waschen. Mehr wahrheitsliebend urtheilt Pater Fidel Fita, daß Papst Sixtus freudigen Herzens dieselbe unterstützt hat, um die Selbstständigkeit des spanischen Episkopats zu brechen (Boletin XV, 465). In dem Sendschreiben an die Königin sagte dieser Papst: laetamur plurimum in hac re (inquisitoria) nobis tantopere concupita.

Sixtus IV. und die Inquisition.

wenn es ihnen gelungen war, nach Rom zu entkommen, vom päpstlichen Stuhle — für klingende Münze — Absolution erhielten und nur einer leichten und geheimen Buße unterworfen wurden, so sah das Königspaar seine Bemühungen, das Geschlecht der Marranen zu vertilgen, den Glauben zu reinigen und besonders sich ihrer Güter zu bemächtigen, öfters auf eine unangenehme Weise vereitelt. Der Hof drang daher darauf, den Papst zu bewegen, einen Appellationsrichter in Spanien selbst zu ernennen, damit die Inquisitionsprocesse nicht außerhalb des Landes von neuem anhängig gemacht werden könnten, wo sich allerhand ungünstige Einflüsse geltend machten. Sixtus ging auch darauf ein und bestellte (25. Mai 1483) den Erzbischof von Sevilla, Iñigo Manrique, als obersten Richter für die Fälle, wenn die Verurtheilten auf Revision ihres Processes anträgen[1]). Diese Maßregel war aber von sehr zweifelhaftem Nutzen für die Unglücklichen. Denn welche Gründe konnten sie gegen ihre Verurtheilung geltend machen, da die Processe heimlich betrieben wurden, und sie weder Ankläger noch Zeugen kannten? Schwerlich hat das Inquisitionsgericht ihnen Zeit gelassen, die Appellation anzustellen. Zwischen dem Urtheilsspruche und dem Schauspiel des Auto da-Fé lag nur eine kurze Spanne. Noch eine andere Maßregel des spanischen Hofes hieß der Papst gut, welche ebenfalls geeignet war, den Angeklagten von vornherein jede Hoffnung auf Freisprechung abzuschneiden. Getaufte Juden oder Neuchristen, welche von solchen abstammten, hatten nämlich auch Bischofssitze inne, und diese waren geneigt, zu Gunsten ihrer unglücklichen, verfolgten Stammgenossen aufzutreten. Da erließ der Papst in derselben Zeit eine Bulle: daß kein Bischof, Vicar oder höherer Geistlicher, welcher von Juden abstammte, sei es von väterlicher oder mütterlicher Seite, als Richter in Ketzerprocessen fungiren dürfte[2]). Von dieser Ausschließung war nur ein Schritt zur Verurtheilung der Geistlichen von jüdischer Abkunft zum Scheiterhaufen! Ein Inquisitor von Valencia, Namens Christoval Galvez, wurde vom Papste seines Amtes entsetzt und zwar wegen Unverschämtheit und Gottlosigkeit. War dieser Ketzerrichter zu strenge oder zu milde gewesen? Aus dem Umstande, daß der König Fernando selbst auf dessen Amtsentsetzung eifrig gedrungen hatte, sollte man das Letztere folgern dürfen[3]).

Wenn der Papst Sixtus auch nicht anderweitig als verworfene Creatur, als Wollüstling, Habgieriger und Gewissenloser gebrandmarkt wäre, der die von ihm geschändeten Knaben zu Bischofs- und

---

[1]) Boletin, a. a. O. 472—74.
[2]) Das. p. 475.
[3]) Das. 473.

Cardinalswürden erhoben und kein kirchliches Amt ohne baare Bezahlung bestätigt hat — wie sein Zeitgenosse, der Kanzler von Rom, Infessura, berichtet[1]) — würde ihn sein Benehmen in Betreff der Inquisition vollständig gekennzeichnet haben. In kurzer Zeit faßte er die entgegengesetzten Entschlüsse und gab sich kaum die Mühe, seinen Wankelmuth mit einem Scheine zu verhüllen. Kaum hatte er in einer Bulle die äußerste Strenge gegen die judaisirenden Ketzer empfohlen und ein Appellationstribunal errichtet, als er schon nach zwei Monaten sie zum Theil wieder aufhob und eine andere Bulle erließ, worin er eine mildere Handhabung der Inquisition vorschrieb, um auch diese wieder außer Kraft zu setzen.

Die gehetzten Scheinchristen und unter ihnen ein muthiger Mann, Juan de Sevilla, hatten sich nämlich bemüht, es am päpstlichen Hofe durchzusetzen, daß diejenigen unter ihnen, welche in Rom sich einer geheimen Pönitenz unterworfen, in Spanien nicht von dem habsüchtigen Könige und der blutdürstigen Inquisition belästigt und verfolgt werden dürften, daß sie vielmehr als rechtgläubige Christen angesehen und behandelt werden müßten. Darauf ging der Papst anfangs ein und erließ eine Bulle „zum ewigen Andenken und zur Richtschnur für die Zukunft", (2. August 1483, worin er besonders betont, daß Strenge mit Milde in Behandlung der Neuchristen gepaart werden sollten, während die Strenge der Inquisition das Rechtsgefühl überschritte[2]). Die Bulle befahl, daß alle Neuchristen, welche ihre Reue in Rom dem Großpönitentiarius zu erkennen gegeben und der Buße unterworfen worden sind, von der Inquisition nicht verfolgt und ihre Processe niedergeschlagen werden sollten. Sie beschwor den König und die Königin „bei den Eingeweiden Jesu Christi" zu bedenken, daß Gnade und Milde allein die Menschen gottähnlich machen, sie mögen daher Jesu nachahmen, dessen Eigenthümlichkeit es ist, sich zu erbarmen und zu schonen. Der Papst gestattete von dieser Bulle so viel Copien als möglich zu machen, welche die Gültigkeit des Originals haben sollten, damit die Gesinnung des päpstlichen Stuhles in Betreff der Neuchristen männiglich kund würde. Er bemerkte endlich dabei, daß er diese Bulle aus freiem Antriebe ohne irgend welchen Einfluß erlassen habe, obwohl in den hohen Kreisen bekannt war, daß er sich von den Geldanerbietungen der Neuchristen habe bestimmen lassen. Allein das Königspaar wollte nichts von der Barmherzigkeit und

---

[1]) Bei Gieseler, Kirchengeschichte II. vierte Abtheilung p. 160 Note.
[2]) Bulle bei Llorente a. a. O. IV. 2. 357 ff. Boletin das. 477—89: quod rigor excedat juris temperamentum; rigorem cum clementia miscere cupientes (nos) etc.

Schonung wissen; es wollte den Tod des Sünders und sein Vermögen, und auch dem Papst war es nicht um Milde zu thun. Er widerrief daher, kaum zehn Tage später (11. August) die Bulle, bat den König um Entschuldigung wegen ihres Inhaltes und bemerkte: sie sei mit einer zu großen Eilfertigkeit erlassen worden[1]). Welche Festigkeit und Unfehlbarkeit! Vergebens suchte derjenige, der das Erlassen der günstigen Bulle erwirkt hatte, Don Juan de Sevilla, ihr Verbreitung zu verschaffen. Er fand in Spanien keine geistliche Behörde, die sie copiren und beglaubigen wollte. Er wandte sich daher an den portugiesischen Erzbischof von Evora. Dieser ließ sie von seinem Notar abschreiben und als echt anerkennen. Die Inquisition aber war argwöhnisch gegen diejenigen Marranen, welche in Rom um Ablaß nachgesucht und ihn erhalten hatten. Don Juan de Sevilla und seine Genossen entgingen ihren Netzen nicht und verfielen einer harten Strafe[2]).

Zweierlei Wünsche hatte das Königspaar, der eine war, den Prior des Dominikaner=Ordens von Avila, Thomas de Torquemada, einen harten, menschlichen Regungen unzugänglichen Menschen, zum Großinquisitor zu ernennen und mit außerordentlicher Gewalt zu ermächtigen, und der andere, das Glaubensgericht auch in Aragonien einzuführen. Beide Wünsche erfüllte der Papst Sixtus und ernannte Torquemada (14. September 1483) zum Oberrichter mit der Vollmacht, sich nicht an die Formen des gemeinen Rechts zu binden, also ohne regelmäßiges Zeugenverhör und ohne Zulassung eines Vertheidigers verurtheilen zu dürfen. Allein in dem aragonischen Königreich, wo Adel und Bürgerstand in öffentlichen Angelegenheiten eine gewichtige Stimme hatten, erregte die Verurtheilung der jüdischen Ketzer ohne regelmäßiges Rechtsverfahren einen gewaltigen Unwillen.

So grausam auch das Ketzertribunal bisher gewesen war, so viel auch von den Nachkommen der Zwangstäuflinge seit den kaum drei Jahren seines Bestandes theils in den Flammen umgekommen, theils in den Kerkern vermodert, theils landesflüchtig und verarmt waren, so war das doch nur ein Kinderspiel gegen das, was die Inquisition wurde, seitdem ihr ein Priester vorgesetzt wurde, dessen Herz gegen jedes Mitleid verschlossen war, dessen Lippen nur Tod und Verderben aushauchten, der die blutdürstige Hyäne mit der listigen, giftigen Schlange in sich vereinigte. Bisher war die Inquisition lediglich auf Südspanien, auf das Gebiet von Sevilla und Cadix und auf das eigentliche christliche Andalusien beschränkt und konnte in den übrigen Provinzen Spaniens keinen rechten Eingang finden. Bestanden auch

---

[1]) Das Original Boletin 439 f.   [2]) Das. 477, Llorente I., 179 f.

hier und da in den übrigen Provinzen Ketzergerichte, so waren sie vereinzelt und hatten keinen Zusammenhang untereinander. Sie konnten einander die Schlachtopfer nicht zuliefern. Der König Fernando hatte also noch nicht genug Güter eingezogen, und die fromme Isabella sah noch nicht genug Neuchristen in den Flammen verbrennen. Um Beides zu erlangen, hatten sie eben den Dominikaner Thomas de Torquemada zum Generalinquisitor (17. October 1483) erhoben. Es giebt Menschen, welche böse oder gute Seelenstimmungen, Richtungen und Prinzipien in ihren äußersten Consequenzen zum vollen Ausdruck bringen und die Verkörperung derselben sind. Torquemada verlebendigt und verleiblicht die Inquisition mit ihrer teuflischen Bosheit, ihrer herzlosen Härte und ihrer blutdürstigen Grausamkeit.

„Aus Rom wurde ein wildes Ungethüm bezogen von einer so wunderlichen Gestalt und einem so entsetzlichen Anblick, daß von seinem Rufe allein ganz Europa zitterte. Sein Leib war von rauhem Eisen mit tödtlichem Gifte gekneet, mit einer harten Schale von Stahlschuppen bedeckt. Tausend schwere giftgefüllte Flügel erhoben es von dem Boden. Sein Wesen gleicht dem fürchterlichen Löwen und der Schlange der afrikanischen Wüste. Sein Gebiß übertrifft das der riesigsten Elephanten. Sein pfeifender Ton tödtet schneller als der giftigste Basilisk. Aus seinen Augen und seinem Munde entströmen stets Flammen und Feuerschlünde. Es nährt sich von menschlichen Leibern. Es übertrifft den Adler an Schnelligkeit des Flugs. Wohin es kommt, verbreitet es mit seinem schwarzen Schatten düsteres Dunkel. Wie hell auch die Sonne scheint, so hinterläßt seine Spur eine ägyptische Finsterniß. Wohin es seinen Flug nimmt, jede grüne Matte, die es betritt, jeder blühende Baum, auf den es seinen Fuß setzt, verdorrt, entfärbt sich und stirbt ab. Mit seinem zerstörenden Munde entwurzelt es Alles bis auf den Grund, und mit seinem Giftgeruche verwandelt es den Umkreis seiner Bewegung zu einer Wüste, gleich der syrischen, wo keine Pflanze gedeiht und kein Grashalm aufkommt." So schildert die Inquisition ein jüdischer Dichter, der selber an ihren Flammen versengt wurde[1].

Die Ueberschrift, welche der Dichter Dante an der Pforte der Hölle lesen läßt: „Lasset, Eintretende, jede Hoffnung zurück!", sie paßte noch viel besser für den Eingang zu allen Inquisitionsgebäuden, die durch Torquemada in fast allen größern Städten Spaniens entstanden. Er errichtete nämlich sogleich noch drei Tribunale in Cordova, Jaen und Villareal (Ciudad-Real) und später in der

---

[1] Samuel Usque Consolacoës III. No. 25.

Die Constitutionen der Inquisition.

damaligen Hauptstadt Südspaniens, in Toledo. Die Inquisition wurde von ihm durchweg mit fanatischen und übereifrigen Dominikanern besetzt, deren Willen Torquemada sich zu unterwerfen wußte, so daß sie sämmtlich wie Organe eines einzigen Wesens wirkten, bereit auf einen Wink von ihm die grauenhafteste Unmenschlichkeit mit einer Seelenruhe zu begehen, um welche sie Kannibalen beneiden könnten. Spanien füllte sich seit der Zeit mit Kerkermoder, Leichengeruch und prasselnden Flammen verbrannter Unschuldiger, welche zu einem Glauben gezwungen waren, dessen Unwahrheit jeder Schritt der Kirchendiener an den Tag legte. Ein Wehruf ging durch das schöne Land, der Mark und Bein zu durchdringen vermochte; aber die Majestäten lähmten den Arm derjenigen, welche, von Erbarmen ergriffen, dieser Menschenschlächterei Einhalt thun wollten.

Fernando's Plan, die Inquisition auch in seinen Erblanden dauernd zu befestigen, um seinen Säckel auch von den dortigen Neuchristen zu füllen, legte er zur Zeit der Cortesversammlung in Taragona (April 1484) seinem Geheimrath vor und hob die alten Privilegien des Landes auf, welche von Alters her verbrieft waren: daß an keinem Aragonesen die Confiscation seiner Güter, welches Verbrechen er auch begangen haben mochte, vorgenommen werden dürfe. Der Generalinquisitor de Torquemada ernannte darauf (4. Mai) für das Erzbisthum Saragossa zwei Inquisitionsrichter, welche ihm an blutigem Fanatismus ebenbürtig waren: den Canonicus Pedro Arbues de Epila und den Dominikaner-Mönch Gaspard Juglar. Eine Ordonnanz des Königs erging noch dazu an alle Behörden und Edelleute, den Inquisitoren hilfreiche Hand zu leihen. Der Großjustitiar von Aragonien und andere hohe Würdenträger mußten den Eid leisten, daß sie zur Vertilgung der von dem Tribunal bezeichneten Schlachtopfer alle Kraft anstrengen werden[1]).

Torquemada, die Seele der Inquisition, war nun darauf bedacht, einen Codex zur Richtschnur für die Maßnahmen der Richter entwerfen zu lassen, um die Fangnetze so eng als möglich ziehen zu können. Vierzehn Inquisitoren wurden zur Berathung desselben unter Torquemada's Vorsitz in Sevilla versammelt und brachten Gesetze zu Tage, unter dem Namen Constitutionen (veröffentlicht 9. Januar 1485), die, wenn sie auch nur auf dem Papier geblieben wären, Schauder erregen würden. Man hat behauptet, daß die inquisitorischen Mönche nur die Beschlüsse der Kirchenversammlung unter den westgothischen Königen gegen die getauften Juden copirt hätten. Es ist

---

[1]) Llorente das. p. 186 f. Amador ph. III., 257—8.

wahr, daß auch die Gesetzgebung von Recesswinth den Tod auf dem Scheiterhaufen oder durch Steinigung über die Neuchristen verhängte, welche bei jüdischen Gebräuchen ertappt würden¹). Dennoch ist der Vergleich falsch. Denn nicht nur der Inhalt der Ketzergesetze, sondern auch ihre Anwendung macht die Inquisition=Constitution zu dem Grausamsten, das je einem bösen Herzen entsprungen. Es war, als ob boshafte Dämonen berathen hätten, wie sie unschuldige Menschen= kinder verstricken und ins Verderben bringen wollten. — Ein Gesetz bestimmte eine Gnadenfrist von 30 oder 40 Tagen für diejenigen, welche freiwillig Bekenntnisse über ihr bis dahin beobachtetes Judaisiren ablegen würden; diese sollten frei von Strafe und Confiscation ihres Vermögens bleiben — mit Ausnahme einer geringen Geldstrafe und zum Heile ihrer Seelen mit einer Bußstrafe lebenslänglich gebrandmarkt zu sein. Allein sie sollten ihr Bekenntniß schriftlich und wahrheitsgemäß ablegen, auf alle an sie gerichteten Fragen aufrichtige Antwort er= theilen und namentlich ihre Mitschuldigen angeben und auch diejenigen, von denen sie auch nur vermutheten, daß sie judaisirende Ketzer wären. Wer sich nach Ablauf der Gnadenfrist nicht stellte und bekannte, sollte all sein Vermögen verlieren und zwar auch dasjenige Besitzthum, welches er am Tage seines Abfalls vom Christenthume besessen, wenn es auch inzwischen in andere Hände übergegangen wäre, und mit einer empfind= lichen Strafe, etwa lebenslängliche Einkerkerung belegt werden. Nur Neuchristen unter zwanzig Jahren sollten auch bei später abgelegtem Bekenntnisse vom Verluste ihrer Güter befreit bleiben, aber sie sollten gezwungen sein, ein Schandzeichen, das Büßerkleid (sambenito), zu tragen und damit bekleidet den Processionen und der großen Messe bei= wohnen. Die nach Ablauf des Termins bekennenden Reuigen sollten zwar Ablaß erhalten, aber sie sollten gebrandmarkt bleiben, kein öffent= liches Amt bekleiden, weder sie, noch ihre Nachkommen, und kein Gewand von Gold, Silber, Perlen, Seide oder feinerer Wolle tragen dürfen und stets das brandmarkende „Büßergewand" tragen. Hat ein Reuiger der Inquisition einen Theil seiner Verbrechen, d. h. seines jüdischen Verhaltens, verschwiegen, so sollte er als ein Unbußfertiger verurtheilt d. h. dem Flammentod übergeben werden. Geheimer Ablaß sollte auch nicht an die freiwillig Bekennenden ertheilt werden dürfen, sondern immer nur öffentlicher.

Fänden die Inquisitoren, daß das Bekenntniß eines Reuigen nur erheuchelt gewesen, so sollten sie ihm die Absolution verweigern, ihn als falschen Reuigen behandeln und ihn dem Flammentod überliefern.

¹) Vergl. Band V. S. 158.

Hätte ein Reuiger nur ein halbes Bekenntniß abgelegt und einen Theil seiner Verbrechen verschwiegen, so verfalle er dem Tode. Die Zeugen gegen einen judaisirenden Neuchristen sollten, wenn es nicht anders angeht, auch durch andere Personen vernommen werden. Diese Zeugenaussage brauchte nicht mit allen Umständen dem Angeklagten vorgelegt zu werden, sondern nur kurz und inhaltlich. Beharrte er, trotz des ihm vorgelegten Zeugenverhörs bei seiner Aussage, daß er niemals judaisirt habe, so sollte er als Unbußfertiger zum Feuertode verurtheilt werden. Läge gegen einen Marranen nur ein halber Beweis seines Rückfalls zum Judenthume vor, so sollte er auf die Folter gespannt werden; im Falle er unter Qualen eingeständ, sollte er zum zweiten Male einem Verhör unterliegen. Bestätigte er sein unter der Tortur abgelegtes Bekenntniß, so sollte er verurtheilt werden; leugnete er es aber, so sollte er zum zweiten Male der Folter unterworfen werden. Stellte sich ein Angeklagter nicht auf die an ihn ergangene Einladung, so sollte er als überführter Ketzer verdammt, d. h. seine Güter sollten eingezogen werden [1]).

Bei einem solchen Verfahren, solchen Prozeßgange, einer solchen Voreingenommenheit der Richter gegen den Angeklagten, ihn durchaus schuldig zu wissen, welcher Marrane konnte da nachweisen, daß er unschuldig von Sünde sei? Kerker und Folter machten die Angeschuldigten öfter so gleichgültig, so lebenssatt, daß sie von sich, ihren Freunden und sogar ihren Nächsten Bekenntnisse ablegten, welche die Nothwendigkeit der Inquisition zu rechtfertigen schienen. Jeder Proceß gegen einen Neuchristen verwickelte andere in scheinbare Mitschuld und führte neue Untersuchungen, neue Anklagen, eine immer zunehmend größere Zahl von Schlachtopfern herbei.

Neben Sevilla waren in Castilien wie angegeben zwei Tribunale errichtet, in Jaen und Villa-Real. In der letzten Stadt, welche später Ciudad-Real genannt wurde, müssen einst reiche Marranen gewohnt haben, denn in den ersten Jahren, nach der Eröffnung sind mehr als vierzig auf den Scheiterhaufen verbrannt worden, und der Anfang wurde mit schwachen Frauen gemacht [2]).

Selbst Personen, welche mit einem geistlichen Amte bekleidet waren, entgingen nicht dem Argwohn und dem Feuertode. Ein

---

[1]) Vergl. die 28 Artikel der Torquemadischen Constitutionen für die Inquisition bei Llorente a. a. O. I. p. 175 ff. Neue Aktenstücke darüber mitgetheilt vom Notar Martin de Quoca, im Besitze des städtischen Archivs von Bordeaux auszüglich veröffentlicht von E. Gaullieur in Revue des études Juives T. XI. p. 91 fg.

[2]) Vergl. Note 12.

Kanonikus, Pedro Fernandez de Alcaubete, der bereits in der christlichen Religion geboren und erzogen und mit dem Amt eines Schatzmeisters an der Kathedrale von Cordova betraut war, wurde vor das Inquisitions-Tribunal gezogen und sehr schwerer Verbrechen angeklagt. Er habe heimlich einen jüdischen Namen geführt, die jüdischen Feiertage beobachtet, habe auch am Passa ungesäuertes Brod gegessen. Schlimmer noch war die Anklage gegen de Alcaubete, daß er im Verkehr mit Marranen sie zur Beobachtung des Judenthums ermahnt und das Christenthum als eine Täuschung ausgegeben. Ob alle diese Anklagepunkte erwiesen waren? Der Kanonikus wurde von dem Bluttribunal in Cordova zum Tode verurtheilt und lebendig verbrannt (Februar 1484 [1]).

Im Mai 1485 wurde das Tribunal von Villa-Real nach Toledo verlegt. An der Spitze standen ein Erzdekan von Talavera, Namens Don Basco Ramirez und ein Licenciat und Kanonikus Pero Dias. Die Eröffnung begann auch hier mit einer Predigt über das fromme Werk der Inquisition und mit dem Verlesen der Bulle des Papstes Sixtus IV., welcher den Richtern unbeschränkte Gewalt über Leben und Tod bewilligt hatte. Mit der großen Excommunikation wurden alle bedroht, welche in Wort und That gegen die Inquisition sich vergehen würden, alle königlichen Beamten wurden vereidet, der Inquisition hilfreiche Hand zu bieten, die Marranen wurden aufgefordert sich einzustellen und ihren Rückfall zum Judenthum zu bereuen und Sühne zu erhalten. Diesen wurden dazu vierzig Tage Gnadenfrist gewährt. Aber in den ersten zwei Wochen fand sich keiner derselben zur Selbstanklage ein. Im Gegentheil, die Marranen zettelten eine Verschwörung an, bei einer Procession über die Inquisitoren herzufallen, sie und ihre Begleitung, Adlige und Ritter zu tödten und — wie später übertreibend gedichtet wurde — die ganze christliche Bevölkerung von Toledo zu vertilgen. Nun, so gefährlich war die Unternehmung keineswegs, denn es stand keine Persönlichkeit von Ansehen und Stellung an der Spitze — die Marranen von Bedeutung in Toledo waren zwei Jahrzehnte vorher umgebracht oder zur Flucht gezwungen worden (o. S. 230). Einer der Urheber und Führer war ein junger Gelehrter de la Torre, und seine Mitverschworenen waren Handwerker. Die Unternehmung, die auch sonst keinen Erfolg gehabt hätte, wurde verrathen und vier oder fünf der Betheiligten wurden vom Stadthauptmann Gomez Manrique verhaftet und gehängt. Viele hatten sich wohl durch Flucht gerettet. Der Stadt-

---

[1] Boletin Jg. 1884, 104, Revue des études. X. 287.

hauptmann, welcher eine Entvölkerung der Bewohner Toledos fürchtete, wenn sogleich mit Strenge gegen die verdächtigen Marranen vorgegangen werden sollte, legte indeß ihnen nur eine Geldstrafe auf für den Krieg gegen das mohammedanische Gebiet von Granada[1]).

Infolge dieses Fehlschlags der Verschwörung blieb den Marranen in Toledo nichts übrig, als sich zu unterwerfen, d. h. zu bekennen, daß sie vorher mehr oder weniger judaisirt hätten, und um Verzeihung und Sühne zu bitten, aber — wie ein Augenzeuge berichtet — mehr durch die Furcht gezwungen als aus Liebe zum katholischen Glauben[2]). Um hinter die Wahrheit dieser Geständnisse und die Aufrichtigkeit der Reue zu kommen, machten die Inquisitoren bekannt, Jedermann sollte bei Vermeidung der Inquisition innerhalb einiger Monate zur Anzeige bringen, was er von dem ketzerischen Thun und Treiben der Marranen wüßte. Dann riefen sie die Rabbiner des Gebietes von Toledo zusammen, ließen sie bei der Thora schwören und bedrohten sie für den Fall des Ungehorsams mit Todesstrafen, daß sie in den Synagogen jeden Juden bei dem schweren Bann auffordern sollten, die Marranen anzugeben, von welchen sie wüßten, daß sie irgend wie jüdische Riten und Gewohnheiten sich hatten zu Schulden kommen lassen. Es war ein teuflischer Plan, würdig des Großinquisitors Torquemada, der ihn ausgedacht hatte, um alle Marranen zur Strafe ziehen zu können, welche heimlich dem Judenthume anhingen. Die Juden selbst sollten Verräther an ihren eigenen Stamm= und Glaubensgenossen werden — oder gar ihre Blutsverwandten verrathen, da sie doch die Heimlichkeit der Scheinchristen kannten. Ob dieses Mittel zum Ziele geführt hat? Die Quelle berichtet, daß viele Juden gegen die Marranen Zeugniß abgelegt hatten[3]). Jedenfalls hatte die Inquisition an denen, welche ihre Schuld bekannt und in ihren Aussagen Mitschuldige angegeben hatten, reichlichen Stoff, ihr fluchwürdiges Werk zu beginnen. Diejenigen Marranen, welche sich nicht zur Selbstanklage gestellt hatten und anderweitig denuncirt worden waren, sowie die in ihrem Reuebekenntniß falsche Angaben gemacht hatten, wurden in dunklen Kerker gebracht, um später zum Verhör und zum Urtheilsspruch herangezogen zu werden.

Als erste Schlachtopfer der Inquisition von Toledo fielen drei Männer und drei Frauen, welche ein Mißgeschick in ihre Arme ge=

---

[1]) Note 12.
[2]) Anonymer Bericht eines Augenzeugen in derselben Note vino mucha gente de ellos (conversos) á reconcilacion, bien pareçe mas por fuerça que no por voluntad de se volver á la sancta fé catolica.
[3]) Boletin Jg. 1887 das. p. 294. S. Note 12.

trieben hatte. Die Marranen Sancho de Ciudad mit seiner Frau Mariar Diaz, seinem Sohn und seiner Schwiegertochter und Gonzalez de Teba mit seiner Frau aus Villa=Real, welche dem Judenthum heimlich treugeblieben und gewiß waren, daß sie von dem Tribunal in dieser Stadt zum Feuertode verurtheilt werden würden, waren nach Valencia entflohen und hatten dort ein Schiff genommen, um auszuwandern. Nachdem sie bereits mehrere Tage zur See waren, hatte sie ein Gegensturm in einen spanischen Hafen getrieben, und so wurden sie verhaftet, nach Toledo gebracht und auf dem Scheiterhaufen verkohlt[1]).

Die Mittel, welche die Inquisition anwendete, um die Marranen mit dem Christenthum zu versöhnen, waren so verkehrt, daß sie weit mehr Entsetzen vor einer Religion verbreiteten, welche in dem Herzen ihrer Vertreter jede menschliche Regung erstickt hatte. Nicht blos der Feuertod der standhaft im Judenthum verharrenden Marranen, sondern auch die Art und Weise, wie die scheinbar Reuigen zur Gläubigkeit gebracht wurden, die Entehrung, die Züchtigung, welche die Inquisition solchen auflegte, waren nur geeignet, jede Spur von Gläubigkeit in deren Herzen auszulöschen und nur die Empfindung des Abscheus zu erregen. Es wäre kaum glaublich, daß die entmenschten Ketzerrichter den Reuigen solche Qualen auferlegt haben, wenn fanatisirte Augenzeugen, die einen Triumph der Kirche in solchen Entsetzen erregenden Scenen erblickten, sie nicht mit breiter Ausführlichkeit geschildert hätten, als wenn sie damit der Nachwelt den augenscheinlichen Beweis hätten geben wollen, in wie weit eine Religionsform, deren Stifter die Bruderliebe gepredigt hatte, bis zur Entmenschung entartet wurde. In Toledo, wo nächst Sevilla das zweitgrößte Ketzertribunal errichtet worden war, waren im Jahre 1486—87 mehr als 5000 Reuige aus der Stadt und dem Erzbisthum vermittelst eines Glaubensschauspieles öffentlich zur Versöhnung mit der Kirche geführt worden. Worin bestand dieses Schauspiel? Nicht mit einem Male wurden sie unter Demüthigung, Seelen= und Körperpein in Procession zur Kirche gezerrt, sondern Truppenweise aus den Kirchspielen, in denen sie wohnten, um durch Wiederholung derselben Procession mehr als ein Jahr hindurch einen nachhaltigeren Eindruck zu machen. Die Bevölkerung der Hauptstadt und der Umgegend strömte in großen Massen herbei, einem solchen entsetzlichen Schauspiel beizuwohnen, als wäre es eine That hoher Frömmigkeit.

Zuerst wurden im Februar 1486 aus einigen Kirchspielen von Toledo 750 Marranen, Männer und Frauen, welche ihrer jüdischen

---

[1]) Daf.

Ketzerei selbstgeständig waren, in Procession durch die Straßen mit einer ausgelöschten Kerze, mit unbedecktem Haupte bis zu einer Kirche geführt, sie alle ohne Schuhe und Strümpfe, obwohl es bitter kalt war. Doch erlaubte ihnen die christliche Barmherzigkeit Sohlen an die Füße zu binden. Die Menge gaffte die Unglücklichen in fanatischer Schadenfreude an. Vor Kälte zitternd, stießen die Elenden Jammertöne aus und rauften sich das Haar aus. An der Kirchenpforte angelangt, machten zwei Kapläne das Zeichen des Kreuzes an der Stirne jedes Einzelnen mit den Worten: „Empfange das Zeichen, welches du verleugnet und durch Täuschung verloren hast." In der Kirche waren die Väter Inquisitoren versammelt, ein Geistlicher las für die Jammernden Messe und predigte. Dann wurde ihr Sündenregister ihnen vorgehalten, wie sie es vor dem Tribunal abgelegt hatten, und ihnen die Buße für ihre Sünden aufgegeben. Worin bestand die Buße? Sechs Wochen hinter einander an jedem Freitag sollten sie, den ganzen Tag fastend, in Procession zu einer Kirche wallen und dort auf die entblößten Schultern mit Hanfstricken gegeißelt werden. Dabei wurde ihnen eröffnet, daß sie lebenslänglich keinerlei öffentliches Amt bekleiden dürften, nicht einmal als Pförtner bei einem Adeligen, nicht seidene Kleider, nicht irgend einen Schmuck tragen, und daß sie nicht als Zeugen gelten können und nicht auf einem Rosse reiten dürften. Zudem mußte jeder von seinem Besitze den fünften Theil zum Krieg gegen die Mohammedaner von Granada abgeben. Die Unglücklichen, welche nicht wußten, womit sie sich ernähren sollten, mußten noch von ihrem Vermögen abgeben. So waren sie zur Schande und zur Armuth verurtheilt. Bedroht wurden sie noch zuletzt, daß bei Uebertretung aller dieser Bußezeichen sie als Rückfällige zum Feuertode verurtheilt werden würden. Diese Reuigen wurden mit der Freitagsprocession und mit Geißelhieben auf den entblößten Schultern in den Monaten Februar und März nicht verschont. Den am meisten mit der Schuld der jüdischen Ketzerei Belasteten wurde noch die Schmach hinzugefügt, daß sie je nach Schwere der Schuld, entweder ein ganzes Jahr hindurch oder lebenslänglich öffentlich nur in dem Sanbenito-Büßerkleid ausgehen durften, das von röthlichbrauner Farbe und hinten mit einem Kreuz bemalt war. Wer sich ohne dieses Ketzerzeichen öffentlich zeigte, sollte als Rückfälliger mit dem Feuertode bestraft werden.

Diese Schaustellung mit Jammergestalten wiederholte sich aus anderen Kirchspielen im April mit 900 Marranen und im Juni mit 750, dann weiter im December mit 900, im Januar des folgenden Jahres mit 700 und im März mit beinahe 1200 aus den Orten des Erzbisthums Toledo.

Dieses Schauspiel wechselte mit der Feierlichkeit des Scheiterhaufens ab. Zuerst wurden 25 judaisirende Marranen verbrannt (10. Aug. 1486), fünf Frauen und zwanzig Männer, alle diese Personen von Stande, darunter ein Comthur des Ordens von Santjago, ein Doktor Alonso Cota, ein Staatsanwalt und eine Rathsperson. Sie wurden zum Platze geschleppt, die Hände an den Hals mit Stricken gebunden, mit einem Sanbenito von grober Leinwand bekleidet, auf welchem der Name des Schlachtopfers bezeichnet war, auf dem Kopfe eine pyramidenförmige hohe Mütze. Auf dem Platz angelangt, wurde ihnen ihr Sündenregister vorgelesen und sie dann dem weltlichen Arm übergeben, d. h. Scharfrichter zerrten sie auf ein Blachfeld, wo ein Holzstoß angezündet war, auf dem sie verbrannt wurden. Mit zwei Geistlichen wurde ein besonderer Glaubensakt vorgenommen (17. August), damit die Strafe für ihr Verbrechen noch nachdrücklicher kundbar werde. Der Eine von ihnen war ein junger Arzt und zugleich Kaplan in der Kapelle der Könige von Toledo und der Andere Pfarrer einer Kirche in Talavera. Beide hatten sich schreckliche Ketzereien zu Schulden kommen lassen, indem sie trotz ihres geistlichen Standes die Gesetze des Judenthums beobachtet hatten. Sie wurden zuerst mit den geistlichen Gewändern bekleidet und hielten den Meßkelch und das Evangelienbuch in der Hand. Dann wurden sie ihrer entkleidet, so daß sie nur ihr Unterkleid behielten, und ihre Hände mit Stricken gebunden und verbrannt. Neun Monate später (Mai 1487) wurden in derselben Stadt dreiundzwanzig Marranen dem Feuertode übergeben, darunter ein Kanonikus, der die Messe zu lesen pflegte. Unter der Folterqual hatte er seine Schuld eingestanden, daß er in seinem Widerwillen gegen das Christenthum eine Kreuzfigur verunsäubert und beim Meßelesen das Sakrament gelästert habe. Im darauffolgenden Jahre wurden noch mehr Marranen in Toledo verbrannt, einmal zwanzig Männer und sieben Frauen (2. Juli 1488), und zwei Tage darauf mit besonderer Feierlichkeit ein Stiftsgeistlicher und zwei Mönche vom Hieronymiten-Orden. In diesen Orden von der milderen Observanz pflegten Marranen, welche im Scheinchristenthum Ruhe haben wollten, einzutreten. Aber das Mönchsgewand schützte sie nicht vor der Wuth der Dominikaner. Ein anderes Mal wurden einige Prioren, drei Mönche und Männer mit hohen geistlichen Würden verbrannt[1]). Gab es keine Lebenden für das Glaubensschauspiel, so wurde ein solches mit Leichnamen veranstaltet, um den Fanatismus der Bevölkerung rege zu erhalten. Die Gebeine verstorbener Mar-

---

[1]) Note 12.

ranen, die angeblich oder wirklich judaisirt hatten, wurden ausgegraben, in Särge gelegt, mit dem Namen derselben in Prozession zur Stätte geschleppt und verbrannt. So wurden in Toledo an einem Tage die Ueberreste von mehr als hundert Neuchristen verbrannt, darunter auch die eines Messe lesenden Geistlichen. Die Güter ihrer Erben wurden eingezogen und alle ihre Nachkommen für ehrlos erklärt. Hebräische Schriften bei einem Marranen anzutreffen, war ein glücklicher Fund für die Inquisition. Es war ein handgreiflicher Beweis für die judaisirende Ketzerei ihres Besitzers, und sie wurden mit demselben verbrannt, auch ohne Schonung für die Bücher der heiligen Schrift in der Ursprache[1]), welche den Dominikanern ein Dorn im Auge war, weil wahrheitsliebende christliche Gelehrte, wie Reuchlin und andere, sie als die „hebräische Wahrheit" vor der lateinischen Uebersetzung der in der Kirche gebrauchten Vulgata vorzogen.

In Castilien, Isabella's Herrschergebiet, ging die Einführung der Inquisition zur Vertilgung oder Demüthigung der Marranen ohne Widerstand von statten. Denn einerseits war hier die königliche Gewalt so ziemlich unbeschränkt und nicht an Formen gebunden, und andrerseits waren die Neuchristen hier bei der altchristlichen Bevölkerung mehr verhaßt als in Aragonien, dem Herrschergebiete Fernando's. Außerdem mußte der König in den Landestheilen Aragonien, Catalonien und Valencia zu neuen Gesetzen die Zustimmung der Cortesversammlung, die aus Deputirten des Adels-, Geistlichen- und Bürgerstandes zusammenberufen waren, erlangen. Hier gab es, wie angegeben, eine richterliche Autorität, welche dem königlichen Befehle die Zustimmung versagen konnte; es war der Großjusticiar, damals vertreten von Don Juan de la Nuza, welcher ein Enkel einer Marranin[2]) aus der Familie Coscon war, die von einem jüdischen Ahnen Abraham Aben-Jachja abstammte[3]). Fernando, von Haus aus ein armer Monarch, hatte mit der Einführung der Inquisition den Hauptzweck im Auge, den königlichen Schatz durch Confiscirung der Güter der verurtheilten reichen Marranen zu füllen; aber gerade nach altaragonischem Grundrechte durfte die Hinterlassenschaft der hingerichteten schlimmsten Verbrecher nicht den Erben entzogen werden, und die Verurtheilung durfte

---

[1]) Das.
[2]) Amador h. III. p. 258.
[3]) El libro verde (o. S. 150) unter der Rubrik Coscon . . . todos los Coscones descienden deste Abraham Aven-Maya. Nach der Angabe des Cardinals Mendoza y Bobadilla, des Verf. des tison de España, stammten die Grafen de Sanjago von den Coscones ab (p. 40). Aven-Maya ist wohl verschrieben statt Aven-Haya = אבן יחיא.

nur nach sichern Rechtsformen erfolgen, welche doch das Statut der Inquisition geradezu verhöhnte. Der König, so wie der Großinquisitor mußten daher mit Klugheit verfahren, dem Ketzertribunal in Aragonien Gesetzeskraft zu geben und den Widerspruch oder Widerstand dagegen zu lähmen. Torquemaba hatte zu diesem Zwecke zum Schluß der Cortes von Saragossa eine Versammlung von gelehrten Geistlichen, Granden und Rittern zusammenberufen und ihnen die Nothwendigkeit der Ketzergerichte gegen das überhandnehmende Judaisiren der Marranen auseinandergesetzt. Diese Cortes hatte Alonso de la Caballeria, Vice-Kanzler des Königreichs Aragonien geleitet, welcher der Sohn des Täuflings Pedro war (mit seinem jüdischen Namen Bonafos), und weder dieser noch andere Marranen in dieser Versammlung haben Widerspruch dagegen erhoben. Darauf hatte der König die Inquisition zum Gesetz erhoben und die Richter ernannt, den Kanonikus Pedro de Arbues de Epila für Aragonien und den Dominikaner-Mönch Gaspar Juglar für Valencia (Mai 1485 [1]). Dann wurden die königlichen Beamten und die Stadträthe zusammenberufen und in Pflicht genommen, dem Tribunal alle möglichen Unterstützungen zu geben. Unter den Beamten waren mehrere Marranen wie Sancho de Patornoy, königlicher Großschatzmeister, Francesco de Santa-Fé, der Sohn des boshaften Apostaten Josua Lorqui (v. S. 113), Beisitzer des Gouverneurs von Aragonien, und mehrere andere. War diese Gefügigkeit Verstellung oder thörichte Selbsttäuschung? Sie ließen eine lange Zeit verstreichen, ehe sie Stellung gegen die Inquisition nahmen. Sie sahen ruhig mit an, wie Arbues die Kerker des Tribunals mit ihren verdächtigen Genossen füllte, und wie er alte Processe gegen verstorbene Marranen wieder aufgrub.

---

[1] Amador h. III. 258. Ist angegeben, als wenn in Saragossa bereits im Jahre 1482 ein Inquisitionsverfahren gegen Francisco Clemente und seine Frau Violante de Calatayud angestellt worden wäre. Ebenso Llorente I p. 186. Allein im alphabetischen Verzeichniß der verurtheilten Marranen in Saragossa, als Anhang zum grünen Buche, ist angegeben, daß diese Violante erst im März 1486 verbrannt worden war. Revista de España 1885 p. 572. Violante de Calatayud, muger de Francisco Clemente, heretico Judio, relaxado en persona en 18. de Março 1486. In dem zweiten Verzeichniß nach chronologischer Ordnung ist angegeben unter dem Jahre 1486: Francisco Clemente Notario, Violante de Calatayud su muger. Amador, der das Verzeichniß abgedruckt hat (III p. 616 und 627), hätte merken müssen, daß das Datum 1482 falsch sein muß. Der Irrthum stammt davon her, daß das zweite Verzeichniß die Aufschrift hat sumario de los confesos condenados á fuego desde el anno 1482 hasta el anno ve 1499. Das Datum 1482 ist gewiß ein Druck- oder Schreibfehler statt 1486. S. Note 12.

Wie viel Opfer hat die Inquisition in diesem Lande unter Arbues dem Feuer überliefert in den sechszehn Monaten seiner Funktion? In Saragossa hat nicht, wie in Toledo, ein Augenzeuge, welcher an den Autos da Fé im Anfange Freude empfand, ihre Zahl und Namen aufgezeichnet. Bekannt ist nur, daß in Saragossa mehrere Neuchristen verbrannt wurden, darunter die Schwester eines thatkräftigen Marranen Joan de la Abadia und drei Männer[1]). Als Delegirter von Torquemada hatte Arbues ohne allen Zweifel die Weisung und auch das Temperament, nicht schonend zu verfahren, sondern was für den Kerker bestimmt war, dem Kerker, was für den Tod dem Tode zu überliefern. Der Schrecken vor ihm war auch so groß, daß wie in Sevilla und Toledo eine Anzahl Marranen die Flucht ergriffen hat. Die aragonische Inquisition scheint indeß ihre Opfer zuerst aus dem Mittelstande ausgesucht zu haben.

Erst als einer der angesehensten Marranen Leonardo de Eli in den Kerker geworfen wurde, erwachten sie aus ihrem Wahne, daß die Hand der Inquisition nicht so hoch hinauf reichen würde. Diese Vornehmen steckten die Köpfe zusammen, um zu berathen, wie sie den auch ihnen drohenden Schlag abzuwenden haben. Am meisten Eifer

---

[1]) Pater Gam machte Anstrengungen, um Arbues, welchen Kaulbach als Typus des menschenmörderischen katholischen Fanatismus gemalt hat, weil nun einmal Papst Alexander VII. ihn zum Seligen erklärt (1664) und Pio Nono aller Welt zum Trotze ihn zum Heiligen gemacht hat, lammfromm darzustellen, daß dieser Inquisitor am Ende sehr, sehr wenig Marranen habe verbrennen lassen (spanische Kirchengesch. III, 2 S. 24 ff.). Er giebt allenfalls zu, was die Acta Sanctorum zu Arbues' heiligem Tag referiren: Joannes de Labadia ex odio, quo Beatum (Arbues) prosequebatur ... qua illius soror ab eodem tribunali paulo ante damnata fuerat. Aber Llorente hat noch die Proceßakten von mehreren Neuchristen, welche Mai — Juni 1484, d. h. im Beginne von Arbues' Funktion — verbrannt worden waren, vor Augen gehabt (I. 188). Und Llorente's gewissenhafte Treue, wenn er sich auf Urkunden beruft, haben neue Funde in Spanien bestätigt. Er hat nicht geflunkert, was Pater Gam von ihm behauptet; er hat nur einen falschen Calcül von der enormen Zahl der verbrannten Marranen aufgestellt. Die jetzt in Bordeaux befindlichen Proceßakten der Inquisition von Saragossa enthalten auch ein Convolut von der Verurtheilung contra Johannem Francis mercatorem judaizantem von 1485, noch vor Arbues Tod. Vergl. noch Note 12. Warum sollte dieser milder verfahren sein, als die Inquisitoren in Sevilla und Toledo? Wäre er milden Herzens gewesen, hätte ihn Torquemada nicht eingesetzt. Die Inschrift auf seinem Grabesdenkmal, welche zwei Jahre nach seinem Tode angebracht worden war:

„Fugite hinc retro, fugite cito Judaei.

„Nam fugat pretiosus pestem hyacinthus lapis" (Petrus) zeugt keineswegs dafür, daß er hätte Milde walten lassen.

entwickelten die Brüder Sanches, welche von dem Täufling Eleasar Joseph abstammten, von denen einer Gabriel, königlicher Schatzmeister, und ein anderer Francisco, Großhaushofmeister des Königs Fernando waren. Sie verbanden sich mit Sancho de Paternoy, welcher königlicher Oberrechnungsrath war, Luis de Santangel, dessen Vater eine hohe Würde (Salmedina) inne hatte, und mit einem bedeutenden Juristen Jayme de Montfeaw. Diese hatten durch Verschwägerung mit altchristlichen Familien vielfache Verbindungen mit dem Hofe, und sie schmeichelten sich, daß durch diesen Einfluß bestimmt der König wenigstens die Confiscation der Güter von verurtheilten Marranen aufgeben würde, und damit würde der Hauptzweck für ihre Verfolgung und für die Aufrechterhaltung der Inquisition wegfallen. Sie sandten auch Vertraute an den neuen Papst Innocenz VIII., damit dieser Einspruch gegen die Verfolgung erheben möge. Da aber alle diese Mittel nicht einschlugen, so beschlossen sie die Inquisition durch Schrecken zu lohnen. Der Inquisitor Arbues und noch einer oder zwei seiner Blutgenossen sollten aus dem Leben geräumt werden, dann werde keiner mehr den Muth haben, das gefährliche Amt zu übernehmen. Die Urheber der Verschwörung betrieben sie mit so geringer Vorsicht, daß es verwunderlich ist, daß sie nicht, wie in Sevilla und Toledo, vorher verrathen wurde. Sie kamen häufig bald in ihrer Wohnung, bald in Kirchen[1]) zusammen, zogen sehr viele Marranen und auch Alt-Christen, welche mit diesen verschwägert waren, aus Saragossa und dem Lande in das Geheimniß. Jeder Beitretende mußte einen Betrag für die Kosten geben, welche die Schatzmeister sammelten. Juan de la Abadia, dessen Schwester den Scheiterhaufen hatte besteigen müssen, miethete die Mörder für Arbues und verabredete mit ihnen den Plan der Ermordung[2]). Die Verschwörer wurden ermuthigt durch Vorgänge in einigen Städten des Königreichs, welche die Unzufriedenheit der Bevölkerung mit der Einführung der Inquisition offenkundig machten. In Teruel, Valencia und in einigen anderen Städten waren leidenschaftliche Volksaufstände ausgebrochen, als Processe gegen Marranen angestellt wurden (1485), und sie konnten nur durch Blutvergießen niedergeschlagen werden[3]).

Juan de la Abadia hatte handfeste Männer gewonnen, Juan de Esperaendeo, Vidal Franco de Uranso und andere vier, den Streich gegen den Inquisitor Arbues zu führen. Dieser hatte

---

[1]) Vergl. den Anhang zum grünen Buche a. a. O. Tomo 106 p. 281 f. Bericht über Arbues' Tod.
[2]) Llorente a. a. O. I. p. 189 f. Amador III 259 f.
[3]) Llorente das. 211.

aber Wind davon bekommen; denn er schützte seinen Leib durch ein Panzerhemd und seinen Kopf durch eine Art eisernen Helmes. Am 15. September 1485, als sich Arbues vor Tagesanbruch mit der Laterne in die Kirche begab, um die Frühmesse zu lesen, schlichen ihm Juan de la Abadia, Juan de Esperaendeo und Vidal de Uranso nach, und sobald er sich auf die Knie niedergelassen hatte, brachten sie ihm tödtliche Wunden bei. In Blut gebadet, wurde er aus der Kirche getragen und starb zwei Tage darauf. Sobald sich die Nachricht von dem Mordanfalle auf den Hauptinquisitor in Saragossa verbreitete, brachte sie eine entgegengesetzte Wirkung hervor. Die Altchristen rotteten sich zusammen und brüllten mit fürchterlicher Stimme: „Ins Feuer mit den Judenchristen, welche den Inquisitionsrichter gemordet haben!" Es wäre um sämmtliche Marranen geschehen gewesen, wenn nicht der junge Bastard des Königspaares, der Erzbischof Alfonso de Aragon, zu Pferde die Volksmenge von Gewaltthätigkeiten zurückgehalten hätte. Er versprach ihr die vollständigste Genugthuung durch strenge Bestrafung der Schuldigen und ihrer Theilnehmer[1]).

Der König Fernando beutete diesen mißlungenen Verschwörungsversuch aufs Beste aus, um die Inquisition in Aragonien zu befestigen. Mit dem ermordeten Arbues trieb das Königspaar eine wahre Abgötterei. Eine Statue wurde zu seinem Andenken errichtet und seine Verdienste um die Religion und die Vertilgung der judaisirenden Ketzer verewigt. Den Dominikanern war der gewaltsame Tod des ersten Inquisitors nicht weniger erwünscht; sie brauchten gerade einen Märtyrer, um ihr Bluttribunal mit dem Glorienschein umgeben zu können. Ihre Bemühung war nun dahin gerichtet, Pedro Arbues zum Seligen, d. h. zum Halbgott zu erheben. Es dauerte nicht lange, so schmiedeten sie eine himmlische Offenbarung aus dem Munde des heiligen Ketzerrichters, worin er alle Welt ermahnt, die Inquisition zu unterstützen und zu fördern, und die Mitglieder des Tribunals beruhigt wegen der Skrupel: daß sie so viele, viele Menschen dem Flammentod übergeben haben; es erwarten sie dafür im Himmel die höchsten Ehrenplätze[2]).

Die mißlungene Verschwörung der Marranen in Saragossa verschaffte dem Moloch eine Menge neuer Schlachtopfer. Mehrere Verschworene legten ein offenes und vollständiges Bekenntniß ab, und so hatten die Inquisitoren die Liste sämmtlicher Betheiligten in Händen.

---

[1]) Das. p. 190—192 und Zurita, Annales de Aragon I. XX. c. 65. Amador III. 261 f. ergänzt aus dem Anhang zum grünen Buche von Aragonien.
[2]) Llorente das. I. p. 192 ff.

Sie wurden als judaisirende Ketzer und als Feinde des heiligen Officiums mit doppeltem Eifer verfolgt. Die Betheiligten an der Verschwörung wurden, wie die Richter ihrer habhaft geworden waren, (1486—1487) durch Saragossas Straßen geschleift, ihnen die Hände abgehauen, dann wurden sie gehängt und ihre Leichen verbrannt. Mehr als zweihundert Neuchristen wurden als Theilnehmer verurtheilt und viele Männer und Frauen aus vornehmen marranischen Familien besonders der Sanches und Sant=Angel zum Feuertode gebracht. Francesco de Santa=Fé, der Sohn des Apostaten Josua Lorqui, welcher letztere in seiner Giftigkeit gegen Juden und Judenthum den ersten Zunder zur Inquisition gelegt hat, zum Scheiterhaufen verurtheilt, entleibte sich im Kerker und ebenso de la Abadia[1]). Mehrere Verwandte des Pedro de la Caballeria, der mit seiner Anklageschrift: „Eifert für Gott", als Apostat die Glaubenswuth entzünden geholfen hatte (o. S. 150), wurden zur öffentlichen Buße im Sambenito=Gewande verurtheilt. Die Flüchtlinge wurden in effigie verbrannt, und diejenigen, welche diesen auch nur auf kurze Zeit Asyl gegeben hatten, wurden ebenfalls öffentlich geächtet. Diese Strafe wurde über einen Prinzen, Jakob von Navarra, Neffe des Königs Ferdinand, verhängt, welcher einen flüchtigen Marranen vor der Inquisition zu schützen, einige Tage in Tudela beherbergt hatte[2]). Die Gebeine der Marranen, welche an dem Tode des Inquisitors Arbues betheiligt waren, wurden ausgegraben und öffentlich mit der Feierlichkeit eines Glaubensschauspiels verbrannt. Wie weit die Entmenschung der Ketzerrichter ging, charakterisirt eine von ihnen verhängte Strafe. Einer der Verschworenen, Gaspar de Cruz, welcher Gelder für das Unternehmen gesammelt hatte, war glücklich nach Toulouse entkommen und dort gestorben. Die Inquisition begnügte sich aber nicht damit, ihn im Bilde verbrannt zu haben, sondern verhaftete seinen Sohn als Helfer bei der Flucht des Vaters und verurtheilte ihn, nach Toulouse zu wandern, den dortigen Dominikanern das über ihn ausgesprochene Urtheil vorzuzeigen und sie zu bitten, die Leiche seines Vaters auszugraben und zu verbrennen. Der schwache Sohn fügte sich und brachte nach Saragossa die Bescheinigung der Dominikaner mit: daß die Leiche des Vaters auf den Antrag des Sohnes geschändet worden sei. Ebenso empörend ist die doppelte Verruchtheit, daß ein Sohn seinen Vater, Simon de Sant=Angel und seine Mutter Clara Lünel[4]), den Inquisitoren als

---

[1]) Das. p. 204, 223. Amador III. 264 vergl. Anhang zum grünen Buche, und Note 12.
[2]) Llorente 207, Amador 265.   [3]) Note 12.   [4]) Das.

judaisirende Ketzer denuncirt hat, und diese sie daraufhin zum Feuertode verurtheilten.

Nichtsdestoweniger setzten einige nordspanische Städte, Lerida und Barcelona der Einführung der Inquisition in ihren Mauern hartnäckigen Widerstand entgegen; aber Alles vergeblich. Der eiserne Wille des Königs Fernando und Torquemada's blutiger Fanatismus überwanden jedes Hinderniß, und der päpstliche Hof sagte zu Allem Amen[1]). Im folgenden Jahre, da die Inquisition auch in Barcelona und auf der Insel Mallorca eingeweiht wurde, erlitten in diesen Plätzen allein zweihundert Marranen den Feuertod[2]). Ein jüdischer Zeitgenosse (Isaak Arama) schreibt darüber: „In unserer Zeit steigt die Rauchsäule (der Scheiterhaufen) bis gegen den Himmel in allen spanischen Königreichen und auf den Inseln. Ein Drittel der Marranen kam durch Feuer um, ein Drittel irrt flüchtig umher, um sich zu verbergen, und die übrigen leben in steter Angst vor der Untersuchung"[3]). So nahm die Zahl der Schlachtopfer von Jahr zu Jahr zu durch noch mehr Tribunale, die das schöne Spanien zu einem flammenden Töphet machten, dessen Feuerzunge bald auch Altchristen erreichte und verzehrte. In den dreizehn Jahren, in welchen Torquemada's finsterer Geist in Spanien waltete (1485—1498), wurden mindestens zweitausend Marranen dem Feuertode überliefert, und Geächtete, d. h. solche, die wegen Eingeständnisses als gesühnt entlassen worden waren, zählten mehr als siebzehntausend. In Avila, dem Wohnorte Torquemada's wo erst 1490 in Folge der Lügenmäre von der Kreuzigung des Kindes von La-Guardia (w. u.) ein Ketzer-Tribunal eröffnet wurde, erlitten innerhalb acht Jahren, bis zu seinem Todesjahr, siebzig Marranen den Feuertod. Unter diesen waren ein Kanonikus, Fernando Gonzalez, und seine Eltern — der Vater war als Ketzerlehrer (Haeresiarch) verurtheilt — und noch zwei andere Geistliche. Auch eine Frau, Ines Gonzalez, wurde als Ketzerlehrerin, weil sie die Marranen ermahnt hatte, dem Judenthume treu zu bleiben, unbarmherzig verbrannt. Die Namen dieser siebzig, auch derer, welche sich zwar durch Flucht gerettet hatten, aber im Bilde verbrannt wurden, endlich derer, welche nach 1498 verurtheilt worden waren, sind noch heutigen Tages in der Klosterkirche von Avila zu lesen.

---

[1]) Llorente I. p. 211. [2]) Das. I. p. 278. IV. p. 247 ff.

[3]) Isaak Arama, Predigtsammlung עקדת יצחק; Nr. 98 gegen Ende: כי אף על פי שנתערבו (היהודים) בגוני הה״מה לגמרי לא ימצאו ביניהם מרגיע ... כי הם יחרפו ויבוזו אותם תמיד ויחצבו עליהם מחשבות ועלילות מפאת דתם ותמיד הם חשודים בעיניהם למתהדדים ... ומה עתה בזמננו זה אשר עלה עשנם השמימה בכל מלכיות ספרד ובאייהם. שלישיתם שרף האש, שלישיתם יברחו הנה והנה רדחב״א, והנשאר בהם יחיו בפחד גדול ומורך נפלא מפחד לבבם וממראה עיניהם.

Auch solche Personen, bei denen jüdische Ketzerei gar nicht zu vermuthen war, wurden in Anklagen verstrickt, wenn sie hohe Aemter bekleideten; man gönnte ihnen keine hohe Würde, keinen weitreichenden Einfluß. Der Großinquisitor Torquemada richtete auch seine Angriffe auf zwei Bischöfe jüdischer Abkunft Davila und de Aranda, um sie, wenn es ihm nicht gelingen sollte, sie für die Flammen zu bestimmen, doch ihrer Aemter entsetzen zu können. — Juan Arias Davila, Bischof von Segovia, stammte von Diego Arias Davila ab, der zur Zeit von Vicente Ferrer's Rasereien (o. S. 225) zum Christenthume übergetreten war. König Juan II. hatte den Vater zum Chef der königlichen Rechnungskammer ernannt, und Don Heinrich IV. hatte ihn in den Adelstand erhoben und ihn unter die spanischen Granden versetzt. Sein ältester Sohn Pedro wurde gar zum Grafen von Pugnonrostro erhoben und heirathete eine Tochter aus einem altadeligen Hause; der jüngere Juan wurde mit dem bedeutenden Bisthum Segovia belehnt. In dieser Eigenschaft hatte er acht unschuldige Juden von Sepulveda hinrichten lassen (o. S. 234) — Pedro de Aranda[1]), Bischof von Calahorra, stammte ebenfalls von einem jüdischen Vater, Gonzalo Alonso, der zur selben Zeit wie Diego Davila in den Schooß der Kirche getrieben und Geistlicher geworden war. Seine zwei Söhne erlangten die Bischofswürde, der ältere Pedro die von Calahorra, und der jüngere die von Montreal in Sicilien; der erstere war auch Präsident des Rathes von Castilien.

Gegen diese beiden kirchlichen Würdenträger erhob Torquemada die Anklage, zwar nicht direkt gegen sie, sondern zunächst gegen ihre Väter: daß sie als Juden gestorben wären. Es sollten demnach ihre Gebeine ausgegraben und verbrannt, ihre Hinterlassenschaft ihren Söhnen genommen und eingezogen und diese ihrer Bischofswürden verlustig erklärt werden. Indessen widersetzte sich der Papst Alexander VI. dem Ansinnen, Bischöfe zu schänden, weil dadurch die Kirche selbst gebrandmarkt werden würde. Er machte in einem Schreiben gegen Torquemada's Verfolgungssucht geltend, daß nach einer älteren päpstlichen Bulle der Proceß gegen Großwürdenträger der Kirche wegen Ketzerei lediglich durch eine apostolische Specialcommission angestellt

---

[1]) Ueber den Ketzerproceß gegen Pedro de Aranda hat Fidel Fita eine Bulle veröffentlicht, welche das Sachverhältniß ein wenig berichtigt (Boletin de la real Academia XV, Jahrg. 1889, p. 590 f.). In diesem Jahrgange hat derselbe noch mehrere Bullen und Breven des Papstes Alexanders VI. bezüglich der Inquisition mitgetheilt, in denen sich, milde ausgedrückt, die Inconsequenz dieses Papstes bezüglich der Processe gegen die Marranen widerspiegelt.

werden dürfte. Er forderte daher, die Akten gegen Davila und
de Aranda zu einer Untersuchung einzusenden. Zugleich benutzte der
Papst diese Gelegenheit, sich in die inneren castilianischen Angelegenheiten einzumischen, was immer irgend einen Gewinn in Aussicht
stellte, und sandte einen außerordentlichen Nuntius Antonio Palavicini dahin, den Proceß zu untersuchen. Der Ausgang fiel verschieden aus. Während Juan Arias Davila in Rom mit Auszeichnung
behandelt wurde und in Ehren starb, wurde Pedro de Aranda, der
sich ebenfalls nach Rom stellen mußte, seiner Bischofswürde und sogar
des geistlichen Standes entkleidet und blieb bis zu seinem Tode in
San-Angelo eingekerkert[1]).

Torquemada und die Inquisitoren hatten sich bereits eine solche
Selbstständigkeit errungen, daß sie nicht nur dem Ausspruch des
Papstes, sondern auch dem Willen des Königspaares trotzen durften.
Das Beil erhob sich gegen die damit hauende Hand, die Säge gegen
den, der sie schwang. Gegen den Willen des Königs Fernando erhoben Torquemada und seine Untergebenen eine Anschuldigung gegen
den Vice-Kanzler Don Alfonso de Caballeria (1488), welcher bei der
Verschwörung gegen den Inquisitor Arbues betheiligt war. Er
stammte von jüdischen Großeltern, und die Gebeine seiner Groß-
mutter Violante wurden als die einer rückfälligen Jüdin verbrannt.
Selbst seine erste Frau stand unter Anklage der Ketzerei und wurde
zur öffentlichen Buße verurtheilt, einem Auto-da-Fé im Büßer-
gewande beizuwohnen. Alfonso de Caballeria[2]), obwohl in besonderer
Gunst des Königs, wurde als judaisirender Ketzer und Mitschuldiger
an der Verschwörung angeklagt. Er apellirte aber an den Papst
und wies das Ausnahmegericht zurück, das über ihn keine Competenz
hätte. Da der Vicekanzler von jüdischer Abkunft sehr reich war, so
nahm der Papst seine Partei; der König trat ebenfalls auf seine
Seite und die Inquisition war zuletzt genöthigt, ihn freizusprechen und,
als mit der Kirche versöhnt, wieder aufzunehmen. Seine zwei Töchter
wurden an die vornehmsten Adeligen verheirathet, und einer seiner Söhne
ehelichte eine Enkelin des Königs, eine Base des nachmaligen Kaisers
Karl V. Fast in dem ganzen hohen Adel Spaniens fließt jüdisches
Blut, sei es auch nur von weiblicher Seite, in der Abstammung von
Don Davila oder dem Grafen von Pugnonrostro in Castilien[3]).
In Aragonien stammten die Grafen von Ribegorza oder Herzöge
de Lunas von einer Jüdin Estanza, Tochter von Abiatar

---

[1]) Llorente das. p. 267 ff. Amador III. 270.
[2]) Llorente das. p. 250 f.
[3]) Llorente das. I. Préface XXVI.

Conejo (Cohen), welche ein Bastardbruder Fernando's des Katholischen geheirathet hatte [1]). Dieser König, der so unsägliches Elend über die spanischen Juden gebracht hat, war auch von einer anderen Seite mit einer jüdischen Familie verwandt [2]).

Wenn nicht die Inquisition so unbarmherzig gegen die Marranen gewüthet hätte, so hätten diese den Spaniern mit ihrem Blute auch den geweckten jüdischen Geist eingeflößt und die der Entartung entgegengehende Rasse mit gesunden Säften erfrischen können.

[1]) Das grüne Buch von Aragonien (o. S. 150) im Anfang. Ueber andere adelige und hochadelige spanische Familien von jüdischer Abstammung vergl. Amador III. 97, Note.
[2]) Vergl. o. S. 233 Note.

Vierzehntes Kapitel.

Vertreibung der Juden aus Spanien.

Der Zusammenhang zwischen Marranen und Juden. Torquemada's Zwang gegen die Rabbinen, die Marranen anzugeben. Juda Ibn-Verga; Vertreibung der Juden aus Andalusien und Sevilla. Die jüdischen Hofleute unter Fernando und Isabella. Isaak Abrabanel, sein Lebensgang und seine schriftstellerischen Leistungen. Die Juden in Portugal unter Alfonso V. Gedalja und Joseph Ibn-Jachja. Abrabanel's Flucht aus Portugal und sein Amt in Spanien. Die Juden in Granada: Isaak Hamon; die Familie Gavison, Saadia Ibn-Danan und seine Schriften. Der Fall Malagas, die jüdischen Gefangenen, Abraham Senjor und Salomo Ibn-Verga. Uebergabe von Granada und trauriges Schicksal der spanischen Juden. Ausweisungsedikt Fernando's und Isabella's. Wirkung des Edikts. Torquemada mit seinen Belehrungsmitteln. Die Auswanderung aus Spanien, Isaak Aboab nach Portugal. Die schmerzliche Trennung von den Gräbern. Zahl der Auswanderer. Sinken der Blüthe Spaniens durch den Verlust der Juden. Verwandlung der Synagogen und Lehrhäuser in Kirchen und Klöster. Die zurückgebliebenen Marranen, die Masse der Schlachtopfer der Inquisition. Torquemada's Todesangst. Sein Nachfolger Deza als heimlicher Jude angeklagt. Bajasid's treffender Ausspruch über die Vertreibung der Juden aus Spanien.

(1483—1492.)

Das Ungethüm der Inquisition, das zuerst seine Wuth gegen die Neuchristen richtete, streckte nach und nach seine Fangarme auch nach den Juden aus und überlieferte sie einem thränenreichen Geschicke. Der Zusammenhang zwischen den Juden und vielen Marranen war zu eng, als daß die Erstern nicht auch in empfindliche Mitleidenschaft gezogen werden sollten. Sie standen mit einander im innigsten Verkehr, in brüderlicher Gemeinschaft. Die Juden empfanden für ihre unglücklichen Brüder, welche mit Widerwillen die Maske des Christenthums tragen mußten, ein inniges Mitleid und suchten sie in der Gemeinsamkeit zu erhalten. Sie unterrichteten die im Christenthume geborenen Marranen in den Riten des Judenthums, hielten heimlich mit ihnen religiöse Zusammenkünfte für's Gebet, lieferten ihnen Religionsschriften, zeigten ihnen das Eintreffen der Fast- und Festtage an, lieferten ihnen zum Passah ungesäuertes Brod und für das ganze Jahr ritualmäßig zubereitetes Fleisch und beschnitten deren neugeborene Knaben¹). Da es in Sevilla und Andalusien überhaupt zahlreiche Neuchristen gab seit den wilden Angriffen auf die Juden durch Fernando Martinez und später durch die wiederholten Verfolgungen von 1412—1414, so war dort ein ergiebiger Boden für die Thätigkeit der Juden, ihre abgefallenen Brüder im Judenthum zu erhalten. Am rührigsten zeigte sich darin Juda=Jbn=Verga²) in Sevilla, der ein Kabbalist und Astronom war und bei dem Statthalter von Andalusien in Ansehen stand. Als daher das Königspaar den Plan faßte, die Inquisition in's Leben zu rufen, war es vor Allem darauf bedacht, die Juden von den Christen und namentlich den Neuchristen auf's strengste zu sondern und jede Gemeinschaft mit ihnen zu vereiteln. Nur den jüdischen Aerzten³) war es gestattet außerhalb der Judenquartiere zu wohnen, weil sie die christliche Bevölkerung nicht missen konnte. Aber diese mit aller Strenge im ganzen Lande bewerkstelligte Absonderung der Juden und Marranen konnte das Band der Liebe zwischen Beiden nicht lösen. Sie blieben trotzdem in Verkehr mit einander, aber nur heimlicher, vorsichtiger. Je gefahrvoller die Entdeckung war, desto größer der Reiz trotz der Argusaugen der spionirenden Geistlichen und ihrer Helfer, einander zu begegnen, zu trösten und zu stärken. Diese Zusammenkünfte der Juden und Marranen hatten daher einen romantischen Anstrich wegen der geheimnißvollen Art und der dahinter lauernden Gefahren. Es gestaltete sich zwischen ihnen eine Art Liebesverhältniß, das um so fester und enger wurde, je mehr daran gearbeitet wurde, es zu lösen.

Dieses Liebesband zu zerreißen, war ein neuer teuflischer Plan des General=Inquisitors Torquemada. Durch Schreckmittel sollten die Rabbinen gezwungen werden, sämmtliche Gemeindeglieder zu verpflichten, die dem Judenthum treugebliebenen Marranen zu verrathen (o. S. 307), sie der Kirche zuzuführen oder vielmehr sie dem Scheiterhaufen zu überliefern. Welch ein durchwühlender tragischer Seelenkampf für die Rabbinen! Schwerlich haben sich viele dazu gebrauchen lassen und haben wohl eher die Strafen erduldet oder es durchgesetzt, daß die

---

¹) Ausweisungsedikt von Fernando und Isabella, Amador III. documentos III p. 603 f.

²) Jbn=Verga, Schebet Jehuda No. 62. בעיר הגדולה שביליא היה ר' יהודה ן' ויבגא ז"ל ובאשר באה החקירה שם אמרו הושבי הארץ שאם ירצו לדעת מי הם מהאנוסים נוהגים להרוג ן' ירוגא כי על ידו היו עושים כל מעשה היהודים ומצוחם. Vergl. über ihn das. Nr. 38. Von ihm existirt eine astronomische Schrift: ב"י האופק יהודה בן בירגה וס' קיצור המספר. Maskir V. p. 128.

³) Vergl. o. S. 294; Revue d. Et. XIII 247.

Strafandrohung nicht vollzogen wurde. Juda-Jbn-Verga, von dem
verlangt worden war, die Scheinchristen, welche heimlich dem Judenthum anhingen, anzugeben, verließ lieber seine Geburtsstadt Sevilla
und entfloh nach Lissabon — wo er später als Märtyrer fiel —
weil er die Marranen nicht verrathen wollte¹). Die Inquisitoren
hatten schwerlich ihren Zweck vermittelst der Juden erreicht, diese
haben wohl trotz aller Vorkehrungen den heimlichen Verkehr mit den
Neuchristen fortgesetzt. Um so strenger wurde die Absperrung der
Juden im Verkehr mit der christlichen Gesellschaft überwacht.

Nach diesen traurigen Vorgängen hatten die castilianischen und
aragonischen Juden darauf gefaßt sein sollen, daß ihr Bleiben nicht
mehr von Dauer sein würde. Allein sie liebten Spanien zu sehr, als
daß sie sich ohne bringenden Zwang davon hätten trennen können.
Auch schützte sie das Königspaar öfter gegen Unbilde. Bei ihrer Uebersiedelung in besondere Judenquartiere nahmen Fernando und Isabella
darauf Bedacht, daß ihnen keinerlei Schaden und Chikane zugefügt
werden sollten. Die Königin Isabella verhehlte einst ihre Unzufriedenheit
nicht mit judenfeindlichen Verordnungen der Behörden von Toledo und
Guipuscoa²). Auch rechneten die spanischen Juden auf ihre Unentbehrlichkeit für die Christen. Leidende wandten sich nämlich lieber an jüdische
Aerzte; die niedrigen Volksklassen holten den Rath von rechtskundigen
Juden bei Processen ein und ließen sich sogar von ihnen Zuschriften
von Geistlichen lesen³). Auch vertrauten sie zu viel auf die Hilfe der
Menschen, auf den bei Hofe hochangesehenen Abraham Senior,
welcher zum Großrabbinen ernannt war und vermöge seiner Finanz-
verwaltung und seines Reichthums die königliche Unternehmung gegen
die letzten Mohammedaner in Granada förderte⁴). Von ihm erhofften
sie Abwehr judenfeindlicher Einflüsse. Dazu kam noch, daß gerade zur
Zeit als Torquemada seine Fangschlinge über Marranen und Juden
warf, der berühmte Abrabanel vom castilianischen Hofe ein sehr
wichtiges Amt erhielt und einflußreiches Vertrauen genoß, unter dessen
Schutze die spanischen Juden aller Wuth der giftigen Dominikaner
trotzen zu können vermeinten. Abrabanel's günstige Stellung am Hofe,
der vermöge seines Charakters, seiner Liebe zum Judenthum und zur
Wissenschaft und seiner erprobten Klugheit an Samuel Nagrela erinnerte,
wiegte sie in falsche Hoffnungen.

---

¹) Ibn-Verga, Schebet Jehuda das.
²) Pulgar, Letras No. 31.
³) Landazuri, historia civil de la Ciudad de Vitoria bei Kayserling
die Juden in Navarra, S. 127.
⁴) Vergl. Note 4.

Don Isaak b. Juda Abrabanel (geb. in Lissabon 1437 gest. in Venedig 1508[1]) beschließt würdig die Reihe der jüdischen Staatsmänner in Spanien, welche, mit Chasdaï Ibn-Schaprut beginnend, ihren Namen und ihre Stellung zum Schutze ihrer Stammgenossen verwerthet haben. Seine Abstammung vom königlich davidischen Hause, deren sich die Abrabanels rühmten — und die ihnen auch unangefochten eingeräumt wurde — wollten die Zeitgenossen in dem Adel seiner Gesinnung erkennen. Sein Großvater Samuel Abrabanel, der während der Verfolgung von 1391 wahrscheinlich nur für kurze Zeit sich zum Schein die Taufe gefallen ließ, war ebenfalls ein hochherziger, freigebiger Mann und unterstützte die jüdische Wissenschaft und ihre Träger. Von seinem Vater Juda ist aber wenig bekannt. Er war Schatzmeister eines Portugiesischen Prinzen, sehr reich und sehr wohlthätig. — Isaak Abrabanel war eine frühreife Natur von klarem Verstande, aber nüchtern, ohne Schwung und ohne Tiefe. Das Naheliegende, die Dinge und die Verhältnisse der Gegenwart, die handgreifliche Wirklichkeit umfaßte sein Geist mit untrüglichem Takte. Aber das Entfernte, das dem Auge und dem nüchternen Sinne Entrückte lag für ihn in Nebel gehüllt; er vermochte es nicht zu durchdringen und zu bewältigen. Die Ergründung des Judenthums, seines glanzvollen Alterthums und seines Gottesbegriffes war für Abrabanel von Jugend auf ein Lieblingsthema, und er verfaßte im jugendlichen Alter eine Schrift, um die allgemeine und besondere Vorsehung Gottes für das Volk Israel in's Licht zu setzen[2]. Allein philosophische Begriffe waren bei ihm mehr angebildet, als angeboren. Zur Lösung solcher Fragen fehlte bei ihm so gut wie Alles. Don Abrabanel war ein gewiegter Geschäftsmann, der das Finanzfach

[1]) Eine kurze Biographie Abrabanel's entwarf Baruch Usiel Chaskitu von Ferrara 1551, als Einleitung zu Abr.'s מעיני הישועה. Ergänzt und erweitert hat sie Carmoly in Ozar Nechmad II. c. 47 ff., und er hat auch handschriftliches Material dazu beigebracht, Abrabanel's interessantes Sendschreiben an Jechiel von Pisa (das. p. 65 f.) und eine Elegie von Juda Leon Abrabanel (p. 70 f.). Ueber Abrabanel's Todesjahr Note 5. Die richtige Aussprache des Namens braucht man nicht aus Codices zu beweisen. Der Portugiese Samuel Usque, der noch mit dessen Nachkommen verkehrte, nennt seinen Sohn: O senhor Dom Samuel Abravanel und dessen Frau Senhora Benvenida Abravanela (Consolações III. No. 32). Ebenso Imanuel Aboab, Nomologia II. c. 27 p. 304. Wie es scheint, haben erst italienische und deutsche Juden den Namen in Abarbanel verwandelt. Ueber Juda Abrab., den Vater, vergl. Kayserling, Geschichte der Juden in Portugal S. 73.

[2]) Abrabanel's Jugendarbeiten sind das Werk עטרת זקנים (Sabioneta 1557) und sein Commentar zu Deuteronomium, verfaßt um 1472. Vergl. Carmoly a. a. O. p. 48.

und allenfalls auch die Staatswissenschaft gut verstand, aber er war durchaus kein philosophischer Kopf. Der damalige König von Portugal, Affonso V., ein gebildeter, leutseliger und liebenswürdiger Herrscher, wußte auch sein Talent zu würdigen; er berief ihn an seinen Hof, vertraute ihm das Finanzwesen an und zog ihn bei wichtigen Fragen in's Vertrauen[1]). Sein edles Gemüth, seine wahrhafte innige Religiosität, seine Bescheidenheit, die fern von allem Dünkel war, und seine uneigennützige Klugheit verschafften Abrabanel innerhalb und außerhalb des Hofkreises die aufrichtige Zuneigung christlicher Granden. Mit dem mächtigen, sanften und wohlwollenden Herzog Fernando von Braganza — der über fünfzig Städte, Flecken, Schlösser und Burgen gebot und 10,000 Mann Fußvolk wie 3000 Reiter in's Feld stellen konnte — mit ihm und seinen Brüdern, dem Marquis von Montemar, Connetable von Portugal, und dem Grafen von Faro, die brüderlich einträchtig zusammen lebten, mit allen diesen stand Abrabanel auf freundschaftlichem Fuße[2]). Mit dem gelehrten João Sezira, der bei Hofe in hohem Ansehen stand und ein warmer Gönner der Juden war, hatte Abrabanel ein sehr inniges Freundschaftsverhältniß[3]). Er beschreibt selbst seine glückliche Lebenslage am Hofe des Königs Affonso:

„Friedlich lebte ich in meinem ererbten Hause im gepriesenen Lissabon, daselbst hatte mir Gott Segen, Reichthum und Ehren gegeben. Ich hatte mir große Bauten und weite Säle angelegt. Mein Haus war ein Mittelpunkt für Gelehrte und Weise. Ich war beliebt im Palaste Affonso's, eines mächtigen und gerechten Königs, unter dem auch die Juden Freiheit und Wohlstand genossen. Ich stand ihm nah, er stützte sich auf mich, und so lange er lebte, ging ich in

---

[1]) Abrabanel's Einl. zum Josua-Commentar.

[2]) Das. sagt Abrabanel: ויתפוש (דון יואן מלך חדש) שר וגדול ומשנה למלך וימת אותו בחרב ואחיו והנשארים הרה נסו ברחו לנפשם... מימי קדם קדמתה... היתה אהבתי עצומה את השרים הנרדפים האלה וידמו למו עצתי. Dieses bezieht sich nicht, wie Carmoly meint, auf den Herzog von Viseu, den leichtsinnigen Schwager des Königs Don João (das. p 49,71), sondern auf den Herzog von Braganza, der am 20. Juni 1483 hingerichtet wurde, in demselben Jahre, in dem Abrabanel nach Castilien entfloh, während der Herzog von Viseu erst am 23. August 1484 vom König erstochen wurde (Schäfer, Geschichte von Portugal II. p. 632, 640). In dieser Zeit war das Vorwort zu Josua, Richter und Samuel bereits geschrieben. Denn die Commentarien zu diesen waren beendet 13. Adar = 9. Febr. 1484, also zur Zeit, als noch der Herzog von Viseu lebte und erst den Verschwörungsplan betrieb, war Abrabanel entflohen.

[3]) Gordo, memoria sobre los Judeos de Portugal, in der historia e Memorias da Academia real das sciencias de Lisboa 1823 T. VIII. Th. II. p. 8.

seinem Palaste aus und ein." Affonso's Regierung war die letzte goldene Zeit für die Juden eines Theils der pyrenäischen Halbinsel. Obwohl unter seiner Regierung die portugiesische Gesetzsammlung (Ordenaçoẽs de Affonso V.) zu Stande kam, welche byzantinische Elemente und kanonische Beschränkungen der Juden enthält, so hatte einerseits der damals noch unmündige König selbst keinen Antheil daran, und andrerseits wurden die gehässigen Gesetze nicht vollzogen. Die Juden trugen zu seiner Zeit keine brandmarkenden Abzeichen, sondern stolzirten auf Pferden und Mauleseln mit kostbaren Geschirren und glänzenden Schabracken, in langen Röcken mit feinen Capuzen — die übliche Landestracht — in seidenen Wämsern und mit vergoldeten Degen einher. Sie waren durch nichts von den Christen zu unterscheiden. Die meisten Finanzpächter in Portugal (Rendeiros) waren Juden. Selbst Kirchenfürsten stellten Juden als Einnehmer der Kirchentaxen an, worüber die Cortes von Lissabon Klagen führten[1]). Die Selbstständigkeit der jüdischen Gemeinden unter dem Großrabbinen und den sieben Provincial-Rabbinen blieb unter Affonso gewahrt und wurde in die Gesetzsammlung aufgenommen[2]). In dieser Gesetzsammlung wurde den Juden das Zugeständniß gemacht, daß die von ihnen ausgestellten Urkunden nicht in der portugiesischen Sprache abgefaßt zu sein brauchten, wie früher angeordnet war (o. S. 44), sondern daß sie sich dazu auch der hebräischen Sprache bedienen dürften[3]).

Abrabanel war übrigens nicht der einzige jüdische Günstling an Affonso's Hofe. Zwei Brüder Ibn-Jachja Negro, Söhne eines Don David — welcher seinen drei (oder vier) Söhnen vor seinem Tode empfohlen haben soll, seine reiche Hinterlassenschaft nicht in liegende Gründe anzulegen, da den portugiesischen Juden eine Ausweisung bevorstehe[4]) — diese beiden Brüder verkehrten ebenfalls an dem Hofe von Lissabon. Der eine Gedalja Ibn-Jachja, ein wissenschaftlich gebildeter Mann (geb. 1436 gest. 1487[5]), war einer von Affonso's Leibärzten und Astronomen, wanderte aber nach dessen Tode aus und starb in Konstantinopel. Höher in Gunst bei diesem König

---

[1]) Bei Lindo history of the Jews in Spain p. 326, Cortes von 1473.
[2]) Ordenancoẽs de Affonso L. II. Titel 81 (Coimbra 1792).
[3]) Das. L. II. T. 93.
[4]) Ibn-Jachja, Schalschelet p. 49a.
[5]) Das. und Carmoly, Biographie der Jachjiden p. 16 f. Es ist wohl derselbe, von welchem die Chronik des Don Duarte und des Affonso berichtet: Mestre Guedelha Judeu fisico e grande Astrologo, in der Colleçaõ das cronicas ineditas I. p. 76 f. 205 f.

stand dessen Bruder Joseph Ibn-Jachja (geb. 1424 gest. in Ferrara 1498[1]); er war einer der vertrauten Räthe Affonso's. Obwohl, wie es scheint, der jüdischen Literatur nicht sehr kundig, fördert sie Joseph Ibn-Jachja vielfach mit seinem reichen Vermögen. Der König Affonso, welcher ein Freund der Gelehrsamkeit war und Religionsgespräche liebte, legte einst seinem Günstling verfängliche Fragen vor[2]), die dieser muthig, aber nicht immer geschickt beantwortete. Die Fragen waren: Warum die Juden nicht anerkennen, daß Jesus eine Gottheit oder wenigstens ein Theil derselben sei, da er doch so viele Wunder verrichtet habe. Don Joseph sollte ferner den Beweis führen, in wie fern das Judenthum eine Offenbarung für alle Zeiten sei und von keiner neuen außer Kraft gesetzt werden könne. Endlich wenn Zauberei ein Unding sei und auf Täuschung beruhe, warum denn das mosaische Gesetz Strafe darüber verhängt hat. Affonso fragte ihn auch, ob, nach der Ansicht der Juden, das Gebet eines Christen Gehör bei der Gottheit fände, was Joseph Ibn-Jachja unbedingt bejahte, mußte sich aber eine Zurechtweisung vom König gefallen lassen, daß einige Talmudisten das Entgegengesetzte lehrten. Er machte ihm auch Vorwürfe darüber, daß er — vielleicht damals Großrabbiner — Männer und Frauen nicht davon zurückhielt, sich in augenaufreißenden Staat zu werfen. Das Volk sei dadurch zum Glauben berechtigt, die von Seide und Schmuck strotzenden Juden hätten ihren Luxus vom Raube, an den Christen begangen. „Ich verlange keine Antwort von Dir," bemerkte der König: „denn ich weiß, nur eine Plünderung oder der gewaltsame Tod wird euch bessern." Auch im vollen Becher fehlte den Juden der Wermuthstropfen nicht. Die Cortes nahmen auch dem Könige Affonso seine Judenfreundlichkeit übel und machten öfter Anträge, die Juden nach den kanonischen und Landesgesetzen zu beschränken.

So lange Isaak Abrabanel die Gunst des Königs genoß, war er für seine Stammgenossen „Schild und Mauer, rettete die Dulder vor der Gewalt ihrer Widersacher, heilte die Risse und wehrte die grimmigen Löwen von ihnen ab," wie ihn sein dichterischer Sohn Juda Leon schildert[3]). Er, der ein warmes Herz für alle Leidenden hatte, der den Weisen ein Vater und den Trauernden ein Tröster

---

[1]) Das. 59 b und Carmoly, a. a. O. p. 14 f. 27 unten f., wo auch sein Zeitalter angegeben ist nach der Einleitung in תורה אור des Joseph Ibn-Jachja IV.

[2]) Ibn-Verga, Schebet Jehuda No. 65. Der Dialog trägt alle Merkmale der Echtheit an sich: vergl. auch das. Nr. 32 p. 61 ff.

[3]) Juda Leon's Gedicht vor Abrabanel's Commentar zu den Propheten.

war, empfand noch tieferes Mitleid mit den Unglücklichen seines Stammes. Als Affonso die Hafenstadt Arzilla in Afrika eroberte, brachten die Krieger unter vielen tausend gefangenen Mauren 250 Juden, welche als Sklaven im ganzen Königreiche verkauft wurden. Juden und Jüdinnen zur elenden Sklaverei verdammt zu wissen, ertrug Abrabanel's Herz nicht. Auf seine Veranlassung trat ein Comité von zwölf Gemeindegliedern in Lissabon zusammen und sammelte Gelder. Er mit noch einem Collegen reiste darauf im ganzen Lande umher und erlöste die jüdischen Sklaven, öfter um einen hohen Preis. Damit war es aber noch nicht abgethan. Die losgekauften Juden und Jüdinnen, Erwachsene und Kinder, mußten bekleidet, untergebracht und erhalten werden, bis sie die Landessprache erlernt haben und für sich selbst zu sorgen im Stande sein würden.

Als der König Affonso eine Gesandtschaft an den Papst Sixtus IV. schickte, um ihm zu dessen Inthronisation zu gratuliren und ihm seinen Sieg über die Mauren Afrika's anzuzeigen, dabei sich auch der Doctor João Sezira befand, der mit Abrabanel ein Herz und eine Seele war, nahm er ihm das heilige Versprechen ab, mit dem Papst zu Gunsten der Juden zu verhandeln. Er bat daher seinen italienischen Freund, Jechiel von Pisa, sich gegen João Sezira auf jede Weise gefällig zu zeigen und ihm sowohl, wie dem Hauptgesandten, Lopo de Almeida, zu erkennen zu geben, wie angenehm den italienischen Juden die Nachricht von der Gunst des Königs Affonso für die Juden sei, damit sich dieser und seine Diener dadurch geschmeichelt fühlen sollten[1]). So that Abrabanel Alles, was in seinem Bereiche lag, für seine Glaubens- und Stammgenossen zu wirken.

Aus seinem Glücke, das er mit einer tugendhaften und gebildeten Frau und drei begabten Söhnen: Juda Leon, Isaak und Samuel, genoß, rissen ihn die politischen Vorgänge in Portugal. Sein Gönner Affonso V. war gestorben, und den Thron bestieg dessen Sohn João II. (1481—1495), seinem Vater durchweg unähnlich, von stärkerer Willenskraft, harter Gemüthsart und voller Verstellungskunst, der bereits beim Leben seines Vaters gekrönt worden war und eine finstere Miene machte, als Affonso, der Todtgeglaubte, plötzlich wieder in Portugal lebend eingetroffen war. João II. befolgte die Politik seines Zeitgenossen, des gewissenlosen Königs Ludwig XI. von Frankreich, sich der portugiesischen

---

[1]) Carmoly, das. p. 68. Von der Gesandtschaft des Lopo d'Almeida im Jahr 1472 vergl. de Pina, Cronica de Affonso V. c. 168.

Granden zu entledigen, um ein selbstständiges, absolutes Königthum zu schaffen. Zunächst hatte er es auf den Herzog **Fernando von Braganza** abgesehen, der selbst von königlichem Geblüte fast eben so mächtig, angesehen und jedenfalls beliebter als der König war. Ihn und seine Brüder, denen er persönlich gram war, wollte Don João II. aus dem Wege räumen. Während er den Herzog von Braganza liebkoste, ließ er eine Anklageschrift gegen ihn zusammenstellen, als habe dieser ein verrätherisches Einverständniß mit dem spanischen Königspaar unterhalten, dessen Richtigkeit noch heute nicht genügend ermittelt ist. Er verhaftete ihn mit einem Judaskusse, machte ihm den Proceß als Landesverräther, ließ ihn enthaupten und zog seine ausgedehnten Besitzungen ein (Juni 1483). Seine Brüder mußten die Flucht ergreifen, um nicht demselben Geschicke zu verfallen. Da Isaak Abrabanel in Freundschaft mit dem Herzog von Braganza und dessen Brüdern lebte, so faßte der König João auch gegen ihn Argwohn, daß er von dem angeblichen Verschwörungsplan Kunde gehabt hätte; Feinde des jüdischen Staatsmannes bestärkten ihn nur noch darin. Der König ließ ihm demgemäß einen Befehl zustellen, sich zu ihm zu verfügen. Nichts Arges ahnend, war Abrabanel im Begriffe dem Befehle Folge zu leisten, als ihm ein unbekannter Freund den Weg vertrat, ihm mittheilte, daß es auch auf sein Leben abgesehen wäre, und ihm zur eiligsten Flucht rieth. Durch das Schicksal des Herzogs von Braganza gewarnt, befolgte Abrabanel den Rath des Freundes und entfloh nach Spanien. Der König ließ ihn zwar durch Reiter verfolgen, sie konnten ihn aber nicht erreichen. So gelangte er sicher zur spanischen Grenze. In einem demüthigen, aber männlich gehaltenen Schreiben betheuerte er seine Unschuld an dem ihm zur Last gelegten Verbrechen und sprach auch den Herzog von Braganza von jeder Schuld frei[1]). Der argwöhnische Despot, welcher der

---

[1]) Einl. zum Josua- und zum Könige-Commentar. Sagenhaft ist gewiß die Nachricht (in **Gavison's** עומר השכחה p. 21 c f.): daß die portugiesischen Granden Abrabanel aufgefordert hätten, sich an einer Verschwörung gegen das Leben des Königs zu betheiligen, und daß er, von ihnen gedrängt, seine Unterschrift unter die Liste der Verschworenen zu zeichnen, sie in zweideutiger Fassung gesetzt hätte: ז״ל שי איש שנויריס אפלאויר יו נו אפי יצחק בן יהודה אברכנאל, d. h. Se os senhores apalavar, eu o no (das Wort אפי, das „ich entfliehe" bedeuten soll, kann ich nicht enträthseln, vielleicht von afugir = fugir) d. h. „wenn die Herren einverstanden sind, so entziehe ich mich nicht". Dann habe er einen Theil seines Vermögens in seinem Hause vergraben, einen Theil eingesteckt, alle die Seinigen — Söhne und Tochter — mitgenommen und die Flucht auf Pferden und Mauleseln angetreten, deren Hufeisen verkehrt angeschlagen gewesen wären, um die Verfolger irre zu führen. So sei er mit den Seinigen nach Spanien entflohen. Der portugiesische König habe aber an den spanischen geschrieben, Abrabanel des

Vertheidigungsschrift keinen Glauben schenkte, ließ nicht nur Abrabanel's ganzes Vermögen einziehn, sondern auch das seines Sohnes Juda Leon[1]), der bereits als Arzt selbstständig war. Aber Frau und Kinder ließ er ihrem Familienhaupte nach Castilien nachziehen.

In der Hauptstadt Toledo, wo er sich niedergelassen, wurde Isaak Abrabanel von der Judenschaft und namentlich von den Gebildeten ehrenvoll aufgenommen. Ein Kreis von Gelehrten und Jüngern sammelte sich um den hochgefeierten, unschuldig verfolgten portugiesischen Staatsmann. Mit dem Rabbiner Isaak Aboab (o. S. 218) und mit dem Obersteuerpächter Abraham Senior trat er in ein inniges Verhältniß. Dieser machte ihn gleich bei seiner Niederlassung zum Theilnehmer an der Steuerpacht[2]). Abrabanel machte sich Gewissensbisse, daß er wegen Staatsgeschäften und im Dienste des Mammon das Studium des Gesetzes vernachlässigt hatte, und erkannte sein Unglück als gerechte Strafe des Himmels in Demuth an. Sogleich machte er sich, auf das Dringen seiner neuen Freunde, an die Erklärung der vier geschichtlichen Propheten (2. Marcheschwan = 11. Oktober 1483[3]), die bisher von den Erklärern wegen ihrer scheinbaren Leichtigkeit vernachlässigt worden waren. Da er sich schon früher vielfach damit beschäftigt hatte, so konnte er in sechszehn Tagen den Commentar zum Buche Josua, in fünfundzwanzig Tagen den zum Buche der Richter und in etwas mehr als drei Monaten (1483—1484) die

Undanks angeklagt und den spanischen König vor ihm gewarnt, daß Abrabanel ihm eben so vergelten werde. Dieser habe ihn aufgefordert, sich zu rechtfertigen, und habe ihm zur Bestätigung der Anklage die Unterschrift gezeigt. Abr. habe aber seine Unterschrift anders gedeutet: „Wenn auch die Herren einverstanden sind, ich nicht, ich entziehe mich". Durch seine Klugheit habe also Abr. sich, die Seinigen und sein Vermögen gerettet. Diese Nachricht widerspricht Allem, was Abr. selbst von seiner Flucht mittheilt.

[1]) Juda Leon in der Elegie (Ozar Nechmad II. p. 71). Hier müssen einige Verse zum besseren Verständniß emendirt werden (die durchschossenen Wörter sind Correcturen):

ועת קשרו סגנו בו (במלך יואן) ואחיו, הלא אבי בקושריו שם בכובי
ובקש להרוג אחיו והצילו ממות רוכב כרובי
והוא נמלט לקשטלייא . . . .
ואו שלל רכושי עד בלי די ובז טובי וכספי עם זהבי.

[2]) Abrabanel Einl. zum Josua-Commentar; Amador III. p. 295 nach Bernaldez' Bericht. Imanuel Aboab Nomologia II. c. 27 p. 302: Todo el tiempo que estuvo en Castilia (don Ishac Abravanel) tuvo intima amistad y comunicacion en lo tocante al estudio de la Ley divina con el Rab Ishac Aboab, y en lo que tocava a sus negocios con don Abraham Senior, que lo tomó por compañero en la massa de las rentas Reales, que tenia sobre si. · Joseph Caro in כסף משנה zu Maimuni H. Berachot IV.

[3]) Abrabanel Schluß zu Josua-, Richter- und Samuel-Commentar.

Erläuterung der beiden Bücher Samuel's vollenden. Gewiß war keiner, wie Abrabanel, befähigt, gerade dieses biblisch-geschichtliche Schriftthum auszulegen. Er hatte neben Sprachkenntniß seltene Welterfahrung und richtige Einsicht in politische Verhältnisse und Verwickelungen, welche durchaus nöthig sind, um manche Dunkelheit in der biblischen Darstellung aufzuhellen, manche Lücken auszufüllen, und namentlich in dem Verlaufe der Begebenheiten zwischen den Zeilen lesen zu können. Auch hatte er vor anderen Schrifterklärern voraus, daß er auch christlich-exegetische Schriften des Hieronymus, Nikolaus de Lyra und selbst des getauften Paulus von Burgos benutzen konnte, und er hat das Werthvolle von ihnen aufgenommen. Abrabanel hat daher in diesen Commentarien einiges Licht über manche dunkle Punkte verbreitet. Auf den Gang der Politik der israelitischen Richter und Könige, auf die Stufenleiter der Beamtenwelt, wie sie in den biblischen Schriften verzeichnet sind, auf das Münzwesen und auch auf noch manches Andere, was den älteren Commentatoren als Nebensache erschien, richtete er gerade sein Hauptaugenmerk. Er ließ überhaupt diesen Schriften eine wissenschaftliche Behandlung zu Theil werden, brachte Ordnung hinein, schickte jedem Buche eine lichtvolle Einleitung und Inhaltsangabe voran — ein Verfahren, das er den christlichen Gelehrten abgesehen und geschickt angewendet hat. Wenn Abrabanel nicht so weitschweifig und gedehnt geschrieben und nicht die Manier gehabt hätte, jedem Bibelabschnitt eine Reihe von oft überflüssigen Fragen voranzuschicken[1]), so wären wohl seine Auslegungsschriften volksthümlicher geworden oder hätten es wenigstens verdient. Freilich hätte er dann auch nicht über seinen Stand hinausgehen dürfen, um sich auch in philosophische Untersuchungen einzulassen. Je weniger Verständniß er dafür hatte, desto mehr verbreitete er sich darüber. Abrabanel nahm den gläubigen Standpunkt der nachmanisch-chasdaï'schen Richtung ein und konnte darin auch nur breitgetretene Gemeinplätze auftischen. Er hatte nicht einmal die Duldung, ein freies Wort über das Judenthum und seine Glaubenslehren ruhig anzuhören, verketzerte die Forschungen Albalag's, Kaspi's, Narboni's und Samuel Zarza's und that ihnen gar den Schimpf an, sie mit dem gewissenlosen Apostaten Abner-Alfonso de Valladolid auf eine Linie zu stellen[2]). Auch

---

[1]) Carmoly hat überzeugend nachgewiesen, daß Abrabanel Plagiate an Bibago und an Isaak Arama begangen hat (Ozar Nechmad III. p. 54 fg.). Ein wichtiges Urtheil über Abrabanel's schriftstellerische Art hat der sabbatianische Kabbalist Jona Salvador, Lehrer des Richard Simon, gefällt (Lettres choisies de Rich. Simon III. 2, p. 11). Quand je lui (à Jona Salvador) ai parlé de Abarbanel comme d'un commentateur exact, . . il m' a temoigné que c'etait un pur compilateur et babillard.

[2]) Josua-Commentar zu c. 10 und öfter in seinen Schriften.

mit Levi b. Gerson schmollte er, weil er Manches im Judenthum philosophisch gedeutet und dem Wunderglauben nicht unbedingt gehuldigt hat. Wie die Stockgläubigen seiner Zeit, wie Joseph Jaabez, war er der Ueberzeugung, daß die Demüthigung und Verfolgung, welche die Juden in Spanien betroffen, in der Ketzerei ihren Grund hätten, die hier und da unter ihnen aufgetaucht sei[1]). Haben aber die überfrommen deutschen Juden, die keine Ahnung von der ketzerischen Philosophie hatten, weniger gelitten?

Nur kurze Zeit war es Abrabanel vergönnt, sein Lieblingsstudium zu pflegen, der Schriftsteller wurde bald wieder vom Staatsmanne verdrängt. Als er die Feder ansetzen wollte, um die Bilderreihe der judäischen und israelitischen Könige zu beleuchten, wurde er an den Hof Fernando's und Jsabella's berufen, um ihm das Finanzfach anzuvertrauen[2]). Das spanische Heer hatte in den Kriegszügen gegen die Mohammedaner von Granada in dem Gebirge der Axarquia eine fürchterliche Niederlage im Frühjahr 1483 erlitten. Der Schatz war leer, auch die Subsidien, welche der Papst Sixtus für diesen sogenannten heiligen Krieg geliefert hatte, waren zerronnen. Fernando wollte die Waffen gegen die Ungläubigen ruhen lassen, nur die Königin war voll Eifer, dem Kreuze den endlichen Sieg über den Halbmond zu verschaffen. Aber woher die Gelder zu der neuen Kriegsrüstung nehmen? Da sollte der jüdische Finanzmann aus Portugal helfen. Die Staatseinkünfte müssen unter seiner Hand sehr gut gediehen sein; denn während der acht Jahre seiner Verwaltung (März 1484—März 1492) ist diese nie tadelhaft befunden worden. Mit seiner Klugheit und seinem Rathe stand er dem Königspaare bei. Abrabanel erzählte selbst, daß er sich in dem königlichen Dienste Reichthümer erworben und Grundbesitz angekauft habe, und daß ihm von Seiten des Hofes und der ersten Granden hohe Ehren erwiesen wurden. Wie unentbehrlich muß er ihnen gewesen sein, daß sie, die hochkatholischen Fürsten, unter den Augen des giftigen Torquemada trotz der kanonischen Gesetze und der wiederholten Cortes-Beschlüsse, keinen Juden zu irgend einem Amte zuzulassen, dem jüdischen Finanzminister den Nerv des Staatslebens anvertrauen mußten!

So viel Rücksicht scheint der Hof auf Abrabanel und andere jüdische Finanzmänner genommen zu haben, daß er zum Erstaunen von Freunden und Feinden der Juden die Uebertretung der kanonischen Beschränkungen, welche Päpste, Concilien und Cortes-Versammlung strengstens eingehalten wissen wollten, unbeachtet ließ. Papst Sixtus IV.

---

[1]) Daf.
[2]) Einl. zum Commentar der Könige.

beklagte sich bitter (31. Mai 1484) über die ausgedehnten Freiheiten, welche den Juden in Spanien, besonders in der Provinz Andalusien, gewährt wurden, daß sie nicht das Schandzeichen an ihren Kleidern trügen, christliche Diener und Ammen im Hause hielten, jüdische Aerzte christliche Kranke behandelten und ihnen die Heilmittel reichten, daß die Pacht von weltlichen und geistlichen Gütern, ja selbst die Verwaltung der Staatseinnahmen in jüdischen Händen wären und überhaupt, daß Juden mit Christen unverwehrt Verkehr pflegten, was doch zur Schmach des katholischen Glaubens und zur Schädigung des Seelenheils einfältiger Christgläubigen führe. Selbstverständlich drang dieser Papst auf strenge Durchführung der Beschränkungen zur Demüthigung der Juden[1]. Ja, es scheint, daß die dem Königspaare nahestehenden Juden, wie Abrabanel und Abraham Simon, ihren Einfluß zur Milderung des bitteren Looses der von der Inquisition geplagten Marranen benutzten. Sie machten geltend, daß manches Thun und Lassen, weßwegen Neuchristen angeklagt zu werden pflegten, gar nicht den Charakter jüdischer Riten hätte und ferner, daß wenn Juden gegen Marranen Zeugniß ablegten, diese daraufhin nicht verurtheilt werden sollten, da sie nur von fanatischem Haß wider dieselben geleitet wären. Diese Verwendung für die Opfer der Inquisition scheint beim Hofe Gehör gefunden zu haben; denn die Dominikaner ließen es sich angelegen sein, eine Schrift: „Censur und Widerlegung des Talmuds" ausarbeiten zu lassen, die sie dem Generalinquisitor Torquemada zur Rechtfertigung seines Verfahrens in die Hand gaben[2]. Gewiß stand Abrabanel dieser Verwendung

---

[1] Die Bulle vom 31. Mai 1484, welche Sixtus IV. ad perpetuam rei memoriam erlassen hat, war bisher unbekannt. Fidel Fita hat sie, wie noch andere unbekannte päpstliche Erlasse bezüglich der Inquisition aus einer handschriftlichen Sammlung Breves y Bullas apostolicas veröffentlicht (Boletin de la Real Academia de la historia 1889. T. XV, p. 443f.). Jedesmal, wenn in einem päpstlichen Erlaß des XV. und XVI. Jahrhunderts angegeben ist: motu proprio, non ad alicuius nobis super hac oblatae petitionis instantiam, wie auch in dieser Bulle, kann man ohne Weiteres annehmen, daß sie im Gegentheil auf Anregung von einer Seite erfolgt ist. Diese ist gewiß auf Antrag der spanischen Inquisition erlassen worden, weil diese Indulgenz gegen die Juden ihrer Thätigkeit im Wege war, was Fidel Fita mit Recht präsumirt. Sie ist direkt nur gegen Juden erlassen, und wenn auch darin von Judaei et Saraceni insimul permixti cum Christianis habitare, so ist das als eine Curialformel anzusehen; denn Mohammedaner oder Mudejares in Spanien haben nicht die exactio publicarum funcionum in Händen gehabt. Vgl. o. S. 191.

[2] Isidor Loeb hat aus einem lateinischen Ms. der Pariser Nationalbibliothek (356 Fonds espagnol) betitelt: Censura et confutatio libri Talmud, interessante Excerpte veröffentlicht (Revue des études j. T. XVIII, Jahrg. 1889, 231 ff.). Es ist eine Art Promemoria, welches zwei

für seine treugebliebenen Glaubensgenossen nicht fern. Wie viele Dienste er während seiner Verwaltung diesen geleistet, hat die Erinnerung der Dankbaren wegen des später hereingebrochenen betäubenden Unglücks nicht bewahrt. Aber er war gewiß in Castilien wie in Portugal eine schützende Mauer für sie. Denn an erlogenen und aufreizenden Beschuldigungen haben es ihre erbitterten Feinde, die Dominikaner, nicht fehlen lassen. Bald hieß es, die Juden hätten in irgend einem Kirchspiel ein Kreuz geschmäht, bald, sie hätten ein Christenkind geraubt und es gekreuzigt; in Valencia hätten sie es ebenfalls versucht, seien aber daran gehindert worden (1488—1490 [1]).

Inzwischen nahm der für die Mauren und Juden so unglückliche granadische Krieg, der mit Unterbrechung noch sieben Jahre dauerte (1484—1491), seinen Fortgang, zu dem auch die Juden beisteuern mußten. Den Gemeinden wurde eine außerordentliche Kriegsabgabe (Alfarda, Frembensteuer) aufgelegt, welche der königliche Fiskal Villaris mit äußerster Strenge eintrieb. Während die Juden gewissermaßen selbst Holzstücke zu ihrem eignen Scheiterhaufen herbeischaffen mußten, lachte das Volk über einen zu ihrer Verspottung geschmiedeten Reim [2]). —

Im Staate Granada, der durch Hochmuth seinen Fall geradezu heraufbeschworen hat, lebten nicht wenig Juden, welche durch die Flucht der Marranen aus Spanien vor dem Feuertode noch vermehrt wurden. Sie hatten zwar auch da keine beneidenswerthe Lage; denn der Judenhaß der Spanier hatte sich auch dahin verpflanzt; aber ihr Bekenntniß wurde wenigstens nicht angefochten und ihr Leben war nicht immer gefährdet. Isaak Hamon war Leibarzt eines der letzten granadischen Könige und genoß hohe Gunst bei Hofe. Als einst eine Zänkerei in den Straßen Granada's entstand, beschworen die Um-

Inquisitoren bei zwei Verfassern bestellt und Torquemada übergeben haben. Gerichtet ist es gegen den Talmud und die Marranen. Ein interessanter Passus darin (p. 232) hat entschieden einen historischen Hintergrund: quod est contra instigantes apud serenissimos reges, dicentes quod Judaei non valent pro testibus (contra hereticos) quia obligantur ad interficiendum istos ex praecepto legis et per consequens ex inimicia moventur ad testificandum etc. Ueber die Grundtendenz dieser Schrift vergl. Revue d. Et. Jahrg. 1890.

[1]) Llorente, histoire de l'Inquisition I. p. 259.
[2]) Judio de longa nariz,
Paga la farda a Villaris,
Paga la farda a Villaris,
Judio de longa nariz.

Es ist enthalten in Discurso sobre el estado de Judios von de Asso (im Werke el fuero viejo de Castilla) p. 152. Ferreras, Geschichte von Spanien VII. p. 119.

stehenden beim Leben ihres Propheten die Streitenden, sich zu trennen, ohne Gehör zu finden. Als aber ihnen bedeutet wurde, beim Leben des königlichen Arztes vom Streite zu lassen, fuhren sie sofort auseinander. Dieser Vorfall, wobei sich zeigte, daß Isaak Hamon in höherem Respekt bei der Bevölkerung stand als der Prophet Mohammed, reizte einige Stockmohammedaner über die Juden Granada's herzufallen und sie niederzumetzeln. Gerettet blieben nur diejenigen, welche in der königlichen Burg Zuflucht fanden. Die jüdischen Aerzte von Granada beschlossen seit dieser Zeit, sich nicht mehr in Seide zu kleiden und nicht auf Rossen zu reiten[1]), um nicht den Neid der mohammedanischen Bevölkerung zu erregen.

In Granada lebte damals eine sehr geachtete Familie Gavison (Gabison), welche sich während der Verfolgung von 1391 aus Sevilla dahin geflüchtet und begabte Glieder, als Schriftsteller, Dichter und besonders auch todesmuthige Dulder erzeugt hat[2]). Rabbiner der Gemeinde Granada und wohl der Judenschaft des kleinen Staates war Saadia b. Maimun Ibn-Danân (blühte um 1460—1505[3]) aus einer alten

---

[1]) Ibn-Verga, Schebet Jehuda No. 37.

[2]) Abraham Gavison in עומר השכחה p. 138.

[3]) Ueber Saadia Ibn-Danân, von dem man nur eine vage Vorstellung hatte, hat Edelmann (in Chemda Genusa Einl. p. XVII f. und Text p. 13 f. p. 25 ff.) erst Licht verbreitet. Sein hebräisches Lexicon (השרשים 'ס) beendete er 1468, das Vorwort dazu fügte er 1472 hinzu. Das Gutachten über die zurückgetretenen Marranen (שאלה על דבר האנוסים) ist geschrieben zwischen der Einführung der Inquisition in Spanien und der Eroberung von Malaga 1481—1487. Das Responsum über die jüdischen Könige bis Bar-Kocheba (in Respp. פאר הדור No. 225) hat das Datum Granada 1485. Wahrscheinlich lebte er noch bis zur Vertreibung der Mauren und Juden 1502, als die Letztern — 200 Personen — nach Tlemsen auswanderten (Gavison in Omer ha-Schikcha p. 138 a): אמר אברהם בן כאיר אבי זמרה כשאירע הגירוש המר בספרד מעיר גרנאטה ובאנו לתלמסאן כמו סאתים נפשות. Gavison, der viel von ihm erzählt, giebt aber nicht an, daß Ibn-Danân in der Verfolgung von Granada umgekommen wäre. Ueber ihn und seine Schriftstellerei berichtet Gavison noch (das. p. 131 b): כי הרב הגדול ר' סעדיה בן דאנן ז"ל בעל הערוך כי נראה, מתוכו שלא הניח מקרא משנה תלמוד ותנחומא שלא למד. גם עתה ראיתי שרשים על כל הכ"ד ואף על פי כן בשיריו מצאנו כמה וכמה משירים נוגעים לגופניים. Dukes hat im Orient. Ltbl. Jahrg. 1848 col. 228 f. aus einem Codex und Edelmann a. a. O. Einl. p. XIV f. einige erotische und polemische Verse von Ibn-Danân mitgetheilt. Gavison theilt zwei Distichen von ihm mit (das. p. 125 b), von denen das letztere nicht ohne Werth ist:

מי הוא אבי המשודרים אם תדעו אחי ואי מזה חרוזים באו?

אילו נביאים הם, ואם הם הללו תורת ה', באמת נכאו.

Ein Gedicht von Abr. Gavison auf einen seiner Nachkommen in Tlemsen 1562, Maimun Ibn-Danân, das. p. 121 b. Saadia Ibn-Danân schrieb auch über den Zankapfel der Exegeten, das 53te jesaianische Kapitel. Vergl. Katal. Bodl. Ms. No. 1492, 2061, 3, daß er vielleicht noch 1505 am Leben war.

Familie, der zu den Seltenheiten seiner Zeit gehörte; denn er hatte neben dem Talmudstudium und hebräischer Sprachkunde noch Interesse für Geschichte und Poesie, war selbst Dichter und sang auch Liebeslieder:

> „Die Holde auf meinem Schooße,
> Die Harfe auf ihrem Schooße,
> So singt sie mich zu Tode."

In dem arabisch redenden Theile Spaniens geboren und erzogen, war Saadia Jbn=Danân wenig berührt von der düster religiösen Stimmung, welche, mit Ankunft der Ascheriden im christlichen Spanien hervorgerufen und durch die Verfolgungen genährt, sich immer mehr der Gemüther bemächtigt hatte. Er bildete noch einen Nachhall aus der schönen Zeit Jehuda Halevi's und Jbn=Esra's. Der freudenfeindliche Rabbinismus und die finstere Ueberfrömmigkeit hatte sich noch nicht wie Bleigewicht an seine Seele gehängt und den Flug seiner Phantasie gelähmt. Saadia Jbn=Danân stellte die Poesie sehr hoch und achtete die Dichter als halbe Propheten und als vollgültige Propheten sogar, wenn ihre Muse sich in den Dienst der Religion begiebt. Aber Versmaaß und Reim, diese Mittel der neuhebräischen Poesie, schienen ihm weniger nothwendig, da sie die biblische Poesie nicht kennt. Wie auf die Dichtkunst, so legte er auch Werth auf die Kenntniß der jüdischen Geschichte. Für Jünger arbeitete Saadia Jbn=Danân einen kurzen Ueberblick aus über die israelitischen und jüdischen Könige von Saul bis Herodes und Bar=Kocheba mit Berücksichtigung der Zeitrechnung und eben so über die Reihenfolge der Ueberlieferer von dem Mischnah=Sammler Jehuda Naßi bis Maimuni, immer mit chronologischen Angaben[1]), so weit er sie aus Quellen ermitteln konnte.

Die Inquisition mit ihrer Mordwuth gab Saadia Jbn=Danân Veranlassung zu einer gutachtlich=rabbinischen Entscheidung. Ein Marrane, dessen Vorfahren fast ein Jahrhundert vorher durch Zwang zum Christenthum übergetreten waren, war aus Castilien nach Malaga entflohen, hatte sich dort zum Judenthume bekannt, geheirathet und war bald darauf kinderlos gestorben. Es war nun zweifelhaft, ob seine Ehe als eine von einem geborenen Juden oder als eine von einem Proselyten eingegangene zu betrachten, ob die hinterbliebene Wittwe an die Schwagerehe mit den im Christenthume oder Scheinchristenthume lebenden Brüdern des Verstorbenen gebunden sei. Als ein Unberufener sich dafür ausgesprochen hatte, daß die Neuchristen gesetzlich durchweg als Abtrünnige vom Judenthum zu behandeln seien, trat Saadia Jbn=Danân dem mit aller Entschiedenheit entgegen

---

[1]) Respp. פאר הדור No. 225 (auch die übrigen Piecen bis zum Schlusse gehören Saadia J. D. an) und bei Edelmann a. a. O. p. 25 f.

und begründete sein Urtheil durch schlagende Beweise, daß die unglücklichen Marranen, welche den ihnen aufgezwungenen Glauben im Innern verwünschen, von den Christen selbst als Juden geschmäht und gehaßt werden, und öfter ihr Leben für das Bekenntniß ihres Glaubens opfern, daß sie, seien sie auch in der Kirche geboren und erzogen, als Juden zu behandeln seien[1]).

Nicht mehr lange war die schöne Hafenstadt Malaga, die Perlmuschel Andalusiens, eine Zufluchtsstätte für die unglücklichen Marranen, welche das Judenthum offen bekennen wollten. Durch die Zwietracht der rivalisirenden Fürsten von Granada ergab sich Malaga den siegenden Christen, und das überkatholische Königspaar zog im Triumph durch seine Thore ein (18. August 1487). Sämmtliche Einwohner wurden zur Sklaverei verurtheilt. Darunter befanden sich ungefähr 450 Juden. Die jüdische Barmherzigkeit nahm sich natürlich auch ihrer an. Der Obersteuerpächter von Castilien, **Abraham Senior** (und wohl auch sein Geschäftsgenosse Isaak Abrabanel) stellte sich an die Spitze, um Gelder für deren Auslösung zu sammeln. Der junge **Salomo Ibn-Verga** (Sohn des edlen Juda Ibn-Verga, derselbe, welcher später die Erinnerung an die Leidensgeschichte seiner zerstreuten Stammgenossen gesammelt hat) reiste in den spanischen Gemeinden umher und brachte 27,000 Golddublonen (ungefähr 98,000 Thaler) zusammen, womit die jüdischen Gefangenen losgekauft und nach der Berberei befördert wurden[2]). — Zwölf Juden, welche in Malaga erkannt wurden, daß sie vorher eine Zeit lang die Maske des Christenthums getragen hatten, wurden unter unsäglichen Qualen getödtet[3]).

Nach langem, blutigen Kriege ging endlich das herrliche Granada in die Hände der stolzen Spanier über. Der letzte leichtsinnige König **Muley Abu-Abdallah** (Boabdil, Abulhassan) unterzeichnete einen heimlichen Vertrag mit Fernando und Isabella (25. November 1491[4]),

---

[1]) Vergl. o. S. 150, 153, 284, Anmerk.

[2]) Bernaldez, Reyes Catolicos, Joseph von Arevalo, Anecd. Oxon. am Ende; Zacuto, Jochasin ed. Filipowski p. 227a; Ibn-Verga, Schebet Jehuda (ed. Hannover p. 108): ואני הדל שלמה בן וירגה שלחוני קהלות (לקהלות?) ספרד לקבץ פדיון לשבויי מלאגה. Aus Omer-ha-Schikcha p. 126d ist eine Notiz erhalten, woraus hervorgeht, daß 1493 wieder Juden in Malaga waren. Es heißt dort: ואלו דברי המחוקים (דברי ר' אברהם זמירי המשורר) בהיותו במלכות שנת ה' רנ"ג שוררתי לידיד נפשי הרב ר' אברהם בקראט. Darauf ein langes Gedicht. Durften Juden noch in Malaga, sowie im Granadischen überhaupt auch nach der Vertreibung von 1492 wohnen? Schwerlich, das Datum ist wohl corrumpirt.

[3]) Zurita, Annales de Aragon L. XX. Kap. 71. Llorente I. p. 263.

[4]) Dieser Vertrag ist zum ersten Mal aus dem Archiv von Simancas voll-

ihnen die Stadt und das Gebiet in zwei Monaten zu übergeben. Die Bedingungen waren, da nun einmal die Selbstständigkeit verloren war, ziemlich günstig. Die Mauren sollten ihre Religionsfreiheit, selbstständige Gerichtsbarkeit, Auswanderungsrecht und überhaupt ihre Sitten und Gebräuche behalten dürfen und nur dieselben Steuern zahlen, die sie bisher an die maurischen Fürsten gezahlt. Die Renegaten, d. h. die Christen, welche zum Islam übergetreten, oder richtiger die Mudejaren-Scheinchristen, welche vor der Inquisition nach dem Granadischen Gebiete entflohen und dort wieder zum Islam zurückgetreten waren, sollten unbehelligt und unangefochten bleiben; die Inquisition sollte keine Gewalt über sie beanspruchen dürfen. Die Juden der Hauptstadt Granada, des Quartiers Albaicin, der Vorstädte und der Alpujarren waren ausdrücklich mit eingeschlossen; sie sollten dieselbe Schonung und dieselben Rechte genießen; nur sollten die übergetretenen Marranen nur in dem ersten Monat nach der Uebergabe der Stadt auswandern dürfen[1]); die länger Zurückgebliebenen sollten der Inquisition verfallen. Bemerkenswerth ist ein Punkt, den sich der letzte granadische Maurenkönig ausbedungen: daß kein Jude als Steuereinnehmer oder Commissar oder zur Ausübung der Gerichtsbarkeit für die unterworfenen Mauren beordert werden sollte[2]). Am 2. Januar 1492 hielten Fernando und Isabella mit ihren Heeren unter Glockengeläute und mit frommer Prahlerei ihren Einzug in Granada. Das mohammedanische Reich auf der Halbinsel war wie ein Märchen aus Tausend und eine Nacht verschwunden. Der letzte Fürst, Muley Abu-Abdallah, warf einen letzten trüben Abschiedsblick „mit dem letzten Seufzer" auf die ihm entschwundene Herrlichkeit, zog sich in das ihm überlassene Gebiet des Alpujarren-Gebirges zurück, konnte aber seinen Unmuth nicht überwinden und setzte nach Afrika hinüber. Nach fast acht Jahrhunderten war die ganze pyrenäische Halbinsel wieder christlich geworden, wie zur Zeit der Westgothen. Aber der Himmel konnte sich über diesen Sieg nicht freuen, da er neue Menschenopfer für die Meister der Hölle lieferte.

ständig mitgetheilt in Lafuente's historia general de España T. XI. im Anhange p. 547 ff.

[1]) A. a. O. § 38: Item que los Judios naturales de la dicha ciudad de Granada e del Albaicin e sus arrabales e de las otras dichas tierras que entraren en este partido ó asiento, gocen (gozen) deste mismo asiento ó capitulacion, e que los Judios que antes eran Cristianos, que tengan termino de un mes se pasar allende.

[2]) Das. § 13: Item, es asentado e concordato, que ningun Judio non sea recabdador (Recaudador), nin receptor, nin tenga mando con jurisdicion sobre ellos (los maometanos).

Die Juden empfanden zuerst die tragischen Wirkungen des Sieges über Granada.

Der Krieg gegen die Mohammedaner Granadas, Anfangs nur zur Abwehr muthwilliger Grenzverletzung und zur Strafe des Vertragsbruches unternommen, hatte im Verlauf immer mehr den Charakter eines Kreuzzuges gegen Ungläubige, eines heiligen Krieges zur Verherrlichung des Kreuzes und zur Ausbreitung des christlichen Glaubens angenommen. Nicht blos die bigotte Königin und der salbungsvoll sich geberdende König, sondern auch sämmtliche Spanier wurden durch den Sieg in den Taumel eines glühenden Fanatismus hineingerissen. Die ungläubigen Mohammedaner sind besiegt, und die noch mehr ungläubigen Juden sollten sich frei im Lande bewegen dürfen, für welches die Jungfrau und der heilige Jakob so viele Wunder gethan? Diese Frage lag zu nah, als daß sie nicht eine für die Juden unheilvolle Antwort hätte finden sollen. Das Drängen des entmenschten Torquemada und seiner Gesinnungsgenossen, denen die Juden längst ein Dorn im Auge waren, sie zu vertreiben, Anfangs mit Achselzucken aufgenommen, fand bei den Siegestrunkenen mehr Gehör. Dazu kam noch, daß die Juden, die Geldspender, seit der Bereicherung durch die zahllose Beute in den reichen Städten des unterworfenen granadischen Gebietes entbehrlich schienen. Noch ehe die Kreuzesfahne in Granada wehte, dachten Fernando und Isabella schon daran, die Juden aus Spanien auszuweisen. Sie schickten zu diesem Zwecke eine Gesandtschaft an den Papst Innocenz VIII., daß sie Willens seien, die Juden über die Grenze ihrer Länder zu weisen, wenn er ihnen mit dem Beispiele vorangehen wollte, da er doch Jesu Stellvertreter sei und dessen Tod an seinen Mördern zu rächen habe. Aber dieser sonst so verworfene Papst, der sieben uneheliche Söhne und eben so viele Töchter erzeugte und gleich nach seiner Thronbesteigung einen feierlichen Eid gebrochen hatte, war nicht für die Vertreibung der Juden. Mit Freuden verkündete Meschullam aus Rom, welcher Nachricht von dem Entschlusse des Papstes hatte, die frohe Botschaft den italienischen und neapolitanischen Gemeinden, daß der Papst sich nicht zu ihrer Vertreibung verstehen wollte[1]). Das

---

[1]) Die Nachricht in Ibn-Verga's Schebet Jehuda (zu Ende): כתב אשר שלח השר . . משולם איש רומי לקהלות כל ממשלת האפיפיור וממשלת נאפוליש . . . דעו לכם כי המושיע הרב ונאמן אשר עמד עליכם בימי קדם הוא העומד תמיד להצילכם . יום ראשון לנדאל באו לפני האפיפיור שני שרים מן המלך מלך ספרד לגרש היהודים אשר במלכותו ושיגרשם הוא ראשונה, וכו׳ scheint mir dem Kerne nach echt historisch zu sein und in die Regierungszeit Fernando's und Isabella's gesetzt werden zu müssen. Im Verlaufe heißt es: אם יבקשו מלכי ספרד לגרש, was eben nur auf zwei zusammenstimmende

spanische Königspaar beschloß aber die Verbannung der Juden ohne die päpstliche Zustimmung.

Um das letzte Bedenken des Königspaares über eine Maßregel von solcher Tragweite zu überwinden, wurde von den Drahtziehern des Inquisitionstribunals ein Proceß in Scene gesetzt, der, auf Lug und Trug beruhend, einen solchen Ausgang nehmen sollte, daß alle Christgläubigen einen Schauder über die an den Tag getretenen Unthaten der Juden und judaisirenden Marranen empfinden müßten, und der allen die Ueberzeugung von der Gefährlichkeit des Verkehrs der Neuchristen mit den Juden beibringen sollte. Es sollte nahe gelegt werden, daß, so lange Juden im Lande wohnen würden, Grauen erregende Lästerungen gegen die Grundlehren des Christenglaubens vorkommen würden. So geschickt war dieser aus einem Lügengewebe gesponnene Proceß veranstaltet und geleitet, daß das Schuldbekenntniß an erdichteten Unthaten einiger unschuldig Verurtheilten mehrere Jahrhunderte als erwiesen galt und noch heutigen Tages selbst von Urtheilsfähigen geglaubt wird. Der Proceß, welcher sich anderthalb Jahre hinzog (Juni 1490—November 1491) wurde damit eingeleitet, daß sechs Neuchristen und drei Juden in Kerkerhaft der Inquisition gebracht und von dem Ankläger vor diesem wegen seiner Unmenschlichkeit berüchtigten Tribunal der schwersten Verbrechen beschuldigt wurden: Daß die verhafteten Juden ihre neuchristlichen Genossen zum Judaisiren und zur Lästerung gegen Christus, seine Mutter und die christlichen Sakramente verleitet, daß sämmtliche Angeklagte einem Kinde von drei Jahren dieselben Martern angethan, wie ehemals die Juden an Jesus und es zuletzt umgebracht, daß sie ihm das Herz ausgeschnitten, daß sie sich eine geweihte Hostie verschafft und endlich, daß sie mit dem Herzen des Kindes und der Hostie ein Zaubermittel bereitet hätten, um die Thätigkeit der Inquisitoren zu lähmen, ja ihnen den Tod beizubringen und gar sämmtliche Christen zu vertilgen. Alle diese Anklagen waren eng verknüpft mit der Unthat an dem „heiligen Kinde von La Guardia"[1]). Der GeneralInquisitor Torquemada übergab die Untersuchung seinen Untergebenen. Da die Angeklagten alles leugneten und kein Zeuge oder sonst ein verdächtiger Umstand sie Lügen strafte, so hätte sie jedes andere Gericht freilassen müssen, zumal die Anklage wegen des Kindes sich als eine augenfällige Erfindung aufdrängte, da keine Mutter ein solches vermißt hatte, der Ankläger selbst nicht dessen Zugehörigkeit zu einer Familie

Könige, auf das katholische Königspaar, paßt. Manche Züge sind aber sagenhaft ausgeschmückt.

[1]) Vergl. darüber Note 11.

oder einem Orte anzugeben vermochte. Das Inquisitionsgericht wußte sich aber zu helfen, um Scheinbeweise für die Schuld zu haben. Als einer der jüdischen Angeklagten schwer erkrankt war und einen jüdischen Beistand wünschte, der mit ihm die Sterbegebete sprechen sollte, schickte ihm die Inquisition einen Mönch als Rabbiner verkleidet. Dieser Spion und auch der den Kranken behandelnde Arzt legten ihm verfängliche Fragen vor, deren Beantwortung als ein Geständniß hätte angenommen werden können. Aber als Hauptmittel wendete die Inquisition die Folter an, die an sämmtlichen Angeklagten angewendet wurde und selbst ohne Schonung an einem Achtzigjährigen. Die beim ersten Male standhaft geblieben waren, wurden zwei und mehrere Mal mit Vermehrung der Schmerzen gefoltert. Die Geständnisse, welche die Gequälten unter der Folter auf ihnen vorgelegte Fragen ausgesagt haben, wurden niedergeschrieben. Es war auch in der Fragestellung dafür gesorgt, daß der Gefolterte nicht blos sich, sondern auch den einen oder den andern Mitangeklagten beschuldigte. So hatte das Blutgericht nun Beweise über Beweise, daß einige Juden und darunter ein ganz junger Schuhmacher und sein achtzigjähriger Vater mehrere Christen zur Verleugnung des Christenthums verführt, daß sämmtliche Angeklagte ein Kind zur Verhöhnung Jesu gemartert und getödtet und eine geweihte Hostie geschändet hatten. Alle wurden zum Tode verurtheilt, die Juden wurden bei lebendigem Leibe verbrannt und die Christen, weil sie Zeichen der Reue gegeben, vorher durch Erstickung getödtet.

Nun galt es, Kapital aus diesem Proceß von der Tödtung des „heiligen Kindes von La-Guardia" mit den sie begleitenden Umständen zu schlagen, damit alle Christgläubigen und auch das Königspaar die Frevelthaten erfahren möge. Zu diesem Zwecke wurde eilig ein Bericht von dem Proceß, dem Geständniß des Einen der Angeklagten, auf welches viel Gewicht gelegt wurde, und von der Hinrichtung sämmtlicher Angeklagten versendet mit der Ermahnung, daß dieser Bericht in den Kirchen von der Kanzel verlesen werde. Den Bewohnern des Städtchens von La-Guardia, welche unter einander ihren Unglauben an dem Processe zuflüsterten, da in ihrer Mitte und ihrer Nähe kein Kind vermißt worden, wurde ans Gewissen gelegt, einen Flecken Erde in ihrer Nähe, in welchem die Gebeine des Kindes vielleicht begraben sein könnten — die Gebeine eines erdichteten Phantoms — ungepflügt und geweiht zu lassen, weil von ihm aus sich noch Wunder ereignen könnten. Torquemada ließ gar diesen Bericht für die Catalonier, welche einen Groll gegen die Inquisition hatten und noch 1487 Widerstand gegen deren Einführung entgegengesetzt hatten[1]), in

---

[1]) Llorente I. p. 211.

ihre von der spanischen abweichende Mundart übersetzen. Und so erzählten sich die Spanier mit Schaudern, welche Ungeheuerlichkeiten von Juden und Neuchristen begangen worden seien. Der Bericht vom Geständnisse eines der Angeklagten und Verurtheilten, Bendito Garcia, war besonders geeignet, Entrüstung hervorzurufen. Dieser soll, von Juden verführt, nicht blos die Riten des Judenthums, Sabbat, Pascha, Fest= und Fasttage beobachtet und die christlichen mißachtet, Fleisch am Freitag und an den großen Fasten gegessen, sondern auch die Sakramente gelästert, von ihnen gesagt haben, sie seien Aberglauben, daß das, was die Christen von Jesus und Maria glauben, eine Posse sei, daß er nicht geglaubt habe, Jesus sei von einer Jungfrau geboren, er sei vielmehr der Sohn von Joseph und einer verdorbenen Frau (fijo de mujer corruta), daß die Christen Götzendiener seien, indem sie eine Hostie anbeten, welche weiter nichts als ein wenig Mehl und Wasser sei, und daß ihm alle Bilder der christlichen Heiligen wie Götzenbilder vorgekommen wären. Das alles hätte Bendito Garcia eingestandenermaßen gesagt und gethan und dazu hätten Juden ihn verleitet. In Avila, wo die Unschuldigen auf dem Scheiterhaufen gelitten hatten, erregte der Vorfall eine solche Erbitterung gegen die Juden, daß sie ihres Lebens nicht sicher waren, und das Königspaar um Schutz anflehten[1]).

Gleichviel ob dieser für die Christen schauderhafte Proceß den Entschluß des Königspaares zur Vertreibung der Juden gefördert hat oder nicht, kaum fünf Monate nach dem Feuertode der Angeklagten ist sie verhängt worden.

Aus dem Zauberpalaste der Alhambra erließen die „katholischen Könige" einen Befehl, daß sämmtliche Juden Spaniens innerhalb vier Monaten aus allen Gebietstheilen Castiliens, Aragoniens, Siciliens und Sardiniens bei Todesstrafe auswandern sollten (31. März 1492[2]). Ihr Hab und Gut sollten sie mitnehmen dürfen, aber nicht

[1]) Vergl. Note 11.
[2]) Die wenig beachtete Urkunde des Edikts zur Vertreibung der Juden ist in extenso mitgetheilt in Janguas y Miranda diccionario de Historia y Antiguadades de Navarra, Artikel Judios, und bei Amador III. 603 f. Auch Elia Kapsali hat diese Urkunde von der Vertreibung der Juden erhalten und sie Hebräisch übersetzt in seiner Schrift, דבי אליהו, im Auszug aus dieser Schrift לקוטים שונים von M. Lattes de vita et scriptis Eliae Kapsali p. 68 fg. Ein scheinbarer Widerspruch in Betreff des Präclusiv-Termins bis zur Auswanderung in jüdischen und christlichen Quellen ist, so viel ich weiß, bisher nicht berührt worden. Die Urkunde wiederholt öfter, daß den Juden Zeit gegönnt sei bis Ende Juli, also von Ende März volle vier Monate, und so setzten sämmtliche christliche Historiographen den Termin. Abrabanel giebt dagegen wiederholentlich an, daß nur drei Monate Frist gewährt

Gold, Silber, Münzen, oder die dem Ausfuhrverbot unterliegenden Waaren, sondern nur Werthe in solchen Artikeln, die ausgeführt werden durften. Isabella's und Fernando's herzloser, kalter Erlaß suchte die Härte durch Gründe zu rechtfertigen mehr der eigenen Bevölkerung und dem Auslande gegenüber, als vor den Betroffenen. Er wirft den Juden keineswegs vor, daß sie übermäßigen Wucher getrieben, sich unrechtmäßig bereichert, dem Volke das Mark ausgesogen, Hostien geschändet oder Christenkinder gekreuzigt hätten. Von allem dem spricht der Erlaß nicht, sondern er setzt auseinander, daß der Rückfall der Neuchristen in „den jüdischen Unglauben" im Umgange und Verkehr mit den Juden Grund zur Unzufriedenheit gegeben. Um dieses Uebel zu vermeiden, habe das Königspaar einerseits die Juden in eigene Quartiere abzusondern befohlen und andererseits die Inquisition eingeführt. Allein obwohl das Tribunal Schuldige entdeckt und bestraft habe, so dauere das Uebel noch fort, wie Inquisitoren und andere geistliche wie weltliche Personen berichten, und zwar immer durch die Gesellschaft und den Verkehr der Bekehrten mit den Juden. Denn die Letztern gäben sich alle erdenkliche Mühe, jene zu verführen, zu verderben, von dem katholischen Glauben abzubringen und im Judenthum zu erhalten — was natürlich eine Schmach für den heiligen katholischen Glauben sei.

Der Erlaß führt weiter aus: Es wäre in der Ordnung gewesen, schon früher die Juden wegen ihrer verführerischen Anreizung zum Abfall zu verbannen; allein das Königspaar habe es Anfangs mit Milde versucht, nur die Juden Andalusiens ausgewiesen und die am meisten schuldigen Juden bestraft im guten Glauben, daß dieses Mittel genügen werde. Da sich aber dieses Mittel nicht bewährt habe, die Juden vielmehr täglich ihre schlimmen Vorsätze zur Abwendung der Neuchristen vom katholischen Glauben fortsetzen, so bleibe dem Königspaare nichts weiter übrig, als durch deren vollständige Vertreibung ihnen die Gelegenheit zu benehmen, diejenigen, welche bisher treu im Christenthume verharrt, als auch diejenigen, welche zwar abgefallen waren, aber sich gebessert und zur heiligen Mutterkirche zurückgekehrt

war (Einl. zum Könige-Comment.): וכרוזא קרא בחיל ... וכמשלש חדשים לא תשאר; ebenso zu Jeremias c. 2, zu Hosea c. 6 מעיני הישועה; פרסד מכל אשר יקרא בשם יעקב Einl. Zacuto giebt Aufschluß darüber. Er berichtet (Ed. Filipowski p. 227 a): ובשנת רנ"ב ... ר"ח איירו כבש את גרנאטה ואז גזרו גרוש על היהודים ואחר ארבעה חדשים נתנו הכרוז בסוף אדר ב[ל א׳ אבריל] בכל מדינה ומדינה בחצרות שלכו כל היהודים ממלכותו עד ג' חדשים, שהניע לשבעה ימים מחודש אב. Hiermit ist der Widerspruch gelöst. Vom Erlaß des Edikts war der Termin 4 Monate, aber Ende April haben Herolde mit Trompeten bekannt gemacht, daß die Juden nur noch drei Monate zu bleiben haben, bis zum Endtermin, Ende Juli = 7ten Ab.

sind, ferner abtrünnig zu machen. Weiter wird zur Entschuldigung angeführt: daß jede Körperschaft aufgelöst werden müsse, in deren Mitte einige Glieder sich schandbare Verbrechen zu Schulden kommen lassen, und die schlechten Einwohner einer Stadt müssen verbannt werden, wenn sie deren Ruhe stören. Um so mehr sei die Verbannung der Juden nothwendig, wegen ihrer gefährlichen und ansteckenden Frevel gegen den katholischen Glauben. Daher habe das Königspaar in Berathung mit einigen Kirchenfürsten, Granden und Gelehrten beschlossen, die Juden aus allen seinen Staaten auszuweisen. Kein Christ sollte bei Strafe der Güterentziehung Juden nach Ablauf des Termins schützen oder beherbergen. — Das Edikt Fernando's und Isabella's legt ein günstiges Zeugniß für die damaligen Juden Spaniens ab, daß ihnen kein anderes Verbrechen zur Last gelegt werden konnte, als daß sie treu in ihrem Glauben blieben und ihre marranischen Stammgenossen darin zu erhalten suchten. Zur Entschuldigung dieser unmenschlichen Ungerechtigkeit wurde ein Märchen erfunden: das Königspaar sei deßwegen gegen die Juden so erbittert gewesen, weil der Infant in einer Pomeranze, die ihm ein jüdischer Hofmann geschenkt, ein Jesusbild in lästerlicher Stellung gefunden habe[1].

So war denn endlich der von Fernblickenden längst gefürchtete Streich geführt. Die spanischen Juden sollten das Land verlassen, mit dem alle Fasern ihres Herzens verwachsen, in dem die Gräber ihrer Vorfahren seit mindestens fünfzehn Jahrhunderten waren, und zu dessen Größe, Reichthum und Bildung sie so viel beigetragen hatten. Betäubend wirkte der Schlag auf ihre Gemüther. Abrabanel und Abraham Senior glaubten ihn noch durch ihren Einfluß abwenden zu können. Sie eilten zum Königspaare und boten ihm die überschwenglichsten Summen von den Juden an, wenn das Edikt wieder aufgehoben würde. Ihre christlichen Freunde, angesehene Granden, unterstützten ihr Gesuch. Fernando, der mehr auf Bereicherung, als auf die Verherrlichung des katholischen Glaubens sah, war schon geneigt, nachzugeben. Da soll der fanatisch-giftige Generalinquisitor Torquemada seinen Machtspruch dagegen erhoben haben. Er habe im Palast, so wird erzählt[2], die Unterhandlung vernommen,

---

[1] Janguas y Miranda diccionario de Antiguadades de Navarra Artikel Judios II. p. 117. Die Quelle war wohl der Anhang zum grünen Buche p. 289 f.

[2] Die Nachricht von Torquemada's Aeußerung hat zuerst Llorente a. a. O. I. p. 250 ohne Quellenangabe mitgetheilt. Lafuente hält es für unwahrscheinlich, daß sich der Inquisitor gegen die Majestäten eine so kühne Sprache erlaubt haben sollte (a. a. O. IX. p. 408 Note). Amador citirt die Erzählung Bravo's, daß Torquemada eine solche Sprache dem Königspaar gegenüber geführt hätte bei

sei in den Saal zum Königspaare geeilt, habe ein Crucifix hingehalten und die geflügelten Worte gesprochen: „Judas Ischariot hat Christus für dreißig Silberlinge verkauft, Eure Hoheiten wollen ihn für 300,000 Dukaten verkaufen. Hier ist er, nehmet und verkaufet ihn!" Darauf habe er den Saal verlassen. Diese Worte oder die Einflüsse anderer Geistlichen haben zunächst auf Isabella gewirkt, standhaft auf dem Edikt zu beharren, und sie, die überhaupt kühner als der König war, wußte auch diesen in der judenfeindlichen Stimmung zu erhalten. Juan de Lucena, Mitglied des königlichen Rathes von Aragonien, so viel wie Minister, war ebenfalls beharrlich thätig, das Edikt aufrecht zu erhalten[1]). Ende April zogen Ausrufer und Trompeter[2]) durchs ganze Land und verkündeten: daß die Juden nur bis Ende Juli im Lande bleiben dürften, um ihre Angelegenheiten zu ordnen; wer von ihnen noch später auf spanischem Boden betroffen würde, sollte dem Tode verfallen.

Wie unsäglich groß auch die Verzweiflung der spanischen Juden war, sich von dem theuren Geburtslande und der Asche ihrer Väter loszureißen und einer ungewissen Zukunft entgegenzugehen in der Fremde, unter Völkern, deren Sprachen sie nicht verstanden, und die vielleicht noch feindseliger als die spanischen Christen gegen sie verfahren würden, so mußten sie sich doch mit dem Gedanken vertraut machen und ernstliche Vorbereitungen zur Auswanderung treffen. Bei jedem Schritte gewahrten sie, daß sie einem noch grausigeren Geschicke entgegen gehen würden. Hätten sie mit ihren Reichthümern ausziehen können, wie die englischen Juden gegen Ende des dreizehnten und die französischen ein Jahrhundert später, so würden sie sich in der Fremde eine leidliche Existenz haben gründen können. Aber die jüdischen Kapitalisten durften ihre Baarschaft nicht mitnehmen und waren daher gezwungen, sie auf Wechsel zu geben.

Gelegenheit, als die Marranen von Cordova eine hohe Summe angeboten hätten, die Inquisition nicht in ihre Stadt einzuführen (III. 272 Note). Aus Abrabanel's Angabe geht aber mit Sicherheit hervor, daß Isabella am entschiedensten gegen den Widerruf des Ediktes war, und daß sie Fernando, der geneigt war, darauf einzugehen, umgestimmt hat (Einl. zu Comment. d. Könige): יהמלכה עומדת על ימיני (ימין המלך פרנאנדו) לשטני, השתו ברוב לקחה לעשות מעשהו החל וגי׳.

Nun, hinter der Königin kann man sich sehr gut ihren Beichtvater oder ihre Beichtväter und jedenfalls auch Torquemada denken. Daß sich die Inquisitoren nicht vor den Majestäten gescheut haben, kühn aufzutreten, haben sie mehr als einmal bewiesen. Gebrauchte doch Torquemada in seinen Erlassen den Majestätsstyl: Nos Thomas Torquemada Inquisitor general en todos sus Reynos (bei Llorente IV. p. 368) und stellte sich hiermit den Fürsten gleich.

[1]) Vergl. weiter unten.
[2]) Vergl. o. S. 43 N.

Spanien hatte aber damals wegen seines vorherrschend ritterlichen und kirchlichen Charakters keine Welthandelsplätze, wo Wechselpapiere im Werthe gewesen wären, wie in Italien. Das Geschäft im Großen war meistens in Händen der Juden und der Neuchristen — und die Letztern waren aus Furcht vor der Inquisition gezwungen, sich von ihren Stammgenossen fern zu halten. Diejenigen, welche Grundstücke hatten, mußten sie um einen Schleuderpreis losschlagen, weil sich kein Käufer fand, und mußten bei Christen betteln, ihnen dafür nur die geringste Werthsache zu geben. Ein Zeitgenosse, Andreas Bernaldez, Pfarrer von Los Palacios, berichtet: daß die schönsten Häuser und die prachtvollsten Landgüter der Juden um einige Kleinigkeit verkauft wurden. Ein Haus wurde um einen Esel und ein Weinberg um ein Stück Tuch oder Leinwand verschleudert[1]). So zerrannen die Reichthümer der spanischen Juden in Nichts und konnten ihnen in den Tagen der Noth nicht helfen. In Aragonien, Catalonien und Valencia erging es ihnen noch schlimmer. Torquemada, welcher bei dieser Gelegenheit seine bis dahin erwiesene Unmenschlichkeit noch übertreffen wollte, untersagte den Christen jeden Verkehr mit ihnen. In diesen Ländern ließ der König Fernando auf das Eigenthum der Ausgewiesenen Beschlag legen, damit davon nicht blos ihre Schulden gedeckt, sondern auch die Ansprüche, welche die Klöster an sie zu haben vorgaben, befriedigt würden[2]). Auch dieses teuflische Mittel wollte er zum Zwecke der Kirche gebrauchen. Die Juden sollten zur Verzweiflung getrieben werden und sich an das Kreuz anklammern. Torquemada machte es daher den Dominikanern zur Pflicht, ihnen überall das Christenthum zu predigen und sie aufzufordern, die Taufe zu empfangen und im Lande zu bleiben. Dagegen ermahnten die Rabbiner die Gemeinden, im Glauben standhaft auszuharren, die Trübsale als Prüfungen hinzunehmen und ihrem Gott zu vertrauen, der ihnen so oft in Nöthen beigestanden[3]). Es bedurfte aber gar nicht der feurigen Ermahnung von Seiten der Rabbinen. Einer ermuthigte den Andern zur Treue und Standhaftigkeit für das Judenthum. „Lasset uns stark sein", so sprachen sie zu einander, „für unsere Religion und für die Lehre unsrer Väter vor den Lästerern und Feinden. Wenn sie uns leben lassen, werden wir leben, wenn sie uns tödten, werden wir sterben. Wir wollen den Bund unsres Gottes nicht entweihen, unser Herz soll nicht

---

[1]) Bernaldez Chronik citirt von allen Geschichtsschreibern dieser Epoche.
[2]) Zurita, Annales de Aragon V. p. 9.
[3]) Bernaldez.

verzagen, wir wollen im Namen unsres Gottes wandeln"¹). Hätten sie sich etwa taufen lassen sollen, um dem Blutgerichte der Inquisition zu verfallen? Das Kreuz hatte auch für die lauesten Juden seine Anziehungskraft verloren, seitdem sie gesehen, unter welchen nichtigen Vorwänden ihre Stammgenossen dem Scheiterhaufen überliefert wurden. In den letzten vier Jahren (1488—92) vor dem Erlaß der Verbannung wurden von dem Tribunal in Toledo allein auf dem Scheiterhaufen mehr als vierzig Männer und mehr als zwanzig Frauen verbrannt, darunter ein Weltgeistlicher und zwei Mönche, die das jüdische Bekenntniß nicht verleugnen mochten. Eine neuchristliche Frau hatte die Standhaftigkeit, auf dem Scheiterhaufen laut zu verkünden, daß sie im Gesetz Mose's sterben wolle, welches die einzige Wahrheit sei, und ihr letztes Wort war: „Adonai"²). Und wie viele sind von den übrigen Tribunalen zum Feuertode verurtheilt worden, deren Zahl nicht aufgezeichnet wurde? Und wie viele schmachteten in den Inquisitionskerkern, von Ungeziefer und Schmutz zur Verzweiflung gebracht? Und diese schauderhaften Glaubensakte, deren Zeugen sie waren, sollten die Juden für das Christenthum gewinnen? Auch blieb es den Juden nicht unbekannt, mit welcher Falschheit Torquemada die Schlachtopfer anzulocken wußte. Nach Granada hatten sich viele Scheinchristen aus Sevilla, Cordova und Jaen geflüchtet und waren dort zum Judenthum zurückgetreten. Nach der Eroberung dieser Stadt ließ Torquemada einen Aufruf an sie ergehen, wenn sie zur Mutterkirche zurückkehren wollten — „welche ihren Schooß stets offen hält, um diejenigen aufzunehmen, die mit Zerknirschung und Reue sich an sie wenden" — sollten sie mit Milde behandelt werden (8. Febr. 1492). Einige ließen sich von der süßlichen Stimme verlocken, begaben sich nach Toledo und wurden zum Feuertode begnadigt³). Daher kam es, daß trotz der Predigten der Dominikaner und trotz der unsäglich verzweifelten Lage nur ein geringer Theil der Juden im Jahre der Ausweisung aus Spanien zum Christenthum übergingen⁴).

¹) Abrabanel Einl. zu Könige-Commentar.   ²) Vergl. Note 12.
³) Llorente IV. 368 ff. das vollständige Dokument.
⁴) Wenn der Zeit- und Leidensgenosse Joseph Jabez referirt, daß sich fast sämmtliche philosophisch gebildete Juden bei der Ausweisung taufen ließen: אליכם אנשים אקרא . מגולת ספרד אני אשר גרשנו בעי"ה הרבים והעצומים ורוב המתפארים בחכמה וכמעט כלם המירו את כבודם ביום מר והנשים ועמי הארץ מסרו גופם וממונם על קדשת בוראם (Or-ha-Chajim p. 5a und p. 12a), so kann das nur von den portugiesischen Juden gelten; aber dort gingen auch fromme Rabbinen aus gräßlicher Verzweiflung über. Von den spanischen Juden dagegen bemerkt Bernaldez Cronica Cap. 112: E siempere por onde iban, les conuidaban al bautismo

Von bekannten Namen fügten sich der Taufe der reiche Steuerpächter und Groß-Rabbiner Abraham Senior mit seinem Sohne und seinem Schwiegersohn Meïr, der ebenfalls Rabbiner war, mit seinen zwei Söhnen. Man erzählte sich, sie hätten mit Verzweiflung im Herzen die Taufe empfangen, weil die Königin, welche den Finanzminister nicht missen mochte, gedroht habe, über die abziehenden Juden noch mehr Elend zu verhängen, wenn dieser sich nicht fügen sollte. Groß war in der That die Freude bei Hofe über die Bekehrung Senior's und seiner Familie. Das Königspaar selbst und der Cardinal vertraten Pathenstelle bei ihnen. Die Täuflinge nahmen sämmtlich den Familiennamen Coronel an, und ihre Nachkommen sollen später die höchsten Staatsämter verwaltet haben[1]). Abrabanel dagegen, an den gewiß ebenfalls verlockende Versuchungen gemacht wurden, blieb felsenfest. Er und seine Söhne waren vom Judenthum erfüllt. Abrabanel verließ die angesehene Stellung und Reichthümer und wanderte nach Neapel aus.

Das gemeinsame Unglück und der gleiche Schmerz erzeugten bei den spanischen Juden in der letzten Zeit vor ihrer Auswanderung ein Gefühl innigster Brüderlichkeit und eine gehobene Stimmung. Die Reichen unter ihnen, obwohl ihr Vermögen zusammengeschmolzen war, theilten brüderlich mit den Armen, ließen ihnen an nichts fehlen, damit sie nicht in die Klauen der Seelenhäscher geriethen, und sorgten für die Kosten ihrer Auswanderung[2]). Der greise Rabbiner Isaak Aboab, der Freund Abrabanel's reiste im Voraus mit dreißig angesehenen Juden nach Portugal, um mit dem König João II. wegen Uebersiedelung oder Durchreise der spanischen Auswanderer durch dessen Land Unterhandlungen anzuknüpfen[3]); es gelang ihnen auch mit ihm einen verhältnißmäßig günstigen Vertrag abzuschließen. Freilich ließ sich der Schmerz der Trennung von der schwärmerisch geliebten

---

é algunos ... se convertian et quedeban, pero muy pocos. Das bezieht sich indeß auf diejenigen, welche bereits ihre Heimath verlassen und auf der Auswanderung begriffen waren. Der Zeitgenosse Abraham B. Salomon aus Torrutiel, welcher sein 1508 verfaßt hat, berichtet: ספר הקבלה ורוב היהודים וגדוליהם ואדיריהם ושוטריהם שבו בכיתם והמירו דתם . . . ובראשם המון האפיקורסים הרב דון אברהם שניאור וכאלה לאלפים ורבבות (Neubauer Anecdota oxoniensia p. 112).

[1]) Cronicon de Valladolid; Elia Kapsali S. 73. Vergl. Note 4.
[2]) Bernaldez.
[3]) Imanuel Aboab, Nomologia II. c. 27: . . . luego que en fin de Março del año 1492 hizieron en Granada la prematica contra los Judios, se fue el venerable Sabio (Rabi Ishac Aboab), con otras treinta casas de nobles Israelitas a Portugal a concertar con el Rey Juan II. Fueron bien recebidos del Rey.

Heimath nicht überwinden. Je näher der Tag des Scheidens heranrückte, desto mehr durchwühlte er das Herz der Unglücklichen. Die Gräber der Vorfahren, das war ihnen das Theuerste, davon konnten sie sich am schwersten trennen, und der Gedanke daran erfüllte sie mit düsterer Trauer. Die Gemeinde der Stadt Vitoria schenkte, um die Entweihung der Gräberstätte zu verhüten, der Commune den jüdischen Friedhof mit dem dazu gehörigen Acker für ewige Zeiten unter der Bedingung, daß er niemals abgebrochen, noch bepflügt werden sollte. Es wurde eine Urkunde über diese Schenkung ausgestellt, welche der jüdische Richter (Rabbiner), der Vorsteher und der Bürgermeister der Stadt mit noch anderen unterzeichneten. Der letztere mußte die übernommene Unverletzlichkeit des jüdischen Friedhofes beschwören[1]). Die Juden von Segovia brachten drei Tage vor ihrer Auswanderung auf den Gräbern ihrer Vorfahren zu, vermischten mit deren Staube ihre Thränen und rührten durch ihre herzzerreißenden Klagen die Gemüther der Katholiken[2]). Die Leichensteine rissen sie aus, nahmen sie mit als theure Reliquien oder schenkten sie den zurückbleibenden Marranen.

Endlich rückte der Tag heran, an dem die spanischen Juden zum Wanderstabe greifen mußten. Sie hatten sich noch eine Galgenfrist von zwei Tagen ausgewirkt und durften statt am 31. Juli zwei Tage später das Land verlassen, und es fiel gerade auf den Trauertag des neunten Ab, der so vielfach an den Untergang der Herrlichkeiten im Alterthum erinnert und so oft im Verlaufe der jüdischen Geschichte die Söhne Israel's in Trauer und Schmerz sah[3]). Etwa 300,000 Juden[4]) verließen das Land, das sie so sehr

---

[1]) Die Urkunde bei Amador III. p. 610 f. Gaon ist in dieser Urkunde öfter verschrieben für Cacon = Chacon. Im Jahre 1851 erfuhr das jüdische Consistorium von St. Esprit, daß aus diesem Begräbnißplatz Ausgrabungen gemacht und Gebeine herausgenommen worden wären, wendete sich an den Stadtrath von Vitoria und erinnerte an den Vertrag von vor 350 Jahren. Der Alcade gab hierauf einen befriedigenden und urbanen Bescheid. Das. 611 f.

[2]) Colmenares historia de Segovia c. 35.

[3]) Abrabanel bemerkt, daß sich die Auswanderung auf wunderbare Weise bis zum 9ten Ab hingezogen hat (zu Jeremias c. 1): הנה כשגור מלך ספרד גרוש על בל היהודים אשר בכל מלכותו שיצאו כמשלש הדשים נשלם והיה יום היציאה ט' באב והיא לא והנה זה (zu Hosea c. 6): ידע מזה הזמן דבר כאלו מו השמים הדריכוהו לגבלת הזמן הזה השמד האחרון . . לשלשה חדשים ויום האחרון אשר בו נחתם גזר דינם היה יום ט' באב . . . בעצם היום הזה יצאו כל צבאות ה' ככל א־צוה ספרר. Der letzte Termin war aber 31. Juli = 7. Ab. Die Juden müssen sich also noch zwei Geduldstage ausgewirkt haben. Abrabanel, der schon früher nach Neapel ausgewandert war, wußte davon nichts und hielt das Zusammentreffen des Auswanderungstages mit dem 9ten Ab für eine Art wunderbare Tragik.

[4]) Note 10.

geliebt und das sie verwünschen mußten, und wanderten theils nach Norden, nach dem nahegelegenen Königreiche Navarra, theils nach dem Süden, um nach Afrika, Italien oder der Türkei überzusiedeln, größtentheils aber nach Portugal. Um die Menge nicht bei der Wanderung traurigen Gedanken zu überlassen, welche den Einen und den Andern hätte geneigt machen können, den Entschluß zu ändern, zum Kreuze zu greifen, um im Lande bleiben zu können, ließen manche Rabbinen Frauen und Knaben singen, mit Pfeifen und Trommeln rauschende Musik machen, um der Menge auf kurze Zeit den nagenden Schmerz vergessen zu machen[1]). Spanien verlor damit den zwanzigsten Theil seiner gewerbfleißigsten, betriebsamsten, gebildetsten Bewohner, überhaupt seinen gesunden Mittelstand, diejenige Volksklasse, welche den Landesreichthum nicht blos schuf, sondern ihn auch wie das Blut im Organismus in steter Bewegung hielt. Denn es gab unter den spanischen Juden nicht blos Kapitalisten, Kaufleute, Ackerbauer, Aerzte und Gelehrte, sondern auch Handwerker, Waffenschmiede und Metallarbeiter aller Art und jedenfalls keine Müßiggänger, die den ganzen Tag Siesta hielten. Die Juden hätten durch die bald darauf erfolgte Entdeckung Amerika's Spanien zum reichsten, blühendsten und dauerhaftesten Staat erhoben, der vermöge seiner Regierungseinheit jedenfalls mit Italien hätte wetteifern können. Torquemada wollte es aber nicht; er zog es vor, die Spanier für ein bluttriefendes Götzenthum zu erziehen. Der Abzug der Juden aus Spanien machte sich bald auf eine empfindliche Weise für die Christen bemerkbar. Der schwungvolle Geist, die Rührigkeit und die blühende Cultur wanderten mit den Juden aus Spanien aus. Die kleinen Städte, denen die Anwesenheit der Juden einiges Leben gegeben hatte, entvölkerten sich rasch und sanken zu unbedeutenden Flecken herab, verloren den Sinn für Selbstständigkeit und Freiheit und leisteten dem immer mehr sich zuspitzenden Despotismus der spanischen Könige und der blödsinnigen Glaubenswuth der Priester Vorschub statt Widerstand. Manche Städte wurden völlig verödet[2]). Die spanischen Granden beklagten sich nicht lange nach der Vertreibung der Juden,

---

[1]) Bernaldez. Cronica Cap. 112: E los Rabbies los iban esforçando e facian cantar á las mugeres è mancebos è tañer pandores è adfues, para alegrar la gente.

[2]) Tapia, historia de la civilizacion Española bei Amador III. 419. El golpe mas fatal de todos fue la expulsion de los Judios, porque convirtio en desiertos sus mas pingues distritos, despoblandolos de una clase de ciudadanos, que contribuian mas que todos los otros no sólo á los intereses gererales del estado, mas tambien á los peculiares de la corona.

daß ihre Städte und Plätze bedeutungslos und menschenleer geworden seien, und bemerkten, wenn sie die nachtheiligen Folgen hätten ahnen können, würden sie sich dem königlichen Befehle widersetzt haben[1]). Der Mangel an Aerzten stellte sich zunächst ein. Die Stadt Vitoria mit der Umgegend war genöthigt nach dem Abzug der Juden, einen Arzt aus der Ferne kommen zu lassen und ihm einen hohen Jahresgehalt auszusetzen[2]), oder die Bevölkerung fiel in Krankheitsfällen den menschenhinraffenden Quacksalbern, aufschneiderischen Pfuschern oder dem Aberglauben betrügerischer oder selbstbetrogener Beschwörer in die Hände. Mit einem Worte Spanien ging durch die Vertreibung der Juden der Barbarei entgegen, und das Geld, welches die Anlegung der amerikanischen Colonien nach dem Mutterland führte, trug nur dazu bei, die Einwohner träger, dümmer und knechtischer zu machen. Der Name Jude schwand immer mehr aus dem Lande, wo dieser Volksstamm eine so gewichtige Rolle gespielt hatte, und dessen Literatur mit jüdischen Elementen so sehr geschwängert war, daß die Männer der Bildung immer wieder an die Juden erinnert wurden. Lehrhäuser, Hospitäler, wie überhaupt Alles, was die Juden bei ihrer Auswanderung nicht mitnehmen konnten oder durften, ließ der König für den Fiskus einziehen und verwandelte die Gebethäuser in Kirchen, Klöster oder Schulen, in welchen das Volk verdummt und zu knechtischer Unterthänigkeit abgerichtet wurde. Die prachtvolle Synagoge in Toledo, welche der jüdische Staatsmann Don Pedro's, Samuel Abulafia, erbaut hatte, wurde anderthalb Jahrhunderte seit ihrem Bestande in eine Kirche (de nuestra Señora de san Benito oder del Transito) verwandelt und bildet noch heute mit ihrem maurischen Style, ihren zierlichen Säulen und ihren weiten Räumen eine Zierde dieser Stadt[3]). Aber in den übrigen Städten Spaniens, die in der Erinnerung der jüdischen Geschichte und bei den Nachkommen der Vertriebenen in strahlender Glorie fortlebten: in Sevilla, Granada, Cordova, in dem judenreichen Lucena, in Saragossa und Barcelona, verlor sich jede Spur vom einstigen Aufenthalte der Söhne Jakob's oder des judäischen Adels (wie die stolzen Juden Spaniens behaupten). Zwar blieben noch Juden zurück, Juden mit der Maske des Christen-

---

[1]) Imanuel Aboab a. a. O. p. 295.

[2]) Urkunden bei Landazuri Amador III. 410 N. Conosciendo la nessesidad en que la Ciudad (Vitoria) é su terra é comarcas estaba de Fisicos por la ida é absencia de los Judios é Fisicos de la ciudad. Der Rath klagte schon ein Jahr nach der Vertreibung der Juden: de haber escasez de Medicos por la ida e absencia de los Judios.

[3]) Vergl. B. VII.$_2$, S. 393.

thums, viele Judenchristen oder Neuchristen. Sie hatten ihren abziehenden Brüdern eifrigen Beistand geleistet. Viele von ihnen hatten Gold und Silber von den Auswanderern in Empfang genommen und es ihnen bei Gelegenheit durch zuverlässige Personen nachgeschickt oder verwahrt[1]), oder dafür Wechsel für auswärtige Plätze ausgestellt. Diese Vorschubleistung war oft trügerisch. Denn als das fanatische Königspaar Kunde davon erhielt, ließ es die hinterlegten Werthsachen aufsuchen und mit Beschlag belegen und suchte die Zahlung der Wechsel zu hintertreiben. Einige ausgewanderte Juden hatten sich einen Schuldschein auf die Summe von 428,000 Maravedis auf einen in London wohnenden Spanier Diego de Soria ausstellen lassen, und da dieser die Zahlung verweigerte, hatten sie durch das englische Gericht Beschlag auf dessen Vermögen legen lassen. Dieser beklagte sich darüber bei Fernando und Isabella, und sie hatten nichts Eiligeres zu thun, als den spanischen Gesandten in London zu ermächtigen, sich in ihrem Namen bei dem König Heinrich VII. zu verwenden, daß die Pfändung des Diego aufgehoben werden möge, und dem König ans Herz zu legen, daß er ihnen damit einen besonderen Dienst erweisen würde. Die jüdischen Gläubiger, das machten sie geltend, hätten das Recht auf Einziehung dieser Summe verwirkt, weil sie verbotene Güter bei ihrer Auswanderung ausgeführt hätten[2]).

Indessen, wie groß auch die Hindernisse waren, manche Marranen erkalteten nicht in ihrem Eifer für ihre vertriebenen Stammgenossen. Sie verfolgten diejenigen, welche sich unmenschlicher Härte gegen die Auswanderer schuldig gemacht hatten, mit unerbittlichem Hasse und überlieferten sie dem Ketzergerichte — das Werkzeug gegen die Urheber kehrend. Auf Betrieb der Marranen wurde der Bruder des mächtigen Ministers Fernando's, des Don Juan de Lucena, in einen Inquisitionskerker geworfen und unter strengem Gewahrsam gehalten, und keiner seiner Verwandten wurde zu ihm gelassen, weil der Minister (dem die Inquisition wegen seines eximirten Standes nicht beikommen konnte) die Verbannung der Juden gerathen und betrieben und sein Bruder die hinterlassenen Güter derselben unnach-

---

[1]) Urkunde von Fernando und Isabella vom 12. Sept. 1492 bei Llorente IV. B. Appendix p. 371: ... en el Arzobispado de Toledo hagais perquisa cerca de las personas, que contra nuestro vedamiento han sacado de nuestros reynos dinero, é oro é plato é moneda, o otras cosas vedadas, que eran de los Judios que ... salieron de nuestros Reynos y lo tienen guardado de ellos para lo sacar etc.

[2]) Bergenrath, Calender of letters etc. I. c. LI aus dem Archivo general de la corona de Aragon. Das Schreiben des Königspaares an den spanischen Gesandten datirt August 1494.

sichtig eingetrieben hatte¹). Aber die Marranen mußten jetzt noch mehr als früher auf ihrer Hut sein, durften nicht gegen das Geringste verstoßen, mußten um so eifriger sich bekreuzen, Rosenkränze zählen und Paternoster murmeln, je anhänglicher sie in ihrem Innern dem Judenthume waren. Manchmal war ihre Empfindung stärker als ihr Wille, durchbrach den Damm der Lippe und wurde zu einer folgenschweren That, wie bei jenem Marranen in Sevilla²), der beim Anblick eines nachgebildeten Leibes, der Jesus vorstellen sollte, und zur Anbetung in der Kirche erhoben wurde, ausrief: „Wehe, wer so etwas sehen, so etwas glauben muß!" Oder wie jener Marrane in Lissabon vor einem wunderthätigen Crucifix, das zur Zeit einer Dürre von allem Volk wegen seines feuersprühenden Glanzes auf den Knieen angebetet wurde, die ironische Bemerkung nicht unterdrücken konnte: „das Bild sollte lieber seine Wunderthätigkeit mit Wasser beweisen." Solche Aeußerungen in unbewachten Augenblicken gaben natürlich die beste Gelegenheit für Untersuchung, Einkerkerung, Folter und Autos da Fé nicht blos an dem auf frischer That ertappten Marranen, sondern auch an seinen Verwandten, Freunden und allen denjenigen seines Geschlechtes, die Vermögen besaßen. Es war ohnehin dem, durch den öfteren Anblick der Todesqualen der Schlachtopfer abgestumpften Volke ein Bedürfniß geworden, von Zeit zu Zeit öfter feierliche Schauspiele von Menschenopfern zu sehen. Es ist daher gar nicht zu erstaunen, wenn unter dem ersten Generalinquisitor Thomas de Torquemada in vierzehn Jahren so viele Tausende als unbußfertige Sünder verbrannt worden sind³). Freilich war er so verhaßt, daß er in steter Todesfurcht lebte. Auf seinem Tische hatte er ein Einhorn, dem der Aberglaube jener Zeit die Kraft zuschrieb, die Wirkung der Gifte aufzuheben. Ging Torquemada aus,

¹) Urkunde b. Llorente das. IV. p. 377 ff. Klage des Ministers Juan de Lucena beim Könige Fernando vom 26. Dec. 1503 (p. 380): Certifico a Vuestra Altezza, que si de Judios (conversos) no, no es posible que de otri sea testiguado; y de Judios no me maravillo, porque como enemigos nuestros lo han fecho à causa de la expulsion dellos, la qual todo atribuian à mi, y a causa que el dicho mi hermano fué uno de los comisarios deputados por V. A. para ocupar os bienes dellos . . . y se conjuraron para facernos falso testimonio . . y es muy publico en esta ciudad.

²) Ibn-Verga Schebet Jehuda No. 64 p. 96.

³) Llorente a. a. O. I. p. 272 ff. und IV. p. 242 ff. giebt die Zahl der Verbrannten auf 8000 an. Die Berechnung ist aber nicht stichhaltig. Mariana hist. C. XXIV Cap. 17 giebt folgende Zahlen: A Torquemada edictis proposita spe veniae homines promiscuae aetatis, sexus, conditionis ad decem et septem millia ultro crimina confessantes memorat, duo millia crematos igne.

so war er stets von einer Leibwache (Familares) von fünfzig Reitern und zweihundert Soldaten zu Fuß begleitet, welche ihn vor Anfällen schützen sollte[1]). Den Neuchristen war Torquemaba selbstverständlich in der Seele verhaßt, und er fürchtete sich vor ihnen. Als er in Avila ein neues Kloster errichtet hatte, erbat er sich von Alexander VI. Schutz für dasselbe, daß kein Marrane darin als Mönch Aufnahme finden sollte, weil solche von diesem Geschlechte aus Haß gegen ihn auf die Zerstörung desselben sinnen würden. Der Papst gewährte ihm dieses Gesuch vom 12. Nov. 1496 mit den Worten: sed cum persona tua neophitis Christanis ... plurimum est exosa, verisimile times, ne, si forte homines illius generis in dicto monasterio admitterentur, processu temporis ... inquisitoris odio in perniciem et destructionem ejusdem molierentur (Boletin XIII. Jahrg. 1887). Sein Nachfolger, der zweite Generalinquisitor Deza, errichtete noch mehr Scheiterhaufen: aber es kam bald dahin, daß die Blutmenschen einander selbst zerfleischten. Deza wurde vor seinem Ende als heimlicher Jude angeklagt[2]). Als dann noch die Verfolgung gegen die zurückgebliebenen Mauren und Moriscos und gegen die Anhänger des deutschen Kirchenreformators Luther hinzukamen, wurde Spanien durch die Wuth des heiligen Officiums buchstäblich in eine Menschenschlachtbank verwandelt. Was bedeutet Nero's Grausamkeit dagegen? Er hat ein einziges Mal in einem Anfall von Cäsaren-Wahnsinn einige wenige Christen, welche zur Zeit in Rom waren, zur Schaulust verbrennen lassen. Die Inquisition dagegen hat Jahr aus Jahr ein mit nüchternem Sinn und unter Anrufung des Namens Gottes Tausende dem Feuer überliefert. Mit Recht tabelten fast sämmtliche europäische Fürsten und sogar das Parlament von Paris die Verkehrtheit Fernando's und Isabella's bitter, eine so nützliche Volksklasse vertrieben zu haben. Der damalige Sultan Bajasid (Bajazet) bemerkte dazu: „Ihr nennt Fernando einen klugen König, er, der sein Land arm gemacht und unser Land bereichert hat!"[3])

[1]) Llorente das. I. p. 285.   [2]) Das. I. p. 347 .. tous les habitants de Cordoue et plusieurs membres du conseil de Castille se déclarèrent contre Deza, et publièrent qu'il était de la race de Marranos.

[3]) Im. Aboab a. a. O. p. 295. Abarca Reyes de Aragon T. 2. p. 310. Lafuente a. a. O. IX, p. 414).

Fünfzehntes Kapitel.

Vertreibung der Juden aus Navarra und Portugal.

Auswanderung nach Navarra und dann Vertreibung. Auswanderer nach Neapel; Der König Ferdinand I. von Neapel und Abrabanel. Leon Abrabanel und sein Schmerz. Die Unglückskette der spanischen Juden in der Berberei, in Fez, Genua, Rom und den griechischen Inseln. Menschliches Benehmen des Sultans Bajasid gegen sie; Mose Kapsali's Eifer für sie. Die spanischen Einwanderer in Portugal. Große Zahl derselben. Die jüdischen Astronomen in Portugal: Abraham Zacuto und José Vesino. Die jüdischen Reisenden Rabbi Abraham de Beja und Joseph Zapeteiro. Die Seuche unter den spanischen Juden in Portugal. Elend der Auswanderer aus Portugal. Juda Chajjat und seine Leidensgenossen. Härte des Königs João II. gegen die Juden. Anfänglich freundliche Behandlung unter Manoel. Abraham Zacuto. Die Heirath des Königs Manoel mit der spanischen Infantin zum Unheil für die Juden. Ihr Haß gegen die Juden berückt den portugiesischen König. Gewaltsame Taufe der jüdischen Kinder, später der Erwachsenen. Levi b. Chabib, Isaak Caro und Abraham Zacuto. Die Gesandtschaft der getauften Juden an Papst Alexander VI. Der Proceß des Bischofs de Aranda. Versprechen Manoel's zu Gunsten der portugiesischen Marranen. Das Ende der frommen Dulder Simon Maimi und Abraham Saba. Edle Rache der Juden.

(1492—1498.)

Glücklich für den Augenblick waren noch die nordspanischen Juden von Catalonien und Aragonien, welche ihre Blicke und Schritte auf das nahegelegene Navarra richteten, um dort ein Unterkommen zu suchen. Wie vermindert und verkommen auch die navarrensischen Gemeinden in der letzten Zeit geworden waren, so war doch wenigstens Aussicht, dort das Leben zu fristen und sich nach anderweitigen Zufluchtsstätten umsehen zu können. In Navarra hatte die Inquisition einmüthigen Widerstand von Seiten des Herrschers und des Volkes gefunden. Als einige Marranen, welche an dem Morde des Inquisitors Arbues betheiligt waren (o. S. 307), nach diesem Königreiche entflohen waren, und die blutdürstigen Ketzerrichter deren Auslieferung verlangt und Schergen dahin geschickt hatten, erklärte die Stadt Tudela, daß sie solche unberechtigte Angriffe auf Personen, die bei ihr Asyl gesucht, nicht dulden werde, und versperrte ihnen die Thore. Vergebens drohte der König Fernando, welcher ein Auge auf Navarra hatte, mit seiner Ungnade und seinem Zorne. Die Bürger von Tudela blieben standhaft. Einem navarrensischen Prinzen, Jakob von Navarra, bekam indeß der Schutz schlecht, den er einem flüchtigen Marranen gewährt hatte. Die Inquisition ließ ihn plötzlich verhaften und einkerkern und verurtheilte ihn als Feind des heiligen Officiums zu einer schändenden Ausstellung in einer Kirche, wo ihm sein Sündenregister öffentlich vorgelesen und ihm nur die Absolution verheißen wurde, wenn er sich Geißelhieben von Priesterhand unterwerfen würde [1]).

Nach Tudela hatten sich Juden aus Saragossa und andern nordspanischen Städten mit der Bitte gewendet, ihnen die Einwanderung zu gestatten, und hatten auf einen freundlichen Bescheid gerechnet. Das Königspaar Juan d'Albert und Catharina schien ihrer Aufnahme geneigt zu sein. Aber die Städter waren bereits von Judenhaß so sehr erfüllt, daß sie sich der Einwanderung widersetzen wollten. Die Bürger von Tudela fragten die von Tofalla an, welchen Entschluß sie darüber fassen werden. Der Rath von Tofalla hatte aber bereits mit der That geantwortet. Er hatte bereits einige castilianische Juden ausgewiesen, welche sich dort heimlich eingeschlichen hatten. Die Tofallenser erwiderten in diesem Sinne an die Tudelenser (Juni 1492): Man sollte dem Herrscherpaare erklären, es sei gegen den Dienst Gottes und würde dem Lande zum Verderben gereichen, wenn die Juden zugelassen würden. Das Unglück, welches die jüdischen Castilianer betroffen, sei eine wohlverdiente Strafe Gottes, die man nicht abwenden dürfe. Sie würden keinem einzigen Juden Aufnahme gewähren, und es wäre recht, mit vereinten Kräften selbst dem Herrscherpaar gegenüber Widerstand zu leisten [2]). Indessen sind doch etwa 12,000 castilianische Auswanderer in Navarra zugelassen worden. Die Meisten nahm wohl der Graf von Lerin auf. Aber sie genossen nur wenige Jahre Ruhe in Navarra. Denn auf das ungestüme Drängen des Königs Fernando, welcher die Ausgewiesenen mit bitterem Ingrimm verfolgte, stellte ihnen auch der König von Navarra die unglückliche Wahl zwischen Auswandern und Taufen. Die Meisten gingen zum Christenthum über, weil ihnen nur eine kurze Zeit zur Vorbereitung und keine Zeit zum besonnenen Ueberlegen gelassen war. In der

---

[1]) Llorente, histoire de l'Inquisition en Espagne III. p. 2 f. Janguas y Miranda, Diccionario de las Antiguadades de Navarra II. p. 85 ff.

[2]) Janguas a. a. O. II. 120. Bei Kaiserling, Geschichte der Juden von Navarra p. 212, Beilage L.

sonst wegen ihrer Frömmigkeit so berühmten Gemeinde von Tudela ließen sich 180 Familien taufen[1]).

Auch diejenigen castilianischen Juden waren noch glücklich, welche, ohne sich in trügerische Hoffnungen einzulullen, daß das Dekret der Ausweisung widerrufen werden würde, den Endtermin nicht abgewartet, sondern sich noch vor Ablauf desselben nach Italien, Afrika oder der Türkei begeben hatten. Denn an Gelegenheit zum Auswandern fehlte es ihnen nicht. Die spanischen Juden hatten damals einen so weittragenden Klang, und ihre Vertreibung hatte so viel Aufsehen in Europa gemacht, daß sich eine Menge Schiffe in den spanischen Häfen einfanden, um die Auswanderer aufzunehmen und weiter zu befördern, nicht blos einheimische, sondern auch italienische Fahrzeuge aus Genua und Venedig[2]). Die Schiffseigner hatten Aussicht auf ein einträgliches Geschäft. Viele Juden von Aragonien, Catalonien und Valencia hatten ein Auge auf Neapel geworfen und schickten Abgeordnete an den damaligen König Ferdinand I, um Aufnahme zu bitten. Dieser Fürst war nicht blos frei von Vorurtheil gegen die Juden, sondern auch von einem gewissen Mitleid wegen ihres Unglücks gegen sie beseelt. Ferdinand war auch ein Gönner der Wissenschaft und ihrer Träger, beförderte Gelehrte zu Staatsgeschäften und hinterließ selbst elegant geschriebene Reden und Briefe, welche ihm einen Ehrenplatz in der italienischen Literatur verschafften. Er mochte sich großen industriellen und geistigen Nutzen von der Einwanderung der spanischen Juden versprochen haben. Mag es nun aus Berechnung oder Edelmuth geschehen sein, genug, er hieß sie willkommen und öffnete ihnen sein Land. Viele Tausende landeten nun im Hafen von Neapel (24. August 1492[3]) und wurden gut aufgenommen. Auch die dortigen jüdischen Gemeinden handelten brüderlich an den Neuangekommenen, zahlten für die Armen, welche den Ueberfahrtslohn nicht leisten konnten und versorgten sie mit den augenblicklichen Bedürfnissen.

Auch Abrabanel und sein ganzes Haus waren nach Neapel ausgewandert. Hier lebte er Anfangs als Privatmann und setzte seine in Folge des Staatsdienstes in Spanien unterbrochenen Arbeiten fort, die biblischen Bücher der Könige zu erläutern. Als der König von Neapel von seiner Anwesenheit erfuhr, lud er ihn zu sich ein und betraute

---

[1]) Archivo del Reino de Navarra bei Amador III. 332 N. Die Auswanderung aus Navarra erfolgte im Jahre 1498.
[2]) Elia Kapsali's Chronik. Kap. 70.
[3]) Das. 72.

ihn mit einem Hofamte¹), wahrscheinlich im Finanzfache. Er mochte sich von Abrabanel's Erfahrung viel versprochen haben, besonders für die Bedürfnisse des Krieges, mit dem ihn der König von Frankreich bedrohte. Sei es aus eigenem edlen Antriebe oder auf Verwenden Abrabanel's, der König von Neapel erwies den eingewanderten Juden eine rührende Menschlichkeit, welche grell gegen die Grausamkeit der spanischen Könige abstach. Die Unglücklichen hatten nämlich mit vielen Uebeln zu kämpfen, und wenn sie von einem befreit zu sein glaubten, überfiel sie ein anderes, noch schonungsloseres. Eine hinraffende Seuche heftete sich nämlich an die Ferse der spanischen Auswanderer entweder wegen ihrer trüben Gemüthsstimmung oder wegen Ueberfüllung auf den Schiffen. So schleppten sie den Tod mit sich herum. Kaum waren sie sechs Monate im Neapolitanischen angesiedelt, so raffte die Pest viele von ihnen hin. Und der König Ferdinand, welcher davon eine Aufregung der Bevölkerung gegen die Juden befürchtete, gab ihnen einen Wink, die Leichname bei Nacht und im Stillen zu beerdigen. Als sich aber die Pestkrankheit nicht mehr vertuschen ließ und jeden Tag mehr zunahm, drangen Volk und Adel in den König, sie zu verjagen. Aber Ferdinand mochte nicht auf diesen unmenschlichen Vorschlag eingehen; er soll sogar gedroht haben, seine Krone niederzulegen, wenn den Juden Unbill zugefügt werden sollten²). Er ließ daher Krankenhäuser vor der Stadt errichten, sandte ihnen Aerzte und lieferte ihnen Unterhalt. Ein ganzes Jahr sorgte er auf eine beispiellos edle Weise für die Unglücklichen, welche Verbannung und Pest in lebendige Leichen verwandelt hatten. Auch der Herzog Herkules I. von Ferrara nahm mehrere Familien auf, gewährte ihnen günstige Bedingungen für ihren Aufenthalt und räumte ihnen dieselbe Verkehrsfreiheit in seinem Lande ein, welche die daselbst angesiedelten Juden genossen. Nur den unter ihnen eingewanderten Aerzten konnte er nicht ohne Weiteres die Ausübung ihrer Kunst an Christen gestatten, weil es gegen ein kanonisches Gesetz verstieße und dazu die Erlaubniß des Papstes erforderlich wäre³). Auch diejenigen, welche so glücklich waren, den Hafen von Pisa zu erreichen, fanden eine brüderliche Aufnahme. Die Söhne Jechiel's von Pisa, des alten Freundes Abrabanel's, Isaak und Samuel, hatten gewissermaßen

---

¹) Abrabanel, Einl. und Schluß zum Comment. der Könige, vollendet Elul = 11. Sept. 1493. Chaskitu's Biographie des Isaak Abrabanel in Einl. zu des Letzteren Daniel-Commentar מעיני ישועה 3 b. Carmoly, Biographie Abrabanel's Ozar Nachmed II. p. 51.

²) Elia Kapsali das.

³) Aktenstück in Revue des Etudes. Jahrg. XV. p. 117 f.

am Hafen Standquartier genommen, um die Auswanderer aufzunehmen, zu verpflegen, unterzubringen oder weiter zu befördern[1]). Ihr Vater war zwei Jahr vorher verschieden, vermuthlich vor Gram; denn seine Tochter hatte sich taufen lassen[2]).

Nach dem Tode des Königs von Neapel behielt sein, wenn ihm auch unähnlicher Sohn Alfonso II. den jüdischen Staatsmann Abrabanel in seinem Dienste und nahm ihn auch nach seiner Abdankung zu Gunsten seines Sohnes nach Sicilien mit. Abrabanel blieb diesem Fürsten auch in seinem Unglücke bis zuletzt treu (Januar 1494 bis Juni 1495[3]). In Folge der Eroberung Neapels durch den schwachköpfig-ritterlichen König von Frankreich, Karl VIII., wurden die Glieder der Familie Abrabanel auseinander gerissen und umhergeschleudert. Doch keinen derselben traf schwereres Herzeleid, als den ältesten Sohn Juda Leon Medigo (geboren um 1470, gest. um 1530). Er war am spanischen Hofe so beliebt gewesen, daß man ihn nicht missen mochte und ihn gern zurückhalten wollte — freilich als Christen. Zu diesem Zwecke wurde ein Befehl ertheilt, ihn nicht von Toledo abreisen zu lassen oder sich seines einjährigen Sohnes zu bemächtigen, das Kind schnell zu taufen und solchergestalt den Vater an Spanien zu fesseln. Juda Abrabanel erhielt aber Wind von dem Anschlage gegen seine Freiheit, sandte daher sein Kind mit der Amme, „wie ein gestohlenes Gut" heimlich nach der portugiesischen Grenze; er mochte aber nicht in dem Lande, wo seinem Vater der Tod gedroht hatte, eine Zuflucht suchen, sondern begab sich mit ihm nach Neapel. Sein Argwohn gegen den König von Portugal rechtfertigte sich nur gar zu bald. Sobald João II. erfahren hatte, daß Abrabanel's Enkel in seinem Lande weilte, ertheilte er den Befehl, das Kind als Geißel zurückzuhalten und es nicht mit den andern spanischen Juden abziehen zu lassen. Der kleine Isaak sah wohl seine Eltern und Großeltern nie wieder. Er wurde getauft und als Christ erzogen. Der Schmerz des Vaters über den lebendigen Tod seines Sohnes war grenzenlos; er ließ ihn bis zu seiner letzten Stunde keine Ruhe, noch Trost finden und erpreßte ihm ein Klagelied, das den Leser wehmüthig zu stimmen geeignet ist[4]). Doch was bedeutet der Schmerz über ein einzelnes Kind gegen das Weh, welches die Tausende aus Spanien ausgewiesener Juden traf?

---

[1]) Gedalja Ibn-Jachja Schalschelet.
[2]) Vergl. Maskhir V. p. 156, wo citirt wird: אגרת ששלח דון יצחק אברבנאל ... אל הגאון ר' יחיאל (מפיזא) תנחומין על צרת הבת שהמירה דתה ועל מיתת אשתו. Vergl. Revues des Etudes J. g. XII 245.
[3]) Chaskitu's Biographie des Abrabanel a. a. O. und Carmoly a. a. O.
[4]) Ueber Leon Medigo Abrabanel, Carmoly p. 57.

Zahlreiche aus den Gemeinden in Südspanien, die den Küsten nahe waren, hatten ihre Hoffnung auf die berberischen Küstenländer gesetzt, wo ein Jahrhundert vorher die dem Gemetzel von 1391 Entronnenen Zuflucht gefunden hatten. Glücklich waren auch Diejenigen, welche ohne Fährnisse auf dem Meere Oran, Algier oder Bugia erreichen konnten. Die berberischen Einwohner, welche eine Ueberfüllung ihrer Städte von der großen Menge Juden fürchteten, schossen zwar bei der Landung auf die Juden und tödteten Viele von ihnen. Ein an einem berberischen Hofe angesehener Jude verwendete sich aber für seine unglücklichen Stammgenossen beim Sultan und erwirkte ihnen die Erlaubniß, ans Land zu steigen. Doch wurden sie nicht in die Städte gelassen — wahrscheinlich weil auch unter ihnen die Pest herrschte — sondern durften sich nur Holzhütten vor den Mauern erbauen; die Kinder sammelten Holz und die Väter fugten Bretter zu zeitweiligen Wohnungen zusammen.

Unsägliches Elend traf aber Diejenigen, welche ihr Augenmerk auf die Stadt Fez gerichtet hatten. Sie waren froh, als sie auf zwanzig Schiffen unter einem Capitain Pedro Cabran vom Hafen Santa-Maria aus ostwärts steuerten. Aber als bereits der Hafen in Sicht war, bemerkten sie zu ihrem Schrecken, daß der gefürchtete Piratenhäuptling Fragoso mit seinem Kaperschiffe in der Nähe war und sie ihm zur Beute fallen und als Sklaven in die weite Welt verkauft werden würden. Indessen gelang es ihrem Anführer Levi Kohen, der sich auf einem Nachen zu ihm begeben hatte, mit ihm einen Vertrag abzuschließen, daß er sie vermöge einer großen Geldsumme unbehelligt werde landen lassen. Aber der Capitain lichtete plötzlich die Anker und suchte das offene Meer auf, und als hätten sich alle Elemente gegen die Auswanderer verschworen, erhob sich ein Sturm, welcher drei Schiffen den Untergang brachte und die übrigen siebzehn wieder an die spanische Küste warf. Mehr als 500 Juden, in Folge solcher Unfälle dem Wahnsinn nahe, nahmen die Taufe, um das nackte Leben zu erhalten. Die Standhaften wollten ihrer Ueberzeugung nicht untreu werden, begaben sich wieder zu Schiffe, um über Arzilla an der Westküste von Afrika, das nicht lange vorher in den Besitz von Portugal gekommen war, nach Fez zu gelangen. Der Bey von Fez, Muley Scheich, von menschlichem, freundlichem Sinne geleitet, war bereit, alle Unglücklichen aufzunehmen. Er gab dem Unterhändler Führer mit, um sämmtliche Auswanderer in sein Gebiet zu geleiten. Aber unterwegs wurde die erste Truppe von wilden Berbern — mit oder ohne Wissen der Führer — angefallen, mißhandelt, beraubt und die Frauen geschändet. Bei der Nachricht von diesem Unfalle entfiel einem Theile der Zurückgebliebenen der Muth, sich nach Fez zu begeben; sie blieben in Arzilla und erbaten von dem dort residirenden Grafen Joan de Borba die Taufe, da dieser, hartherzig und glaubenswüthig, es nicht an Versprechungen und Drohungen fehlen ließ, um die Bekehrung recht Vieler durchzusetzen[1]).

Vom Glück begünstigt schienen Diejenigen, welche nach vielen Mühsalen und Gefahren endlich in Fez und Umgegend anlangten und sich ansiedeln konnten. Muley Scheich nahm sie gastlich auf und ließ ihnen eine freundliche Behandlung zu Theil werden. Hier sammelten sich nach und nach die Versprengten in großen Haufen. Zwar nahmen die berberischen Einwohner Anfangs eine feindliche

---

[1]) Quellen für das grauenhafte Geschick der aus Spanien Ausgewanderten giebt es mehrere von verschiedenem Werthe. — 1) Bernaldez (Cura de los Polacios) Cronica c. CXII). Er war Zeitgenosse und hatte die Nachricht von den Leiden aus dem Munde derer erfahren, welche aus Verzweiflung mehrere Jahre hintereinander aus Fez nach Spanien zurückgekehrt waren und sich taufen ließen. Er selbst will 100 derselben getauft haben, darunter algunos Rabbis. — 2) Abraham aus Torrutiel, Verf. des הקבלה ס׳ (Anecdota Oxon p. 112 f.). Er war ebenfalls Zeitgenosse und Mitleidender, da er bei dem Eintreffen der Seinigen in Fez elf Jahr alt war. — 3) Elia Kapsali in der Chronik דבי אליהו. Er hatte die Schicksale der Auswanderer von denen, die in seinen Kreis gekommen waren, erfahren. Von den Leiden der Spanier handelt nur Absch. LXX (in der Beilage zu Wieners Emeck ha-Bacha p. 16; Absch. LXXV—LXXX erzählt von den Leiden der aus Portugal Ausgewanderten. Damit ist der Widerspruch gelöst, den Lattes zwischen diesen Nachrichten und denen in anderen Quellen gefunden hat. לקוטים שונים p. 114 Note 89). — 4) Joseph Ibn-Verga in Schebet Jehuda No. 53—59. Seine Nachrichten sind verworren und ohne chronologischen Halt. Er war nicht Zeitgenosse, sondern hatte nur Mittheilungen aus zweiter oder dritter Hand. — 5) Joseph Kohen in Emeck ha-Bacha. Seine Eltern und Verwandten gehörten zwar zu den Auswanderern, waren aber in Avignon; folglich wußte er nur von Hörensagen. — Der Charakter zweier mächtiger Persönlichkeiten, welche in dieser Leidensgeschichte eine Rolle gespielt haben, läßt sich aus den zeitgenössischen Quellen richtig beurtheilen, nämlich aus dem Verfahren des Joan de Portugal, Conde de Borba, Gouverneurs von Arzilla, und dem des Bey von Fez Muley Scheich, gegen die Auswanderer. Den Ersteren hat Amador zu milde beurtheilt (p. 346—348) und den Letzteren zu ungerecht. Dagegen zeiht der Zeitgenosse Abraham von Torrutiel den Ersteren der Unmenschlichkeit aus Bekehrungssucht. ומהם (מן המגורשים) שנכנסו למדינת ארזיוליא על ידי נמרוד הרשע ביסורים קשים וענוים אכזרים הוא הטמא ... שליש מלך פורטואל סמונה על ארזיויא הנקרא קונדו די בורבה על הרעה חוף ים ארזיויא אשר תחת. Ebenso Kapsali: אשר עשה ליהודים ואשר גאלם ..... ממשלת פורטואל ושם היה סמונה אחד קונדו די בורבה שר צבא מלחמה אלוף שמה כי ישראל דת מעל רובם שהעביר עד אל התסימה עדת שמות שם (Absch. 76, auch Absch. 78). Dagegen wird der Bey von Fez von Abraham als äußerst human geschildert. הגרושים שנכנסו למדינת פאס על ידי המלך הגדול חסיד מחסידי אמות העולם מולאי שיך שקבל את היהדים בכל מלכותו. Züge seiner Güte gegen die Auswanderer schildert auch Kapsali (Absch. 87) und schließt die Erzählung: וישראל מזכירין את המלך הזה לטובה.

Haltung gegen sie an aus Befürchtung, daß die anwachsende Menge die Lebensmittel vertheuern würde. Allein der gütige Herrscher wußte die Aufregung zu beschwichtigen. Aber auch hier, wo sie Ruhe zu finden glaubten, verfolgte Unglück über Unglück die spanischen Auswanderer. Eine Feuersbrunst zerstörte an einem Tage die leichten Holzbaracken, welche sich die neuen Ansiedler gebaut hatten. Dann stellte sich Hungersnoth ein, sie mußten auf dem freien Felde zubringen und sich wie die Thiere von Kräutern nähren.

Am Sabbat nagten sie die Pflanzen mit den Zähnen ab, um sich nicht eine Entweihung des heiligen Tages zu Schulden kommen zu lassen. Hungersnoth, Pest und die Hartherzigkeit der mohammedanischen Einwohner rasten um die Wette gegen sie. Etwa zwanzigtausend dieser Unglücklichen sollen in Fez und in der Umgegend umgekommen sein. Väter waren aus Verzweiflung dahin gebracht, ihre Kinder um Brod für sich und die Ihrigen als Sklaven zu verkaufen; Mütter tödteten ihre Kinder, um nicht deren Todeskampf durch den nagenden Hunger mit anzusehen. Ein Sohn, der seinen greisen Vater vor Hunger verschmachten sah, eilte sein Kind zu verkaufen, um Brod für den Greis zu bringen.

Gewinnsüchtige Schiffseigenthümer an den Küsten benutzten die Verzweiflung der Auswanderer, um die ausgehungerten bettelnden Kinder am Strande mit Brod an Bord zu locken, und entführten sie, taub gegen die Wehklagen der Eltern, in ferne Gegenden, um sie für gute Preise zu verkaufen. Ein Berber schändete ein schönes jüdisches Mädchen in Gegenwart ihrer Eltern, kehrte nach einiger Zeit zurück und stach ihr ein Schwert in den Leib. Später ließ der Herrscher von Fez im ganzen Lande verkünden, daß diejenigen jüdischen Kinder, welche um Nahrungsmittel angeworben worden waren, wieder in Freiheit zu setzen seien [1]).

Haarsträubend sind die Schilderungen der Zeitgenossen von den gehäuften Leiden, welche die jüdisch-spanischen Verbannten überall verfolgten. Diejenigen, welche Hunger und Pest verschont hatten, kamen durch die Hände der entmenschten Menschen um. Es hatte sich nämlich das Gerücht verbreitet, die Juden hätten Gold und Silber, das sie aus Spanien nicht mitnehmen durften, verschluckt, um damit später ihr Leben zu fristen. Kannibalen schlitzten darum ihnen den Leib auf, um in deren Eingeweiden Goldstücke zu suchen. Die genuesischen Schiffer

---

[1]) Ibn-Verga, Schebet Jehuda No. 53—55. Joseph Kohen, Emek ha-Bacha, p. 85. Der Zeitgenosse Abraham B. Samuel aus Torrutiel tradirt, daß sie Anfangs von dem Herrscher von Fez gut aufgenommen wurden. Erst einige Monate später brachen Schicksalsschläge über sie aus (Neubauer Anecdota Oxon. p. 112 f.).

benahmen sich am unmenschlichsten gegen die Auswanderer, welche sich
ihnen anvertraut hatten. Aus Habsucht oder aus reiner Lust, sich an
dem Todesröcheln der Juden zu weiden, schleuderten sie manche von
ihnen ins Meer. Ein Schiffscapitain wollte der schönen Tochter eines
jüdischen Auswanderers, Namens **Paloma** (Taube), Gewalt anthun,
und die Mutter warf sie, um sie der Schändung zu entziehen, sammt
ihren andern Töchtern und dann sich selbst in den Meeresschlund.
Der unglückliche Vater verfaßte ein herzzerreißendes Trauerlied um
seine untergegangenen Lieben [1]).

Diejenigen, welche den Hafen von Genua erreichten, hatten mit
neuem Elende zu kämpfen [2]). In dieser blühenden Handelsstadt bestand

[1]) Joseph Kohen a. a. O. p. 84 f.
[2]) Der Zeitgenosse **Senarega** bei Muratori Scriptores rerum Italicarum
T. XXIV. p. 531. Venerunt (Judaei ex Hispania pulsi) in urbem nostram
(Genuam) plures, diutius tamen non moraturi; nam ex antiquis patriae
consuetudinibus ultra dies tres moram facere non possunt. Concessum
tamen est, ut naves, quibus vehebantur, reparari possent, et ipsi aliquan-
tulum a fluctuatione refici paucorum dierum mora. Diceres illos larvas;
erant enim macilenti, pallidi, oculis intrinsecus positis, et nisi quod vix se
movebant, mortuos diceres. Dum naves reficiuntur, parantque ad longio-
rem navigationem necessaria, magna pars hiemis transiit. Interea multi
apud molem moriebantur, quae regio juxta mare tantum recipiendis Judaeis
fuerat deputata. Ueber die Leiden der spanischen Juden von Genua und
andern Orten haben auch Nachricht erhalten Ibn-Verga a. a. O. No. 56,
Joseph Kohen a. a. O. und Elia Kapsali. Als sollte sich alles gegen die Juden
verschwören, brach gerade um die Zeit der Vertreibung der Juden aus Spanien
die scheußliche **Syphilis** mit Heftigkeit der Verheerung aus. Die Geschichte
der Medicin ist noch immer nicht über den Ursprung der sogenannten Franzosen-
krankheit, welche im Anfang so viel Opfer hingerafft hat, noch über die ihres
ersten Auftretens im Klaren. Einige gelehrte Aerzte nehmen an, sie sei durch
Columbus gleichzeitige Entdeckung von Amerika nach Europa eingeschleppt worden.
In Afrika dagegen glaubten die Einwohner, da die aus Spanien vertriebenen
Juden eine ansteckende Seuche mitbrachten, sie hätten mit der venerischen Krankheit
die Urbewohner angesteckt. Der zeitgenössische granadische gelehrte Tourist, der
als Christ unter dem Namen **Johannes Leo Afrikanus** bekannt ist, berichtet
darüber in seiner descriptio Africae L. I. c. 30 Folgendes: Hujus mali (quod
Gallicum vulgo dicitur) ne nomen quidem ipsis Africanis ante ea tempora
notum fuit; quum Hispaniarum rex Ferdinandus Judaeos omnes ex Hispania
profligasset, qui ubi jam in patriam redissent, coeperunt miseri quidam ac
sceleratissimi Aethiopes cum illorum mulieribus habere commercium, ac
sic tandem velut per manus pestis haec per totam se sparsit regionem, ita
ut vix sit familia, quae ab hoc malo remansit libera. Id autem sibi veris-
sime atque indubitate persuaserunt, ex Hispania ad illos transmigrasse;
quam ob rem et illi morbo ab Hispania malum Hispanicum (ne nomine
destitueretur) indiderunt. Tuneti vero, quem admodum et per totam
Italiam, morbus Gallicus dicitur. Idem nomen illi in Aegypto atque Syria

ein Gesetz, daß Juden nicht länger als drei Tage dort weilen dürften. Da die Schiffe, auf welchen die Juden weiter ostwärts geführt werden sollten, der Ausbesserung bedurften, so gestattete die Behörde, daß die Juden einige Tage nicht in der Stadt, sondern nahe beim Molo so lange weilen durften, bis die Schiffe wieder hergestellt sein würden. Gespenstern gleich stiegen sie aus den Schiffen, abgezehrt, bleich, hohläugig, und wenn sie sich nicht ein wenig bewegt hätten, um ihrem Schiffskerker instinktmäßig zu entkommen, so hätte man sie für eben so viele Leichname halten können. Die ausgehungerten Kinder gingen in die Kirchen und ließen sich um einen Bissen Brod taufen, und Christen waren unbarmherzig genug, nicht nur solche Opfer anzunehmen, sondern sich mit dem Kreuze in der einen und mit Brod in der andern Hand unter die Juden zu mischen und sie solchergestalt zur Bekehrung zu verlocken. Es war denen, welche beim Molo von Genua landeten, nur kurze Frist zum Aufenthalte zugemessen worden; doch zog sich ein Theil des Winters hin, ohne daß die Schiffe ausgebessert worden wären. Je länger sie nun daselbst verweilten, desto mehr verminderte sich ihre Zahl durch den Uebertritt namentlich der Jünglinge und durch Plagen aller Art. Andere Städte Italiens mochten sie nicht einmal auf kurze Zeit ans Land steigen lassen, theils weil gerade damals ein Nothjahr war, und theils weil die Juden die Seuche mit sich schleppten.

Die Ueberbleibsel von Genua, welche nach Rom gelangten, machten eine noch bitterere Erfahrung. Ihre eigenen Religions- und Stammgenossen verschworen sich gegen sie, sie nicht zuzulassen aus Furcht, daß der Zuwachs neuer Ansiedler ihrem Gewerbe Schaden bringen möchte. Sie schossen 1000 Ducaten zusammen, um sie dem damaligen Papste Alexander VI., jenem berüchtigten Scheusal, anzubieten, daß er den spanischen Juden keine Aufnahme gestatten möge. Dieser sonst lieblose Kirchenfürst war doch über diesen hohen Grad von Herzlosigkeit gegen die eigenen Genossen so sehr empört, daß er die Juden Roms sammt und sonders auszuweisen befahl. Es kostete daher der römischen

ascribitur. Daraufhin behauptete Gruner, die Marranen hätten die Syphilis in Italien eingeschleppt in einer Schrift morbi Gallici origines marranicae. Diese Behauptung ist schon deswegen lächerlich, da doch die Marranen nicht aus Spanien ausgewiesen wurden. Vergl. übrigens darüber die Schrift: zur Geschichte der Syphilis 1870 von R. Finkenstein S. 88. Der Verfasser weist gründlich nach, daß die ältesten spanischen medicinischen Schriftsteller Juan Almenar, Petro Pintor, Gaspar Tarella die Lustseuche, welche zuerst in Italien 1493 grassirte, weder auf jüdischen, noch auf amerikanischen Ursprung zurückführen.

Gemeinde noch 2000 Ducaten, den Befehl rückgängig zu machen, und sie mußten sich gefallen lassen, die Einwanderer aufzunehmen¹).

Die griechischen Inseln Corfu, Candia und andere füllten sich mit den unglücklichen spanischen Juden, welche sich theils dahin geschleppt hatten, theils als Sklaven dahin verkauft worden waren. Die meisten Gemeinden hatten Mitleid mit ihnen und waren bedacht, sie zu verpflegen oder gar loszukaufen. Sie machten die größten Anstrengungen, um die Gelder herbeizuschaffen, und verkauften den Synagogenzierrath, um ihre Brüder nicht in Noth oder Sklaverei zu lassen. Perser, welche gerade auf der Insel Corfu anwesend waren, kauften spanische Vertriebene, um von den Juden ihres Landes ein hohes Lösegeld zu erzielen²). Elkana Kapsali, Vorsteher (Condestable) der Candianer Gemeinde, war unermüdlich, Gelder zum Bedarf der spanischen Juden aufzutreiben. Am glücklichsten waren Diejenigen, welche die Grenze der Türkei erreichen konnten. Denn der türkische Sultan Bajasid II. erwies sich nicht nur als der am menschlichsten fühlende Monarch gegen die Juden, sondern auch als der einsichtsvollste und klügste. Er verstand es besser als die christlichen Fürsten, welche verborgenen Reichthümer die verarmten Juden Spaniens mitbrachten, nicht in den Verschlingungen ihrer Eingeweide, sondern in den Falten ihres Gehirns, und er wollte sie für den Wohlstand seines Landes ausnutzen. Bajasid erließ einen Befehl durch die europäischen Provinzen seines Reiches, die gehetzten Juden nicht von der türkischen Grenze zurückzuweisen, sondern sie aufs freundlichste und mildeste aufzunehmen. Er verhängte Todesstrafe über Diejenigen, welche sie hart anfahren oder bedrücken sollten. Der Großrabbiner Mose Kapsali, der ihn vielleicht so günstig gestimmt hatte, war unermüdlich thätig, die jüdisch-spanischen Unglücklichen, welche als Bettler oder Sklaven nach der Türkei gekommen waren, aufs kräftigste zu unterstützen. Er reiste in den Gemeinden umher und legte den begüterten Mitgliedern eine Almosensteuer auf „zur Auslösung der spanischen Gefangenen". Er brauchte auch nicht viel Zwang anzuwenden; denn die türkischen Juden steuerten gern bei, den Opfern des christlichen Fanatismus aufzuhelfen. So ließen sich Tausende von spanischen Juden in der Türkei nieder³), und ehe ein Menschenalter verging, hatten sie die Führerschaft unter den türkischen Juden erreicht und die Türkei gewissermaßen in ein morgenländisches Spanien umgewandelt.

Anfangs schien auch den nach Portugal eingewanderten spanischen Juden ein glückliches Loos zu winken. Dem greisen Rabbiner, Isaak

---

¹) Ibn-Verga a. a. O. No. 57. ²) Elia Kapsali, Chronik a. a. O. Kap. 73.
³) Das. vergl. Note 7.

Aboab, welcher nach Portugal mit einem Comité von dreißig Personen gereist war, um von dem König João II. die Erlaubniß zur Ansiedelung oder zum Durchzuge zu erwirken, war es gelungen, ziemlich günstige Bedingungen für sie zu erlangen. Denn viele Auswanderer zogen es vor, einstweilen einen Ruhepunkt im Nachbarlande zu finden, weil sie sich mit der Hoffnung schmeichelten, daß ihre Unentbehrlichkeit für Spanien nach ihrem Abzuge erst recht ans Licht treten, dem verblendeten Königspaare die Augen öffnen und es veranlassen würde, das Verbannungsdekret zu widerrufen und die Verbannten wieder aufzunehmen. Im schlimmsten Falle, so dachten die Ausgewiesenen, würden sie von Portugal aus sich eher umsehen können, wohin sie sich wenden sollten, und würden Schiffe finden, die sie ohne Ungemach nach Afrika oder Italien setzen würden. Als die spanischen Deputirten den Antrag an den König João II. stellten, sie für immer oder zeitweise für Geld in Portugal aufzunehmen, ging der König mit den Granden des Reiches darüber zu Rathe, ließ aber gleich den Wunsch durchblicken, den Verbannten für Geld die Aufnahme zu gestatten. Einige Räthe sprachen sich aus Mitleid mit den unglücklichen Juden oder aus Liebedienerei gegen den König günstig dafür aus; Andere oder die Meisten derselben waren aus Judenhaß oder aus Ehrgefühl entschieden dagegen. Der König überwand aber alle Bedenklichkeiten, weil er durch das Einzugsgeld von den Einwanderern große Summen zu erlangen hoffte, um damit den beabsichtigten afrikanischen Krieg nachdrücklich führen zu können[1]). Es war Anfangs davon die Rede, daß die spanischen Verbannten die Erlaubniß zum dauernden Aufenthalte in Portugal erhalten sollten[2]). Aber diese Begünstigung schien den portugiesischen Juden selbst äußerst bedenklich, weil dadurch die Zahl der Juden im Mißverhältniß zu dem kleinen Lande einen bedeutenden Zuwachs erhalten, die meist verarmten Einwanderer den portugiesischen Gemeinden zur Last fallen und den König, der ohnehin nicht sehr menschenfreundlich und noch dazu judenfeindlich war, feindselig gegen die portugiesische Gesammtjudenheit stimmen würden. Die jüdisch-portugiesischen Notabeln hielten daher Berathung darüber, und manche lieblose Stimme ließ sich vernehmen, daß sie selbst Schritte thun müßten, die Aufnahme der spanischen Verbannten zu hintertreiben. Ein edler Greis Joseph aus der Familie Ibn-Jachja sprach zwar mit dem wärmsten Gefühle für

---

[1]) Ruy de Pina Chronica de Don João II. in Serra's Collecaõ de libros ineditos de la historia portugeza T. l. c. 64, 65. Handschriftliche Quelle Bibliotheca da Ajuda bei Herculano, da origem da Inquisicão I. p. 106.

[2]) Vergl. Note 13.

die unglücklichen Brüder; aber seine Stimme wurde übertönt. Von ihrer Ansiedelung war indeß keine Rede mehr, sondern lediglich von der Erlaubniß zum kurzen Aufenthalte, um von Portugal aus die Weiterreise anzutreten. Den dreißig Delegirten unter Aboab, welche gewiß die hervorragendsten der spanischen Gemeinden waren, wies der König Wohnungen in Oporto an. Diese, welche mit dem Hofe unterhandelt hatten, hatten unter diesen Umständen sehr günstige Bedingungen erlangt. Wie immer wurden die Reichen besonders berücksichtigt. Sechshundert derselben ersten Ranges erhielten die Erlaubniß zu dauernder Ansiedelung; dafür mußte jeder von ihnen hundert Gold-Krusados Einzugsgeld zahlen, was die erkleckliche Summe von 60 000 Krusados (etwa 200 000 Mark) ergab, viel für die damalige Zeit, als das Gold — vor Ausbeutung der amerikanischen Goldquellen — noch einen hohen Werth hatte. Auch Handwerker, besonders Metallarbeiter und Waffenschmiede, welche Portugal ebenso nöthig hatte, wie Gold, sollten dauernd im Lande bleiben, aber doch vier Krusados Einzugsgeld leisten. Die große Menge aber sollte nur acht Monate im Lande bleiben und dafür acht Krusados erlegen[1]). Jedoch machte sich der König anheischig, für Schiffe zu billigen Fahrpreisen zu sorgen, welche sie nach einem anderen Lande hinübersetzen sollten. Diejenigen, welche über diese Frist hinaus in Portugal betroffen würden oder keinen Zahlungsschein vorzuzeigen vermöchten, sollten der Knechtschaft verfallen.

Mit Genehmigung dieser Bedingungen ging eine große Menge

---

[1]) Sämmtliche Biographen des Königs João und Manoel erzählen diese Thatsachen von der beschränkten Zulassung der großen Menge für 8 Monate und von dem Einzugsgelde. Nur Bernaldez berichtet, daß gewisse Familien je hundert Krusados zu zahlen gehabt hatten a. a. O. c. CXIII. Davon spricht auch ein handschriftl. Band: Memorias historicas bei Herculano a. a. O. p. 107. Seicentas familias mais ricas cotractaram particolarmente ficarem no reino a troco de sessente mil cruzados. Davon hatte auch Samuel Usque Nachricht, denn er berichtet: accordanese seis centas casas con elrey (Consoloção III. No. 26) und von ihm Imanuel Aboab (a. a. O. 299). Diese Concession haben gewiß die 30 Delegirten mit Isaak Aboab vom König erlangt; denn sie haben nicht blos für sich, sondern für die Gesammtheit mit dem König verhandelt. Auch die dauernde Ansiedelung von jüdischen Handwerkern ist gewiß bei dieser Unterhandlung vereinbart worden. Von den spanischen Historikern fixiren einige das Einzugsgeld auf 8 Krusados, andere auf ein Krusado. Jacuto hat, scheinbar widersprechend, einmal א׳ דוק אדום und dann wieder ואפילו מי שלא היה לו ממון כלל נתן כפר נפש ה׳ דוקאדוס על כל נפש. Usque und Ibn-Jachja (Schalschelet) sprechen von zwei Dukaten. Die Differenz scheint in der verschiedenen Schätzung des Gold-Krusado zur Zeit der Ausweisung zu liegen.

Vergl. über die Summe Herculano das. und Amador III. p. 343 Note.

spanischer Juden — man schätzte sie auf 20 000 Familien oder 120 000 Seelen[1]) — über die portugiesische Grenze. Der König wies den Einwanderern bestimmte Städte zum vorläufigen Aufenthalte an, wofür sie noch an die Bürger eine Steuer zu zahlen hatten. Isaak Aboab, der gefeierte Meister so vieler Jünger, welche später in Afrika, Aegypten und Palästina Rabbinatssitze einnahmen, starb noch in Frieden in Oporto; sein Schüler, der als Geograph Astronom und Chronist berühmt gewordene Abraham Zacuto, hielt ihm die Leichenrede (Ende 1492[2]). Nur wenigen seiner Leidensgenossen ist ein ruhiger Tod beschieden gewesen.

Der König João II., der sich überhaupt nie von Gefühlen, sondern immer nur von Nützlichkeitsgründen leiten ließ, hatte, wie angegeben, nur aus Interesse einige Duldung gewährt. Er war kein besonderer Gönner der Juden im Ganzen und auch nicht der Einzelnen, obwohl er einige derselben für sich benutzte. Als gleich nach seiner Thronbesteigung die Cortes von Evora sich über die reiche Kleidung und ritterlichen Manieren vieler Juden (und Mauren) beklagten und eine Kleiderordnung für sie eingeführt wünschten, verbot er den Juden, seidene Kleider zu tragen, schrieb ihnen wollene

---

[1]) Ueber die Zahl der eingewanderten spanischen Juden in Portugal differiren schon die ersten Quellen. Zacuto, ein Leidensgenosse, zählt mehr als 120,000 Seelen. (Ed. F. p. 227) עיקר קשטילייא נכנס לפורטוגאל ... יותר מק״כ אלף נפשות. Damião de Goes giebt über 20,000 Häuser und über 200,000 Seelen an: Entrarão mas de vinte mil cazaes, em que havião alguns de dez e doze pessoas e outras de mais. Osorius giebt in seinen res gestae Emmanuelis (ed. Köln 1586 p. 6 b.) keine bestimmte Zahl an, sondern referirt: maxima eorum (Judaeorum e Hispania pulsorum) pars a Joanne rege ... impetravit, ut in Portugalia tempore aliquo definito consisteret. Wenn der König von dem Einzugsgeld eine erkleckliche Summe für den afrikanischen Krieg zusammenbringen wollte — (man fand das Geld nach seinem Tode unberührt im Staatsschatze, wie die portugiesischen Chroniker de Pina und de Goes berichten), so mußte die Zahl sehr groß gewesen sein; sonst hätte sich der Schacher nicht gelohnt. Einzelne Posten derer, welche von einzelnen Städten und Districten Spaniens nach Portugal eingewandert sind, geben die respectablen Quellen des Goes und Vernaldez an. Demnach wären eingewandert

von Benevent nach Braganza über . . .	3,000	Seelen,
„ Zamora nach Miranda	30,000	„
„ Ciudad Rodrigo nach Villar . . .	35,000	„
„ Miranda de Alcantra nach Marban .	15,000	„
„ Badajoz nach Yelves	10,000	„
Summa	93,000	

Also aus diesen Gegenden allein beinah 100,000.

[2]) Imanuel Aboab a. a. O. p. 300; Jochasin ed. Filipowski p. 226.

und das Tragen eines Abzeichens vor (ein Stern auf der Brust[1]). Dagegen war er einsichtsvoll genug, eine unsinnige Klage der Cortes zurückzuweisen: daß in Folge eines Gesetzes jüdische Handwerker in den Häusern der Landleute Arbeit suchen dürften, demgemäß christliche Frauen und Mädchen in Abwesenheit der auf dem Felde beschäftigten Männer der Verführung ausgesetzt wären.

Die fieberhafte Unruhe, ungekannte Länder zu entdecken, und mit ihnen in Handelsverbindung zu treten, wovon das kleine Portugal damals befallen war, gab zweien Wissenschaften einen praktischen Werth, die bis dahin nur als eine Art Liebhaberei für Müßiggänger galten — der Astronomie und Mathematik. Diese waren aber gerade Lieblingsfächer gebildeter Juden auf der pyrenäischen Halbinsel. Wenn Indien — das Land des Goldes und der Gewürze, auf welches die Portugiesen mit krampfhafter Sehnsucht gespannt waren — aufgefunden werden sollte, mußte die bisherige Küstenschifffahrt, welche langsam und gefahrvoll war, aufgegeben und der Weg auf der hohen See eingehalten werden. Aber dann liefen die Schiffe Gefahr, die Richtung zu verlieren und sich in der grenzenlosen Wasserwüste zu verirren. Die Entdeckungsschiffer sahen sich daher nach astronomischen Tafeln um, welche ihnen feste Punkte zeigen sollten, nach Sonnen- und Sternenhöhen zu schiffen. In diesem Fache waren aber gerade spanische Juden Meister gewesen. Ein Vorbeter von Toledo, Isaak (Zag) Ibn-Said, hatte im dreizehnten Jahrhundert Sterntafeln, unter dem Namen alfonsinische Tafeln bekannt (VII₂. 126), angelegt, die auch von den Fachmännern in Deutschland, Frankreich, England und Italien angenommen und nur geringfügig geändert worden waren[2]).

Als nun João II. von Portugal Schiffe zur Entdeckung Indiens auf dem atlantischen Meere längs der afrikanischen Seeküste aussenden wollte, ließ er eine Art astronomischen Congreß zusammentreten, welcher brauchbare und praktische Sterntafeln ausarbeiten sollte. In diesem Congreß saßen neben dem berühmten deutschen Astronomen Martin von Behaim, einem Schüler des frühreifen Regiomontanus, und neben dem christlichen Leibarzte des Königs Rodrigo, auch ein Jude,

[1]) Quellen angegeben oben S. 325, Anmerk. 3. Herculano daf. p. 96 fg.
[2]) Zacuto bemerkt von den alfonsinischen Tafeln des Zag Ibn-Sid: Sie seien in allen Ländern Europa's eingeführt (ed. Filip. p. 211): כי ממזרח שמש עד מבואו אשכנז צרפת ואינגליטירא וכל איטליא וספרד שברו כל הלוחות הראשנים ותפשו הלוחות האלו (לוחות צבא השמים של ר' יצחק בן סיד, זיג אלפונסו) עד דיום. Theilweise berichtigt wurden diese Sidschen Tafeln in Italien von Andalone del Nero und Bianchini, in Deutschland von Nikolaus Cusanus (o. S. 189), von Purbach und Regiomontanus; Humboldt Kosmos II. S. 295 f.

der königliche Leibarzt Joseph (José Vecinho oder de Viseu[1]). Der Letztere legte den immerwährenden astronomischen Kalender oder die Tafeln der sieben Planeten zu Grunde, welche der genannte Abraham Zacuto für einen Bischof von Salamanca früher ausgearbeitet und demselben gewidmet hatte. Joseph Vecinho hat auch das Instrument zur Messung der Sternhöhe, das so unentbehrlich für die Schifffahrt war (nautisches Astrolabium), in Verbindung mit christlichen Fachmännern, verbessert. Dadurch war es erst Vasco de Gama möglich geworden, den Seeweg nach Indien um das Vor-

[1]) Schäfer, Geschichte Portugals III. S. 75 theilt aus portugiesischen Quellen mit, daß José Vecinho, ein Jude, die vereinfachten Sonnen-, Mond- und Sterntafeln des Abraham Zacuto in's Lateinische übersetzt habe. Dieses Werk Almanach perpetuum, sive Ephemerides et tabulae septem planetarum, sei so selten geworden, daß sich in Portugal nur ein einziges Exemplar, in Beira gedruckt, auf der Königl. Bibliothek befinde. Es ist aber in einer andern Gestalt in Salonichi 1568 vervielfältigt worden. Daniel b. Perachja Kohen hat es in spanischer Sprache mit hebräischen Lettern als Anhang zu dem Kalenderwerk שארית יוסף drucken lassen. Die Ueberschrift lautet: באור לוחות כה' אברהם. In der Einl. bemerkt der Herausgeber Daniel b. Perachja: זכות בלשון לעז מועתקים מהעתקה נוצרית להר' יוסף ויזינו העתקתי ביאור לוח הר' אברהם זח מכתיבה. נוצרית לעברית בלעז בלשון ספרדי מהעתקת כהר' יוסף ויזינו י"א אות באות תיבה בתיבה. Daraus ergiebt sich, daß die Vecinho'sche Uebersetzung nicht lateinisch war, sondern spanisch oder portugiesisch. Die Ueberschrift des Werkes lautet: Los canones de las tablas de Zacut en romance. Im Texte sind oft die Stadt Salamanca und das Datum 1473 als Beispiele angegeben. Augustinus Ricius bemerkt in seinem Werke: de natura octavae Sphaerae, er sei ein Jünger des Zacuto gewesen, und dieser habe das genannte Werk für einen Bischof von Salamanca verfaßt: Abraham Zacuto, quem praeceptorem in Astronomia habuimus in civitate Salamanca ... 1473 jussu Episcopi (Salamancae) tabulas astronomicas composuit et ei dedicavit (Katalog der Bodlejana s. v. Ab. Z.). Das Werk ist lateinisch schon 1490 in Venedig und dann wieder 1496, 1499 gedruckt (Wolf Bibliotheca I. p. 106, III. p. 66 f.). — Mit Recht vermuthet Schäfer (das.), daß José Vecinho wohl identisch ist mit dem José, den der König João II. mit Anlegung der Schiffskarten beauftragt hat, und der mit seinen zwei christlichen Collegen das nautische Astrolabium erfand. Die Hauptquelle dafür ist João de Barros Asia, Decada I. Livro IV. c. 2: Peró como a necessidade he mestra de todalas artes, em tempo de João II. foi por elle encommendado este negocio a mestre Rodrigo e a mestre Josepe Judeo, ambos seus medicos, e a um Martim de Boemia etc. Daraus und auch aus einer andern Stelle (weiter unten) ist ersichtlich, daß Rodrigo keinesweges Jude war, wie viele Schriftsteller fälschlich angeben. — Mit Unrecht schreibt Humboldt (Kosmos II. S. 296) die Anlegung der astronomischen Tafeln und die Verbesserung des nautischen Astrolabium 1484 Martin von Behaim allein zu, während Juden — Zacuto und Joseph Vecinho — den größern Antheil daran hatten. Der Erstere bemerkt in seinem Jochasin (p. 222): אני הכותב תקנתי כל הספרים מהלוחות שעשיתי והם מפוזרים בכל ארץ אדום גם בארץ ישמעאל.

gebirge der guten Hoffnung zu finden, und vielleicht auch Columbus, einen unbekannten Erdtheil zu entdecken. Wie es so oft ging: Juden haben ihren Geist angestrengt, und Christen haben den Ruhm davon geerntet. Als zur selben Zeit **Christoph Columbus** dem König João den Antrag machte, ihm Schiffe anzuvertrauen, um in der Richtung nach Westen nach Indien zu gelangen, legte der König dessen Plan dem Bischof von Ceuta und seinen Leibärzten, dem christlichen Rodrigo und dem jüdischen **Joseph Vecinho**, zur Prüfung vor[1]), und diese entschieden sich einstimmig, daß Columbus' Voraussetzung, westwärts nach Indien zu kommen, auf einer Einbildung von der Nähe der Insel Cipango (Japan) beruhe. Sie hatten allerdings zum Theil Recht. Denn die Entdeckung eines Theils von Amerika oder Westindien durch Columbus war ein Zufall, auf welchen der Unternehmer selbst nicht gerechnet hatte, oder vielmehr, welcher ihn lange im Wahne ließ, es sei ein Theil von Ostindien. Man kann fast sagen, daß Columbus über Amerika stolperte. Auch die Länderkunde und die Gewandtheit zweier Juden, des **Rabbi Abraham de Beja** und **Joseph Zapateiro de Lamego**, benützte der König João II., schickte sie nach Asien, um an seine Auskundschafter, welche nach dem fabelhaften Lande des Priesters Johann gehen sollten, Mittheilungen zu bringen und von ihnen zu empfangen[2]). Einige Glieder der berühmten Familie Ibn-Jachja (Negro) verkehrten ebenfalls an dessen Hofe[3]).

Obwohl also der König João II. kenntnißreiche und gewandte Juden zu seinem Zwecke verwendete, hatte er doch kein Herz für den jüdischen Stamm; er war ihm vielmehr gleichgiltig oder gar widerwärtig, sobald er ihm oder seinem bigotten Sinne im Wege war. In demselben Jahre, in dem er Joseph Zapateiro und Abraham de Beja nach Asien wegen Erkundigungen aussandte, ernannte er auf Antrag des Papstes Innocenz VIII. eine Inquisitionskommission gegen

---

[1]) Barros Asia, Decada I. Coro III, c. 11 . . mandaou (El rey João) que estuviesse (Christovaõ Colom) com Diego Ortiz, Bispo de Cepta, e com mestre Rodrigo et mestre Josepe, a quem commetia estas cousas de cosmographia etc.

[2]) Barros a. a. O. I. III. 5. . . duos Judeos de Espanha em busca de Cavilhaõ (por El rey), a hum chamavao Rabbi Abram, natural de Beja e a outro Josepe Çapateiro de Lamego. Çapateiro bedeutet wohl portugiesisch wie spanisch Zapatero, Schuhmacher; aber hier ist es sicher ein Familienname, wie der Name אנזפטו unter den spanischen Juden „Schuhmacher" bedeutet. Die edle Familie חיים war nicht „Schneider", eben so wenig wie der marranische Dichter „Ropero" Kleidertrödler war. Es sind lauter Familiennamen. — Die Verwendung der beiden Juden von João II. geschah um 1487.

[3]) Gedalja Ibn-Jachja Schalschelet p. 49 a, b; Carmoly Jachjiden p. 14 ff.

die aus Spanien nach Portugal geflüchteten Marranen und ließ diejenigen, welche dem Judenthume mehr oder weniger anhänglich waren, ebenso wie Fernando und Isabella in Spanien, zum Feuertode oder zum ewigen Kerker verurtheilen. Als einige Marranen nach Afrika hinübergeschifft waren und dort sich frei zum Judenthume bekannt hatten, erließ er ein Verbot bei Todesstrafe und Vermögenseinziehung gegen die Auswanderung von getauften Juden oder Neuchristen zur See[1]). In dieser Zeit starb wohl Juda Ibn-Verga als Märtyrer in Lissabon, weil er die judaisirenden Marranen nicht angeben mochte (o. S. 322). An dem Hauche dieses harten, herzlosen Monarchen hing das Leben oder der Tod von Hunderttausenden der jüdisch-spanischen Verbannten.

Auch gegen diese Unglücklichen in Portugal verschworen sich nicht blos die bösen Menschen, sondern auch die Natur. Gleich bei ihrer Ankunft in Portugal wüthete unter ihnen eine bösartige Seuche und raffte Tausende hin. Die portugiesische Bevölkerung, welche ebenfalls durch die Pest litt, glaubte, die Juden hätten sie eingeschleppt. Und in der That mögen die Verzweiflung, die drückende Hitze zur Zeit der Auswanderung, Mangel und Elend aller Art verheerende Krankheiten unter ihnen erzeugt haben. Ein großer Theil der spanischen Auswanderer erlag auch in Portugal der Seuche[2]). Die Bevölkerung murrte daher gegen den König, daß er die verwünschten Juden, an deren Fersen sich die Pest geheftet, in's Land gebracht hatte, und Don João hielt daher strenger auf die Erfüllung der Bedingung, als er sonst gethan haben würde, daß die Uebriggebliebenen Portugal binnen acht Monaten verlassen sollten. Anfangs stellte er ihnen laut Vertrags Schiffe zu billigem Fahrpreise zur Verfügung und befahl den Schiffskapitänen, sie mit Menschlichkeit zu behandeln und sie nach den Plätzen zu führen, welche die Juden angeben würden. Aber diese, meistens von Judenhaß und Gewinnsucht geleitet, kehrten sich, einmal auf der See, wenig an des Königs Befehl, da sie wegen ihrer begangenen Unmenschlichkeit keine Kläger zu fürchten hatten. Sie forderten mehr Geld als ursprünglich bedungen war und erpreßten es den Hilflosen, oder sie führten sie so lange auf der Wasserfläche

---

[1]) Ruy de Pina Chronica de D. João II. c. 64, Garcia de Resende Chronica d. D. João II. c. 69.

[2]) Zacuto Jochasin p. 227: ולא נשארו אלא מעט מהם (מק״כ אלף נפשות במגפה). Auch Abrabanel in Einl. zu Könige und die spanischen Chroniken sprechen von der bösartigen Seuche unter den Juden Spaniens, Juda Chajjat in Einl. zum Commentar zu מערכת אלהות, die Chronik der Jachjiden bei Ibn-Jachja p. 92a und Usque No. 26.

umher, bis den Unglücklichen der Mundvorrath ausgegangen war. Dann verlangten sie für die Lieferung von Lebensmitteln große Summen, so daß die Unglücklichen zuletzt ihre Kleider um Brod hingeben mußten, und fast nackt an irgend einem Hafenplatz ausgesetzt wurden. Frauen und Mädchen schändeten sie in Gegenwart der Männer und Eltern und machten den christlichen Namen zur Schmach[1]). Oft setzten die Unmenschen die Unglücklichen an einen öden Punkt Afrika's aus und überließen sie dem Hunger, der Verzweiflung oder der Wuth barbarischer Mauren, die den Rest zu Gefangenen machten[2]).

Die Leiden der auf Schiffen aus Portugal Ausgewanderten erzählt ein Augenzeuge, der Kabbalist Juda b. Jakob Chajjat[3]) (aus einer edlen und wohlhabenden Familie). Das Schiff, auf dem sich er, seine Frau und noch zweihundertfünfzig Leidensgenossen jedes Alters und Geschlechtes befanden, lief im Winter (Anfangs 1493) vom Hafen von Lissabon aus und irrte vier Monate auf den Wellen umher, weil kein Hafen sie wegen der Pest aufnehmen wollte. Natürlich wurden die Lebensmittel auf dem Schiffe knapp. Das Schiff wurde noch dazu von biskayischen Seefahrern gekapert, geplündert und in den spanischen Hafen von Malaga geschleppt. Hier wurde ihnen weder gestattet, an's Land zu steigen, noch abzusegeln, noch wurden ihnen Lebensmittel geliefert. Die Geistlichen und Behörden der Stadt wollten sie durch Hungerqual für die Christuslehre geneigt machen. Es gelang ihnen auch wirklich, hundert Personen mit ausgemergelter Gestalt und hohlen Augen zu werben. Die Uebrigen aber blieben standhaft im Glauben, und fünfzig von ihnen, Greise, Jünglinge, Jungfrauen, Kinder, erlagen dem nagenden Hunger; darunter auch Chajjat's Frau. Erst dann

[1]) Wenn es nicht ein christlicher Chroniker, der Bischof Hieronymus Osorius, selbst erzählte, würde man so grausame Unmenschlichkeit gar nicht glauben. Er erzählt (de rebus gestis Emmanuelis p. 7 a): Mercatores enim et navicularii, qui Judaeos in naves suas recipiebant, eos in mari multis injuriis admodum acerbe divexabant. Vecturae enim pretio ... minime contenti ... multo majorem pecuniam ab invitis exprimebant, et de industria diutius, quam opus erat, vagabantur ... ut consumpto omni commeatu, cogerentur ab eis victum emere. Pretium vero, quod rebus suis constituebant, erat ejusmodi, ut eo persoluto, Judaei nudi et inanes relinquerentur. Accedebat, quod nuptis mulieribus et virginibus vitium per vim inferebant ... Christiani nominis, quod usurpabant, obliti in omni genere immanitatis atque perfidiae versabantur. Auch Ruy de Pina und Resende in der Chronik João II. Die schauerliche Geschichte in Schebet Jehuda No. 58, von dem Schiffer, der den Juden Alles abgenommen und sie dann auf eine öde Insel ausgesetzt, gehört wohl auch in die Zeit João's II.

[2]) Usque a. a. O. No. 26.

[3]) Chajjat Einleit. zum Commentar מנחת יהודה zum kabbalistischen Buche מערכת אלהות, zum Theil bestätigt durch Llorente histoire de l'Inquisition I. p. 262.

regte sich einiges Mitleid im Herzen der Malagesen und sie lieferten ihnen Brod und Wasser. Als die Ueberbleibsel nach zwei Monaten die Erlaubniß erhielten, nach der afrikanischen Küste abzusegeln, traf sie bitteres Leid in anderer Gestalt. Wegen der Pest wurden sie in keine Stadt gelassen und waren auf das Gras des Feldes angewiesen. Chajjat selbst wurde von einem boshaften Mohammedaner — der, früher sein Stadtgenosse, ebenfalls aus Spanien ausgewiesen war — im Staate Fez bei den Mauren irgend eines Verbrechens beschuldigt, in einen grausigen Kerker von Schlangen und Molchen geworfen, zum Uebertritt zum Islam unter verlockenden Bedingungen aufgefordert und im Weigerungsfalle mit dem Tode durch Steinigung bedroht. Alle diese gehäuften, aufreibenden Leiden machten ihn aber auch nicht einen Augenblick in seiner religiösen Ueberzeugung wankend. Endlich wurde er von den Juden eines kleinen Städtchens ausgelöst und nach Fez gebracht. Dort aber herrschte eine so große Hungersnoth, daß Chajjat gezwungen war, für ein Stück Brod, das auch für Hunde zu schlecht gewesen wäre, täglich mit seinen Armen eine Mühle zu drehen. Nachts nahmen er und seine Leidensgenossen, die nach Fez verschlagen waren, das Lager im Aschenhaufen der Stadt.

So sehr auch die portugiesischen Schiffsleute die von ihnen an den Juden begangenen Unmenschlichkeiten zu verheimlichen suchten, so kamen sie doch an's Tageslicht und schreckten die noch Zurückgebliebenen zurück, sich und die Ihrigen auf Schiffe zu begeben und auszuwandern. Die Armen vermochten auch nicht das Geld für Schiffslohn und Zehrung zu erschwingen. Sie verschoben daher die Abreise von Tag zu Tag und wiegten sich in die Hoffnung, der König werde Gnade vor Recht ergehen lassen und sie in Portugal dulden. Allein Don João war nicht ein König, dessen Herz vom Strahl der Gnade und des Mitleids erwärmt war. Er behauptete, daß eine größere Zahl als bedungen war, in Portugal eingewandert wäre, und bestand darauf, daß der Vertrag pünktlich erfüllt werde. Diejenigen, welche nach Ablauf der acht Monate zurückgeblieben waren, wurden richtig zu Sklaven gemacht und an diejenigen Edelleute verschenkt oder verkauft, welche sich diesen oder jenen Juden ausgewählt hatten (1493[1]).

Der König João II. ging aber noch weiter in der Grausamkeit gegen die unglücklichen spanischen Juden. Den der Sklaverei verfallenen Eltern ließ er die Kinder von drei bis zehn Jahren entreißen und auf Schiffe schaffen, um sie nach den neuentdeckten San=Thomas= oder Schlangen= oder Verlorenen Inseln (Ilhas perdidas)

---

[1]) Osorius a. a. O. p. 7b, auch andere portugiesische und jüdische Schriftsteller.

bringen, um sie dort im Christenthum erziehen zu lassen[1]). Das Wehegeschrei der trostlosen Mütter, das Gewinsel der Kinder, die Wuth der Väter, die sich vor Schmerz das Haar ausrauften, nichts vermochte den herzlosen Despoten zu bewegen, sein Edikt zu widerrufen. Die Mütter flehten, ihre Kinder begleiten zu dürfen. Eine Mutter, welcher die Schergen sieben Kinder geraubt hatten, warf sich dem Könige zu Füßen bei seinem Austritt aus der Kirche und flehte, ihr wenigstens das jüngste zu lassen. Don João ließ sie fortdrängen und wehklagen, „wie eine Hündin, der man die Jungen entzieht". Was Wunder, wenn manche Mutter sich mit ihren Kindern in's Meer stürzte, um in den Wellen bei ihren Lieblingen zu bleiben. Die Inseln San-Thomas, wohin die Kleinen geschleppt wurden, waren von Eidechsen, giftigen Schlangen und Verbrechern bewohnt, welche letztere zur Strafe aus Portugal dahin transportirt worden waren. Die meisten jüdischen Kinder kamen auf der Reise dahin um oder wurden ein Fraß der wilden Bestien. Von den Ueberlebenden heiratheten später Brüder und Schwestern in Unwissenheit einander und bauten die fruchtbare Insel an[2]). Vielleicht war des Königs verdüstertes, erbittertes Gemüth seit dem Tode seines einzigen legitimen Sohnes Schuld an seiner Unmenschlichkeit gegen die Juden. Sein jüdischer Günstling, Joseph Ibn-Jachja, verließ in dieser Zeit 1494 Portugal mit mehreren Familiengliedern, weil er schlimme Zeiten befürchtete, oder weil ihn der König zum Christenthum zwingen wollte. Er wanderte nach Pisa aus[3]).

Nachdem João II. freudenlos in's Grab sank (Ende Oct. 1495), schien unter seinem Nachfolger, seinem Vetter Manoel, der ein Gegenstück zu ihm bildete, freundlich, milde und ein Liebhaber der Wissenschaften war, den Juden Portugals und dem Rest der spanischen Verbannten ein freundlicher Stern zu leuchten. Manoel, welcher die Verurtheilung der spanischen Juden zur Sklaverei nicht gebilligt haben mochte, und belehrt, daß sie nur gezwungener Weise und aus Angst vor tausendfachem Tode über die Frist zurückgeblieben waren, schenkte Allen, welche in Sklaverei waren, die Freiheit. Das Gold, welches die Freudetrunkenen ihm dafür anboten, wies er zurück[4]).

---

[1]) Davon berichtet der zeitgenössische Chronist Pina, das Memoria de Ajuda bei Herculano I. p. 110 f., und die jüdischen Autoren Usque und Ibn-Verga.

[2]) Ms. de Ajuda bei Herculano das. 111.

[3]) Gedalja Ibn-Jachja Schalschelet p. 49 b., 95 a, nach einer Chronik, im Widerspruch mit dem Berichte des Joseph b. David J. J. in Einl. zu תורה אור.

[4]) de Goes Chronica de Manoel, Osorius a. a. O. p. 7 b.

Freilich hatte er dabei den Hintergedanken, wie sein Biograph, der Bischof Osorius, berichtet, die Juden durch Milde für den Uebertritt zum Christenthum zu gewinnen. Den jüdischen Mathematiker und Astronomen Abraham Zacuto, welcher aus Nordspanien (wo er seine Lieblingswissenschaften selbst Christen gelehrt hatte) nach Lissabon ausgewandert und zurückgeblieben war, stellte Manoel als seinen Hofastrologen an[1]). Dieser König gab nämlich viel auf Sterndeuterei, befragte diese trügerische Kunst beim Absegeln der Schiffe zu Entdeckungsreisen über deren Erfolg und hatte auch zwei christliche Astrologen nach einander, Diego Mendez Vecinho und Thomas de Torres[2]). Indessen diente ihm Zacuto nicht blos mit der Deutung der Constellation. Er hatte, obwohl ein nüchterner, beschränkter, im Aberglauben seiner Zeit befangener Mann, gediegene Kenntnisse in der Astronomie, verfaßte ein Werk darüber (außer seinen astronomischen Tafeln) und gab für die Schifffahrt die Anfertigung eines genauen Instrumentes aus Metall zur Messung der Sternhöhe an statt des bis dahin aus unzuverlässigem Holze gebrauchten[3]). Manoel liebte auch die Rückschau in die Vergangenheit, beschäftigte sich gern mit Chroniken und stellte daher Zacuto als seinen Chronographen an[4]), da dieser in Geschichtswerken sehr eingelesen war; freilich die geistige Bewegung in der Geschichte ahnte Zacuto nicht.

Unter dem König Don Manoel, unter dem Portugal um Indien und einen Theil von Amerika erweitert wurde, konnten die Juden ein wenig aufathmen. Wie es scheint, erließ er gleich nach seiner Thronbesteigung einen Befehl, daß die Anschuldigungen gegen Juden wegen Kindermordes nicht von den Gerichten angenommen werden sollten, da sie auf böswilliger, lügenhafter Erfindung beruhen; er gestattete den fanatischen Prediger-Mönchen nicht, gegen sie zu züngeln. Als einst ein solcher eine Kapuzinade gegen sie angekündigt und die dem Hofe nahestehenden Juden den König um Schutz angefleht hatten, soll er ihnen geantwortet haben: „Euch erschreckt in der That ein rauschendes Blatt, wie euch der Prophet voraus verkündet hat. Was fürchtet

---

[1]) Imanuel Aboab a. a. O. p. 300, 306. Vergl. auch Schäfer a. a. O. IV. S. 75.

[2]) Quellen bei Schäfer a. a. O. IV. S. 5.

[3]) Bei Schäfer a. a. O. S. 75. Ueber das astronomische Werk vergl. die Bibliographen über Zacuto und v. S. 370 N.

[4]) Schäfer a. a. O. In dem letzten Theil des Jochasin, in den Auszügen aus Chroniken, zeigt Zacuto sehr viele Belesenheit auch in nichtjüdischen Schriftwerken. Barbosa Machado citirt eine Quelle, wonach Çacuto ein Werk do Clima e Sitio de Portugal verfaßt hat.

ihr, da ihr meines Schutzes gewiß seid?"[1]). Das Wort des Königs war aber keineswegs ein wirksamer Talisman gegen die Bosheit der Judenfeinde. Leicht wäre es in Portugal selbst zu einer Blutanklage gekommen, wenn sie nicht die Gewandtheit einer Jüdin vereitelt hätte. In ihr Haus hatte nämlich ein Christ, der das Kind einer Nachbarin in der Aufwallung erschlagen hatte, die Kindesleiche geworfen und noch dazu die Schergen hineingeführt, bei ihr Haussuchung zu halten. Die Jüdin band die Leiche an ihren Leib und stellte sich an, als wenn sie in Kindesnöthen wäre. Die Haussuchung ergab daher nichts. Später kam der Mord des Christen an dem Kinde an den Tag, der Mörder selbst machte Geständnisse, und die Jüdin, befragt, was aus der Kindesleiche geworden, leugnete Anfangs ihr Manöver, gestand aber zuletzt, als sie über die Folgen beruhigt wurde, ihre List ein. Der König Manoel bewunderte ihre Klugheit[2]).

Kurz, sehr kurz war indeß der Glücksschimmer der Juden unter Manoel; die finstere Bigotterie des spanischen Hofes verwandelte ihn in schauerliches Düster. Sobald der junge König von Portugal den Thron bestiegen hatte, war das spanische Königspaar darauf bedacht, eine Heirathsverbindung mit ihm einzuleiten, um an dem feindlichen Nachbar einen Freund und Bundesgenossen zu haben. Es ließ ihm die jüngere Tochter, Johanna, die wegen ihrer Eifersucht und ihres wahnsinnigen Benehmens berühmt gewordene Fürstin, antragen. Manoel ging gerne auf diese Verbindung ein, hatte aber ein Auge auf die ältere Schwester Isabella II., welche früher mit dem Infanten von Portugal verheirathet und bald darauf Wittwe geworden war. Isabella hatte zwar eine entschiedene Abneigung gegen eine zweite Ehe; aber ihr Beichtvater wußte sie zu überreden und gab ihr

---

[1]) No. 12 und 13 in Ibn-Verga's Schebet Jehuda heißt es: בזמן המלך דון מנואל בן המלך אלפנש. Nun gab es in Spanien keinen König Manoel, sondern nur in Portugal. Wahrscheinlich gehören die dort erzählten Begebenheiten in die letzte Zeit der Juden Portugals. Freilich war Manoel nicht der Sohn Alfonso's V.; indessen mag diese Einzelheit dem Tradenten entfallen sein, oder es ist eine Corruptel für: בן אחי המלך אלפונשו. Der Inhalt verstößt nicht gegen die Geschichte aus der Zeit des portugiesischen Manoel. Höchstens könnte auffallen, daß der König von seinem Erlasse zu Gunsten der Juden בימים הראשונים „in früherer Zeit" spricht (das. p. 37), während er im Beginne des dritten Jahres seiner Regierung die Juden vertrieb. Indessen kann das eine Ungenauigkeit des Erzählers sein. Das angebliche Sendschreiben eines Juden an den römischen Senat aus einer alten Chronik über die Behandlung der Juden nach ihrer Besiegung durch die Römer — das dort dem König Manoel mitgetheilt wird — ist im Geschmack dieses Königs, welcher Chroniken liebte. — Die dort No. 12 erwähnte Stadt אוקניא kann eben so gut Ucanha im Gebiete von Lamego sein.

[2]) Ibn-Verga a. a. O.

zu verstehen, wie sie dadurch die Verherrlichung des christlichen Glaubens fördern könnte. Der spanische Hof hatte es nämlich mit Verdruß gesehen, daß der portugiesische König die jüdischen und mohammedanischen Flüchtlinge aufgenommen hatte. Die freundliche Behandlung derselben von Seiten des Königs Manoel war ihm nun gar ein Dorn im Auge. Fernando und Isabella dachten nun durch das Eingehen auf den Wunsch des portugiesischen Königs weit eher zum Ziele zu gelangen. Sie sagten ihm daher die Hand ihrer ältesten Tochter unter der Bedingung zu, daß er sich mit Spanien gegen den König von Frankreich, Karl VII., verbinden (der damals Eroberungszüge in Italien machte), und daß Manoel die Juden aus Portugal verjagen sollte, sowohl die eingeborenen, wie die aus Spanien eingewanderten[1]). Beide Bedingungen waren dem König Manoel sehr unangenehm. Denn mit Frankreich stand er in guten Beziehungen, und von den Juden zog er bedeutenden Nutzen durch ihr Geld, ihre Rührigkeit, ihre Gewandtheit und ihre Kenntnisse. Er ging daher mit seinen vertrauten Granden über diese für den Staat wichtige Judenfrage zu Rathe. Die Meinungen waren aber darüber getheilt. Die Einen machten geltend: es sei gegen das Interesse des Landes, die Juden auszuweisen und ganz besonders sei es gegen das königliche Wort, das er bei seiner Thronbesteigung ihnen gegeben. Dieselben judenfreundlichen Räthe führten auch zu Gunsten derselben an, daß nicht nur italienische, deutsche und ungarische Fürsten die Juden in ihren Staaten duldeten, sondern auch der Papst. Sind die Juden verderbt, so sei es nicht christlich, sie andern christlichen Staaten zuzuweisen und gewissermaßen ein Uebel Andern zuzuschleudern. Es sei vorauszusehen, daß die ausgewiesenen Juden sich in mohammedanischen Ländern, in Afrika und der Türkei, ansiedeln und dorthin ihr Vermögen und ihre Kenntnisse führen würden. Und endlich machten diese geltend, so lange sie in einem christlichen Staate weilten, sei Hoffnung vorhanden, sie zum christlichen Glauben hinüberzuziehen. Die Judenfeinde brachten ihrerseits Gründe

---

[1]) de Goes, Chronica des Königs Manoel I. c. 18 spricht von dem Wunsche, auch die einheimischen Juden zu vertreiben, Osorius dagegen nur von den spanischen (a. a. O. p. 12 b): Suscepit deinde Emmanuel rei . . . deliberationem . . . . utrum judaei, qui fuerant a Castellae Regibus expulsi et in Portugalia morabantur, essent expellendi continuo. Castellae Reges Emmanuelem per litteras admonebant, ne gentem sceleratam, Deo et hominibus invisam, consistere in Portugalia sineret. Das Ausweisungsedikt vom 5. Dezember 1496, ausgestellt in Muga, spricht indeß von sämmtlichen in Portugal wohnenden Juden (mitgetheilt von Amador h. III. p. 614 f. aus dem Archiv von Lissabon) todos os Judeos e judias que en nosos regnos ouver.

für die Verbannung der Juden vor, und der Haß ist stets logischer und beredter als die Milde. Die Juden seien früher aus Frankreich und gegenwärtig aus einigen Gegenden Deutschlands, sowie aus Castilien und Aragonien vertrieben worden, weil ihr Verkehr mit den Christen zum Schaden des Glaubens ausschlage, und weil sie den Einfältigen ihre Irrthümer beibrächten. Es sei zu befürchten, da sie Feinde des christlichen Namens seien, daß sie die Staatsgeheimnisse den Gegnern Portugals verrathen würden. Der Vortheil, den die Krone von dem Reichthum der Juden ziehe, werde bedeutend durch den Nachtheil überwogen, daß nach und nach alles Eigenthum durch List und Gewandtheit in ihre Hände gerathen würde [1]).

Indessen blieb Manoel noch einige Zeit schwankend, weil seine edle Natur sich gegen diese Härte und Wortbrüchigkeit sträubte. Den Ausschlag gab erst die Infantin Isabella. Sie hegte einen fanatischen, fast persönlichen Haß gegen die Juden [2]), war im Wahne — oder ließ es sich von den Geistlichen einreden — daß das Unglück, welches über den König João II. in seinen letzten Tagen hereingebrochen war, durch die Aufnahme der Juden herbeigeführt worden sei, und sie, an der Brust des Aberglaubens genährt, fürchtete auch für ihre Ehe mit Manoel ein Unglück, wenn die Juden ferner in Portugal geduldet blieben. Welch' eine bodenlose Lieblosigkeit in dem Herzen einer jungen Frau! Für den König Manoel trat dadurch ein unversöhnlicher Widerstreit der Gefühle und Gedanken ein. Die Ehre, das Staatsinteresse und die Menschlichkeit geboten, die Juden nicht zu ächten und hilflos zu verstoßen; aber die Hand der spanischen Infantin und die Hoffnung auf den Besitz der spanischen Krone waren nur durch das Elend der Juden zu gewinnen. Die Liebe neigte das Züngelein in der Wage zu Gunsten des Hasses. Als der König seine Braut an der Grenze erwartete, erhielt er ein Schreiben von ihr, daß sie nicht eher in Portugal eintreffen werde, bis das Land von den „fluchbeladenen" Juden gesäubert sein werde [3]).

Der Heirathsvertrag zwischen Don Manoel und der spanischen Infantin Isabella wurde also mit dem Elend der Juden besiegelt. Am 30. November 1496 war er unterzeichnet, und schon am 25. des folgenden Monats erließ der König einen Befehl, daß sämmtliche Juden seines Königreiches die Taufe empfangen oder das Land

---

[1]) Dieselben Schriftsteller.
[2]) de Goes a. a. O. bemerkt: Isabel (la Infanta) era inimiga declarada dos Judeos.
[3]) Nach Urkunden von G. Heine in Schmidt's Zeitschrift für Geschichte Jahrg. 1848 S. 147.

innerhalb einer Zeitfrist bei Todesstrafe verlassen sollten[1]). Um sein Gewissen zu beschwichtigen, verfuhr der König Anfangs milde gegen diejenigen, welche sein Edikt in grenzenloses Elend treiben sollte. Er dehnte die Frist zur Auswanderung lange genug aus, bis zum Oktober des nächstfolgenden Jahres, so daß ihnen Zeit bliebe, Vorkehrungen zu treffen; er bestimmte ferner drei Hafenplätze für ihren freien Auszug (Lissabon, Oporto und Setubal). Daß er die Juden durch Verheißungen von Ehren und Vortheilen zum Christenthume zu locken suchte, lag so sehr in der verkehrten Ansicht der Zeit, daß er nicht dafür verantwortlich gemacht werden kann. Dennoch ließen sich Anfangs nur wenige für die Taufe gewinnen.

Aber gerade das milde Verfahren Manoel's schlug zum größern Verderben der Juden aus. Da sie Zeit hatten, sich zur Auswanderung vorzubereiten, und es ihnen nicht verwehrt war, Gold und Silber mitzunehmen, so glaubten Viele, sich nicht beeilen zu müssen und ihre Abreise aufschieben zu dürfen. Vielleicht änderte sich gar der Sinn des Königs. Sie hatten Freunde bei Hofe, welche zu ihren Gunsten wirkten. Ohnehin waren die Wintermonate nicht geeignet, sich dem Meere anzuvertrauen. Die Meisten von ihnen warteten also das Frühjahr ab. Inzwischen änderte sich allerdings der Sinn des Königs Manoel, aber nur zu ihrem grausigen Elende. Es verdroß ihn nämlich, daß so wenige Juden sich zur Annahme des Christenthums entschlossen hatten. Er sah sie nicht gerne mit ihren Reichthümern und ihrer Brauchbarkeit abziehen, und sann darauf, sie im Lande, freilich als Christen, behalten zu können. Nur der erste Schritt kostete ihm Ueberwindung, der zweite wurde ihm schon leicht.

Im Staatsrathe regte er die Frage wieder an, ob die Juden mit Gewalt zur Taufe gebracht werden dürften. Zur Ehre der portugiesischen Geistlichkeit muß es gesagt werden, daß dieselbe sich entschieden gegen die gewaltsame Taufe ausgesprochen hat. Der Bischof Fernando Coutinho von Algarvien führte kirchliche Autoritäten und päpstliche Bullen an, daß die Juden nicht zur Annahme des Christenthums gezwungen werden dürften, weil dieses ein freies und

---

[1]) Damião de Goes giebt an, Manoel habe die über die Frist Zurückbleibenden mit Todesstrafe bedroht, eben so Usque III. No. 28 und Imanuel Aboab p. 295. Osorius scheint also die Härte gemildert zu haben, wenn er erzählt (l. c. p. 13 a): qui (Judaei atque Mauri) in illius regno fuissent inventi, libertatem amitterent. In dem Ausweisungsedikt heißt es ausdrücklich in dem Dekrete: „sob pena de morte natural". Ueber das Tagesdatum des Ausweisungsdekrets, über welches scheinbar verwirrende Angaben existiren vergl. Loeb in Revue des études juives T. III, 285.

nicht ein gezwungenes Bekenntnis erheische¹). Manoel war aber so sehr darauf versessen, die fleißigen Juden zu behalten, daß er ausdrücklich erklärte: er kümmere sich nicht um die bestehenden Gesetze und Autoritäten und werde nach seiner Eingebung handeln. Auf den Rath eines gewissenlosen Apostaten, Levi Ben-Schem-Tob, verbot er zuerst den Juden gottesdienstliche Versammlungen, ließ sämmtliche Synagogen und Lehrhäuser sperren und bedrohte die Uebertreter mit harter Strafe²). Die Zeit des Kaisers Hadrian sollte sich für die Juden in Portugal wiederholen. Als auch dieses Mittel nicht zum Ziele führte, erließ er — ebenfalls auf Anrathen desselben Levi³) — (Anfangs April 1497) einen geheimen Befehl, daß sämmtliche jüdische Kinder, Knaben wie Mädchen, bis zum vierzehnten Jahre im ganzen Lande am Ostersonntag den Eltern mit Gewalt entrissen und zum Taufbecken geschleppt werden sollten. Trotz der Heimlichkeit, mit der die Vorbereitungen dazu betrieben wurden, erfuhren es doch einige Juden und trafen Anstalten, sich und ihre Kinder durch rasche Auswanderung von der „Befleckung durch die Taufe" zu retten. Als Manoel Wind davon erhielt, ertheilte er den Befehl, die gewaltsame Taufe der Kinder sofort auszuführen. Herzzerreißende Scenen kamen bei dieser Gelegenheit in den Städten, wo Juden wohnten, vor, als die Schergen die Kinder in die Kirche schleppen wollten. Die Eltern umklammerten ihre Lieben, und diese hielten krampfhaft an jenen fest; mit Peitschenhieben und Schlägen wurden sie von einander gerissen. In der Verzweiflung, von ihren Kindern auf ewig getrennt zu werden, erdrückten manche Eltern ihre Kinder in der Umarmung oder warfen sie in Brunnen und Flüsse und legten dann Hand an ihr eigenes Leben. „Ich habe es gesehen", erzählt der Bischof Coutinho, „wie Viele

---

¹) Urkunden mitgetheilt von G. Heine in Schmidt's Zeitschrift a. a. O. p. 178 f. Herculano a. a. O. I. p. 121 aus der Symmicta-Lusitana.

²) Abraham von Torrutiel a. a. O. p. 103. לבן הארמי לוי בן שם רע(טוב) חטא ומחטיא את ישראל יותר מירבעם . הוא יעץ למלך שיקח בתי כנסיות וכתי מדרשות וכל אינש די יבעא מן אלה ... הדמון יתעבד ... ואחר שיעץ לוי בן שם רע שיקחו בתי כנסיות יעץ שיקחו מבני ישראל הקטנים מן י״ג(י״ב ?) שנים ולמטה שיחזירם לדת ... ותפשו הילדים מאת אביהם ... ואמם והיו צעקת הילדים גדולה מאוד בקול מר. Abraham verfaßte diese Chronik zehn Jahre später. Er kann also fast als Augenzeuge angesehen werden. Er erzählt von einem Schem-Tob Lerma, der wegen Uebertretung des Gebetsverbots gemartert wurde und später nach Fez entkam, wo der Verfasser lebte.

³) Dieser Levi Ben-Schem-Tob kann identisch sein mit dem Oberchirurgen des Königs, welcher auf den Wunsch desselben die Taufe nahm und den Namen Antonio führte. Er wurde ein erbitterter Feind seiner ehemaligen Glaubensgenossen und verfaßte ein judenfeindliches Buch unter dem Titel: Ajudo da Fé contra os Judeos. Author o mestre Antonio, Doutor en Physica, Chirurgião mor d'Elrey de Portugal D. João. Bei Barbosa Machado IV. 21.

an den Haaren zum Taufbecken geschleift wurden, und wie die Väter in Trauer mit verhülltem Haupte und mit Schmerzensschrei ihre Kinder begleiteten und am Altar gegen diese unmenschliche Gewalttaufe protestirten. Ich habe noch anderes unaussprechlich Grausiges gesehen, das ihnen zugefügt wurde"¹). Christen selbst wurden von dem Jammergeschrei und den Thränen der jüdischen Väter, Mütter und Kinder zu Mitleid und Erbarmen bewegt, und trotz des Verbotes von Seiten des Königs, den Juden Beistand zu leisten, verbargen sie manche Unglückliche in ihren Häusern, um sie wenigstens für den Augenblick zu retten²). Aber das Steinherz des Königs Manoel und seiner jungen Gattin, der Spanierin Isabella II., blieb ungerührt von diesen Jammerscenen. Die getauften Kinder, denen christliche Namen beigelegt wurden, ließ der König in verschiedene Städte vertheilen und christlich erziehen. Entweder in Folge eines heimlichen Befehles oder aus Uebereifer schleppten die Schergen nicht blos Kinder, sondern auch Jünglinge und Mädchen bis zum Alter von zwanzig Jahren zur Taufe.

Viele Juden Portugals mögen wohl bei dieser Gelegenheit zum Christenthum übergegangen sein, um mit ihren Kindern beisammen bleiben zu können. Aber das genügte dem Könige nicht, der sich nicht aus Glaubenseifer, sondern aus politischem Interesse bis zur Herzlosigkeit verhärtet hatte; sämmtliche Juden Portugals sollten mit oder ohne Ueberzeugung — darauf kam es ihm nicht an — Christen werden und im Lande bleiben. Zu diesem Zwecke brach er noch mehr als sein Vorgänger sein gegebenes Versprechen. Als die Frist zur Auswanderung immer näher rückte, befahl er, daß die Juden sich nur in einem einzigen Hafenplatze, in Lissabon einschiffen dürften, während er ihnen früher drei Plätze zugewiesen hatte. So mußten denn alle diejenigen, welche auswandern wollten, in Lissabon zusammenströmen³) — man sagt 20 000 Seelen — mit brennendem Schmerz im Herzen, aber bereit, alle Qualen zu erdulden, um nur ihrer Ueberzeugung treu zu bleiben. Was that der Unmensch? Er wies ihnen allerdings in der Hauptstadt Wohnungen an, aber legte ihrer Einschiffung so viele Hindernisse in den Weg, daß die Zeit verstrich, und der Oktober herankam, an dem sie, wenn noch auf portugiesischem Boden betroffen, das Leben oder wenigstens die Freiheit verwirkt haben sollten. Als sie solcher Gestalt seinen Händen preisgegeben waren, ließ er diejenigen,

---

¹) De Goes und Osorius a. a. O. Coutinho's Angabe bei Heine a. a. O. Anhang II. p. 178 f. Herculano das. p. 125.

²) De Goes a. a. O.

³) Herculano das. aus Mss. da Ajuda.

welche noch zurückgeblieben waren, in einen Platz (os Estãos genannt),
wie das Vieh in Ställen, einsperren und eröffnete ihnen, daß sie nun
seine Sklaven seien, und er nun nach Belieben mit ihnen verfahren
dürfte[1]). Er forderte sie dann auf, sich freiwillig zum Christenthum
zu bekennen, dann sollten sie Ehre und Reichthümer erhalten, wo
nicht, so würden sie ohne Mitleid mit Gewalt zur Taufe gezwungen
werden. Als viele von ihnen dennoch standhaft blieben, verbot er,
ihnen drei Tage und drei Nächte Nahrung und Wasser zu reichen,
um sie durch Hunger und Durst mürbe zu machen. Auch dieses
Mittel verschlug bei den Meisten nicht; sie verschmachteten lieber, als
daß sie sich zu einer Religion verstehen sollten, welche solche Vertreter
hatte. Darauf ließ Manoel mit Gewalt gegen die Widerstrebenden
vorgehen. An Stricken, an Haaren und Bärten wurden sie aus der
Pferche zu den Kirchen geschleppt. Um dem zu entgehen, stürzten sich
Einige aus den Fenstern und zerschmetterten ihre Glieder, Andere
rissen sich los und stürzten sich in Brunnen. In der Kirche selbst
tödteten sich einige. Ein Vater breitete seinen Gebetmantel über seine
Söhne und brachte sie und zuletzt sich selbst um. Manoel's grausiges
Verfahren tritt noch greller hervor, wenn man damit das gegen die
Mauren vergleicht. Auch sie mußten Portugal verlassen; aber ihrer
Auswanderung wurde kein Hinderniß in den Weg gelegt, aus der
Rücksicht, damit es nicht die mohammedanischen Fürsten in Afrika und
der Türkei an den unter ihnen wohnenden Christen vergelten sollten[2]).
Weil die Juden keinen Annehmer auf Erden hatten, weil sie schwach
und hilflos waren, darum erlaubte sich Manoel — welchen Geschichts=
schreiber den Großen nennen — solche unmenschliche Gewaltthätig=
keiten gegen sie.

Auf diese Weise sind viele eingeborene portugiesische und ein=
gewanderte spanische Juden zum Christenthume geführt worden, das
sie, wie die christlichen Zeitgenossen es selbst mit Beschämung erzählen,

---

[1]) Die einzelnen Züge der Grausamkeit gegen die Juden in Portugal hat
nur Usque (und nach ihm Joseph Kohen) a. a. O. III. No. 28. Seine Angaben
können nicht angezweifelt werden, da er sie von Augenzeugen, von seinen Ver=
wandten, erzählen hörte. Die christlichen Quellen gehen rasch darüber hinweg.
Osorius (a. a. O. p. 13 b) berichtet nur kurz: Rex enim adeo flagrabat cupiditate gentis illius ad Christi religionem perducendae, ut partim praemiis
alliciendam, partim male cogendam esse judicaret. Der Bischof Coutinho
bemerkt (bei Heine a. a. O. Anhang II. 2. p. 180): Et licet ista non fuerit
praecisa sic, cum pugionibus in pectora satis tam violenta fuit, quoniam
rex voluit, dicendo, quod pro sua devotione hoc faciebat etc. Vergl. Her=
culano das. p. 126 Text und Note.

[2]) Osorius a. a. O. p. 14 b.

offen verachtet haben¹). Es befanden sich einige darunter, welche später angesehene rabbinische Autoritäten wurden, wie Levi b. Chabib, später Rabbiner in Jerusalem²). Diejenigen, welche mit ihrem Leben und ihrem Glauben glücklich entkommen waren, betrachteten es als eine besondere, gnadenreiche, wunderbare Fügung Gottes. Isaak b. Joseph Caro, der aus Toledo nach Portugal übergesiedelt war, hatte dort seine erwachsenen wie unmündigen Söhne („die schön wie Königssöhne waren") bis auf einen einzigen verloren und dankte seinem Schöpfer für die Gnade, daß er trotz der Gefahren auf dem Meere nach der Türkei gelangen konnte³). Auch Abraham Zacuto schwebte mit seinem Sohne Samuel in Todesgefahr, so sehr er auch, oder weil er Günstling, Astrolog oder Chronikschreiber des Königs Manoel war. Beide waren aber glücklich, die herbe Prüfung bestanden zu haben, entkamen aus Portugal, geriethen zwei Mal in Gefangenschaft und siedelten sich dann in Tunis an⁴).

Die Aufregung, welche die gewaltsame Bekehrung der Juden in Portugal hervorgerufen hatte, hörte nicht so bald auf. Diejenigen, welche aus Liebe zu ihren Kindern oder aus Todesfurcht, sich die Taufe hatten gefallen lassen, gaben die Hoffnung nicht auf, durch Schritte am päpstlichen Hofe ihre gewaltsame Bekehrung rückgängig machen zu können, zumal es jedermann in Europa bekannt war, daß der Papst Alexander VI. und sein dem Scheusale ähnliches Cardinalcollegium für Geld zu allem zu bewegen waren. Ein Witzwort machte damals durch alle christliche Länder die Runde:

 Es verkauft Alexander Himmelsschlüssel, Altar, Christus.
 Hat er's doch selbst gekauft, kann's darum auch verseilschen⁵).

---

¹) Ders. p. 14a: Quid enim? ruft dieser ehrenwerthe Bischof aus. Tu rebellos animos, nullaque ad id suscepta religione constrictos, adigas ad credendum ea, quae summa contentione aspernantur et respuunt? etc. Isaak Caro (תולדות יצחק zu Absch. ki Tabo): שאמרו הגוים לא הטירו אלו דהם לפי שמאמינים באמונתנו אלא שלא נהרגם ואינם שומרים לא דת שלנו ולא דהם.

²) In dem heftigen Streite zwischen Jakob Be-Rab und Levi b. Chabib wegen Erneuerung der Ordination in Palästina 1538 (in Respp. L. b. Ch. gegen Ende) wirft der Erstere dem Letzteren seine Apostasie indirect vor: אחרי זה כתב בתנאי המתמנה שצריך שיהיה בקי גדול וקדוש לה' . . . מיום הגרוש והשמד שבספרד לעולם הייתי מורה דוראה בישראל . . . והייתי אז בן י"ח שנים . . . ועם היותי ברעב ובצמא ובחוסר כל וזה שפי לעולם (p. 298a). לעולם הלכתי בדרכי ה' . . . ות"ל שמעולם לא נשתנה שמי . . . Darauf gesteht sein Gegner unter Zerknirschung ein (p. 305 b): גם לא אכחש הבזיון מדברותי בהגדלת אשמתי ולא אציל עצמי בדברתי לומר שאף אם שנו שמי בשעת השמד אני לא שניתי . . . דגם שעדיין לא הייתי בר עונשין.

³) Einl. zu dessen תולדות יצחק. ⁴) Jochasin ed. Filip. p. 223.

⁵) Schwandtner bei Gieseler Kirchengeschichte II. 4. S. 172 Note:
 Vendit Alexander Claves, Altaria, Christum;
 Emerat ista prius, vendere jure potest.

Rom war ein Schandplatz, eine Astartenherberge, eine Giftbude geworden, wo aber auch Unschuldige ihr Recht für Geld erkaufen konnten. Die portugiesischen Neuchristen schickten daher eine Gesandtschaft von sieben Leidensgenossen, darunter zwei gewandte Männer, Pedro Essecutor und Alemann Eljurado[1]), an den Papst Alexander. Sie vergaßen natürlich den Beutel mit Geld nicht. Der Papst und das sogenannte heilige Collegium zeigten sich ihnen günstig, namentlich nahm sie der Cardinal von Sancta Anastasia in seinen Schutz. Der spanische Gesandte Garcilaso arbeitete aber im Auftrage des spanischen Königspaares ihnen entgegen. Damals spielte gerade in Rom der Proceß des marranischen Bischofs Pedro de Aranda von Calahorra, dessen Vater von der Inquisition angeklagt war, als Jude gestorben zu sein (o. S. 317). Dieser Bischof, früher in Gunst beim Papste und von ihm zum apostolischen Protonotarius ernannt, war inzwischen in Ungnade gefallen, weil der Papst nach dessen Schätzen lüstern war. Man beschuldigte ihn, vor der Messe Speise zu sich genommen und ein Crucifix, sowie andere Heiligenbilder abgekratzt zu haben. Als der spanische Gesandte den Papst und die Cardinäle geneigt sah, Pedro de Aranda in Gewahrsam zu bringen, bemerkte er, es würde im Publikum heißen, der Papst habe ihn mehr aus Habsucht als aus Glaubenseifer festgenommen, wenn nicht zugleich der Befehl ertheilt würde, die aus Portugal gekommenen Neuchristen zu verhaften, die doch offenbare Ketzer wären. Darauf wurde ebenso Pedro de Aranda wie fünf der portugiesisch-marranischen Gesandtschaft eingekerkert. Die beiden Häupter Pedro und Alemann entwischten aber (20. April 1497). Die Angelegenheit der portugiesischen Juden mußte indessen doch eine günstige Wendung ge-

[1]) G. Heine theilt a. a. O. S. 152 ein Actenstück, den Brief des Gesandten Garcilaso an die katholischen Könige Ferdinand und Isabella vom Jahre 1497 mit, worin von der Gesandtschaft der portugiesischen Judenheit die Rede ist. Den Namen eines der Gesandten El Jurado Aleman darf man wohl nicht mit Heine „den Geschwornen aus Deutschland" übersetzen, sondern muß ihn als Eigennamen Aleman fassen, deren es mehrere gegeben, und el jurado ist im Funktionstitel, Rathsherr oder Schöffe. Ein von Fidel Fita veröffentlichtes Breve des Papstes Alexander VI. an die Ordinarien der Inquisition vom Jahre 1493 und an das Königspaar vom Jahre 1494 betrifft die Marranen Petrus juratus et executor aus Sevilla, seine Frau und noch einige andere, welche nach der Verurtheilung von der Inquisition entflohen, von den Päpsten Sixtus IV. und Innocenz VIII. Absolution erhalten hatten und nichtsdestoweniger als judaisirende Relapsi verfolgt wurden. Alexander VI. gab der Inquisition Recht und hob die Indulgenz seiner Vorgänger auf (Boletin XV, Jahrg. 1889, p. 565). Ist dieser Petrus juratus et executor identisch mit dem bei Heine Pedro Essecutor?

nommen haben; denn der König Manoel entschloß sich zu Zugeständ=
nissen. Er erließ (30. Mai 1497) ein Dekret der Milde. In dem=
selben ertheilte er allen gewaltsam getauften Juden Amnestie und
bestimmte eine Frist von zwanzig Jahren, innerhalb welcher sie nicht
vor das Inquisitionstribunal wegen Judaisirens gezogen werden sollten,
weil sie sich erst ihrer alten Gewohnheiten entledigen und in den
katholischen Glauben einleben müßten, wozu eine geraume Zeit er=
forderlich sei. Ferner bestimmte das Dekret, daß nach Ablauf dieser
Frist gegen die des Judaisirens Angeklagten ein regelmäßiges Zeugen=
verhör angewendet werden, und wenn sie dessen überführt würden,
ihre Güter nicht wie in Spanien confiscirt werden, sondern den Erben
verbleiben sollten. Endlich verordnete das Dekret, daß diejenigen
getauften Aerzte und Chirurgen, welche nicht lateinisch verstünden, sich
hebräischer Lehrbücher bedienen dürften [1]). Es war damit den Zwangs=
christen bewilligt und gestattet, im Geheimen ohne Furcht vor Strafen
als Juden leben zu dürfen und auch ihr Schriftthum zu behalten.

[1]) Das Dekret ist zuerst von Ribeiro mitgetheilt, ausgezogen von Herculano das. p. 130 fg. Dieses Dekret bildete die Grundlage, auf welche die
Neuchristen Portugals später sich beriefen, als sie sich der Einführung der
Inquisition gegen sie so hartnäckig widersetzen. Immanuel Aboab theilt den
Inhalt derselben mit (Nomologia p. 292): mas siendo grave à Emanuel
Rey de Portugal el aver de desterrarlos de sus tierras, resolvió de
obligarlos a que se hiciesen Christianos, prometindo de no moles-
tarlos en ningun tiempo, ni por via criminal, ni en perdimiento
de sus bienes. Es ist erst dadurch erklärlich, wie die Marranen Portugals
mit einer gewissen Offenheit das Judenthum bekannten. Aus dem italienischen
Gesandtschaftsbericht (Berliner Codex, C. Note, S. IV. B. IX. Note 5), geht
hervor, daß die Marranen eine Synagoge in Lissabon hatten. Es erklärt sich,
wie Juda Leon Abrabanel in seiner Elegie um 1503 seinen getauften Sohn
Isaak in Portugal anreden konnte:

בכורי שב לבך דע הכי בן חכמים את מחוכמים כנביא
והחכמה ירושה לך ואל נא תאבד עוד ימי ילדות חביבי
ראה עתה בני, חמוד ללמוד, קרא מקרא, ורבן מכתבי
שנות משנה, למוד התלמוד, במדות שלש עשרה עם מחיבי

. . . .

ידידי מה לך בין עם טמא לב כתפוח בתוך יערו חרבי.
ונפשך הטהורה בין עמסים כשושנה בין חוחי ועשבי
נהג ולך ובא ערי נדודי וברח ודמה אלי עופר ולצבי
והלך לבית אב צור ילדך ישגבך אלהי משגבי

Der junge Abrabanel muß demnach in Portugal Gelegenheit gehabt haben,
Hebräisch zu lernen: (Ozar Nechmad II. p. 73 f.) Es erklärt sich endlich
daraus, wie der kabbalistische Schwärmer Diego Pidres oder Salomo Molcho,
der 1525 Portugal verließ, obwohl nicht beschnitten, so viel Hebräisch wußte,
daß er in kurzer Zeit die Kabbala erlernen konnte. Er hatte Gelegenheit
genug dazu.

Simon Maimi und die letzten Märtyrer von Portugal.

Denn wer konnte damals in Portugal ein hebräisches Buch der Medicin von einem andern unterscheiden? Die Talmudbeflissenen konnten daher unter der Maske des Katholicismus nach wie vor ihrem liebgewonnenen Studium obliegen und sie thaten es auch.

Indessen sollte diese Milde nur den portugiesischen Marranen zu Gute kommen, aber nicht denen, welche von auswärts eingewandert waren. Diese Clausel hat Manoel aus Rücksicht auf den spanischen Hof oder vielmehr auf die spanische Infantin Isabella aufgenommen. Denn diese bestand darauf, daß die aus Spanien nach Portugal geflüchteten Marranen dem Moloch der Inquisition ausgeliefert werden sollten. In dem Ehevertrag zwischen dem König von Portugal und dieser fanatischen Isabella wurde ausdrücklich bedungen (August 1497), daß sämmtliche Personen von hebräischem Geschlechte, die, von der Inquisition verurtheilt, Schutz in Portugal suchen sollten, innerhalb eines Monats ausgewiesen werden müßten[1].

So waren denn so viele Tausende portugiesischer Juden zum Scheine Christen geworden, aber mit dem festen Entschlusse, jede Gelegenheit wahrzunehmen, um auszuwandern und in einem freien Lande ihre ihnen durch Qualen nur um so theurer gewordene Religion zu bekennen. Ihre Seele war, wie der Dichter Samuel Usque sie schildert, „von der empfangenen Taufe nicht befleckt worden". Indessen waren auch noch einige Juden zurückgeblieben, welche die Zwangstaufe mit aller Macht von sich abgewehrt hatten. Unter ihnen Simon Maimi, ein Jünger Isaak Canpanton's, wahrscheinlich der letzte Oberrabbiner (Arrabi mor) von Portugal, ein skrupulös frommer Mann, ferner seine Frau, seine Schwiegersöhne und noch einige Andere. Sie waren in strenger Haft, weil sie das Judenthum nicht abschwören und auch äußerlich die Kirchenriten nicht mitmachen wollten. Um sie zu bekehren, wurden Simon Maimi und seine Leidensgenossen auf die unmenschlichste Weise gefoltert. Im Kerker wurden sie bis an den Hals eingemauert und drei Tage in dieser qualvollen Lage gelassen. Als sie dennoch standhaft blieben, wurden die Mauern niedergerissen. Drei waren den Qualen erlegen; auch Simon Maimi, auf dessen Bekehrung es am meisten abgesehen war, weil sein Beispiel die Uebrigen nachziehen sollte. Zwei Marranen wagten ihr Leben, um die Leiche des frommen Dulders auf dem jüdischen Begräbnißplatz zu bestatten, obwohl es streng verboten war, die jüdischen Schlachtopfer durch andere Personen als durch Henker zu beerdigen. Heimlich begleiteten noch einige Marranen den stillbeweinten Heiligen

[1] S. Note 14.

zur letzten Ruhe und hielten ihm dort die Trauerfeierlichkeit¹). Nicht lange nachher gestattete der König Manoel, wahrscheinlich nach dem Tode seiner Gattin, der Urheberin seiner Unmenschlichkeit gegen die Juden (sie starb an der Geburt des Thronerben von Portugal und Spanien am 24. August 1498 und der Infant zwei Jahre später), daß die wenigen noch zurückgebliebenen Juden auswandern durften. Unter diesen befanden sich Abraham Saba, ein Prediger und kabbalistischer Schriftsteller, dessen zwei Kinder gewaltsam getauft und zurückgehalten wurden; ferner Schemtob Lerma, welcher, weil er trotz des Verbotes sein Haus für die Gebetversammlung eingerichtet hatte, zweimal gefoltert und eingekerkert worden war, und ein sonst unbekannter Rabbiner, Jakob Lual, der ebenso wie die anderen trotz der Qualen die Gewalttaufe von sich abgewehrt hatte. Vielleicht betroffen von der fast übermenschlichen Standhaftigkeit dieser drei Männer, gestattete ihnen Don Manoel, Portugal zu verlassen. Sie fanden aber kein Schiff, das sie nach der afrikanischen Küste hätte hinüberführen können, sondern mußten sich einem halb trümmerhaften Nachen anvertrauen, ohne Steuermann und Matrose. Wie durch ein Wunder gelangten sie ungefährdet nach Arzilla (in Afrika) und von dort nach Fez. Aber Simon Maimi's Schwiegersöhne blieben noch lange im Kerker, wurden später nach Arzilla geschickt, dort gezwungen, am Sabbat Schanzenarbeiten zu verrichten und starben zuletzt den Märtyrertod²). So handelten die Bekenner der Religion der Liebe.

Achtzig Jahre später führte Manoel's Urenkel, der abenteuerliche König Sebastian, die Blüthe des portugiesischen Volkes nach Afrika zu neuen Eroberungen hinüber. In einer einzigen Schlacht wurde die Kraft Portugals gebrochen, die Adeligen getödtet oder zu Gefangenen gemacht. Die Gefangenen wurden nach Fez gebracht und dort den Enkeln der so unsäglich mißhandelten portugiesischen Juden auf dem Sklavenmarkt zum Kauf angeboten. Die gebeugten portugiesischen Adeligen und Ritter waren schon getröstet, wenn sie von Juden als Sklaven erworben wurden, weil sie deren mildes, menschliches Gefühl kannten³). So handelten die Bekenner des Gottes der Rache.

¹) S. Note 14.   ²) Daf.

³) Immanuel Aboab, Nomologia p 308: Permitio el Señor, que à la quarta generacion viniesse casi la nobleza de Portugal y su rey don Sebastian á Africa, para seren destruidos y captivos en el mismo lugar... Alli acabó la flor de Portugal y los que quedaron, fueran llevados a Fez donde fueron vendidos á voz de pregonero en las plaças, donde habitavan los Judios, successores de los innocentes perseguidos... y me contava el

Als sollte der letzte Schimmer von Juda erlöschen, traf zur selben Zeit das herbe Loos der Verbannung die Gemeinden der Provence, in deren Mitte, wie auf der pyrenäischen Halbinsel, das Erbe aus der Glanzzeit, wenn auch nicht vermehrt, so doch vor Verkümmerung und Geringschätzung gewahrt wurde. In den Städten dieses Landstriches, Marseille, Arles, Aix, Tarrascon, in dem Ursitz der Troubadouren-Poesie, wurden der von Maimuni vererbte Geist wissenschaftlicher Forschung und die neuhebräische Dichtung treu gepflegt. Die Arzneikunde hatte die treuesten Pfleger an Juden, welche trotz des kanonischen Gesetzes von den provencalischen Fürsten und Grafen vorgezogen wurden. Abraham Salomo aus St. Maximin war ein gesuchter Arzt und als Leibarzt des Grafen René bei ihm so beliebt, daß er ihn von allen Abgaben befreite. Er war auch philosophisch gebildet[1]). Bonet de Lates war ein ausgezeichneter Arzt und Mathematiker, er wurde später Leibarzt des Papstes Leo X[2]). Aus Marseille sind bekannt Comprat Mose, Schulham Davin Atar[3]). Der zur Zeit berühmte Pierre de Nostrabamus, Urgroßvater des Mystikers und Astrologen Michael Nostrabamus, war jüdischen Ursprungs[4]).

Da die Provence nicht zum eigentlichen Frankreich gehörte, sondern eigene, selbstständige Herrscher, die Grafen von der Provence, hatte, so theilten die Juden derselben nicht die Vertreibung ihrer Stammgenossen aus Frankreich ein Jahrhundert vorher, sondern blieben unangefochten und waren meistens bei den Machthabern wohlgelitten. Der vorletzte Graf René hatte besonders den provencalischen Juden Gunst zugewandt. Er hatte milde Gesetze für sie erlassen, daß sie unbeschränkt Handel und Künste betreiben, auch die Arzneikunst — trotz des kanonischen Verbots — daß sie als Steuerbeamte und Gutsverwalter für den Adel zugelassen werden und neue Zuzügler sich im Lande ansiedeln dürften. In ihrem religiösen Thun und Lassen sollten sie völlige Freiheit genießen und darin nicht von Christen gestört werden. Sie brauchten auch nicht nach dem Gebote des schismatischen Papstes Benedikt XIII. und der Kirchenversammlung zwangsweise auferlegten Bekehrungspredigten beizuwohnen. Ein hoher Beamter unter dem Titel Conservateur sollte sie in ihren Privilegien schützen. Als

Sabio David Fayon, vecino de Alcaçarquivir … que no tenian mayor consolacion á quellos miserables que ser vendidos por esclavos á los Judios, conociendo su natural piedad.

[1]) Nostrabamus, histoire de France p. 618.   [2]) Vgl. Bd. IX Note 2.
[3]) Aus dem Archiv von Versailles Revue des Études Juivs IX p. 67.
[4]) Vgl. Groß, Monatsschrift 1878 p. 697.

in Arles eine Hetze gegen die Gemeinde ausbrach, als wenn auch in ihrer Mitte Christenkindermörder wären, und sich noch dazu ein Geschrei wegen Wuchers gesellte, welche einen gefahrdrohenden Charakter annahm, schützte sie Graf René. Er ließ die Anschuldigung wegen Kindermordes untersuchen, und dieses ergab ein für die Juden günstiges Resultat[1]). Die Klage wegen Wuchers wird wohl ebenso erfunden oder mindestens übertrieben gewesen sein.

Diese Vergünstigung diente indeß nur dazu, sie den bald nach René's Tode eingetretenen Wechsel schmerzlicher empfinden zu lassen. Was sie gefürchtet und womöglich abzuwenden gesucht hatten, war eingetreten: sie waren unter französische Herrschaft gekommen. Der letzte Graf der Provence hatte das schöne Land an Ludwig XI. abgetreten. Alsbald begann sich ein fanatischer Haß gegen sie zu regen unter dem Vorwande, daß sie Wucher trieben, obwohl thatsächlich nicht wenige von ihnen Schuldner christlicher Gläubiger waren. Niedriges Gesindel und in Folge einer Mißernte unbeschäftigte Schnitter überfielen (1484), wahrscheinlich von Mönchen aufgehetzt, die Gemeinden von Arles, Marseille und Tarrascon, plünderten und zerstörten Häuser und Synagogen und jagten Allen einen solchen Todesschrecken ein, daß sich fünfzig durch die Taufe retteten. Zwei Frauen tödtete das Gesindel und warf sie in's Wasser[2]). Drei Jahre später (1487) stellten die Bürger von Marseille an den französischen König Karl VIII. durch einen Delegirten das Gesuch, die Juden aus der Stadt zu weisen. Er gab zwar dem Gesuche keine Folge, ließ aber die Schuldforderungen jüdischer Gläubiger, von denen die Zinsen zum Kapital geschlagen waren, cassiren. Da die jüdische Gemeinde freiwillig die Stadt verlassen wollte, und Einzelne begannen, ihre Güter zu verkaufen, verhinderte es der König gewaltsam und bedrohte die Auswanderer mit einer schweren Strafe.

Obwohl um ihr eigenes Geschick tief besorgt, bekundeten die Juden

---

[1]) Aus einem Machsor-Codex in der Pariser Bibliothek, mitgetheilt von Neubauer, Revue des Études X. p. 92. ‎בשנה ההיא (שנת הרל"ג) שמו עלילת דברים‎
‎על קהל ארלדו שהם שוחטי הילדים עושים הרבית ועמדו בסכנה גדולה, לולא השם אשר רחם‎
‎עליהם והמלך ריינר (l. רינר) . . . וגם הארון דמושל פקיד משנה למלך הכירו כי היה הדבר שקר‎.

[2]) Die Spezialquellen für diese Thatsache sind angegeben bei Deppingy, histoire des Juifs dans le moyen âge 206; Beugnot les Juifs d'Occident I. p. 134 f. und ohne Quellenangabe Carmoly, Revue orientale II. p. 221 f. In einem Codex der Münchener Bibliothek No. 271 ist in einem medicinischen Werke eine Notiz wahrscheinlich vom Besitzer des Ms. im Anfang angegeben: ‎ביום י"א בניסן שנת תרמ"ד קרה מקרה בלתי טהור באהלינו שבאו אנשים רקים ופוחזים לשלול שלל‎
‎והרגו שנים נשים דונא מוראדא ובלנכה אשת יצחק (?) נשי (?) נ"א (?) וי"ג סיון שנת הנזכר‎
‎הקוברים בזו ושללו ק"ק ארלדו והרגו שנים נשים זרקן (?) בנהר, והמירו סביב חמשים. וט"ו בו גם כן‎
‎הנזכרים בזו ק"ק טרשק"ו‎. Die Worte ‎שנים נשים‎ sind als Dittographie anzusehen.

von Marseille ihren unglücklichen Brüdern, welche aus Spanien verbannt waren, Theilnahme und Hilfe. Ein herzloser Schiffseigner aus Nizza, Bartholomée Gaufredi, hatte nämlich ein Schiff gekapert, auf dem sich einhundertundachtzehn jüdische Personen, Männer, Frauen und Kinder, befanden, die gleich nach Ablauf der Verbannungsfrist Aragonien verlassen hatten. Er hatte sie in Gefangenschaft nach Marseille geführt, um entweder von der jüdischen Gemeinde der Provence Lösegeld für sie zu erlangen oder sie in der Türkei als Sklaven zu verkaufen (24. August 1492). Die Marseiller Gemeinde nahm sich sofort der Unglücklichen an; sie brauchte zwar das von dem Piraten verlangte Lösegeld von 1500 Thalern nicht zu zahlen, da sich die Gefangenen anheischig gemacht hatten, es selbst herbeizuschaffen. Aber sie übernahm in Verbindung mit der Gemeinde von Aix die Bürgschaft gegenüber einem reichen Christen aus der angesehenen Familie Frobin in Marseille, welcher die Summe für den Menschenräuber vorgeschossen hatte, den Vorschuß nebst Zinsen zu ersetzen, falls die Gefangenen ihre Verpflichtung innerhalb vier Monaten nicht erfüllen sollten. Während dieser Frist versorgten die Juden von Marseille und Aix brüderlich die Heimathlosen mit allen Bedürfnissen[1]). — Nicht lange darauf kamen die Juden der Provence in dieselbe elende Lage, heimathlos zu werden. Karl VIII. verbannte sie (1498[2]) aus dem Lande, in welchem ihre Vorfahren lange vor der Einwanderung der Franken und Gothen angesiedelt waren. Glücklich waren noch Diejenigen, welche in dem nahen französischen Kirchenstaat Comtat Venaissin in den Städten Avignon und Carpentras ein Unterkommen finden konnten. Hier trafen die Provencalen mit den Ausgewiesenen aus Spanien zusammen, die sich hier niedergelassen hatten, und konnten einander ihr Leid erzählen. Die christliche Bürgerschaft von Avignon

---

[1]) Aus dem Archiv in Versailles Revue des Études IX. p. 73.
[2]) Deppin, Beugnot, Carmoly und noch andere setzen die Verbannung sämmtlicher Juden aus der Provence im Jahre 1498, auch die von Arles, Groß dagegen (a. a. O.) datirt für die Ausweisung derer der genannten Stadt 1493, gestützt auf eine Notiz bei Menken (Scriptores rerum Germanicorum): Judaei .. Caroli VIII auctoritate urbe et Arelatensium agris 1493 expulsi sunt. Dieses Datum hat auch Bouis als Einleitung zu dem gefälschten Briefwechsel zwischen den Juden von Arles und Konstantinopel (Revue des Études I. p. 120f.) le Roy Charles .... desirant de capter toujours mieux le coeur des habitants d'Arles chassa par son edict ceste maudite race de la ville et de son territoire l'an 1493. Indessen ist auf Bouis' historische Angaben wenig zu geben. Er berichtet gleich darauf, daß schon Ludwig XI. die Juden aus seinem Königreiche vertrieben hätte, was doch geschichtswidrig ist. Es läßt sich nicht gut annehmen, daß Karl VIII. die Gemeinden dieser Provinz fünf Jahre später als die von Arles verbannt haben sollte.

hatte zwar Beschwerde gegen die Aufnahme jüdischer Zuzügler erhoben, aber der Stellvertreter des Papstes Alexander VI. beschützte sie[1]). Die meisten provencalischen Ausgewiesenen wanderten indeß nach Italien, wo die Zerstückelung in Kleinstaaten und städtische Republiken kein gesetzgeberisches Gleichmaaß für Zulassung oder Ausschließung des jüdischen Stammes möglich machte. Hier wog meistens die Rücksichtnahme auf materielle Vortheile die Beachtung der kanonischen Engherzigkeit auf. War ja der verworfene Papst Alexander VI. mit dem Beispiele der Duldung selbst gegen die flüchtigen Marranen vorangegangen. Italien hat durch die Zuziehung der Juden nur gewonnen, die, meistens mit philosophischen, medicinischen und naturwissenschaftlichen Kenntnissen ausgerüstet, zur Hebung des freien und klaren Geistes in der Renaissance-Zeit beigetragen haben. Kardinäle und Päpste machten aus den nach Italien eingewanderten geschickten Heilkünstlern ihre Leibärzte. Unter ihnen zeichnete sich der Provencale Bonet de Lates als Mathematiker und Erfinder eines Sternenmessungsinstrumentes aus, welches er dem Papste Alexander VI. widmete, und der später Leibarzt und Vertrauter des Papstes Leo X. wurde. Ein Arzt Jakob Ben-David Provencal aus Marseille, der ein Lehrbuch über Medicin verfaßt hat, wanderte nach Mantua aus. Er und sein Sohn waren eine Zierde dieser Stadt[2]).

[1]) Bradinet in Revue d. Ét. VI. p. 21.
[2]) Azaria bei Rossi Meor Enajim.

Noten.

1.
Efodi oder Profiat Duran als historischer Schriftsteller und seine Schriften.

Das höchst originelle Werk des Portugiesen Samuel Usque, in welchem die Leidensgeschichte des jüdischen Stammes von seinen ersten Anfängen an bis zu des Verf. Zeit (1553) in poetischer Form des Dialogs, der Klage und des Trostes erzählt wird (Consolação as tribulacoens de Ysrael, gedruckt Ferrara 1553), enthält im 3ten Dialoge in 37 Nummern Verfolgungen der Juden seit der westgothischen Zeit unter Sisebut 612 bis zu einer Entweihung der Synagoge von Pesaro zu des Verfassers Zeit 1553. Samuel Usque, obwohl mehr Poet als Historiker, verfehlt doch nicht, bei jeder Begebenheit das Datum und die Quellen, woraus er die Nachricht geschöpft hat, anzugeben. Diese Quellen sind aber nur durch Abbreviaturen am Rande angezeigt, meistens durch F. F., oder etwas deutlicher For. F., was nicht lange rathen läßt, daß es das giftig judenfeindliche Werk Fortalitium Fidei des Franciskaners Alfonso de Spina ist, aus dessen drittem Buche gegen die Juden Samuel Usque Martyrologien zusammengetragen hat. Außer dieser Abbreviatur kommen noch andere vor, die nicht so leicht zu enträthseln sind. L. J. E. B. oder EB. auch E b. und V. M. Hin und wieder ist angegeben Cor de espanha (soll heißen Coronica, so in No. 1); Nas estorias de Sam Denis de França (No. 10); Cor ym (soll wohl heißen Coronica de Yngraterra in No. 12); Coron dos empera[dores] e dos papas (No. 19); R' Abrahão levi no liro (livro) de Kabala (No. 24, ספר הקבלה des Abraham Jbn-Daud). Von No. 25 bis Ende giebt Usque keine Quelle mehr an, denn die Verfolgungen betreffen Selbsterlebtes oder Erzählungen, die er von älteren Zeitgenossen über die Verbannung der Juden aus Spanien und Portugal vernommen hatte. Ich habe früher eine Vermuthung ausgesprochen, daß Samuel Usque eine hebräische Quelle benutzt hat und zwar dieselbe, welche auch das Martyrologium des Jbn-Verga (שבט יהודה) copirt hat (Bd. VII₂, S. 465). Denn die Darstellung mehrerer Begebenheiten bei beiden spiegelt augenscheinlich einen gemeinsamen Text wieder. Man könnte zwar vermuthen, daß Usque das Schebet Jehuda benutzt habe. Allein das Letztere ist fast zu gleicher Zeit mit der Consolação, vielleicht gar erst ein Jahr später erschienen (vgl. Einl. zur Ed. Hannover p. VII f.) und zwar im Morgenlande. Dort befand sich auch der Codex im Besitze des Ergänzers und Diaskeuasten Joseph Jbn-Verga, so daß gar nicht anzunehmen ist, Usque, welcher zur Zeit des Druckes in Italien gelebt, hätte Einsicht davon genommen. Auch hat sein Text öfter bessere Lesarten als das Schebet Jehuda. Man ist also zur Annahme gezwungen, daß beide Sammler der Verfolgungsgeschichte einige Relationen aus einer und derselben Quelle entnommen haben. Welches war nun die gemeinsame Quelle?

Eine Notiz bei Abrabanel giebt unzweideutigen Aufschluß darüber. In seinem zweiten messianologischen Werke (ישועות משיחו verf. Dec. 1497), worin er gegenüber den an der messianischen Erlösung Verzweifelnden die Messiasidee rechtfertigt und vertritt, bemerkt er, daß bis ins 13te Jahrhundert nur partielle Verfolgungen der Juden vorgekommen seien, erst von da ab seien sie allgemeiner geworden, und diese culminiren in der Vertreibung der Juden aus der pyrenäischen Halbinsel. Abrabanel zählt zu diesem Zwecke mehrere Verfolgungen auf und giebt als Quelle ein den Bibliographen unbekannt gebliebenes Werk über die Verfolgungen von Efodi an. Seine Worte lauten (עיין II, cap. 2 gegen Ende): כמו שתראה כל זה במאמר זכרון השמדות שהי׳ בישראל אחרי החרבן שעשה וקבץ האפודי. Dieser als Polemiker, hebräischer Grammatiker und philosophischer Interpret bekannte geistvolle Schriftsteller war also auch Historiker und hat sich angelegen sein lassen, die jüdischen Martyrologien seit der Zerstörung des Tempels zu sammeln. Diese Efodische Schrift scheint auch Salomo Alami anzudeuten (in seinem אגרת מוסר p. 21 ed Jellinek): זכור אל תשכח הגזרות הנגזרים והרציחים הרעים אשר באו עלינו משנת תתק״ה וד׳ אלפים . . . כאשר כתוב בספר הזכרונות. Abrabanel giebt aber daselbst nicht blos diese interessante Notiz, sondern auch Auszüge aus dem Efodischen Werke: 1. Die Vertreibung der Juden aus England; 2. die Vertreibung aus Frankreich unter Philipp dem Schönen; 3. die Wiederaufnahme der Juden unter seinem Nachfolger Ludwig; 4. die Wiederausweisung unter demselben König; 5. die Wiederaufnahme der Juden in Frankreich unter Juan; 6. die letzte Vertreibung aus Frankreich unter Karl VI. Das Alles hat Abrabanel aus Efodi's Werke זכרון השמדות geschöpft.

Der von Abrabanel mitgetheilte Text kommt aber wörtlich in Schebet Jehuda und, ein wenig poetisch zugestutzt, auch bei Usque vor, wie die Parallele zeigt. Es ergiebt sich daraus mit entschiedener Gewißheit, daß Beide, Ibn-Verga und Usque, Efodi's Werk benutzt haben. Ich stelle die drei Texte zur augenfälligen Ueberzeugung neben einander, den Efodischen bei Abrabanel (a. a. O.) zuerst, den Ibn-Verga'schen (Schebet Jehuda No. 18, 21, 24, 25) und den Usque'schen (Consolação No. 12 und No. 20).

אפודי זכרון השמדות

I.

אמנם גירוש במלכות כולל נעשה ראשונה באי הנקרא קצה הארץ היא אינגלטיירא בשנה הנזכרה (המשת אלפים ועשרים ליצירה) שהיה שמה כמה קהלות גדולות ובייחוד העיר הגדולה הנקראה לונדריש שהיו שמה מבני ישראל אלפים בעלי בתים ושם עשה הרא״ע מאמר שקראו אגרת שב ת. ומלך האי ההוא עשה . . . גרוש כללי לכל קהלות מלכותו. וקכלה היא ביד היהודים שהיה זה בסבת גלות המטבעות . . .

ו' וירגא שבט יהודה

I.

(י״ח) האי אשר נקרא היום אינגלאטירה נעשה שם שמד גדול ועצום בכל אותן קהלות גדולות ועצומות אשר היו שם בימים ההם בחכמה ובינה וכבוד ובייחוד העיר הגדולה הנקראת לונדריש אשר היו שם קרוב לשני אלפים בעלי בתים . . . ושם עשה החכם ר' אברהם בן עזרא אגרת קראה אגרת שבת. והשמד היה שימירו דתם וכאשר עמדו על קדושת השם העלילו עליהם שהיו עושים זיוף במטבע ובאה תביעה זו לפני המלך . וחקר ודרש

Usque consolacão.

I.

Yngraterra Anno 5002.

(No. 12.) Vi na ylha de Yngraterra muitos Israelitas multiplicados, e somente em Londres cidade, principal de todo o reino, se achavão duas mil casas mui ricas, passando com alguna quietud seu (l. sem) desterro aly e em todo las outras partes da provincia. (Das Uebrige

Note 1.

| אפודי זכרון השמדות | ן' וירגא שבט יהודה | Usque consolação. |

Usque consolação.

von bem zum Judenthum übergetretenen frade pregador — Robert de Redingge — ist daselbst der Cor. Ym. d. h. Coronica de Yngraterra entnommen.)

רבות ולא שמעו ולבסוף גרשום ממלכותו.

ומצא כי המעלילים המזייפים היו מטילים האשמה על היהודים ונמלטו. לימים שבו הנוצרים ובקשו מי שיעיד נגד היהודיב.... צוה וגרשם והיה הגירוש זה שנת חמשת אלפים ועשרים ליצירה.

II.

(כ״א) שנת ה' אלפים וארבעים (I.) וששים (שש) ליצירה קם פיליפו בן פיליף וגרש את כל היהודים אשר במלכותו ונתאבזר מאוד נגד היהודים ולקח כל אשר להם כספם וזהבם ומטלטלין וקרקע ונתגרשו בערום ועריה וחוסר כל. והיו היהודים רבים כחול באותם מלכיות עד שאמרו שהיו כפלים כיוצאי מצרים והקהלות ההם היו גדולות בחכמה ובמנין וכן כתב הרלב״ג בפירוש ט״ו שנה אחר הפירוש הרוא המירו דת אבל מועטים היו מאוד וקהל טולושא המירו כלם. וסמן השנה ההיא מן הפרט ויגרשהו וילך והיה גרוש זה בחודש אב כחג דנוצרים דנקרא מדגילינא (I. מגדאלינא).

ואחר זה בשנת ה' אלפים וסו' ליצירה היה. גירוש צרפת הכלל הראשון בהיות מולך בה פיליפו בן פיליפוס בנה־מלך לואיש. והיה המלך פיליפו אכזרי א״כ חרף השם וגרש את כל היהודים אשר בכל. מלכותו ולקח כל אשר להם וגרשם בחוסר כל. והיו שם קהלות רבות ועצומות כפלים כיוצאי מצרים כמה שכתב הרלב״ג כפי' התורה בפסוק מי מנה עפר יעקב והבר הפירוש ההוא כמו ש״ו (I. ט״ו) שנה אחר הגירוש ההוא. והיתה צרה גדולה לישראל. והיה סימן השנה ההיא ויגרשהו וילך ובחודש אב היה.

II.

(No. 20) França Anno do mundo 5066.

Nesto mesmo anno me vi em França ... socedendo no reino outro Felipe. filho de Luise, neto do outro Felipe Augusto .... este sem dar mais rasaõ de si que o odio, ... mandou pregoar, que si devesem fazer Christiaõs, quantos Judeos em seu reino se achavão, ou lhe fossem tomados todos seus bems et desterados do reino ... deixando os quasi nuus .... de maneira que assi pera (para) lustimar de todos seus bems despojados, sayraõ meus filhos — no mes de A b, o dia que chamaõ da Madalena — de toda França .... Os outros ... se deixarão vencer consentindo que os bautizasem, asinaladamente destes foi o K a h a l de Tolosa, eceito alguns pocos.

III.

ופיליפו המגרש יצא לצוד ציד אחר צבי אחד ורץ אחריו בחזקה ונפל במצודה עם הסוס וימותו שניהם וימלוך תחתיו לואיש בנו והיה מלך חסיד ובשנה השלישית למלכו השיב את היהודים

III.

(כד) (שנת כשלחו כלה גרש יגרש) יצא המלך פיליפו המגרש לצוד ציד ומצא צבי רץ ורץ אחריו בכוסו בכח גדול והנה לפניו חפרה גדולה ונפל שמה עם סוסו ותשבר מפרקתו ומת וידעו הכל

III.

Alem disto naõ ficou este Rey sem castigo .. por que daly a nove anos saindo a casa correo tras um cervo e lavando o desviado por lugares asperos .

אפודי זכרון השמדרות	ו׳ וירגא שבט יהודה	Usque consolação.
למלכותו בשנה השביעית לגירוש ועמדו שם שבע שנים. ואז עמי הארץ צרפתים בקשו מן המלך שעל כל פנים יגרשם. והוכרח לגרשם אבל לא לקח דבר מכל אשר להם והלכו עם כל נכסיהם.	כי אכזריותו על היהודים גרם לו אותה מיתה... ואחרי המלך האכזר ההוא קם בנו תחתיו והוא מלך חסד... ושלח שליח ליהודים שאם ירצו ישובו לעריהם.... ורבים לאהבת ארצם ומולדתם שבו לעריהם... ולא נפלה השנאה כי אם בעם אשר קנאו היהודים. ולמקצת ימים שבו... (כ״ה) אחר שבע שנים חזרו והעלילו עליהם וגרשו פעם אחרת. אך המלך ההוא מלך ישר היה יגרשם עם נכסיהם וממונם וכו׳.	em um profundissimo lugar.. Vendo o povo frances o manifesto castigo que recebeo, socedendo seu filho El rey Luis virtuoso e catolico, pera emendar o mal que de seu pay avia recebido, tornou me chamar a seu Reino ... daly a sete anos me tornarão a desterrar de França por petição do povo, deixando me sayr com a sustancia que eu avia adquerido.

IV.

עוד שבו היהודים לצרפת בשנת ק״ח לפרט כי עשה המלך יואן להם חזרה ועמרו שם כל ימי המלך הנזכר. וימי בנו קאראלוש עד מלוך בנו שנקרא קאראלוש גם כן והוא מגרשם פעם אחרת עם כל נכסיהם והיה זה שנת קנ״ה יסימנך כלה גרש יגרש (כמו שתראה כל זה במאמר זכרון השטדות שהיו בישראל אחרי החרבן שעשה וקבץ האפודי).	Fehlt.	Dopo disto tomou a coroa El rey dom Johão e tras elle Carlos, seu filho, que recolhendo me outra ves no Reino, estive nelle sossegado (socegado) em quanto ambos viverão. Mas partidos que forão desta vida, entrando em seu lugar outro Carlos amutinaronse os povos contra mi, matando o roubando sem misericordia, e contra vontade do principe fora de Reino me desterrarão. (Am Rande ist angegeben: ano 5140.)

Selbst aus einer Ungenauigkeit bei Ibn-Verga läßt sich entnehmen, daß er eine Quelle, und zwar die Efodi'sche vor sich hatte. Denn das Mnemonicum für die Vertreibung aus Frankreich von 5155 = Herbst 1394 (No. IV) בשלחו כלה steht bei demselben an unrechter Stelle (No. III), beim Tode Philipp des Schönen, mit welchem man bisher nichts anzufangen wußte. Das Datum gehört aber zur letzten Verbannung aus Frankreich, wie bei Efodi. Auffallend ist es, daß diese Ausweisung bei Ibn-Verga fehlt. Das falsche Datum bei Usque für die letzte Vertreibung aus Frankreich 5140 = 1380 statt 1391, ist nur durch eine Corruptel in dem leitenden hebräischen Texte zu erklären: er las הק״ם st. הקנ״א. Merkwürdig ist, daß Abrabanel im Efodi'schen Texte das Jahr der Austreibung aus England corrumpirt gelesen hat: חמשת אלפים ועשרים, d. h. ה׳ר 5020 statt ה׳י, wie bei Ibn-Verga, Usque scheint ה׳ב׳ statt ה׳י׳ gelesen zu haben. Ueber die Confusion der Datirung bezüglich der Vertreibung und Zulassung der Juden in Frankreich in diesen Quellen, vergl. Isidor Loeb: les expulsions des Juifs de France au XIV° Siècle, in der Jubelschrift für Graetz 39 f.

Da nun Usque in No. 12 und No. 20, wo er entschieden von Profiat Duran Efodi abhängig ist, als Quelle L. Eb. bezeichnet, so ist nicht daran zu zweifeln, daß er darunter Efodi's Schrift von den Verfolgungen versteht. Soll die Abbreviatur ganz einfach Libro Ebraïco = „hebräisches Buch" bedeuten? Dann ist aber noch nicht das I enträthselt, das hin und wieder vor L. und vor Eb. steht. — Sämmtliche Erzählungen, welche Usque und Jbn-Verga gleichen Inhalts haben, könnte man wohl als Efodi entlehnt betrachten.

Demnach ist auch die Erzählung entlehnt bei Usque No. 8 (Quelle L. I. EB.) und Jbn-Verga No. 31, von David Alrui oder Alroy. Sie stammt zwar aus dem Itinerarium des Benjamin von Tudela; aber dieses Buch war merkwürdiger Weise den Spaniern nicht so sehr bekannt und lange nicht so interessant wie uns. Usque No. 27 (Eb. L.) und Jbn-Verga No. 14 von der judenfeindlichen Schwester des Papstes Sancha = שאן גישה, wohl auch Usque No. 18 und Jbn-Verga No. 43 von der Verfolgung durch die Aussätzigen 1321 aus derselben Quelle. No. 21 bei Usque von der Verfolgung durch Fray Vicente Ferrer ist gewiß von Efodi, als Zeitgenossen, entlehnt, da es Einzelheiten enthält, die anderweitig nicht bekannt sind, z. B. daß Vicente mit einem Kreuz und einer Thora durch die Städte zog, um die Juden zur Taufe zu rufen: com um crucifixo nas mãos e um Cefer de ley em braços. Jbn-Verga nahm diese und andere Verfolgungen nicht auf, weil sie bereits Juda Leon Abrabanel ausführlich in seinem (unbekannt gebliebenen) Commentar zu den pentateuchischen Strafcapiteln (תוכחות) geschildert hat (Schebet Jehuda No. 50). — Es wäre von hohem geschichtlichen Interesse, wenn sich Efodi's „Erinnerungen an die Verfolgungen" in einer spanischen oder römischen Bibliothek wiederfände.

Wenn es erwiesen wäre, daß die Nachricht von der Verfolgung durch Vicente Ferrer von Efodi stammt, so würde sich daraus ergeben, daß er die „Erinnerungen" erst nach 1412 geschrieben hat. Auf jeden Fall hat er sie wohl geschrieben, als er die Maske des Christenthums fallen gelassen hatte. Von seinen zahlreichen Schriften waren früher nur zwei edirt: sein Commentar zum Moré (öfter mit anderen Commentarien edirt) und seine satirische Epistel an En-Bonet (אגרת אל תהי כאבותיך). Seine handschriftlichen Opera mit chronologischen Daten sind:

Eine Leichenrede auf den Tod eines Abraham b. Isaak Halevi, הגדת קינה, gehalten 1393, jetzt abgedruckt aus de Rossi's Bibliothek in dem Werke מעשה אפוד, herausgegeben von J. Friedländer und Jakob Kohn, Wien 1865, worin das Literarhistorische über Efodi von den Herausgebern und S. H. Halberstamm fleißig zusammengetragen ist. Auf dieses Werk verweise ich, statt dessen, was ich in der 1ten Aufl. auf zerstreute Sammelwerke verwiesen habe.

Nachzutragen sind noch die wichtigen Bemerkungen über den Namen Efodi und Profiat, Frankel Monatsschrift Jahrg. 1853, S. 320 fg. und 1855, S. 197, von S. (Dr. Sänger).

חשב האפוד, ein astronomisches Werk, verfaßt 1395.

מעשה אפוד, eine hebräische Grammatik mit einer interessanten, lichtvollen Einleitung. Im Kapitel 32 giebt er das Jahr 1335 seit der Tempelzerstörung an, d. h. 1403 der christlichen Zeit.

Die chronologisch nicht bezeichbaren Schriften sind außer kleinen Schriften angeführt in dem genannten Werke, Commentar zum Moré und אגרת אל תהי כאבותיך.

Das antichristianische Werk כלימת הגוים, eine scharfe Kritik des Urchristenthums und der christlichen Dogmen. Es ist jedenfalls nach 1391 verfaßt; denn der Verfasser spricht, in der Einleitung und Widmung an Chasbaï Crescas, von der Verfolgung eben dieses Jahres: הנה אתה תפארת הדור ראית ימי הרעה והחימה. השפוכה על גלות ירושלים אשר בספרד. Auch der Copist bemerkt in der Einleitung, daß es nach der Verfolgung und in Folge derselben geschrieben sei: זה הקונטרים יסד חכם גדול ומופלג שנאנס תחת השמדות והגזירות העצומות נגזרו בעינונותינו שרבו כמו רבו להשמיד להרוג וכו׳ . . . בגזירות אשכלייא . . . ונתפשטו הגזירות בקהלות הגדולות מספרד וגם ¹) עלינו בקטלוניא עברו על ראשונו הסים הזדונים מכל הענינים הנ״ל שנת הס״א מרי האף.
Gelegentlich sei hier bemerkt, daß Profiat Duran Efodi, sowie sein ehemaliger Freund, David En-Bonet Buen-Giorn, Catalonier gewesen sein müssen. Die Angaben in Joseph Ibn-Schem-Tob's Vorbericht zu der ironischen Epistel über den Schreiber und Adressaten in Betreff ihres Vaterlandes schwanken in den Editionen und Codices: . . . . הכלל מן יצאו . . . . אשר בקטלוניא היו אנשים שני; שם האחד מאשטרי פרופיט ושם השני בוניט בננדורא (.V) בוננורן²); eine andere Lesart ist בארגון. Aus der eben gegebenen Notiz und aus Chasbaï Crescas' Verfolgungsbericht ist aber sicher, daß die Zwangstaufen mit dem Schwerte in der Hand vom Jahre 1391 sich nur bis Catalonien erstreckt haben, Aragonien aber – durch bedeutende Geldopfer – davon verschont geblieben ist. Auch Efodi bemerkt in seinem grammatischen Werke, daß die aragonischen Gemeinden von der Verfolgung vielleicht wegen ihrer Frömmigkeit verschont geblieben seien (Einleitung): ומי יודע אם לא הצלת קהלות ארגון אשר הם העקר שנמלטו מגלות ספרד היתה לרוב שקידתם על התפילה ולקים בלילה אשמורות. Efodi war demnach ein Catalonier. Daß Efodi den hebräischen Namen Isaak b. Mose Levi führte, folgt aus dem Gedichte zu Chescheb ha-Ephod.

Das Datum für Abfassung der satirischen Epistel Efodi's אל תהי כאבותיך zu firiren, ist vielfach versucht worden, aber noch nicht auf die rechte Art. Von vorn herein muß man annehmen, wenn sich auch keine Spur von Datum im

¹) Ich kann mich mit Zunz' Erklärung dieser Datumsandeutung nicht befreunden, daß zu מרי האף noch zu ergänzen sei הגדול, so daß der Zahlenwerth dieser Buchstaben 397 ergäbe, daß man dazu ein Jahrtausend ergänzen müsse, und daß Alles dieses das christliche Jahr 1397 bedeuten soll. Diese Entzifferung beruht auf zwei Unwahrscheinlichkeiten: daß ein jüdischer Schriftsteller das christliche Datum durch Anwendung der Zahlbuchstaben eines Bibelverses angedeutet haben soll (mir ist ein solches Beispiel nicht bekannt) und da der Zahlenwerth doch nur 397 ist, daß der Leser gewohnt sein soll, 1000 hinzuzufügen. Das ist sehr unwahrscheinlich. Der Annotator zu dieser polemischen Schrift kann nicht auf Verständniß seines Datum-Räthsels gerechnet haben.

²) Der Name von Profiat's Adressaten lautet zum Schlusse der Satire: אליו קראתי אחי מאשטרי בוניט בן גורן לדוד כשנותו את טעמו und in לפניו בישראל דוד בוניט בן גורן שמו einigen Codices: בן גורן. Statt בן גורן kommt auch hin und wieder die Corruptel בן גורן vor. Aber בון גורן oder בון גורן ist die richtige Lesart und bedeutet Buen-Giorno, eine romanische Uebersetzung des hebräischen Namens יום טוב. In den Respp. des Isaak b. Immanuel de Lates (No. 98) wird eine Person genannt: בואן גורן . . הוא נקרא יום טוב. Nun führte der Astronom Jakob Poel den Namen בוניט בון יורני und יעקב בן דוד בן יום טוב (Wolf I, p. 586, IV, p. 865, de Rossi Codex No. 101, 4; 351 Katalog Bodl. 1483, 4; 2052, 1; 2072, 2). In einer lateinischen Uebersetzung seiner Tafeln wird er Jacob Bonaediei genannt (Jewish Literature p. 188); er verfertigte astronomische Tafeln in Perpignan 1961 (Zacuto ed. nova p. 224, b). Die Annahme, daß der Convertit David En-Bonet Buen-Giorn Sohn des Astronomen war, liegt nahe.

Texte befände, daß sie nicht nur nach Ellul 1391, dem Monate des Gemetzels und der Gewalttaufen in Catalonien (nach Chasdaï Crescas), sondern noch viel später verfaßt worden ist. Denn Joseph Ibn-Schem-Tob berichtet in der Einleitung zum Commentar dazu, daß die beiden getauften Freunde Efodi und En-Bonet sich zu einer Auswanderung nach Palästina gerüstet und verabredet haben, zum Judenthum zurückzukehren, wozu doch einige Zeit erforderlich war. Noch mehr. Gegen Ende enthält die Epistel die Notiz, daß der Täufling Salomo von Burgos, Paulus de Santa Maria, bei der Abfassung bereits in hohem Ansehen bei dem Avignoner Papst Benedictus XIII. (Pedro de Luna) gestanden, bereits eine hohe Stufe in der Hierarchie erreicht und bereits ehrgeizige Hoffnung auf die höchste Kirchenwürde gehegt habe. ואשר עד
כתבת והפלגת והגדלת בספור מעלות מלומדך (שלמון די בורגוש) ושלמותו ואת כל כבודו ואת יקר
תפארת גדולתו ועשית אותו אפיפיור במאמר לא ידעתי אם ילך רומה או באבניון תהיה מנוחתו.
גם אני ידעתי כמוך את כל הגדולות אשר עשה לא לחנם נתן לו אדוננו המלך מתנות מבית גנזיו
וכו׳. Nun ist Salomo de Burgos nicht vor 1391 zum Christenthum übergetreten (o. S. 79, Anmerk. 2). Er besuchte dann erst die Universität von Paris, um sich in der christlichen Theologie heimisch zu machen. Dazu und zur Erlangung eines Kirchenamtes gehörten doch jedenfalls einige Jahre. Folglich muß die Epistel, die dieses Alles voraussetzt, einige Jahre nach 1391 geschrieben sein. Demnach muß man das Datum im Texte dieser Epistel beurtheilen und unter den Varianten die passendste ermitteln.

Bei der Ironisirung der Transsubstantiation vermittelst der Hostie bemerkt die Satire: Man müßte denn annehmen, daß der Himmel seit Jesu Himmelfahrt so und so viel Jahre so und so oft durchbrochen worden sei. Ueber das Jahr selbst schwanken die Editionen und die Codices: שמים עלוהו לשמים עד עתה. Diese Zahl hat ein Codex der Seminarbibliothek. Andere Lesarten sind: סביב אלף וש״ס שנה שיעשה כל גופו ככברה ש״ס und in einer Edition gar אלף וש״ס. Schicken wir voraus, daß Efodi in seinem kritisch-polemischen Werke כלימת הגוים nach christlichen Schriftstellern Jesus nur 30 Jahre auf Erden wandeln läßt, d. h. daß die Himmelfahrt um 30 nach der christlichen Zeitrechnung angesetzt wurde (Cap. 11): ויומי ישו היו לפי מה שאמרו ומפורסם בינהם סכיב
לשלשים שנה . . . . והיתה תליתו לפי זה בש״ת ט׳ לטיבריאו. Demnach wäre die Epistel nach der erstgenannten Lesart geschrieben 1360 Jahre nach der Himmelfahrt = 1390, nach der anderen 1370, nach der dritten 1420, und endlich nach der vierten, selbst wenn man läse א' ש״ו, 1336. Sämmtliche Angaben sind demnach in der Gestalt, wie sie uns vorliegen, durchaus falsch. Die richtige Lesart bietet sich aber sofort selbst dar, nämlich die mit dem Einheitszeichen ו׳ א', ש״ו, d. h. 1396. Aus ס ist die Variante ש״ו geworden, und aus ו׳ vielleicht das Zahlzeichen ג'. אלף ש״ו ist unstreitig die befriedigendste Zahl.

2.
Chasdaï Crescas
und Isaak Ben-Scheschet und einige Data zu ihrer Biographie.

I. Chasdaï Crescas.

Der zu seiner Zeit so außerordentlich gefeierte Mann Chasdaï Crescas hat bis jetzt noch keinen würdigen Biographen gefunden; das meiste, was über ihn geschrieben wurde, ist entweder nichtssagend oder falsch. Selbst seine Lebenszeit ist falsch umgrenzt worden. Spinoza hat sein philosophisches Werk אור ה':

gelesen und vielleicht den Gedanken von dem Zusammenfallen der Naturnothwendigkeit und Willensfreiheit von ihm entlehnt. In einem Briefe an Ludwig Meier (Briefsammlung No. 29), schreibt Spinoza: Verum hic obiter adhuc notari velim, quod Peripatetici recentiores, ut quidem puto, male intellexerunt demonstrationem veterum, qua ostendere nitebantur Dei existentiam. Nam ut ipsam apud Judaeum quendam Rab Chasdaï¹) vocatum reperio, sic sonat etc. — Aus der Einleitung zu seiner antichristianischen Schrift (מאמר בבטול עקרי הנוצרים) sieht man, daß Chasdaï Crescas bei den christlichen Granden in Ansehen gestanden hat und von ihnen angeregt wurde, diese Abhandlung zu verfassen (nach der wörtlichen Uebersetzung aus dem Spanischen von Joseph Ibn-Schem-Tob): אמר (הסדאי) שרים ונכבדים בקשו ממני ויפצרו בי לחבר מאמר אודיע בו הספקות והבטולים אשר ישיעו שוטרי תורת משה נגד אמונת הנוצרים ושאכוון בו עבודת הבורא לעמוד על האמת במחלוקת הזה הקדום בין הנוצרים והעברים בטבעו משא ומתן. Darum schrieb er es auch in spanischer Sprache für christliche Leser. Wie der ein Jahrhundert nach ihm lebende Joseph Jabez überliefert, verkehrte Chasdaï am aragonischen Hofe und war beim Könige beliebt (אור החיים c. 12): הרב בן חסדאי אשר גבה בשכלו על כל הפילוסופים אשר בזמנו אפילו חכמי אדום וישמעאל וכל שכן חכמי ישראל. וגדול לאלהיו היה כי קרא לאלהים בעונה במקהלות רבבות עמים ונתקדש השם על ידו ורבים מגדולי המלכות נתיהדו בלכתם לאהוב (ואהוב ל.) למלך אבי אביו של מלך ספרד והגדול שבכל יועציו כי בלעדיו לא ירים המלך את ידו לעשות קטנה או גדולה וחבר ספר אור השם.

Joseph Jabez hat zwar den Mund dabei zu voll genommen und Chasdaï's Bedeutung zu hoch geschraubt. Aber etwas Tatsächliches muß dieser Ueberlieferung zu Grunde liegen. Der Zug, „daß Gott ihn in zahlreicher Versammlung erhört habe, und daß Gottes Name durch ihn geheiligt worden", wird auch in anderen Quellen mitgetheilt. Abraham Saba erzählt in seinem Pentateuchcommentar (zu בחקתי צרור המור ed. Venedig p. 108 a): כי הוא ה׳ ודבר ספורסם על זה התנאי (להוריד הגשם) קבלו אותנו בארץ העמים כשגלינו מארצנו וכבר קרה זה במלכות ארגון בזמן עצירת השלו היהודים כלם מחוץ לעיר וסגרו השערים בעדם עד שיבואו המים ודרש הרב נ׳ הסדאי קרשקש ז״ל וכה אמר בתחילת דבריו: לנו המים. והש״י פקד את עמו ונתן להם מים וכאלה רבות. Auch Salomo Ibn-Verga erwähnt (Schebet Jehuda No. 65, p. 109) einen Fall, daß die Juden Toledo's Regen erfleht hätten: וכן היהודים תושבי טולידו הנוצרים שאלום מהם שיביאו מטר ובתפלתם מורידין אותו. Der Verf. des ס׳ מאורעות עולם (weiter unten Note 7) erzählt von Isaak Chajon dem Wunderrabbiner in Portugal, und von Isaak Aboab, daß sie Regen erfleht haben (p. 8 ab; vergl. noch Schebet Jehuda p. 122).

Indessen wenn Joseph Jabez' Angabe auch richtig sein mag, daß Chasdaï Crescas eine Ehrenstellung am aragonischen Hofe gehabt hat, so kann es nicht unter dem Großvater Fernando's IV., des Katholischen, gewesen sein. Denn dessen Großvater Fernando, der castilianische Infant, wurde erst 1412 zum König von Aragonien und der Nebenländer erwählt, und in diesem Jahre lebte Chasdaï Crescas ohne Zweifel nicht mehr. Sein אור השם beendete er 1410 und ließ die versprochene Fortsetzung unvollendet. Bei der Disputation von Tortosa 1413—1414 war er nicht gegenwärtig, wenigstens wird er im Verzeichniß der Mitglieder weder in christlichen Quellen, noch in den jüdischen genannt. Auch unter Don Pedro IV. (1336—1378) war er bei Hofe nicht

---

¹) Man sieht daraus, daß der Name Chasdaï und nicht Chisdaï ausgesprochen werden muß. Aus einer Notiz von Geronimo de Santa Fé (weiter unten) ergiebt sich, daß auch die Zeitgenossen nur diese Aussprache hatten.

angestellt. Er wurde im Gegentheil von diesem Könige mit dem greisen R'Nissim, ferner mit Isaak b. Scheschet (ריב"ש), mit dessen Bruder und noch einigen Andern wegen einer falschen Anschuldigung in den Kerker geworfen. (Respp. Isaak b. Scheschet No. 376 gegen Ende): כי זה קרוב לה' חדשים קמו אנשים בני בליעל מקרבנו והעלילו הרב ר' נסים וששה נכבדים מן הקהל (קהל ברצלונה?) ובתוכם החכם דון חסדאי נ"ו ואני ואחי ומסרו אותנו למלכות ועדין אנחנו נתונין בערבון על לא חמס.

Die Zeit der Einkerkerung läßt sich aus desselben Responsa No. 373 ermitteln. In demselben schreibt Isaak b. Scheschet an Chasdaï b. Salomo aus Tudela, der diese Stadt wegen einer heimlichen Denunziation verlassen und sich in Valencia niedergelassen hatte: וגם עלינו כזה וכזה עבר בחורף שעבר שכבר העלילונו ומסרונו למלכות לסבה קרובה לשלך .. במלאכי האלהים יריעבו ועל המורים בדבר הלכה .. ובמעל הזה היתה ראשונה יד השרים והסגנים העשירים והמיוחסים ... כי יחושו ויחוסו לכבוד עצמן ועשרן ולכבוד קונם אינם חסים. גם כי שמעינו יצאת את העיר (טודילה) להמלט על נפשך מרדכי באופן יהלך להחיש מפלט. Chasdaï b. Salomo aus Tudela hat aber diese Stadt noch vor dem Kriege zwischen den Castilianern und Engländern verlassen (das. No. 445): והנהני לר' חסדאי שלכה. הפעם אודה את ה'. הפלא חסדך לך הוציאך מאפלת טודילה ומחשכיה אשר כמה איסם מות עיר ובהלות נפלו עליהם מים זאתץ מחוץ שכלה חרב הקסטיליאנש שבי ובזה ומחדרים אימת האינגלישיש השוכנים באהליהם ורוב הקהל ברחו משם ופה נתעוררו הרבה .... ברוך השם לא שמעים בקול נוגש. Dieser Krieg zwischen Castilien, dem Verbündeten Frankreichs, und den Engländern fand im Sommer und Herbst 1378 statt, wie aus Ayala cronica de D. Enrique II. c. 67 und den französischen Chroniken bekannt ist. Die Flucht des Chasdaï b. Salomo aus Tudela ist also nicht lange vorher geschehen, da Isaak b. Scheschet ihm dazu gratulirte, daß er von dem Ungemache des Krieges verschont geblieben ist. Wenn er demselben zugleich anzeigt, daß er und seine Genossen wegen einer ähnlichen Beschuldigung wie die gegen Chasdaï b. Salomo in den Kerker geworfen worden waren, so kann diese Begebenheit nicht lange vorher stattgefunden haben, vor 1378 ja noch vor 1374, da R'Nissim damals noch gelebt hat. Jedenfalls kann Chasdaï Crescas nicht unter dem aragonischen König Don Pedro IV. in Ehren gestanden haben. Wenn Jabez' Angabe etwas Factisches zu Grunde liegen soll — und ganz erfunden ist sie wohl nicht — so kann Chasdaï lediglich unter Juan I. (1378—1393), dem milden, Wissenschaft und Poesie liebenden Könige, und unter Martin, dem Aelteren (1393—1410) eine Stellung eingenommen haben. Llorente giebt an, die Juden hätten großen Einfluß unter Don Pedro IV. und unter Juan I. von Aragonien gehabt (histoire de l'Inquisition I. chap. V. p. 141), aber ohne Quellenangabe.

Ueber Chasdaï Crescas' Ansehen bei seinen Glaubensgenossen liegen uns vollgültige Zeugnisse vor. Profiat Duran Efodi bezeichnet ihn in dem auf dessen Veranlassung verfaßten antichristlichen Werke כלימת הגוים als ein Musterbild und eine Zierde für die Zeitgenossen, in dem Einleitungsgedicht und in der Einleitung:

למופת לאופו וגם הוד לעמו והולך בתומו אני שי למורה
גביר רב ברכות
. . . . .
לחסדאי גדול עם נגדיים ושועים ויערב וינעם כמנחה טהורה.

תפארת הרבנים והמאמינים שאלינילהעמוד על נכון מה שנתבדר לי מכונת המשיח הקדומה ותלמידיו ושלוחיו ע"ד כלל ... הנה אתה תפארת הדור ראית ימי הרעה והתימם השכוכה על גלות ירושלים אשר בספרד ... צרעת הסינות במכסחות האנשים פורחת. אבן לעשות רצונך חפצתי זה מה שראיתי תפארת הדור לכתוב להשלים רצונך עם. Und zum Schlusse: לבטל רצוני שידעתיך כביר כח ללחום מלחמת ה' וקטנך עבה ממתני . . .

26

Isaak ben Scheschet ermahnt den Dichter-Rabbiner Salomo ben Reuben Bonfed nicht nach Teruel überzusiedeln, sondern lieber in der Nähe von Chasdaï zu bleiben, der jüngst seinen Aufenthalt in Saragossa genommen und ihn dort schützen werde. אף כי שם תהיה קרוב אל הרב השלם חסדאי נר"ו אשר נטע אהלו אדוננו סרקסטה עתה מקרוב ומדעתי יהיה לך למגן וצנה ואם יפתחנו חטאים אל יאבה (Respp. ריב"ש N. 287). Chasdaï lebte nämlich vorher in Barcelona, wie aus dem Respp. ibid. No. 447 hervorgeht: ותדע האדון כי אני שלחתי בַרצלונה לבני יודיעני מה הרב חסדאי אומר בדבר.

Als unter den Gemeinden Navarra's eine Aufsehen erregende Verketzerung gegen einen früher hochgestellten, damals bereits verstorbenen Mann, Jehuda Halevi, ausgesprengt wurde, welche böses Blut gemacht hatte, gab sich die angesehenste Persönlichkeit Navarra's, Joseph Orabuena, Mühe, das Geschehene und von ihm Ausgegangene vergessen zu machen, und wandte sich an Chasdaï Crescas, die Gemüther durch sein Schreiben zu beschwichtigen (vgl. Katalog der Wiener hebräischen Handschr. von Krafft und Deutsch, S. 123): לכן היטים כי מלאו הארץ (ארץ נאברה) על דבר המשפט תלינות בני ישראל אשר המה סלינים ... שלח ר' יוסף (אורה בונה) חכמי יועציו אל הרב הגדול חסדאי קרישקאש נ"י להתחנן לו שיכתוב ידו על כל פשעים יכסה את אשר כבר עשוהו לאחר מעשה וכתב לו כתבי כאשר עם לבבו השר דון בנבנשת בן לביא כתב זה (¹הכתב לרב דון חסדאי כשמעו כי כתב ר' יוסף אורה בונה).

In dem leidenschaftlichen Streite um das Großrabbinat in Frankreich zwischen Jochanan b. Mathatia und seinem Rivalen Astruc b. Abba-Mari vermittelte Chasdaï Crescas beide Parteien, Rabbiner und Gemeinden, und

---

¹) Im Katalog von Krafft und Deutsch ist der Inhalt der Sendschreiben des Benveniste Jbn-Labi an Joseph Orabuena und an Chasdaï Crescas im Codex Hebraicus Wien No. 108 durchweg verkannt worden. Verleitet von dem Ausdruck: על דבר המשפט ist der Hintergrund der Sendschreiben als eine Art cause célèbre angegeben worden, und den daselbst vorkommenden יהודה הלוי, den eigentlich Betroffenen, den Zeitgenossen des Chasdaï Crescas, führt der Katalog als den Verf. des Kosari auf! Der Einblick in den Wiener Codex zeigt aber, daß der Austausch der Sendschreiben eine ungerechte Verketzerung, ein falsches Urtheil, gegen einen Don Jehuda Halevi in Navarra betraf. Die Ueberschrift lautet: כתב שלח הש״דו׳ בנבנשת בן לביא לר׳ יוסף אורה, und Benvenistes Worte an Joseph Orabuena lauten der Hauptsache nach (Codex p. 205): בינה על משמים נעשה בסלכות נאבארה הלוי ז"ל בהשמע דבר דון יאודה הלוי בעידנו חי לא ראאמנו לשמועתיינו יען וביען סדרו לנו יתרון מעשיו בחכמות ובאהבות כאשר היתה המש״ה על שכבו ונתן עליו עול מלכות ד"רש טוב לעמו ... וכאשר נשתנו עליו סדרי המערכת ותהי להפך .. מחוסר כל לא בטא בשפתיו .. למלא נפשו כי ירעב .. אי לואת כאשר רגז׳ לנו אש פתאום עליו כעיתהון רוח רעה ונעשה צדוקנו ונהרף עין פשט את בגדיו ולבש אחרים מלאו קיא. Zum Schlusse beruft sich der Correspondent auf das Urtheil des Meïr Alguadez darüber (p. 207): שלח נא ב"ד השלה בכל .. הסכת ישמ״ע מה אשר ידבר המאור הגדול להאיר על הארץ .. הוא הגלות החל הזה .. רפוסל משמל רב על רב ועל שר שרים גדול ורם הכולל דון מאיר אלגואדיץ. Die Adresse lautet: הנשר הגדול .. ראיש אדוני הארץ אשר יברך מבורך ויואר אשר: יאור .. בנים גדול שמו .. יוסף אורה בונה. Das zweite Sendschreiben Benveniste's ist an Chasdaï Crescas gerichtet, wie die im Texte gegebene Ueberschrift lautet. Der Correspondent bemerkt, daß die Ankläger und Verketzerer ihren Fehler zu spät eingesehen und stichelt namentlich gegen Joseph Orabuena: שר וצופט כל ראיץ .. מצד השני המאמונה על קהלות נאברה (יוסף אורה .. בונה) אליך יתפללו לחוק את בדק העץ .. ומי יתן ונהיה לבבם זה קודם מעשה. כי כאשר יקרת בעיני כל רואיך ונחמד אלהים עליון על רכ כן עיני כל ישראל אליך ישיחון, אליך יתבוננו צעדיו יספורו.

sie nahmen ihn zum Schiedsrichter (Respp. Isaak b. Scheschet No. 269): ותה
טופס הכתב ששלח אלי הרב ר׳ חסדאי קרשקש על ענין הנזכר . . . . אני לולא כי בהיותי
שם כרתי ברית שניהם לעשות ולקיים כל אשר אגזור ביניהם הייתי כותח בחזק לעודד ידי האמת.
אך אני כותב דרך תשובה אל הקהלות ההם וגם לשניהם כתבתי ביחוד . . . . אמרתי אנסה נא
אם אוכל לכבות האש הגדולה ולהעמדת הישוב . . . . — Chasdaï Crescas
stand auch einem rabbinischen Lehrhause vor Respp. ibid. No. 290): ועתה
ידעתי כי רוא (תלמידו ר׳ שמואל ב׳ ב׳ש) בסרקוסטר ולמד שם לפני הרב ר׳ חסדאי. Talmudische Anfragen wurden an ihn öfter gerichtet, Respp. No. 372, 374, 380, 395.

Chasdaï's Geburts- und Todesjahr ist nicht genau bekannt. Man weiß
nur so viel, daß Zacuto's Notiz: er sei 1380 gestorben: נפטר הרב חסדאי בסרוטה
שנת ק״מ (wovon sich Schlesinger in der Einleitung zu Albo's Ikkarim leiten
ließ), falsch ist, da er nach der Verfolgung von 1391 erst recht für seine
Glaubensgenossen und das Judenthum thätig war und seine drei Schriften verfaßte, und zwar sein Hauptwerk (א״ר ה׳) im Ijar 1410 beendete, wie der Wiener
Codex hat: והיתה ההשלמה בחודש זיו שנת מאה ושבעים לפרט אלף הששי בסרקוסטה.
(Das Kapitel über Messianologie ist 1405 geschrieben, zu III, 8, 2, 1 nach
dem Wiener Codex zu berichtigen.) Da Chasdaï das damit zusammenhängende
verheißene Hauptwerk über die Ritualien im Judenthum נר מצור nicht vollendet
hat, so mag er gleich darauf gestorben sein. Wie sich gezeigt, war er vor 1374
bereits so anerkannt, daß er mit R'Nissim und Isaak Ben-Scheschet in eine
falsche Anklage verwickelt war und im Kerker schmachten mußte. War er damals ein Dreißiger, so kann er um 1340 geboren und siebzig Jahre alt geworden sein. Dasselbe folgt auch aus der Erwägung, daß er Jünger des
R'Nissim genannt wird, und dieser 1374 noch lebte (w. u.)

Von seinen drei Schriften ist die eine, der Bericht über die Verfolgung
von 1391 an die Gemeinde von Perpignan, geschrieben 20. Marcheschwan
5152 = Herbst 1391 (jetzt gedruckt nach einem Carmoly'schen Ms. als Beilage
zu שבט יהודה ed. Hannover). An der Echtheit ist nicht zu zweifeln. Sein
zweites Werk ist die Beleuchtung der christlichen Dogmen in spanischer Sprache,
auf Veranlassung gebildeter Christen verfaßt. Das Original ist nicht mehr
vorhanden; Joseph Ibn-Schem-Tob hat es unter dem Titel בטול עקרי הנוצרים
in's Hebräische übertragen und zum Theil umgearbeitet. Chasdaï verfaßte es
nicht lange vor 1398. Denn in Abschnitt 8 wird das Kirchenschisma zwischen
zwei Päpsten erwähnt und damit die Unfehlbarkeit der Kirche ad absurdum
geführt. Das Schisma hatte damals beinahe 20 Jahre gedauert: כי עוד היום
בעבור שבכל יותר הדברים בין האמונה הנוצרית קרוב לכ׳ שנה יש להם שני ראשים אפיפיורים
וכל אחד מהם ומרנים מרנים חושב אחריהם לוולתי למונדה וגועש לשמים. Das Kirchenschisma
begann 1378, folglich wurde diese polemische Schrift Chasdaï's um 1398 verfaßt.

Nach der Verfolgung von 1391 hat Chasdaï Crescas eine Art Schutzschrift
zu Gunsten der Juden ausgearbeitet, die er dem Könige von (Aragonien) überreichen wollte. Der Apostat Salomo-Paulus de Santa Maria legte ihm aber
Hindernisse in den Weg. Profiat Duran Efodi spielt darauf kurz an in seiner
ironischen Epistel: לא לחנם נתן לו אדוננו המלך מתנות טבית גנייו . . . . ולחנם ב׳ה ב׳ה
הרב הגדול המיוחד בישראל מהגיש תעצומותיו. Einige Codices haben dabei ausdrücklich
den Namen ר׳ חסדאי קרשקאש. Es scheint aber ein späterer Zusatz zu sein.
Denn der Commentator dieser Epistel, Joseph Ibn-Schem-Tob, hielt es für
nöthig, den dunkeln Satz zu erläutern: ואמרו לא לחנם ברח הרב הגדול ירמוז אל
הרב אן חסדאי נר״י ודורה רוע תביעתיו של פכלו בזה. (Aus dieser Erklärung ergiebt
sich von selbst, daß die Lesart ברח richtig ist, statt בחר in einigen Editionen.)

Der Satz מהגיש העוצמותיו kann nichts Anderes bedeuten, als seine Gründe und Auseinandersetzung dem Könige vorzulegen.

Daß Chasdai Crescas für einen Messias, der in der kleinen Stadt Cisneros auftrat, Partei nahm und in der Synagoge für ihn auftrat, dürfte auch wenig bekannt sein. Der Apostat Geronimo de Santa Fe (Josua Lorqui), ein Zeitgenosse, referirt das Factum in der Eröffnungsrede zur großen Disputation in Tortosa 1413 als etwas Bekanntes. Die Stelle ist aber wegen des schlechten Latein und der Corruptelen dunkel: Namque aquiva (Aquiva) quendam (Messiam) in civitate Biter, et tempore Rabi Moysi de Egypto alium in terra teman (Teman), tempore vero nostro Raby harday crestas (l. Hasday Crescas) quendam in Cisneros regni Castellae in synagogis publice predicans natos messiam quemlibet istorum firmiter asserebant. Die schwerfällige Stelle bedeutet: Rabbi Akiba habe von einem in Biter (Betar) geborenen Messias gepredigt, ein anderer Messias sei zur Zeit des Mose Maimun in Teman (Jemen) aufgetreten. „Zu unserer Zeit hat Chasdai Crescas von einem in Cisneros geborenen Messias in der Synagoge gepredigt."

Es bezieht sich sicherlich auf Mose Botarel aus dem Städtchen Cisneros, der sich als Prophet und messianischer Erlöser ausgegeben und dessen Wunderthäterei Chasdai Glauben geschenkt hat (vergl. den Bericht darüber Monatsschrift, Jahrg. 1879, S. 80 ff.).

II. Isaak Ben-Scheschet.

Von Crescas' Zeitgenossen und Freund Isaak Ben-Scheschet sind mehr als 500 Nummern Responsen vorhanden, die er an verschiedene Gemeinden gerichtet hat. Sie enthalten auch hin und wieder chronologische Daten, und doch lassen sie das chronologische Moment so dunkel, daß sie nicht einmal Anhaltspunkte für seine Biographie geben. Der Herausgeber hat sie nämlich in chaotischen Durcheinander edirt. Es ergiebt sich zwar daraus, daß er in drei Städten nach einander sein Heim hatte, in Barcelona, Saragossa und Valencia (Respp. No. 127, p. 71a): וכן נהגו בכל המקומות שהייתי בהם ברצלונה סרקוסטה בלנסיאה. (Daß er auch in Tortosa gewohnt hätte, beruht auf einer verführenden Angabe in einem Responsum, vgl. w. u.) Aber nicht einmal seinen Geburtsort lassen die Responsen erkennen. Daher nennt Simon b. Zemach Duran dessen Geburtsort Valencia (Respp. II, No. 128) — und Joseph Samberi (XVII. Jahrh.), welcher manches Biographische von ihm mitgetheilt, nennt dafür Saragossa (Neubauer, Anecdota Oxoniens. p. 128) הריב"ש ז"ל ארץ מולדתו היתה עיר סרקוסטא. Beides ist falsch. Denn er selbst giebt gelegentlich an, er sei in einer großen catalonischen Stadt geboren (in den Respp. an Galipapa No. 394, p. 314b) גם אני מקטלוניא כמו ועירי היתה עיר גדולה לחכמים וגדולים יותר מעירך. Damit kann nur Barcelona gemeint sein, keineswegs war es Valencia oder Saragossa. Eben so wenig bekannt sind sein Geburts- und Sterbejahr und seine Lebensdauer. Der Beweis, den ich in der ersten Ausgabe aufgestellt habe, daß er über 100 Jahre alt geworden, beruht auf einem Irrthume im Leydener Kataloge. Daselbst wird nämlich eine Resp. Ben-Scheschet zugeschrieben, worin sein hohes Alter und sein Wohnort Tortosa angegeben ist (Catalog Bibl. Leyden 324). Halberstamm hat aber nachgewiesen, daß dieses Resp. nicht ihm, sondern seinem Zeitgenossen Mose Chalawah angehört (Maskir XIII, p. 74).

Kaufmann glaubte zwar, einen Fund für die Fixierung der biographischen Data gemacht zu haben, nämlich eine Grabinschrift auf Ben-Scheschet's Grabdenkmal bei Algier an der Meeresküste, das einen Wallfahrtsort für die Juden von Algier bildet. In den Versen der Grabinschrift ist mit Buchstaben angegeben, daß er 1408 gestorben sei — angedeutet durch die Zahl-Buchstaben כי לקח = (4)168 = 1408. Der Maler Genz, welcher das Schauspiel dieser Wallfahrt auf einem Gemälde wiedergegeben hat, berichtet darüber, was er von den algierischen Juden vernommen hatte. Le monument a été restauré par la communauté israélite en Alger en l'honneur du Rabin Isac Bar-Chichat, né en Espagne, décédé à Alger en 1408 dans sa 82 me année. Diesen Fund theilt Kaufmann mit (Monatsschrift, Jahrg. 1882, p. 86 f., Jahrgang 1883, p. 192, Revue des Études Juives IV, p. 319 f.). Er hielt die Grabinschrift für unzweifelhaft echt. Allein Joseph Sambari berichtet darüber im Jahre 1619 nach einem handschriftlichen Pergament, auszüglich angeführt, woraus sich ergibt, daß diese Grabinschrift, auf welcher das Todesjahr angegeben ist, möglicher Weise erst 200 Jahre nach Ben-Scheschet's Tode auf das Grabbdenkmal gesetzt worden ist. Er berichtet nämlich (Neubauer, Anecdota, p. 129 a): die Gemeinde von Algier habe Ben-Scheschet gar keine Grabinschrift gewidmet, weil er unbeliebt gewesen. Erst hundert Jahre nach seinem Tode hätten die Emigranten aus Spanien ihm eine Inschrift in vier Versen gesetzt, worin sein Todesjahr nicht bezeichnet wurde. Erst viel später hätte man eine größere versificierte Grabinschrift angebracht, worin sein Todesjahr 1408 mit den Buchstaben כי לקח angedeutet ist. Voraus geht die Angabe ולא נהגו בו כבוד במותו וגם לא נספד כי לקח Darauf heißt es נפטר שנת כי לקח כהלכה עד עת בא המגורשים קשטיליא שנת מזרה (1492) וחקרו על מקום קבורתו ובנו אצלו ציון גדול במצבת שיש . . . וכתבו עליה הבתים שאזכור . . . הבתים שהיו כתובים על המצבה הראשונה הם אלו:

בנפול מגדל, כבוד ירד, נועם יהדל, זהר ירחק וכו"
עוד הוסיפו האחרונים על זה ועל המצבה עצמה ושם המיסד
ר' אבא מארי אבן כספי זל.

Der sonst unbekannte Verf. dieser Inschrift, Abba-Mari Ibn-Caspi, gehörte dem XVI. Jahrhundert an. Erst in der später hinzugefügten Grabinschrift kommt der Vers mit den Zahlbuchstaben vor:

ונהפך יין רקח לרעל כי לקח אלהים את יצחק.

Das Datum des Todesjahres ist demnach durchaus nicht gesichert. Zudem sind nicht blos die angegebenen Buchstaben, sondern auch das ה im Worte אלהים punktirt, ob auch in der Handschrift, darüber kann nur H. Neubauer Auskunft geben.

Die spanischen Emigranten, welche 100 Jahre nach seinem Tode nach seiner Grabesstätte geforscht haben, müssen über sein Todesjahr ebenso ungewiß gewesen sein, wie wir, sonst hätten sie es in der Grabinschrift angebracht.

Dazu kommt noch ein interessantes Ergebniß des Grand-Rabbin Isaak Bloch, daß Ben-Scheschet mindestens noch 1409 gelebt haben muß. Das Resp. No. 171 ist nämlich an den Arzt und Talmudisten Benjudas Bondavi aus Cagliari in Sardinien gerichtet, und hat zum Inhalte das Vergehen gegen einen Bannspruch während der Anwesenheit eines Königs auf dieser Insel. Dieser König, welcher Cagliari besuchte und in dessen Umgebung der Arzt Benjudas war, kann diesen Besuch frühestens 1408 gemacht haben und zwar jedenfalls nach December desselben Jahres. Das wäre aber nicht mehr dasjüdische Jahr קס״ח, sondern קס״ט. Außerdem ist Ben-Scheschet's Responsum an Benjudas Bondavi ausgestellt Absch. בתעלוחך, d. h. Sommer 1409. Folglich kann Ben-Scheschet nicht im Jahre vorher gestorben sein (vergl. darüber Revue des Études VIII, p. 280 f.).

Noch unzuverlässiger ist die Angabe, daß er das Alter von 82 Jahren erreicht hat. Sie hat nicht einmal das unsichere Zeugniß der Grabinschrift für das Todesjahr für sich, da Sambari nichts darüber mittheilt. Sie ist wohl erst in **jüngster Zeit** nach unbestimmbaren Faktoren ausgerechnet worden. Es findet sich keine Notiz, daß Ben-Scheschet ein hohes Alter erreicht hätte. Nehmen wir an, daß er wie sein Freund Ch. Crescas 70 Jahre alt geworden ist, so kann er mit diesem gleichaltrig gewesen sein und nur etwa 10 Jahre älter als der Apostat Salomo aus Burgos, Pablo de Santa-Maria, mit dem er vor dessen Taufe correspondirt hat (o. S. 80).

Weiteres zu seiner Biographie läßt sich nur anführen, daß er im Jahre 1374 nicht mehr in Barcelona war, da er in diesem Jahre bezüglich einer Urkunde, in welcher das Datum irrthümlich ausgestellt war, seinen Lehrer R'Nissim in Barcelona brieflich anfragte (Resp. No. 382). An diesen wendete er sich gleich nach seiner Uebersiedelung nach Saragossa (No. 388) כבר שלחתי לרבינו נסים תכף בואי סרקסטה. Im Jahre 1378 war er noch in Saragossa, von wo aus er Chasdaï Salomo in Valencia gratulirt, daß er den kriegerischen Fährlichkeiten in Tudela, welches die Castilier und Engländer umstritten haben, glücklich entronnen sei (o. S. 401).

Zu beachten ist noch für Ben-Scheschet's Biographie Sambari's Notiz, daß er in Algier so mißliebig gewesen wäre, daß sie ihm nicht einmal ein einfaches Denkmal gesetzt haben, und daß er vorher in einer anderen nordafrikanischen Stadt ebenso wenig beliebt gewesen.

3.

Die Disputation von Tortosa,
die dabei betheiligten Notabeln, die Anklageschriften des
Geronimo de Santa Fé und die zwei Josua Lorqui.

Für die langdauernde Disputation von Tortosa stehen gegenwärtig drei Quellen zu Gebote: Der Auszug aus den lateinischen Protokollen der Verhandlung (die im Escorial liegen), aus denen Rodriguez de Castro Auszüge (in seiner Bibliotheca I, p. 206) mitgetheilt hat, ferner ein Referat darüber, in Form eines Sendschreibens von Bonastruc an die Gemeinde von Gerona (in Schebet Jehuda No. 40) und endlich ein zweites Referat in hebräischer Sprache, aus einem Manuskript Halberstamm's abgedruckt in Kobak's Jeschurun, hebr. Theil, Jahrg. VI (1868), p. 45 f., ohne Ueberschrift. Das Letzte stammt von einem bei der Disputation Anwesenden oder Einberufenen. Es beginnt mit den Worten: בשבעה ימים לחדש אייר באנו לפני האדון האפיפיור. Obwohl zeitgenössische Quellen, geben sie doch kein vollständiges Bild von diesem Factum; die lateinische Quelle giebt nur das Gerippe und keineswegs die interessanten Nebenumstände und Einzelheiten, und die hebräischen, wohl ausführlicher und farbiger, sind zum Schlusse defect. Sie stimmen indeß in vielen Punkten mehr, als man von dem parteiischen Standpunkte beider erwarten sollte, mit einander überein. Nur in Betreff mancher Namen der dazu berufenen jüdischen Notabeln herrschen bedeutende Differenzen, die durch die jüngst veröffentlichen Quellen, sowie durch Notizen berichtigt werden können. Zurita hat nämlich gewiß aus den Escorialprotokollen einige Namen, welche bei de Castro fehlen (Annales de Aragon III., p. 108 ff.), und Amador de Los Rios hat in seiner größeren Geschichte der Juden von Spanien und Portugal ebenfalls eine wichtige Notiz aus Garibal (Geschichte der Stadt Gerona) mitgetheilt. Stellen wir diese voran: Auf Antrag des Papstes sollte der Bischof von Gerona **Ramon de Castellar** vier jüdische Gelehrte aus dieser Gemeinde einladen, sich zur Disputation nach Tortosa zu begeben, und ganz besonders den Rabbi Ben-Astrüc: quatuor de Sapientioribus ex vobis, inter caeteros principaliter Rabbi Ben Astrüc eruditus in talibus (Amador II., p. 434, Note). Statt vier sind aber daselbst fünf aufgezählt. Der Bischof hatte durch einen Notar in seinen Palast laden lassen: Maestro Ben Astrüc y los Rabinos Azag Todros (o Toros), Nassim Ferrer con los Alfaquies Jahudah (o Jaffuda) y Ben Astruch Joseph (das sind also drei Rabbiner und zwei Aerzte). Ein Name ist gewiß entstellt. Azag Tobros ist hebräisch יצחק טודרוס aber „Nassim" läßt sich nicht auf einen hebräischen Namen zurückführen. Er ist vielleicht נשיא und gehört auch zu Azag Tobros, nämlich Nassi. Derselbe mag auch dazu den Beinamen Ferrer geführt haben. So wären vier aus Gerona delegiert worden. Ben-Astruch, welchen der Papst ganz besonders gewünscht hat, ist gewiß identisch mit **Bonastrüc**, welcher die Relation in Schebet-Jehuda als Sendschreiben an die Gemeinde von Gerona gerichtet hat: טופס הכתב ששלח ההכם הגדול אבונשטרוק לקהל קדוש גירונא. Amador verwechselt ihn irrthümlich mit Astruc Levi aus Doroca, welcher sich von den agabischen Sentenzen über Messias losgesagt hat, (das. p. 442, Note; vergl. w. u.). Im Protokoll wird derselbe Benastruc Desmaestre de Gerona genannt. Desmaestre war ein Beiname einer angesehenen Familie (vgl. w. u. 410 f.) Eine Direktive für die Namen der Notabeln, welche die angesehensten in den aragonischen Gemeinden waren, giebt die Notiz in der jüngst veröffentlichten anonymen Quelle (im Jeschürun, nennen wir sie die Relation J, dagegen die im Schebet Jehuda die Relation S), daß ihrer 22 waren: והיינו שם שלוחי הקהל מלכות ארגון וקטלוניא במספר עד עשרים ושנים.

Von diesen zählt S nur 16 auf[1]):

Aus Saragossa 3: הר' זרחיה הלוי ;השר דון וידל בן בנבנשת ;מתתיה היצהרי.
" Kalatajud 2: הנשיא דון שמואל הלוי ;משה בן מושא.
" Huesca 1: דין טודרוס (Var.) מרדכי אלקושטנטי;.
" Alcañiz 2: דון יוסף בן ארדוט ;דון מאיר אלחניוא־.
" Doroca 1: דון אשטרוק הלוי.
" Monreal 1: הר' יוסף אלבו.
" Monzon 2: דון יוסף הלוי ;יום טוב קרקושה.
" Montelban 1: אבו גנדר leg.) גודה (Judah,.
" Belchite 3: דין יוסף אלבלג ;הכם בונגנואה ;השר טודרוס בן יחיא.

Die Namen der Notabeln aus Gerona fehlen, denn das Wort מגירונא steht in S abgebrochen da, wahrscheinlich weil der Berichterstatter Ben-Astrüc, der doch an die Gemeinde Gerona geschrieben hat, es nicht für nöthig fand, die Notabeln aus dieser Stadt zu nennen. Da wir nun wissen, daß vier aus Gerona[2]) berufen waren, so hätten wir schon 20 Namen. Das Protokoll führt

---

[1]) Dadurch erweist sich, daß die Aufzählung bei Schlesinger, historische Einleitung zu Albo's Ikkarim, p. VI, und bei Amador T. II, p. 435, Note, falsch ist.
[2]) Der als vierter Delegierter aus Gerona genannte Astruch Joseph ist

auch einen Namen Rabi Moysen Abenabez aus Saragossa an; er ist sicherlich משה בן עבאסי‎, an den Dafiera Verse und Briefe gerichtet hat (Maskir XIV, p. 79, vergl. w. u.). Der Name ist wohl im Verzeichniß S ausgefallen. Vier Delegirte aus der großen Gemeinde Saragossa wäre nicht zu viel. Einige dieser Namen kommen auch im Protokoll vor.

Die Relation J nennt nur wenige von diesen Namen, aber einen, welcher in S fehlt, nämlich שלמה מימון מקהל טורטושא‎. Dieser entspricht dem Namen Salomon Judäus Rabi Aljamae Dortunensis. (Meine irrthümliche Vermuthung, daß darunter Salomo Bonsed verstanden werden könne, hat Halberstamm berichtigt.) Was "Judaeus" bedeuten soll, ist unklar. Identisch damit ist wohl auch der in den christlichen Quellen genannte Aben-Mime[1]). So wären, wenn zu den 20 Mose Jbn-Abbasi und Salomo Maimon hinzugezählt werden, die 22 Delegirten ermittelt. Eine Schwierigkeit entsteht indeß, daß ein Autor, dessen Namen nicht unter diesen vorkommt, sich selbst als zu den zur Disputation Gepreßten nennt, Namens Abraham Raimuch aus Barbastro, von dem aber weder im Protokoll, noch im Verzeichniß eine Spur angedeutet ist. Der Verf. eines Commentars zu den Psalmen, Namens אברהם בן חיים בן רימוך‎, sagt von sich in der Einleitung (Katalog, Bodl. Ms. p. 66, No. 326): שארץ מולדתי גרשוני היא‎,

בצללונה המהללה אשר שם ילדי הורוני ומפאר הגזרות והשמדות משה הוצאוני ובמלכות ארגון כמדינת ברבשתר הישיבוני ואשב שם כשלשים וחמש (?) שנים . . . (מלך) חדש נתחדשו גזירותי . . . ויביאוני במאסר ולבית הועד קראוני עם שאר החכמים וראשי הקהלות להתוכח עם האפיפיור ועם חכמין הביאוני ונהי שם ימים רבים עד אשר במצרף הבחינה בעני וברואתי כי רבים מגדולינו המירו כבודם . . ועזבתי את ביתי . . . הוני ומטוני בני ובנותי . . ובעת ההיא גזרו עלינו להסיר ממנו חמדת תורתנו וכל ספרי תפלתנו ויתנום בבית אלהיהם ויחמסו הזרת לעיני ונשארתי. דך מך ודל.

Es kann doch nicht bezweifelt werden, daß hier von der Disputation von Tortosa die Rede ist, worauf doch die Massentaufen und die Confiscation der rabbinischen Schriften hinweisen. Abraham Raimuch war demnach ebenfalls als Notar einberufen oder, wie er es bezeichnet, durch Kerkerhaft dazu gezwungen worden. Mit diesem wäre die Zahl 23 gewesen, was eine Ausgleichung erfordert.

Eine andere Incongruenz bietet der Name eines dieser Notabeln. In der Relation S spielt Don Vidal, Sohn des Benveniste, eine hervorragende Rolle bei der Disputation. Er wurde von seinen Genossen gewählt, auf die Eröffnungsrede zu antworten, weil er der lateinischen Sprache mächtig gewesen: והסכימו ביניהם מי יהיה ראש המדברים בפני האפיפיור ומי יקרא (?) בלשונם ארננא והסכימו כלם שיחתול דין וידאל (כן) בנבנשתי כפני שהיה חכם בחכמה וידע בטיב הלשון לאטין‎. Don Vidal hielt auch die erste lange Rede zur Entgegnung auf Geronimo's verletzende Eröffnungsrede (Schebet Jehuda l. c. p. 69). In dem lateinischen Auszuge aus den Protokollen kommt dagegen der Name Vidal gar nicht vor, auch nicht bei Zurita; dafür figurirt dort als Hauptsprecher ein Rabi Ferrer, der wiederum in der hebräischen Quelle vermißt wird. Es liegt also nahe, daß Don Vidal b. Benveniste und Rabi Ferrer identisch

im Original bezeichnet als Jucef Struch Benet, was Amador erklärt als Joseph Astruch Ben-Abad. Das mag richtig oder unrichtig sein. Aber schwerlich kann es der Delegirte gewesen sein, der wegen eines befremdlichen Grundes sich getauft haben soll (Amador, p. 442, Note).

[1]) „Josue Messiee" in diesen Quellen ist vielleicht verschrieben statt Jehuda Mestre, der Name eines der beiden Aerzte von Gerona. Rabi Aban oder Aven in demselben ist das Bruchstück eines Namens mit אבן‎.

sind. Diese Identität ergiebt sich auch aus einem andern Momente. Nach den Protokollen hat Rabbi Ferrer in der ersten Disputation Geronimo entgegnet (nach de Castro's Uebersetzung a. a. O. p. 200): En el 8mo de Febrero empezó Geronimo su disputa y la tuvo este dia con Rabi Ferrer. Am 15. war die Disputation zwischen Geronimo einerseits und Rabbi Ferrer andrerseits: el 15mo de Febrero con un Judio de Girona llamado Bonastruc Desmaestre y con Rabi Ferrer. Die hebräische Quelle berichtet ebenso, daß gerade an diesen beiden Tagen Don Vidal gegen Geronimo das Wort ergriffen habe (das. p. 70): ביום הג' היתה תחילת הויכוח והתחיל
מאישטרי. גירונימו . . . אמר דון וידאל . . . . . השיב דון וידאל . . . . . . ונחבטל הויכוח
עד ט"ו לפיבריר ששלח האפיפיור בעדנו . . . וחזר לאותו המאמר דשמואל שאמר נולד המשיח
. . . . אמר דון וידאל אדוננו האפיפיור יש לנו מיסכם בתלמוד וכו'. Also gerade an diesen zwei Tagen, am 8. und 15. Februar, an welchen nach der lateinischen Quelle Rabbi Ferrer das Wort führte, war nach der hebräischen Don Vidal der Sprecher. Es ist also an der Identität von Don Vidal Ben Benveniste aus Saragossa und Rabbi Ferrer nicht zu zweifeln. Der Name Ferrer war auch unter den Juden gebräuchlich.

Der Name erregt aber Zweifel bezüglich der Individualität. Denn es gab zur Zeit der Disputation zwei Persönlichkeiten von Bedeutung desselben Namens, von denen aber der eine noch den Beinamen בן לביא geführt hat. Die Monographie über Vidal, Beneveniste und Ibn-Labi in den bibliographischen Blättern (Maskir XV, Jahrg. 1875, p. 60 und 78 f.), welche den Knäuel zu entwirren suchte, hat ihn nur noch mehr verwirrt. Sie geht von der Voraussetzung der Identität aller mit diesen Namen Bezeichneten aus, was aber irrthümlich ist. Der Einblick in den handschriftlichen Diwan des Salomo Bonfed führt auf den ersten Blick darauf, daß es zwei desselben Namens gegeben hat (Katalog Bodl., No. 1984. Piècen = No. 35, p. 673): בראותי ביטים עברו המשוררים
דון וידאל בן בנכנשת ז"ל ודון בידאל בן לביא הרצו שיריהם להחכם ר' שניאור. In derselben Sammlung findet sich im Diwan des Benveniste ein Schreiben des Dichters an Don Vidal Ben-Labi (das. p. 674): A letter adressed to Don Vidal Ben-Labi regretting the separation of one from the other. Aus mehreren Notizen ist es nicht zweifelhaft, daß der hier als דון וידאל בן בנכנשת bezeichnete, wie sein Doppelgänger ebenfalls noch den Familiennamen בן לביא geführt hat. Die Frage, welcher der beiden Vidal Hauptsprecher bei der Disputation gewesen sein kann, drängt sich unabweislich auf, da aus vollgiltigen Zeugnissen die Thatsache feststeht, daß einer derselben zur selben Zeit zum Christenthum übergetreten ist.

Dieser werthvolle Codex, Bonfeds Diwan, hat in der Sammlung Michael, No. 805 (und wie angegeben Bodl. 1984) die Aufschrift: שירים
ומליצות לר' שלמה בן. Auf der ersten Seite ראיכן בונפיד מבני דורו של הריב"ש אשר חבר בעת רוחכה בטורטושה
(Katalog B., p. 670) referirt Bonfed: רוח השיר שם היה הויכוח בעת בטורטושה בהיותי
כמים לנגרים . כי היו שם רוב המשוררים אשר במלכות עם יתר החכמים ובכללם היה דון בידאל
בן לביא אשר עבר בין הגזרים ולא עמד וקדם פניו החכם אבונשטרונק דיסמישטרי
בשירים יקרים והוא השיבו ברוח נכון בדברים הדורים . גם אני . . . שלחתי לו זה השיר מדבר
בלשון שירו צועק מרה על המים המרים ומעביר קול תלונה במחנה העברים. Diese umschriebene Phrase will gewiß sagen, daß Vidal Ben-Labi sich getauft hat. Dasselbe sagt noch deutlicher ein anderer Passus in demselben Diwan (p. 673, No. 44): ויהי כי ארכו הימים והחכם הכולל דון וידאל בן לביא אשר בעונות העביר
אדרת תפארתו מעלינו ועבר בין הגזרים שכה אהבתי מחמת אנכו.

An einigen Stellen deutet Bonfed an, daß in dieser traurigen Zeit überhaupt angesehene Männer zum Christenthum übergegangen sind (No. 46, dieselbe Seite): בראותי בעת הויכוח כי היה שמה רוח רבים ונכבדים להמיר ונפלו אל הפחת שני שלשה נגררים בראש אמיר ולחכם דון משה אבן עבאס ז"ל והרב אבונשתרוך דיסמאישטרי נר"ו עם יתר הרבנים לחלקי (?) של האמיר הפלגתי להלל חסדם בדרך השיר והזמר. In No. 2 (p. 671) lautet die Ueberschrift eines Gedichtes: אחר כן נפרץ הפרץ וגברה יד ההמרות ושלחתי זה השיר. Es לנעלה קרובי נאשחרונ בונפיד על פרידת רבים ונכבדים משרי קהילותנו ist dieselbe Klage über Abfall, wie sie Abraham b. Raimuch (o. S. 408) geäußert hat. In No. 32 (p. 672 u. ff.): Ein Gedicht gegen die öftere Anwendung der philosophischen Auslegung der Bibel, welche in der Zeit der Apostasie nachtheilig für das Judenthum sei, besonders gerichtet gegen En=Schaltiel Gracian, welcher sich damit befaßt hat: ובפרט הישרתי עפיצפי נגד החכם אנשאלתאל גרסיאן כי ידעתיו שלם בתורתו . . . . והיא שנת ההמרה. Nebenher ergiebt sich aus den Excerpten, daß wie Bonastrüc Desmaestre, auch Mose Ibn=Abbas bei der Disputation anwesend waren, obwohl deren Namen in der Aufzählung in der hebräischen Quelle fehlen. Unter den angesehenen Persönlichkeiten, welche zur Zeit der Disputation zum Christenthum übergetreten sind, war also auch ein Vidal Ben Labi. Und ein anderer desselben Namens war Hauptsprecher bei dieser Disputation? Wie sind sie von einander zu unterscheiden? Einer dieses Namens mit dem hebräischen Namen Joseph hat ein medicinisches Werk aus dem Arabischen in's Hebräische übersetzt. In der Einleitung giebt er seinen Namen an (Codex der Wiener hebräischen Bibliothek, Katalog von Krafft und Deutsch, S. 164): אמר המעתיק יוסף המכונה וידאל בן השר ר' בנבנשת בן לביא . . . . החכם אבא מרי שחר פני החכם הכולל ר' יהושע בן ויויש . . . לחבר מאמר קצר . . . . לדעת הרופאים לחקור ממסך כל ראשי בשמים וסמים . . . וחבר המאמר ההוא בלשון הערב הערב והצח . . . . והיות דבריו אל קצת המעיינים כדברי הספר החתום להעדר בקיאותם בלשון ההוא נזרה חכמתו ויצו עלי להעתיק המאמר ההוא הנזכר ללשוננו הקדוש . . . וקראת שם זה הספר גרם המעלות. Von seinem Vater giebt der Verf. des genannten medicinischen Werkes, Josua Ibn=Vives, einige Notizen: אמר יהושע בן החכם הפילוסוף ר' (יוסף כן (בן l. ויויש המכונה אלרקי (אללורקי l.) ידוע ומפורסם במחננו וגם בקצות אקלימנו זה מעלת הארון הנכבד השלם ר' בנבנשת . . בן המעלה הפילוסוף ר' שלמה בן לביא המכונה דילא קאבאלידריא'ה שהיה עם היותו עמוס משא מלך שרים והנהגת הקהלות לא סר מטבוע עתים אל העיון בחכמת התורה ואל ההבוננות בפילוסופיא עד שהגיע אל גבוע גדול ויש לו מצורף לזה ביסודות מלאכת הרפואה בשני חלקים העיוני והמעשי. Der Vater des Don Vidal, Namens Benveniste, war demnach Sohn des Salomo Ibn=Labi und führte auch den Familiennamen de la Caballeria. Es ist derselbe, der mit Joseph Orabuena und Chasdaï Crescas in Correspondenz gestanden (o. S. 412 N.). Auch mit Don Meïr Alguadez stand er im Verkehr, und ein Sendschreiben an ihn in dem Wiener Codex No. 108 (Bl. 208 v.) giebt an die Hand, daß derselbe vielleicht noch 10 Jahre nach der Verfolgung von 1391, also um 1401 gelebt hat. In diesem Sendschreiben empfiehlt Benveniste b. Labi dem hochgestellten Alguadez den Jona Desmaestre (Schwieger-

---

[1]) Dieser יוסף בן בן ביבש war ein älterer Freund des Esra=Astrüc Gatigno (o. S. 26), übersetzte Maimuni's Logit aus dem Arabischen in's Hebräische (Codex Paris, Orient Literaturbl. Jahrg. 1848 col. 558. 454) und schrieb einen Commentar zu Avicenna's Canon (de Rossi Codex No. 428, Bartelocci III, p. 944, No 10). Vater und Sohn (Lorqui) verstanden demnach Arabisch und Medicin.

vater des Simon Duran I.) und seinen Sohn Salomo, beide als würdige Nachkommen Nachmani's und Jona Gerundi's. Die Ueberschrift lautet: (לביא .I) שלח לדון מאיר אלגואדיש נר"ו דון בנבנשת בן'. Das Sendschreiben selbst lautet, mit Weglassung des Unwesentlichen: . . . . עטרת תפארת וצניף מלוכה . . . . בטרם יבוא חבל הצרות בנערינו ובזקנינו . ויהי כי הקיפוני ימי הרעה וכי נהפכו עלינו ציירי התלאות בעברת ה' צבאות ונפל ממנו רב ענין ורב בנין, גם אל שאול ירדו מחוקקים . . . . עד כמעט נשתכחה תורה ותושיה נדחה ממנו . . . . לולא ה' צבאות הותיר לנו שרידים אשר ה' שרד בארץ הלוא ה'. ומכללם הר' ר' יונה דיסמאשטרי ובנו ר' שלמה כי בן זקוניו הוא . . . . ובפרט ר' שלמה הנזכר לא שת לבו זה עשר שנים כי אם בתורת ה', לא הלך בגדולות ובנפלאות . ראוי הוא שתשרה עליו רוח אבותיו הקדושים הם הם גזעי ההליכת הרמב"ן ז"ל והר' ר' יונה. (Ueber die Genealogie dieser hier genannten, ihre Ascendenz und Descendenz vergl. Respp. Salomo Duran I, No. 291). — Don Benveniste Ibn-Labi, eben der Vater des Don Vidal, correspondirte auch mit dem Apostaten Astrüc Raimuch[1]), allerdings so lange dieser noch Jude war (in demselben Codex).

[1]) Es ist interessant zu sehen, wie Astrüc Raimuch, der als Christ unter dem Namen Francisco כורני דייש (bedeutet nach Heilperin's richtiger Enträthselung: Dios carne = Gott-Fleisch, d. h. Fleischgewordener Gott), also Astrüc Raimuch, der sich im Sendschreiben an En-Schaltiel Bonafox ben Isaak als rabiaten Feind des Judenthums zeigte (Anhang zur Epistel אל הדי אבותיך), wurde als Jude von Don Benveniste als Muster der Frömmigkeit bezeichnet. Ich theile daher den Panegyricus auf Astrüc Raimuch auszüglich mit: מליצה שלח השר החכם דון בנבנשת ד'ל למאישטרי אשטרוק רימוך מפראגא' על מנחה שלח לו . אישימה אחת ואשפר מביחך פר . . . . עשב בשדך כפרים וט נרדים ונבלתה מאהנתך כל פרי מגדים . . . . יהיב חכימתא לחכימין מלמד אדם אמרי בינה ודעת קדושים. יורה חטאים את הדרך ילכו בה משובך נתיבות אשר ארהותיהם עקשים לפקוח עינים עורות . . ויפקוד ה' אל אלהי הרוחות עליך ממרום רוח חכמה ובינה . . . הלא מצער לקח מאתך גדול ורב בבחינת האהבה הלא יש כתיבה במורשי לבבי כל עוד נשמתי בי . Das Uebrige ist rhetorische Floskel über den hohen Werth der, wenn auch geringen Gaben, wenn sie aus der Hand des Astrüc Raimuch kommen, und über dessen Geschicklichkeit als Heilkünstler. Es ergiebt sich aus diesem Sendschreiben, daß Astrüc Raimuch Arzt war, aus Fraga stammte und bereits bei der Verfolgung von 1391 zum Christenthum übertrat. Das Sendschreiben Benveniste's Ibn-Labi de la Caballeria an ihn stammt vor 1391. (Ich verdanke eine Copie dieses Sendschreibens und einer andern Pièce über Meïr Alguadez aus dem Wiener Codex des Salomo Dafiera der Güte des verstorbenen S. G. Stern in Wien, der sich im Interesse der Wissenschaft der Mühe unterzog, sie aus einer ziemlich unleserlichen Handschrift zu copieren). Daraus will ich nur Einiges ausziehen über die Stellung, welche Meïr Alguadez und Benveniste Ibn-Labi damals einnahmen, und zugleich eine Probe von der Geschmacklosigkeit und Ueberladung des Dichterlings Salomo Dafiera liefern: מליצה שלח המשורר אנ-שלמה די פיאירה אל השר דון מאיר אלגואדיש. מי תכן את רוח איש מסכן לשבו שמו בשם הגדולים? מי מלל חין ערך יקר מזולל והעמים נפלים לפני נפילים? כי . . מי . . מי . . מי אתה הר הגדול . . צור חסין בו מלכי ארץ וכל לאומים . . אחה השקף נפשי, אתה החלות להראות את עבדך חסדך לנגד עיניו. אחה רצצת ראשי יגוניני אחה. . אחה . . בטרם תצמחנה תלאות . . להתגלגל עלינו עלילות ועלולים . . בטרם לרת יום תולדות לחרבות . . למען תלאות הירודים האומללים טרם . . . טרם . . . טרם . . . טרם טוים טים טוים אבן נגף בחלונינו ופח יקרוש בארמנותינו . . . וחרבת המכשולים . . . ויהי כי ארכו הימים והגיעו תקופת העתים והאלהים אנה שהזמין כבודך לפונדק אחד במלכות נאברה עם יקר תפארתנו גבירנו וטופפוסרנו הגבר חיקם על הלוא אדוני אלופי וכרובי הוא ה' דון בנבנשת נ' לביא העומד לנס עטים בעד השארית הנמצאה לפני מלכים ובמכונים גדולים . . . וגם הנה לנה פקד עתי אל פקודות שלום פקוצא פני כבודו . . . וככן אליו הוא נושא את נפשי כל איש מצוק וכל מר נפש להשיב את נפש השר הטפסר החכם הרב הכזכבה דון מאיר אלגואדיש. Der ermüdend langen Rede kurzer Sinn ist: Meïr Alguadez hat ihn, den Schreiber Dafiera, in früher Zeit, als die große Ver-

Es ist also unzweifelhaft, daß ein Vidal Jbn-Labi Sohn des Benveniste Jbn-Labi, und dieser wieder Sohn des Salomo Jbn-Labi war, welcher noch den Beinamen de la Caballeria führte. Der Beiname de la Caballeria neben Ben-Labi führt nun auf ein Kriterium, die beiden Vidal Benveniste zu unterscheiden. Salomo, der Vater des Benveniste Jbn-Labi führte diesen Beinamen (vergl. auch Katalog Bdl. No. 216, 4, p. 704, worin unter Anderem auch ein Schreiben von שלמה דילה קבלריא vorkommt[1]). In dem „grünen Buche" von Aragonien des Sekretärs der Inquisition von Saragossa Anchias (vergl. S. 150, Note), welches die von getauften Juden abstammenden Familien genealogisch verfolgt, ist angegeben, daß Vidal de la Caballeria, Sohn des Bienvenit de la Caballeria aus Saragossa mit seiner Frau zum Christenthum übergegangen ist. (Revista de Espana, Jahrg. 1885, Tomo 105, p. 568): Vidal de la Cavalleria, hijo de Bienvenit de la Cavalleria, judio franco de Çaragoça. El y su muger se volverion Christianos y dixieron á el Gonçalo de la Cavalleria y a ella Beatrix de la Cavalleria y huvieron dos hijas. Bienvenit oder, wie Anchias an anderer Stelle denselben Namen schreibt: Bienvenis, ist doch unstreitig Benveniste. Dieser Vidal hatte keinen Sohn, sondern nur zwei Töchter, von denen die ältere Cipres de Paternoy, Stammvater einer berühmten Marranenfamilie, und die jüngere Caspar Ruis geheirathet hat. Die Familie de la Caballeria war dagegen sehr verbreitet in Aragonien und hatte hochgestellte Familienglieder. Ein Bruder des Benveniste de la Caballeria (also des Vaters des Vidal) war Bonafos de la Caballeria. Dieser Bonafos und seine Frau, welche sich zuerst gegen die Taufe gesträubt hatten, gingen doch zum Christenthume über, wollten aber den Familiennamen de la Caballeria nicht aufgeben (das. p. 571): Bonafos de la Cavalleria y Bienvenis de la Cavalleria eran hermanos ... El qual y su muger se hicieron Christianos y no quisieron dejar el apellido de la Cavalleria. Dieser Bonafos nannte sich als Christ Pedro. Er war also der Oheim des Apostaten Vidal Benveniste. Bonafos soll, nach Anchias, außerdem noch sieben Brüder gehabt haben, welche

folgung noch nicht ausgebrochen war (vor 1391) an Don Beveniste Jbn-Labi empfohlen. — Wie hochgeschätzt Meïr Alguadez war, ergiebt sich auch aus dem Statut von Valladolid für die Gemeinden Castiliens vom Jahre 1432 (Note 4), daß er, seine Wittwe Bathseba und seine Tochter Luna von Abgaben frei sein sollten: Pero por cuanto el ז"ל fizo חכם הרב דון מאיר אלודיש ושכנות הרבה בישראל, y fue מן הראוי es עומד בפרץ רב דן de lo conocer y de ser שימר הברית והחסד, que fizo בחיי á los הקהלות ... y en los passados que fueron fechos en los קהלות, asi ante que el dicho רב דון מאיר fuese su juez major, como despues, le fue fecha gracia que fuese quito רוא ויוצא ירך ס' de qualesquier fechos ... Ebenso wird derselbe Benveniste von Serachja Salabin gepriesen im Vorworte zur hebräischen Uebersetzung von Alghazali's destructio philosophorum: אבא בגבורות פאר החכמים צבי העשירים עדי השרה והיחס ... חמדת ישראל: וסגולת מלכים החכם השלם דון לביא בן לביא בן כבוד ... דון שלמה בן לביא ז"ל. Derselbe hat wohl Meïr Alguadez zugeredet, Aristoteles' Ethik in's Hebräische zu übertragen (Vorwort zu (ס' המדות: גם העירני על זה היקר הנעלה החכם דון בנכנשת בן לביא י"א שוכן בסרקוסטה.

[1]) Dieser Salomo ist wahrscheinlich der Uebersetzer des אמונה רמה von Abraham Jbn-Daud aus dem Arabischen ins Hebräische, Katalog Ms. Bodl. No. 1227: העתקתיה מלשין ערב אל עברי אני שלמה בן לביא. Das Datum 1478 ר"לח bezieht sich nicht auf die Uebersetzung, wie irrthümlich angenommen wird, sondern auf die Zeit der Copie.

sämmtlich zum Christenthum übertraten und meistens mit hohen Aemtern belohnt wurden. Bei der Aufzählung der Glieder dieser Familie wiederholt Anchias die Apostasie des Vidal, Sohnes des Benveniste (p. 578): Y eran parientes de Bienvenis y de Vidal de la Cavalleria, aunque no muy cercanos ... Gonçalo de la Cavalleria que, sienda judio se llamaba Vidal y su padre Bienvenis.

Daß diese getaufte Familie ihren alten, an ihren jüdischen Ursprung erinnernden Namen nicht aufgeben mochte, scheint in dem Umstande gelegen zu haben, daß er von einem Ahnen geführt wurde, auf den sie stolz war. Dieser hieß Juda de la Caballeria, ein Arzt, der bei den Königen von Aragonien und auch bei der Bevölkerung von Saragossa hochgeachtet war. Als in Saragossa das Judenviertel abgesondert werden sollte, bewilligte 1331 die Königin Leonore ihm die Ausnahme, damit er nicht gehindert sei, auch bei Nacht zu christlichen Patienten gerufen zu werden (Asso b. Amador, p. III, 98 u. ff.) Die Benennung de la Caballeria hatte dieser, sowie seine Nachkommen, von einem Städtchen dieses Namens. Sie waren Leviten, wie Amador bemerkt (das. p. 98): Dividida ... (la familia de los Cavalleria) en dos distintas ramas, pagábanse ambas de traer su origen de la tribu de Levi. Abraham Bedarasi nennt im XIII. Jahrhundert: בנבנשת לבן לוי ולביא (חרב המתהפכת). Den Namen Ibn-Labi mögen sie, wie Fürst richtig bemerkt hat, von ihrem Ahnen Jehuda geerbt haben. Dieser Name wurde in jüdischen Kreisen in אריה „Löwe" metaphrasirt, und בן לביא „Sohn der Löwin" wäre dasselbe, und dieser Name hatte, auch arabisch, אבן לביא, einen besseren Klang als „Löwe"; darum mögen die Nachkommen ihn vorgezogen haben. Die Genealogie der de la Caballeria, welche auch den Familiennamen Ibn-Labi geführt hat, wäre demnach vom Ende des vierzehnten und Anfang des fünfzehnten Jahrhunderts:

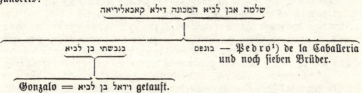

שלמה אבן לביא המכונה דילא קאבאלירייא

בנבשתי בן לביא   בונפס — Pedro[1]) de la Caballeria und noch sieben Brüder.

Gonzalo = וידאל בן לביא getauft.

So viel ist gewiß, daß dieser Zweig der Familie de la Caballeria zum Christenthum übergetreten ist, also gerade der in Bonfed's Diwan genannte דון בידראל אבן לביא. Folglich ist wohl der Delegierte bei der Disputation דון וידאל בן בנכנשת identisch mit dem im Diwan zugleich genannten דון וידאל בנבנשת (בן בננשת) ohne den Beinamen בן לביא. Dieser wird in dem Protokolle Rabi Ferrer genannt. Derselbe nahm so sehr den konsequent talmudischen Standpunkt ein, daß er mit Joseph Albo nicht einmal die anstößigen Agada-Sentenzen im Talmud preisgeben mochte (vergl. w. u.). Die Erforschung der weitverzweigten Familie בן לביא muß demnach kritischer als es bisher geschehen ist, aufgenommen werden. Denn es muß nicht blos zwei angesehene Männer בנבנשת gegeben haben, sondern

---

[1]) Von diesem Bonafos-Pedro berichtet das grüne Buch (a. a. O.): Estando Judio era letrado y despues de Chrissiano estudio leyes y fué jurista, y compuso un libro muy bueno. Er meint damit das Buch Zelus Christi contra Judæos et Saracenos, das von fanatischem Judenhasse durchzogen ist (vergl. Amador III, p. 106).

auch mehrere ‎וידאל בן לביא‎, welche dem Judenthume treu geblieben sind. Bonsed's Diwan nennt einen ‎דון וידאל בן לביא החסיד ז"ל עבר דרך טארונה משתדל בהעמדת הקהלות‎ (Katalog Bdl. p. 671, No. 11). Die antichriſtianiſche Schrift ‎קדש הקדשים‎, welche gegen den Apoſtaten Lorqui = Geronimo de Santa-Fé gerichtet iſt, hat zum Verf. Vidal Ben-Levi (Wolf I, 354, und de Roſſi Bibliotheca antichristiana, 175), wohl zu leſen: ‎וידאל בן לביא‎. Dieſer wenigſtens iſt doch verſchieden von dem Apoſtaten. Ueber dieſe Schrift vergl. w. u.

In dem Diwan des Salomo da Piera ſind mehrere Piècen gerichtet an und von ‎דון וידאל בן בנכנשת‎, der hin und wieder auch als ‎בן לביא‎ bezeichnet wird und dieſer wird doch ſchwerlich der Apoſtat Vidal Gonçalo geweſen ſein. In den Reſponſen des Iſaak Ben-Scheſchet, die noch vor ſeiner Auswanderung, alſo vor 1391, erlaſſen ſind, kommen die Namen vor (No. 395): ‎הנשא דון שלמה‎, und im Verlaufe: ‎כענין שאלה ששאל הנעלה דון שלמה בן לביא י"א אישר: לדון‎ (No. 435): ‎בן לביא כתב מעטמו . . . אל החכם דון חסדאי קרשקש‎, und (No. 249): ‎שאלת . שלמה בן לביא י"א . אדוני . שאל לנשא דון בנבנשת בן לביא י"א‎, und (No. 360): ‎לנשא דון וידאל בן לביא י"א הגביר‎. Ben-Scheſchet wird doch ſchwerlich innerhalb eines Jahrzehntes mit Großvater, Sohn und Enkel correſpondirt haben. Codex de Roſſi, 303 g, erwähnt ein Pijut für den Verſöhnungstag, welches Anfangs das Akroſtichon hat ‎אני יוסף בן לביא‎ und zuletzt das Akroſtichon ‎וידאל בן בנכנשת‎. Dieſer Name erinnert auch an den Apoſtaten.

Einem Vidal Ben Benveniſte gehört auch die Parabel ‎מליצת עפר ודינה‎ an, welche in der Edition und im Ms. die Ueberſchrift hat: ‎זה מעשה החכם הדרוש‎, ‎זאת המליצה חברה המשורר החכם‎, und in der Editio princeps: ‎דון וידאל בנבנשת ז"ל‎, ‎השלם ומעולה דון וידאל בן בנכנשת‎. Ganz verſchieden von dieſem, ſowie von dem Täufling Vidal Ibn-Labi de la Caballeria iſt der, welchen der Verfaſſer des ‎הליכות עולם‎ rühmt, daß er ihm im Jahre 1467 in Toledo beigeſtanden hat. Derſelbe referirt nämlich in der Einleitung (ed. princeps Constantinopel 1520): . . . ‎ואני‎ ‎ישועה בן יוסף הלוי אשר מארץ תלמסן . . . ויהי בשנת ה' אלפים ורכ"ז חרה אף ה' בעכו . . . ויצאתי מתוך ההפכה ועזבתי את מדרשי ומאת ארץ קשטלייא להמלט על נפשי . ובאשר התעו אותי אלהים מבית אבי ומארץ מולדתי טלטלני הזמן עיר טליטולה והנה שם לעומתי איש חמודות מאנשי המעלה והמדות בקי במשניות כנהנתם מסיני ראוי לוטר עליו זה סיני הוא הנשיא דון וידאל בן לביא . . . ויעש עמי חסד ואמת . . . וכמצותו חברתי זה הספר‎.

In den hebräiſchen Quellen, die defekt ſind, iſt nicht angegeben, daß ſich gegen Schluß der Disputation eine Meinungsverſchiedenheit unter den Notabeln gezeigt hat. Die lateiniſche Quelle berichtet darüber, daß Aſtrüc Levi die Erklärung abgegeben habe, daß er den agadiſchen Sentenzen, aus welchen de Santa Fé die Bezeugung Jeſu im Talmud bewieſen hat, keine Autorität einräume. Und die meiſten Notabeln, bis auf Albo und Ferrer, hätten ſich dieſer Erklärung angeſchloſſen. Der Paſſus lautet nach den Protokollen bei de Castro l. c. p. 222: In sexagesima septima sessione . . . 'Rabi Astruch nomine omnium Judaeorum dedit unam cedulam, in qua continebatur, quod nesciebant defendere dictas abominationes (Talmud), nec dabant fidem illis, et omnes Judaei asseruerunt, quod erant concordes in dicta responsione, exceptis duobus Judaeis, Rabi Ferrer et Josef Albo. Der merkwürdige Proteſt des Aſtrüc Levi lautet ſelbſt: Et ego Astruch Levi . . . respondeo dicens: quod licet auctoriates Talmudicae contra Talmud tam per Eleemosynarium, quam per Magistrum Hieronymum allegatae, sicut ad literam jacent, male sonent, partim quod prima facie videntur hereticae, partim contra bonos mores, partim quia sunt erroneae, et quamvis per traditionem meorum magistrorum habuerim, quod illae habent, vel possint alium sensum habere: fateor tamen, illum me ignorare. Ideo dictis auctoritatibus nullam fidem adhibeo, nec auctoritatem aliqualem, nec illis credo, nec ea defendere intendo … Omnibus Judaeis et Rabinis totius congregationis ibidem praesentibus (Rabi Ferrer et Rabi Joseph Albo dumtaxat exceptis) magna voce clamantibus et dicentibus: „et nos in dicta cedula concordamus et illi adhaeremus."

II.

Noch ein Wort aus der Geschichte der Tortosaner Disputation ist festzustellen. Geronimo, der die Hauptrolle dabei spielte, hat, wie bekannt, zwei polemische Schriften verfaßt: Tractatus contra perfidiam Judaeorum et contra Talmud, beide zusammen in der bibliotheca maxima Patrum T. XXVI und besonders in Hebraeomastix, Frankfurt 1602) die Letztere besonders schon früher, Zürich 1552, edirt). Beide stehen in innigem Zusammenhange mit der Disputation. Es kommt aber darauf an, die Zeit ihrer Abfassung zu fixiren; denn nach Rodriguez de Castro hätten die zwei Schriften nicht einen integrirenden Bestandtheil der Disputation gebildet, sie wären vielmehr erst nach Beendigung derselben, 1414, verfaßt worden (l. c. p. 206, 266). Allein dieser oberflächliche Bibliograph hat sich hierin wie in vielen Punkten geirrt; er hat nicht einmal auf einen Passus der Protokolle geachtet, die er eingesehen und zuerst auszüglich edirt hat. Der erste Tractat contra perfidiam Judaeorum, oder ad convincendam perfidiam Judaeorum ist ein halbes Jahr vor Eröffnung der Disputation verfaßt worden, im August 1412, während jene bekanntlich erst am 7. Februar 1413 begann und sich bis zum 12. November 1414 hinzog. Ich will kein Gewicht auf die Angabe in der Einleitung zu diesem Tractat legen, welche ausdrücklich bemerkt: Hae sunt rationes, quae coram … Benedicto XIII. Papae … in mense Augusto anno 1412 per … magistrum Hieronymum de sancta Fide … propositae et probatae fuerunt. Denn diese Einleitung, wie der Schluß, der dasselbe Jahr angiebt, rühren von fremder Hand her, und das Datum mag conjecturirt sein. Allein Geronimo giebt im zweiten Tractat selbst an: er habe die erste Abhandlung contra perfidiam Judaeorum im Auftrage des Papstes im nächstverflossenen Monate August verfaßt (Einleitung): In mense quidem Augusto nuper elapso de mandato … Papae … quodam alio tractatu compilato, in quo tradidi plurimas auctoritates ipsius Talmuth, ad firmiter ostendendum: Jesum Christum fore verum Messiam etc. Sollte dieser im August verfaßte Tractat nach der Disputation beendigt worden sein, wie de Castro behauptet, dann würde seine Abfassungszeit erst in den August 1415 fallen, was absurd ist. Denn de Castro giebt selbst an, der später geschriebene Tractat gegen den Talmud sei jedenfalls noch vor Erscheinen der Bulle desselben Papstes gegen den Talmud verfaßt, und diese Bulle datirt vom 11. Mai 1415.

Indessen kann der direkte Beweis geführt werden, daß Geronimo den ersten Tractat im August vor Eröffnung der Disputation, also 1412, verfaßt hat. Er beruft sich bereits darauf in seiner Eröffnungsrede vom 7. Februar 1413, wie die Protokolle angeben (bei de Castro p. 209a): Proinde mense Augusti proximo elapso retrahencia vos a vera conclusione prefata sub his verbis comatice, compendiose et in genere sequentibus proponi fecit (Benedictus Papa) coram vobis: Primo certas esse quaestiones, in quibus Christiani penitus et Judaei concordiam, alias vero in quibus discordiam habuere et habent etc. Im Folgenden wird der ganze Inhalt des ersten Tractats kurz zusammengefaßt, auch werden die daselbst angegebenen 24 Bedingungen für die Bewährung eines wahren Messias erwähnt (p. 210 a): Cunctis condicionibus, quae pariter perscrutatis et in Christo Jesu ... perquisitis .. sub 24 numero reperti sunt ac per me sigilatim eisdem nominatae. Folglich ist diese Schrift, wie die Einleitung angiebt, August 1412 verfaßt worden. Die Stelle, auf welche sich de Castro zur Begründung seiner Behauptung von der Abfassung des ersten Tractats nach der Disputation beruft, sagt gar nicht das aus, was er darin lesen wollte. In der Recapitulation oder Anacaephaleosis bemerkt Geronimo: Intentio tamen hujus brevis tractatuli fuit, ponere dumtaxat in scriptis rationes illas, quae coram praesentia domini nostri Papae, ejusque sanctissimae curiae fuerunt praesentatae. Das soll nun, nach de Castro, bedeuten: Geronimo habe die Gründe, die er während der Disputation geltend gemacht, schriftlich aufgesetzt. Der Sinn ist aber durchaus ein anderer: daß er die Gründe, mit welchem er sich dem Papste und der Curie gegenüber anheischig gemacht hatte, die Juden durch Berufung auf die Agada von ihrem Unglauben abzuziehen, niedergeschrieben habe. Er hatte sie früher privatim, mündlich vorgetragen und nun wollte er sie schriftlich fixiren.

Ist nun der erste Tractat, um Jesu Messianität aus Talmud und Agada zu beweisen, im August 1412 und der zweite contra Talmud jedenfalls vor August 1413 verfaßt, so gehören beide als Bestandtheile zur Disputation. Wir haben bereits gesehen, daß der erste im Auftrage des Papstes (de mandato Papae) niedergeschrieben wurde. Auch der zweite ist in dessen Auftrag verfaßt, wie die Einleitung angiebt: Et ideo mandavit sanctitas ejus (Papae) mihi, Hieronymo de Sancta Fide, familiari et medico suo, quatenus per libros et volumina dicti Talmud, oculate discurrens, quasdam ex abominationibus illis exciperem, et annotarem earum errores et in quibus libris et capitulis continentur. Beide Schriften können als Programme für die Disputation betrachtet werden, um ein doppeltes Manöver gegen die Juden auszuführen. Zuerst sollte aus den talmudischen und agadischen Schriften Jesu Messianität erwiesen werden — das der Inhalt der ersten Schrift — und dann die Abscheulichkeiten des Talmud aufgedeckt werden — Inhalt der zweiten. Denselben Gang nahm auch die Disputation.

Gegen den ersten Tractat, welcher 24 Scheinbeweise aus Agada-Sentenzen für Jesu Messianität enthält, ist das handschriftliche Werkchen unter dem Titel קדש הקדשים gerichtet, welches nach Wolf und de Rossi וידל בן לביא zum Verfasser hatte (o. S. 414). Es hat zum Inhalt eine eingehende Widerlegung der sogenannten 24 Argumente. In einer Handschrift des Herrn Abraham Epstein (welcher dasselbe mir freundlichst zur Einsicht überlassen hat) lautet der Eingang: פיקורי ר' יהושע לורקי בשנותו טעמו לפני האפפיור הירחי (de Luna) ונקרא שמו מאסטרו גירונימו דסנטו-פי וסימנו מגדף ותשנכתו בצידו עליהם אחד מחכמי המחקר פילוסוף אלהי קרא שם הספר קדש הקדשים.

Der Schluß lautet: נשלמו פיקורי ר' יהושע לורקי בשנותו ...... טורטוסא אשר בארגון שנת אלף ות"י ב להרין היא שנת קע"ג לפרט האלף הששי ליצירה הקליש קרואיו להתוכח עליהם כל חכמי המחות במצות דון פיראנדו פלך ארגון בימים ההם. אשר נקרא שמו בגיוחו מאסטרו גירונימו דסאנטו-פי בראשי תיבות מ ג ד ף. וגם נשלמו התשובות השיב עליהם א' מן

החכמים ... וקרא שם התשובות קדש הקדשים. וכשמו כן הוא. Der Namen des Verfassers ist in dieser Handschrift nicht genannt.

Der Apostat Geronimo de Santa Fé führte bekanntlich als Jude den Namen אלורקי, הלורקי, יהושע לורקי oder יהושע לורקי, d. h. aus der Stadt Lorca im Murcianischen, nahe an dem damals noch mohammedanisch-arabischen Reiche Granada. Diese Stadt war Wohnsitz seiner Familie, er selbst aber wohnte in Alañiz im Aragonischen (Relation II, p. 46: החכם משטן גירונים מאלקניס). Nun giebt es ein antichristianisches Sendschreiben an Salomo-Paulus de Santa Maria gerichtet von einem Autor desselben Namens, worin der Schreiber den Apostaten und das Christenthum heftig angreift. Die Ueberschrift lautet: נוסח (טופס) כתב שלחו הרב ר' יהושע אלורקי ז"ל לדון שלמין הלוי (למאשטרי פאבלו) והוא מאשי׳מו על לשהמיר דתו דת ישראל (jetzt edirt in Dibre Chachamim von Elieser Aschkenasii Tunensis p. 41 ff.). Es liegt nahe, beide zu identificiren, und diese Vermuthung wird noch durch die Ueberschrift eines Scaliger'schen Codex in Leyden (Katalog p. 354) unterstützt, wo die Ueberschrift noch weiter lautet: אחר שהמיר (פאבלו) וגם הוא (יהושע) המיר באחרונה, „daß sich der Verf. des Sendschreibens zuletzt ebenfalls getauft" habe. Die Bibliographen acceptiren daher die Identität. Nur der jüngere Luzzato differenzirte sie und meinte: Der Verf. des antichristianischen Sendschreibens stamme aus einer andern Familie und sei identisch mit dem Verfasser des medizinischen Werkes גרם המעלות: Josua b. Joseph Ibn-Vives Allorqui (o: S. 410), das er für Benveniste Ibn-Labi in arabischer Sprache ausgearbeitet und 1408 in Altañiz beendet habe (Ozar Nechmad II, p. 14 b). In der That ist es psychologisch schwer denkbar, daß ein reifer Mann, der schlagende Gründe gegen das Christenthum geltend gemacht und das Sendschreiben sogar veröffentlicht hat, sich dann die kompromittirende Inconsequenz hätte zu Schulden kommen lassen, in dieselbe Apostasie zu verfallen. Es lassen sich manche Gründe gegen die Annahme seiner Apostasie geltend machen (vergl. Nehem. Brüll, Jahrbücher IV, p. 50 f.). Indessen die Nachschrift von einem Kundigen, daß der Verfasser des Sendschreibens an Pablo sich trotzdem getauft hat, überwiegt.

4.

Don Abraham Benveniste und seine Zeitgenossen.

I. Abraham Benveniste.

Seit der ersten großen Judenverfolgung in Spanien von 1391 und namentlich seit Vicente Ferrer's Zwangsbekehrungen kamen daselbst immer weniger vor jüdische Staatsmänner, oder solche, welche an den Höfen verkehrten, jüdische Cortesani, einerseits weil Volk, Geistlichkeit und Cortes sich immer entschiedener dagegen aussprachen, Juden wichtige Aemter anzuvertrauen, und andererseits, weil die zahlreichen getauften Juden den nicht getauften gewissermaßen Concurrenz machten und durch den Taufschein den Sieg davon trugen. Indessen konnten namentlich die südspanischen Könige die Juden nicht ganz entbehren, und befähigte Juden wurden noch immer mit einer finanziellen Charge betraut. Zacuto berichtet von einer Familie Benveniste, deren Vater in einem der letzten sechs Decennien vor der Vertreibung der Juden aus Castilien ein Staatsamt inne hatte. Mit den Enkeln verkehrte noch Zacuto selbst, so daß seine Relation alle geschichtliche Authenticität hat. Er nennt von dieser castilianischen Familie Benveniste (zum Unterschied von der saragossanischen oder aragonischen[1] den Vater Abraham Benveniste, den Sohn Joseph und die Enkel Vidal und Abraham Benveniste II (Jochasin ed. Filipowski p. 226): ‎בימי הר' יוסף בן שם טיב) חזרה העטרה ליושנה ונתמנה‎ הרב החסיד השלם בכל דון אברהם בן כנסת שנת קצ"ב והוא החזיק התורה ולומדיה והסיר הרבה שמדות מממונו. וכנו היה ר' יוסף בן בנכנשת ובני בניו בזמנינו זה עשירים גדולים ופזרו בזה הזמן החזיקו הורה‎... Weiterhin nennt er die Enkel: ‎ממונם לחזק הישיבות‎. ‎דון וידאל בן בנכנשת ור' אברהם אחיו שביום המלח של זה אברהם בן כנסת חסיד גדול דרש עליו ר' יוסף אלבו ז"ל במבצר עיר שוריא‎ . . . ‎מילדי העברים זה‎. Die älteren Editionen haben dabei das Datum: ‎ובשנולד זה דון אברהם שנת קצ"ג‎. Da von diesen castilianischen Officiales sonst wenig bekannt ist, so soll hier das zusammengetragen werden, was in anderweitigen Quellen von ihnen vorkommt.

Chajim Ibn-Musa, der Verfasser des polemischen und apologetischen Werkes ‎מגן ורומח‎, tadelt in einer Schrift an seinen Sohn die willkürliche, quasi-philosophische Schriftauslegung und Predigtmanier, welche zu seiner Zeit in Spanien grassirte. Er erwähnt dabei, daß Abraham Benveniste sich einst unwillig gegen zwei junge Männer ausgelassen, welche sich in dieser Manier ergangen hatten: ‎עוד כי ראיתי תלמידים חולקים זה על זה בדרשותיהם מדברים בדברים חצונים כמו שקרה בפני הרב הנכבד דון אברהם כאן בכנסת זצ"ל שדרשו לפניו בענין הזה שני הלמידים חכמים בחורים על דרך הצורה עד שקם הרב וחרף ונדף מחלוקתם‎. Unter Juan II. hatte Abraham Benveniste einen großen Einfluß, da dieser schwache König in Allem und Jedem, in Staatsangelegenheiten und in den privatesten Dingen, von seinem Günstling, dem Condestable Alvaro de Luna, abhängig war, und da dieser mit Abraham in engster Verbindung stand, so läßt es sich denken, daß die Begünstigung der Juden in dieser Zeit sein Werk war. Amador de los Rios berichtet darüber (III, p. 22): Da der König keinen festen Willen hatte und sich von den Intriguen und Eingriffen seiner Vettern, der Infanten von Aragonien, frei machen wollte, warf er sich in die Arme des Triumvirats, bestehend aus Don Juan Furtado, su Mayordomo Mayor, Don Alvaro de Luna. y Don Abrahem Benveniste, einem der wenigen Kapitalisten und Kundigen in der Handhabung der öffentlichen Renten. Diese Infanten, welche den König offen angriffen, entschuldigten ihr Verfahren damit: weil die Regierung des Reiches sich befindet en manos de Don Abraham, cujos consejos señoreaban á Furtado de Mendoza (das. p. 23). Der König, oder richtiger Alvaro de Luna, machte diesen Abraham zum Großrabbiner oder „Rabbiner des Hofes", eine Würde, welche seit dem Tode des Me͏̈ir Alguadez Keinem übertragen worden war. Selbstverständlich ist das Statut für die Gemeinden Castiliens in der königl. Hofburg von Valladolid, von Delegirten 1432 berathen, unter den Auspizien dieses Don Abraham Benveniste ausgearbeitet worden (o. S. 143), obwohl als Anreger und maßgebende Autorität in demselben ein Don Abraham ohne den Beinamen Benveniste genannt wird. Gleich im Eingange wird er genannt: cuanto se juntaron en vezes el ‎שר הנכבד דון אברהם‎

---

[1] Beide kommen ‎בנכנשת‎ geschrieben vor, und die Unterscheidung, welche Carmoly zwischen ‎בנכנשת‎ und ‎בנכנשתי‎ macht, ist nicht stichhaltig. Das Erstere ist lediglich eine Abkürzung für den vollen Namen Benveniste. Die richtige Aussprache dieses Namens folgt aus den Centurien des Amatus Lusitanus: Jacobus Benivinisti (Cent. IV, curatio 5 und öfter). Das grüne Buch schreibt diesen Namen Bienvenit und Bienvenis (o. S. 412) beides nachlässig, richtig: Bienvenist = ‎בנכנשת‎, diese Form ist aber gekürzt von der längeren Benveniste oder Benvenisti. In Folge der ersten Silbe ... ‎בנכנ‎ ist öfter das ‎בן‎, Sohn, ausgefallen. Amador giebt den Namen wieder Benveniste.

רב . . de la corte del dicho senior Rey. Im Verlaufe heißt es: la regla y privilegio de la merced que nuestro Senior el Rey fizo a dicho רב דון אברהם (Cap. II). Er erhielt ein Document, welches ihm das Oberrichteramt in Civil- und Criminalfällen übertragen hat (Cap. III). Zum Schluß ist bemerkt: תקנה זו נתקנה בכח הנתון לרב דנכבד דון אברהם. Derselbe Abraham Benveniste scheint mir auch in zwei Dialogen vorzukommen, welche Ibn-Verga in Schebet Jehuda mittheilt. Fangen wir vom zweiten an (No. 67 oder p. 115 f.).

Dort wird der König Alfonso von Spanien oder Castilien vorgeführt, der im dritten Jahre seiner Regierung einen Traum gehabt hätte, den er nicht zu deuten vermochte. Er habe darauf den alten Benveniste (בן בנישטו הזקן) gefragt, und dieser habe die Deuterei abgelehnt. Auf die Frage des Königs, warum die Juden überhaupt augenaufreißenden Luxus trieben, erwiderte dieser Benveniste: „Mich, der ich doch die Geschäfte Castiliens betreibe, hat der König noch nicht in Seide gesehen" (das. p. 118): הראית מלכנו אני עבדך וכל עסק קשטילייא בידי אם לבשתי משי. Im Verlaufe wird noch יוסף הנשיא eingeführt, als eine Persönlichkeit, die ohne weiteres Zutritt zum Hofe hatte. In einer Urkunde von Juan II. über die Verpachtung der Hafenzölle vom Jahre 1427 und 1430 wird als Generalpächter genannt Juan de Creales, Agent des Don Joseph Nassi, criado de Don Juçaf el Nassi (bei Amador III, p. 574 f.). Dieser Steuerpächter ist doch wohl mit dem obengenannten יוסף הנשיא identisch, demnach fungirte sein Zeitgenosse „Benveniste der ältere" ebenfalls unter Juan II. Die Angaben in diesem Dialog müssen aber richtig gestellt werden. Dieser Dialog — wie die andern, welche im Schebet Jehuda scheinbar mit stenographischer Treue wiedergegeben sind — ist schwerlich in allen seinen Einzelnheiten historisch, sondern wohl eine freie Composition, worin Wahrheit und Dichtung gemischt sind. Vor Allem kann der Dialog nicht zur Zeit des Königs Alfonso gespielt haben, weder Alfonso's X., des Weisen, noch des XI., des Klugen und Letzten der Alfonso's. Denn mitten darin erzählt der achtzehnjährige Infant: „In frühester Zeit, zur Zeit des Königs Don Pedro, habe ein Christ eine Hostie an einen unsauberen Platz geworfen, um die Juden der Schändung derselben anklagen zu können". Nun war Don Pedro ein Sohn des letzten Alfonso. Selbst wenn unter diesem Pedro der aragonische Don Pedro IV. (gest. 1387) verstanden sein sollte, so konnte man sich unter einem der letzten Alfonso's nicht auf einen Vorfall unter einem später lebenden Könige berufen. Der Dialog setzt also die Zeit nach den beiden Don Pedro's voraus, also das fünfzehnte Jahrhundert. Auch werden daselbst die Portugiesen als die besten Seefahrer geschildert: הי״ד פורטנאל להנהיג על הים (p. 119 unten). Nun begann die Seetüchtigkeit der Portugiesen erst im fünfzehnten Jahrhundert unter dem Infanten Don Heinrich, dem Seefahrer (mit dem Jahre 1418). Bis dahin trieben sie wie andere Nationen lediglich Küstenschifffahrt und wagten sich nicht aufs hohe Meer. Ein portugiesisches Sprichwort sagte: „Wer das Cap Nun umschifft, kehrt um oder kehrt nicht zurück"; quem passar o Capo de Naõ, ou tornará, ou naõ (Barros, Asia, Decada I, 1. 4.). Der erwähnte Dialog, worin Benveniste der Alte als Cortesano figurirt, setzt endlich das Vorhandensein von jüdischen Zwangstäuflingen, Marranen, אנוסים, voraus (p. 116). Aber solche gab es erst in Spanien seit 1391, über 40 Jahre nach dem Tode des letzten Alfonso. Mit einem Worte, der Dialog kann unmöglich dem dreizehnten oder vierzehnten Jahrhundert, sondern nur dem folgenden angehören, und kann also nicht unter einem der Alfonso's stattgefunden haben, wenn er überhaupt ein Minimum von Geschichtlichkeit enthalten soll. Da indeß darin manches Factische erzählt wird, so kann er nur entweder unter dem König Juan II. oder Heinrich IV. spielen. Folglich gehören die zwei darin genannten Cortesani בננבשט הזקן und יוסף הנשיא derselben Zeit an, und der erste dürfte mit Abraham Benveniste identisch sein. Auch der Tadel gegen den Luxus, dessen die Juden in diesem Dialog beschuldigt werden, gehört diesem Jahrhundert an, weil die Juden darin den Christen nachahmten oder gar zuvorthaten. Heinrich IV., der die Einfachheit liebte, steuerte durch Gesetze diesem Aufwand an Seide, Brokat und Geschmeide (vergl. Lafuente, historia general de España IV. p. 56 f.). Den Juden untersagte das Tragen kostbarer Kleidung zuerst Juan II. oder vielmehr die Regentschaft 1412 (o. S. 109). Der zeitgenössische Moralist Salomo Alami datirt das Verbot der Landestracht aus dieser Zeit (אגרת המוסר p. 23): בשנת ה' קנ"א נשמדו כמה קהלות קטנות עם גדולות ואחרי כן בשתים עשרה עשרה שנה (1412) דנשארים בקשטיליא היו למשל ולשנינה... ויגזרו עליהם שנוי המלבושים והאומניות... וימנעו מהם המסחר. In dem Statut von Valladolid ist das fünfte Capitel dem Luxus gewidmet und verbietet den Männern das Tragen von reichen Stoffen und Schmuck der Frauen.

Dieser Punkt führt uns darauf, daß der Dialog (in Schebet Jehuda No. 8), der ebenfalls unter Alfonso „dem Großen" im dritten Jahre seiner Regierung gespielt haben soll, auch nur dem fünfzehnten Jahrhundert angehören kann. Es ist da die Rede von einer Blutanklage gegen die Juden von Ecija. Drei vornehme Juden begeben sich an den Hof, um die Folgen abzuwenden: דון אברהם בנכנשתי ודון יוסף הנשיא והר' שמואל בן שושן, also dieselben beiden Cortesani, wie in dem besprochenen Dialog. Der König beruft sich auf sein Edikt gegen den Luxus der Juden, das sie bisher übertreten. Die drei Deputirten erwidern darauf, daß die Männer sich dem Edikte fügen, die Frauen aber seien nicht darin inbegriffen gewesen. In der That ist in § 15 der judenfeindlichen Gesetze Juan's II. nur Juden und Mauren verboten, Kleider vom Werthe über 30 Maravedis zu tragen. Den Jüdinnen und Moriscas dagegen ist nur untersagt, lange Mäntel zu tragen (bei Alfonso de Spina und bei Lindo p. 199 f.). Der König bemerkt dagegen: „So gleicht ihr Männer einem Köhler-Esel und eure Weiber dem Saumthiere des Papstes"; אם כן אתם הולכים כחמור ונשותיכם כפרד האפיפיור. Auch hier bemerken Don Abraham Benveniste, Don Joseph und der Dritte, wie in dem vorerwähnten Dialog Don Benveniste der Alte: daß sie, obwohl die reichsten unter den Juden, seit der Verkündigung des Luxusediktes, sich dem schwarzen wohlfeilen Anzuge gefügt hätten (p. 27): ועל לבוש המשי סיים שהוכרז לא ימצא איש ממנו שיערב מאמרו ואנו שלוחי העיר והעשירים שבעולם... והננו בבגדים שחורים מהגמכרים בזול. Auch das Gesetz gegen den Wucher, das in diesem Dialoge erwähnt wird, gehört erst dem fünfzehnten Jahrhundert an. Man muß annehmen, daß auch in diesem Dialoge Wahrheit und Dichtung untereinander gemischt sind; er enthält indeß mehr Geschichtliches als jener. Die darin geschilderten Zustände gehören höchstwahrscheinlich der Regierung Juan's II. an. Abraham Benveniste und יוסף הנשיא haben factisch bei Hofe verkehrt. Von dem Letzteren wird mitgetheilt: er verstand viele Wissenschaften und Sprachen: והסכימו שידבר השליח החשוב דון יוסף הנשיא כי חכם היה בחכמות וידע בטיב הלשונות.

Von Don Joseph Benveniste, Abraham's Sohn, der unter Heinrich IV. gelebt hat, ist anderweitig nichts bekannt, ebenso wenig von seinem Enkel Don Vidal. Aber Joseph's zweiter Sohn, Abraham Benveniste II., ist mehr bekannt. Jakob b. Chabib, der zuerst aus Spanien und dann aus

Portugal zur Zeit der Verbannung nach Salonichi ausgewandert war, erzählt: bei Juda b. Abraham Benveniste, der an dem Hofe der Könige groß gezogen worden, eine reiche Bibliothek zu seinem Agada-Commentar עין יעקב benutzt zu haben (im Anfange des sechszehnten Jahrhunderts): ויבאני אל המקום הזה
שאלוניקי ומצאתי רבוי הספרים האלה בבואי אל החכם השלם וגעלה דון יהודה בן השר הנשיא
החסיד דון אברהם בן באן בנשט ז"ל אשר בחצרי המלכים וכטירותם נתגדל
(Einleitung zu En Jacob).

In den ersten Ausgaben habe ich irrthümlich damit in Verbindung gebracht **Abraham Senior**, welcher gemeinschaftlich mit Abrabanel in Castilien die königlichen Renten verwaltete (o. S. 330, Note 2). Don Abraham Senior, welcher die Heirath Ferdinand's mit Isabella gefördert hat (o. S. 233) und daher bei der Königin sehr beliebt, ja, zu beliebt war, und zuletzt zum Groß-Rabbiner ernannt wurde, und welcher für die Auslösung der jüdischen Gefangenen von Malaga thätig war (o. S. 337, Note 1), ist verschieden von Abraham Benveniste und war viel jünger als dieser. Abraham Senior ist zur Zeit der Ausweisung zum Christenthum übergetreten (o. S. 348), wie Elia Kapsali ausführlich erzählt (Kapitel 67, p. 73) und das Cronicon de Valladolid bezeugt (ebirt in der colleccion de documentos ineditos para la historia de España, T. XIII. p. 195, bei Kayserling Gesch. d. J. in Portugal S. 102): En quince de Junio viernes en la tarde fueron bautizados .. S. Abraem Senior e su hijo D... que mientra Judeos se llamban .. fueron padrinos el Rey e la Reyna .. dieronles por linage Coroneles. Der Stammvater Abraham Senior stammte aus Aragonien, während Abraham Benveniste ein Castilianer war.

II. Joseph b. Schem-Tob Jbn-Schem-Tob.

Der oben erwähnte Joseph Naßi (Cortesano), welcher Wissenschaften und Sprachen gut verstand und darum zum Sprecher designirt wurde, der Genosse des Abraham Benveniste I., ist vielleicht identisch mit dem gelehrten und philosophisch-gebildeten Sohn des zelotischen Kabbalisten Schem-Tob, der fruchtbare Commentator methaphysischer und polemischer Schriften. Seine Opera sind (Munk Mélanges p. 508 f. und Ersch und Gruber Sectio II. T. 31 s. v.) vollständig aufgezählt, bis auf eins, das unbekannt geblieben ist (vergl. o. S. 178 f.). Hier sollen nur seine Biographica zusammengestellt werden. Joseph Jbn-Schem-Tob war schon unter Juan II. im Dienste des Hofes. Zum Schlusse seiner Uebertragung von Chasdäï's antichristianischer Abhandlung (o. S. 403), vollendet zwischen 20.—30. Ab 1451 in Alcalà de Henarès, bemerkt er: Er habe die Uebersetzung lange aufgeschoben, weil er damals „im Dienste der Könige war": וכבר מצאתי לרב הזה (חסדאי קרשקש) מאמר אחד בראיות נכוחות עה"ז
לקיים סברתם בלשון ארצי והיותי עצל בהעתקתו להמצא מניעים רבים באוסתנו כמו שזכרתי
בהקדמתי לפירוש אגרת אפ"ד (פרופיט דוראן) עם היותי טרוד בעת הזאת בעניגים אחרים
מעבודת המלכים האלה .. ועשיתי זאת פה העירה אלקלעא די פיגאריש בעשר אחרון לחודש
אב משנת מאתים ואחת עשרה לאלף הששי. Er war also bereits einige Zeit vor 1451 am Hofe. In seinem Buche עין הקורא (Ms im Besitze des Herrn Halberstamm) berichtet Joseph, daß er im Jahre 1452 von dem Prinzen von Asturien, Don Enrique, beordert wurde, sich nach Segovia zu begeben, um einem Krawall gegen die dortige Gemeinde zur Osterzeit wegen einer falschen Anklage zu steuern. Er brachte ein Schreiben von dem Thronfolger an den Gouverneur mit und ein Beruhigungsschreiben für die Gemeinde: ויהי בשתים עשרה שנה על

חמשת אלפים ומאתים לחדוש העולם כשבא הפרינסיפי (?) דין אינריק י"א בערי אנדלוס בחדוש
ניבן שלחו אליו קהל שיגוביא, שני אנשים עברים מנכבדיהם על אודות האומה (?) אשר קמה
עליהם להתעולל עלילות ברשע יום תלית משיחם לשלול שלל ולבז בז והוא צוה אות, ללכת
אל העיר ואגרות נתן לי אל שר העיר ומנהיגיה, ואל הקהל שטר אמנה לנחם אותם ולדבר
על לבם. ואני באתי אל העיר ערב שבת עיף ויגע מרוב הדרך גם כי יחם לבבי ועמדתי מרעיד.
ואריבה את החורים ואת גדולי העיר על אשר לא שלחו ידם במבקשי רעתם. ויהי ממחרת
באשמורת הבקר נתקבצו בית הקהל בבית הכנסת הגדולה ואחר קריאת התורה אקומה ואפתחה
במשל פי וכן אמרתי לכל צפוי והרשות נתונה.

Unter demselben Prinzen, als König Enrique IV., war Joseph im Staatsdienste und disputirte über philosophische Gegenstände in Gegenwart des Königs
und der Granden. Er bemerkt das in der Einleitung zu seinem Commentar
zur Ethik des Nikomachos (פירוש ספר המדות), den er in Segobia in 100 Tagen
1. Nissan 1455 vollendet hat (bei Munk a. a. O.): Joseph b. Schem-Tob
était attaché — nous ne savons en quelle qualité — au service de la
cour de Castille, où il était très considéré et où il disputait quelquefois
sur des sujets philosophiques en présence du roi et des Grands, comme
il le dit lui-même dans la préface de son commentaire sur l'Ethique.
Auch in der Einleitung zum Commentar der Esodi'schen Epistel bemerkt er,
daß er Disputationen mit christlichen Gelehrten geführt hat: ואם יגזור ה' עלי
החיים ויחלק לי מן הפנאי . . . אסדר על כל דבר ויכוח מסודר בין אנשים . . . וקצת ויכוחים
שעשיתי עם חכמי האומות ומדבריהם . . . אשר השיבו לי ואשר השב להתיר חכם מחכמיהם
טומאש וכל אחד ואחד מהם.

Dieser Thomas erinnert an die stehende Person, welche in den Dialogen
im Schebet Jehuda als gelehrter Vertraute des castilianischen Königs, als
Freund der Juden und Gegner des Judenthums aufgeführt wird (No. 7,
החכם הגדול טומאש) und No. 67 p. 115 f. (החכם המדור עם טומאש), und es würde
daraus folgen, daß diese Dialoge in die Zeit des Joseph Ibn-Schem-Tob
fallen. Allein diese Combination wird durch die Lesart eines Codex (der
Seminarbibliothek) vereitelt, welcher lautet: חכם מחכמיהם שאן טומאש, was
San Tomas, oder Thomas von Aquino bedeutet, und der Passus will aussagen: Joseph habe beabsichtigt, auch die Einwürfe des Aquino in Betracht zu
ziehen und zu widerlegen.

Gegen das Jahr 1441 erlitt Joseph Ibn-Schem-Tob Trübsale, die weiter
nicht bekannt sind. (Einleitung zu dessen Commentar zu den Klageliedern bei
de Rossi Codex No. 77, p. 117): Fuit ejus finis (Commentarii in Threnos)
anno 201, VI Millenarii (= 1441) hic in urbe Medina del Campo, in
qua multae nobis afflictiones contigerant, sed laus sit Deo, qui adjuvit
nos etc. Auch in seiner Predigtsammlung עין הקריא, die er nach 1455 verfaßt
hat, spricht er von Leiden, von Wanderungen im Lande und von den Predigten,
die er vor einem Publikum, das sich zu ihm eingefunden, gehalten hat: בהיותי
נע ונד בארץ עניי באו אלי אנשים בכל שבת לשמוע דרשותי. In einem Ms. dieser
Predigtsammlung in der Bodl. fand Neubauer, daß der Verfasser erblindet
war und diese Sammlung diktirt hat (Katalog Ms. No. 2052.₂).

Daß Joseph Ibn-Schem-Tob den Märtyrertod erlitten, ist wenig bekannt.
Der Gewährsmann dafür ist Isaak Alchalim, der erste Herausgeber von
Joseph Jabez' אור החיים. Zum Schluß dieses Werkes bemerkt derselbe: וכאלו
הדברים מצאתי שכתב החכם רבי יוסף בן שם טוב ז"ל המקום ינקום נקמתו בחכרו . . .
כביד אלהים. Die Formel המקום ינקום wird für Märtyrer gebraucht.

III. Chajim Jbn-Musa.

Dieser Schriftsteller ist wenig bekannt. Es existiren von ihm, so viel man jetzt weiß: 1) Eine polemisch-apologetische Schrift gegen Nikolaus de Lyra, Antijudaica, מגן ורומח (Ms. vergl. Bd. VII Ende). 2) Eine hebräische Uebersetzung einer medicinischen Schrift des Jbn-Algasar (de Rossi Codex No. 339) und endlich 3) eine den Bibliographen unbekannt gebliebene Schrift für das Messiasthum und gegen einen Prediger, seinem ältesten Sohne Juda gewidmet (in der Seminarbibliothek No. XXVI. 2, in Verbindung mit מגן ורומח). Aus der Uebersetzung der medicinischen Schrift ergiebt sich, daß Chajim Jbn-Musa Arzt war. In der polemischen Schrift, welche 1456 verfaßt ist (p. 33b: גם עד היום לא עבר משמוה הניצרים כי אם אלף תנ"ו שנה) bemerkt der Verfasser, daß er 40 Jahre an den Höfen der Könige und Granden — wahrscheinlich als Arzt — verkehrt habe. Er weist nämlich den Vorwurf der Lasterhaftigkeit zurück, welchen Nikolaus de Lyra aus den biblischen Erzählungen den Juden seiner Zeit aufbürdete, und bemerkt dagegen, daß die Christen nicht den Balken in ihren eigenen Augen sähen. Die Stelle ist für die Sittengeschichte interessant (p. 37a): והביא (ניקולאו) מדברי הנביאים כל הרעות שעשו אבותינו ולא הביא מה שהם עושים. ומי יתן איפה ויכהנון ענינם. והנה אכתוב אחת. מאיש אחד שבב עם אשה וצוה לבעלה שיהיה רסן סוס בפיו . . . ויאיר לו בשתי נרות בעור שהיה מזנה עם אשתו בפניו . . . . והשבינה ולא אוכל לספר העבירות אשר ראיתי בקרבם בזמ' שנה שהלכתי בחצרות מלכים ושרים. עליהם אני אומר ארבעים שנה אקוט בדור מלכר הגולה והההרינות והחמס אשר בכפיהם. Chajim Jbn-Musa war demnach bereits 1416 in reifem Alter. Jacuto berichtet von ihm: er habe noch zum Theil zu seiner Zeit gelebt, sei ein bedeutender Arzt, Dichter und Theologe gewesen, habe Schriften compendiarisch (?) verfaßt und habe in einem Ort Bejar in der Gegend von Salamanca gewohnt (Jochasin ed. Filipowski, p. 229 unten f.): ובזמננו זה היה ר' חיים אבן מוסה רופא גדול ופייטן וחכם בהורה ועשה ספרים בקיצר. ובפסוק העורכים לגד שלחן הביא מעשה שקרא במדינתו כינאר (I. בינאר) שהלך יום אחד משלמנקא מעשה אחת . . . והשבינה שלחן עם לחם בכל ליל שבת לאיש אחד שהיה בא שם . . . ואחר כך הרגישם שוה היה און. והלכת ושאלה לוה הככם ר' חיים אבן מוסה . . . ואמת לה שהוא אסור . . . . (והאיש) השביע אותה ואמר לה כי הוא פלוני בן שושן מטוליטולה שמת יתר מש' שנה קודם לוה . . ושא הכניסוהו לגן ערן מפני שעל צד מריבה הרג את אשתו בשגגה. Aus diesem Citat sehen wir, daß Chajim Jbn-Musa auch einen Commentar zu Jesaia und wahrscheinlich auch zu anderen Theilen der Bibel geschrieben hat.

Sein antichristianisches und apologetisches Werk מגן ורומח giebt manche Ausbeute für die Zeitgeschichte. Im Eingange bemerkt Chajim Jbn-Musa, daß sich manche Juden durch die judenfeindlichen Schriften der Apostaten zum Uebertritt zur Kirche verleiten ließen; darum halte er es für nothwendig, deren Beweisführung zu widerlegen: אמר חיים בעבור שהשכלים אשר לא ידעו דרך הויכוח יתפתו מדברי הנוצרים ובפרט מדברי המטירים דתם מספרי אב חושך (אכנר) וספר פיירו אלונסו קרישטיאניסימו שר"י וספר מיוחד אל ר' שמואל נקרא מי נתן למשיחה ישראל וספר בן רשף (?) והאחרון נכבד מאישטרו פאבלו הנקרא מקדם דון שמואל (I. שלמה) הלוי בספר פאולינה (?) וספר הויכוח שנעשה בטורפושה חברו מאישטרו גירונימו לורקי שר"י גם אשתרוק רימון . . ."ש. אמרתי לחבר בכחב אמת תשובות כנגדם וכו' Er giebt dann sehr verständig 12 Regeln an, wie bei Disputationen mit Christen die Schriftauslegung gehandhabt werden soll: 1) Sich auf nichts weiter als auf den einfachen Wortsinn einzulassen und gegen jede sogenannte höhere, mystische oder philosophische Deutung zu protestiren: 2) das Targum oder die chaldäische Version nicht als kanonisch anzuerkennen; 3) auf Beweise von der Agada oder Josephus sich nicht einzulassen; 4) jede von dem masoretischen Texte abweichende Lesart aus der Septuaginta oder Vulgata zu verwerfen; 5) Wörter der Bibel von zweifelhafter, vielfältiger Bedeutung nicht bei der Disputation zuzulassen, weil darüber hin- und hergestritten werden kann; 6) Beweise aus den Evangelien, der Apostelgeschichte oder der Schrift: Flos Sanctorum nicht als vollgültig zuzulassen; 7) die philosophische Dialektik bei der Schriftauslegung nicht anwenden zu lassen; dann noch einige Einzelheiten.

Im Verlaufe theilt Ibn-Musa ein interessantes Gespräch mit, das er mit einem Geistlichen und einem Ritter führte über die Verbrechen, welche zu seiner Zeit in den Kirchen Jerusalems begangen wurden:

בכאן אודיע דבר קרה לי עם כומר .... חכם אחד. אמר אם אתם במצב שמירת התורה החמימה למה אינכם נגאלים ובארץ נחלתכם? אמרתי לו וכו׳ .... אז השיב פרש אחד שהלך לירושלם עמו ואמר לו הראיה בארץ הנוצרים שיכבדו בית תפילתם בין יהודים בין הנוצרים כמו שהישמעאלים עושים בטהרה בית המקדש וכל המקומות אשר מכבדים? אך באיגליזיאש (Iglesias) בלילי הויגיליאש (Vigilias) ישכבון עם הנשים וקולטים שם הרוצחים והגנבים ועושי רשעה, ומשם משליכין חצים ובליסתראות הגוים אלו לאלו ושם רוצחים אלו לאלו כמו שהיו עושים היהודים בבית המקדש. וגם היהודים מוללים בכבוד בית תפילתם, ועל כן רצה הש״ת שיהיה הכל ביד הישמעאלים שמכבדים אותו .... אז שתקנו אני והכומר.

Zum Schlusse erwähnt er eine Unterredung, die er mit einem Gelehrten in Gegenwart eines Granden, dessen Leibarzt er war, geführt hatte. Jener hatte behauptet, die Juden hätten nur ein einziges dogmatisches Buch, den maimunischen Moré Nebuchim, während die Christen dergleichen Schriften in unübersehbarer Menge besäßen. Darauf entgegnete Chajim Ibn-Musa: das jüdische Glaubensbekenntniß sei so einfach und einleuchtend, daß nicht viel Auseinandersetzung dazu gehört; die christlichen Dogmen dagegen seien so mystisch, daß sie gar nicht genug erläutert werden könnten:

קרה לי עם חכם פקח מחכמיהם לפני האדון אשר אני עמו. כן היה שהיינו יושבים שלשתנו ואמר החכם לפתוח: אדוני הלא ידעת אם לא שמעת שאין ליהודים אלא ספר אחד באלהות אשר נקרא מורה הנבוכים ולנו יש ספרים באלהות שלא יכולם כל גדול .... ועל כן לא הייתי שוחק ויאמר לי האדון שעל כל פנים אשיב לדבריו. אז אמרתי אין ליהודים צורך לאלה הספרים זולתי עלה על אחד. כי הנה יסוד תורתנו באלה הם י״ג .... אבל להאמין שבשביל חטא אדם הראשון שלא יוכל האל לכפרו מבלתי מיתתו, ושנתגשם בבטן האשה שלא מצאה חכמתו לכפר אותו עון מבלי מיתתו, ושבכל כך קלונות ויסורין עד שמת ואעפ״כ מתים כל בני חלד והולכים לגהנים הדרשים-כל ספרים שבעולם לא יכניסו זה במות המשתכלים כלל. ובפרט לאשר גדול בתורה רחוקה מכל אלו האמונות .. ועל כן לא יצטרך היהודי רק עלה אחד באלהות. כי כל אמונותי מסכמת בש״כל ... אז שתקנו שנינו. והאדון חתם מזה הדבר וצוה שלא נתוכח לפניו פן נשים ספק בלבו. ונשארנו שוחקים.

Die Schrift an seinen Sohn zur Rechtfertigung der Messiashoffnung: מכתב לחכם ר׳ חיים בן מוסא למשכיל ר׳ יהודה בנו בכורו תשובה לדברו הדרשן שדרש כי אמר ר׳ הלל אין משיח לישראל וכו׳ verfaßte Chajim Ibn-Musa auf dem Schmerzenslager. Zum Schlusse: צועק וי וי על ערש דוי אביך חיים ן׳ מוסה. Im Eingange hat er scharfe Ausfälle gegen die Prediger seiner Zeit, welche philosophische Deuteleien auf die Kanzel brachten, die nicht ohne Interesse zum Verständniß der inneren Geschichte jener Zeit sind:

בני בכורי מורשי לבבי שמעתי דבת רבים על הדרשן שדרש בעיר הזאת סברא של ר׳ הלל .... ובעבור שלא פירש הדרשן כונת ר׳ הלל נבוכו רבים מן הקהל ויהי העם נדון. ולא זה התרעומת לבד יש לנו על הדרשנים ..... המה המתפלספים אשר זה הדרש אחד מדרש האחדות בדרך החקירה כדרך הפילוסופי והוא אומר פעמים רבות: ״ואם אינו אחד יתחייב כך וכך״ עד שקם בעל הבית אחד מהמהרהרים על דבר ה׳ ואמר גזרו (גזלו) כל אשר לי בגזירת אשביליא והכוני פצעוני עד שהשאירוני המכים מת לפי דעתם.

וכל זה סבלתי על אמונת שמע ישראל . . . . ה' אחד . ועתה אתה בא על קבלת אבותינו מפי
חקירת הפילוסופים ותאמר אם אינו אחד יהיה כך וכך. ואמר יותר אני מאמין לקבלת אבותינו.
ויצא מבית הכנסת ורוב הקהל עמו . . . גם ראיתי אחד מן הדרשנים והוא מפורסם בחכם
מחכמי המלכות שדרש כל פרשת קדושים על דרך צורה עד שאמר בתוך דרשתו: את שכחתי
תשמורו הדברים הבטלים אשר לו, לא״ש מי״ש קו״שאש באלדרי״אש (Las mas cosas baldias)
רחמנא לצלן והיו לי דברים עמו . . . עוד ראיתי תלמידים חולקים זה על זה . .
. . . . ודרשנים חדשים מקרוב באו ועולים לתיבה קודם קריאת התורה לדרוש ורוב דרשותם
בהקשי הגיון ובדברי הפילוסופים ומזכירים בפיהם אריסטו, אלכסנדר, ותמסטיוס, אפלאטיין
ובן רשד ובטלמיוס ובפיהם נחתבא אביי ורבא. ותורה ממתנת על בימת התיבה כאשה עצובה
רוח . . . ממתנת לבעליה מי שיצא מבית פילגשו . . ועל הכל מבית הכנסת אמרים קדיש . . .

Chajim Ibn-Musa schließt, nachdem er aus den Propheten die Hoffnung auf
die Ankunft des Messias begründet hat:
ובכלל הדע כי רבים מהדרשנים שכזמן הזה . . . סכנה לבעלי בתים לשמוע דברידם .
In der Einleitung zu dem Statut von Valladolid
ist bemerkt, daß bei der Berathung außer den Delegirten noch andere vornehme Männer anwesend waren, welche zum Hofe Zutritt hatten: y estando
presentes algunos hombres buenos que anden המלך אדונינו בחצר. Also außer
Abraham Benveniste, Joseph Naßi oder Joseph Ben-Schem-Tob gab es
zur Zeit Juan's II. oder Alvaro's de Luna noch einige jüdische Cortesani.

5.
Die Rabbinersynoden
im vierzehnten und fünfzehnten Jahrhundert und einige damit zusammenhängende Facta und Data.

Wegen des vorherrschenden Charakters der Verfolgung und des grauen-
haften Märtyrerthums in der mittelalterlichen Geschichte der Juden hat man
den inneren Vorgängen weniger Aufmerksamkeit geschenkt und sogar manche
wesentliche Erscheinung ganz übersehen. Dazu gehört besonders das Vorkommen von Rabbinersynoden in Deutschland, die von Zeit zu Zeit veranstaltet wurden, um gemeinnützige Anordnungen zu treffen oder Gefahren
vorzubeugen und abzuwenden. Freilich ökumenische Synoden konnten die zerstreuten, durch so vieler Herren Länder von einander getrennten Juden nicht
zu Stande bringen. Sie hatten daher lediglich den Charakter von Provinzial-
versammlungen. Diese Rabbinerversammlungen vergegenwärtigen die innere
Bewegung und verdienen daher um so mehr eine eingehende Behandlung, als
sie manche Facta beleuchten und Anhaltspunkte für dunkle Data abgeben.

Der Brauch hatte bereits eine gewisse Procedur fixirt, wie solche Synoden
beschickt, und wie ihre Beschlüsse den Gemeinden bekannt gemacht wurden.
Der angesehenste Mann, wohl meistens der geachtetste Rabbiner eines Kreises
oder einer Provinz, forderte die größeren und kleineren Gemeinden auf, Deputirte zur Synode nach einem bestimmten Orte zu delegiren, und die Beschlüsse
wurden veröffentlicht. Eine Notiz giebt das Verfahren an; in einem Responsum
der Responsensammlung des Mose Menz (Edition Krakau 1617) No. 63, 3
p. 83a: אם רוצים להכניס עצמם (עם הקהלות) בכלל התקנות הישובים אשר סביבותיהם
למגדר מלתא שהוא צורך רבים אז קובעים יום מועד ונקבצים יחד הקהלות והישובים שחפצים
שם (?) שיהיו בכלל התקנות ושולחים שנים או שלשה מכל עיר ומתקנים התקנות ושולחים אגרות
לכל סביבות וקוראים אותם בהכרזות לרבים שידעו ליזהר בהם. Ueber einige solche partielle
Rabbinersynoden sind noch Nachrichten vorhanden.

1) Eine Rabbinersynode in Mainz im Jahre 1381 (Respp. das. No. 10, p. 18b, c): die Ueberschrift lautet: תקנת קהלות שו"ם (שפירא ווירמיש מענץ) כך הסכמנו ביום ב' ט"ו אב קמ"א לפרט, und der Schluß: שנתחדשה שנת קמ"א לפרט קהל מענץ. Die Beschlüsse dieser Synode sind unerheblich. Hauptsächlich betreffen sie die Erneuerung jener Bestimmungen, welche die Synode von שו"ם d. h. Speier, Worms, Mainz, in Betreff der Lösung einer Leviratsehe und der Auseinandersetzung wegen der Hinterlassenschaft zwischen der Wittwe und dem Levir (יבם) vereinbart worden waren. Von den Unterzeichneten ist nur ein einziger erwähnenswerth: משה בר יקותיאל הלוי מולין, ohne Zweifel der Vater des Jakob Möllin (מהר"יל); die übrigen Namen sind unbekannt. Ganz zum Schlusse heißt es: גם היתה ועד הזה נאם מאיר בן הקדוש ר' שמואל הכהן מחתום מנודתדויזין.

2) Von einer Synode in Weißenfels 1386 berichteten zeitgenössische Chroniken bei Schudt: Jüdische Merkwürdigkeiten II, S. 80 und bei Sidoni (Dr. Kaim) Geschichte der Juden in Sachsen, S. 26: „Anno 1386 hielten die Juden einen gemeinen Tag zu Weißenfels in Meißen. Dahin zogen die Juden aus allen Landen, als die Mönch pflegen zu dem Capitel zu thun rc."

3) Eine Synode in Erfurt erwähnt Isserlein in תרומת הדשן No. 24 der פסקים וכתבים bei Gelegenheit des Ritus, wie sich die Ahroniden bei einem Leichenbegängniß zu verhalten haben: כי זה הוא קרוב לארבעים שנה שהיה יום הועד בארפורט והיו שם ג"ה זקנים מהר"ר איכל, מהר"ר ליפמן, מהר"ר נתן מהר"ר יחזקיה מהר"ר אברהם כ"ץ ז"ל ושם נחדשו אלו הדברים (שהכהנים לא יצאו בשערי החצרות והעיר ושער בית הקברות עד שעברו המת חוצה לאותן השערים). כך הוגד לי באיגרא.

Das Datum läßt sich ungefähr bestimmen. Isserlein wußte davon nur durch Hörensagen; Jakob Weil, zwischen 1430—1450 Rabbiner von Erfurt, wird nicht dabei genannt. Die Synode muß also lange vor 1430, ja vor 1427, dem Jahre, in welchem Isserlein bereits Rabbiner war, stattgefunden haben. Wenn man die 40 Jahre etwa von 1440—50, in welcher Zeit das Responsum erlassen sein kann, abzieht, so würde sie um 1400 oder 1410 stattgefunden haben. Von den dabei genannten Rabbinen ist keiner bekannt; ר' ליפמן könnte vielleicht Lipmann von Mühlhausen sein.

4) Eine Synode von Nürnberg unbestimmten Datums kommt bei Jakob Weil vor (Respp. No. 101): שהיינו בכנופיא בנורנברק תיקנו תקנות הרבה וזו אחת מהן: אם אחד מבעלי הדינין רוצה לטעון בלשון אשכנז או בעל דינו צריך גם הוא לטעון בלשון אשכנז. Das. No. 115: כשהיו הרבנים בנורנבורק והיה גם מהר"ר נתן נתן לשם והיה לשם אשכנזי חולה ומהר נתן לשם היה רוצה לברכו (בשכנב) ואמרתי שנראה לי שהוא אסור ומהר"ץ וכל הלומדים שהיו שם הודו לדברי. Das. No. 147 wird eine schwere Anklage gegen einen talmudkundigen Simlen von Ulm erhoben, unter Anderem, daß er ein Angeber war, und dabei wird bemerkt: וחקעו ממנו דין כסדר התקנות שתקנו רבותינו בנורנבורק אשר הוא עצמו חתום עליו. Im Verlaufe werden Simlen's Worte angeführt: כבר הייתו לפני רבותינו בנורנבורק ואכחיש עמכם לפני אותם הרבנים כי הם גדולי ישראל. Diese Synode von Nürnberg fand also während der Blüthezeit des Jakob Weil zwischen 1430 und 1450 statt. Sie scheint zu der Zeit versammelt gewesen zu sein, als Kaiser Albrecht die Juden des deutschen Reiches nach Nürnberg beschied, um Kronengelder aufzubringen. Durch ein Schreiben vom 10. Mai 1438 „hat Albrecht II. die Judenschaft im ganzen Reiche nach Nürnberg beschieden, dieselben nach dem Exempel seiner Vorfahren im Reiche mit einer Schatzung zu belegen, theils zur königlichen Krönung nach Aachen, theils zur andern Nothburft des Reiches zu gebrauchen". Würfel, Historische Nachrichten von der Judengemeinde in Nürnberg, S. 95, nach Köhler's Reichshistorie; andere

Quellen bei Wiener, Regesten zur mittelalterlichen Geschichte der Juden in Deutschland, I., S. 194, No. 589. Zur Zeit, als Deputirte der Gemeinden nach Nürnberg kamen, um wegen der außerordentlichen Geldleistungen zu berathen, mögen sie auch rituelle und communale Beschlüsse gefaßt haben.

5) Die Synode von Bingen, deren Datum erst ermittelt werden soll, ist deswegen wichtig, weil sie eine große Bewegung unter den rheinischen und deutschen Gemeinden überhaupt hervorgerufen hat und über manche Facta Aufschluß giebt. Die Quellen dafür sind Isserlein תרומת הדשן Pesakim No. 252, 253 und Respp. Mose Menz No. 63, 1—5, p. 82 f. Die Verhandlungen darüber ergeben, daß der Rabbiner Seligmann Oppenheim[1]) von Bingen, welcher Lehrer vieler Rabbinen des Rheinlands war, ein anderer Talmudkundiger, Namens Mann, und Deputirte anderer Gemeinden eine Synode nach derselben Stadt ausgeschrieben und dazu den Rabbiner von Köln, Jülich und Geldern, Namens Webes (Febes), eingeladen hatten, um für sämmtliche Gemeinden der Rheingegend verbindliche Beschlüsse zu fassen. Webes hatte als Bedingung für die Betheiligung an der Synode ein bestimmtes Programm gewünscht, Seligmann hatte aber erklärt: Er könne ein solches noch nicht aufstellen. Trotzdem hatte der Erstere seinen Sohn nach Bingen gehen lassen, aber — wie er erklärte — nur aus Courtoisie und nicht um Beschlüsse gut zu heißen. Nichtsdestoweniger hatten Seligmann, Mann und ihre Parteigenossen Beschlüsse gefaßt, welche den übrigen Gemeinden nachtheilig schienen. Der Sohn des Webes erklärte: er habe sie nur gezwungener Weise unterschrieben. Von dem Inhalt dieser Beschlüsse, die so viele Reclamationen, Proteste und Widerlegungen hervorgerufen haben, erfahren wir aus den 7 darüber erlassenen Responsen nichts Bestimmtes. Nur ein einziger Punkt wird hervorgehoben: Die Bingener Synode hatte beschlossen, daß die Interpretation zweifelhafter Verordnungen dem Rabbinen Seligmann zustehen sollte. Damit war nun Webes aus Köln besonders unzufrieden, weil es ihm als ein Eingriff in sein Rabbinenrecht erschien (Isserlein a. a. O. No. 252):

אהובי היקרים קהלות הקדש . . . קלוניא וגעלין (l. וגלדרן) וגוליץ וראשיכם האלוף מהר"ר' וייבש והחונים עליו הגבור הר' ליפמן והיקר הר"ר' קושמן . . . לא תחרצו כל עקר לקבל עליכם התקנות והגזירות שתקנו וגזרו עתה מקרוב מר"ר' זעליקמאן ומה"ר' מאן ומסכימיהם שואספו עליהם בבינג . . . כי גם מקצת דברים אשר בתקנות אין רוב צבורינו יכולים לעמוד בהם. ופרטתם אחת אשר נתקן ונגזר שאם תולד ספיקו בלשון כתב התקנות בשאר מדינת דרינו בכלל זה געלרן וגוליץ יפרש לכם ר' זליקמן בינג. ותקנה זו יהא לשכים ולצנינים לבני שני המדינות אלו . . . מפני ריחוק וסכנת הדרכים. ואידך שיסתלקי סבית דינם מהר' וייבש הנזכר אשר להם מנהיג ודבר בכל צרכיהם.

Da Seligmann von Bingen nichtsdestoweniger behauptete, die auf dieser Synode gefaßten Beschlüsse seien nicht blos für den Niederrheinkreis (גליל תחתון), sondern auch für den Oberrheinkreis (גליל עליון) unverbrüchlich verbindlich, sodaß deren Uebertreter dem Banne verfallen sollten, so protestirten die Gemeinden von Mainz, Worms, Frankfurt und Oppenheim, daß sie gar keine Kunde von dieser Versammlung gehabt hätten, und die Beschlüsse ohne ihr Hinzuthun für sie ohne Bedeutung wären. Zwei bedeutende Männer und zwar Talmudisten aus Mainz: Nathan Epstein und Mose Menz reklamirten dagegen (Respp. Mose Menz a. a. O. No. 63, 2):

לפני כמה ימים כתבו לנו האלופים מהר"ר' נתן עפשטיין

---

[1]) Vergl. Respp. Mose Menz No. 21. Wahrscheinlich gehören diesem Seligmann von Bingen die הלכות בריכת und wohl auch ה' שחיטה in der Michaelischen Bibliothek Codex 14, 5 (s. Katalog Bodl. No. 1271, 7).

ומהר״ משה מינץ הלויים איך אשר תקנות תקנות גדולות שאין רוב הצבור יכולים לעמוד בם וגם גזרות גזירות ועונשים על כל כבודתיהם לקיימם ולקבלם. וכהכי איך שאומות תקנות נעשו בבלתי רצונם וגם בלתי כמה וכמה נכבדים ופרנסים קהלות מעגנץ ווירמש ורנקפורט אופנהיים אשר מעולם לא רצו ליכנס בהם כלל צוחים מתחלה ועד סוף וגם עד היום לא רצו ליכנס בהך תקנתא (auch daf. 63, 4—6; Jsserlein No. 253).

R' Webes protestirte nicht blos für sich gegen die Binger Beschlüsse, sondern ließ auch eine eigene Synode von den Gemeinden der Kreise Köln, Geldern und Jülich zusammentreten, welche sie einstimmig verwarf (bei Moſe Menz daf. 63, 4): מכחב יד הגאון מהר' וויבש שכתב.... כשנודע לו.... אסף אליו מכל. הסביבות מג' ארצות והסכימו כלם שלא לקבלו אלא לבטלם אותם התקנות. Dieſe Vorgänge führten zu einem heftigen Conflikt in den rheiniſchen Gemeinden. Die gegenbingiſche Partei ſchlug ein Schiedsgericht von auswärtigen Rabbinern vor, und namentlich die größte Autorität jener Zeit, Iſrael Iſſerlein, Rabbiner von Wiener-Neustadt, und ferner die Rabbinate von Regensburg, Nürnberg und Ulm (daſ. 63, 4): והנך רבנן דלעיל.. צוחין ואמרין לבית דין הגדול אוילין וצייתי׳: דינא אנן הגאון מהר' ישראל נישטט ושאר רבותי בקהלות רעגנשבורק נורנבערק אולם וכו׳ (auch daſ. No. 63, 1): Die gutachtlichen Bescheide dieſer Rabbinate, die ſämmtlich zu Gunſten der Autonomie der Gemeinden und gegen die Binger Synode ausfielen, geben nun ein mehr oder weniger klares Bild von dieſem Conflikte. Es ſind zwei Reſponſen von Iſſerlein: das erſte an Seligmann von Bingen (ת״ה No. 253 und Respp. Moſe Menz No. 63, 6) und das zweite an die Gemeinden von Köln, Geldern und Jülich (ת״ר No. 252); ein Reſponſum von Iſrael Brunа von Regensburg (Respp. Moſe Menz No. 63, 4); eins von Salzmann Kißingen aus Ulm (daſ. 63, 2) mit der Unterſchrift: זלמן קיצינגן מקובורק מאולם; eins von R' Meiſterlein (daſ. 63, 5) und endlich eins von Ahron b. Nathanael Lurja, das erſte in der Reihe (daſ. 63, 1); der Wohnort deſſelben iſt unbekannt.

Die Zeit dieſer Binger Synode läßt ſich noch aus einigen Angaben ermitteln, und dadurch werden einige Momente zur jüdiſchen Geſchichte eruirt.

Im Allgemeinen läßt ſich annehmen, daß ſie nach 1444 und vor 1462 ſtattgefunden hat. Denn die größte rabbinische Autorität jener Zeit in Deutſchland, Jakob Weil, der mindeſtens noch 1444 lebte, iſt nicht beim Streite zu Rathe gezogen worden, ſondern der jüngere Iſrael Iſſerlein. Jakob Weil muß alſo ſchon damals todt geweſen ſein. Andrerſeits lebte Moſe Menz (ſo auszuſprechen, מענץ, מינץ = Menze ſtatt Mainz in mittelalterlichen Urkunden) damals noch in Mainz, wie aus den Responſen in Betreff der Binger Synode hervorgeht. Dieſer war aber ſchon 1469 in Bamberg Rabbiner (Respp. No. 45): וכתב ונחתם פה ק״ק בננבערק רכ״ט לפ״ק בחודש אב: und zum Schluſſe: עונדתא זה ואשר פסקתי היה באלול רכ״ט לפ״ק פה בק״ק בננבערק. Seine Auswanderung aus Mainz muß alſo früher fallen. Ohne Zweifel geſchah ſie in Folge des Krieges zwiſchen dem entſetzten Erzbiſchof Diether von Iſenburg und dem an ſeiner Stelle ernannten Adolf II. von Naſſau. Die Juden hatten es mit dem Erſteren gehalten und wurden deswegen, als der Letztere durch Verrath Herr von Mainz wurde (29. October 1462), aus dieſer Stadt verbannt (Schaab, diplomatiſche Geſchichte der Juden von Mainz p. 123 f.). Von dieſer gewaltſamen Einnahme von Mainz ſcheint Moſe Menz in ſeinen Reſponſen zu ſprechen. In der Einleitung bemerkt er: אך מה שהשיבו לי רבותי אחרו סדרתי בספר No. 77, p. 117a: בפני עצמו ונאבד ממני בביזה מענץ כשנלכדה העיר עם יתר רוב ספרים שלי ורוב מעיני דע שאין לי אשרי וגם רוב תוספות ופירושים שהיו לי נאבד ממני בביזה מענץ בעונותינו הרבים.

Auch Juda Menz, Verwandter des Mose Menz, ist im Jahre 1462, wahrscheinlich in Folge der Verbannung aus Mainz ausgewandert. Er fungirte nämlich 47 Jahre als Rabbiner von Padua (Gherondi, Biographien תולדות גדולי ישראל s. v. und Kerem Chemed III, p. 89). Nun starb Juda Menz nicht, wie Viele dem Biographen Abrabanel's, Chaskitu, nachschrieben, 1508, sondern ein Jahr später. Chaskitu referirt nämlich (Einleitung zu Abrabanel's ויגוע יצחק p. 4a): בשנת רס"ח... ויבאוהו עיר פאדובה בקברות.. מעיני ישועה הישנים... בימים ההם חוך ה' ימים כבה המאור הגדול.. יהודה מינץ ונקברה סמוכה זה אצל זה... וכו'. Das ist aber nicht so. Juda Menz' Schwiegersohn, Meïr Katzenellnbogen von Padua, bemerkt in der Einleitung zu dessen Responsen: Im Todesjahr des Juda Menz sei Padua vom Feinde eingenommen und geplündert worden: באותה שנה שנפטר רבנו (ר' יהודה מינץ) הותה עיר פדואה עיר מושכי לשלל ושלטו ידי זרים בספריו לקרעם ולשרפם. Nun wurde bekanntlich Padua erst im Juli 1509 von dem Heere des Kaisers Maximilian verheert, welcher in Folge der Ligue von Cambray (Dezember 1508) gegen die venetianische Republik Krieg führte. Am 17. Juli 1509 war wieder ein Kampf bei Padua und die Venetianer entrissen es den Kaiserlichen. Von dieser Kalamität im Jahre 1509 spricht Meïr von Padua, und sie meint eigentlich auch Chaskitu; nur hat er das Datum nicht präcis angegeben. Elias Levita spricht auch von der Plünderung Padua's 1509 in der zweiten Einleitung zu מסורת המסורה, mit den Worten: .... ויהי בהיותי בשנת מאתים ושישים ותשע, החמס קם למטה רשע בעיר פאדוכה רבתי כאשר היא נלכדה נשללה ונשדדה ואויבים את נוי השמו, בכל הבן היהודים אשר תמו וכו׳. Es ist also sicher, daß Juda Menz erst 1509 starb, und da er 47 Jahre in Padua fungirte, so ist er 1462 dahin gekommen, gerade in dem Jahre, als die Juden durch den Erzbischof Adolf II. aus Mainz ausgewiesen wurden. Wenn Abrabanel nur etwa 8 Tage vor Juda Menz heimgegangen ist, so ist auch sein Tod erst 1509 anzusetzen, und zwar beider Tod vor dem Monate Juni.

Um wieder auf die Binger Synode zurückzukommen, so folgt aus dem gewonnenen Resultate, daß sie vor 1462 stattgefunden hat. Sie läßt sich aber noch präciser bestimmen. Israel Bruna beklagt diese Streitigkeiten, gerade in einer Zeit, wo die Judenfeinde so viel Leid über die Gemeinden verhängen, und bemerkt, daß er gar nicht aufgelegt sei, ein Wort darüber zu sprechen, weil er von Sorgen wegen Reichsangelegenheiten, die gefahrdrohend sind, gequält sei: אדברה במר נפשי.. עד מתי לא נתיסר בכל התוכחות ופורעניות אשר מתרגשות בעו"ה בכל תפוצות ישראל. גברו הרשעים וחרבו מדינות שלימות ומה לנו למחלוקית... היה לנו להיות באגודה אחת לבטל מחשבות שונאינו .... ואני טרוד מאוד בעו"ה בצרכי המדינות בעסקי המלוכה אשר כלנו תולין ברחמי ה'... ושורות הללו נכתבים... כדמע לרוב צרות המתרחשות במדינותנו. Israel Bruna spricht also von Leiden, welche bereits über ganze Gemeinden hereingebrochen waren, und von Gefahren, welche die Regensburger Gemeinde speziell bedrohen. Sind unter den erstern die von dem Franciskanermönch Capistrano und seinen Helfershelfern ausgegangenen Verfolgungen in Deutschland im Anfange der letzten Hälfte des fünfzehnten Jahrhunderts zu verstehen, so zeigen die letztern auf bedrohliche Vorgänge in Regensburg hin. Diese können durch Auszüge aus Urkunden, Regensburg betreffend, in Gemeiner's Regensburger Chronik beleuchtet werden. — Als nämlich der Kaiser Friedrich III. von seiner Romfahrt als römisch-deutscher Kaiser zurückgekehrt war, forderte er 1453 von „der Jüdischheit" des römischen Reiches „die außergewöhnliche Judensteuer, oder die Krönungsteuer, den dritten Pfennig ihres Vermögens", d. h. den dritten Theil. In Betreff der Regensburger Gemeinde, befahl der Kaiser, Deputirte zu ihm zu senden und wandte sich an den Rath, ihm dabei behülflich zu sein und Auskunft über das Vermögen der Juden zu geben (daf. III, 224). Nun hatte aber Kaiser Ludwig der Baier 1322 die Juden von Regensburg an die baierischen Herzöge für 40,000 Mark verpfändet und denselben die Leistungen der Juden zugesichert (daf. I, S. 924). Dieses Pfandrecht war auf den Herzog Ludwig von Landsberg übergegangen, der, obwohl ein Judenfeind, doch seine Ansprüche nicht aufgeben mochte. An diesen wandten sich 1454 die Vertreter der Regensburger Gemeinde, sie vor dieser Beraubung des dritten Theils ihres Vermögens zu schützen, und Ludwig machte den Rath dafür verantwortlich, wenn er der Forderung des Kaisers Vorschub leisten sollte (daf. III, 227). Friedrich III. bestand aber auf der Erhebung der Kronensteuer, verhängte 1456 den Bann über die Regensburger Gemeinde und bedrohte sie, sowie ihren Großmeister (Rabbiner Israel Bruna) mit der Reichsacht (daf. III, 240, 256). Diese Drohung wurde zwei Jahre später wiederholt. Davon spricht nun Israel Bruna in seinem Gutachten in Betreff der Binger Synode, und darauf deuten seine Worte: ואני טרוד מאד בעניותינו הרבים בצרכי המדינות בעסקי המלוכה. Das Wort מלוכה bedeutet hier die Krönung, und zwar die Ansprüche des Kaisers auf die Krönungssteuer, wofür Israel Bruna ebenfalls verantwortlich gemacht und in die Acht erklärt worden war. Israel Bruna's Verhaftung, wovon er selbst in seinen Responsen berichtet (No. 268): כבר גדרו בעדי בעו״ה ומסרו אותי למלכות על גופי וממוני ותפס אותי הפלכות י״ג ימים במגדל עד שהעמדתי ערבות על גופי וטמוני . . . ולפרשת תולדות יצאתי ובדרך המקום מעט מחזיר לגברתי וטרוד אני ונכון לבי בל עמי. Diese Verhaftung hängt ohne Zweifel mit der Forderung der Kronengelder zusammen: denn er bemerkt ausdrücklich, er sei von Seiten des Kaisers, d. h. seiner Commissarien, verhaftet worden, und es habe sich dabei um Geld gehandelt.

Diese Einkerkerung Bruna's, wovon er selbst erzählt, ist verschieden von jener, welche über ihn wegen Kindesmordes von dem Rath zu Regensburg verhängt wurde, wovon Gemeiner, Regensburgische Chronik III, S. 532 f., Nachricht giebt[1]). Denn damals, 1474, war „Israel von Bruna, der Judenmeister von Regensburg", wie er in den Urkunden genannt wird, bereits ein „alter, verweser Mann", der nicht einmal mehr Speise zu sich nehmen konnte, war also auch bereits eine prononcirte Autorität. Aber in den Responsen wegen der Binger Synode wird von ihm nicht mit besonderer Lobeserhebung gesprochen. Während Israel Isserlein מופת הדור, ראש גולה genannt wird, heißt es von Israel Bruna und Meisterlein schlechtweg: והאלופים

---

[1]) In den Daten der von Gemeiner auszüglich mitgetheilten Urkunden über Bruna's Haft und Befreiung ist ein Widerspruch, dessen Lösung gesucht werden muß. Der Monat der Einkerkerung ist nicht bekannt. Die beiden Schreiben vom Kaiser Friedrich III., ihn aus dem Gefängnisse zu entlassen, sind ausgestellt 1474, das eine Samstag vor Oculi, = 12. März, und das andere Mittwoch nach Oculi, = 16. März. Auch vom böhmischen König Ladislaus kamen zwei Schreiben an den Rath, Bruna in Freiheit zu setzen, das eine ist datirt 18. März und das andere am Pfingstabend, gleich 28. Mai (daf. Note 1056, 1057). Man muß demnach annehmen, daß Bruna noch Ende Mai im Kerker war. Nun ist die Urfehde, welche Israel Bruna ausstellen mußte, Samstag nach Tiburtien- und Valerianstag (14. April) 1474 datirt (daf. S. 533, Note 1059), d. h. 16. April. Er ist also an diesem Tage oder kurz vorher aus dem Kerker entlassen worden. Und doch muß er noch Ende Mai im Kerker zugebracht haben.

Note 5.

מה״רר מייטטרלין וטר״י ברונא. Schwerlich hat auch Isserlein 1474 noch gelebt. Auch erzählt Bruna, daß er nur 13 Tage im Thurm zugebracht habe, während er 1474, nach den Urkunden bei Gemeiner, jedenfalls **über einen Monat** im Kerker zugebracht hat. Jene Einkerkerung Bruna's durch den Kaiser (מלכות) muß also verschieden sein von der durch den Rath, gegen welche der Kaiser so energisch protestirt hat. Die im Schreiben wegen der Binger Synode erwähnte Noth Bruna's kann also nur zwischen 1456—1458 stattgefunden haben.

Die Zeit der Binger Synode kann auch noch durch ein anderes Moment präcisirt werden. Isserlein ermahnt in seinem Schreiben an Seligmann, den Frieden und die Eintracht nicht zu stören, weil ihm jüngstens geschrieben worden sei, daß den rheinischen Gemeinden Gefahren drohen. In einer räthselhaften Sprache drückt sich Isserlein darüber aus: „In die Schutzmauer, welche bis dahin die dortigen Juden umgeben hat, habe der Bischof von Mainz an vier Seiten Risse gebracht, sodaß die ganze Mauer erschüttert sei": הנה? ולמה חריבין
נכתב לי מקרב מטינו שהאנך פנה מן החומה המקפת כל בני ברית אשר בגלילכם מטלטוני
האומות, ההגמון ממגנץ פרץ פרץ בד' מקומות ונדיעיע כל החומה וחלילה לעמיד בלב חלוק.
Dieses Räthsel erhält seine Auflösung durch eine beurkundete Thatsache, die zugleich das gesuchte Datum bestimmen hilft. Der schon genannte Erzbischof Diether von Mainz, der Anfangs die Juden begünstigte, gerieth mit einem Male in Zorn gegen sie. Am 12. März 1457 erließ er ein Edikt, daß die ungläubigen Juden, welche „gleich hartnäckigen Dämonen" (ad instar obstinatorum daemonum) an dem Laster der Undankbarkeit litten, Wucher mit Zins von Zinsen trieben, gezwungen werden sollten, die Zinsen zurück zu erstatten und Judenflecken zu tragen: videlicet circulos in vestibus viri et **striffas** in peplis mulieris (bei Schaab, a. a. O. S. 120 aus Gudaeus Codex diplomaticus IV. p. 324, 327). Aber schon am 24. August desselben Jahres hob er das Dekret zu Gunsten der Juden von Bingen auf: „Als wir itzt durch redliche Ursache uns dortzu bewegende solich Preß und Geboth gegen dieselbe Jüdischheit von Bingen (Kleidungen und Ringe wegen) aufgehoben und abgethan, uffheben und abthun". Am 29. August 1457 setzte er auch die Beschränkung zu Gunsten der Juden von Frankfurt außer Kraft: „Als wir etliche Proceß und Gebottbriefe wider die Jüdischheit von Frankfurt wonende haben lassen ußgen, inhaltende, daß sie den Wucher, den sie vom Wucher genommen haben, wiedergeben, auch fürbarn Ringk und Zeichen an iren Kleidern tragen sollen, also haben wir uß zitligem Rat die berurten Proceß und allen Unwillen . . . . ganz und gar abgestellt und ußgehebt und abgethan" (das. 121, 122). Das Responsum von Isserlein in Betreff der Binger Synode spielt offenbar auf die Unfreundlichkeit des Erzbischofs Diether an und muß demnach ausgestellt sein, ehe noch derselbe sein Edict zurückgenommen hatte; also zwischen März und August 1457.

Auf dieselbe Zeit führt auch eine Anspielung auf eine Bedrückung von größerer Tragweite in Meisterlein's Responsum. Auch er ermahnte Seligmann und seinen Anhang zur Eintracht und wies auf die Leiden hin, welche die Juden **Polens durch den Mönch betroffen haben**: ומעולם לא היה כל כך צריך להיותנו באגודה
אחת ושלום ושלוה כמו עתה . . אשר פגע הכומר גם בימטבי תחת המלך מפולין מלכות
קרקוב וסביבותיהו אשר מקדם ומאי חשבו לפלטה לבני גולה . ולא האמינו כל
יוטבי תבל כי יבא צר ואויב בטערי פולין . עתה הס רובצים תחת מטא המלך
וטרים וכתבו לנו לבקט עוד ותרופה . ועתה אחס אהובי אל ידע לבבכס כי הרבותי לדבר
קטות כי רוחי הציקתני . יען ובינן כי קרובים אנחנו למלכות ואנחנו נדע את אטר ידובר ואת

אשר נעשה . וכי יש לחשוב עתה ליום ועד הגדול והנורא . ומוטב להתעסק באלו העניניס מלהתגרות בעליונים ובתחתונים (Respp. Mose Menz a. a. O.). Der letzte Passus will beiläufig sagen: Es sei Zeit, sich für das ernste Gericht, das Neujahrsfest, vorzubereiten, und es sei ersprießlicher, daran zu denken, als Fehden mit den „Obern und Untern" = oberrheinischen und niederrheinischen Gemeinden, zu führen.

Die Klage in demselben Responsum Meisterlein's, welche von Polen herübertönte, beruht auf einer noch wenig beachteten Thatsache, einer Sinnesänderung des Königs Casimir IV. von Polen gegen die Juden, herbeigeführt durch den unermüdlichen Erzjudenfeind, den Mönch Capitrano. Um die Thatsache und die sich daraus ergebenden Data von allen Seiten zu beleuchten, muß ich eine Urkunde in extenso mittheilen, welche bisher kaum gekannt und lediglich von Louis Lubliner berührt wurde (Juifs en Pologne. Brüssel-Leipzig, 1839, p. 15 ff.), aber ohne kritisches Eingehen. Bandtkie hat nämlich in seiner Gesetzsammlung, jus polonicum (Anfang) eine interessante Urkunde mitgetheilt folgenden Inhalts: Casimir IV. der Jagellone, hat die Privilegien der Juden in ganz Polen, wie sie Boleslaw 1264 gegeben und Kasimir der Große 1334 bestätigt hatten, erneuert. Die Erneuerung geschah auf Antrag der Juden, welche angaben, daß die Originalurkunde dieser Privilegien im Brande von Posen (1447) mit verbrannt sei. Cum autem Casimirus rex ex Calisch Posnaniam advenisset, Civitas Posnaniensis casu incensa est et tota fere . . . igne consumpta . . . . . Casimirus rex per continuas tres dies casum tam damnosum deflebat (Dlugossi historia Polonica II. p. 29). Casimir war in Posen nach St. Jakob — 25. Juli (Dlugoß das.). Die Einleitung zur Erneuerung des Judenstatuts von Casimir VI. lautet bei Bandtkie (Jus Polonicum p. 1 aus einem Codex); Nos Casimirus rex . . . Poloniae terrarum Cracoviae, Sandomiriae, Siradiae, Lanciciae, Cujaviae, magnus dux Lithuaniae, Pomeraniae, Russiae Prussiaeque dominus et haeres etc., ad perpetuam rei memoriam, significamus tenore praesentium . . . quod coram majestate nostra personaliter constituti Judaei nostri de terris Poloniae, videlicet de Posnaniensi, Calisiensi, Sieradiensi, Lanciciensi, Brzestensi, Vladislaviensi, palatinatibus et districtibus ad ipsa spectantibus, sua exceptione adduxerunt et ostenderunt: quod jura, quae habuerunt a celebris memoriae serenissimo principe domino Casiniro, rege Poloniae .. mediata et quibus aliorum regum, praedecessorum nostrorum, a diuturnis temporibus semper et usque hactenus usi fuerint, sed tunc, quando civitas nostra Posnaniensis voragine ignis, nobis praesentibus, fuit consumpta, ipsis essent etiam in cinerem redacta, petentes, humiliterque nobis supplicantes, quatenus juxta Jurium eorundem copiam, quam coram nobis exhibuerunt, eadem jura innovare, ratificare et confirmare eisdem dignaremur gratiose, quorum quidem jurium ac copiarum tenor de verbo ad verbum sequitur est talis.

Der Schluß des erneuerten Statuts lautet (bei Bandtkie l. c. p. 196): Et itaque nos Casimirus, Dei gratia rex, juribus Judaeorum praescriptorum auditis, et cum caeteris regni nostri consiliariis, cum debita maturitate revisis et examinatis ac ponderatis singulis articulis, clausulis et conditionibus in eis expressis, volentesque ut isti Judaei, quos nobis et regno nostro pro speciali conservando thesauro, tempore nostri felicis regiminis, se **agnoscent esse a nobis consolatos**, pro eisdem Judaeis in terris majoris Poloniae videlicet in **Posnaniensi, Calisiensi** etc. . . . nunc praesentibus et aliis undique alias majoris Poloniae terras advenientibus, hujusmodi **jura, superius descripta**, in omnibus eorum praesentibus conditionibus, clausulis et articulis innovamus . . . decernentes robur habere perpetuae firmitatis . . . datum Cracoviae **feria secunda ante festum assumptionis Mariae** 1447 (falsche Lesart in einem Codex bei Bandtkie 1440[1]).

Einige Paragraphen dieses erneuerten Statuts sind dieselben, welche ursprünglich von dem österreichischen Herzog 1244 stammen und von Casimir I. pure angenommen wurden (Bd. VII$_2$, S. 97, 379). Andere dagegen kommen in dem Statut Casimirs des Großen nicht vor (ein Punkt, der eine kritische Untersuchung erheischt). Diese zeugen von außerordentlicher Begünstigung. So finden sich weder in der compilatio legum von Laško (1506), noch in Prilusius leges Regni poloniae (1551), noch in Konarski's volumina legum folgende wichtige Paragraphen, die Bandtkie aus einem Codex gezogen hat (das. p. 9): § 19. Item volumus et statuimus, quod quilibet Judaeorum potest libere et secure ad balneum civitatis generale cum Christianis intrare. Nach den kanonischen Gesetzen war das gemeinsame Baden von Christen und Juden bekanntlich ein Kapitalverbrechen. Noch wichtiger und einschneidend gegen die Geistlichkeit gerichtet ist § 30 (bei Bandtkie p. 13): Item statuimus et volumus, quod **nullus Christianus citare debet aliquem Judaeum in judicium spirituale**, quocunque modo fuerit; quod pro quacunque re, quacunque citatione spirituali Judaeus citatus fuerit, non debet, nec tenetur respondere coram judice in judicio spirituali, sed citetur talis Judaeus in praesentiam sui palatini, qui pro tempore fuerit, et ulterius praefatus palatinus cum capitaneo nostro, protunc existenti, tenebitur defendere et tueri et intercedere ipsum Judaeum a tali citatione juris spiritualis. — Nach § 34 durften Juden sogar Adelsgüter, wenn sie ihnen verfallen waren, behalten und vererben.

Der Paragraph von Beschuldigung der Juden wegen Blutgebrauches (39) ist in dem Statut Casimir's IV. viel stärker zu Gunsten der Juden gefaßt als der (31ste) des Bolesław'schen Statuts. Item statuimus: ne de caetero aliquis Judaeus sit inculpandus ab aliquo Christiano pro re sic docente, (V. dicente) quod **ipsi Judaei de necessitate uterentur sanguine Christianorum annuatim**, aut etiam sacramentis ecclesiae Christianorum; ex quo statuta propriae innocentiae (V. Papae Innocentii) nos docent et institutiones, quod in talibus rebus non sunt culpabiles, quod hoc est contra legem ipsorum. Et si ultra aliquis Christianus sua temeritate aliquem Judaeum pro talibus rebus inculpaverit, tunc ei tale jus damus et concedimus: quod talis Christianus, si voluerit adducere et probare **tribus Judaeis bonis**, in regno nostro possessionatis, qui in sua humantitate non essent infames, et in fide essent immobiles, et **quatuor Christianis**, qui etiam essent possessionati bene in regno nostro, et in sua humanitate (non)

---

[1]) Dieselbe Urkunde im Archiv der Posener Gemeinde hat ein richtigeres Jahresdatum: Millesimo quadringentesimo **quinquagesimo tertio** (bei Perles, Gesch. d. J. in Posen, Frankel's Monatsschr. 1865, Separatabdruck zu 13. Note). Diese Urkunde hat eine wichtige Variante, mit V bezeichnet.

infames, in fideque immobiles, et si hujusmodi testimonium Christianus probaverit contra Judaeum, tunc Judaeus ipse erit reus mortis, et eadem plectendus: et si hujusmodi testimonium Christianus contra ipsum Judaeum sic diffamatum non produxerit, neque probare potuerit, tunc solus eadem morte sit condemnandus et hoc ideo, quia Judaeus damnari debuit. Et si pro talibus rebus nobiles nostri terrigenae, vel cives regni nostri ipsis Judaeis nostris violentiam fecerint, jure ipsos non vincendo, tunc bona ipsorum pro camera nostra regia devolvi debent, et colla ipsorum pro gratia nostra speciali.

Diese Privilegien der Juden waren dem Capistrano ein Dorn im Auge, und sobald er mit Casimir in Krakau zusammen kam (1453), wandte er seine fanatische Beredtsamkeit an, ihn zur Zurücknahme derselben zu bewegen. (Wadding Annales Minorum, T. XII, p. 164, No. 6): Simili modo praedixit (Capistranus) Casimiro regi, etsi amicissimo, infortunam et clades, quia nimis Judaeis eorumque perfidiae et usuris connivebat: Cave, inquit, ne haec mea monita spernenti divinum instet supplicium. Das. p. 195: Paulo antequam e Cracovia discederet (Capistranus), regem Casimirum iu Prussia contra Cruciferos bellantem admonendum duxit, ne Orthodoxorum inimicis faveret, aut Haereticis vel Judaeis, quorum plurimi Prussiam et Poloniam incolebant, privilegiis muniret. An den Papst Nicolaus V. schrieb Capistrano am 13. October 1354 (das. p. 197): Rex Poloiae ... consilium meum non tenuit, sicut nec de privilegiis Judaeorum, quorum copiam vestrae Sanctitati cum aliis libellis meis contra haereses Rochyzani et sequacium mitto. Auch das Schreiben Capistrano's an Casimir vom 28. April 1454 (das. p. 196 f.) scheint gegen die Juden zu hetzen: Privilegia inconsulte jam de facto concessas, et injuste sibi (inimicis crucis Christi) tradita revoca et ad juris communis formam redige. Der Bischof Sbigniew von Krakau bot seinen Einfluß auf, den König Casimir gegen die Juden einzunehmen, wie der Zeitgenosse, der erste polnische Geschichtsschreiber Johannes Dlugoß berichtet (Historia Polonica L. XIII, T. II, p. 157 der Leipziger Edition von 1712): Libertates insuper in fidei sanctae dedecus, per regem et Consiliarios concessae Judaeis, pro quibus a Sbigneo, Cardinale et Episcopo Cracoviensi, et fratre Joanne de Capistrano ... Casimirus rex publice argutus et correptus, illas revocare distulit, provocaverunt iram Dei in regem et populum.

Im November 1454 hob Casimir denn doch die Privilegien der Juden auf in § 51 des Statuts von Nieszava (bei Bandtkie a. a. O. p. 289 f.): Item statuimus, cum Infideles non debeant ampliori praerogativa gaudere, quam Christi cultores, nec servi debent esse melioris conditionis quam filii, ut Judaei potiantur juribus juxta constitutiones Vartenes[1]), prout alii nobiles terrarum nostrarum ... Literas etiam, quascunque super libertate ipsis Judaeis in regno nostro degentibus per nos post diem coronationis nostrae concessas et juri divino ac constitutionibus terrestribus contrarias penitus revocamus, abolemus easque nolumus fieri alicujus roboris vel momenti, quam revocationem et abo-

---

[1]) § 19. Das Statut von Warta vom Jahre 1420, von Wladislaw Jagiello erlassen, bestimmte mit einem gehässigen Eingange: Perversa judaica perfidia cum semper sit et est Christianis contraria, daß die Juden nicht auf Wechsel, sondern nur auf Pfänder Geld leihen durften (bei Bandtkie, p. 212 f.).

litionem earum in regno nostro per proclamationem publicam omnibus innotescere faciemus. (Gelegentlich sei erwähnt, daß derselbe König, obwohl auch dieses Gesetz für die Ewigkeit erlassen sein sollte, die Privilegien der Juden 1467 nach dem Siege über den preußischen Orden wieder in Kraft setzte. Bei Bandtkie, Anfang.)

Resumiren wir das hier weitläufig Auseinandergesetzte und ziehen wir das Facit. Im October 1454 klagte noch Capistrano dem Papste, daß der König Casimir die Privilegien der Juden nicht aufheben wollte. Die Aufhebung geschah erst durch das Statut von Nieszava, daß jedenfalls im November erlassen ist. Das Tagesdatum ist nämlich wegen der Varianten in den Codices unbestimmt: Montag am Martintage = 11. November, oder Dienstag nach Martini = 12. November, oder Sabbat vor St. Elisabeth = 7. November, oder Sabbat nach Elisabeth = 23. November (Bandtkie l. c. p. 291, Note). Die Klagen der polnischen Juden, welche Meisterlein zur Kenntniß der bei der Synode von Bingen Betheiligten bringt, und zwar in Folge des Mönchs (kein anderer als Capistrano), „daß er auch die jüdischen Bewohner im Königreich Krakau mit Verfolgungen heimgesucht", sind ohne Zweifel von dem Verluste der Privilegien durch das Nieszawer Statut zu verstehen. Diese Klagen sind also erst nach Novbr. 1454, wohl erst in einem der darauf folgenden Jahre erhoben. Meisterlein's Sendschreiben, welches davon Erwähnung thut, kann daher jedenfalls nicht vor 1455 ausgestellt sein. Sämmtliche Data weisen also auf das Jahr zwischen 1455—57 hin, in welchem die Binger Synode stattgefunden hat.

Aus einer versprengten Notiz könnte man sogar entnehmen, daß die polnischen Juden nicht bloß durch Aufhebung der ihnen günstigen Privilegien der Willkür des ungeschlachten Adels und des Pöbels preisgegeben waren, sondern daß ihnen sogar zu dieser Zeit vom König von Polen die Wahl gestellt worden sei, entweder sich zum Christenthum zu bekehren oder das Land zu verlassen. Barros, der Historiograph der portugiesischen Entdeckungen, erzählt nämlich: Vasco de Gama, der große Admiral, welcher indische Colonien für Portugal erworben hat, habe bei Goa einen polnischen Juden auf sein Schiff gelockt. Dieser sei Dolmetscher und Agent im Dienste eines maurischen Fürsten von Goa gewesen. Nachdem Fasco de Gama den jüdischen Agenten aus Polen habe foltern lassen, habe dieser seine Biographie mitgetheilt, daß der König von Polen im Jahre 1450 die Juden zur Annahme der Taufe oder zum Auswandern gezwungen, daß in Folge dessen die meisten Juden ausgewandert seien, daß seine Eltern nach Alexandrien gekommen und er daselbst geboren sei (Barros Decada I. Livro IV, c. 2, p. 360): Entao começou a contar (o Judeo de Goa) o principio de sua vida, dizendo: que no anno de Christo de mil quatrocientos e cincosenta Elrey de Polonia mandava lançar hum pregao per todo seu Reyno, que quantos Judeos nelle houvesse, de trinta dias se fizessem Christaos ou se sahiessem de seu Reyno, e passado este termo de tempo, os que achassem, fossem queimados. Donde se causou que a maior parte dos Judeos se sahiram fóra de Reyno pera diversas partes. In diesem Berichte ist jedenfalls das Jahr 1450 falsch; denn in dieser Zeit waren noch die Juden von Polen begünstigt, wie sich gezeigt hat. Die Verfolgung konnte also erst von 1455 ab geschehen sein. Da sich aber anderweitig kein Beleg für Zwangsbekehrung und Auswanderung der Juden von Polen findet, so muß man wohl annehmen, daß der jüdische Agent von Goa dem Admiral hat etwas aufbinden wollen.

6) Eine Synode zu Nürnberg ohne Datum, das sich ebenfalls ermitteln läßt. Joseph Kolon, Rabbiner in Mantua, wurde von den Mitgliedern derselben angegangen, auf die deutschen Gemeinden einzuwirken, daß sie Beiträge spenden sollten, um die ganze auf den Tod angeklagte und verhaftete Gemeinde von Regensburg zu befreien. Dessen Respp. No. 4: מהיות הדבר ידוע ומפורסם כי ענין תפיסת אחינו מק״ק רעגנשפורק ראוי הוא להיות מוזכר ומסכן להרבה מקומות זולתי רעגנשפורק ובנותיה וכאשר כתבו לי רבנים הנועדים כהיום בק״ק נורענברגק. כדי להציל לקחים למות על לא חמס בכפם ... לכן נדרשתי ונשאלתי אל רבותי אשר שאלו ממני שה׳ שלח ק״ק רעגנשפורק היא הצלתם. Die Rabbinen der Synode hatten es nicht gewagt, aus Furcht vor den Fürsten und Gewalthabern, eine Aufforderung an die Gemeinden zu Geldbeiträgen ergehen zu lassen; darum wandten sie sich an den italienischen Rabbiner. Joseph Kolon bestimmte unter Androhung des Bannes, daß jede deutsche Gemeinde und jeder Beitragsfähige einen Antheil nach der Schätzung der Synode leisten müßten, um die unschuldig Angeklagten und Eingekerkerten in Regensburg durch Geldmittel befreien zu können: ואמנם כי אין הדבר מצוי אלא לחכמים ה״ה רבותי הנועדים כהיום בק״ק נורענברגק כדי לנדור פרצה ו׳ ... ועין כי בנורענבורג וכחכמת עירות אחרות באשכנז שאינם רשאים לכתוב בדרך יראת גזירה מפני יראת המושלים והשרים או יהיה מה שיהיה. אנכי הצעיר בא לחוק דברים... והנני גוזר בגזירה חמורה... על כל יושבי ארץ אשכנז. אנכי שלא ימרו את פי הנועדים בנורענבורג. לסיע בדוראצא עלילה... אשר העלילו על אחינו ק״ק שברעגנשפורק בשקר וכזב ותרמית. Das Factum der Nürnberger Synode und die Veranlassung dazu, die Blutanklage gegen die ganze Gemeinde von Regensburg, sind durch diese Notiz festgestellt. Nun wäre noch die Zeit zu fixiren. Diese ergiebt sich aus den Urkunden, welche Gemeiner in seiner Regensburgischen Chronik mitgetheilt hat.

In Folge der Beschuldigung wegen des angeblich gemordeten Simon von Trient wurden auch mehrere Juden in Regensburg des Christenkindermordes angeklagt. Der Bischof von Regensburg drang darauf, ihnen den Prozeß zu machen; es wurden immer mehr darin verwickelt, und zuletzt wurde die ganze Gemeinde dafür verantwortlich gemacht und in ihrem Quartier fast eingemauert, so daß kein Jude sich entfernen konnte. Diese Blutanklage gegen die Regensburger Gemeinde begann 1476 (Gemeiner a. a. O. III. p. 567 ff.). Von Seiten des Kaisers Friedrich III. folgten Mahnbriefe auf Mahnbriefe, die Juden von Regensburg frei zu lassen, da sie unschuldig an dem ihnen zur Last gelegten Verbrechen seien, Mai, Juli desselben Jahres (das. 576—578). Zur Strafe hatte der Kaiser der Stadt den Gerichtsbann entzogen, und der Rath verschwendete Summen, den Kaiser zu erweichen und die Gerichtsbarkeit über die Juden ausüben zu dürfen. Von Seiten der Juden waren daher auch große Summen erforderlich, um die kaiserlichen Commissarien zu gewinnen und sich auch dem Kaiser selbst angenehm zu zeigen. Zu diesem Zwecke wurde ohne Zweifel die Nürnberger Synode versammelt, um von sämmtlichen deutschen Gemeinden eine Beisteuer zur Abwendung der Blutanklage zusammen zu bringen. Im folgenden Jahre, da die Händel in Regensburg noch nicht zu Ende waren, entließ der Rath die meisten Juden, welche nicht direkt beschuldigt waren, ihrer Haft und nahm ihnen das Handgelübde ab, nicht zu entweichen (das. S. 594). Die Nürnberger Synode fand also sicherlich zu diesem Zwecke und zwar 1476 statt.

6.

Der Ruf aus der Türkei an die Juden Deutschlands, das Land ihres Elends zu verlassen; Isaak Zarfati; Mardochaï Comtino und Obadja Bertinoro.

Ein höchst interessantes Sendschreiben eines sonst unbekannten Schriftstellers, Isaak Zarfati, das sich in der Bibliothèque von Paris (abwechselnd royal, und impériale nationale genannt, ancien fonds No. 291) befindet, hat Jellinek veröffentlicht in einem Hefte קונטרס נרות חנוכה, zur Geschichte der Kreuzzüge (Leipzig 1854, p. 14 ff.). Der Anfang lautet: אגרת אל קהלות הקדש. Der Eingang giebt an, daß zwei deutsche Juden, welche einerseits das Elend und die Verfolgung der deutschen Juden gesehen oder mitempfunden und andererseits die Ruhe und glückliche Lage der Juden in der Türkei wahrgenommen hatten, den Verfasser, Isaak Zarfati, ermuthigt haben, ein Sendschreiben an die Juden von Schwaben, des Rheinlandes, von Steiermark, Mähren und Ungarn zu erlassen, um sie aufzufordern, ihre elende Heimath aufzugeben und nach der Türkei auszuwandern: והילו פני (הבחור ר' קלמן עם חבירו ר' דוד כהן) לכתוב אל שארית פליטות קהלות הקדש היהודים הנמצאים באשכנז השוכנים בערי שוואב וריינוס שטייערמהרק מהרין ואונגרן להודיע להם מיטב הארץ. Der Gegensatz zwischen dem Drucke in Deutschland und der Freiheit in der Türkei kann nicht drastischer geschildert werden, als in diesem Sendschreiben, das, obwohl in einem eigenartigen Musivstyl geschrieben, mit biblischen und talmudischen Phrasen durchzogen, wegen der Originalität einen sehr wohlthuenden Eindruck macht. Es ist nur Schade, daß sich darin kein Datum für die Abfassungszeit befindet, weil erst dadurch die Situation und das Colorit recht verständlich wären.

Die Ansichten über das Zeitalter dieses Sendschreibens gehen daher auseinander. Jellinek versetzt es sehr früh in den Anfang des dreizehnten Jahrhunderts, noch zur Zeit der Kreuzzüge (a. a. O. Einleitung S. VI). Einige reihen es in das sechzehnte Jahrhundert ein: im Anfange oder gegen die Mitte desselben (Kerem Chemed. IX, p. 49, Levy, Don Joseph Naßi, S. 32 f.). Beide Annahmen haben Vieles gegen sich. Gegen die erstere ist einzuwenden, daß das Sendschreiben den Bestand der europäischen Türkei voraussetzt; denn es fordert eben die deutschen Juden auf, nach der Türkei auszuwandern oder dieses Land zum freien Durchzuge zu benutzen, um nach Palästina überzusiedeln (p. 15): כי פקד ה' עמו ושם דרך אחרת דרך תוגרמה (לארץ הקדושה). דרך יבשה בטחה וקרובה לנו שמה. Aber die Eroberung Konstantinopels fällt erst 1453. So kann diese Schrift nicht zur Zeit der Kreuzzüge verfaßt sein. Gegen die auf nichts begründete Ansicht, daß es erst im XVI. Saeculum verfaßt worden sei, spricht das gewichtige Bedenken, daß es kein Wort von der massenhaften Einwanderung der spanischen und portugiesischen Juden nach der Türkei enthält. Es hätte doch wohl am meisten Gewicht darauf legen sollen, wie gastfreundlich die unglücklichen Juden der pyrenäischen Halbinsel in der Türkei aufgenommen worden, wenn es nach 1492 und 1497 erlassen worden wäre. Wie anders lautet das Einladungsschreiben vom J. 1550 der Saloniker an die Gemeinden der Provence, ihr elendes Leben in der Christenheit mit dem glücklichen Dasein unter dem Islam zu vertauschen (Revue d. Et. XV. f.) Es erinnert an das Unglück der Verbannten aus der pyrenäischen Halbinsel.

Zutreffender ist die Vermuthung, welche im Katalog der hebräischen Codices der Leydener Bibliothek aufgestellt ist (p. 262, Note 2), daß der Verfasser des Sendschreibens identisch ist mit jenem Isaak Zarfati, welcher mit Mardochaï Comtino[1]) correspondirt hat (Codex a. a. O. bei Wolf Bibliotheca III, p. 718, No. 3): Respondet ibi (Mardochaeus Comtino) ad epistolam Rabi Isaaci Galli (יצחק צרפתי), qui ab ipso petierat, ut commentario illustraret ea, quae Aristoteles de Logica et Maimonides de vocibus logicis scripserint etc. Freilich ist dadurch für die Abfassungszeit unseres Sendschreibens nicht viel gewonnen. Einmal beruht die Identificirung dieses Isaak Zarfati mit Comtino's Correspondenten lediglich auf Conjectur, und dann ist das Zeitalter des Mardochaï Comtino nicht bestimmt genug umgrenzt. Seinen Pentateuch-Commentar verfaßte Comtino im Jahre 1460 (Wolf III, p. 718, IV, p. 904). Er scheint aber noch 1490 gelebt zu haben; denn der Karäer Elia Baschjazi, der ihn öfter als seinen Lehrer in seinem Werke אדרת אליהו citirt, nennt ihn noch als einen Lebenden in der Abhandlung über Reinheit und Unreinheit (p. 78a): וכתב החכם ר' מרדכי קומטינו אפר בפירוש התורה. Nun schrieb Baschjazi diesen Theil kurz vor seinem Tode, 1490, wie sein Jünger Kaleb Afendopolo bemerkt zum Schlusse des genannten Werkes): ודע שהדר ענין טומאה וטהרה חבר (אליה בשיצי) בסוף ימיו וזה בשנת ה' ר"ן ולא השלימו). Es ist also möglich, daß Mardochaï Comtino oder sein vielleicht jüngerer Correspondent Isaak Zarfati noch bis in's sechzehnte Jahrhundert hinein gelebt haben, und daß das Sendschreiben erst im Anfange desselben verfaßt worden wäre.

Es läßt sich aber ein direkter Beweis führen, daß es noch im 15ten Jahrhundert erlassen worden, und man kann fast das Jahr seiner Abfassung fixiren. Denn Isaak Zarfati's Sendschreiben hebt besonders hervor, daß die deutschen Juden verhindert sind, über's Meer auszuwandern und eine Ruhestätte im heiligen Lande zu suchen. Gleich am Anfange: נכספו נגזרה גזירה לנגירה ואינם (לבא אל ירושלם ארץ החיים אדמת קד"ץ) מניחים שום יהודי לעבור. Es heiße unter den Christen, die Juden hätten den Tempelberg angekauft, und sie würden sich nicht scheuen, das sogenannte heilige Grab zu erwerben und es zu schänden (p. 18): היהודים קנו הר בית ציון . . . . . גם בוש לא יבושו לקנות קבורת הרופא והגולל זבח מחצבתו ועתה לא ידע איש את קבורתו. אין אמונה בגוי אפילו בקבר, קבורת חמור יקבר סחוב השלך מהלאה לשערי ירושלם. Darum haben die christlichen Völker einen Befehl erlassen, daß jeder Jude, der die Reise nach Jerusalem anträte, von den Schiffsleuten in's Meer geworfen werden sollte (p. 19): אכן גזרו דלא כהלכתא על רב החובל להיות מקלקל ופטור במבעיר והובל כל יהודי אשר ימצא דרך ירושלם בירכתי

---

[1]) Da Mardochaï Comtino's Schriften noch nirgends, meines Wissens, übersichtlich zusammengestellt sind, so möge hier die Reihenfolge derselben einen Platz finden: 1) Pentateuch-Commentar כתר תורה mit Berücksichtigung des Ibn-Esra und mit Polemik gegen die Karäer, 1460 (vergl. oben). 2) Commentar zu Ibn-Esra's יסוד מורא (de Rossi Codex No. 314, 4; No. 556, 1). 3) Commentar zu dessen ספר השם (das. No. 556, 2). 4) Commentar zu dessen ספר האחד (das. No. 556, 5). 5) Commentar zu Maimuni's Logik und andern logischen Schriften (bei Wolf, a. a. O. oben und de Rossi das. No. 556, 4, Katalog Leyden a. a. O., Neubauer Katalog Bodl. No. 2183); es ist eben die an Isaak Zarfati gerichtete Schrift. 6) Eine Widerlegungsschrift gegen die Angriffe des Ibn-Esra'schen Supercommentators Sabbataï b. Malkiel (Katalog Leyden No. 41, p. 203ff.). 7) Ueber Astronomie (Wolf III, p. 719, No. 5). Es ist wohl dieselbe Schrift, von welcher Joseph del Medigo in seinen Schriften spricht.

Note 6.

הספינה להטילו אל הים ואל שאונה.. **Es sei mehr denn zehn Jahre**, seitdem sich die Nachricht von diesem unmenschlichen Befehl verbreitet hat (daſ.): את כל אלה שמענו זה זמן זמנים עתה יותר מעשרה שנים. וכאשר שמענו כן ראינו בעיר אלהינו כי מאז סרה הנוראה (?) . . . אין יוצא ואין בא ואין דורש לאמור שאלו את שלום ירושלם..

Aufſchluß über dieſes Verbot, die Juden nach Paläſtina auswandern zu laſſen, und über die Zeit ſeines Erlaſſes giebt ein anderes intereſſantes Sendſchreiben, welches erſt jüngſthin veröffentlicht wurde. Im Beſiße des Herrn Uri Günzburg in Paris befinden ſich nämlich zwei Briefe des bekannten **Obadja da Bertinoro**, die Neubauer im Jahrbuche des Literaturvereins edirt und überſetzt hat (von S. 195 ff.). Den erſten Brief hat der Verfaſſer an ſeinen Vater gerichtet und badirt 8. Elul 5248 = 1488, und den zweiten an ſeinen Bruder von dem darauf folgenden Jahre, 27. Elul 1489. Die Echtheit der Obadjaniſchen Briefe iſt unzweifelhaft. Der Inhalt iſt durchweg hiſtoriſch gehalten. Manches darin, wie über die Zuſtände Jeruſalems, wird auch anderweitig von Jſrael Jſſerlein und Joſeph Kolon bezeugt (vergl. oben Seite 278 ff.). Bezeugt wird eins dieſer beiden Sendſchreiben von **Aſulaï** s. v. p. 46 a: ויש פה שנשן הכתב ששלח רבינו עובדיה מעה״ק ר' עובדיה מפרש המשניות ירושלם לאביו וראיתי העתק ממנה את שיש בה ידיעה בכל פרשת העבוד . . . סכי נפיק מבי מר אבי . . . עד באנו לירושלים ונא דרך הארגיפלנו בים עד נא אמון . . . וכל זה היה בשנת רמ״ח. **Factum und Datum ſind alſo unzweifelbar**.

Nun kommt im erſten Briefe des Obadja da Bertinoro folgender Bericht vor (p. 219). Die Franciskaner, welche damals eine Kirche oder Kapelle bei den Königsgräbern hatten, beſaßen früher auch die ſogenannten **Königs-gräber**. Ein deutſcher Jude wollte ſie aber vom Sultan an ſich kaufen, gerieth aber dadurch in einen Streit mit den Franciskanern. Zuletzt brachten ſie die Mohammedaner an ſich. Als die Nachricht davon, daß durch die Juden aus chriſtlichen Ländern die Königsgräber den Chriſten entzogen worden waren, nach Europa gelangte, beſchloſſen die Venetianer, keinen Juden durch ihr Gebiet (und auf ihren Schiffen) nach Jeruſalem reiſen zu laſſen. Gegenwärtig aber, bemerkt Obadja, iſt dieſer Befehl aufgehoben, und es kommen jedes Jahr auf venetianiſchen Schiffen und ſelbſt mit chriſtlichen Pilgern Juden in Jeruſalem an; denn es iſt die kürzeſte und ſicherſte Route (über Venedig nach dem heiligen Lande). „Hätte ich das gewußt, ſo würde ich denſelben Weg eingeſchlagen und nicht eine ſo lange Zeit auf Umwegen zugebracht haben; denn in vierzig Tagen fahren die Schiffe von Venedig bis hierher": ובשכבר הימים קברות המלכים גם כן היו תחת ידם (מתחת יד הכמרים די פרנצישקן). ובא פה בירושלם אשכנוי אחד עשיר ובקש לקנותם מאת המלך ונתקוטט עם הכומרים. ומהיום ההוא לקחו אותם מאת הכומרים. והם עתה תחת יד הישמעאלים, ויודע הדבר בוניציאה כי היהודים הבאים מאדום גרמו לקחת קברות המלכים מתחת יד אדומים. גזרו לבלתי תת יוצא ולא ליהודים בירושלם דרך ארצם. ועכשו בטלה הגזרה. ובכל שנה ושנה באים יהודים עם הגלאי וניציאי ועם הפלגרינו עצמם ואין מעבר בטח וקצר כמוהו. ומי יתן ידעתי זה בגלילות ההם. כי (אז) לא התמהמהתי בדרך כל הימים אשר ישבתי. כי בארבעים יום יבואו הגלאיש לכל היותר מוניציא עד הנה.

Dieſer Bericht giebt nun Licht für das Sendſchreiben des Jſaak Zarfati. Als Obadja da Bertinoro ſeine paläſtinenſiſche Reiſe antrat, Kislew 1486, beſtand noch das Verbot, daß die Juden nicht auf venetianiſchen Schiffen zur Auswanderung nach Paläſtina auf dem kürzeſten Wege zugelaſſen werden ſollten, oder er glaubte es noch in Kraft. Daher machte er den Umweg über Neapel, Sicilien, Rhodus und Alexandrien. Als er aber in Jeruſalem an-gekommen war (Niſſan 1488), erfuhr er, daß das Verbot bereits aufgehoben war, und daß seit einigen Jahren Juden auf venetianischen Schiffen zur Uebersiedelung nach Palästina wieder, wie ehemals, zugelassen werden. Von diesem Verbote spricht nun ganz entschieden das Sendschreiben des Isaak Zarfati. Es ist also jedenfalls vor 1488 abgefaßt. Signore Mose Lattes in Venedig hat nun im venetianischen Archiv das Aktenstück gefunden, in welchem der Doge den Schiffscapitänen untersagt, Juden auf venetianischen Schiffen nach Palästina zu befördern, weil die Juden dem Mönchsconvent auf dem Berge Zion injuriae et extorsiones zugefügt hätten. Dieses Aktenstück ist datirt 4. Juni 1428. (Vergl. Frankel-Graetz, Monatsschr., Jahrg. 1873, S. 283). Eine Bagatellsache wurde von den Franciskanern und dem Papst in die Interessensphäre der Gesammtchristenheit gezogen. Der Guardian der Minoriten in Jerusalem hatte sich beklagt, daß, weil die Juden die sogenannte Davidskapelle ihnen entzogen, d. h. an sich gekauft hatten, dem Orden himmelschreiende Gewaltthat von denselben zugefügt worden sei: Guardiano et Coventui Montis Zion ordinis Minorum per Judaeos factae fuerunt multae iniuriae et extorsiones auferentes eis monasterium et capellam David: Darauf erließ der Papst eine Bulle: qua inhibuit omnibus, qui mare navigant, sub pena excommunicationis, quod non possent supra eorum navigiis Judeum aliquem levare. Daraufhin haben der Doge und der Senat von Venedig allen ihren Agenten und Capitänen verboten, Juden aufzunehmen. Das Datum muß indeß richtig gestellt werden. Isaak Zarfati spricht von mehr als 10 Jahren seit dem Erlaß des Verbotes, das Aktenstück der venetianischen Behörden datirt 1428, so müßte das Sendschreiben um 1440 erlassen sein; allein damals gab es noch nicht eine europäische Türkei. Die Emendation in עשרים statt עשרה scheint mir hinterher unberechtigt, da die Zahl 10 Jahre zweimal vorkommt. Zu beachten ist aber die verschiedene Angabe über das Verbot. Der Papst und der Senat verboten lediglich, Juden auf christlichen Schiffen aufzunehmen. Zarfati berichtet aber noch, daß die Ordre gelautet habe, einen auf einem Schiffe der Levante betroffenen Juden in's Meer zu werfen: להשליכו אל הים. Das ist offenbar eine Verschärfung. Diese muß wohl in den vierziger Jahren erlassen worden sein, und die „10 Jahre später" fallen zwischen 1453—1460. Das Sendschreiben ist demnach innerhalb dieser Zeit erlassen. Da nun dieser Epistolator Isaak Zarfati zu gleicher Zeit mit Mardochaï Comtino und zwar in der Türkei gelebt hat, so wird dadurch die Identität desselben mit dem Correspondenten Comtino's bestärkt. Die Thatsachen, welche in diesem Sendschreiben hervorgehoben werden, erhalten erst durch die chronologische Einreihung ihre bestimmte geschichtliche Bedeutung. Wir besitzen demnach an Zarfati's und Obadja's epistolarischer Hinterlassenschaft zwei Urkunden über die Zustände der Juden in einem Theile des christlichen Europa, in Aegypten, der Türkei und Palästina in der zweiten Hälfte des fünfzehnten Jahrhunderts, wie sie nicht authentischer gehalten sein können.

7.

Glücklicher Zustand der Juden in der Türkei; Mose Kapsali.

Isaak Zarfati hat in wenigen Zügen die glückliche Lage der Juden in der Türkei zu seiner Zeit entworfen, um die deutschen Brüder zu bewegen, das Land ihres Elends zu verlassen: „Wüßten die deutschen Juden nur den zehnten Theil des Glückes, das die Juden hier (in der Türkei) genießen, so würde sie nicht Regen, nicht Schnee hindern, und sie würden Tag und Nacht nicht

ruhen, bis sie hierher gekommen sind". (Sendschreiben p. 15): אם היו יודעים
היהודים היושבים באשכנז החלק העשירי מן הטובה אשר עשה ה' לישראל עמו במקומות האלה
(בארץ הונגרמה) לא יעצרו גשם ושלג ויום ולילה לא ישבותו עד בואם פה . . . . . .
Diese günstige Lage der Juden muß gleichzeitig mit der Entstehung des europäischen türkischen Reiches eingetreten sein; so müßte man folgern, wenn man
auch keine Nachricht darüber hätte. Denn so lange dieses sonnige Land byzantinisch war, war es für die Juden ein finsterer Kerker. Wir besitzen außerdem
zwei echte Quellen über die Anfänge der Juden in der europäischen Türkei,
welche volles Licht darüber verbreiten. Die Quellen sind bisher wenig bekannt
gewesen. Eine derselben ist eine selten gedruckte Schrift in meinem Besitze,
ein historisches Werkchen, ohne Titelblatt und auch zum Schlusse defect. Gherondi
kannte und benutzte es in seinen Biographien (קבצוני משה s. v. ישראל גדול חולדות)
unter dem Titel ספר מאורעות עולם. Seine Ausgabe scheint aber nicht so
umfangreich wie die meinige zu sein; denn das, was in der meinigen p. 24
(Duodez) vorkommt, citirt Gherondi p. 1. Meine Edition hat die specielle
Ueberschrift: ספור מלכי העותמנלים, beginnt die Geschichte der Osmanlis mit dem
Jahre 1310, mit Othmann, zu erzählen: ויהי בימים ההם היא שנת ה' ע' ליצירה
החל לזרוח כוכב אור העותמנלים אשר מושליהם היום והראשון היה עותמאן, und führt sie bis
ins siebzehnte Jahrhundert mit einiger Ausführlichkeit und einigen anekdotischen
Zügen fort. Oefter wird der Faden des osmanischen Geschichtsverlaufs unterbrochen und Nachrichten über die Juden und einzelne Persönlichkeiten eingereiht.
Der anonyme Verfasser schrieb in der zweiten Hälfte des siebzehnten Jahrhunderts, und wie es scheint, noch während der pseudomessianischen Bewegungen
des Sabbatai Zevi. Er war ein Schützling des Raphael Joseph, das
sabbatianischen Parteigängers, und giebt dessen Todesjahr an: 1669 (p. 27b):
ואני הצעיר המחבר הייתי אחד משמשיו (של השר רפאל יוסף) מפירותיו הייתי אוכל וסומין הייתי
שיחה . . . . ועכשו יבש המעין. Auf Seite 23b erwähnt er flüchtig die Vorgänge
unter Sabbatai Zevi: כמו שאירע בזמננו, war aber kein Anhänger desselben. Der
Verfasser benutzte bekannte Quellen, die Vertreibung der Juden aus Spanien
aus Abrabanel's Schriften, die Geschichte des Salomon Molcho und David
Reübeni aus Joseph Kohen's Chronik; aber er hat auch interessante Nachrichten aus andern Quellen. Eine derselben ist die Geschichtserzählung des
Elia Kapsali, unter dem Titel סדר אליהו oder דבי אליהו, aus welchem Mose
Lattes Auszüge abgedruckt hat unter dem Titel לקוטים שונים, Padua 1869.
Hier will ich nur Das wiedergeben, was über die Juden der europäischen
Türkei erzählt wird.

Auf Seite 4 referirt er, daß Mohammed II. gleich nach der Einnahme von
Constantinopel einen Aufruf an die Juden erlassen hat, sich daselbst niederzulassen,
ihnen Freiheiten eingeräumt und den Rabbiner Mose Kapsali[1]) in den Divan
berufen habe: שמעו זרע . . . (מחמד בן מוראד) ובשנת אחת למלכו העביר קול בכל מלכותו
היהודים היושבים במלכותי . . . כל איש בכם יעל לקושטנטינא והיה לכם שארית במיטב הארץ.
אתנו תשבו. ויתקבצו מכל הסביבות מספר בני ישראל כחול הים ויתן להם נחלה בקושטנטינא
ויאחזו בה . . . ויתן להם רשיון לבנות בתי כנסיות ובתי מדרשות ויתקן שלשה כסאות בדיואן
המלך: אחד למופתי ואחד לפתריקי של הערלים ואחד להרב של היהודים. כי שם ישבו
כסאות למשפט כל אומה ואומה ואומה תשפוט את עמה. וזרע היהודים נתן על ראש הרב הזקן
כמוהר"ר משה קפסאלי זלה"ה וישם את כסאו בדיואן המלך בצד המופתי ויאהבהו כנפשו. Dieses

---

[1]) Ich bemerke, daß die richtige Schreibweise dieses Namens in den meisten
Schriften קפסאלי oder קפסאלי ist, und nicht קפסולי, so daß man ihn Kapsali
aussprechen muß, und nicht Kapsoli, wie bisher geschehen ist.

Referat ist zum Theil aus Elia Kapsali's Erzählung (bei Lattes p. 7 f.) entnommen. Von der Lage der Juden im Beginn der Herrschaft der Türken in Constantinopel und der europäischen Türkei giebt ein Aktenstück Zeugniß bei Samuel de Molina (פסקי מהרש״דם in מהרש״דם II. No. 1 und תשובות I. No. 364), das. heißt es: . . . . איש יהודי חכם נכבד ורופא נסע מארץ מולדתו ויבא לגור בארץ ישמעאל ויוקח האיש בית המלך שולטאן מוראד . . . גם בעיני המלך שולטאן מחימט מצא חן ובימים ההם (בשנת ב' למלכותו ז' רי״ב) הואיל המלך לגדל . . . את הרופא . . . ואותו ואת בנו יעשה חפשי . . . גם בנידם עדי עד.

Es folgt dann ein Ferman für diesen Arzt — wahrscheinlich den Stammvater der Hamon[1]) vom Jahre 1452 und dem folgenden. Darauf weiter: ויקבע הרופא את דורתו בה (בקושטנטינא) עם המלך . וישב בתוך העם היהודים הנמצאים בעיר בעת הלכדה ואשר העביר המלך מהערים אשר היו לו. Zuletzt ist angegeben, daß der Sultan Mohammed II. den Juden zweierlei Steuern aufgelegt hat, eine Kopfsteuer — באש כראגי — und eine Gemeindesteuer — טסקא auch — רב אחנאשי — genannt. Diese Letztere mußten sie für die Erlaubniß leisten, daß sie einen Rabbinen mit Bewilligung des Sultans halten durften: כי בו הותר היהודים להיות רב ומנהיג בהדמונתא דמלכא.

Was noch weiter in dem Werkchen מאורעות עולם von der glücklichen Lage der Juden in der Türkei erzählt wird, hängt mit Mose Kapsali zusammen, der bis jetzt, obwohl nur wenig bekannt, doch verkannt wurde, obwohl er eine hervorragende Bedeutung unter den türkischen Juden hatte. Bekannt war er bisher lediglich durch die schmähenden Responsen, welche Joseph Kolon gegen ihn erließ (Responsensammlung No. 83—87). Dieser schilderte Mose Kapsali als einen Idioten und Leichtsinnigen, der die Rabbinatswürde geschändet habe und entsetzt zu werden verdiente. Machte ihn doch gar ein zeitgenössischer Bibliograph auf Grund dieser Responsen zum Reformator! Daß Kapsali nichts weniger als das war, hätte man aus dem Referate des Elia Misrachi entnehmen können: Daß Mose Kapsali denen apponirt hat, welche den Karäern Unterricht in Talmud zu geben gestatteten. Respp. No. 57: וכן הורה מה׳ אליה הלוי ומה׳ אליעזר קפשלי . . . והיו מלמדים בני הקראים תורה שבעל פה מפני שהיו מקבלים עליהם שלא יחללו מועדי ה׳ ושלא ילולו בכבוד החכמים והמתים . וכבר היה חולק עליהם הרב ר׳ משה קפשלי על היותם מלמדים להם מהתורה שבעל פה שאינם מאמינים בו . ועם כל זה לא החרידו בהוראתה, ולא שמעו לדבריו. Wir erfahren nun aus dem historischen Werkchen, daß Mose Kapsali als frommer Rabbiner, ja als Asketiker galt: האיש משה עניו מאוד . . . והיה מתענה בכל ימות השנה ועל הארץ ישן וחיי צער ובתורה היה עמל ויעבוד דרך כל כשופטים. Weiter erzählt derselbe Anonymus, daß Mose Kapsali die Abgaben der Juden an den Sultan zu distribuiren hatte: לפני המלך (מחמד) וידבר אהרן טובות וישם אותו כאשר אמר מעל כסא השופטים ונערך כל הקהלות על יד הרב דנוכר ויגבה על ידו ונתן אל גנזי המלך ויאהב המלך את היהודים. Ferner referirt er: Daß Mose Kapsali vom Sultan befragt worden, wie die verheerende Pest in Constantinopel abzuwenden sei, und daß er gerathen habe, die Buhldirnen zu vertreiben, daß in Folge dessen ein Blutbad unter den Janitscharen angerichtet worden, und daß Mose Kapsali viele jüdische Gönner und Anhänger der Janitscharen gezüchtigt habe: וגם הרב (משה קפסאלי).

---

[1]) Dr. Brüll bezieht diese Begünstigung auf den Arzt Hekim Jakob (Jahrb. z. G. d. J., Jg. VII, 49 f.). Allein da in der Quelle der Name nicht genannt und von den Nachkommen desselben nichts bekannt ist, so scheint es sich eher auf einen Hamon zu beziehen, dessen Nachkommen berühmte Aerzte waren. v. Hammer's Angabe, daß Hekim Jakob Renegat geworden ist, kann doch nicht so ohne Weiteres zurückgewiesen werden, da ihm doch eine Quelle dafür vorgelegen haben muß.

Note 7.

Die Janitscharen trachteten ihm in Folge dessen nach dem Leben, er wurde aber gerettet: ומאז קנאו הגאניסארוש ברב .הוכיח את עמו על אשר נתחברו להגאנסארוש הנזכר כי ידעו באמת כי הוא יעץ את המלך ויבקשו להרוג את משה ויצילהו ה׳ מידם ובקש המלך את (l.) מאה. Auch dieses הרב הנזכר רופא יהודי אחד לעמוד לפניו וישרתהו וכן היה Referat stammt von E. Kapsali (Lattes p. 9 f.).

Ueber den heftigen Streit zwischen Mose Kapsali und Joseph Kolon berichtet der Anonymus viel später (p. 39 b f.), theils aus des Letzteren Responsen und theils nach Sagen, welche in der Türkei darüber circulirten, deren Ungrund aus einer andern bisher noch weniger bekannten Quelle sonnenklar hervorgeht.

Elia Kapsali, ein Verwandter des Mose Kapsali, der im Anfang des sechzehnten Jahrhunderts Rabbiner in Candia war, hinterließ bekanntlich zwei historische Schriften; die eine, bereits erwähnte, unter dem Titel סדר אליהו, dann eine Briefsammlung unter dem Titel: ס׳ נעם וחובלים, worüber in Geiger's Zeitschrift, Bd. III., S. 348, Bericht erstattet ist. Das Letztere noch unedirt. Aus dem letztern Werke besitze ich die treue Copie eines Schreibens, die mein gelehrter, jetzt heimgegangener Freund, S. Nissen, aus einem Manuskripte gemacht hat. Es ist ein Sendschreiben des Elia Kapsali an Joseph Taytasak in Constantinopel und liefert ganz unbekannte Momente für den Streit zwischen Mose Kapsali und Joseph Kolon. Dieses Sendschreiben giebt erst das volle Licht über jenen Vorgang, welcher viel Aufsehen zu seiner Zeit gemacht und durchweg entstellt zu unserer Kunde gelangt ist. Auch manche andere Thatsachen sind in diesem Sendschreiben enthalten, die bekannt gemacht und beleuchtet zu werden verdienen.

אגרת שכחב ר' אליה קפסאלי אל הרב ר' יוסף בן כמהרר
שלמה טאיטסצק הריש מתיבתא בקוסטאנטינא על אשר בקש
מאתו הרר' דוד ויטל שיכנס אתז במחלוקת שהיה לר' דוד
ויטל עם הרב מוה' בנימין זאב מארטה.

אחת נשבעתי בקדשי אם לדוד אכזב כי זה כשש עשרה שנה
בשנה הראשונה שנסמכתי ברבנות אירע מעשה באחת מן הקהלות
ונפלה מחלוקת ביניהם. והצד האחד כתבו אלי וחתמו ר"א עדים כשרים
מטובי קהלת קניאה (Canea). וכשמעי דבריהם האמנתי להם ורציתי
לחתוך הדין על פיהם באמרי: התורה אמרה על פי שנים עדים יקום
דבר. וכאן רבו כמו רבו על השנים. והלכתי אל מרי דודי המופלג
בזקנה ובהחכמה ה"ה מוה' מנחם דלמדיגו ז"ל והייתי מצירו לכתוב
ולחתום. אמרתי אל מעלתו: והלא יש כאן כמה עדים. השיבני אפילו
הכי אין ראוי להאמינם. כי כשאמרה התורה: שמוע בין אחיכם ולא
תשא שמע שוא, לא נתנה דברים לשיעורין. ואילו היה עושה כן רבי
מהרר יוסף קולון ז"ל עם קרובך מהרר משה קפשלי ז"ל לא
היה בא עמו לידי מחלוקת ומדנים עד שנתחרט בתכלית החרטה לבסוף.

כי בקוסטדינא נתקנאו ארבעה חרשי משחית על נשיאותו
של מהר' משה הנזכר על דרך ויקנאו למשה במחנה. כי בזמנו לא
זכה חכם שם בקוסטדינא לגדולתו וכל קהלות הקדש נכנעו תחת ידו.
ואפילו מגדולי גירוש ספרד המה הגבורים אשר מעולם אנשיה. וכל
מי שראהו והכירהו אמרו עליו: לית דין בר נש. סוף. גדולה שנאה
שמקלקלת את התורה (l. השורה). ויחסו לו לאותו צדיק דברים אשר

לא חשב ולא דמה ולא עלו על לבו. ויעשו גם הם בערמה וויציאור
עליו עדי שקר ויפח חמס ונתחבר עמם גם רב אשכנזי שמו ר' משה
עשרים וארבע¹) כי לא היה לו יד זולת בעשרים וארבע.

ויען כי אז שלחו את עשרים וארבע הנ"ל לקבץ מעות מהקהלות
לשם עניי ירושלם תוב"ב והלך בקוםטנטינא ושאל ממנו עזר כי ראה
שלא היו חוששים מפניו. ואז היה שעת חידום בין התוגר מלך קוסטנטדינא
ובין שולטאנו מלך מצרים. והרב נתירא לנפשו פן ידע המלך שהוא
סבה שיוציאו מעות מארצו לשלחם בארצות אויביו. לכן לא עזרו אך
לא מנע גם כן בידו. ובראותם הקהלות שהרב לא עזרו ולא חזק דבריו
לא שמעו ולא שתו על לבם מהר"ר עשרים וארבע הנ"ל ולא קבץ מאומה.
וכראותו כן עשרים וארבע לא הבין שהרב לטובה נתכון ושכח הטובות
שעשה לו הרב ביחוד ואשר חזק את ידו נגד האלוף מהר' אליה
מזרחי אשר הורידו פעם אחת מהבית מכנסת שלו והכריחו הוא ותלמידיו
מלדרוש, ובא לו אל הרב ונתרעם על שהלבין פניו והיה בוכה ונאנח.
והרב בחסידותו חמל עליו ולקחו עמו והלך באותו בית הכנסת ונכנם
ואמר: מי הוא זה ואי זה הוא אשר עשה לו ההלבנה הזאת? ולא
ענו אותו דבר מיראתם אותו. ואז אמר לו: עלה לדוכן ודרוש ונראה
מי יורידך. וכן עשה ודרש. ואחריו דרש הרב ז"ל והוכיחם תוכחת
מגולה על המעשה שעשו לו. עוד הרבה הרב להטיב לו.

ובהיות בעוונות נמצאת בין האומה הישראלית — ובפרט בין
מודת ההתחכרות נתזכר עשרים וארבע להרב ונתחבר עם ג, (I. ד')
חרשי משחית הנ"ל. כי שומעה היתה בלבו מיום שלא חזק את ידיו
לקבץ צדקות כרצונו. ולקח מכתבים שכתבו המשטינים הנזכרים והלך
לו אל מהר' יוסף קולון (I. שלו) בארץ רחוקה בצרפת. כי ידעו שלא
היו כותבים במקום שידעו ושהכירו את מהר' משה קפשאלי מיתה על
פי השמועה, לא היו מאמינים להם והיו דוחפים בשתי ידים את דבריהם.

ומהר' יוסף קולון הנ"ל האמין תיכף לדבריהם. ומבלתי שמוע
לרב הנ"ל מהר' וכתב נגדו דברי ריב ומצה אשר לא כדת. וילך
משנתים ימים עמדו מאדו כתבי מהר' יוסף קולון בקורון²) ולא הוליכום.
ומי בעל דברים יגש אליו? אלולי שלקחה אזן מרי זקני הנ"ל שמץ
מן הכתבים הנזכרים ושלח עראים מכאן על מי שהיה מחזיקם שישלחם
תיכף לאחיו הרב בקוםטנטדינא, אבל לא היו נודעים כלל. סוף כשהגיעו
הדברים ביד מהר' משה הנ"ל קבץ הקהלות הנ"ל וקרא באזניהם וגער כלם
ובקשו אחר אותם עדי שקר וכלם ספו תמו מן בלהות. כי ה' פקד
עון הרב עליהם וימותו האנשים מוצאי דבת הרב רעה במגפה לפני ה'.

סוף מהר' משה תפש על מהר' יוסף קולון על שנשא שמע שוא

---

¹) Die Erklärung des Wortes Vierundzwanzig, weil der Träger nur in der Bibel und nicht im Talmud bewandert war, scheint mir nicht richtig, denn es führte ihn auch ein Anderer zur selben Zeit: Abraham עשרים וארבע, in zeitgenössischen Responsen. Veintequatro bedeutete früher in Spanien ein Bezirks-Polizeimeister.

²) Koron, eine Stadt in Griechenland (Morea) am koronischen Meerbusen.

והרבה לכתוב לו קשות וכתב לו: לא חשחני אנ:חא דנא פתגם להתבותך במה שייחסת עלי כי לא היה דברים מעולם. ואחד מן הצחיות ששמיעתי מפי זקן אחד שראהה התשובות הרב הזה, יעל שמוהר' יוסף קולון חפש עליו: איך נתקדשה אשה בחאינה והתירה. ומוהר' משה קפשאלי כתב לו כן: אלו היה לשון מוציאי דבה חתוכה והיה מקדש בה איגש אחתא, הוי אמינא דמקודשת. דחזי לכלבא ולשונרא שוה פרוטה, ואיך תייחס לי כי נתקדשה אשה בחאינה והתרתיה? ותו לא תהא כזאת בישראל! ולהראות מ' משה חכמתו תפש כל שטות חמורות שבתלמוד ופלפל עליהם בחכמתו ושלח בידו. וכל גדולי קוסטאנדינא עזרוהו וכתבו נגדיות ודברים קשים כגידין נגד מ' יוסף קולון. יש בידינו קצת מהם.

גם האשל הגדול מהרר יודא מינ:ץ ז"ל יעזר מ' משה קפשאלי וכתב נגד מ' יוסף קולון תוכחת מגולה והתחלת אגרתו הרמותה: „על מי הגדלת פה על מי הרימות לשון על קדוש ישראל". ושבח את מ' משה קפשאלי ביותר כי מכיר היה בהיות מ' משה בגלילות אשכנז בישיבות. גם גדולי אשכנז כיעץ גדול הדור מר' יעקב מרגלית ז"ל ושאר גאונים נתעוררו בדבר וקראו קנאת ה' וקנאת מ' משה הנזכר. כי לפי האמת עול וחמס עשה לכתוב נגדו טרם שמיע מה בפיר.

ובבואם הכתבים בידי מ' יוסף קולון היטב חרה לו עד מות. כי ראה והכיר בתמימות מ' משה ובגדולתו ובחסידותו ושלא התנהג עמו כשורה. ונחם מאוד על הדבר. סוף על ידי הפעל (חבליעל?) הנזכר נעשית התורה פלסתר ושניהם המלכים בלבב למרע ועל שלחן אחד כזב ידברו. כי כל אחד תלה בחבירו בוקי סריקי ובזו זה את זה לאין מרפא. מי גרם כל זאת? רק על שלא המתין מ"ר יוסף קולון לשמוע מה בפי מ' משה והאמין לאותם המרכילים, הפך אמרו יתעלה: שמוע בין אחיכם.

סוף מהמעשה הנזכר הוכיח לי מרי מ' מנחם הנזכר שאין ראוי להתמצע בשום דין אפילו יהיו שם כמה עדים עד שישמע המורה מפי שני הצדדים. ומעיד אני עלי שמים וארץ כי שמעתי למר' האלוף מ' יצחק לוי אינגגליהם אשכנזי ז"ל שגם מצעלתו למד עם מ' יוסף קולון והיה אומר כהנה וכהנה, ואיך נחם מאוד מ' יוסף קולון במה שעשה והיה מחרף ומגרף את מי שהיה הסבה ויפתהו ויסיתוהו. לא עברו ימים מועטים עד שחלה את חליו אשר מת בו מ' יוסף קולון ובחסידותו קרא לבנו הגדול מ' פרץ ז"ל והשביעו לילך לקוסטנדינא לפייס את הרב הנזכר. וכן עשה.

ובא מ' פרץ הנזכר לפני מ' משה ופייסו וגם הרב בחסידותו קבלו בסבר פנים יפות וחזרו ריעצרו נגד האלוף מ' אליה מזרחי ז"ל כי באר שניהם במחלוקת במשפט מלחמות ה' ולא היה כח ביד מ' פרץ הנזכר לעמוד בפני מ' אליה הנזכר. והרב היה עוזרו ותומכו ואומר למ' אליה: ראוי לכבדו לפחות מפני כבוד אביו.

גם מרי בישראל גדול שמו מ' ישראל אשכנזי ז"ל כתב לי מירושלם תוב"ב על מעשה שהיה כשהסמיך מ' יודא מינ:ץ ז"ל את

מ' אליה מזרחי כתב לו במעשה שאירע: אל תמהר לקפוץ ולכתוב
חוץ לעירך וכו' והביא לו ראיה ממעשה מ' יוסף קולון ומ' משה קפשאלי.

Ehe ich daran gehe, an der Hand dieses Sendschreibens manche Irrthümer zu berichtigen, welche über den Streit zwischen Mose Kapsali und Joseph Kolon bis auf den heutigen Tag in Cours gesetzt wurden, will ich zuerst dessen Authenticität und Zeit konstatiren, und zugleich die Persönlichkeiten näher bezeichnen, welche darin erwähnt werden.

Authentisch sind die darin enthaltenen Thatsachen, weil sie von Zeitgenossen referirt werden. Denn wiewohl der Streit zwischen Benjamin Seeb ben Mathatia (o. S. 70, Anm.) und David Vital Kohen aus Corfu (רד״ך) wegen der Wiederverheirathung einer Ehefrau, deren Gatte für todt ausgegeben wurde, erst 1520—1525 spielte (Respp. Benjamin Seeb No. 1—17, 246—249), in Folge dessen eben Elia Kapsali aufgefordert wurde, auch seinerseits ein Votum abzugeben: so ist doch der Gewährsmann des Hauptinhaltes im Sendschreiben ein Zeitgenosse des Joseph Kolon und Mose Kapsali. Menahem del Medigo, aus der berühmt gewordenen von Deutschland nach Candia eingewanderten Familie, war, wie es in diesem Briefe heißt, ein Jünger des Joseph Kolon. Nach der Plünderung von Padua in Folge des Krieges zwischen dem Kaiser Maximilian und den Venetianern 1509 (vergl. o. S. 429) wurde Menahem del Medigo von der Gemeinde Candia berufen, das Rabbinat zu übernehmen (Mose Metz in „Elim" des Joseph del Medigo p. 29): הגאון הגדול
הפילוסוף האלהי הרופא הממחה כמהר״ר מנחם זצ״ל ורוה הנקרא מקהלות קנדיאה לשוב
להרביץ להם תורה אחרי שנשבה בפדובה בשעת המלחמה הוויציאני עם הקיסר והמלכים ולקחו
כל ממונו ככתוב בספר דברי הימים להרב האלוף מ' אליהו קפשלי מקנדיאה. וזה הרב היה
ראש ישיבה ליהודים בגמרא ולנוצרים בחקירה הפילוסופית בפדובה בזמן הגאון כמ' יהודה סינץ
ויהיה עשיר מופלג וראה הנקרא שמואל מנחם שהניחו אביו בבטן אמו במותו. Auch die übrigen Gewährsmänner, auf welche sich Elia Kapsali beruft, seine Lehrer Isaak Levi aus Ingelheim und Israel Aschkenasi, waren Zeitgenossen der Begebenheit und von den einzelnen Umständen genau unterrichtet. — Die Zeit, in welcher der Streit zwischen Mose Kapsali und Joseph Kolon spielte, läßt sich aus diesem Sendschreiben ziemlich genau fixiren. Sie fällt einerseits nach dem Ausbruch des Krieges zwischen der Türkei und Aegypten, d. h. nach 1487, weil der Krieg die Veranlassung dazu war, daß Mose Kapsali den Mose Vierundzwanzig nicht unterstützte, Gelder für Jerusalem zu sammeln und in das Land des Feindes auszuführen. Andererseits fällt sie vor 1492; denn in diesem Jahre war Jakob Margolit (oder Margoles), der sich des Mose Kapsali annahm, bereits verstorben, wie aus dem Resp. des Jehuda Menz No. 13 hervorgeht. Man kann demnach eines der Jahre zwischen 1487 und 1492 dafür annehmen. Joseph Kolon starb nicht lange darauf, wie es in diesem Sendschreiben heißt. Mose Kapsali dagegen lebte noch nach 1492 und war ein Schutzgeist für die aus Spanien verbannten Juden, welche nach der Türkei gekommen waren. (Elia Kapsali in der Chronik, bei Lattes p. 12 f.):
בימים ההם הגדיל לעשות בקוסטנטינא האלוף מ' משה קפשלי ז״ל אשר היה הולך סביב הקהלות
והיה כופה אותם לתת איש ואיש חוקו הראוי לו. והיה כופה על הצדקה, דבידו דורמנא דמלכא
לענוש נכסין ולאסורין. גם האיש משה גדול מאוד וכל אשר יצום יעשו לא יגרעו דבר. והיה
מעשה הצדקה שלום.

Die meisten der in dem Sendschreiben Elia Kapsali's genannten Personen sind anderweitig bekannt, und dieser Umstand bezeugt ebenfalls dessen Authenticität, wenn es dessen noch bedürfte.

1) Elia Kapsali's Correspondent, Joseph b. Salomo Taytaſak (ſo orthographirt Jmanuel Aboab dieſen ſpaniſchen Stammnamen) aus Conſtantinopel. Es hat zwei Zeitgenoſſen deſſelben Namens und des gleichen Vaternamens damals gegeben, den einen in Conſtantinopel und den andern in Salonichi. Beide nennt Salomo Athias in ſeiner Einleitung zum Pſalmen-Commentar (Venedig 1549). Von dem Erſtern ſagte er: ובארץ קוסטנטי' כ' יוסף הוא המשביר, und vom zweiten: בשלוניקי, לכל העם ובכי בכל חכמה החכם השלם ר' יוסף טאיטצק ר' שלמה טאיטצק ובנו הרב פלפלא חריפתא ובור סיד שאינו מאבד טפה מחכם ר' יוסף ...... טאיטצק. Der Letztere kommt öfter in zeitgenöſſiſchen Responſen vor und ſtand mit dem Schwärmer Salomo Molcho in Verbindung. Dieſer hat ſich auch für Benjamin Seeb's Entſcheidung gegen die anmaßenden Nörgeleien des David Corſu ausgeſprochen (Respp. Benjamin Seeb, No. 7—9). Der Erſtere dagegen, J. Taytaſak aus Conſtantinopel, ſollte gewonnen werden, gegen Benjamin Seeb und für David ein Votum abzugeben.

2) Von Menahem del Medigo war bereits oben die Rede.

3) Elia Misrachi iſt eine bekannte Perſönlichkeit.

4) Ueber Juda Menz vergl. o. S. 429.

5) Jakob Margoles, der, wie oben angegeben, noch vor 1492 ſtarb, kommt in einer deutſchen Urkunde vom Kaiſer Friedrich vor. Im Novbr. 1487 ertheilte Kaiſer Friedrich einigen Juden aus Ulm Privilegien, unter anderem, daß ſie nur von Jakob Margoles, Hochmeiſter von Nürnberg, und von dem in Nördlingen gerichtlich belangt werden dürften (Wiener Regeſten I. No. 126). Nach welcher Quelle Zunz Jakob Margoles zum Rabbinen von Worms machte (zur Literatur S. 198), weiß ich nicht. Daß es gleichzeitig zwei als Autorität anerkannte Rabbinen deſſelben Namens gegeben haben ſoll, von denen der eine in Nürnberg und der andere in Regensburg ſeinen Sitz gehabt hätte, wie Wiener behauptet hat (Frankel, Monatsſchrift, 1868, S. 345 f.), iſt ganz unmöglich. Denn die Zeitgenoſſen, welche ſchlechtweg einen Gewährsmann הרב הגדול מהר"ר יעקב מרגליות citiren, hätten doch differenziren müſſen, ob ſie damit den Nürnberger oder den Regensburger gemeint haben. Der Jakob Margoles, welcher von Elia Kapſali גדול הדור genannt und von Joſeph Kolon, Moſe Menz und Juda Menz als Autorität bezeichnet wird und vor 1492 geſtorben iſt, war unſtreitig aus Nürnberg. Sein Anſehen bei den zeitgenöſſiſchen Rabbinen beruhte wohl darauf, daß er eine Sammlung der Beſtimmungen über Eheloſungen veranſtaltet hatte. Und ſo iſt gewiß dieſer der Verfaſſer der סדר גיטין וחליצה, welche ſein Sohn geſammelt und vermehrt hat (Codex Bodl. No. 2010.₃, geſchrieben 1452): לכן נערתי חצני ללקט אורות .. ליקוטי בתר לקטי אדוני. (Ein anderer Codex, geſchrieben 1539, No. 802). אבי הגאון מהר' יעקב מרגליות כמו שהעתיק הוא בכתב ידו. Sein סדר חליצה iſt als im Anhang Tur III gedr. Auch die לקוטים zur Auslegung der Bibel (Cod. Bodl. No. 2287, 11 h) gehören wohl demſelben an. In Regensburg lebte allerdings ein Talmudiſt Jakob Margoles, der aber nur dadurch bekannt iſt, daß ſein Sohn ſich getauft hat, den Namen Antonius Margalitha annahm und in einer Schrift: „Der ganze jüdiſche Glaube" das rabbiniſche Judenthum verläſterte (in dieſer Schrift nennt er ſeinen Vater als Rabbiner von Regensburg), daß ſich Reuchlin an dieſen Margoles gewendet hat, ihm kabbaliſtiſche Schriften zu verſchaffen, und daß er darauf eine Antwort ertheilt hat. Ich muß allerdings meine Angabe in den früheren Ausgaben berichtigen, als wenn Reuchlin mit Jakob Margoles in Nürnberg correſpondirt hätte, da er ihn primus Judaeorum Ratisbonensis nannte. Dieſer Regensburger hat noch zwiſchen 1499 und 1512 gelebt, wie Wiener

a. a. O. nachgewiesen hat. Aber eine anerkannte Autorität war nur der Nürnberger, welcher vor 1492 gestorben war.

Zum Theil ist der Inhalt des Sendschreibens, daß sich Autoritäten des Mose Kapsali gegen Joseph Kolon angenommen haben, durch Mose Menz' genealogische Angaben von der Familie der Del Medigo bestätigt. Auch diese Notiz giebt an, daß drei angesehene Brüder Del Medigo: Elkana, Mose, Elia für Kapsali aufgetreten seien. (Elim 29 a zur Fortsetzung der oben angegebenen Stammlinie): ר' אלקנה (אביו של שמואל מנחם ואבי זקנו של ר' מנחם דלמדיגו) שהיה
מרביץ תורה בקנדיאה עם אחיו ר' משה שהיה נגיד בירושלם אחרי כן ועם אחיו מה' אליא והמה
יצאו בלהט החרב נגד מהר'' יוסף קולון לעזרת מהר''ר משה קפשאלי זכרונו לברכה. Auffallend bleibt es allerdings, daß Menahem del Medigo nichts von der Parteinahme seines Großvaters und seiner Großonkel für Kapsali gegen Kolon erwähnt. — Auch Conforte erzählt: ein Bekannter von ihm habe bittere polemische Schriften Kapsali's und Kolon's gegen einander gesehen, die aus Hochachtung für Beide nicht gedruckt worden seien (Koré ha-Dorot p. 29).

Gehen wir jetzt an die Berichtigung der Irrthümer in Betreff der Fehde zwischen Mose Kapsali und Joseph Kolon, die sich bis in bibliographischen Notizen-Kram fortgepflanzt haben. Joseph Kolon richtete sein Verdammungsvotum gegen M. Kapsali an vier angesehene Männer in Constantinopel, ermahnte sie, ihm den Gehorsam aufzukündigen, ihn des Rabbinats zu entsetzen, und ihn überhaupt wie einen Auswürfling zu behandeln (Respp. J. Kolon No. 83). Die Namen dieser Vier lauten: אליהו פרנס והישיש ר' אהרון בר אבי וה' יצחק בן
שמואל אלתירדנו והר' אשר בן . . . יצחק הכהן אשכנזי (מקולניה). Diese Vier hatten Joseph Kolon Nachrichten von Kapsali's angeblichen Schandthaten gegeben. Ohne Zweifel sind es dieselben, welche in Elia Kapsali's Sendschreiben die Verderbenschmiede: ארבעה חרשי משחית, genannt werden. Ist dem so, waren die Vier, wie aus dem Sendschreiben unzweideutig hervorgeht, infame Lügner, welche Kapsali's Ruf untergraben und seinen Sturz herbeiführen wollten, dann kann und darf der erste der Vier: אליהו הפרנס, nicht identisch sein mit Elia Misrachi, wie in den Bibliographien von Conforte's Koré ha-Dorot (p. 29) an, bis auf die neueste Zeit zu lesen ist. Abgesehen davon, daß Elia Misrachi eine zu würdige Persönlichkeit war, als daß er zu einer so schandbaren Intrigue hätte die Hand bieten oder sie gar anregen können, so ist in Elia Kapsali's Sendschreiben mit keiner Silbe angedeutet, daß er ein Mitschuldiger gewesen wäre. Es heißt auch darin, daß die vier Lügenschmiede durch die Pest umgekommen wären (um 1490), während Elia Misrachi noch in's sechzehnte Jahrhundert hinein gelebt hat. Ferner heißt es zum Schlusse des mitgetheilten Sendschreibens: Juda Menz habe den peinlichen Vorfall zwischen Kapsali und Kolon dem Elia Misrachi zur Warnung vor leichtsinnigen und oberflächlichen Boten vorgehalten. Also Elia Parneß ist nicht mit Elia Misrachi zu identificiren.

Doch beruht dieser Irrthum lediglich auf einer oberflächlichen Combination, dagegen scheint eine andere Entstellung der Wahrheit noch zu Kapsali's Zeit oder etwas später vorgenommen worden zu sein. In dem Sendschreiben wird eine Malice mitgetheilt, die Mose Kapsali gegen die vier Verläumder geäußert hat: Wenn deren Zungen ausgeschnitten wären, würden sie für Hunde und Katzen noch einen Werth haben: אלו היה לשון פוצאי דבה התובה ודוי מקדש בה אינם אתהא
הוי אמינא דמקדושרת דחוי לכלבא ולשונגרא ושוה פרוטה. Diese Aeußerung wurde insofern entstellt, als verbreitet wurde, Kapsali habe diese Malice nicht gegen die vier Lügenschmiede, sondern gegen Joseph Kolon selbst gerichtet (der Anonymus

Note 8.

שאם יאמרו לי שאדם קדש אשה בלשונו של קולון אני אומר (p. 40 b): מאורעות עולם in
שקדושיו קדושין משום דחייא לכלבי ושורי. Es ist ein Fingerzeig, wie historische
Anekdoten im Laufe der Zeiten Wandlungen erfahren.

Noch ein dritter Irrthum ist zu berichtigen. In Elia Kapsali's Sendschreiben ist angegeben: Kolon habe auf seinem Todtenbette seinen Sohn Perez
nach Constantinopel zu Kapsali geschickt, um ihm die Aeußerung aufrichtiger
Reue wegen der ihm angethanen Beleidigung und Schmähung zu überbringen.
Es wird ferner erzählt, daß Kapsali diesen freundlich empfangen, behandelt
und gegen Elia Misrachi in Schutz genommen habe. In dem oft genannten
historischen Werkchen מאורעות עולם ist dieser Zug entstellt. Es heißt daselbst,
Kapsali habe es bei dem türkischen Sultan durchgesetzt, daß ein Schreiben an
den deutschen Kaiser erlassen worden sei, den unverschämten Rabbiner Kolon
sofort in Ketten nach Constantinopel zu liefern. Der deutsche Kaiser habe auch aus
Furcht vor den Drohungen des Sultans dessen Befehl vollstrecken lassen wollen.
Die jüdischen Gemeinden hätten es aber aus Schonung gegen den greisen Kolon
durchgesetzt, daß Kolon's Sohn nach Constantinopel gesandt worden sei, und
dieser sei zwar von Kapsali freundlich aufgenommen worden, habe aber bittere
Ausfälle gegen seinen Vater anhören müssen. Dieser Zug von der Inter-
vention des Sultans und des deutschen Kaisers in den Streit zwischen zwei
Rabbinen ist ohne Zweifel erfunden, zumal der Hauptbericht nichts davon
erwähnt. Es ist aber daraus zu erkennen, welche Wichtigkeit diese Angelegenheit zu ihrer und der nachfolgenden Zeit hatte, daß sich entstellende Sagen
daran ansetzten. — Die Hauptsache bleibt aber, daß die Anklagen gegen Kapsali,
als habe er aus Unwissenheit, Leichtsinn oder Ueberhebung falsche rabbinische
Entscheidungen getroffen, reine Verleumdung waren, welche seine Gegner erfunden haben, um seinen Sturz herbeizuführen.

Nebenher sei noch bemerkt, daß Consorte sich geirrt hat, indem er angab,
unser Mose Kapsali habe in Correspondenz mit Benjamin Seeb gestanden
(Koré ha-Doret p. 29); denn in Respp. Benj. Seeb No. 75 ist von einem
andern Kapsali בן אליה die Rede, einem Zeitgenossen des Rabbiners von Arta.
Allerdings wird der Name unseres Mose Kapsali in denselben Responsen genannt, aber nur gelegentlich, als eines Verstorbenen (No. 248): וזה האיש (איש)
רע פלוני אלמוני) מזכיר בכל עת הרב המורה לצדקה מהר"ר משה קפשלי זכרו לברכה והטיה
דברים כנגדו וכנגד חכמי שלוניקי. Vergl. über die Familie Kapsali, Lattes a. a. O. p. 6 fg.

8.

Alter und Bedeutung der kabbalistischen Schriften Kana und Pelia.

Die Kabbala hat, seitdem sie ihr Centrum im Buche Sohar gefunden, bis
zum Auftreten des Isaak Lurja keinen wesentlichen Fortschritt gemacht. Sie
bewegte sich stets in ihrem engen Kreise nebelhafter Vorstellungen, Deutungen
und Declamationen. Einen einigermaßen abweichenden Charakter haben zwei
Schriften, welche ihrem Inhalte nach noch wenig bekannt sind: Das Buch
Kana (ספר דקנה, öfter edirt) über die religiösen Vorschriften (על המצוה) und
das Buch Pelia (פליאה), einmal edirt Korez 1784, die Handschriften häufiger
als die gedruckten Exemplare) über den pentateuchischen Abschnitt (בראשית). Beide
haben einen eigenthümlichen Zug, der ihnen das Ansehen giebt, als wollte ihre
kabbalistische Theorie sich gegen den Talmudismus kehren. Doch ehe wir auf
den Inhalt näher eingehen, müssen die Präliminarien über Identität beider
Schriften, Zeit, Verfasserschaft und Vaterland derselben erledigt werden.

Daß beide kabbalistische Schriften (welche manche Bibliographen fälschlich für völlig identisch gehalten haben) aus einem Gusse sind und von einem Vater stammen, erkennt der Leser an jeder Zeile. Beide beginnen mit denselben Einleitungsworten: Pelia: אמר קנה אבן גדור, אמר אלקנה בן אבינדור ממשפחת רם, und Kana: בנו נחים ממשפחת רם . . . הוא ממשפחת ר' נחוניה בן הקנה. Die Gedankengleichheit beider wird sich weiter unten noch mehr herausstellen. Was die Zeit betrifft, so giebt Kana an, daß von den drei darin auftretenden Hauptpersonen: Vater, Sohn und Enkel, der erstere im Jahre 4000 der Welt = 240 chr. Z. einen Traum gehabt habe. Allein schon der Kabbalist Asulaï zweifelte an der Richtigkeit dieses Datums, da später lebende talmudische Autoritäten darin genannt werden (שם הגדולים II. Ende Buchstabe ס und s. v. קנה). Seine Jugend verräth das Buch Pelia durch Nennung der Gaonen (in der langen Abhandlung von den sechs Ordnungen der Mischnah): מפי גאון מהגאונים הגדולים. Jellinek hat nachgewiesen, daß dasselbe Buch Plagiate enthält nicht nur aus Schriften des Jona Gerundi, sondern auch des Abraham Abulafia, des Mose de Leon, des Joseph G'ikatilla, des Recanati und aus dem Tur des Jakob Ascheri, kurz aus Schriften des 13ten und 14ten Jahrhunderts (Bet ha-Midrasch III, Einleit. XXXVIII f.). Der Verf. kennt auch den Bahir unter dem Namen בנו קנה (K. p. 47 d): מדרש ר' נחוניה בן הקנה שרי נחוניה בן הקנה אמר מפני מה ל״ב חוטין ותכלת בציצית וכו', auch andere Stellen in K. und P. Und dieses Machwerk aus dem Conventikel der Kabbalisten Esra und Usriel ist erwiesenermaßen in den ersten vier Jahrzehnten des XIII. Jahrhunderts in die Welt gesetzt worden (Monatsschrift, Jahrg. 1887, S. 299). Da nun beide Werke das Jahr 1490 als das messianische Erlösungsjahr nach kabbalistischen Berechnungen angeben (P. p. 39 ms. folio der Bibliothek meines verstorbenen gelehrten Freundes Raphael Kirchheim, und in K. zweimal), so haben die Bibliographen, Wolf und andere, mit Recht angenommen, daß beide nicht lange vorher verfaßt wurden, und also dem fünfzehnten Jahrhundert angehören. Denn sie cittirt werden die beiden Schriften erst von rabbinischen Autoritäten des sechzehnten Jahrhunderts, dagegen die des vorhergehenden Jahrhunderts, so weit deren literarische Erzeugnisse uns vorliegen, kennen sie nicht, d. h. berufen sich nicht darauf. Durch den Einfluß der Kabbala oder des Sohar haben nämlich einige Hyperreligiöse den Brauch einführen wollen, zum Schlusse der Schemâ-Partie im Gebete die letzten drei Worte zu wiederholen, um die mystische Anzahl von 248 Wörtern zu vervollständigen. Im Sohar heißt es nämlich: man soll die drei Wörter ה' אלהיכם אמת wiederholen; eine andere Lesart im Sohar lautete, zu wiederholen: אני ה' אלהיכם. Gegen diese Wiederholung waren aber gewichtige Bedenken von Seiten des Talmuds, der namentlich das Repetiren von אמת geradezu verbietet. Nun empfehlen die beiden kabbalistischen Schriften Kana und Pelia das אני ה' אלהיכם. Von den vielen rabbinischen Autoritäten des fünfzehnten und sechzehnten Jahrhunderts beruft sich dabei keiner auf diese Schriften, z. B. Simon Duran II. (Respp. יכין ובעז II. No. 2 [geb. 1437, gest. nach 1509]). Er beruft sich dafür auf seinen Großvater Simon Duran I., seinen Vater Salomo Duran I., seinen Bruder Zemach Duran, von denen keiner etwas von Kana und Pelia gewußt hat. Auch Mose Alaschkar (gest. nach 1531), der die Frage über das Gestattetsein der Wiederholung ventilirt und den Sohar dabei citirt (Respp. No. 66), kennt das Vorhandensein dieser kabbalistischen Schriften nicht. Ebenso wenig Levi ben Chabib, der sich ebenfalls mit der Frage beschäftigt (Respp. No. 73), ja nicht einmal eine der ersten polnisch-rabbinischen Autoritäten des XVI. Saecul., Salomon Lurja (Respp. No. 64). Die ersten, die das Buch Kana dagegen citiren, sind Elia Misrachi (gest. zwischen 1525 und 1527, in dessen Respp. No. 1) und David Ibn-Abi Simra (רדב״ז gest. nach oder um 1570, Respp. ed. Livorno No. 55); aber der letztere verwirft zugleich dessen Autorität: יאף על פי שנמצא בספר הקנה על המצוה שחוזר אני ה' אלהיכם, על המדרש ראוי לסמוך שאמרו משם התנאים. Nach ihnen bezeugt Kana der Kabbalist Joseph Karo im בית יוסף zu Orach Chajim No. 61. Das ist wohl Beweis genug, daß der Verfasser der beiden kabbalistischen Schriften keine alte Autorität ist.

Den Verfasser nennen einige Autoren Abigedor, und Spätere haben daraus gar Abigedor Kara gemacht; vergl. Ajulaï a. a. O. Artikel פליאה. Allein sie ließen sich sämmtlich durch die Oberfläche täuschen. Der Name אבי גדור oder אבן גדור ist ein allegorischer und soll bedeuten, der Mann, welcher die Risse, d. h. kritische Einwürfe gegen die Gebote des Judenthums, wiederherstellt, gleich בעל הגדר. So in Kana ed. Porizk. p. 6b, 16b (bis): ואלה דברי ,אבן גדור בעל הגדר בהורת אל p. 11d unten: ואלה דברי אבן גדור אשר גדר בתורה. Der Verfasser ist unbekannt, wie die Verfasser vieler pseudo-epigraphischer Schriften. Was das Vaterland betrifft, so kann ich Jellinek nicht zustimmen, daß es Italien oder Griechenland gewesen wäre, weil die Begründung gar zu schwach erscheint: „denn nur in diesen Ländern konnte sich ein so fanatischer Anhänger Abulafia's herausbilden". Muß denn der Verfasser ein Anhänger dieses Schwärmers gewesen sein, wenn er mindestens 150 Jahre später dessen Schriften gelesen und sich unter vielem Andern Manches daraus angeeignet hat? Nein, in diesen Ländern kann sich der Verfasser des Kana und Pelia nicht gebildet haben, weil die Juden dieser Länder nicht alle jene Phasen durchgemacht hatten, um zu einer so kühnen antitalmudischen Kritik zu gelangen. Nur Spanien, wo zugleich die Kabbala und die Skepsis heimisch waren, vermochte solche Productionen hervorzubringen. Nur hier, wo im Contact der Geister, der confessionellen Controversen und Disputationen die Dinge beim rechten Namen genannt und die verhüllenden Schleier von der einen oder der andern Seite entfernt wurden, nur hier konnte sich eine so rücksichtslose Kritik geltend machen.

Auf Spanien weisen auch viele Momente in diesen kabbalistischen Schriften hin. Schon die Bezeichnung des Namens der einen Figur mit אבן גדור, welcher in Kana konstant festgehalten ist, neben אבי גדור in Pelia, spricht dafür, daß der Verfasser ein Spanier war, wo nach arabischem Muster die Formen אבן und אבי, spanisch: Aven und Avi, promiscue im Gebrauche waren. Auf Spanien allein paßt die Voraussetzung in Kana (p. 16a), daß die Juden durch Uebertritt zum Christenthum sich Ansehen und Macht erworben und fremde Frauen geheirathet haben: והיו משתמדים לקנות להם מלכות וממשלה והיו נושאי להם נשים נכריות. Pelia klagt seine Zeitgenossen an, daß sie Wein, von Mohammedanern bereitet, tränken und meinten, solcher sei talmudisch nicht verboten (Bl. 278 r nach dem Kirchheim'schen Codex): ואנה מצאר היתר בדבר לומר שיין ישמעאל אינו מהנסך. Verkehr von Juden mit Mohammedanern gab es damals in Europa nur in Spanien, allerdings auch in der Berberei und im Orient, aber an diese Länder ist dabei nicht zu denken. Der Verfasser erhebt Klagen gegen seine Zeitgenossen, daß sie sich in ihrer Schlemmerei über Gebote des Judenthums leichtsinnig hinwegsetzen (Kana, p. 113c): . . . וי לכם עמי הארץ בלענים בני בלענים יושבים חבורות חבורות לאכל ואוכלים ושותים עד אשר יצא מאפם ובהמם אינם יראים. ואם יביאו להם בשר נבלה בשר נבלה יין נסך גמור לא ישיבו ידם מהם. והשתן פרכך בינידם ושמח עמרה. Er rügt an manchen Rabbinen, daß sie sich sogar über talmudische Aussprüche lustig machen, Vieles für müßige Träume ausgeben und wenig gewissenhaft in

Betreff der Ritualien sind (Pelia, Bl. 229, 230 in Betreff der Controverse zwischen Rabbi Elieser und den Weisen wegen der Tochterstimme im Talmud): ואלו הדברים והאגדות דומים הרבנים הגדולים בעלי הוקק חסרי הדעת ואומרים אין בכל אלה דבר מסכילים במצות ועוברים באזהרות ואינם זהירים מחוט ועד שער להחמיר ולגדור גדר. אומרים שהכל היה חלום אצלם ואין לך חלום בלא דברים בטלים. Alles das ist nur in Spanien denkbar, wo Kapitalisten und Rentenpächter von den Königen oder Granden als Rabbinen und gar als Rabi-mor, Großrabbinen, ernannt wurden, und wo der naive Glaube unterwühlt und erschüttert war, aber in keinem andern europäischen und noch weniger orientalischen Lande. Der Verfasser kennt die gangbaren philosophischen Formeln (Pelia, Bl. 80r): תורה היא וללמוד אני צריך . . . דע לך רבי שהעולם לא ימלט משני דרכים. או יש חומר קדמון . . . או לא היה שם אלא עלת העלות . . . ואם תאמר שלא היה שם (חומר) אלא הקב"ה ברא את כל העולם אם כן על כרחך הוא לומר שנתחדש בעצמותו. Kana referirt als Thatsache: die Ketzer, Philosophen und das Laienvolk spotten über talmudische Aussprüche und finden dadurch das ganze Judenthum lächerlich (p. 124d): והנו לך קרא בכל המדינות אם ראו או שמעו או שאל לדור ראשון שאל אביך ויגדך . . . אם אמרו והגידו שנפל אדם מהגג ונתקע הסעיף בחתולה (delend.) בטטה אחת) הלא איש ואשה צריכים להיות ישנים בטטה אחת ובאלף תחבולות מתחברים. ומה אשה היא זאת שישנה ערומה ומראית ערותה לשאינו בעלה. וכן עתה בזו הבריות נושאים ונותנים שלא כמשפט . . . אלו וכיוצא באלו שומעין המינים שאנו מוטבעין בתוכם וטטיילים בנו ואומרים התורה מלאה שחקות נשארת להם לישראל. ואפילו עמי הארצות שבנו מלעיגים בתורתנו ואין צריך לומר הכופרים בדברי תורה שהם טועיים וגדולים מפלאכי שרת (?). Die Polemik gegen die ketzerische Ansicht, daß die Ritualien nur für Palästina vorgeschrieben seien, außerhalb desselben, d. h. in der Diaspora dagegen keine Verbindlichkeit mehr haben (Kana, p. 15d), hat nur Sinn, wenn es in Spanien verfaßt wurde. Denn in diesem Lande oder in dem damit zusammenhängenden Nordafrika hatte diese ketzerische Ansicht Vertreter unter den Juden gerade im fünfzehnten Jahrhundert. Vgl. Respp. יכין ובעז III, No. 134 p. 50d von Zemach Duran: לא כאשר יטעו הטועים המשוגעים באמונתם הדוברים על ה' סרה באמרם שאין כל המצות נוהגות אלא בארץ אבל בחוצה לארץ אינה נוהגת שום מצוה . . . כלל. חס וחלילה ורחמנא ליצלן מדעת השטים הללו. Ganz denselben Klang hat der Fluch in Kana: ומי הוא זה. ואיה הוא האומר המצות הם לישראל בתוך לארץ אלא כדי שלא יהיו כחדשות באמת נח לו שלא נברא בעולם וכו'. Die Ausfälle gegen die jüdischen Aerzte, welche ein Wohlleben führen (p. 10a): ולא תשמע לבעלי הגאוה הם הרופאים המדקדקים לאכל מעדנים פן יזוק בה, dürften ebenfalls auf Spanien hinweisen. Die grelle Anekdote von einem scheinfrommen, gelehrten und angesehenen Rabbinen, der in seinem Hause Leckerbissen und Concubinen hatte und sich zu einem scheußlich unmoralischen Epicuräismus bekannte, sie konnte nur in Spanien vorkommen oder fingirt werden (Kana, p. 26a): פעם אחת נתועדתי עם וקן אחד . . . ואמרו לי הוא אדוננו הגדול מורנו ורבינו הנעלה . . . המדריכנו בדרכי היושר . . . אז לקחני בידו והוליכני לבית וראיתי נשים ופלגשים גויות ושפחות בבית חבית מלאים יין . . . ולא ירא אלהים . . . והתחיל יאמר לי . . . הקב"ה ברא את האדם ועשה לו עינים לראות כל טוב וטל בגית מטנו והנה ידיו ורגליו ופיו לעשות רצון עיניו. עשה לו אבר להשביעו מכל ביאה, ועתה בני שמע לעצתי נאכל ונשתה יין ואח"כ נשביע כל אברינו פן ילכו רעבים בקבר כי לא לבטלה בראנו הש"י. וכשמעי דבריו המסעירים שאלתי מהקב"ה ונפל הבית עליהם והמית ואת העיר החרדה בתשובה. So spricht Alles dafür, daß Spanien das Vaterland des Kana und Pelia war.

Gehen wir jetzt auf den Hauptinhalt dieser beiden Schriften und auf ihre Charakteristik ein. Es ist bereits angedeutet, daß sie eine schonungslose Kritik gegen Ritualien des Judenthums, gegen die talmudische Interpretationsweise und den Talmud überhaupt üben. Sie nennen das הריסה, Zerstören, in Gedanken auflösen. Gleich im Anfange des Kana wird dieser Gesichtspunkt angegeben:

ובעבור שאין אדם בונה בנינה בוה אם לא יסתור המקום ואם הוא כותל דעוני מהרסו לגמרי כדי לחזקו
מחדש . ותורתנו היא נהרסת הריסות אחר הריסות מחסרון ידיעתנו וכל (¹הספרים שעשינו כלם
הורסים ובונים בנין חזק. Ibn-Gedor bemerkt gegen seinen Sohn Kana, der immer-
während Einwürfe gegen die Wahrheit und Gültigkeit der Ritualien macht
(daſ. p. 15d): ועתה בני אשר אחה מחפאר חסיד והורס הריסות אלמדך. Die Rollen sind
nämlich zwischen Vater und Sohn so vertheilt, daß der Letztere Ausstellungen
macht, scharfe, grelle Fragen aufwirft, gewissermaßen ad absurdum führt, und
der Erstere, vermöge seines Namens „der Rißcausbesserer" die Einwürfe auf
kabbalistischem Wege widerlegt (daſ. p. 22b): ועתה שאלה אחת תהרס מכם או בי .
ואתה שניבם כאחת תהרסו ואני אבננהו, או אני אהרוס ואתה תבנהו
Als Aufgabe wird im
Eingange (p. 2 c) aufgestellt, ohne Schonung zu discutiren, aufzulösen und
niederzureißen, um auf den (kabbalistischen) Grund zu kommen: וכאשר תכתבו
כוונת כל בעלי התלמוד תמצאם כל הדבריות משל ומליצה ורברים בהמיים משולים בדברים רוחניים
כעניין משמורה ראשונה חמור נוער, ותשאו ותתנו בפשטו היוצא מפיהם להרסו הריסה מבלי
וראוה אני שיש לי סיוע: Ebenso in Pelia (Bl. 399): תקומה עד בא סוד ועקר הדברים .
ועזר פר' יהודה (בן בתירה) שסובר בשר בהמה גזירה שלא אסרה תורה אלא בחלב אמו. ואנן
נגזור עוף'. והנה אני ור' יהודה שני עדים שבשר בחלב מותר מן התורה וזהו הריסת התורה.
והנה קם אותו האיש והרס, נקום גם אנו ונהרוס.
Von welcher Art diese Kritik ist, veranschaulicht schon der angeführte
Passus, daß, entgegen der talmudischen Auslegung, Fleisch mit Milch zu genießen,
biblisch gar nicht verboten sei. Die stärksten Ausdrücke braucht der Verfasser,
um die talmudische Interpretation und Inconsequenz zu kritisiren, vermöge
welcher das weibliche Geschlecht von manchen an die Zeit gebundenen Geboten entbunden und wiederum zu andern verpflichtet sein soll. Er widmet
diesem Thema im Pelia und im Kana ganze Seiten. Im ersten, Bl. 208:
ועור רבנא עלמא! עשו חכמים כלל ואמרו כל מצות עשה שלא הזמן גרמא נשים חייבות וכל
שהזמן גרמא נשים פטורות וכללה הפך מה שכתבה בתורתך שהתלמוד תורה משה עשה שלא
שומו, und weiter Bl. 209: הזמן גרמא ופטרות אותה . . . ויחייב אותה במצות הקהל
שהם על זאת ומתקנמנה היה (האמורא) ולמה לא אמר לו לו לפנינו חפילין מהתלמוד תורה דהאי
מצות עשה שהזמן גרמא והאי מצות עשה שלא הזמן גרמא . כי האיך יוכל לישא דין ממה
שאינו דופה לו.
Außerordentlich grell sind die Sätze über dasselbe Thema in Kana p. 22b:
שאלו להקב״ה למה ברא האשה העניה הואת שאין לה לא שכר ולא עונש אחר שפטורה ממקצת
מצות כגון שהזמן גרמא וכאלו המצות שהן פטורות אין שכר בעשיתן ולא עונש בבטולן. והקב״ה
חייבה בתלמוד תורה השקול כנגד כל המצות וחכמינו ז״ל פטרוה בעבור שמצאו מלת בניכם
. . . תלמוד תורה וכו׳ Weiterhin wird die Willkürlichkeit der talmudischen Interpretation ad absurdum geführt, und der Schluß lautet (col. d.): והקש שבכלל לא די
לה לעניה שהשפילוה עד לארץ אחר שפטורה ממצות המלך אלא שהקשוה לעבד שאמרו כל מצוה
שהאשה חייבת בה נמי חייב עבד. Man glaubt einen Frauen-Emancipationssüchtigen
Reform-Rabbinen zu hören. Kana kommt öfter auf dieses Thema zurück
p. 49 b f. und 66 b f., 71 b.
Der Verfasser scheut sich nicht, Ausdrücke zu gebrauchen, daß die Talmudisten
die biblischen Worte geradezu verdreht hätten (Pelia Bl. 202ab): כמה קשים דברים
הללו שיצאו מפי התנאים האלו . רבוני רבוני עלמא! הש משפט מעות מנה?! שאתה התרת להם
הקדשים . . . ולא חלקת בין פרוש לעם הארץ וחכמים עיתו משפטיך לוטר שחולין טהרות אסורין
לעם הארץ. שמעו גדולים וקטנים! . . . ומי יתן והיה בעל הברייתא הנה שהייתי שואלו מה היו
הדברים שהוציא חרבה בעולם. שכל הלומד בזה הברייתא או ישבשנה או יניח לנוד לגמרי את
הכל הבל ובעל הברייתא יתן דין בסקום זה כי הוא הגרם.

¹) Sind vielleicht unter den „bereits früher von demselben Autor verfaßten
Schriften" Pelia und das Buch קנה בינה gemeint, oder hat er noch andere verfaßt?

Durch die talmudische Interpretion seien die Juden förmlich den talmudischen Weisen preisgegeben, indem sie neue Zusätze zum göttlichen Gesetz gemacht hätten (daf. Bl. 203r): ואתה מרה דאברהם! ראה מה עשו החכמים! ביום הכפורים הוסיפו מחול על הקדש ולאו חשו על הענינים שמפסידים מאכלם . . . וכן עשו בכל מצוותיך ואתה אמרת להם עשו משמרת למשמרתי ואמ״כ מסרתנו בידם ואמרת לא תסור מכל הדברים ואנה שכח שומו שמים על זאת! Ebenso Kana 71b: !זו שמעתו לגזור ולגדור מין במינו שאינו מינו רבונו דעלמא! כתבת בתורה לא תסור מכל הדברים ואנו עומדים באזהרתך ולהם (לחכמים) צוית . . לא תוסיף ולא תגרע ומוסיפין וגורעין עשו הקישא וחייבו הנשים באכילת מצה והוא הקישא משובחת.

Ueber eine lange talmudische Discussion im Tractat Pesachim Anfang, über die Bedeutung des Wortes אור als „Licht- und als Lichtanzündezeit", „Nachteintritt"¹) äußert sich Kana (p. 68) mit eben so viel Unwissenheit, wie Arroganz im Ausdrucke: ומאחר שההנא ידד ממתיבתא דרקיע איך לא ידע דכה״ה היום קרא אור ולא הלילה . . ולמה יכחישו התורה בסברות כחבות ובדברים בטלים. Solche grasse Wendungen bald gegen den Inhalt und bald gegen die Interpretationsweise des Talmud ziehen sich durch beide kabbalistische Schriften! An einer Stelle nennt der Verfasser (Kana p. 49a bis) den Talmud geradezu einen Schwär in den Eingeweiden, den man ausschneiden müsse, um einen gesunden Zustand herbeizuführen: והו שאמרת לך שהתלמוד כמו בועה במעיים והעלה צמחים ואין להם רפואה אם לא לבקש שרש הבועה לעקרו משם ולהניח מקום הבריא.

Aber nicht blos gegen den Talmud verfahren diese beiden kabbalistischen Schriften destructiv und schonungslos kritisch, sondern auch gegen das biblische Judenthum selbst. Auch hierbei bedienen sie sich der allerherbsten Ausdrucksweise. Das Gebot, Schaufäden anzulegen, nennt Kana (p. 47c), wenn es auch von Gott stamme, nach oberflächlicher Betrachtung, ein blödsinniges Thun: מאי מרויח הקב״ה בעטיפת ציצית ולמה גזר הוש תכלת ולעשות גדיל ולהניח ציצית כל (זה): הוא מד הש״י מכל מקום הוא כמדת משוגעים. In der Einleitung zu Kana (p. 14 d f.) kommt ein langer Dialog zwischen Ibn-Gedor und seinem Sohne Kana vor, worin das Thema besprochen wird, ob das ganze Judenthum außerhalb Palästina's, d. h. in der Diaspora noch verbindlich sei. Kana behauptet, die Verbindlichkeit habe mit der Ausweisung des jüdischen Stammes aus dem heiligen Lande vollständig und dem ganzen Umfange nach aufgehört: אמרתי לו אוכיח שהמצות בארץ ישראל ובית המקדש קים אבל בחוץ לארץ פטורים ופטורים אנו . ואשאלך והורינו עבד שמכרו רבו נפטר העבד מגזירתו של אדון הראשון וחייב במצות ובגזירות האדון שקנאו או לא? . . . . . אמר לי בני! אם כן לבטלה ביארו לנו חכמי התלמוד התורה, לבטלה גזרו הגזירות וגדרו גדרים גדר אחר גדר . . . אמרתי לך אין ראיה משם כי אם עשו זאת בתורת חייב רק שלא יהיו המצות לעתיד לבא כחדשים לבא מכל מקום לא תורה חייב עלינו . . . . מכל מקום אינם חייבים (שינאמר כי עבד אחד אין יכול לעבוד שני אדונים)

Der letzte Passus erinnert an den neutestamentlichen Satz: „Man könne nicht zweien Herren dienen". Das ist übrigens die einzige Rücksichtnahme in diesen kabbalistischen Schriften auf die Evangelien. Diejenigen christlichen Gelehrten, welche in Pelia die Bestätigung christlicher Dogmen finden wollten, haben sich gewaltig geirrt. Der Beweis von dem Schreiben des göttlichen Namens mit drei • für die Trinität ist gar zu einfältig; das war früher die übliche Abkürzungsweise, vergl. Respp. David Ibn-Abi Simra I. (oder III) No. 206: על מה שנהגו העם לכתוב ג' יוד״ין במקום השם.

---

¹) Vergleiche über die glückliche Erklärung dieses Wortes aus lateinischen und griechischen Parallelen M. Sachs, Beiträge zur Sprach- und Alterthumsforschung.

Wenn der kabbalistische Verfasser von Pelia und Kana nur scheinbar kritische Einwürfe gegen Bibel und Talmud macht, um das Angefochtene nur noch mehr zu begründen, so zeigt er gegen die Talmudisten, d. h. gegen die ausschließlichen Pfleger des Talmud, entschieden Antipathie und erhebt bittere Anklagen gegen sie, die er allerdings durch die Uebertreibung nur abschwächt: Er wirft ihnen vor, daß sie laut disputiren und täglich neue Subtilitäten erfinden, aber dabei ihren Leib pflegen, sich um das Exil der Schechina nicht kümmern und auch das Volk nicht auf bessere Wege führen (Kana, p. 122d): הראית בני דבר תימא באורך
הגלות לומדי התלמוד הנשאים ונתאנים בקולות ובדקים מדקדקים אחר דקדוק ומתאדמיש
(I. מחדשים) חדושים הם אוכלי הבשר כרובים וארוש ושותים בסורקי יין ומתאדמים פניה...
וגלות השכינה אינם זוכרים ואת העם אינם מיסרים ... רק לומדים לתועלת גופם ולא לתועלת.
Aehnlich in Pelia (Bl. 11r): נפשם ולומדים וידועים ואינם מקימים רק כונתם להתגדל בהמון
וחכם ... אין הכונה שלמד ספרי וספרא או ששה סדרי משנה. כי זהו יסוד שאין עקרו וכח:
חזק ... וכפה צררי השכל ומתפארים בערון שלהם נשאים ונתאנים והכל רוח כי לא יועילו דבריהם
Daſ. Bl. 64r: שלא לשמה הם בעלי התלמור. ... וטועים לומר שאם למד לישא ולתן זהו חכם וזהו
Kana p. 2b: מתוך מתיבתא דרקיע נוכר עון בעלי התלמוד הנשאים ונתאנים לכל וריק עד כי
מנשימים כלפי מעלה מחסרון דעת והתבונה. לא התנאים וגם האמוראים שחברו. כי כל דבריהם
קרש רק קצת מן האחרונים הבאים ואינם משיבים. Beiläufig sei hier bemerkt, daß sich das Buch durch diese Bemerkung allein „die Spätern disputiren über den Talmud in eitler Weise" als ein jüngeres Produkt verräth und sich damit gründlich dementirt, daß es im Anfange der Amoräerzeit verfaßt worden sei. Vergl. noch Kana, p. 37d, 38a.

Aus dieser Charakteristik der beiden Schriften geht mit Sicherheit hervor, daß die Kabbala im fünfzehnten Jahrhundert bereits anfing, sich im Gegensatze zu dem Talmud zu befinden, daß sie zwar scheinbar die talmudischen Elemente hochgeachtet wissen wollte, aber sie so sehr auflöste, zersetzte und kritisirte, daß ganz etwas Anderes daraus wurde. Die Richtung blieb nicht auf Einzelne beschränkt. Im Anfange des sechzehnten Jahrhunderts klagt der als Kind mit seinem Vater David (Note 13) aus Portugal nach der Türkei ausgewanderte Jakob Tam Jbn-Jachja, daß die Kabbalisten, allerdings die unechten, die Grundsäulen der Thora umstürzen und das Volk gewöhnen, mit Verachtung auf die Talmudisten zu blicken (vgl. Respp. Elia Misrachi No. I gegen Ende: בקבלה) ובוסננו זה תם זכות אבות ואין מחויק בצדק בחכמה הזאת
אדרבה הם הורסים פנות התורה ועטודיה יתפלגו מקול מחצצים הם הערבים העורים ... ובמקים
שחשבו להרויח פתע שכרן ואין מרפא. ורבים מעמי הארץ מתיהדים באמרם סודות לנו מורשה
המים העליונים לא לכם בעלי התלמוד ההולכים בחושך .... ואיש איש מבני ישראל ירצה
לעין בקבלה ... לא יחזיק טובה לעצמו להורות לוולתו ליחיד כ״ש לצבור כי תצא מזה תקלה
להרוס חומת התורה ולפרוץ גרר ויתפאר במה שלא יבין ויטעה בהתחלות התורה ושרשיה ויבא
לידי מינות וכו׳.

¹) Merkwürdig ist's, daß auch die von Schorr mitgetheilte Satire gegen die Rabbinen (Chaluz I, p. 159) ähnliche Anklagen enthält:

אמת כי נגרעו חכמי מקומי

ושפתיהם תבואינה בריבות ופיהם יקראו אל מהלומות
בחיספות ודיף על פי חכמים למגרעות כתובות וחהתומות
וחדושים אשר המה ישנים וקושיות טמות עולם קדומות

ואולם עזבו מקרא ושכחו לגמרי הנבואות העצומות

ואין עינם ולבם רק בבצעם ותכליתם להעתיק במזימות.

9.

Autorschaft und Vaterland des Pamphlets עלילות דברים.

Von einer anderen Seite wurde gegen das Bestehende ebenfalls gewühlt in der merkwürdigen antirabbinischen Satire, ספר עלילות דברים, welche nach Styl und Tendenz an Isaak Erter's meisterhafte Flugblätter erinnert (früher nur bruchstückweise durch Reggio und Schorr bekannt יונה אגרת I, p. 121. Chaluz I, Ende), jüngstens vollständig edirt (in Ozar Nechmed, Zeitschrift von Blumenfeld IV, p. 179 Ende), mit einem Commentar dazu[1]). Das gelehrte Publikum ist dem Copisten und Herausgeber (der sich wie der Verfasser durch Pseudanonymität maskirt hat) dafür zu großem Danke verpflichtet. Denn wenn auch die in dieser Satire kundgegebene scharfe Polemik durchweg einem einseitigen Standpunkte entsprungen ist, so ist es doch interessant, eine Stimme aus dem fünfzehnten Jahrhundert zu vernehmen, die ein Echo mancher modernen Anschauung zu sein scheint. Mehr noch als der Inhalt ist die Form, die anspielungsreichen, witzigen Wendungen, die sich so taktvoll von Uebertreibung und Ueberladung fern hält, durchweg anziehend und hat nur wenig Seitenstücke. Man kann es fast ein Kunstwerk nennen. Es ist nach einem Original des Elieser Aschkenasi Tunensis edirt, der es in Italien aufgetrieben hat.

Der Leser wird natürlich neugierig, den Verfasser einer nach zwei Seiten hin seltenen Schrift kennen zu lernen; seine Neugierde bleibt aber unbefriedigt: denn der Verfasser hüllte sich geflissentlich in Anonymität in der Ueberschrift und im Einleitungsgedicht; er nennt sich פלמוני und פלמוני בן פלת. Schorr hat also nicht richtig angegeben, daß der Name des Verfassers עלילו יוסף laute. Auch das Vaterland des Verfassers ist auf den ersten Blick nicht kenntlich. Der Herausgeber (Kirchheim) ist zwar in dem Vorwort der Ansicht, daß es auf

---

[1]) Herr Halberstamm theilte mir freundlichst mit, daß er im Besitze einer handschriftlichen Copie (No. 117) sei, welche älter als die, nach welcher die Edition veranstaltet ist. Er vermuthet, daß der Copist Jesaia Masseran gewesen sein mag. Sie enthält Manches, was in der Edition fehlt und vice versa. Im Text ist das Datum angegeben: זה, לנו אלף וארבע מאות שנה בקרוב, anstatt ועוד, und zum Schlusse ganz genau: והותה השלמתו יום ב' י"ב בניסן רכ"ח לפ"ק. Interessant ist das in demselben befindliche Vorwort. Anknüpfend an die Verse 3 und 4, Psalm 141, fährt es fort: ודוד דבר הפך כינת המחבר להתעולל עלילות ברשע, אשר שם עלילות דברים לתחולת ישראל אשר באשכנז וביא יוסף את דבתם רעה אל אביהם כאשר פתר שבתמים. הכי קרא את שמו יוסף כי אסף את חרפת עמו וגלה את מומיה ... להם יוסף. Darauf eine Reihe von Versen aus Genesis, in welchen der Name Joseph vorkommt, welche auf den Inhalt der Schrift anspielen. Herr Halberstamm findet darin die Bestätigung meiner Annahme, daß der Verf. Joseph hieß, und daß derselbe mit dem Interpreten identisch ist. Ich kann aber Herrn Halberstamm nicht zustimmen, daß aus dem Worte באשכנז sich die Hypothese bestätige, die Schrift sei in Oberitalien entstanden. Denn es beweist zu viel und also gar nichts. In Deutschland kann doch der Verfasser nicht gelebt haben? Der Verfasser liebt es aber, Eigennamen für seinen Ideengang zu deuten. So כל שמות אנשים הנזכרים כאלו הם דוברים בזה הספר, הם שמגר בן עמיאל (p. 197) שֶׁגֵּר שם עם אל, also בדוים כורים על הדבר שהספור ממנו. So scheint auch אשכנז eine Deutelei zu sein. — In dem Ms. Halberstamm's befinden sich an dem Deckel des Einbandes zwei entgegengesetzte Urtheile über den Werth dieser Satire. Ein Urtheil, unterschrieben אני שמואל, lobt sie über die Maßen: יה': פעמים ומצאתי דבריו נמצדים ישרים ונכונים קריאה ושניתיה; das Andere ist ein Tadel: ושלשתי בספר עלילות דברים ואין אמון בו רק שמו ... כי בתחלה בעלילה בא

italienischem Boden entstanden sei und Ahron Alrabi angehöre, hat aber keinen stichhaltigen Beweis dafür geltend gemacht. Schorr hat es, ebenfalls ohne Argument, nach Spanien versetzt. Um beides, Autorschaft und Vaterland, zu ermitteln, muß man tiefer auf den Text und den Commentar dazu eingehen und das Verhältniß beider zu einander ins Auge fassen. Die Betrachtung der Data soll uns den Weg dazu bahnen.

Der Verfasser schrieb die Satire 1468 oder vielleicht noch ein oder zwei Jahre später, wie S. 180 angegeben ist: זה לנו אלף וארבע מאות שנה, ועוד בגלותנו לא חסרנו דבר מכל צרה (vergl. Note). Der erste Copist, Abraham b. Mardochaï Farissol hat bereits 28. Nissan 1473 Text und Commentar copirt, wie der Schluß ergiebt: אני אברהם מרדכי פריצול המכנן והסופר מפיראר׳א השלמתי זה הספר פה מנטוכה. כ״ח ימים לחודש ניסן ר״ל׳ג.

Man könnte zwar aus dem geringen Intervalle zwischen der Abfassungs- und der Copirzeit auf den Gedanken kommen, der kenntnißreiche und gebildete Abraham Farissol sei der Verfasser gewesen, er, der zu manchen schwärmerischen Erscheinungen, wie zum Auftreten des Pseudomessias Ascher Lemlein und des Betrügers David Reübeni ungläubig den Kopf geschüttelt hat. Allein diesen Gedanken muß man wieder aufgeben, wenn man die Jugend des Abraham Farissol zur Zeit der Abfassung betrachtet. Sein Geburtsjahr wird 1451 angesetzt; er wäre demnach im Jahre 1473 zweiundzwanzig Jahre alt gewesen. Und er sollte ein so vollendetes Kunstwerk geschaffen haben, welches eine so außerordentliche Geistesreife und eine erstaunenswerthe Eingelesenheit in das umfangreiche jüdische Literaturgebiet bekundet? Es ist ganz undenkbar. Ein Jahr vorher hat er die Turim copirt, und dann sollte er diese dem Inhalt der Turim so stracks widersprechende Schrift verfaßt haben? Auch das ist schwer zu glauben. Abraham Farissol war kenntnißreich, aber kein Wundergenie; er war nüchtern, aber kein Gegner des rabbinischen Judenthums; er zeigt sich in seinem handschriftlichen Werke מגן אברהם ... als Hyperorthodox. Außerdem bekundet der Verfasser unserer Schrift gründliche Kunde in der Anatomie, da, wo er die Abgeschmacktheit und Ignoranz des Kalirischen Pijut persiflirt (p. 187). Abraham Farissol war aber seinem Gewerbe nach Copist und allenfalls Vorsänger (מכנן), aber nicht Arzt.

Sehen wir uns nach andern Fingerzeigen um. Ich komme noch einmal auf das Datum zurück. 1468 ist die Satire verfaßt worden, und schon 1473 hat Farissol nicht blos den Text, sondern auch den Commentar dazu copirt. In so kurzer Zeit, in höchstens vier Jahren, soll schon eine Wort- und Sacherklärung nöthig gewesen sein? Ist es annehmbar, daß den Commentator nach kurzem Zwischenraume der Text in die Hand gekommen ist, und er sich genöthigt sah, die Dunkelheiten aufzuhellen? Noch mehr. Der Commentator giebt im Anfange an: er habe den Text an einem verborgenen Orte, zerrissen, verlöscht und fast unleserlich gefunden (p. 196): נאם יוסף בנו משלם לבנו משלם פתיחתי לבאר זה הספר והוא עלילות דברים ..... אתה ידעת את כל התלאה אשר מצאתני בדרך הוצאת זה הספר מן המקום אשר היה טמון בו קרוע ומחוק ברובו עד שנמנעה הקריאה ברוב סקומותיו. Ist das denkbar, daß die Urschrift nach so kurzer Zeit bereits größtentheils zerrissen und unleserlich geworden wäre? Das Alles scheint nichts als Maskerade zu sein. Der Verfasser selbst hat auch den Commentar dazu geschrieben, um seine feinen Andeutungen und Anspielungen nicht übersehen zu lassen. Wie der Verfasser bekundet auch der Commentator anatomische Kenntniß. Das Schlußgedicht des Commentators ist durchweg ebenso gehalten, wie das Einleitungsgedicht des Verfassers. Joseph

b. Meschullam¹), wie sich der Commentator nennt, war zugleich der Verfasser. Um aber wegen seiner scharfen Polemik gegen das bestehende Judenthum Anfechtungen zu entgehen, verhüllt er im Texte seinen Namen und entschuldigt sich im Eingange zum Commentar, daß er die skeptischen Ansichten des Verfassers nicht theile. Nur durch die Identität des Verfassers und des Commentators ist es erklärlich, wie so der Letztere im Stande war, hinter die verschleierten Gedanken des Textes zu kommen und Alles, sogar die Wahl der fingirten Eigennamen, erklären zu können. Der Name des Verfassers wäre damit gefunden.

Das Vaterland desselben kann nur, wie Schorr richtig vermuthet hat, Spanien gewesen sein. Gleich im Anfange spricht er von massenhaften Zwangstaufen der Juden und auch davon, daß einige Neuchristen feindselig gegen ihre Stamm- und Religionsgenossen auftraten (p. 180): זרענו נכון לפנינו מהם יקחו לכהנים ולנביאי פסיליהם לעיניגו ומורה מעלים על ראשיתם, וישימי קרחה בין עיניהם למת, eine sehr geistreiche Anspielung auf die Tonsur, welche den jüdischen Zwangstäuflingen aufgenöthigt wurde. Die Satire erwähnt, daß viele Neuchristen nur mit der Zunge das Christenthum bekennen, im Herzen aber Juden bleiben, d. h. die Marranen: וגם בכל אלה אש מאחד לא מצאתי שעבד אל זר לעבור ברית, אך כבד עליהם עול גלותם ולשונם תצמיד מרמה ואין בקרבם רוח. ורבים מאלה לקחתם בדרוע ידעו טרם ידעו ודע וגם היום יודעים בטיב יהודית הם דעת נהפכו לנו לאויבים מבלי דעת. Sie bemerkt, daß eine weit größere Zahl Treugebliebener, als die der Convertiten, das Judenthum mit Gefährdung ihres Lebens standhaft bekundet hat: ואם כל אלה עברו את פי ה' מזדון לבם למען הכעיסו, דן בחרו מות למען הקדישו אלפי ישראל רבבות אשר כף רגלם לא נטתה לגוים מעבודתו ואף בלשונם לבד. Man kann in diesen Zügen die massenhaften Zwangstaufen von 1391 und 1412 gar nicht verkennen. Der Verfasser scheint aus Autopsie zu sprechen. Sein spanisches Vaterland verräth sich auch durch einige Wörter im Commentar — die Identität beider vorausgesetzt. S. 202 werden einige anatomische Ausdrücke des Textes erläutert und einige Fremdwörter, die spanisch klingen, beigefügt. Ein Knochen, das Schiffchen, genannt: והספינה היא עצם לבד ארוך ונקרא נאבוקלו בלעז. Das entspricht dem spanischen Worte navichuelo, während es italienisch navicella lautet und ganz anders hebräisch wiedergegeben werden müßte. Fünf zusammenhängende Knochen, welche anatomisch als der Kamm bezeichnet werden, ה' עצמות .. דבוקות .. בצורת מסרק ונקרא בלע"ז פיטיע, es ist wohl ein Druckfehler für פיני spanisch peine, Kamm. S. 203 spricht er von der Sopranstimme und erklärt sie durch סוברן, d. h. soberan spanisch: נצח כל העם כנגינותיו סוברן בלעז; im Italienischen lautet es: soperano. Ein Fremdwort רסיטה בלעז ist mir nicht erklärlich. Es folgt also daraus, daß der Commentator ein Spanier war, folglich auch der Verfasser.

Noch ein Moment spricht für Spanien als Vaterland dieser Schrift. S. 194 constatirt sie in witzigen Wendungen, wie die Wissenschaft und auch das Talmudstudium darniederliegen oder nur betrieben werden, um einen Namen zu erlangen und eine gute Partie zu erhaschen: וכבר החל הדור לקוץ קצת הדברים בעצם התלאה ומעט התועלת או הפסד המגיע ממנו, עד שלא ימצאו היום עוסקים בו זולתי מתי מעט מנערי בני ישראל ורובם מהדלים אשר אין להם דרך למצא פרנסתם בדרך אחר. וכאשר ירחב לפניהם הדרך להעמיד ריוח ממקום אחר, יניחו מקומם ופורשים זולתו מי שמקוה מהם להגיע אל שיהיה

---

¹) Der Herausgeber vermuthet, der Commentator sei Joseph Ibn-Schem-Tob, Verfasser des כבוד ה' gewesen; allein dieser war 1468 bereits todt, da sein Sohn Schem-Tob bereits in dieser Zeit schriftstellerte (o. S. 160, 220).

מראשי המדברים ... או על מנת לקבל פרס למצא חפצם ולא חפצי שמים, והועילו חדודו
לשנן קרדומות, ואם איש מהם עשיר יכנוס מבניו הקטנים לעבוד את העבודה הזאת למען
עשות להם שם ... ויקח לו בת יורשת נחלה וישליך אדרתו ממנו ומשם יפרד. ומלאכת הפורשים
יוצאים נקיים ... מבלי מצא תועלת בתלמוד ... והיום הזה רפו ידי רבים מהמונים מהוציא
כספם בדברים האלה לאמר כי לא יבצר מהם בזאת זה לקחת להם נשים מכל אשר בחרו ...
כי יצא דבר הדברים על כל הנשים להבזות בעליהן באמרם כי טוב מי שלא שנה ועסק
בבדק הבית מאשר שנה ופירש וכו'. Dieselbe Klage stimmte auch Salomo Alami
ein halbes Jahrhundert vorher an, daß die spanischen Juden, selbst die ärmeren,
lieber ihren Kindern das geringste Handwerk lehren lassen, als sie in das Lehrhaus einzuführen (Iggeret ha-Musar p. 30): ועשירי היהודים מנהלים הכמירה בלחם
צר ומים לחץ. והיא הסבה להשפיל כבוד התורה. כי הרועים והגדולים לא יקנו ולא יאו להכניס
בניהם בברית מלאכת התורה .... וכראות המון והעם חרפת החכמים דלות ונבלות יבחר
להכניס בניהם בנרועה שבאומנתם מהכניסם בברית התורה לראות ברעתם. Auf die Juden
anderer Länder paßt die Schilderung dieser Zustände keineswegs.

Die Gesammthaltung der Schrift weist nur auf Spanien hin. Nur auf
diesem Boden war Spielraum für so kühne Angriffe. In Italien fanden sich
schwerlich dankbare Leser für solche ketzerische Aeußerungen. Ahron Alrabi,
dem der Herausgeber die Autorschaft vindiciren möchte, war vielleicht selbst
Spanier (Schwiegersohn des Mose Gabbaï) und arbeitete als vagabundirender
Schriftsteller gar nicht für italienische Juden allein. Angriffe auf die Sophistereien des Pilpul, welche der Schrift ganz besonders als Zielscheibe dienen,
hat auch Salomo Alami ungescheut ausgesprochen (daselbst p. 26): לא שתו לבם
רק להרחיב חדושים ופסקים ופרושים ... מה שוה מגלה זה מסחיר, מה שוה איסר זה מהיר
.... על קורי עכבים יארוגו להבאיש את ריחם לגלות נבלת. Dieselbe Klage ertönte
auch aus demselben Lande von einem anderen Satiriker und von den Kabbalisten, vergl. oben S. 455. Mit einem Worte, alle Momente sprechen für
Spanien und kein einziges für Italien oder ein anderes Land.

10.
Zahl der jüdischen Bewohner des spanischen Hauptlandes in verschiedenen Zeiten.

Die Zahl der jüdischen Bevölkerung, besonders in Castilien, hat man bisher
aus zwei Quellen ungefähr berechnet, aus Steuerrollen, welche aus zwei
verschiedenen Zeiten die Abgaben der Gemeinden an die königliche Kasse in den
Bisthümern und Städten beziffern, und aus den Berichten über die Zahl der
Ausgewiesenen im Jahre 1492. Danach hat man angenommen, daß im
Jahre 1290 ungefähr 800000 Juden in Castilien gewohnt haben, und daß 1492
etwa 300000 ausgewiesen wurden. Diesen Calcül hat Herr Isidor Loeb
erschüttert und eine andere Wahrscheinlichkeits-Berechnung aufgestellt, wonach
die hohen Zahlen bedeutend herabgedrückt werden (Revue des Études juives,
Jahrgang XIV, p. 161—183). Da ich selbst, wenn auch ohne Kenntniß einer
neu entdeckten Steuerrolle in den früheren Ausgaben den Calcül nach den bekannten Rollen zu Grunde gelegt habe, so bin ich genöthigt, die Zuverlässigkeit
desselben zu beweisen, die Einwürfe dagegen abzuweisen und theilweise auch
meine Angaben von früher zu berichtigen. Damit der Leser sich ein selbstständiges Urtheil über dieses Thema bilden könne, will ich die Natur der
Quellen beleuchten und in einer Tabelle die Listen der ziffernmäßigen Posten
übersichtlich darstellen.

Die Quellen für den Calcül sind:

I. Eine Steuerrolle vom Jahre 1290, in welcher die Abgaben vermerkt sind, welche die Juden in 10 Bisthümern und 70 Städten und außerdem eine nicht nach Städten detaillirte Summe von den Landschaften Leon, Murcia und den Grenzgebieten von Andalusien an den König zu leisten hatten. Die Steuerziffer ist nach Maravedis angegeben. Man nennt diese Rolle (padron) die von Huete, weil die jüdischen Delegirten im Auftrage des Königs Sancho in dieser Stadt die Steuern nach Städten und Landschaften repartirt haben. Sie ist öfter veröffentlicht worden; am correctesten bei Amador de los Rios, historia II, p. 53—57. Von den meisten Bisthümern und Städten sind die Abgaben und Steuern unter zwei Rubriken aufgeführt, wovon die eine als en cabeza, d. h. auf den Kopf berechnet, als Kopfsteuer, und die andere als servicio, als Dienststeuer, bezeichnet wird. Bei einigen Städten und Landschaften ist nur die Summe der Kopfsteuer beziffert, die andere dagegen fehlt.

II. Die zweite Steuerrolle vom Jahre 1291 ist eigentlich nur die Wiederholung der ersten, nämlich eine Verrechnung, wie viel von den in der ersten bezifferten Summen an die Königin, an die Infanten, Ritter, Geistlichen ꝛc. von den einzelnen Gemeinden zu zahlen sei. Vorangestellt sind die beiden Posten, die Ziffer der Abgabe von der Kopfsteuer und von der Dienststeuer. Dann werden beide summirt und endlich eine Reihe von Personen namhaft gemacht, denen bestimmte Summen zugewiesen sind und zum Schlusse angegeben: Nach Abzug dieser Summe bleibe noch ein Rest von so und so viel für den König. (Zuerst veröffentlicht von Amador II, p. 531 f.). Die Zahlen der Abgaben in den beiden Rollen decken sich vollständig; wo sie nicht stimmen, liegt ein Zifferfehler zu Grunde; auch bei Differenzen von Städtenamen können diese zwei Rollen als Correctiv dienen, was bei der zweiten Rolle um so mehr zutrifft, da sie specialisirt ist. Nur bei der Verrechnung der Steuer von der Gemeinde Segovia bietet die Differenz der Ziffer eine Schwierigkeit für die Ausgleichung.

III. Die dritte Steuerrolle stammt vom Jahre 1474, die Repartition auf die Gemeinden von Jakob Ibn-Nuñes im Auftrage des Königs veranstaltet (bei Amador III, p. 590 f.). In dieser fehlt durchweg die Bezeichnung der Abgabe Kopfsteuer (en cabeza); die bezifferte Steuer wird nur bezeichnet als ganze und halbe Dienststeuer (servicio é medio servicio). Die Ziffern in dieser Rolle sind durchweg im Verhältniß zur Zahl der Abgaben in den ersten zwei Rollen geringfügig. So z. B. hatte die Gemeinde Toledo im Jahre 1290 an Kopfsteuer allein ohne servicio 216,550 Maravedis zu leisten, dagegen nach der Rolle vom Jahre 1474 als 1^1/$_2$ Dienststeuer mit noch andern Gemeinden zusammen nur 3500. Die höchste Summe hatte die Gemeinde von Avila im Jahre 1474 zu leisten, nämlich 12,000 Maravedis gegen 59592 en cabeza und 14550 servicio, zusammen 74,142, im Jahre 1290—91, also kaum den sechsten Theil. Die Steuerrolle von 1474 veranschaulicht, wie sehr die jüdische Bevölkerung in Castilien in dem Intervall von beinahe zwei Jahrhunderten, anstatt zu wachsen, abgenommen hat. Es ist dies ein statistischer Beleg für die Gemetzel und Gewaltaufen von 1391 und 1412—15. Dieser Umstand giebt an die Hand, daß die Ziffer der Steuer im Verhältniß zur jüdischen Bevölkerung gestanden hat.

Die Natur der Steuer, welche in den beiden Steuerrollen von 1290—91 als en cabeza bezeichnet wird, kann nicht zweifelhaft sein. „Auf den Kopf" kann nur Kopfsteuer bedeuten, d. h. eine Abgabe von jedem Kopf, von jeder Person in der Gemeinde. In den rabbinischen Responsen aus Spanien wird eine Abgabe, welche die Juden daselbst zu leisten hatten, mit dem Worte גולגלתא bezeichnet, was sich sprachlich vollständig mit Kopfsteuer, en cabeza deckt. Die Steuer unter dem Namen servicio, was bis jetzt nicht erklärt wurde, entspricht der Bezeichnung עבודות. In dem von Abraham Benveniste und anderen jüdischen Delegirten vereinbarten Statut von Valladolid vom Jahre 1432 (o. S. 112) lautet die Aufschrift zu dem Paragraphen über Steuer: השער הד' בענין המסים והעבודות. Der Inhalt dieses Paragraphen ist, daß einige Juden sich durch gewisse Mittel der Leistung entziehen: „de los מסים del Senior Rey או עבודות que son מחויבים". So scheint עבודות eine Vermögenssteuer gewesen zu sein. Ben-Adret spricht in einem Responsum von Kopf- und Vermögenssteuer[1]), welche die Juden in Spanien zu leisten hatten. In die Vermögenssteuer war wohl auch die Grundsteuer, Abgabe von Häusern, Gärten und Aeckern einbegriffen. Es ist also nicht zweifelhaft, daß die Juden in Spanien zweierlei Steuern zu leisten hatten: Kopfsteuer und servicio, d. h. Vermögenssteuer. Die Könige von Spanien, die sich nicht gern mit Einziehung der Steuern durch Steuerbeamte befassen mochten, oder nicht auf deren Gewissenhaftigkeit rechneten, ließen sich lieber die Vermögenssteuer, die gar nicht kontrollirt werden konnte, und auch die Kopfsteuer, von welcher doch, wie sich denken läßt, die Armen ohne weiteres — und auch andere Kategorien — befreit waren, als Pausch-Quantum von je einer Gemeinde, oder vielmehr von der Gesammtjudenheit des Landes zahlen. Der Großrabbiner des Hofes oder vertrauenswürdige Gemeindedelegirte machten die Repartition für die verschiedenen Gemeinden. Sie wurden Repartidores benannt. Für je eine Gemeinde wurden Einschätzer gewählt (empadronadores), welche die Umlage für die Gemeindeglieder, je nach ihrem Vermögensstande machten (vergl. Fernandez y Gonzales Ordenamiento formado por los procuradores de las Aljamas hebreas .. en la asamblea celebrada en Valladolid el año 1432; Madrid 1886, auszüglich Revue des Études, juives XIII, p. 205).

Die spanischen Könige, besonders die von Castilien, haben wenig Sinn für Staatsökonomie gehabt, indem sie die Einnahmen von den Steuern und auch Ländereien verschenkten, so daß sie öfter ärmer als ihre Hidalgo-Unterthanen waren; besonders haben sie an Kirchen und Kapitel bedeutende Geschenke gemacht. Aus der Steuerliste von 1291 sehen wir, daß König Sancho über einen großen Theil der Einnahmen von den Juden zu Gunsten Anderer verfügt hat. Aus dem Statut von Valladolid erfahren wir, daß die Gemeinde von Astorga vom König angewiesen war, ihre Steuerlosung der Kirche und dem Bischof zu zahlen. Von den Gemeinden des Bisthümer Toledo und Cuenca ist die Steuer servicio, d. h. wie man wohl annehmen kann, die Vermögenssteuer, nicht beziffert. Sie mag also entweder Capiteln oder Ritterorden zugewiesen gewesen sein. Bei den Gemeinden der übrigen Bisthümer von Alt-Castilien sind Kopf- und Servicio-Steuer getrennt aufgeführt. Nur von den drei Distrikten: Leon, Murcia und dem Grenzgebiet von Andalusien scheinen beide als Gesammtsumme aufgeführt zu sein.

Wenn demnach eine Proportion der Steuer zu der jüdischen Bevölkerungszahl angenommen werden soll, so kann es nur von der Kopfsteuer gelten

---

[1]) Ben-Adret, Respp. I, No. 788: דיני המס בפי שדר כאן וממונו בעיר אחרת דפטור לפרוע במקום דירתו שהרדא הוא כסף גולגלתא והטסקא דברים מוחלקים הם. דכרגא במקום שדר משלם דאקרקפא דאינשי סונח. אבל הטסקא אינו אלא על הממון משועבד לבעל הקרקע דהיינו אדוני הארץ.

und nicht von der Steuer servicio, d. h. Vermögenssteuer. Die Annahme meines verehrten Collegen, des Paters Don Fidel Fita, daß die Bevölkerungszahl nach der Ziffer der Steuer servicio berechnet werden könnte, der auch Mr. Loeb zustimmt (Revue XIV, p. 104), beruht auf der Verkennung der Natur der Servicio-Steuer. Loeb nennt sie „aide", aber dieses Wort bedeutet nur Tranksteuer und vielleicht Verzehrungssteuer. Damit ist also nichts anzufangen. Dagegen könnte wohl die Kopfsteuer, en cabeza, גלגלתא, auf das Verhältniß derselben zur Bevölkerung führen, da dabei die Zählung sämmtlicher lebenden Personen in einer Gemeinde vorausgesetzt werden kann.

Man kann es allerdings von vorn herein in Abrede stellen, da die Faktoren für den statistischen Calcül fehlen, und der Divisor für die Steuerziffer nicht ermittelt werden kann, um den Quotienten zur Beurtheilung zu erhalten. Aber eine glückliche Hypothese hat den Schlüssel zur Berechnung geboten, und dieser Calcül wird durch eine Notiz, man kann sagen, durch ein Faktum bestätigt. Hypothetisch wird angenommen, daß jeder Jude eine Kopfsteuer von 30 Dineros zu zahlen verpflichtet gewesen sei, gewissermaßen als Sühnegeld für die 30 Silberlinge, für welche Judas Ischariot seinen Herrn verrathen hatte. Diese Annahme ist nun urkundlich bestätigt. Ein Erzbischof von Toledo schenkte für das Werk von Capellen unter anderen die Einnahme von den Juden von Maqueda von Jedem jährlich 30 Dineros (Boletin de la real Academia de la historia de Madrid 1887, p. 410, Revue des Études XVII, p. 130). In einer spanischen Schmähschrift gegen die Juden, Centinela contra Judios, einem verworrenen Buche eines unwissenden Fanatikers, wird deducirt, David habe im Psalm 108 (109) dreißig Flüche ausgesprochen, entsprechend den 30 Dineros, welche Juden an Christen zu zahlen hatten (Revue VI. p. 115).

Zehn Dineros machten einen Maravedi, also 30 Dineros 3 Maravedis. Diese Zahl 3 wäre nun der Divisor für die Kopfsteuer. Demnach ließe sich die jüdische Bevölkerung in denjenigen Gemeinden, bei welchen die Ziffer der en cabeza-Steuer angegeben ist, berechnen. So war Toledo 1290 mit kleinen Gemeinden in der Nachbarschaft für die Kopfsteuer auf 216,500 Maravedis abgeschätzt. Die Gemeinde hatte also in diesem Jahre für 72,166 Köpfe zu zahlen, d. h. abzüglich der winzigen Gemeinden in der Nachbarschaft zählte sie etwa 70 000 Köpfe. Diese Zahl ist nun voll durch die Nachricht eines Zeitgenossen bestätigt. Gil de Zamora verfaßte im Jahre 1282 eine Schrift, betitelt: liber de praeconiis civitatis Numantiae. Daraus machte Don Fidel Fita Auszüge, von denen einer lautet: daß die Zahl der Juden der Gemeinde Toledo zur Zeit des Gil de Zamora (1282) 70000 betragen habe, welche eine Steuer zu zahlen hatten, ohne Kinder, Frauen und Arme (Boletin de la real Academia de la historia Sept. 1884 und ein Auszug daraus Revue d. Ét. IX, p. 136). Erstaunlich ist, daß Mr. Loeb, der in der Revue in dieser Notiz des Gil de Zamora die Bestätigung des Calcüls von der Kopfsteuer auf die Zahl der Bevölkerung annahm, später diesen Calcül verwarf und überhaupt die große jüdische Bevölkerung in Spanien in Abrede stellt. Man muß es doch als ein Factum hinnehmen, daß Toledo damals eine jüdische Bevölkerung von 70 000 Köpfen gezählt hat. Auch sonst wird die starke Bevölkerung der Gemeinde Toledo bestätigt. Abraham Nathan Jarchi referirt, daß um das Jahr 1200 in Toledo 12000 jüdische Familienväter wohnten, d. h. ungefähr 60 000 Seelen. Samuel Çarça erzählt, daß während der Belagerung Toledos im Jahre 1368 im Bürgerkriege mehr als zehntausend Juden durch Hungersnoth umgekommen seien. Chasdaï Crescas referirt, daß in Sevilla vor dem Gemetzel 1391 sechs bis sieben Tausend Familienväter waren, ungefähr 30 000 Seelen, und die Gemeinde von Toledo war um mehr als noch einmal größer.

Die Einwendung, welche Loeb gegen diesen Calcül macht, hat zwar den Schein der Berechtigung, ist aber doch nicht stichhaltig. Dieser Einwand ist eigentlich mehr gegen die Hypothese des Amador de los Rios gerichtet, welcher angenommen hat, daß die Ziffer der Kopfsteuer die Zahl der Steuerpflichtigen berechnen lasse, d. h. der Männer im Alter von 20 Jahren. Darin wären die Nichtsteuerpflichtigen nicht inbegriffen, also Minderjährige, Frauen und Arme. Mit Recht macht Loeb den Einwurf dagegen, daß also Spanien im Jahre 1290 nicht etwa nur 800 000 Juden gezählt haben müßte — als Quotient der Division durch 3 — sondern mindestens noch drei mal mehr, nämlich die Ueberzahl der Frauen und Minderjährigen unter 20 Jahren über die Männer. Da der Calcül für Toledo etwa 70000 Steuerzahlende ergiebt, so hätte die Gemeinde mindestens 200 000 Seelen gezählt — was absurd wäre. Allein so darf die Berechnung nicht geführt werden. Die Kategorie der Steuerfreien bildete nicht einen besonderen Rechnungsfactor, sondern der Ausfall der Steuern von dieser Kategorie mußte wohl durch die Steuerpflichtigen gedeckt werden.

Das Verhältniß ist der Art zu denken: die Kopfsteuer wurde von sämmtlichen Gliedern der Gemeinde verlangt, 3 Maravedis für den Kopf. Da aber einige Klassen zahlungsunfähig waren, Arme, **unselbstständige Frauen und Töchter, Unmündige** und wahrscheinlich auch **Gemeindebeamte und auch sonst eximirte Personen**[1]), so entfiel die Zahlung der Kopfsteuer auf die Zahlungsfähigen, auf die Vermögenden und Eingeschätzten. Für den König war es eine **Kopfsteuer**, für die Gemeinde aber eine zweite **Vermögenssteuer**. Das Verhältniß der Steuerpflichtigen zu den Steuerfreien ist mindestens wie 1 zu 3 zu berechnen. So hatten wohl, um bei dem Beispiel zu bleiben, in Toledo 24000 für die Kopfzahl von 70 000 zu zahlen, um die Summe von 21 650 Maravedis aufzubringen.

Noch eine andere Einwendung ließe sich zwar gegen den Calcül von der Ziffer der Kopfsteuer auf die Bevölkerungszahl machen. Wenn es richtig sein sollte, daß für jeden Kopf 3 Maravedis zu zahlen waren, so müßten sämmtliche Steuerziffern, welche mit en cabeza bezeichnet sind, durch 3 theilbar sein. Dem ist aber nicht so, denn von den aufgeführten 72 Posten gehen nur 23 mit 3 auf. Dagegen lassen sich sämmtliche Posten der servicio-Steuer durch 3 theilen, bis auf einen von Logroño (auch die übrigen drei Gemeinden Miranda, Segovia und Villanueva). Daher kam Fidel Fita auf die scheinbar plausible Hypothese, daß die Steuer servicio die Kopfsteuer gewesen wäre, je 3 Maravedis auf den Kopf. Allein gerade diese wird nicht als en cabeza bezeichnet, sondern eine andere, die nicht durchweg durch 3 theilbar ist. Indessen kann die Incongruenz in der Art der Repartition gelegen haben. Für die Kopfsteuer — welcher doch wohl eine Zählung der vorhandenen jüdischen Seelen im ganzen Lande zu Grunde lag — wurde wohl vom König die Gesammtsumme von sämmtlichen Gemeinden und Personen gefordert. Die Repartitoren berechneten sie wohl zuerst nach Gemeinden und dann nach den Vermögensklassen oder besonders begüterten Individuen ohne Rücksicht auf die Zahl der Köpfe. Bei der Summirung kann es nicht darauf angekommen sein, ob eine Gemeinde 1 oder 2 Maravedis zu viel zu zahlen hatte. Wie dem auch

---

[1]) Vergl. o. S. 412. Nach dem Statut von Valladolid war steuerfrei erklärt Don Meïr Alguadez, seine Frau und seine verwittwete Tochter, weil er den Gemeinden bedeutende Dienste geleistet hatte.

sei: davon kann man nicht abgehen, daß die Steuer en cabeza nur die Kopfsteuer gewesen sein muß, und daß demnach nur nach derselben die Bevölkerungszahl berechnet werden kann. Da nun die Summe der en cabeza-Steuer von den 72 Gemeinden Castiliens im Jahre 1290—91 betrug: 1 786 976, so kann damals die jüdische Bevölkerung 595 658 Personen gezählt haben. Dazu kam noch die Bevölkerung von Leon, Murcia und dem andalusischen Grenzgebiet, wo die Natur der Steuer nicht benannt ist, sondern nur die Gesammtsumme 797 879 angegeben ist, und es also ungewiß bleibt, ob darunter en cabeza allein oder servicio allein zu verstehen ist. In Murcia wohnten nicht viel Juden, mehr in Leon und in der Frontera. Das Maximum wäre demnach zwischen 70 000 und 80 000, welche Zahl auch bisher festgehalten wurde. Diese Zahl findet aber Loeb zu hoch, da die Gesammtbevölkerung von Castilien im XV. Jahrhundert nur etwa 6—7000000 betragen hat, also im Jahrhundert vorher doch weniger; die Juden müßten also den sechsten oder siebenten Theil derselben gebildet haben. Wäre es aber so unmöglich? Ein, wenn auch nur ungefährer Calcül führt zu dem Facit, daß in der That das Verhältniß der jüdischen Bevölkerung zur christlichen oder zu den Gesammteinwohnern der Art gewesen sein muß. Der venetianische Gesandte in Spanien, welcher 1505 Bericht über die Einführung der Inquisition in Spanien erstattet und deren Nothwendigkeit gerechtfertigt hat, stellte die Berechnung auf, daß **die Marranen in Spanien den dritten Theil der städtischen Gesammtbevölkerung ausgemacht haben** (Alberi, relazioni degli Ambasciadori Venet, Serie I, Tom. I, p. 29): La qual inquisizione era più che necessaria, perche si giudica in Castilia ed in altre provincie di Spagna il terzo esser Marrani, un terzo dico di coloro che sono citadini e mercanti, perche il populo minuto è vero cristiano e cosi la maggiore parte delli grandi. Berechnen wir das Verhältniß der städtischen Bevölkerung zu der ländlichen noch so gering, etwa wie 1 zu 6, so würde sie bei 6 000 000 Gesammtbevölkerung 1 Million betragen haben. Folglich wäre die Zahl der Marranen (der dritte Theil) etwa 300 000 gewesen. Und da doch die Zahl der Ungetauften gewiß viel größer war, so ergiebt sich auch daraus, daß die jüdische Bevölkerung im Jahre 1391 vor dem Gemetzel mindestens 700 000 Seelen betragen hat. Die große Zahl der Marranen ist anderweitig constatirt. Loeb, welcher diese große Zahl in Abrede stellt, vergleicht die jüdische Bevölkerung in Spanien mit der dünngesäeten jüdischen Bevölkerung ungefähr zu derselben Zeit in Frankreich und Italien. Aber dieser Maßstab paßt nicht. Spanien muß vielmehr für die Zahl der jüdischen Bevölkerung mit den altpolnischen Provinzen in Rußland verglichen werden. Daselbst ist das Verhältniß der jüdischen Bevölkerung in den Städten zu der Christlichen wie 1 zu 3. Hin und wieder übersteigt die jüdische noch die christliche. In den großen Städten Toledo, Burgos, Valladolid, Avila, Lorca, Cordova kann dieselbe Proportion gewesen sein, wie etwa gegenwärtig in Wilna und Berditschew.

Infolge des Bruderkrieges 1365—69, des Gemetzels und der Zwangstaufe von 1391, der erneuerten Zwangstaufe von 1412—15 durch Vicente Ferrer hat die Zahl der jüdischen Bevölkerung in einem hohen Grade abgenommen. Das Statut von 1432 setzt voraus, daß es Gemeinden von nur zehn Familien und noch weniger gab. Die Steuerrolle von 1474 giebt ein anschauliches Bild von dieser Entvölkerung (vergl. Tabelle der Steuerrollen). Die ehemals zahlreichen Gemeinden zahlten ein Minimum gegen früher, Toledo z. B. 3500 gegen 210 000, Cordova nur 1200 und Sevilla mit dem Gebiet und der Gemeinde von Algarve nur 12 500 Maravedis. Und in demselben Maße wie die jüdische Bevölkerung in den Großstädten abnahm, nahm ihre Verbreitung auf dem Lande zu. Die Rolle von 1474 zählt mehr als 200 Ortschaften auf, wo Juden wohnen, von denen viele in den früheren Rollen gar nicht genannt werden. Bei der Unsicherheit für ihr Eigenthum und Leben durch die fortwährenden Hetzereien der Dominikaner gegen sie, besonders seit dem Untergang ihres Beschützers Alvaro de Luna haben wohl Viele die Großstädte verlassen und sich in Landstädten angesiedelt. Diese Gemeinden müssen so klein gewesen sein, daß 4 nur zwischen 100 und 250 zu zahlen hatten, 24 zwischen 300 und 500 Maravedis. Auch ihr Vermögensstand muß heruntergegangen sein, denn die Gesammteinnahme im Jahre 1474 von 200 Gemeinden betrug etwas über 450 000 Maravedis gegen 2 800 000 zwei Jahrhunderte vorher. Aus diesem Grunde scheint 1474 ein anderer Steuermodus eingeführt worden zu sein. Da die Kopfzahl sich vielleicht um mehr als die Hälfte verringert hatte, und die Kopfsteuer doch nur auf eine Vermögenssteuer hinauslief, so scheint nur die letztere erhoben worden zu sein unter dem Namen servicio und für die geringe Kopfsteuer die Hälfte der umgelegten Vermögenssteuer. Das wäre die Bedeutung von servicio y medio servicio.

Doch dieses sei dahin gestellt; jedenfalls bezeugt die Steuerrolle von 1474 eine gewaltige Abnahme der jüdischen Bevölkerung gegen früher. Die Frage ist nun ventilirt worden: wie viele sind im Jahre 1492 aus ganz Spanien ausgewiesen worden. Die Angaben schwanken darüber zwischen 800 000 und 190 000. Werth haben selbstverständlich nur die von Zeitgenossen überlieferten Ziffern. Der zeitgenössische Geschichtsschreiber Bernardez, Cura des los Palacios, hatte selbst keine zuverlässige Nachricht; er beruft sich auf Zeugen, deren Aussagen keine Gewißheit geben. Der einzige zuverlässige Zeuge ist Abravanel, welcher in der Einleitung zu „Könige" mit aller Bestimmtheit die Zahl der Ausgewiesenen auf 300 000 fixirt: וילכו בלא כח שלש מאות אלף רגלי העם אשר אנכי בקרבו מכל מדינות המלך, in der Einleitung zu מעיני הישועה und p. 132 כשלש מאות אלף. Abravanel hat die Finanzen des Hofes geleitet, hat also das Gewicht der Zahl wohl erwogen. Wahrscheinlich war er oder sein Associé, der Rabbi-Maior Abraham Senior Repartitor der Steuern von den jüdischen Gemeinden. Er muß also die Zahl derselben genau gewußt haben. Man muß aber seine Angaben verstehen, daß er die Ausgewiesenen nicht blos von Castilien und Aragonien (sammt Catalonien und Valencia) sondern auch die von Mallorka, Sicilien und Sardinien meint, wie er vorausgehend bemerkt: מארצות ספרד ומזיציאל מיורקא וסרדיניא.

Nach der gewöhnlichen Annahme, daß die jüdische Bevölkerung von Aragonien mit den Nebenländern sich zu der von Castilien (mit Leon, Murcia, Andalusien) wie 1 zu 3 verhalten hat, würde die Zahl der Ausgewiesenen aus diesem Lande 200 000 und derer aus Aragonien ꝛc. 100 000 betragen haben. Reuchlin, welcher zur Zeit der Austreibung bereits an deutschen Höfen verkehrt hat, an denen das Aufsehen erregende Factum der Verbannung gewiß besprochen wurde, giebt die Zahl der Ausgewiesenen auf 420 000 an (de arte cabbalistica Anfangs): pulsi ex Hispania Judaeorum centena quattuor et viginta millia. Wie übertrieben auch diese Angabe sein mag – da Reuchlin nicht als klassischer Zeuge angesehen werden kann – so kann sie doch als Argument gegen Loeb's Berechnung gelten, welcher die Zahl auf Maximum 165 000 reducirt (a. a. O. p. 182). Abraham Zacuto, der unter denen war, welche von Castilien in Portugal ein Asyl gesucht haben, und der ein guter Mathematiker war und auf die Genauigkeit der Zahlen Werth legte, berechnete, daß die Emigrirten von

Castilien nach Portugal **mehr als 120000 betragen haben:** (כפורטוגאל) שנכנסו
יותר מק״כ אלף נפשות. Das Zeugniß, welches angiebt, daß die officiell registrirten
Einwanderer von Castilien nach Portugal 93000 betragen haben (o. S. 368),
kann daher nicht ohne weiteres verworfen werden.

Der Calcül des Herrn Loeb hat nichts Ueberzeugendes. Er berechnet an-
nähernd die Zahl der sephardischen Juden in der Gegenwart in der Türkei,
Aegypten, der Berberei, Frankreich, Italien, Holland ꝛc., der Nachkommen der
Ausgewiesenen, auf 165000 und nimmt an, daß die Letzteren sich in vier
Jahrhunderten doch wohl um das Doppelte vermehrt haben. Folglich habe ihre
Zahl etwa 80—90000 betragen, und die Zahl der elend Umgekommenen und derer,
die sich aus Verzweiflung hinterher getauft haben, werde gewiß nicht größer
gewesen sein. Allein abgesehen davon, daß keine Statistik für die Zahl der
Sephardim in Europa, Asien, Afrika und Amerika existirt — sie mag größer
oder auch kleiner sein — so ist der Rückschluß auf die Zahl ihrer Vorfahren
kaum hypothetisch zulässig. Es ist eine bekannte Sache, daß die Sephardim
sich in den letzten Decennien sehr vermindert haben. In Hamburg und Altona
sind sie fast Null; in Amsterdam, Holland ist die Zahl sehr gesunken. Dieser
Calcül giebt keinen Anhaltspunkt weder für die Schätzung der Zahl der Vertriebenen, noch für die Zahl der jüdischen Bevölkerung in Spanien.

11.

Der Inquisitionsproceß wegen des angeblichen Martyriums des Kindes von La Guardia.

Zwei Jahre vor der Austreibung der Juden aus Spanien hat die Inquisition
einen horrenden Proceß gegen einige Juden und Neuchristen angeblich wegen
der von denselben begangenen Ungeheuerlichkeiten eingeleitet und hat die Angeschuldigten auch verurtheilt und hinrichten lassen. Dieser Proceß, bekannt unter
dem Namen „des heiligen Kindes von La Guardia" (el santo niño de
La Guardia), der sich anderthalb Jahre hingezogen hat, machte zu seiner Zeit
großes Aufsehen in Spanien. Er beruhte zwar von Anfang bis Ende auf Lug
und Trug, nichtsdestoweniger wurde die Schuld der Angeklagten zur Zeit und
später geglaubt; neue Frevelthaten wurden hinzugedichtet, und wird noch heutigen Tages von erleuchteten Christen und selbst von Historikern halb und halb
als Factum angenommen. Isidor Loeb hat sich die Mühe nicht verdrießen lassen,
mit dem Scharfblick eines genialen Untersuchungsrichters die Aussagen der sogenannten Zeugen und das Verfahren des Inquisitionsrichters zu beleuchten.
Er hat dazu Karten zeichnen lassen von den Oertlichkeiten, welche in diesem
Processe genannt wurden, um augenscheinlich zu beweisen, daß die Angaben
topographische Unmöglichkeiten verrathen, und hat überhaupt das Lügengewebe bis auf die letzten Fäden zerfasert. Loeb hat die Aussagen der Zeugen
gegen einander gehalten und nachgewiesen, daß unmögliche Facta als erwiesene
Schuld dargestellt wurden. Ein zartes Kind von drei Jahren soll gemartert
und umgebracht worden sein. Aber in den Processakten ist auch nicht schattenhaft
darauf hingedeutet, daß ein Kind in dem Städtchen La Guardia oder in der
Nachbarschaft vermißt worden wäre, daß eine Mutter es gesucht und nicht
gefunden hätte, und auch nicht, daß die Gebeine desselben irgendwo versteckt

gewesen wären. Loeb hat als unerschütterliches Resultat festgestellt, daß der Hauptpunkt der Anklage: nämlich das Kind von La Guardia, gar nicht existirt hat, und folglich daß die Frevelthaten der Juden und Neuchristen, welche sich daran knüpften, gar nicht geschehen sein können (vergl. darüber Revue des Etudes juives XV, p. 203 f.). Ein anderer Schriftsteller, S. Berger ist zu genau demselben Resultat gekommen (in der Zeitschrift le Témoignage, October 1887).

Aber beide Kritiker haben nicht die ganze Tücke aufgedeckt, welche sich in diesem Proceß zeigt, auch nicht, welchen Zweck die Inquisition mit einer rein erfundenen Beschuldigung verfolgt hat, daß es entschieden ein Tendenz-Proceß war und mit der Austreibung der Juden im Zusammenhang steht. Es stellt sich auch heraus, daß eine bei Hofe angesehene jüdische Persönlichkeit in diesen Proceß hineingezogen und kompromittirt werden sollte, um ihren Eifer zu Gunsten der Juden zu lähmen. Um dieses zu beweisen, muß ich diesen Proceß, gewissermaßen als historisches Moment, ergänzend beleuchten.

Um die Leser zu orientiren, seien die Umrisse des Processes hier kurz zusammengestellt. Auf Antrag des Anklägers der Inquisition, Alonso de Guevara, wurden Juli 1490 vier Neuchristen aus der Familie Franco mit noch zwei anderen, Benito Garcia und Juan de Ocaña, und einige Juden von der Inquisition schwerer Frevelthaten angeklagt. Die Juden werden genannt Jucé Franco, ein junger Mensch von 18 Jahren, ein schlichter Schuhmacher, und ein Rabbiner Mose Abenamias. Später wurde noch hineingezogen der Vater des Jucé Franco, Namens Ça (Isaak) Franco, ein Greis von 80 Jahren. Angeklagt wurden sie sämmtliche wegen dreier Kapitalverbrechen:

1) Sie hätten ein junges christliches Kind von drei Jahren aus La Guardia nicht blos umgebracht, sondern ihm alle Martern angethan, welche Jesus hatte erdulden müssen, gewissermaßen um in dem Kinde Jesus noch einmal zu kreuzigen.

2) Mit dem dem Kinde ausgeschnittenen Herzen und einer gestohlenen Hostie hätten sie ein Zaubermittel bereitet, um den Inquisitoren und womöglich allen Christen den Garaus zu machen.

3) Sämmtlich hätten sie die entsetzlichsten Blasphemien gegen Jesus und die Kirche ausgesprochen, und die Neuchristen wären dazu von den Juden und noch dazu zur Beobachtung der jüdischen Riten verleitet worden.

Die Akten dieses Processes waren bis vor kurzer Zeit unbekannt; nur die Anklagen und die Verurtheilung sind öfter und zwar mit großer Uebertreibung als Schauermärchen veröffentlicht worden. Pater Fidel Fita hat die Akten des Processes gegen Jucé Franco und das ausführlich motivirte Todesurtheil gegen Benito Garcia zuerst entdeckt und veröffentlicht (Boletin de la Academia, Jahrg. 1887, und als Separatabdruck Estudios Historicos, T. VII: el santo niño de La Guardia, 129 Seiten). Die Akten über die übrigen Angeklagten, die sicher vorhanden waren, sind bis jetzt nicht aufgefunden worden. Aber das vorhandene Material des Processes und das Todesurtheil läßt zur Genüge erkennen: 1) daß der ganze Proceß eine bodenlose Niedertracht war und 2) daß er eine Tendenz hatte. Diese Punkte sollen hier beleuchtet werden.

1) Bei der Anklage gegen Jucé Franco leugnete dieser Alles und erwiderte mit Recht, daß die Denunciation nicht Ort und Zeit des begangenen Frevels angiebt, noch Zeugen stellt, welche es behaupten (No. 2, p. 17): Porque en su denunciatión no dice exprime, ni aclara el dicho fiscal los lugares,

ni años, ni meses, ni dias, ni tiempos, ni personas, en que y con que dize que dicho mi parte cometió los delictos. Das war doch nur eine zu gerechte Forderung. Was antwortet der bestellte Ankläger, der Fiskal der Inquisition, darauf? Da es ein Ketzerproceß ist, brauchen diese Punkte nicht angegeben zu werden (No. 3, p. 21): é quel non es obligado á declarar dia, nin tiempo, nin año, nin lugar, por ser la causa special é de eregia. Wie sollte aber die Wahrheit oder Falschheit der Anklage konstatirt werden? Der Ankläger hat von vorn herein das Mittel dazu an die Hand gegeben, nämlich die Tortur: la prueva (das. u. No. 48, p. 78). Der Ankläger trägt auf Tortur an, da der Angeklagte Alles leugnet, und sie in einem solchen Falle nach dem Rechte erforderlich und gestattet sei; á quistión de tormento, pues que en esta causa el derecho asi lo mandava et permitia. So wurden sämmtliche Angeklagte gefoltert, und was sie unter der Folter ausgesagt, d. h. zugegeben haben, wurde zu Protokoll genommen, das Geständniß jedes Einzelnen galt als Zeugniß gegen die Anderen. In den Akten werden die Angeklagten stets als Zeugen bezeichnet: el testigo N. N. confesó. Sie sind sämmtlich thatsächlich gefoltert und nicht blos damit bedroht worden, wie M. Loeb anzunehmen scheint. Von Johan Franco ist protokollirt: Johan Franco testigo jurado estando puesto en el tormento dixo et confesó (No. 20, p. 52). Dann ist weiter protokollirt: estando fuera dixo del tormento altro dia siguiente. Es war nämlich ein heuchlerischer Schein angewendet worden. Da doch die Richtigkeit des Geständnisses unter der Folter angefochten werden konnte, wurde der Gefolterte Tags darauf — ausgenommen wenn er vor Schwäche nicht verhört werden konnte — gefragt, ob er Alles aus freien Stücken bestätige. Das bedeutete fuera del tormento, so wie en el tormento „unter der Folter". Die Anwendung der Tortur war in den Constitutionen der Inquisition vorgeschrieben (vergl. Revue des Etudes XI, p. 94 f.). Die gewöhnliche Tortur der Inquisition, wie sie Llorente schildert (histoire de l'Inquisition d'Espagne II, p. 21), ist an sämmtlichen Angeklagten in diesem Processe angewendet worden. Der halbnackte Körper wurde in eine Art Maschine (escalera) gezwängt, die Füße nach oben und der Kopf nach unten, Hände und Füße gebunden und der schwebende Körper mit Stricken und mit einem Holzstück fest eingeschnürt (vergl. No. 49, p. 81): atar en una escalera, „an die Foltermaschine binden", kommt bei allen vor. Benito Garcia wurde mehreremale gefoltert, vielmal hintereinander von der Hand des Henkers gestäupt, in einer Nacht zweimal mit der Kurbel (garrote) und noch dazu mit der Wassertortur gefoltert. Diese bestand darin, daß während der Einschnürung des Körpers dem Deliquenten ein feuchter Lappen in den Mund gelegt wurde, der vermittelst eines Wassergefäßes immer wieder angefeuchtet wurde, so oft der Gefolterte den Mund öffnete. Der Tod konnte durch Ersticken eintreten (No. 13, p. 34): dos cientos azotes e un tormento de aqua é . . . dos garrotes. An den Folterqualen der Angeklagten weideten sich die Spanier mit solcher Befriedigung, daß ein Dichterling Hieronymus Ramiro, welcher die Fabel von dem heiligen Kinde nach Sagen 1592 erzählte, (mehr als 100 Jahre später), Benito Garcia's Tortur in Hexametern versifizirte (a. a. O. p. 159):

    At judex . . . .
Tortorem accersit. Strictis venit ille lacertis,
Ore ferox, funesque gerit resonasque catenas,
Et manicas, et vincla pedes nexura fugaces.

Ligneus hic substratur equus, qui membra negantum
Funiceo nexu constrictisque orbibus urget.
Illic stant plenae lymphis manantibus urnae,
Humida quae tenues rapiant per guttura vittas.

Der achtzigjährige Greis Ça Franco wurde ebenfalls mit der Wassertortur gefoltert (No. 51, p. 8; No. 54, p. 91). Was Wunder, daß dieser Alles eingestand, sich, seinen Sohn und sämmtliche Angeklagte beschuldigte. Das waren die Beweismittel, welche zu Protokoll genommen und mit allen Formalitäten als Grund zur Verurtheilung verkündet wurden. In dem langstieligen Urtheilserkenntniß gegen Benito Garcia erklären die Inquisitionsrichter: Da Dieser, sowie die Uebrigen alle ihnen zur Last gelegten Ungeheuerlichkeiten, — Marter an dem Kinde, Blasphemien gegen das Christenthum, Judaisiren der Neuchristen und Bereitung des Zaubermittels — eingestanden hätten, so wird er dem weltlichen Arm zur Vollstreckung der Todesstrafe an ihm übergeben (das. p. 115—122). Daraufhin wurden sie sämmtlich am 16. November 1491 auf dem Scheiterhaufen verbrannt, einige, welche bis auf den letzten Augenblick keine Reue bezeugten, bei langsamem Feuer. Eine Thatsache beweist, daß trotz des so lange ausgedehnten Processes und der feierlichen Hinrichtung gerade die Bewohner von La Guardia nicht recht an das, was an dem Kinde aus ihrer Mitte begangen worden sein sollte, geglaubt haben. Der Notar der Inquisition theilte im Namen derselben den Sachverhalt und die Hinrichtung des Benito Garcia mit und befahl, daß besonders das Sündenregister des Benito Garcia an einem Festtage in der Kirche verlesen werden sollte, „damit Jedermann seinen Mund halte; ich sage es wegen der Klatschereien in dieser ehrenwerthen Stadt" (No. 65, p. 114): y se dé noticia de todo, porque cada uno calle su boca.... Digolo .... por las chismerias de esa honrada villa. Darum sollte der Bericht von der Schuld der Angeklagten bei Strafe der Exkommunikation wegen Unterlassung öffentlich vorgelesen werden. Er sollte Allen den Mund stopfen und den Klatschereien ein Ende machen. Geht nicht daraus hervor, daß es in La Guardia selbst Ungläubige gab, welche den Thatbestand von dem Kinde aus ihrer Umgebung bekrittelt und den Kopf dazu geschüttelt haben? Allerdings, laut den Zweifel kundgeben, wäre gefährlich gewesen; aber Bekannte müssen untereinander diesen Zweifel leise zugeflüstert haben. Dieses Gerede (chismerias) war der Inquisition auch schon fatal, und darum wollte sie es verstummen machen.

Welcher Wust von martyrologischen Zügen von dem Kinde von La Guardia gefabelt worden ist, kann man bei Fidel Fita im Anhang zu den Proceßakten lesen (a. a. O. p. 135 f.). Von Jahrhundert zu Jahrhundert steigerte sich ins Ungeheuerliche die Schilderung der Unthaten der Juden an diesem Martyrkinde und der Wunderthätigkeit des ihm geweihten Sakraments, das im Kloster von Avila aufbewahrt wird. Der Benediktiner Grams schrieb noch vor 10 Jahren: „Die Thatsache selbst ist über jeden Zweifel erhaben. Das Kind wurde seiner blinden Mutter gestohlen" (Span. Kirchengeschichte III, 2. 44). Aber in den Proceßakten ist auch nicht eine leise Andeutung, daß die Mutter des Kindes vorhanden gewesen wäre. Erst spätere Martyrologisten haben die Eltern des existenzlosen Kindes gefunden oder erfunden und ihnen, sowie dem Kinde selbst Namen gegeben. — Bemerkenswerth ist es, daß der Kardinal Ganganelli (später Papst Clemens XIV.) in seiner Apologie gegen die Beschuldigung des Kindermordes, worin er die meisten Anklagen historisch aufzählt und sie widerlegt, den Proceß des Kindes von La Guardia mit keinem Worte erwähnt (Revue des Etudes XVIII, p. 185 f.). Am päpstlichen Hofe hat man also keine Notiz davon genommen oder der Anklage keinen Glauben geschenkt.

2) Es scheint, daß auch die hochangesehene Persönlichkeit, der bei dem Königspaar wohlgelittene Groß-Rabbi und Finanzmeister Don Abraham Senior, in den Proceß verwickelt werden sollte. Als der Angeklagte Jucé Franco schwer erkrankt war, und der Inquisitionsarzt Antonio de Avila ihn besuchte, erbat jener sich einen jüdischen Beistand, der mit ihm die Sterbegebete recitiren sollte. Die Inquisitoren begingen aber das Bubenstück, einen Mönch in der Vermummung eines Rabbiners unter dem Namen Rabbi Abraham zu substituiren. Dieser Mönch, Alonso Enriques, verstand die Sprechweise der spanischen Juden, halb hebräisch und halb romanisch, und sollte dem Kranken etwas auslocken: yendo este — Alonso Enriques — en hábito de judio . . . . fablando con el en ebrayco y romance (No. 31, p. 58). Dieser falsche Rabbi ermahnte ihn, nichts als die Wahrheit zu sagen, und wenn es nöthig wäre, daß Don Abraham Senior sich damit befassen sollte, so würde er ihn bitten, daß er es thun möge. Y estando fablando con este testigo (Jucé Franco) preguntó el Rabi Abrahén . . . é que si fuese menester, que don Abrahén Seneor entendiese en ello, quel le rogaria, que entendiese en ello (No. 32, p. 59). Rabbi Abraham ist der fingirte Name des verkappten Mönchs, und Don Abraham Seneor ist der Rabbi-Mayor von Spanien (s. o. S. 421), nicht, wie Loeb vermuthete, Rabbiner von Segovia. Der spionirende Mönch hat demnach den Angeschuldigten anregen wollen, daß er sich an den Großrabbiner wenden möge. Darauf ist dieser aber nach der protokollirten Aussage garnicht eingegangen. Der verkappte Rabbi aber deponirte ganz anders über diesen Punkt. Der Angeklagte hätte ihn gebeten, das, was er ihm im Vertrauen mitgetheilt hätte, nämlich daß er wegen des Todes des Kindes in Kerkerhaft sei, Niemandem zu verrathen, es sei denn dem Groß-Rabbiner: rogando el judio (Jucé Franco) á este testigo (Alonso Enriques) afetuosamente, que non lo dixiese, sinón á don Abrahén (No. 31, p. 58). Der Arzt, ebenfalls ein Spion, welcher bei der Unterredung zwischen dem Angeklagten und dem falschen Rabbi, d. h. dem Spion, zugegen war, hat noch dazu deponirt, der Angeklagte hätte zu diesem gesagt: er möge es dem Rabbiner Don Abraham sagen, daß er wegen eines umgebrachten Knaben in Haft sei: commo dixo (Jucé Franco) al dicho fray Alonso (que) dixiese al Rabi don Abrahén Seneor que estava preso por un nahar (נער) que avia muerto etc. (No. 29, p. 57).

Diese beiden Spione haben dem Angeklagten in den Mund gelegt, daß er dem Groß-Rabbiner ein Geheimniß habe anvertrauen wollen. Der eine von den Spionen hat erst diesen Namen aufs Tapet gebracht, und wenn der Angeklagte darauf eingegangen wäre, so hätte die Inquisition Gelegenheit gehabt, Abraham Senior zum Verhör zu ziehen und jedenfalls in die Kerkerhaft der Inquisition zu bringen. Es scheint also im Plane der Inquisitoren gelegen zu haben, den Groß-Rabbiner und Finanzmeister Don Abraham Senior in die Anklage zu verwickeln, um den Proceß noch mehr aufzubauschen oder ihn bei dem Königspaare als Mitwisser von Frevelthaten zu verdächtigen.

3) Gelungen ist es der Inquisition, mit diesem Monstre-Proceß dem Königspaare den Glauben an die Schuld der Verurtheilten und der Bevölkerung den Glauben an die Ruchlosigkeit der Juden beizubringen. Es entstand nämlich in Avila, wo der Proceß gespielt hat und die Angeschuldigten den Feuertod

erlitten, eine furchtbare Erbitterung gegen die Gemeinde dieser Stadt. Ein Jude wurde gesteinigt, und sämmtliche Juden schwebten in Furcht vor einem Volksaufstande gegen sie. Sie wendeten sich daher um Schutz an das Königspaar, und dieses gewährte ihnen denselben vermittelst eines Erlasses an sämmtliche Behörden, Diejenigen, welche sich an den Juden vergreifen sollten, streng zu bestrafen. Dieser Erlaß ist ausgestellt am 16. December 1491, gerade einen Monat nach der Hinrichtung der Angeschuldigten. In diesem Erlaß, welchen Fidel Fita aus dem Municipal-Archiv von Avilav eröffentlicht hat (Boletin 1889 und Separatabdruck Documentos historicos VIII, p. 110 f.), bemerken die Könige, daß in Folge des Processes eine große Aufregung entstanden sei: por cierta esecucion de justicia, que se hizo por la inquisicion de la cibdad de Avila de ciertos erejes é de dos Judios, vezinos de La Guardia, diz que se escandaló el pueblo de tal manera que apedrearon un Judio de la dicha cibdad, e que ellos se temen ... que la comunidad de la dicha cibdad ... los feriran ó mataran ó lisiaran ó prenderan á ellos á sus mugeres ó fijos é criados ... por cabso é razon de lo suso dicho.

4) Auf diesen Effekt hatte es die Inquisition bei Einleitung des Processes von vornherein abgesehen, eine leidenschaftliche Erbitterung gegen die Juden und wohl auch gegen die Marranen zu erregen. Zu diesem Zwecke war sie geschäftig, gleich an dem Tage nach der Hinrichtung der Angeschuldigten den Behörden und Honorationen des Städtchens La Guardia das Todesurtheil und die Hinrichtung derselben mitzutheilen und zugleich sie zu beschwören, den Flecken Erde, wo die Gebeine des „Kindes" begraben sein könnten, ja nicht zu pflügen (Documentos VII. suplemento p. 113). Wozu das? Damit dieser Winkel von dem Königspaare, dem Kardinal (Mendoza von Toledo) und von aller Welt gesehen werden könnte: Una cosa suplico ... que aquel cornijal de la tierra ... no lo consintais arar; porque es cosa que por sus Altezas y por el señor Cardenal y por todo el mundo ha de ser visto. Wo soll sich aber dieser Winkel befunden haben? Angeblich da, wo Juan Franco bezeichnet hätte, daß die Gebeine des Kindes begraben worden wären: aquel cornijal .. donde Juan Franco señaló que habia sido enterrado. Zu finden waren weder die Gebeine, noch der Flecken Erde des Grabes. Denn der Notar der Inquisition äußerte den frommen Wunsch, daß doch ein Wunder geschehen möge, wodurch die Gebeine zum Vorschein kommen könnten. Plega á nuestro Señor maravillosamente mostra sus huesos! Also der angebliche Flecken für das angebliche Grab der angeblichen Gebeine des angeblich gemarterten Kindes sollte von aller Welt und besonders von Ferdinand und Isabella und dem Cardinal (welcher als der dritte Herrscher in Spanien bezeichnet wurde) gesehen werden können! Angedeutet wurde allerdings, wo dieser Flecken gefunden werden könnte: es müsse doch ein Loch sein, welches sichtbarlich zum Vorschein kommen könnte: donde pareció un hoyo que manifestamente fué visto. Es war ein Avis au lecteur. Ein Loch mit Gebeinen läßt sich doch unschwer bewerkstelligen. Liegt nicht in diesem Apparat eine Tendenz, und war nicht damit ein Fingerzeig gegeben, wie gerade in La Guardia, dem angeblichen Wohnorte des Kindes, ein Zeichen für die Versichtbarung der Unthaten der Hingerichteten für die Machthaber und das Volk zu schaffen sei?

Daß es ein Tendenz-Proceß war, folgt auch aus einem anderen Umstande. Torquemada, welcher nur beim Beginne des Processes auftrat — er ertheilte dem Officium die Erlaubniß, gegen die Angeschuldigten vorzugehen — war nach der Hinrichtung außerordentlich geschäftig. Er ließ das langathmige Todeserkenntniß gegen Bendito Garcia in das katalonische Idiom übersetzen, und zwar gleich nach der erfolgten Hinrichtung (das. p. 122 f.). La misma sentencia (inquisitorial contra B. Garcia) traducida al idioma catalán y comunicada por Torquemada à los Inquisidores de Barcelona. Zu welchem Zwecke sollte das Urtheil den Cataloniern in ihrer Mundart bekannt gemacht werden? Diese, welche das Spanische nicht recht verstanden, sollten in ihrer eigenen Sprache erfahren, welche Ungeheuerlichkeiten die Inquisition ans Licht gezogen hat. Die Catalonier hatten der Einführung der Inquisition in ihrer Landschaft thätlichen Widerstand entgegengesetzt. Durch den Proceß sollten sie sich von der Nothwendigkeit des sanctum officium überzeugen.

Der Trug-Proceß hatte demnach eine doppelte Tendenz: das Verfahren gegen die Marranen zu rechtfertigen und die Vertreibung der Juden, welche von den Dominikanern von langer Hand angelegt war, bei dem Königspaare durchzusetzen. Den Zusammenhang zwischen dem Proceß und der Verbannung der Juden deutet ein lateinisches Testimonium an, welches die Wunderthätigkeit der von den Angeschuldigten angeblich entweihten Hostie rühmt. Es fügt hinzu: „Wegen des Ankaufs der Hostie und der Ermordung des „Kindes" haben die katholischen Könige die Vertreibung der Juden aus Spanien, welche sie im Plane hatten, thatsächlich ausgeführt" (das. p. 153): Propter cujus conditionem (hostiae) parvulique occisionem predicti catholici reges quod de expulsione Judaeorum ab Hispania decreverant, opere compleverunt. Das Testimonium stammt aus dem Dominikaner-Kloster von Avila, der Werkstätte Torquemada's. Dieser Kreis konnte recht gut wissen, daß der von Torquemada angestellte Kindes-Proceß nicht ohne Einwirkung auf den Entschluß des Königspaares zur Vertreibung gewesen ist.

12.

Die spanische Inquisition in ihren Anfängen.

Dank dem Forschungseifer und der Wahrheitsliebe spanischer Historiker und besonders des Don Fidel Fita sind neue Quellen für die Thätigkeit der spanischen Inquisition in ihren Anfängen unter Torquemada erschlossen worden. Mehrere Verzeichnisse von Namen der verurtheilten „judaisirenden Ketzer" liefern ein reiches Detail, welches durch das Colorit der Unmittelbarkeit und Kraßheit der Darstellung den Schauder vor dem sanctum officium noch mehr zu erhöhen geeignet ist. Diese Quellen bestätigen durchweg Llorente's Schilderung von der tückischen Grausamkeit dieser Inquisition, und nach Einsichtnahme von demselben dürfte Keiner die Unverfrorenheit des Verfassers der Biographie des Cardinals und Großinquisitors Ximenes de Cisneros (Hefele) theilen, zu behaupten, daß die Unthaten der Inquisition nur in „historischen Romanen und romanhaften Geschichten" vorkämen. Das aus diesen Quellen gewonnene Detail widerlegt auch gründlich die von dem Benediktiner Pius Bonifacius Gams gegen Llorente erhobene Beschuldigung der Unrichtigkeit und Uebertreibung (Kirchengesch. von Spanien III, 2, 1879). Diesem Detail gegenüber erscheint die Schilderung des ersten Geschichtsschreibers der Inquisition von derselben eher noch gemildert, als tendenziös übertrieben. Diese Reihe von Quellen ist erst seit 1885 veröffentlicht worden.

Note 12.

I. Die umfassendste und detailreichste Quelle ist betitelt: La Inquisicion Toledana von der Einführung, den Opfern derselben und den Autos da Fé in Toledo vom Jahre 1486 bis 1501. Ein Augenzeuge hat die Vorgänge und die Entsetzen erregenden Unmenschlichkeiten mit treuherziger Naivetät und heiliger Einfalt berichtet. Diese Quelle hat zwar Llorente gekannt und benutzt; aber die summarische Verwerthung giebt lange nicht das anschauliche Bild, wie es sich aus dem Detail der Aufzeichnung der Vorkommnisse von Jahr zu Jahr und öfter von Tag zu Tag mit lebhaftem Colorit abhebt. Dieses höchst interessante Tagebuch der Inquisicion Toledana hat der unermüdliche und wahrheitsliebende Forscher Fidel Fita vollständig veröffentlicht in Boletin de la real Academia de la historia 1887, T. XI., 291—309.

II. La lista de los procesos originales, ein Verzeichniß der Verurtheilten in den Jahren 1480—1501 zuerst von der Inquisition in Villa-Real (Ciudad-Real) und dann in Toledo (in demselben Boletin 314 f.). Die Liste enthält 231 Namen. Die meisten mit Namen Genannten sind wohl dem Feuertode überliefert worden, wenngleich nur bei wenigen die Bemerkung angebracht ist: „relajado al brazo seglar é quemado". Denn von Einigen, bei denen diese Note fehlt, ist anderweitig bekannt, daß sie verbrannt wurden.

III. Das grüne Buch von Aragonien (el libro verde de Aragon), welches bei der Genealogie von 103 Marranenfamilien, vor denen der Verfasser Juan de Anchias die Altchristen warnen wollte, sich mit ihnen zu verschwägern (o. S. 150), bemerkt gewissenhaft, welche Glieder dieser Familien leiblich, im Bilde (en efigie) oder in Gebeinen (en huesos) verbrannt worden sind. Auch daraus ergiebt sich eine große Anzahl von Verurtheilten theils in der Hauptstadt Saragossa und theils in anderen aragonischen Städten.

IV. In demselben grünen Buch befindet sich im Anhang eine Art Zeugenaussage über die Verschwörung gegen Arbues, über seinen Tod und die Namen Derer, welche in Folge dessen verurtheilt worden sind. Diese Pièce hat die Aufschrift: La muerte del bienverturato Martir Epila (Arbues). Im Anhang sind auch die Geständnisse des Sancho de Paternoy und anderer Mitschuldigen an diesem Vorgange mitgetheilt. Schade, daß don. Rodrigo de los Rios sie nicht mit abgedruckt hat.

V. Ein anderer Anhang zu diesem Buche enthält eine alphabetische Liste von 197 aufgeführten Namen Derer, welche in Saragossa verurtheilt worden sind vom Beginne der Inquisition in dieser Stadt (1485) bis zum Jahre 1574: Memoria de los que han sido quemados hasta el año de 1574 en la Inquisicion de los habidadores desta ciudad de Zaragoza. Von diesen 197 müssen 54 Namen abgezogen werden, welche der Zeit nach Torquemada's Tod (1498) angehören; es bleiben noch immer 140 Namen. Vollständig ist diese Liste keineswegs; denn es fehlen Namen, welche in der folgenden Liste aufgezählt sind.

VI. Ein dritter Anhang zu diesem Buche ist eine chronologische Liste der in Saragossa von der Inquisition Verurtheilten vom Jahre 1486 bis zum Jahre 1499. Sumario de los confesos condenados des de el año 1482 hasta el año de 1499 (vergl. o. S. 312 Anm., daß die Zahl 1482 eine Corruptel sein muß). Diese Liste ist noch weniger vollständig als die früher genannte, denn sie enthält nur einige 70 Namen und es fehlen viele, welche in der alphabetischen aufgeführt sind. Sie enthält auch Namen von Lutheranern, die verbrannt worden sind. Neben dieser Liste enthält eine andere die Namen der Neuchristen, welche in Saragossa in derselben Zeit zur Buße verurtheilt worden waren. Diese beiden Appendices hat der Historiker Amador de los Rios in T. III seiner historia de los Judios veröffentlicht.

VII. Eine andere Liste mit 56 Namen von Verurtheilten in Saragossa, ausgezogen aus einem Ms., welches ein Verzeichniß der von 348 Marranen confiscirten Güter in Aragonien enthält und von dem Notar Martin de Ouoca aufgezeichnet worden ist (Revue des Etudes XI, 84 u. f.). Von den 56 Namen gehören 50 der Zeit von 1486 bis 1498 an, d. h. während Torquemada's Funktion.

VIII. Eine Liste mit 102 Namen von Verurtheilten in Avila vom Jahre 1490 bis zum Jahre 1529. Die Namen sind als Trophäen verzeichnet in der Klosterkirche von Avila, wo sie Fidel Fita entdeckt hat. Er theilt sie mit in Boletin, Jahrg. XV., 1889, p. 333 f. Memoria de los Quemados... que ay en el convento de Santo Thomas de Avila desde el año 1490 que se enipeçó à castigar. Von diesen 102 sind nun 14 abzuziehen, welche erst nach Torquemada's Tod gerichtet worden sind. In derselben Kirche sind auch 82 Namen der mit Buße Bestraften verzeichnet.

Alle diese Quellen geben eine stattliche Zahl von Opfern der Autos da Fé, und doch enthalten diese Listen nur die Namen der von wenigen Inquisitionstribunalen (in Villa-Real, Toledo, Saragossa und Avila) Verurtheilten. Aus der Quelle III ergiebt sich aber, daß noch in vielen aragonischen Städten Scheiterhaufen angezündet wurden, auf welchen Viele den Tod erlitten haben (vergl. w. u.).

Die herzlose Unbarmherzigkeit zeigt sich fast noch mehr in der Büßung, welche die Tribunale denjenigen Marranen auferlegt haben, die ein reuiges Bekenntniß abgelegt hatten. Der Todesschmerz durch Verbrennen, den die Phantasie mit Schaudern nachempfindet, und der doch nur eine kurze Zeit andauert, scheint fast beneidenswerth gegen die Pein, welche über die Bußfertigen ihr ganzes Leben hindurch verhängt wurde. Diese Pein veranschaulicht ergreifend die Relation der Quelle I. Man erkennt daraus, daß mit dem Paragraphen 6 der von Torquemada und seinen Collegen berathenen Constitutiones St. Officii bitterer Ernst gemacht wurde. Dieser Paragraph lautet in französischer Uebersetzung (nach Revue des Etudes XI., 93): Les hérétiques sont proclamés infâmes. Ils ne pourront tenir aucun office, ni remplir aucune fonction publique, ni posséder de bénéfices. Ils ne peuvent être ni procureurs, ni apothécaires... ni physiciens, ni chirurgiens... Ils ne doivent transporter ou vendre or, argent, corail, perles fines, pierres précieuses, étoffe de soie... ni même s'en servir pour se vêtir ou se parer. De toute leur vie ils ne pourront posséder ni armes, ni cheval, sous peine d'être déclarés apostats, délit qui entraine la mort. Aus dieser Quelle I ist ersichtlich, daß die Bußestrafe für die sogen. Reconciliados noch viel empfindlicher war, als diese Degradirung und Demüthigung. Ueberhaupt bietet diese Quelle, wie gesagt, ein anschaulich reiches Material, welche Qualen die Marranen, die Reconciliados wie die Relaxados, zu erdulden hatten, und mit welcher Grausamkeit die Inquisition in Toledo von Anfang an gegen sie verfahren ist.

Bekannt ist, daß in Sevilla bei der Einführung der Inquisition eine Verschwörung gegen sie geplant wurde, und daß sie durch ein Liebesverhältniß der Tochter eines der Verschworenen kurz vor der Ausführung verrathen und vereitelt wurde[1]). Bekannt ist auch, daß in Saragossa eine Verschwörung vieler

---

[1]) Die Relation von dem Einzug der Inquisition in Sevilla, der angezettelten Verschwörung der reichen und angesehenen Neuchristen gegen sie, und

und angesehener Neuchristen Anfangs in so fern gelungen ist, als der Inquisitor Arbues umgebracht wurde. Aber nicht bekannt ist, daß auch in Toledo eine Verschwörung angezettelt wurde, die ebenfalls mißlungen ist. Der Anonymus in Quelle I erzählt von der Ankunft der Inquisitoren in Toledo und von der feierlichen Eröffnung, wie alle in der Kirche Versammelten in Eid genommen wurden, die Inquisition zu unterstützen und die judaisirenden Neuchristen zu verrathen, und wie Alle mit Exkommunikation bedroht wurden, welche mit Wort, Rath oder That gegen die Inquisition handeln würden. Ferner erzählt er, wie 40 Tage Gnadenfrist gewährt wurden für Diejenigen, welche sich selbst als judaisirende Relapsi angeben und um Absolution flehen würden. Dann fährt der Anonymus fort: Es vergingen wohl 14 Tage, ohne daß sich einer gemeldet hätte, weil die Getauften in dieser Stadt eine Verschwörung verabredet hatten, an dem Corpus Christi-Feste, sobald die Altchristen zur Prozession ausziehen würden, aus vier Straßen hervorzubrechen und die Inquisitoren, sowie alle Herren und Ritter, überhaupt das christliche Volk umzubringen. Sie hatten verabredet, die Pforten der Stadt und die Thüren der großen Kirche zu besetzen. „Es gefiel aber dem Erlöser", daß die Verschwörung am Abend vorher entdeckt wurde, und der Corregidor einige Verschwörer festgenommen und Alles erfahren hatte. Und vor dem Auszug der Procession ließ er einen der Gefangenen hängen, und dann nahmen sie den jungen Gelehrten (Bachiller) de la Torre, welcher einer der Anführer war, gefangen und hängten ihn ebenfalls mit noch vier Anderen. Weil aber der Corregidor einsah, daß wegen der strengen Strafe die Stadt sich entvölkern würde, so verwandelte er sie in eine Geldstrafe für den maurischen Krieg. Da die Getauften kein anderes Mittel hatten und aus Furcht, verbrannt zu werden, meldeten sich viele von ihnen zur Absolution; „es scheint aber mehr wegen der Gewalt, als aus dem Entschlusse, sich dem heiligen Christenglauben wieder zuzuwenden, geschehen zu sein."

„Und als die 40 Tage vorüber waren, machten sie (die Inquisitoren) einen öffentlichen Anschlag der Exkommunikation gegen alle Diejenigen, welche wüßten, daß sich einer in irgend etwas der Ketzerei schuldig gemacht, und es nicht angezeigt hätten. Dazu räumten sie eine Frist von 60 Tagen ein, und als diese vorüber war, wurde sie noch um 30 Tage verlängert.

„In der Mitte dieser Frist beriefen sie die Rabbinen der Juden, nahmen sie in Eid auf ihr Gesetz und legten ihnen schwere Strafen an Leben und Gut auf, daß sie sofort den großen Bann in den Synagogen verkünden und ihn nicht eher aufheben sollten, bis Alle gekommen sein würden, das auszusagen, was sie in der Sache wüßten. Und so kamen viele Juden, um zu bezeugen, Männer und Frauen, und sagten viele Dinge aus.

„Während dieser Zeit wurden im Hafen von Valencia festgenommen Sancho de Cibdad und seine Frau (Maria Diaz) nebst seinem Sohne und dessen Frau und noch Pero Gonzalez de Teba, Einwohner von Villa-Real, welche Ketzer waren. Sie waren von dort entflohen, weil dort die Inquisition bestand, hatten in dem Hafen ein kleines Schiff gekauft und verproviantirt und schifften sich auf dem Meere ein. Es gefiel aber Gott, daß ein Gegenwind sie in den Hafen zurückschleuderte. So wurden sie ergriffen, nach Toledo

der Vereitelung derselben durch den Verrat des „schönen Mädchens" (la formosa fembra), Don Susans Tochter, aus welcher Amador de los Rios die Vorgänge geschöpft hat (o. S. 289 Anmerk.), hat Fidel Fita jüngst aus einer älteren Handschrift veröffentlicht in Boletin T. XVI 1890 p. 252 f.

gebracht und der Inquisition übergeben. Das waren die Ersten, welche hier als Ketzer verbrannt wurden.

„Und nachdem die 90 Tage vorüber waren, begannen sie alle Diejenigen zu verhaften, welche befunden wurden, daß sie falsche Reue, und Andere, welche gar keine Reue gezeigt hatten.

„Und am 12. Februar 1486 zogen in Procession alle die Reuigen, welche in sieben Kirchspielen wohnten, ungefähr 750 Personen, Männer und Frauen, die Männer ohne Mäntel, unbedeckten Hauptes, barfuß, ohne Strümpfe. Wegen der großen Kälte erlaubten sie ihnen, Sohlen an den Füßen zu tragen, aber oberhalb unbedeckt, mit dunklen Kerzen in der Hand. Die Frauen ohne Ueberwurf, ohne andere Bedeckung, das Haupt entblößt und barfuß wie die Männer. Unter diesen gingen viele vornehme Männer und Leute von Stande. Und wegen der großen Kälte und der Schande, welche sie vor den Leuten empfanden, die sie sahen — denn es waren viele Leute aus der Umgegend gekommen, um sie zu sehen — erhoben sie ein lautes Wehklagen, einige rauften sich das Haar aus — man glaubte, mehr wegen der Schande, als wegen der Gott angethanen Beleidigung — und so zogen sie durch die ganze Stadt bis zur großen Kirche. An der Thüre derselben standen zwei Kapläne, welche an Jedem von ihnen an der Stirne das Zeichen des Kreuzes machten mit den Worten: „Empfange das Zeichen des Kreuzes, das du verläugnet und durch Täuschung verloren hast". Und sie traten in die Kirche bis zu einer Tribüne, auf welcher die Padres Inquisidores standen, und auf einer anderen Tribüne stand ein Altar, von dem aus man ihnen Messe las und predigte. Darauf erhob sich ein Notar, und rief jeden Einzelnen bei seinem Namen an: „Bist Du der und der?" Und der Reuige erhob seine Kerze und sagte „Ja". Und es wurden ihm alle Dinge abgelesen, mit denen er judaisirt hatte. Ebenso machten sie es mit den Frauen. Nachher wurde ihnen öffentlich Buße auferlegt.

Diese bestand darin, daß sie sechs Freitage hintereinander in Procession gehen, die nackten Schultern mit Hanfstricken geißeln mußten, ohne Strümpfe und Kopfbedeckung. An allen diesen sechs Freitagen sollten sie fasten. Man befahl ihnen, daß sie lebenslänglich kein öffentliches Amt, als Alkalde, Alguazil, Regidor oder Rathsherr, oder öffentlicher Notar, oder Thorwärter (Portero?) bekleiden sollten. Diejenigen, welche ein solches Amt inne hatten, sollten es verlieren. Sie durften auch nicht Banquiers, Apotheker, Gewürzhändler sein, und keinerlei Steueramt verwalten (ni tuviesen oficio des sas (?) pecha). Sie durften nicht Seide, nicht Scharlach, nicht farbigen Stoff, nicht Gold, nicht Silber, nicht Perlen, nicht Korallen, überhaupt irgend welchen Schmuck tragen. Sie durften nicht als Zeugen gelten[1]). Dieses wurde ihnen befohlen unter Androhung der Strafe, als Rückfällige (relapsos) behandelt, d. h. zum Feuertode verurtheilt zu werden. Als Buße wurde ihnen noch aufgelegt, daß sie den fünften Theil dessen, was ihr Geschäft trägt, für den maurischen Krieg hergeben sollten.

Der Anonymus berichtet darauf ausführlich, in welche Kirchen die Reuigen

---

[1]) Hierauf folgt ein unverständlicher Satz: ni arrendasen estas cosas Er scheint versetzt zu sein und gehört vor no pudiesen valer por testigos und bezieht sich auf die Schmucksachen, welche die reconciliados nicht tragen durften, und arrendar kann hier bedeuten: nachmachen, daß sie nachgemachte Schmucksachen, die keinen Werth haben, auch nicht tragen dürfen.

und Absolvirten an sechs Freitagen geführt wurden, wo für sie Messe gelesen und gepredigt wurde.

Am 2. April 1486 wurden die Reuigen aus anderen sechs Kirchspielen, fast 900 Personen, auf ähnliche Weise in eine Kirche geführt, mit demselben Ceremoniell, und wurden zur selben Buße verurtheilt. Hier ist nur hinzugefügt, daß sie lebenslänglich nicht auf Pferden reiten und nicht Waffen tragen dürften. Für dieselben wiederholte sich ebenfalls die Pönitenz der Procession an den Freitagen, nur daß ihnen ein Tag geschenkt wurde.

Am 15. Mai desselben Jahres wurde eine Aufforderung an die Marranen im Erzdekanat von Toledo erlassen, sich ebenfalls zur Reue und Buße einfinden mit der Bedrohung, bei der Absentirung nach 30 Tagen der Todesstrafe gewärtig zu sein. Die sich aus dem Staube gemacht hatten, wurden aufgerufen, sich zu stellen, darunter drei Mönche von St. Geronimo (Franciskaner) und gewisse Geistliche (tres Frayles de san Geronimo é á certos clerigos).

Dann wurden die Marranen im Erzdekanat von Madrid und Guadalajara auf dieselbe Weise zur Stellung aufgefordert.

Am 11. Juni 1486 wurden die Reuigen von vier Parochien in Procession geführt, fast 750 Personen mit derselben Demüthigung.

Am 10. August 1486 verbrannten sie 25 Personen, zwanzig Männer und fünf Frauen, unter diesen Doktor Alonso Cota aus Toledo, ein Municipalbeamter (Regidor), ein Königlicher Anwalt (Fiscal), ein Comthur des Ordens von San Jago (comendador de la horden de Sanjago) und andere Personen von Stande. Sie schleppten sie zu Fuß mit spitzer Mütze auf dem Kopfe, die Hände mit Stricken an den Hals gebunden, gekleidet in Sanbenitos von gelber Leinwand, auf welchen der Name des Verurtheilten und „der verdammte Ketzer" geschrieben war, auf den Platz, wo eine Tribüne mit Stufen stand (oben 476), gegenüber eine andere Tribüne, auf welcher die Inquisitoren und Notare sich befanden. Dann wurde Jedem laut sein Proceß vorgelesen, in welchen Punkten sie judaisirt hätten, und zum Schluß wurden sie der Gerechtigkeit des weltlichen Armes übergeben. Von da wurden sie aufs Feld gebracht, wo man sie verbrannte, und nicht ein Gebein blieb übrig, um Asche daraus zu machen (que gueso dellos no quedó por quemar é fazer ceniza).

Am 17. August 1486 zogen sie zwei Geistliche zum Verbrennen. Der eine, Baccalaureus der Medicin und Kaplan an der Capelle der Könige, in welcher er täglich zu celebriren pflegte, und der andere ein Pfarrer (cura) der Kirche Sanct Martin von Talavera. Zuerst wurden ihnen die geistlichen Gewänder angezogen, als wenn sie Messe lesen sollten. Dann wurde ihnen ihr Vergehen vorgelesen, daß sie ganz und gar das Gesetz Mosis beobachtet hätten, dann der geistlichen Gewänder entkleidet bis auf das Untergewand, und endlich dem weltlichen Arme übergeben und auf dem Felde verbrannt.

Am 15. October 1486 wurde ein Akt in der großen Kirche begangen. Nach der Predigt wurden die Namen gewisser Personen verlesen, welche als Ketzer gestorben waren, obwohl sie als Christen gegolten hatten. Es wurde befohlen, daß alle Diejenigen, welche Güter von diesen geerbt hatten, vor den Inquisitoren erscheinen und Rechenschaft über die Güter ablegen sollten, da sie nicht erben dürften und ihre Güter dem König gehörten. Mit schweren Strafen und Censuren wurden die Erben bedroht. Auch wurden die Namen gewisser

Personen verlesen, welche entflohen waren. Wenn sie sich nicht innerhalb einer gewissen Zeit einfänden, würden sie als Ketzer verurtheilt werden.

Am 10. December 1486 wurden in Procession geführt alle Reuigen des Erzdekanats Toledo, 900 Personen, ganz ebenso, wie bei den früheren Processionen. Der Anonymus fügt dabei hinzu, daß trotz der grimmigen Kälte mitten im Winter die Inquisitoren sie ohne Fußbekleidung auf Steinplatten stehen ließen. Sie mußten schwören, daß sie nicht blos selbst nicht judaisiren würden, sondern auch, daß sie alle Diejenigen verrathen würden, von deren Judaisiren sie Kunde haben sollten.

Tags darauf zogen in Procession (hier fehlt die Zahl, es müssen aber mehr als 200 gewesen sein) die Reuigen aus demselben Sprengel. Diesen wurde eine noch strengere Pönitenz aufgelegt. Sie sollten an sieben Freitagen sich zur Procession einfinden und außerdem an gewissen Festen und an allen Processionen sich betheiligen, welche in ihrem Gebiete begangen würden. Zweihundert von diesen wurde befohlen, ein ganzes Jahr im Sanbenito-Gewand auszugehen, und ihnen gedroht, bei Uebertretung als Relapsi bestraft zu werden.

Am 15. Januar 1487 zogen aus dem Erzdekanat Alcaraz 700, Männer und Frauen, in Procession, denen dieselben Demüthigungen und Büßungen aufgelegt wurden.

Am 10. März 1487 wurden fast 1200 aus den Erzdekanaten Talavera, Madrid und Gudalajara in Procession geführt mit denselben Büßungen. Einige derselben mußten lebenslänglich das Büßerkleid Sanbenito tragen.

Am 7. Mai 1487 ein Scheiterhausen-Aktus mit 23 Personen, 14 Männer und 9 Frauen, darunter ein Kanonikus aus Toledo, ein messelesender Geistlicher, der abscheulicher Ketzereien angeklagt war. An seinem Schlafhemde hatte er gerade an der Stelle des Podex zum Hohne ein Kreuz angebracht. Unter der Folter gestand er ein, beim Celebriren des Abendmahles statt der vorgeschriebenen Formel ein Schmähwort gesprochen zu haben: Sus, periquete, que os mira la gente.

Am 8. Mai wurden die Bilder der flüchtig gewordenen und verurtheilten Marranen und die Gebeine der Verstorbenen öffentlich verbrannt.

Am 25. Juli 1488 ein Scheiterhausen mit 37 Personen, 20 Männer und 17 Frauen.

Am 26. Juli 1488 ein Auto-da-Fé, bei welchem die Gebeine von mehr als 100 verurtheilten Marranen verbrannt und alle ihre Habe confiscirt wurde. Alle ihre Kinder, Enkel und Descendenten männlicher Linie wurden für unfähig erklärt, ein Amt zu bekleiden oder ein Benefiz zu erlangen, durften auch nicht Waffen tragen, nicht auf Pferden reiten und nicht Schmuck tragen, ganz so wie die Absolvirten (reconciliados).

Am 27. Juli 1488 wurden auf dem Scheiterhausen verbrannt ein pfründeinnehabender Geistlicher (Clerigo racionero) aus Toledo und zwei Mönche vom Orden der Hieronymiten. Und aus demselben Kloster wurden vorher verbrannt drei Mönche und mehrere Personen, welche Prioren gewesen und eine hohe Stellung in genanntem Orden inne hatten.

Am 24. Mai 1490 wurden auf dem Scheiterhausen verbrannt 18 Männer und 3 Frauen, unter diesen Fernando Garval, in dessen Hause ein Kreuz im Gebälk zum Vorschein gekommen war. An demselben Tage wurden 5 Männer und 6 Frauen zu ewigem Kerker verurtheilt.

Am 25. Mai 1490 wurden mehr als 400 verstorbene Männer und Frauen als Ketzer verurtheilt. An demselben Tage verbrannten sie auf öffentlichen

Plätzen die Bücher und falschen Bibeln der genannten Ketzer[1]). Auch wurde an demselben Tage eine Frau verbrannt, eine berüchtigte Ketzerin, welche laut aussagte, sie wolle im Gesetz Mosis sterben, es gäbe keine andere Wahrheit als dieses, und sie starb mit dem Worte: Adonay (y asi morió diziendo adonay).

Am 25. Juli 1492 wurde verbrannt Lope, der Lichtgießer, und noch vier andere Männer und Frauen wurden zu ewigem Kerker verurtheilt.

Am 30. Juli 1494 wurden verbrannt 9 Männer und 7 Frauen, einer mit dem Namen Tristan, der Buchhändler, und ein Goldarbeiter Garcin Gonsalez. Zu ewigem Kerker wurden verurtheilt 30 Personen, Männer und Frauen.

Am 22. Februar 1501 wurden verbrannt 38 Männer; sie waren vorher absolvirt. In dem Städtchen Herrera wurde ein Mädchen von etwa 16 Jahren in Haft genommen, welche auf den Rath ihres Vaters und Onkels verkündet hatte, daß der Messias mit ihr gesprochen und sie in den Himmel gehoben habe. Sie habe dort Alle, welche früher verbrannt worden waren, auf goldenen Stühlen sitzen gesehen, und daß sie die Hoffnung hegten, daß der Messias bald erscheinen und sie in das gelobte Land führen würde. Viele Leute von diesem Geschlechte (der Marranen) gingen, sie zu sehen. Sie gab sich als Prophetin des Messias aus, und sie gaben ihr Geschenke. — Sie bat um Gnade, wurde nicht umgebracht, aber Viele, welche von ihr getäuscht worden waren, verloren Leben und Vermögen, und andere Männer und Frauen blieben im Kerker.

Am 23. Februar 1501 wurden 67 Frauen verbrannt, alle aus Herrera und aus La Puebla de Alcocer. Man erzählte sich, daß einige im christlichen Glauben starben, dafür wurden sie durch Ersticken begnadigt.

In derselben Zeit kam die Nachricht, daß sie in Cordova 90 und darüber, Männer und Frauen, verbrannt hatten aus dem Städtchen Chillon; sie waren von jenem Mädchen verführt worden.

Am 30. März 1501: Scheiterhaufen mit 6 Männern und 3 Frauen. Diese und vier Männer waren aus Toledo und durch Büßung absolvirt worden und hatten doch wieder judaisirt. An demselben Tage verurtheilten sie 56 Männer und 87 Frauen zu ewigem Kerker, sämmtlich jung, unter 30 Jahren. Weil sie aber von den älteren verführt waren und um Barmherzigkeit baten, ließ man sie am Leben und legte ihnen nur Buße auf.

So weit der Anonymus aus Toledo, welchen Llorente nur theilweise ausgenutzt hat. Die Zahl der Verurtheilten in Toledo läßt sich kaum annähernd fixiren. Abgesehen davon, daß der Anonymus sie öfter unbestimmt läßt, hat er von manchen Jahren keine Aufzeichnungen gemacht. In den von ihm übergangenen Jahren 1489, 1491, 1493, 1495—1500 sind in Toledo Autos-da-Fé vorgekommen, wie aus dem Verzeichniß der Proceßakten hervorgeht (Quelle II). Die von dem Anonymus bestimmt angegebenen Zahlen ergeben das Facit, daß vom Jahre 1485—1491 in Toledo mehr als 200 verbrannt wurden. Die Zahl der mit schwerer Buße Belegten (reconciliados) in der Stadt und im Erzbisthum Toledo betrug mehr als 5450 und die Zahl Derer, deren Gebeine verbrannt wurden, mehr als 500. In diesem Landstrich waren also mehr als 6000 Marranen vor das Ketzertribunal gezogen worden.

---

[1]) Llorente berichtet, Torquemada habe im Jahre 1491 hebräische Bibeln und mehr als 6000 hebräische Bücher verbrennen lassen, als enthielten sie ketzerische Interpretationen (IV. p. 296).

Die Zahl der Opfer auf dem Scheiterhaufen in Saragossa, welche die Listen (Quelle V—VI) mit Namen nennen, war jedenfalls größer als in denselben bezeichnet werden, da sie unvollständig sind. Wenn Pater Gams behauptet: Der Inquisitor Arbues von Saragossa müsse sehr milde verfahren sein, da seine Biographen in den Acta Sanctorum nur von dem von ihm verhängten Tod eines einzigen Mädchens tradiren, so hätte ihn die von Amador de Los Rios veröffentlichte Liste (V) eines anderen belehren können. Arbues fungirte von Mai 1484 bis zu seinem Tode, am 15. September 1485. Und aus dieser Zeit sind in der alphabetischen Liste verzeichnet: Alvaro de Segovia . . . hereje judio relaxado en persona á 13 Setiembre 1485, also noch zwei Tage vor Arbues Tode. Ferner: Francisco de Graos, muger de Joan . . . judia heretica, relaxada en persona en 2. Março 1483; die Zahl ist sicher falsch, statt 1485, da im Jahre 1483 in Saragossa das Tribunal noch nicht errichtet war. Außerdem nennt dieselbe Liste noch die Namen von zwei Frauen aus demselben Jahre; von einer sind die Gebeine verbrannt worden und die andere, weil entflohen, wurde in effigie verbrannt. Arbues hat also dasselbe unmenschliche Verfahren eingehalten, wie die anderen Inquisitoren.

Das grüne Buch von Aragon, das getreu die aus den marranischen Familien Bestraften öfter mit Namen nennt, läßt auf eine große Zahl schließen, welche in aragonischen Städten verbrannt oder sonst wie verurtheilt wurden. So nennt es von der Familie Sanchez, deren Urahn Asach Avendino (Zag Ibn-Dino) war, etwa 42 Glieder mit Namen und bemerkt dabei, ein Theil wurde verbrannt und ein anderer gedemüthigt (avergonados). In Person verbrannt waren vier Männer und zwei Frauen.

Von der Familie Sant-Angel — Stammvater war Rabbi Azaria Ginillo — wurden weniger Glieder verbrannt. Von dem Zweige dieser Familie in Barbastro tradirt das grüne Buch, daß viele davon zum Tode verurtheilt und einige gesühnt wurden (266). Was einem derselben angethan wurde, charakterisirt die ganze Ruchlosigkeit der Inquisition. Simon de Sant-Angel und seine Frau wurden zuerst von der Inquisition mit Büßung entlassen. Sie wurden aber von ihrem eigenen Sohne als Relapsi denunzirt, und diese Denunziation nahm die Inquisition als vollgültiges Zeugniß an und verbrannte die Eltern (Libro verde 251): lo mismo Simon Santángel y Clara su muger (fueron reconciliados). In den Prozeßakten (No. VII, Revue des Etudes p. 86 f.) ist angegeben: Simon de Saint-Angel et Claire, sa femme, denoncés au St.-Office comme coupables d'hérésie et d'apostasie à Huesca . . . . par leur fils légitime, Léonard de Saint-Angel . . . 13. Mars 1489. Reconnus coupables, condamnés à mort et à la confiscation de leur bien . . . Livrés au bras séculier le 30. Juillet 1490 à Illerda.

Von der Nemesis, welche den Sohn des verruchten Apostaten Josua Lorqui ereilte, berichten einige dieser Quellen (Libro v. 252): Ravi Usualorqui (Josua Alorqui) . . nombre Geronimo de Santafé . . . huvo un hijo . . . Micer Francisco de Santa-Fé, que fui accessor de Governador, el qual estando presso por la Inquisicion se desesperó e le quemadaron el cuerpo por heretico Judaizado. Ebenso in dem Verhörbericht: Micer Francisco de Santa-Fé . . . se desesperó en la Aljaferia (Kerker) y despues fué quemado. Ebenso in den beiden Listen (No. V—VI): Francisco de Santaffé, letrado, judio . . . acessor del governador, relaxado en persona 25. Diciembre 1486. Der Frevel des Vaters wurde an dem Sohne geahndet.

Von den Familien Zaporta und Venetos in Monçon, Tamarit und Lerida sind viele verbrannt worden (266, 269): Muchos condennados y dados al braço seglar.

Die Familie Lopes de Villanova, von der mehrere Glieder nach Bordeaux entflohen waren und dort eine bedeutende Rolle spielten — von mütterlicher Seite stammte von derselben der französische Schriftsteller Michel de Montaigne (Malvezin histoire de Juifs à Bordeaux p. 75, 94 f.) — lieferte ebenfalls mehrere Opfer für den Scheiterhaufen. Ihre Vorfahren hießen als Juden Mose und Mair Paçagon (das. 260, 270 f.).

In der alphabetischen Liste (V) ist meistens das Metier der zum Tode Verurtheilten angegeben. Es finden sich darunter Notare, Ritter, Aerzte, ein General-Vicar des Erzbisthums von Saragossa (Pedro Monfort), ein Rector be Casa, ein vicario de Sena, ein racionero de Santa Engracia, ein Licentiat, also auch Personen vom geistlichen Stande. Auch in den übrigen Quellen werden Namen von Personen der höheren Stände und des Clerus aufgeführt, welche dem Feuer überliefert wurden. So in der zweiten Liste (VI) Mosen Anton Sanchez, prior de la Seo. In der Liste von Avila (VIII, 29): El canonigo Fernan Gonçales, hereje quemado. In No. 14 daselbst ist angegeben, daß der Vater desselben Diego Gonçales als Heresiarcha declarado verbrannt wurde. No. 41: Gomez Garcia Canonigo reglar del Burgo de la iglesia de St. Marco ... quemado por Judaiçante. — Die chronologische Liste (VI) registrirt mit Seelenruhe das Factum, wovon Llorente spricht: je frémis d'horreur en l'écrivant de la barbarie de l'inquisition de la bassesse de ce fils (I, 207 f.), nämlich, daß ein Sohn ein Zeugniß beibringen mußte, daß die Gebeine seines Vaters, welcher nach Toulouse entflohen und in absentia verurtheilt war, mit seinem Bilde verbrannt worden waren. Die Liste registrirt dieses Factum bei Aufzählung der Opfer vom Jahre 1486: La estatua de Gaspar de Santa-Cruz (quemada), y su hijo truxo testimonial de Francia de haberle allá quemado les huesos.

Die Prozeßakten von Quoca (VII) enthalten noch einige bemerkenswerthe Züge aus den ersten Jahren der Inquisition. No. 28: Contra Anthonium de Jassa mercatorem: A tenu dans maintes occasions beaucoup de propos hérétiques .... suit fidèlement les rites du Judaïsme, fait la Pâque avec du pain azyme, jeûne aux époques fixées par la loi de Moïse, célèbre le Sabbat etc. relaxado 1487. — No. 30: Contre Isabelle de Ruiz ... accusée d'avoir ... tenu de propos contre la foi chrétienne et suivi les rites judaïques ... mangé à jour de pâque du pain sans levain, ainsi que la soupe designée sous le nom de hamym (חמים?) ... tradenda brachio seculari (1492). — No. 36: Contre Juan Martinez de la Rueda juris consulte, qui, d'après la rumeur publique, conserve dans sa bibliotheque certains livres en langue hébraïque contenant des discours hostiles à la foi chrétienne, 1487. Dieses Factum ist insofern bemerkenswerth, daß ein Sohn oder vielleicht gar Enkel eines Mannes, welcher zur Zeit der Vicente Ferrer gewiß mit Seelenpein die Taufe empfangen hatte, noch antichristianische Schriften in seiner Bibliothek heimlich bewahrt hat. —

Das sind Dokumente genug von den Unthaten der Inquisition, nicht aus Romanen, sondern aus den Archiven des sogenannten heiligen Officiums.

13.

Das Verhalten der portugiesischen Juden gegen die aus Spanien vertriebenen und in Portugal aufgenommenen Stammgenossen, und der Brief des David Ibn-Jachja an Jesaia-Meseni.

Gedalja Ibn-Jachja, der Sammler historischer Notizen, referirt in seinem שלשלת הקבלה (gegen Ende) ein auffallendes Factum: daß die portugiesischen Juden, aus Furcht durch die Einwanderung der aus Spanien Vertriebenen Schaden zu erleiden, beim Könige von Portugal Schritte gegen deren Aufnahme gethan hätten. Diesen Bericht, welcher die Engherzigkeit und Lieblosigkeit der portugiesischen Juden gegen ihre unglücklichen Brüder bekunden würde, erklärt Carmoly für lügenhaft und führt dagegen das Zeugniß eines andern Jachjiden an, daß die portugiesischen Juden sich gerade sehr liebevoll gegen die Ausgewiesenen und in Portugal Eingewanderten benommen hätten (Biographie der Jachjiden, p. 15, Anmerk.). Das Letztere ist allerdings durch ein Sendschreiben des David Ibn-Jachja an Jesaja Meseni beurkundet; aber es dementirt, nach meiner Auffassung, den Bericht des Gedalja Ibn-Jachja durchaus nicht, sondern Beide können neben einander aufrecht erhalten werden.

Sehen wir uns zuerst den Brief des David Ibn-Jachja an, eine Art Bettelbrief, als Einleitung zu einem Commentar zur Vorrede des More Nebuchim, geschrieben um 1496. Ich verdanke die Benutzung dieses interessanten Schreibens dem verewigten Carmoly, und ich theile es wegen mancher wichtigen Notizen darin hier mit. Die Copie stammt von dem Mitglied des französischen Sanhedrin, Joseph David Sinzheim, angefertigt (1790) aus einem Pariser Codex.

שר וגדול כליל החכמה יופי המעלה לו שם בתהלה החכם הנעלה הר' ישעיה מישיני י"ץ.
גם לכבודך לא ידעתי, רוממתיך לא יכרוני, גבוה מעל גבוה לא יבוט לשפל אנשים. הסכמתי לכתיב
שורתיים בבטחון אלה השתים: האחד כאשר היתה ישיבתי רענן בבית מדרשי מפי אנשי אמונה
שמעתי שלמות נפשך החשובה כלולה מכראשית ומרכבה המליכות מן השמים בעצה וגבורה זכה
וברה לעד לאלות שבשנים קדמוניות היו באומנותנו שרי אלפים ושרי מאות. השנית אחוה טבעית
לטוב שכל נשבע (?) ליחיד בעולמו מוה' גדליה ז"ל נפטר באהבה רבה ממך פירש כאשר פירש
מחייו. הוא מנעוני גדלני שיורי פתיחתי האכילני, מים יצקתי על ידיו גלילי זהב. יגורו בלבי כאבי.
בקרבי לכן השבתי לגדלו נורא התהלות. אספר שמע טרוב התלאות אשר קראני. אכלוני המסובני
אולי אלהים ממאיר עיני השוכנים זכות הרב והמעלות המהוללות הגנוזות תחת כנפיך
יהיו בעזרי ומן הפקר ישפע לקולי ובעצתו ינהגני ויביאני למול קדש: אזכה לראות פני המיוחד
בשרים דמות רבי בבית שערים.

אדוני רב תלאות יגונות באו עלי ברמזוא שמי דוד דון ב"כ אדוני שלמה בן יחייא האה
הזקן מהחכם הנזכר ז"ל. מלאכתי מיום היותי היתה בתורה, יש כמו שבע עשרה שנה שאני
מרביץ תורה בקהלה קדישה מלישבונא דורש לרבים כמנהגינו בשבתות ובמועדים. וכאשר
גירש מלך ספרד היהודים מכל מקומות ממשלתו רבים מהגדולים באו לדבר עם מלך
פורטוגאל שיקבצם בארצו והתנו עמהם תנאים שאסור להזכירם כל שכן לכותבם.
שהמלך היה משבעים שונא הבריות וכל שכן לאומת ישראל. והקהל כאחד היה
עוורים לנגרשים ככל אופני העזר. והמלך נתמלא חימה עליהם ולקח לרבים
מהמה נכסים ומהם ענש בגופם ומה בכבלי עוני. ואני ברחתי מפני ששמו עלי שידי
היתה לשליח להתיהד מקצת אנוסים שהיה אנוסים בהמרת דתינו. וברוך השם שהצילני מחרבו הקשה
והעצומה ומה שמצא מנכסי לקח לכלו. באתי לנפולי ושם הייתי עם אשתי וביתי כאשר באו ימי

הרעה וגזולני שם. אחר זה בספינות שלחני לשרים כל אשר לנו להחיות את נפשותינו. והגיענו
הלם לקורפו׳ ותהלות לאל בנכסי שמכרתי בזול וכן ספרים הרבה שלמתי שער הנה לא שלם
בעדי כלל ופרט אפילו פרוטה. אחר זה חליתי נופלתי למשכב והשארית נתמעטה מהכיס. והנה
אני פה היום תענית פורים בלארטה עיר קצת תוגרמה כוסף לעלות לארץ ההיא לראות אם
אמצא מנוח באיזה אופן שיהיה להחיות נפשות ביתי ואין לי כח. כי גם שיש לי ספרים וחכשיט
הבית ואמכרם להתראות עם כל זה העיר הזאת מצערי ולא אוכל להחיות את נפשי בה. לכן במלות
קצרות שלא הורגלתי בזה מתחנן לפניך לתת סדר לעלות אני וביתי לשם וכל אשר לי אנהגו
בידי וכו׳.

Aus einem Passus in diesem Sendschreiben des David Ibn-Jachja geht
allerdings mit Entschiedenheit hervor, daß die portugiesischen Juden den
unglücklichen spanischen auf jede mögliche Weise beigestanden, d. h. die Armen
und Schwachen unterstützt haben. Aber es ist nicht angegeben, daß sie sich
auch für sie beim König Don João verwendet hätten, sie in Portugal ansiedeln
zu lassen. Eine dunkle Stelle läßt gerade auf das Gegentheil rathen: Die
jüdisch-spanischen Großen kamen mit dem Könige zu sprechen, „daß er sie in
Portugal aufnehmen sollte, und sie stellten ihnen Bedingungen (wer, wem?),
die man nicht erwähnen, geschweige denn niederschreiben darf". Es
scheint, daß David Ibn-Jachja nicht ganz zu billigende Schritte der portugiesischen Gemeinden verschweigen wollte. Halten wir das Moment fest, daß
die spanischen Verbannten vollständige Aufnahme in Portugal, d. h. das
Indigenat, gewünscht, und daß es ihnen abgeschlagen wurde, so werden wir
den Bericht im Schalschelet aufrecht halten können.

Denn derselbe giebt ebenfalls an, die portugiesischen Juden hätten die
Unglücklichen unterstützt, allein sie hätten sich bemüht, dieselben nicht zuzulassen,
weil Portugal zu klein sei, um so viele Juden zu fassen. Dadurch wären die
spanischen Emigranten gezwungen gewesen, sich von dem Könige von Portugal
für Geld die Erlaubniß zum Durchzuge und zum kurzen Aufenthalte im Lande
zu verschaffen. Aus den einzelnen Worten des Berichtes geht zwar, wie ich
gestehen muß, diese Interpretation nicht hervor, aber aus der Gesammthaltung. Der Bericht lautet:
ודע כי החלק שפנו ללכת אל פרטוגאל היו כמו שלש מאות
אלף נפשות אשר על זה נועצו ונוסדו יחדו כל היהודים שבמלכות פורטוגאל כדי לתת סדר אל
ביאתם כי כלם היו עניים מרודים ואחרי הדברים הרבים שהיו ביניהם בחרו להשתדל עם המלך
שלא יניחם להכנס שם למען לא יבאישו את ריחם עם המלך וזה כי קצר וקטן זה המלכות
להכיל סך עניים כאלה. וכשמוע השר דון יוסף נ׳ יחייא אבי אביך של הגאון אדוני אבי
ז״ל צעק צעקה גדולה על זה כי איך ננעלו דלתי הישועה העניים ותלחת בידם חרב על ההמרה
ורבים דברים כאלה ויותר טוב לדרכם סמנם ולמצא צדה לדרכם שיכנסו וילכו משם אל פיס
ומלכויות אחרות. ולא אבו היהודים לשמע קולו באופן שהוכרחו הגולים להתפשר עם מלך
פורטוגאל שיניחם לעמוד על מלכותו ושאם יצטרך להם ללכת חוצה קצתם או כלם יתחייב המלך
לתת להם אניות כפי צרכם והיהודים יפרעוהו ומעתה כל הנכנסים במלכותו יפרעו ב׳ דוקטי לכל
נפש . . . . . . וכראות השר זקנינו כי לא קבלו חביריו את עצתו וגם ראה את פני המלך רע עם מין
ישראל וכאשר כתוב בדברי׳ הימים לתולדות בני יחייא הלך לו לאיטליאה עם בניו. וכאשר
חשב כן היה וכו׳.

Aus der Luft gegriffen ist dieses Referat von der nicht sehr brüderlichen
Gesinnung der portugiesischen Juden gegen die spanischen nicht; es war eine
Familientradition der Jachjiden und knüpfte sich an die Auswanderung des
Joseph Ibn-Jachja. Noch weniger ist es psychologisch unrichtig. Giebt es nicht
zu jeder Zeit praktisch-kluge Menschen, die aus Egoismus, oder sagen wir aus
Selbsterhaltungstrieb die Bruderliebe und das Mitleid gegen Unglückliche hinten-
ansetzen? Ich halte also diesen Zug für historisch und bemerke noch einmal,
daß der Bericht des David Ibn-Jachja damit keineswegs im Widerspruch steht.

14.

Die Zwangstaufen und die Märtyrer in Portugal unter Manoel.

Zu den ausführlichen Berichten portugiesischer Schriftsteller von dem Schauerdrama der Zwangstaufen in Portugal lassen sich noch einige Züge hinzufügen, welche jüdische Quellen erhalten haben. Das, was die Zeit- und Leidensgenossen Abraham Saba aus Autopsie und Elia Kapsali aus dem Munde von Leidensgenossen berichtet haben, wird ergänzt und beleuchtet durch die neu entdeckte Quelle des Abraham Ben-Salomo aus Torrutiel, welcher als Knabe mit seinem Vater nach Fez entkommen war. In seiner Fortsetzung des ספר הקבלה (Neubauer, Anecd. Oxon. p. 113) referirt dieser, daß Manoel, nachdem er beschlossen hatte, die Juden in Portugal nicht zu exiliren, sondern sie als Christen im Lande zu behalten und demgemäß zur Annahme des Christenthums zu zwingen, auf den Rath einiger jüdischen Täuflinge und besonders eines Mannes, Names Levi Ben Schem-Tob zuerst befohlen habe, die Synagogen und Lehrhäuser zu schließen, das Zusammenkommen zum Gebete zu verhindern, und als diese Maßregel nicht zum Ziele führte, die jüdischen Kinder von 13 Jahren abwärts den Eltern gewaltsam zu entziehen und zu taufen, und so die Eltern aus Liebe zu ihren Kindern zur Taufe zu bewegen. Viele hätten in der That mit Schmerz zum Kreuze gegriffen, die Frommen aber hätten Marter und Tod nicht gescheut. Ganz besonders hebt dieser Berichterstatter die Standhaftigkeit des Rabbiners Simon Maimi und seines ganzen Hauses hervor. Dieser sei den Martern erlegen. Auch der Prediger Schem-Tob Lerma, welcher trotz des Verbotes in seinem Hause die Betversammlung veranstaltet hatte, war gepeinigt und zuletzt eingekerkert worden. Schließlich habe dieser doch, und noch zwei andere Juden von denen, welche noch ungetauft zurückgeblieben waren, Jakob Alual oder Alfual und Abraham Saba, das Land verlassen dürfen, und sie hätten Fez erreicht: ובני פריצי ישראל והמינים והאפיקורסים ונראשם לבן הארמי לוי בן(¹ שם רע חטא ומחטיא את ישראל... הוא יעץ למלך שיקח בתי כנסיות יבתי מדרשות וכל אינש די יבעא בעו... הדמין יתעבד. ולא קם ולא זע החכם הדרוש ר' שם טוב לארמה אלא אחר הכרוז קרא מיד: מי רוצה להתפלל מנחה יבא לביתו ויתפלל, ונדע הרבר למלך והפושטרו וענו בכבל רגלו בכל מיני עינויים. וה"ב"ה הצילו ואחר זה לא נמנע מלעבור אלהיו ולהתפלל בצנור. וישו בו שפטים ונתנוהו בבית הסוהר. ואחר שיעץ לוי בן שם רע שיקחו בתי כנסיות יעץ שיקח בני ישראל הקטנים מי"ג שנה ולמטה שיחזירם לדת ישו... ורבים מן היהודים מהם המירו דתם שלא יכלו לעמוד בנסיונם ומהם תלו עצמם ומהם מסרו עצמם על קדושת השם וכראשם הרב הקדוש ר' שמעון מימי מימיו שמשר עצמו הוא ובניתו וכל אשר לו אנשים ונשים וטף ומת בתוך הסוהר בעינויים גדולים. והחכם הר' שם טוב לארמה שעברו עליו כמה עינויים קודם שהכניסוהו לסוהר ואחר כך רצוואהו והציל הק"בה נפשו ממות ובא למלכות פאס הוא והרב ר' יעקב לואל וה"ר אברהם סבאע.

Als Ergänzung dazu p. 107: והרב ר' שם טוב לארמה הוא מזדולי תלמידי ר' יצחק אבוהב ונשאר בבית הסוהר בעיר פורטוגאל לאחר שחלו היהודים המנוסים לפאסי הוא והחכם מירי ר' ליעקב לואל ור' אברהם סבאע ואחר כן באו למרינת א(ר)יולא בספינה... שבורה: בלא סבן ובלא אדם. Schem-Tob Lerma, Jakob, Alfual und Abraham Saba hätten Arzilla auf einem gebrechlichen Schiffe ohne Steuermann und Matrose wunderähnlich erreicht und von da sich nach Fez begeben.

¹) כן שם טוב ist ein Kakophemismus für בן שם רע.

Herculano, welcher die Archive der portugiesischen Inquisition zuerst geöffnet, wie Llorente die der spanischen, und so höchst interessante, wiewohl schauerliche Details über den Ursprung der Inquisition mitgetheilt hat, referirt aus den miscellaneos manuscriptos na bibliotheca de Ajuda, seiner Hauptquelle, Folgendes: Somente sete ou oite cafres contumasses, a que el Rei mandou dar embarcaçam pera os lugares dalem (da origem . . . . da Inquisiçaõ I, p. 128, Note). Diese Notiz eines Uebelwollenden, daß nur sieben oder acht halsstarrige Gefühllose der Zwangstaufe Widerstand geleistet und jenseits, nach den afrikanischen Besitzungen Portugal's zu Schiff gebracht worden wären, bestätigt diese Relation. — Elia Kapsali, welcher Nachrichten über das Märtyrerthum von entkommenen Portugiesen vernommen hat, referirt (bei Lattes, לקרטים שינים, p. 88, Auszüge aus Kapsali's historischer Darstellung) von dem Schicksal der einheimischen und der aus Spanien in Portugal immigrirten Juden und von sieben, welche gemartert worden, von denen vier nach Arzilla transportirt worden wären: והנשארים רובן נשתמדו
אם ברצונם אם בעל כרחם וסהם מחו על קדושת אלהינו ולא נשאר בבית הבור חיים זולת ש ב ע ה
אנשים דאשי בני ישראל המה . . . . ויהי אחרי אשר צערו צערם שבעה אלה . . . . בכל מיני
צער ויסורין ימים רבים ולא אבו שמוע . . . . אז צוה המלך ונשאום בעל כרחם והביאום
בבית תפילתם והעבירום לשמדם . . . . וקפצו ושברו חלק מן אלהיהם ויפילום ארצה ומכלה ועל
כולם הרב ר' שמעון מימי . . . . ודבר דברים נגד המלך ונגד דתו . . . . ואעפ"כ לא נגעו בו כי
מצות המלך היא לא תהרגוהו כי היה גדול על כל קהלות פורטוגאל ורב עליהם וכמו
כן חבריו היו מעמודי ארץ . . . . וישיבם המלך אל בית האסורים . . . . וענם יותר מבראשונה
. . . . וישליכו עלוהם מי השמד בעל כרחם ועם כל זה לא הועילו כי עברו ימים ותמיד
שם שמים בפיהם או צוה המלך . . . . וידבר אתם טיבות . . . . וירא המלך כי לא נעשה
עצתו . . . . ויקחו את השבעה קדושי עליון ויסחבום . . . . סביב לעיר ואח"כ לקחום וכנו אותם
חיים בתוך דימוס של נגין . . . . עד צוארותיהם ושם היו נותנים להם לחם צר ומים לחץ . . . .
ויהיו שם ג' ימים ו' לילות וימותו ג' מהם ומכללם החסיד ר' שמעון מימי . . . . ויצו המלך ויקחו
את הד' חסידים אשר נשארו וישימום הוך אניה קטנה מבלי לחם ומים ווילון ומשוטטות . . . .
ונהיגום באמצע הים . . . . ורוח הקדים נשא את האניה ויתקעה ימה סוף אשר במלכות פיס.

In Kürze sagt diese Relation, daß Simon Maimi, Oberrabbiner (Rabi mor) von Portugal, mit noch sechs zuerst eingekerkert, dann gefoltert, dann gewaltsam getauft, dann eingemauert wurden, und daß Maimi mit noch zweien den Geist aufgegeben, und vier auf einem Schiffchen den Launen des Meeres überliefert worden und zuletzt nach Fez entkommen wären.

Daran schließt sich die Relation Abraham Saba's (in dessen צרור המור Ende der Perikope נשארו בפרטוגאל שירים של מצוה, . . . שמסרו עצמם על (אם בחקותי:
קידוש השם ועמדו . . בית האסורים ימים רבים החכם השלם וקדוש ר' שמעון מימי וחמני
לוקחו בנותיו אנשים צדיקים ואשתו הצדקת ואנשים אחרים צדיקים ואעפ"י עשינו להם
שימירו דתם בעל כרחם עמדו על משמרתם . . . וביני ביני נפטר לבית העולם ר' שמעון הנזכר
בזמן שלא היה יהודי בכל המלכות זולת אני והיהודים שהיו אסורים בבית האסורים
עמי . . . . ובכוחתו נתן לנו המלך רשות והביאונו לארזיליא. אבל היהודים שהיו עם החכם
לא רצה המלך לשלחם שאמר שכבר קבלו (המים?) ונשארו בבית האסורים לעברים . . . אח"כ
שלחם המלך לארזיליא ליד אלוף הצורר שנעה אותם בעבודות פרך . . . ומסיר אותם ביסורים
כדי שיחללו שבת . . . וקדשו שם שמים.

Bei aller Uebereinstimmung in den Hauptpunkten differiren diese Quellen doch in Nebenpunkten. Saba, der doch selbst auf einem gebrechlichen Kahn Portugal verlassen haben soll, erwähnt nichts von dieser wunderähnlichen Fahrt, was die andern beiden Quellen hervorheben. Im Gegentheil, der Ausdruck: נתן לנו המלך רשות והביאונו לארזיליא will eher bezeichnen: der König habe aus Gnaden ihn auf einem Schiff nach Arzilla bringen lassen. Ferner unterscheidet

Saba bei dem Transport nach Arzilla zweierlei Gruppen. Er und seine Genossen (nach der ersten Quelle Lerma und Alfual) seien daselbst unbelästigt geblieben, während die andere Gruppe, welche der König später nach der Ueberfahrt Saba's ebenfalls dahin transportiren gelassen hat, als Sklaven und mit Marterqualen behandelt worden wären, um die Religionsgesetze zu übertreten. Ohne Gewicht auf die Differenz zu legen, daß nach Abraham Ben Salomo nur drei ungefährdet nach Arzilla und von da nach Fez gekommen wären, während Kapsali vier zählt, differiren sie doch in einem wesentlichen Umstande. Nach dem Letzteren wären die vier glücklich Entkommenen dieselben gewesen, welche mit Simon Maimi und noch zwei Anderen lebendig eingemauert gewesen, aber am Leben geblieben wären. Von dieser Einmauerung erwähnen die beiden anderen Quellen nichts und noch weniger, daß es Saba und seine Leidensgenossen betroffen hätte. Diese hätten nur bis zur Befreiung im Kerker zugebracht.

Man kann diese Incongruenz überwinden, wenn man davon ausgeht, daß nach den Zwangstaufen der meisten Juden in Portugal zwei Gruppen zurückgeblieben waren, welche allen Martern zum Trotz, standhaft geblieben waren: einerseits Lerma, Saba und Alfual, welche im Kerker geschmachtet hatten, und andererseits der Kreis, welcher zu Simon Maimi gehörte und noch grausamer behandelt wurde. Die Ersteren haben die Erlaubniß zur Abreise erhalten, sind, gleichviel ob wunderbar oder natürlich, in Arzilla gelandet, sind unbelästigt geblieben und konnten Fez erreichen. Die andere Gruppe dagegen ist (nach Kapsali) noch länger in Portugal zurückgehalten worden, wurde noch mehr gepeinigt und sogar eingemauert, wobei Simon Maimi und zwei Andere um's Leben gekommen. Die vier am Leben Gebliebenen sind später ebenfalls nach Arzilla transportirt, dort aber unmenschlich behandelt worden und haben den Tod erlitten. Kapsali hat irrthümlich diese vier der zweiten Gruppe mit den drei der ersten Gruppe verwechselt und von ihnen ausgesagt, sie wären wunderbar und ungefährdet an der afrikanischen Küste gelandet. Berichtigt man diesen Irrthum, dann stimmen die Quellen. Die Notiz in den Miscelleaneos de Ajuda, daß der König befohlen habe, sieben oder acht Halsstarrige nach Afrika zu transportiren (das bedeutet lugares dalem) bezieht sich nicht auf Maimi's Leidensgenossen.

Diese wurden von den Höflingen als halsstarrige Fühllose, als Kafferen (Cafres contumasses) bezeichnet, weil sie weder durch die Tortur, noch durch das lebendige Begrabenwerden zu bewegen waren, das Christenthum zu bekennen, und den Märtyrertod herausgefordert haben. Auf Saba und seine Genossen paßt die Bezeichnung nicht, weil dieser und seine Genossen weder gemartert, noch zu schwerer Arbeit angehalten wurden, sondern, wie aus Saba's Worten hervorgeht, die Erlaubniß erhalten hatten, frei auszuwandern. Wenn der portugiesische Bericht von sieben oder acht Transportirten, während Kapsali nur von vier spricht, und Saba damit übereinstimmt, so war der Referent bezüglich der Zahl nicht genau unterrichtet.

Auffallend ist es indeß, daß, wie aus Saba's Relation hervorgeht, der König Manoel diesem und seinen Genossen nach Maimi's Tod freien Abzug gestattet haben soll, während er Maimi's Genossen noch immer zurückbehielt. Noch auffallender ist es, daß Manoel nur Maimi und sechs Genossen grausam behandeln und gewaltsam taufen ließ, während Saba und seine Genossen davon unbehelligt blieben und nur im Kerker zugebracht haben. Diese auffallende Erscheinung führt auf ein eigenes Resultat. Simon Maimi war, wie schon

Note 14. 487

erwähnt, Oberrabbiner von Portugal. Als solcher war er nach dem Statut ein hoher Kronbeamter, funcionario da coroa, und fungirte im Namen des Königs. Unter dem Arraby mor standen sieben Oberrichter, ouvidores, für die sieben Provinzen Portugals, welche für ihr Territorium beinahe dieselben Funktionen, wie der Oberrabbiner für die Gesammtgemeinden, hatten, nur daß sie von diesem ressortirten. Jeder derselben war wohl אב בית דין für die Provinz (o. S. 44).

Sobald Manoel den höllischen Plan faßte, die portugiesischen Juden vermittelst der Zwangstaufe im Lande zu behalten, mußte ihm daran liegen, daß die von ihm unmittelbar oder mittelbar ressortirenden Beamten sich seinem Befehle gefügig zeigen und den Gemeinden das Beispiel des Gehorsams geben sollten; daher ist es erklärlich, daß Simon Maimi, der officielle Arraby mor von Portugal, ganz besonders der Zwangstaufe unterworfen wurde; seine Leidensgenossen waren also höchstwahrscheinlich die Ouvidores. Es hätten eigentlich sieben sein sollen, und also mit dem Oberrabbiner acht. Vielleicht bezieht sich darauf die Angabe in der portugiesischen Quelle sete ou oite (7 oder 8), oder vielleicht war gerade eine Ouvidor-Stelle damals vakant. Genug, es ist augenfällig, daß Maimi's Leidensgenossen königliche Funktionäre und zugleich Vorsteher der Juden einer ganzen Provinz waren. Maimi's Schwiegersöhne, welche mit ihm litten und starben, gehörten wohl zu den Ouvidores. Nur deswegen wurden für diese Sieben alle Mittel der Bekehrung angewendet, weil sie officielle geistliche hohe Beamte waren, damit sie den übrigen Juden mit dem Beispiel vorangehen sollten, wie es Kapsali angibt: וחשב המלך שאם ישמדם (שבעה אלה) וישארו גוים, כל היהודים שנשתמדו יתחזקו למפרע־ברת הנוצרים. Und gerade, weil die Augen aller Juden auf diese sieben gerichtet waren, erduldeten sie alle Marter, um in ihrem angestammten Bekenntniß zu verharren. Es ist daher auch erklärlich, warum nur diese sieben so unmenschlich gefoltert wurden, und warum Manoel die vier Ueberlebenden anfangs auch nicht entlassen mochte, dagegen Abraham Saba und seine Gefährten nicht der Folter unterwerfen und später gar frei abziehen ließ. Manoel setzte seine Hoffnung gerade auf die endliche Bekehrung dieser Sieben, um durch sie sämmtliche Zwangstäuflinge für das Christenthum gewinnen und sämmtliche portugiesische Juden, als Christen metamorphosirt, im Lande behalten zu können. Da die vier Ueberlebenden nach Kapsali „allen Torturen zum Trotz standhaft", oder nach der Bezeichnung der portugiesischen Notiz „halsstarrig" geblieben waren, so mochte es dem König bedenklich erscheinen, sie im Lande und in der Hauptstadt zu lassen, weil ihre Standhaftigkeit und ihr Todesmuth die bereits Getauften hätte abtrünnig machen können. Deswegen mochte er sie nach Arzilla haben transportiren lassen, nicht um ihnen die Freiheit zu geben, sondern um sie dort wegen ihrer Halsstarrigkeit und ihres widerspenstigen Ungehorsams züchtigen zu lassen. Der Gouverneur von Arzilla, welcher nach Saba's Relation sie bis zum Tode gemartert hat, war wahrscheinlich noch Conde de Borba, der auch die aus Spanien Ausgewanderten, welche durch sein Gebiet gezogen waren, so unmenschlich behandelt hatte (o. S. 361).

15.
Zur Geschichte der blutigen Vorgänge in Spanien im Jahre 1391.
(Zu Seite 57, Anmerkung.)

Das verhängnißvolle Gemetzel von 1391, welches von Sevilla aus sich durch ganz Spanien wälzte und der Anfang vom Ende, der Vertreibung der spanischen Juden ein Jahrhundert später, war, ist in seinen Einzelheiten nur theilweise bekannt. Außer dem summarischen Berichte von Chasdaï Crescas, dem bekannten Sendschreiben, ist in neuerer Zeit nur eine ausführliche Quelle bekannt geworden über die Vorgänge des Gemetzels von Valencia, mitgetheilt von Amador de los Rios aus dem Archive dieser Stadt: Relacion del famoso robo de la Juderia de Valencia, und mit demselben Inhalt: Carta de los Judios de Valencia sobre la Saqueo de la Juderia (Amador II, p 593 f.). Der unermüdliche Forscher nach Quellen und Urkunden zur jüdisch-spanischen Geschichte, Fidel Fita, hat jüngsthin einen neuen zeitgenössischen Bericht über das Gemetzel in Barcelona entdeckt und veröffentlicht, welcher nebenher Crescas' Mittheilungen bestätigt und illustrirt, hauptsächlich aber die Thatsache erhärtet, daß die Verbreitung des Gemetzels fast in ganz Spanien durch eine ruchlose Bande von einem Mittelpunkte aus geplant und ausgeführt wurde. Diese neue Quelle in lateinischer und spanischer Sprache hat Fidel Fita im ersten Hefte des Boletin de la Academia, Mai 1890, p. 433 f., veröffentlicht, deren Ergebnisse ich bei der Darstellung nicht mehr benutzen konnte. Ihrer Wichtigkeit wegen gebe ich sie hier nachträglich in den Hauptzügen, gelegentlich auch andere Referate, und Auszüge aus zwei hebräischen Klageliedern über diese Katastrophe. Der lateinische Bericht lautet:

Anno domini MCCCLXXXX primo, quinta die hujus mensis augusti extitit expugnata alyama judaeorum civitatis barchinone; causam et principium dantes gentes maritime, inter quos fuerunt diversi Castellani numero quinquaginta vel circa qui venerant cum duabus navibus Castellanis de civitate valencie, in quarum una venerat Nobilis bernardus de cabraria. Et illa die fuerunt interfecti centum judei vel circa; centum autem dimissis bonis, se receptarunt in castro novo dicte civitatis. Et fuit ignis in portalibus dicte aliame suppositus . . . .

Subsequenter, die dominica, fuit castrum predictum una cum calla custoditum per officiales regios . . . ne valerent expugnari per gentem minutam, et fuerunt capti bene XL vel XLV castellani . . . et fuerunt positi in carcere. curie vicarii barchinone. Postea vero die lune . . . consiliarii convocarunt consilium . . . quod consilium, nemine discrepante, [censuit] quod castellani, presertim X^m, qui primitus interfuerant in expugnacionibus aliamiarum judeorum civitatum Sibilie et Valencie, in satisfaccione justicie et totius rey publice civitatis barchinone, laqueo suspenderentur. Et dum Guill[er]mus de santo clemente vicarius barchinone dictum consilium exequucioni debite vellet demandare, faciendo dictos castellanos confiteri, universus populus pro mayori parte cum balistis et armis, vaxillis etcetera, cridant viva lo poble e lo rey, invaserunt dictos officiales regios, presertim dictum vicarium . . .; in quo conflictu vir honorabilis, civis barchinone . . ., Jacobus solerii, fuit cum balista interfectus et quamplurima vulnera secuta. Fuit etiam carcer dicte curie ruptus; et omnes castellani ac ceteri chatalani facinorosi a dicta captione liberati, invitis officialibus regiis . . . . . .

Note 15.

Postea vero aliqui de populo minuto dicte civitatis cum securibus frangerunt portas portalium murorum dicte civitatis .... et faciendo vociferari que los grossos destruerant los manuts.... Idemque hora vesperorum eiusdem [mensis] diei prox[ime] fuit expugnatum dic tum castrum novum .. cum balistis et lapidibus et ceteris armis; qui conflictus usque ad noctis tenebras duravit in tantum quod dicti judei pro mayori parte in noctis tenebris circa mediam noctem a dicto castro exierunt, et colligendo se in diversis domibus christianorum .....

Die vero sequenti fuit dictum castrum captum et redditum ..; et ab eodem omnes judei, qui remanserant, vi et compulsu gentium et rusticorum expulsi et illi qui renuebant babtizari interficiebantur per vicos et plateas, ita quod illa die et sequenti fuerunt bene CCC judei et amplius interfecti spoliati et depredati ...; et sic per VI dies duravit interfectio Judeorum prout reperibantur. Expugnacio vero alyame judeorum Civitatis Valencie fuit facta IX die julii, in qua fuit festum sancti christoforis. Et fuit in eadem alyama edificata capella sancti christoforis.

In secunda vero de augusti fuit, prout postea extitit habita certificatio vera, dicta alyama judeorum Civitatis Mayoricarum expugnata et quamplures judeorum interfecti et depredati; et multi effecti christiani.

Et in tercia decima die augusti predicti fuerunt judei in Civitati illerde .. et officiales regii et eorum equi vulnerati ac lapidati et ignis fuit in januis portalis majoris dicti castri supositus et inmissus et castellanus eiusdem castri fuit in eodem concrematus.

Et in X die dicti mensis ..., alyama judeorum civitatis gerunde fuit expugnata et quamplures judei mortui et depredati; et multi ex eis fuerunt efecti christiani et alii fugierunt; et qui invenibantur interficiebantur.

Et in eodem festo proximo fuit etiam insultus factus de dictis judeis in villa perpeniani, et multi fuerunt facti christiani, et multi in castro regis se recollixerunt.

Et sic istud peric[u]lum fuit per omnia regna Maioricarum, Valencie et per totam cataloniam contra dictos judeos universale.

Deutlich genug erkennt man aus den wenigen Angaben, daß in Sevilla ein Plan ins Werk gesetzt und Werkzeuge auserwählt worden waren, die Vertilgung der Juden durchzuführen. Ungefähr 50 Handfeste waren zu Schiff von Valencia, wo sie die Zerstörung angerichtet hatten, nach Barcelona gekommen, um auch hier ein Gemetzel zu veranstalten. Unter diesen befanden sich zehn, welche das Blutbad in Sevilla und Valencia angerichtet hatten. Sie waren demnach direkt von Sevilla aus dazu beordert worden. Auf dem Schiffe, welches mit diesen Mordgesellen von Valencia nach Barcelona gekommen war, befand sich ein Adliger, Bernard de Cabrera. Fidel Fita machte mit Recht darauf aufmerksam, daß in dem Berichte des Magistrats von Valencia über das Gemetzel die Mordgesellen erwähnt sind, welche dieses veranstaltet haben. Der Magistrat von Valencia hatte Vorkehrungen getroffen, daß hier von der niederen Volksklasse keine Gewaltthätigkeit gegen die jüdische Gemeinde versucht werden sollte. Da kam eine Bande von 40—50 von Außen, welche sogleich eine Pforte des Judenquartiers zu erbrechen Anstalt trafen. Una companya de Minyons de XL en L venguerin á hú dels portels de la Juheria. Die hier als „Jungen" (Minyons) bezeichnet werden, werden im Verlaufe derbe Gesellen genannt (fadrins). Also dieselbe Zahl der Mordgesellen in Valencia und Barcelona, dieselben oder ein Theil von ihnen waren schon von Sevilla aus aufgebrochen. Diese Gesellen riefen gleich bei dem Angriff auf das Judenquartier in Valencia mit drohender Stimme, der Erzdekan aus Sevilla (Ferran Martinez), der Urheber der Gräuel, sei mit ihnen angekommen: e cridants als Juheus quel arcepreste de Sevilla venia absa creu und forderten die Juden auf, sich zu taufen oder den Tod zu erwarten: e ques batejaren, sinon morrien. Nur so ist es erklärlich, daß sich das Gemetzel in rascher Aufeinanderfolge von Stadt zu Stadt, von Sevilla bis Aragonien verpflanzt hat. Es sind Commissäre ausgesandt worden, um die Menge zu fanatifiren. Ich kann meinem gelehrten Freunde Fidel Fita nicht zustimmen, daß die sociale Unzufriedenheit dabei im Spiele gewesen wäre; nur der glühendste Fanatismus hat die Gemüther erregt, und die Anarchie, welche während der Minderjährigkeit des castilianischen Königs herrschte, hat es ermöglicht, daß solche Gräuelthaten ungestraft begangen werden konnten.

Nicht unwichtig ist der Auszug aus der Relation über diese Vorgänge von dem jüngeren Zeitgenossen Guillermo Mascero (gest. 1452): Ista autem destructio Judaeorum incepit primitus in regno Castellae in diversis civitatibus ... Postmodum continuata in Civitate Valentina, Barchinona, Terrachona, Gerunde ac Perpiniano, et civitate Maioricensi, et in quamplurimis locis regni Aragoniae, exceptis in quo fuerunt Judei custoditi, maxime in Cesaraugustuna. Von dem Gemetzel in Barcelona berichtet derselbe Mascaro: Fünf Tage wurden die Juden durch Brand und Tod verfolgt. Auch in der neuen Burg, wohin sie der Gouverneur Guillermo de San Clemente aufgenommen hatte, wurden sie von der Volkshefe belagert und bekämpft und durch Hunger und Durst dahin gebracht, daß sie sich bereit erklärten, die Taufe zu nehmen. Der größte Theil von ihnen unterzog sich auch derselben, andere aber, besonders die Frauen, zogen den Tod vor: por quel otros, specialmente las mujeres, quisieron antes dejarse matar.

Zwei hebräische Klagelieder (מרחיה), obwohl formell unbedeutend, geben einige Einzelheiten von diesen Begebenheiten. Das eine, handschriftlich im Besitze des Herrn Halberstamm, von einem sonst unbekannten R'Salomo gedichtet (o. S. 156, Anmerkung), nennt eine Reihe von Städten, in welchen Gemetzel vorgekommen sind: Sevilla zuerst: על הגברת בת אשביליייא תספדו; Toledo: בורגוש ברגש עם רשעים הלכה; Burgos: כבודך טלטלי על שור טוליטולה; Jaen, Carmona, Madrid, Illescas und noch zwei mir unbekannte Städtenamen: גאין ואוקרה ובאיהס וקרמונה מגריט ואלישקאש בראש קנים והי; ferner Cuenca: ליקרון וקוניגו; Logroño und Carrion: שודד לקואינקה בא להשמידה; eine Stadt Linguas?: ראשך העלו לה על; Barcelona: לינגואש האנושה חמרטי; Valencia: על הכלולה בת באלינסייא; על ברצלונה שה חאניה תספדו; Lerida: נאו בגירונדה רשעים; Gerona: על בת לירידה אש אלחים ירדה; חאמרי; Majorca?: ספדי במספד מר למרקא; שמחו.

Während der Dichterling das Unglück der Gemeinden beklagt, gießt er seinen Zorn auf die Gemeinde von Burgos aus, daß sie sich über Hals und Kopf zur Taufe drängte:

בירגוש בְּרֶגֶשׁ עם רשעים הלכה עלה לבה עלי ראשי הָעֲלִי
הן כחשה באל כשיטה שטחה, נכבד ויקר חלפו בוללי

. . .

חיעים ומתעים הישחים, נהפכו בה שי לצר נחשב והרב תובלי
היו לפח מוקש כי רב (I.) וירב) עם למת דורשים ואין בם חי וקים שואלי
שירות כמרים הלויים שורדו עובדי אלהים באלים מתהללי.

Note 15.

Der letzte Vers, daß die Leviten jetzt Kirchenlieder singen, scheint sich auf Salomo Halevi de Burgos, seine Brüder und seine Söhne zu beziehen, welche nach der Taufe den Namen Santa-Maria annahmen und auch als Christen sich ihrer levitischen Abstammung rühmten, weil sie dadurch leibliche Verwandte mit der „Gottesmutter" wären. Es würde sich auch daraus ergeben, daß der Stammvater Pablo de Santa Maria erst infolge des Gemetzels die Taufe genommen hat (vergl. o. S. 79, Anmerkung 2).

Das zweite Klagelied bietet interessantere Details. Aus dem Codex hebr. de Rossi in Parma (No. 959, neue No. 1917), dem Gebetbuch des spanisch-orientalischen Ritus hat es Neubauer veröffentlicht in der Zeitschrift: Israelitische Letterbode, 10. Jahrg. 1880—81, p. 33 f. Es hat die Aufschrift: מרחיה und beginnt mit den Versen: חיקה אחת . . . עדת ישורון כלכם עלי קשטילייא וארגון לכם, לספוד ולבכות כל ימים על אשר ארע לכם ולאבותיכם וככל בית ישראל.

Das Klagelied bestimmt die Zeit des Gemetzels nach dem Tode des Königs Don Juan I., während der Minderjährigkeit Don Henrique III., und deutet auf den Urheber aller dieser Gräuel, auf den Erzdekan Ferran Martinez. Manche darin erwähnte Einzelheiten sind anderweitig nicht bekannt und verdienen, mehr in extenso bekannt zu werden:

אהה על גלות ספרד . . .
בשנת מות נסיכנו דון גואן מלכנו, כשלו ברכנו ויקם ה' שטן לישראל.
איש צר ואויב כהמן, בכל עת ובכל זמן, פחת לרגלנו טמן, ענן עובר ישראל.
היא שנת אין מלך כי אם צעיר מלך השמיד עשיר והלך . . .
ובראש חדש חמון נגרתי בחפזי ויאבד כל עליו . . .
. . . . . הכו קהל אישבילייא . . . . .
. . . ואיליל ברחובה קהל קורטובא . . . . .
על שואת קהל טולייטלה . . . תפארת הגולה . . . . .
בששה עשר לחדש זעם צור ברית קדש . . . . .

נפלו בידי ערלים וצרים כמה חסידים וכשרדים וצדיקים גמורים ונשיאי ישראל ושמואל הקטן עמהם התחתן לא שמע לקול השטן ההולך לפני מחנה ישראל ונשים צדקניות שמרי מצות רחמניות אשר היו ראויות לכפר על בני ישראל.

ורב ישראל המשורר עליו קנים אעורר . . . .
וציר נאמן של קהלה שחט עצמו תחלה . . . .

אוי על בתי כנסיות כי שכו כלם שאיות . . .
בית הכנסת הגדולה . . . .
שעריה שוממים ובאו בה עמים, ישמעאלים ואדומים . . . .
וההיכל הקדמון היה כתל חרמון . . .
בית הכנסת החדשה בדד כאישה גרושה

בית הכנסת שר שמואל הלוי נשיא ישראל הוי הוי אריאל
ומדרש ר' יעקב אויבים עקבוהו עקב . . .
ובית הכנסת אלקורטובי אין לו מוצא ימביא
ובית הכנסת נ' זיוא אשר היתה עליה אוי כי משם זוה כבוד מישראל
אהה אל מקדש אלנקוה, עליו אזעק אויה . . . .
אוי על כנסת אבידרהם
אהה על מדרש נ' יקר אשר היה פאר ויקר ממקומו נעקר . .
ומדרש רב ישראל . . . . .
ומדרש רב מנחם . . . .

הרבה כפרים וטירות נגזר עליהם גזרות . . .
. . . .
בית הכנסת של סלוקיא (?) מר תצרח באניה . . .
. . . .
ואשא קינה במגנה . . . . על קהל ברצלונה . . .
ועל אלה אני בוכיה . . . על קהל בלנסיא . . .
ואקונן בבכי ואנקה . . . . על קהל סורקיא
. . . .
וכל כתבי הקדש אויב קדש והדש . . .

Vergl. dazu die Anmerkungen von Kaufmann in Letterbode a. a. O. p. 81 f.

Register.

A.

Ababia, Juan de la 313 fg., 316.
Abaji, Aaron b. 280.
Abarim, Don Joseph von Valencia 60.
Aben-Crescas Abiatar 227.
Aben-Jachja, Abraham 311.
Aben-Nunes, Jakob 227.
Abigedor Kara, Rabbiner v. Prag 52.
Abner-Alfonso, Apostat 21 f.
Aboab, Isaak 218, 330, 348.
Abolafio, Fernando Juan 290.
Abrabanel, jüdisch-spanisches Geschlecht 17, 58.
Abrabanel, Isaak 239, 323, 337, 344, 348. 357 ff
Abrabanel, Isaak der Jüngere 328 fg.
Abrabanel, Juda Leon 327, 359
Abrabanel, Samuel 17, 19, 28, 57, 328.
Abraham der Deutsche 253.
Abraham aus Granada 97.
Abraham de Beja 370.
Abraham b. Jehuda, Karäer 207.
Abraham-Esra 210.
Abraham Klausner 11.
Abraham Salomo, Arzt aus Maximin 389.
Abraham Senior s. Senior A.
Abravalla, Samuel 60, 128.
Abulafia Samuel 351.
Abzeichen der Juden in Deutschland 8, 18 fg., 109, 147, 149, 190.
Adolph v. Nassau, Erzbischof v. Mainz 14, 252, 273 fg.
Aerzte, jüdische 138, 227, 240, 258, 322, 386, 389.
Aguilar, Alfonso de 235 fg.
Alami, Salomo 37, 109 fg.
Albo, Joseph 114, 121, 161, 168 fg., 180.
Alboraits 151 fg.
Albrecht II., Kaiser 132 fg., 146, 186 fg.

Albrecht, Herzog von Baiern 149.
Alcaubete, Pedro Fernandez de 306.
Alchadib, Isaak b. Salomo 26.
Aleman, Eljurado 385.
Aleman Jochanan 246.
Alexander VI., Papst 318, 364, 384.
Alexander, päpstlicher Legat 271.
Alfonsinische Tafeln 369.
Alfonso II. von Neapel 359.
Alfonso V. von Portugal 239, 325.
Alfonso V. von Aragonien 151.
Alfonso, Infant von Castilien 228, 231.
Alfonso de Aragon, Erzbischof von Saragossa 315.
Alfonso de la Caballeria s. Caballeria, de la, A.
Alfonso de Cartagena, Bischof von Burgos 145 fg., 154.
Alfonso de Espina s. Espina.
Alfonso de Ojeda 286, 291.
Alguardez Meïr 74, 83, 89 fg., 93, 95.
Alhambra 342.
Allorqui s. Lorqui.
Almeida, Lope de 328.
Alrabi, Ahron b. Gerschon 250.
Alsobar, Samuel 141.
Alteca Boteca, s. Profiat Duran.
Altirno, Isaak 280.
Alvarez de Villasandino, Alfonso 78.
Alvaro de Luna 141, 148, 153, 227 f., 285.
Amschel von Regensburg 264.
Andalusien, Juden in 294, 337, 343.
Andeiro de Aurem, Graf 45.
Anblau, elsässisch. Grafengeschlecht 12 fg.
Anklagen gegen die Juden 2, 34, 42, 67 fg., 95, 132, 184 fg., 196 fg., 201, 228, 233, 259, 265, 268, 271.
Anklagen gegen den Talmud 119 fg., 222 fg.

Anselm von Köln 137.
Anusim s. Marranen.
Aracena 291.
Aragonien, Juden in 297 fg, 312 fg., 342, 346.
Arama, Isaak 219, 317.
Aranda, Pedro de 318 fg., 385.
Arbues de Epila, Pedro 303, 312 fg.
Arias s. Davila.
Arlotto de Prata 163.
Ar-Rabbi Mor 44.
Ascher aus Köln 280.
Ascheriden 28, 58.
Aschkenasi, Saul Kohen s. Kohen Saul.
Astronomen, jüdische 369, 371.
Astrüc, Jesaia 35 fg., 47.
Astrüc Kohen, Saul 100 fg.
Astrüc Levi 114, 120.
Astrüc Raimuch 78 fg.
Astrüc Sibili 185.
Atar, Schulham Davi 389.
Aubriot, Hugues 34 fg.
Augsburg, jüdische Gemeinde in 184, 186.
Auto da fé 291 fg.
Avignon, Juden in 69, 391.
Avila, jüdische Gemeinde in 20, 317, 342.
Ayala, angef. span. Adelsgeschlecht, 230.

B.

Baden, Juden in 265.
Bajazid II. 277, 280.
Barcelona, Gemeinde in 62, 73 fg., 317, 351.
Barco, Lopes Juan de 287.
Barfat s. Isaak Ben Scheschet.
Barroso, Don Pedro Gomez 55.
Baschjazi, Elia b. Mose 275 fg.
„ Menahem, Karäer 208.
„ Mose, Karäer 208.
Basel, Juden in 3.
Behaim, Martin 369.
Beltran, Andreas 119.
Ben-Astrüc Des-Maestre aus Gerona 114.
Benedeva 289.
Benedikt XIII., früher de Luna 22, 82, 89, 105, 113 fg., 122 fg., 128, 147.
Ben Schem-Tob, Levy 381.
Bentivoglio, Francisco, Bischof 162.
Benveniste Jbn Labi, Don Vidal 78, 118, 121 f., 156, 161.

Benveniste, Abraham 141 fg., 155, 217.
„ Abraham II. 217.
„ Joseph 217.
„ Todros 122.
Berberei, Juden in 99, 337, 360 f.
Bernaldez, Andreas 346.
Bernardinus von Feltre 255 fg., 258, 282.
Bernardinus von Siena 192.
Bertinoro, Obadja da 251, 279.
Bibago, Abraham b. Schem Tob 219 fg., 227.
Bibelforschung 162.
Bibelkonkordanz 162 fg.
Blutanklage von Trient 259 fg., 267.
Boabdil 337 fg.
Bodecker, Stephan, Bischof v. Brandenburg 72.
Boleslaw, Herzog von Polen 199 fg.
Bonafos 312.
Bonfed, Salomo b. Ruben 79, 157.
Botarel, Mose Bonjak 97 fg.
Breslau, Gemeinde in 3, 195 fg.
Brou de Palla, Nikolas 61.
Bruna, Israel 212 f., 262 fg.
Brunetta 258.
Buen-Giorno, David En-Bonet 87.
Bulle, die goldene 3.
Bulle des Papstes Calixtus 226.
Bulle des Papstes Eugenius 226.
Bulle des Papstes Nikolaus 226, 241.
Byzantinisches Reich, Juden in 203 fg.

C.

Caballeria de la, Familie 150.
Caballeria, Alonso de la 312, 319.
Caballeria, Pedro de la 312, 319.
Caballeria, Violante de 319.
Cabrera 237.
Canpanton, Isaak 217.
Capistrano 187, 189 fg., 205 fg.
Capon-Tavira, Ruy 225.
Çarça, Samuel 16, 23, 25 fg.
Çarçal, Mose 74, 90.
Caro, Isaak ben Joseph 384.
Carpentras, Juden in 69, 391.
Cartagena de 123, 145 fg.
Castilien, Juden in 16 f., 59 f., 94 fg., 108 f., 297 f., 311, 342.
Catalina, Regentin 94 fg., 107 fg., 111 fg., 125, 144.
Catalonien, Juden in 341, 346.
Censur u. Widerlegung d. Talmud 333.
Chabib, Levy b. 384.
Chabillo, Ali b. Joseph 219.

Chacham-Baschi 277.
Chajim Galipapa 31 fg.
Chajim Ibn-Musa 141, 164 fg.
Chajjat, Juda b. Jakob 222, 373.
Chajun, Josef 218 fg.
Chanoch Saporta 208.
Chasdai ben Salomo von Tudela 32, 47.
Chasdai Crescas 28 fg., 32 fg., 36, 62, 83, 86 fg., 91 fg., 98, 164, 169.
Christenkindermord s. Anklagen gegen die Juden.
Christofle, Isaak 66.
Ciudad, Sancho de 308.
Columbus 371.
Comprat, Mose 389.
Comtino Mardochai b. Eleasar 274 fg.
Concil zu Bamberg 189.
Concil zu Basel 145 fg., 183 fg.
Concil zu Kostnitz 124 fg., 130.
Conejo, Abiatar 319.
Conrad von Weinsberg 136.
Constantinopel 204 f.
Constitutionen der Inquisition 303 fg.
Cordova, Gemeinde in 58, 235, 284, 294, 302, 305, 347, 351.
Coronel 348.
Cortes 287.
Cortes von Toledo 227, 229.
Cortes von Ocaña 231.
Coscon 311.
Cota, Alfonso de 153, 310.
Coutinho, Fernando Bischof 380.
Cresdas Barfat 33.
Cruz, Gaspar de 316.
Cusanus, Nikolaus 189 fg.

D.

Dasiera Salomo 156.
Da Rieti, Mose b. Isaak 157 f.
David, Rabbiner von Würzburg 195.
David, Hofjude Friedrich III. 273.
David b. Hodaja, Exilarch 13.
David Maimuni II., Nagid von Damaskus 24.
David Zehner 210.
Davila, Diego Arias 225, 234, 318.
Davila, Juan Arias 234 fg., 318 fg.
Davila, Pedro Arias 318.
Del Medigo, Elia 244 fg., 252, 254, 281 f.
Del Medigo, Elkana 281 f.
Del Medigo, Mose 282.
Denys Machault 67 fg.

Deutschland, Juden in 3, 10 fg., 49 fg., 70 fg., 131 fg., 193 fg., 209, 214, 252, 258 fg., 261 fg.
Deza, Großinquisitor 354.
Dias, Pero 306.
Diaz, Maria 308.
Dichtkunst bei den Juden 19, 90, 155 fg.
Diego de Merlo s. Merlo.
Diego de Susan 289.
Diego de Valencia 78.
Diether von Isenburg, Erzbischof von Mainz 252, 273.
Disputationen in Burgos 20.
   " in Pampeluna 22.
   " in Tortosa 114 fg., 141.
   " in Rom 193.
Dogmenlehre im Judenthum 248 fg.
Dominikaner 131, 135, 260, 285 fg., 300 fg.
Druckereien, jüdische 243.
Duran, Salomo I., Rabb. von Algier 166 f.
Duran, Simon b. Zemach, Oberrabbiner v. Algier 100 f., 166 f., 181 f., 186.

E.

„Edikt der Gnade" 292 f.
Efodi 87.
Efrati, Amram 27, 47.
Egidio de Viterbo, Cardinal 241.
Ehewesen und Eherecht bei den Juden 137 fg., 280.
Eisak Tyrnau s. Tyrnau.
Eli, Leonardo de 313.
Elia, Rabbiner von Prag 211.
Elia von Mainz 102.
Elia Cretensis s. Del Medigo Elia.
Elia di Ferrara 277.
Elia Halevi 208.
Elia Misrachi 276, 280.
En-Astrüc s. Esra En-A.
En-Bonet, Buen-Giorno, David 87 fg.
Enns, die Messnerin von 132.
En-Schaltiel Bonafos 78 fg.
En-Vidal, Efraim Gerundi 27, 47, 61, 181.
En-Zag Vidal de Tolosa 38.
Erfurt, Juden in 3, 210.
Eschenloer 196, 198.
Esperaendeo, Juan de 314.
Espina, Alfonso de 228 f.
Esra En-Astrüc Gatiño 23, 26.
Essecutor, Pedro 385.
Esther-Rolle, spanisch vorgelesen 31.
Eugenius IV. 146 fg., 226.

F.

Ferdinand, der Katholische 232 fg., 237 fg., 284, 286 fg., 303, 337.
Ferdinand, König von Neapel 257.
Fernandez de Alcaudete s. Alcaudeta.
Fernando, König von Portugal 43 fg.
Fernando v. Aragonien 94, 108, 111 fg., 124 fg., 232, 323.
Fernando von Braganza 325, 329.
Fernando de Talavera 287.
Fernando de la Torre 231.
Fernan Martin, Polizeihauptmann 41.
Ferran Martinez, Erzdekan von Ecija 53 fg., 64, 145.
Ferrer Vicente, Dominikaner 105 ff., 121, 124 f., 318 fg.
Ferrer, Vidal s. Benveniste Ibn-Labi.
Ferrus s. Pero Ferrus.
Ficinus 245.
Fiorentino, Giovanni 2.
Flagellanten 106.
Fortalitium fidei 228.
Francisco „Gottfleisch" s. En-Bonet Buen-Giorno.
Franziskaner 230.
Franko, Nikolo, päpstlicher Nuntius in Spanien 286.
Franko, Salomo 26.
Frankreich, Juden in 4 fg., 33 fg., 65 fg., 388 fg.
Friedrich III., Kaiser von Deutschland 133, 138, 187, 261 fg., 269 fg., 273 fg.
Furtado de Mendoza 141.

G.

Gabbai Mose 250.
Galeazzo, Herzog von Mailand 256.
Galia Raze 224.
Galipapa s. Chajim Galipapa.
Galvez, Christobal 299.
Garci Alvarez de Alarcon 119.
Garcia Bendito 342.
Garcia de Toledo 153.
Gartiño s. Astrüc G.
Gaufredi, Bartholomée 390.
Gavison, Familie 335.
Gemeindewesen und Gemeindeordnung der Juden 43 fg., 143 fg.
Genua, Juden in 363 f.
Georg, Herzog von Baiern 273.
Gerichtswesen d. Juden 5, 38 fg., 41 fg., 44, 143, 201 fg.
Gerlach, Erzbischof von Mainz 3.
Gerona, Gemeinde in 62, 124.
Geronimo de Santa Fé s. Lorqui, Josua.
Gerundi Efraim s. En-Vidal.
Gesetze und Verordnungen gegen die Juden (Bullen) 41 fg., 51 f., 68, 75, 94 f., 108 f., 123, 146 f., 184, 187, 194 fg., 203, 216, 267, 294.
Ghetto 108, 149, 266 f.
Gibraltar 236.
Gil Nunez, Bischof v. Mallorca 184 f.
Giron, Pedro 225.
Gomez, Erzbischof von Toledo 20.
Gomez, Alvar 231.
Gonzalez, Fernando 317.
Gonzalez, Ines 317.
Gonzalez, Pedro Mendoza 286.
Gonzalez de Teba 308.
Gonzalo de Santa Maria s. Cartagena.
Gonzalo, Alonso 318.
Gottfried, Bischof v. Würzburg 194 f.
Granada, Juden in 334 fg., 337 fg. 347, 351.
Grimani, Domenico 241.
Großinquisitor 301 fg.
Großrabbiner von Deutschland 102, 136 f.
Großrabbiner von Portugal s. Ar-Rabbi Mor.
Großrabbiner v. Spanien s. Alguadez Meïr, Benveniste Abraham und Senior Abraham.
Großrabbiner der Türkei s. Kapsali, Moses.
La Guardia, Heiliges Kind von 340 fg.
Guzmann, Perez de 56.

H.

Halevi Meir ben Baruch, Rabbiner in Wien 10 f., 36.
Halevi, Samuel 128.
Hamon, Isaak 334 fg.
Handel und Gewerbe der Juden 62, 64.
Haym aus Landeshut 136.
Heilbronn, Juden in 3.
Heinrich II., König v. Castilien 15 fg., 40, 53.
Heinrich III., König von Castilien 55, 64, 74 fg., 82, 89 f., 94.
Heinrich IV., König von Castilien 225, 227 f., 231 f., 237, 285.
Heinrich, Bischof v. Regensburg 262 fg., 267, 270.

Register.

Helim, Jakob 206.
Heredia de s. Paulus de Heredia.
Hernando de la Plaza 230.
Herrera, Mustin de 158.
Herrera, Pedro de 236.
Hieronymisten 294, 310.
Hinderbach. Bischof von Trient 259.
Hochmeister der Juden s. Großrabbiner von Deutschland.
Hostienschändung s. Anklagen.
Hunyadi Corvinus 205.
Hussiten 131, 134, 262.
Huß, Johannes 130.

J.

Jaabez, Joseph 332.
Jaen, Juden in 302, 305, 347.
Jakob de Pons-Sainte-Maxence s. Pons-S.-M.
Jakob von Navarra 316.
Jakob von Straßburg 138.
Jakob Abn-Nuñes 227.
Jakob Margoles s. Margoles.
Jakob Möllin s. Möllin.
Jakob Weil s. Weil.
Ibn-Danan s. Saadia J. D.
Ibn-Jachja, Familie 44, 114.
Ibn-Jachja, Gedalja 276, 326 fg.
Ibn-Jachja, Joseph 327, 375.
Ibn-Jachja, Todros 114.
Ibn-Labi, Vidal de la Caball. s. Benveniste Ibn-Labi.
Ibn-Said, Isaak (Zag) 369.
Ibn-Verga, Juda 322.
Ibn-Verga, Salomo 337.
Ibn-Zadik, Joseph 234.
Jechiel von Pisa 239, 256, 328, 358.
Jehuda b. Ascher II. 58.
Jehuda b. Jechiel s. Messer Leon.
Jehuda Hanassi 224.
Jerusalem, Gemeinde in 277 fg.
Jesaia ben Abba-Mari s. Astrüc J.
Immanuel Romi 157 f.
Infessura, Kanzler von Rom 300.
Innocenz VIII. 314, 329.
Inquisition 191, 230, 285, 292 fg., 297, 302, 306 fg., 321, 336.
Inquisitions-Tribunal in Aragonien 298 f.
Inquisitions-Tribunale in Saragossa 306.
Inquisitions-Tribunale in Sevilla 290.
„ Toledo 301.
Joao I. König v. Portugal 45, 64 fg., 125 fg.

Joao II., König v. Portugal 328, 348, 369, 371, 375.
Jochanan Aleman s. Aleman J.
Jochanan b. Matthatia Provenci 35 fg., 47, 70.
Johann, König von Frankreich 4 fg.
Johann XXIII., Papst 106
Johanna, Königin von Neapel 193.
Johanna, Infantin von Spanien 377.
Johannes von Valladolid 20 fg.
Joseph, Herzog von Mantua 254.
Joseph, Sohn Michael des Alten 208.
Joseph b. Meschullam 221.
Joseph Ibn-Schemtob 141, 163 fg., 178 fg.
Joseph Ibn-Zadik 234.
Joseph Rewizi 275.
Joseph Tob-Elem Sefardi 23 fg.
Joseph Vecinho s. Vecinho J.
Josua Ibn-Schoaib 28.
Josua Ibn-Vives 84 f., 105 f.
Jranzu 236.
Isaak ben Kalonymos 162 f.
Isaak b. Scheschet Barfat 28 f., 33, 36 f., 99 f.
Isaak de Leon 216.
Isaak von Oppenheim 102.
Isaak von Wydawe 14.
Isaak Ibn Schem-Tob 180.
Isabella von Kastilien 231, 235, 237, 284 fg., 323, 337 fg.
Isabella II. 377, 379, 386.
Israel Bruna s. Bruna.
Israel von Krems 102 fg., 211.
Isserlein, Israel 188, 196, 211 fg., 264 fg.
Italien, Juden in 70, 126, 239 ff., 255 fg., 238 fg., 251 fg., 260, 350.
Juan I., König v. Aragonien 29, 59. 61, 73.
Juan II., König von Aragonien 151, 225, 227.
Juan I., König von Castilien 40 fg. 45 fg., 54 fg.
Juan II., König v. Castilien 95, 108, 141 fg., 147 fg., 153 fg., 188, 285.
Juan, Alfonso 56.
Juan, Maëstro 98.
Juan de la Cobbad 153.
Juan de España 151.
Juan de San Martin 287, 297.
Juan de Sevilla 300 ff.
Juan de Tordesillas, Bischof 95 f.
Juan Deffar 184.
Juda der Ascheride 28.
Juda der Oberschatzmeister 44 f.

Graetz, Geschichte der Juden. VIII. 32

Juda Aben-Abraham 54.
Juda Menz s. Menz J.,
Judaisiren 293 fg.,
Judenquartiere s. Ghetto.
Judensteuern 5, 52, 102, 207, 261 fg., 278.
Judenverfolgungen 18 f., 34 fg., 49 fg., 53 fg., 57 fg—63, 72, 95 f., 110 f., 131 f., 185 f., 188, 195 fg—199, 234, 268, 290 fg
Juglar, Gaspard 303, 312.

K.

Kabbala 96 fg., 222 fg., 177, 246 fg.
Kalman aus Regensburg 242.
Kamerauer 262.
Kammerknechte 102.
Kana, kabbalistische Schrift 222 fg.
Kapsali, Elieser 208.
Kapsali Mose, 206 fg., 209, 254, 276 fg., 280 f.
Kapuzato, Mose 276.
Karäer 202, 207 fg., 276.
Karl IV., Kaiser von Deutschland 3.
Karl V., von Frankreich 4, 7 fg.
Karl VI., von Frankreich 35, 65 fg.
Karl III., von Navarra 82.
Kasimir der Große, König von Polen 199 fg.
Kasimir IV.,   "   "   " 200 fg.
Kirchenstaat s. Venaissin.
Kitzingen, Salman 212.
Kleidung der Juden 109, 112, 144, 203, 241.
Köln, Gemeinde in 136.
Kohen, Mose 20 fg.
Kohen, Perez 30.
Kohen, Salomo, 210.
Kohen, Saul Aschkenasi 247.
Kolon, Joseph, 213, 253 fg., 269, 277, 281.
Kolon, Perez 282.
Konstantinopel 274, 276, 280.
Kurfürsten, Deutsche, Juden unter 3.

L.

Ladislaus II., König von Böhmen 265.
Ladislaus Posthumus, König von Böhmen 197 fg.
Landau, Jakob 253.
Landau, R. Liva 253.
Lates, Bonet de, 389, 392.

Lates, Isaak b. Jakob de 10.
Lehehäuser der Juden 28, 137, 142.
Leo von Crema 241.
Leonora, Gemahlin Fernandos von Portugal 44 fg.
Lerin, Graf von 356.
Lerma, Schemtob 385.
Levi ben Chabib s. Chabib.
Lipmann aus Mühlhausen 71 fg
Lorqui, Josua 84 fg, 105 f., 113 f., 125, 147, 312, 316.
Lual, Jakob 388.
Lucena Juan de 345, 351 fg.
Ludwig, Herzog von Anjou 34.
Ludwig der Reiche, Herzog von Baiern 188, 194, 262 fg., 265, 267, 269 fg.
Luna, Alvaro, de s. Alvaro de L.
Luna, Pedro de s. Papst Benedikt XIII.
Lurja, Ahron 212.

M.

Machault, Denys s. Denys M.
Maharil s. Mölln, Jakob.
Maimi, Simon 387.
Mainz, Gemeinde in 252 fg., 273 fg.
Malaga, Gemeinde in 296, 337.
Mallorca, Gemeinde in s. Palma.
Malsin 41.
Manessier de Vesou, 4, 6 fg., 33.
Manoel, König von Portugal 375 fg.
Manrique, Inigo 299.
Manrique, Gomez, 306.
Mantua, Juden in 243 f.
Margoles, Jakob 268, 282.
Maria von Aragonien 151.
Mar=Mar Jesu, antichristl. Schrift 123.
Marol, Menahem 208.
Marranen 75 fg., 107, 140, 149 fg., 190, 229 fg, 235 fg., 284 fg, 320, 385 fg., 392
Martin V., Papst 126 fg., 135 fg.
Martin, König von Aragonien 111.
Martinez s. Ferrand Martinez.
Matthatia Provenci 8 f., 35.
Matthatia Jizhari 114.
Matthias Tiberinus 259.
Medigo s. Del Medigo.
Medina-Sidonia, Herzog von 236 f.
Meil Zedek s. Menahem von Merseburg.
Meïr, Schwiegersohn Abraham Seniors 348.
Meïr b. Baruch s. Halevi.
Meisterlein 212.

Melk Eschref Kaïtbai, Mamelukenherrscher 277, 280.
Menahem von Merseburg 137 f.
Menahem b. Berach 27 f.
Menz, Juda 253 fg., 281.
Menz, Mose 253.
Merlo, Diego de 288.
Meschullam aus Rom 339.
Messer Leon 243, 252, 254.
Messianische Zeit 97 f., 115, 118, 177.
Meyer von Kronenberg 102.
Micer Pedro 150.
Michael der Alte 208.
Minhag-Schriften 11.
Mirandola, Pico de 241, 245 fg.
Misrachi, Elia 276, 280.
Mocenigo, Pietro 260.
Möllin, Jakob 12, 134, 210.
Mohammed II 203 fg.
Montemar, Marquis von 325.
Montero, Anton Ropero von 289.
Morenu, die Rabbinerwürde 10 f.
Morillo, Miguel 287, 292, 297.
Mose Botarel s. Botarel.
Mose Vierundzwanzig 280 f.
Muley Abn-Abdallah s. Boabdil.
Mustin de Herrera s. Herrera M.

N.

Naßi, David 162.
Naßi, Joseph 14 f.
Nathan, Gelehrtenfamilie s. Isaak b. Kalonymos.
Navarra, Juden in 356.
Navarro, Mose 65.
Nechunja Ben-Hakana 222, 224.
Negro, David 44 fg.
Neuchristen s. Marranen.
Nikolaus V, Papst 153, 187 ff.
Nikolaus von Clemangis 48.
Nikolaus von Cusa s. Cusanus.
Nikolaus de Lyra 84, 165.
Nissim Gerundi 27, 29 f., 33.
Nizachon, antichristliche Schrift 71 f.
Nördlingen, Gemeinde in 49.
Nostradamus, Pierre de 389.
Nürnberg, Juden in 3.
Nuñes Jakob 296.
Nuza, Juan de la 311.

O.

Obadja da Bertinoro s. Bertinoro.
Oesterreich, Juden in s. Deutschland.
Olesnicki, Zbigniew s. Zbigniew O.

Opferpfennig, der güldene, Judensteuer 52, 102.
Oppenheim, Seligmann 211 fg.
Orabuena, Joseph 33, 65, 82.
Oropesa, Alfonso de 230, 294.
Oser, Rabbiner 211.

P.

Pacheco, Don Juan de 225, 227 fg., 237.
Palästina, Juden in 277 ff.
Palavicini Antonio 318.
Palma auf Mallorca, Gemeinde in 61, 181, 184 f., 317.
Pappenheim Erbmarschall 270.
Paris, Juden in 35.
Passau, Juden in 272.
Paternoy, Sancho de 3, 12, 314.
Paulus de Heredia 224.
Paulus Burgensis s. de Santa Maria Pablo.
Pedro IV., König von Aragonien 33.
Pedro de Luna s. Benedikt XIII.
Pelia, kabbalistische Schrift 322 fg.
Pero Ferrus 77.
Pest unter den aus Spanien Vertriebenen 358, 362.
Pesach-Peter 70, 72.
Peter Nowak, Bischof v. Breslau 196.
Pichon, Joseph 14, 40 f.
Pichon, Salomo 233.
Pico de Mirandola s. Mirandola.
Plaza, Hernando 230.
Podiebrad, Georg 197.
Polen, Juden in 199 fg., 274.
Ponce de Leon, Rodrigo, Marquis v. Cadix 288.
Pons-Sainte-Maxence de 8.
Portalcone, Guglielmo de 240.
Portugal, Juden in 43 fg., 64 f., 125 f., 239, 325, 348, 350, 369 fg., 379 fg.
Posen, Gemeinde in 200.
Prag, Gemeinde in 50 fg.
Prediger 160 f.
Preußische Ritterorden 203.
Profiat Duran 87 fg., 164.
Provence, Juden in 65, 389 fg.
Provenzal, Jakob Ben-David 392.
Pseudo-Messias 90.
Pulgar, Fernando del 292.

Q.

Quemadero, Brandstätte in Sevilla 291.
Quinon, Denys 7.

32*

R.

Rabbaniten 207, 274 fg.
Rabbinatskollegium 41 f, 142.
Rabbinatswesen 44, 47, 101 fg, 136 f., 211 fg, 264.
Ramirez, Vasco, Erzdekan von Talavera 306.
Ramung 272.
Reformversuche in der Judenschaft 32.
Regensburg, Gemeinde in 188, 194, 242, 261 fg., 369.
René, Graf der Provence 389.
Reuben, Rabbiner in Tyrol 138.
Reubeni, Salomo 26.
Rewizi, Joseph 275.
Ribegorza, Grafen von 319.
Rieti s. Da Rieti.
Rom, Juden in 126, 364.
Rothscherf, Kämmerer von Regensburg 267.
Ruiz, Juan 287.
Ruprecht Kaiser v. Deutschland 101 fg.

S.

Saadia Ibn Danan 335 fg.
Saba, Abraham 222, 387.
Sabariego 29.
Sabbatai b. Malkiel 275.
Saladin s Serachja S.
Salamanca, Gemeinde in 111.
Salomo de Vesou 34.
Salomo b. Elia Scharbit Sahab 275 f.
Salomo Kohen s. Kohen.
Salomon von Burgos, Levi s. Santa Maria Pablo.
Salonichi 275.
Sambenito (Sanbenito) 309 fg.
Sanches, Familie 316.
Sanches, Francisco 314.
Sanches, Gabriel 314.
San Martin, Juan de 287, 297.
Santa-Fé, Francesco de 312, 316.
" Geronimo s. Lorqui, Josua.
Santa-Maria, Pablo de 79 fg., 94 f., 108, 124, 141, 145.
Sant-Angel, Familie 316.
Sant-Angel, Luis 314.
Sant-Angel, Simon 316.
Sant-Angelo, Gefängniß 319.
Santiago, Orden von 310.
Santillana, Diago 286.
Santillana, Francisco de 286.
Sara, jüdische Aerztin in Würzburg 138.

Saragossa, Gemeinde in 30 f., 303, 313 fg., 151.
Saragossa, Inquisition in 311 fg.
Sarco, Joseph 222
Sardinien, Juden in 342.
Sarmiento, Pedro 153.
Satiren, judenfeindliche 77 f.
Satiren gegen das rabbinische Judenthum 221 f.
Satire, antichristliche s. Alteca boteca.
Schalal, Nathan 279.
Schalom aus Oesterreich 11.
Scharbit-Sahab s. Salomo.
Schem-Tob b. Joseph I 97, 168, 178.
Schem-Tob ben Joseph II. 220 f.
Schem-Tob Schaprut 21 f.
Schlesien, Juden in 195 fg.
Schlettstadt, Samuel b. Ahron 12 f.
Schwaben, Juden in 274.
Schwarz, Peter 263.
Schweidnitz, Gemeinde in 195.
Sebastian, König von Portugal 388.
Segovia, Juden in 95 f., 349.
Senior, Abraham 232 fg. 295 f., 323, 330 f, 337, 344, 348
Sepulveda, Juden in 233 f.
Serachja Halevi Saladin 114.
Sevilla, Gemeinde in 53, 303.
Sevilla, Inquisition in 287 fg., 347, 351.
Sezira, João 325, 328.
Sicilien, Juden in 251, 342.
Sicilien, Inquisition 298.
Sigismund, Kaiser von Deutschland 124, 126 f., 134, 136, 186.
Simon von Trient 259 f., 267.
Sixtus IV., Papst 247, 260, 286, 296 fg, 300 f.
Sohar kabbalistische Schrift 177, 247.
Soncin, Mose 205 f.
Soria, Diego de 352.
Spanien, Juden in 15 fg., 53 fg., 73 fg., 105 fg., 140 fg., 217 fg., 225, 227, 283, 284, 307, 320, 321, fg., 386.
Spina s. Espina.
Sprinz, David 264.
Stephan Bodecker, s Bodecker.
Straßburg 3, 13.
Streitschriften Literatur 169 fg.
Südfrankreich, Juden in 65 f Provence.
Synode, Rabbiner- von Bingen 211 f.
" " von Bologna und Forli 126 f.
" " von Mainz 14.
" " " Nürnberg 268.
" " " Weißenfels 49.

T.

Tab-Jomi s. Lipmann v. Mühlhausen.
Talavera 310.
Talmud, Anlage gegen 119.
Talmud, Verbot desselben 123.
Talmudschulen in Deutschland 206.
Talmudstudium und Talmudkunde 8 fg., 26 f., 136, 206.
Teba, Gonzalez de 308.
Tobias, Arzt in Trient 258 fg
Toledo, Gemeinde in 5 f., 19, 21, 58, 111, 284, 303, 306, 323, 317, 351.
Toledo, Marranen in 152, 230.
Toledo, Inquisition in 306 f
Torquemada, Thomas de 285, 297, 301, 322, 333, 339.
Torre, Fernando de la 231, 306.
Torres, Thomas de 376.
Tortosa, Disputation von 114.
Treves, Name 9.
Trient, Gemeinde in 258 f.
Tudela 316, 356.
Türkei, Juden in 206, 209, 214 ff., 274 ff., 350.
Tyrnau, Eisak 12, 137.

U.

Ulrich von Würtemberg 274.
Usque, Samuel 387.

V.

Valencia, Gemeinde in 59 f., 312, 346.
Valensi, Samuel Ben-Abraham 218.
Vasco, Ramirez s. Ramirez V.
Vayol, Hans 263, 265 f
Vecinho Diego Mendez 376.
Vecinho, José 370 f.
Velasquez de Tordesillas Juan, Bischof von Segovia 95.
Venaissin, Gemeinden in 69, 391.
Vertreibung der Juden aus Augsburg 186 f.
Vertreibung der Juden aus Breslau und Schlesien 198 f.
Vertreibung der Juden aus Brünn und Olmütz 198.
Vertreibung der Juden aus Frankreich 68 f.
Vertreibung der Juden aus Köln 136.
Vertreibung der Juden aus Lindau, Ravensberg, Ueberlingen 273 f.
Vertreibung der Juden aus Mainz 273 f.
Vertreibung der Juden aus Navarra 356.

Vertreibung der Juden aus Oesterreich 132 f.
Vertreibung der Juden aus Portugal 372 f.
Vertreibung der Juden aus der Provence 390.
Vertreibung der Juden aus Spanien 342 fg.
Vesou Familie 6 fg., 33 fg.
Vicente Ferrer s. Ferrer V.
Vicentiner 111.
Vidal aus Saragossa s. Benveniste Ibn Labi.
Vidal, Sohn des Abraham Benveniste 217.
Vidal de la Caballeria 122.
Vidal Franco de Uranjo 314.
Vidal Ephraim Gerundi s. En-Vidal.
Villareal, Juden in 302.
Villareal, Inquisition in 305.
Villaris, königlicher Fiskal 334.
Violante, Gemahlin Juan I., von Aragonien 61.
Viterbo, Egidio de 241.
Vitoria 349, 351.
Vivant de Montreal 66.

W.

Weil, Jakob 209 f, 213, 264 f.
Wenzel, Kaiser 50 fg.
Wien, Gemeinde in 3, 132 f.
Wissenschaften unter den Juden 23 fg., 28, 30, 90 f., 138, 155, 163 fg., 168, 182, 219 f., 242 fg., 274 f.
Witold, Herzog von Litthauen 202.
Wolfsan aus Regensburg 259, 267.
Worms, Juden in 3.
Würfelzoll am Rhein und Main 14.
Würzburg, Gemeinde in 194 f.

Z.

Zacuto Abraham 370, 376. 368
Zag, s. Isaak.
Zag, Vidal de Tolosa 38.
Zahl der aus Spanien vertriebenen Juden 319.
Zarack, Barsat 19.
Zapateiro de Lamego Joseph 371.
Zarfati, Isaak, 214 f., 275.
Zarfati, Salomo b. Abraham 27, 47.
Zbigniew Olesnicki, Bischof von Krakau 202 f.
Zizka, der Hussitenführer 134 f.
Zürich, Juden in
Zulema (Salomo) 41.

Liste der Abgaben der jüdischen Gemeinden in Castilien.

	I. Im Jahre 1290.		II. Im Jahre 1291.		III. Im Jahre 1474.	
	en cabeza	servicio	en cabeza	servicio	servicio ó medio servicio	
Aellon (Ayllon) . . .	6564	1719	6564	1719	2000	
Agreda y Cervera . .	3549	1251	3549	1251	750 (Agreda)	
Aguilar	8600	2118	8600	2118	3000	con Herrera, Osorno, Valigeray, Cervera.
Albelda y Alfacel . .	9110	2538	9110	2538	—	
Alcaráz	12771	—	—	—	—	
Alcalá	6800	—	—	—	5000	Alcala de Henares.
Alfaro	3256	722	3256	722	1000	
Almazan	27094(?)	8148	27093	8148	4500	
Almoguera	404588	—	—	—	—	
Arevalo	12377	—	—	—	1500	
Atienza	42434	10434	42434	10434	1500	
Avila	59592	14550	59592	14550	12000	
Aza	2129	1410	2129	1410	—	
Balforado (Belforado) .	8500	2001	8500	2001	1500	Belforada con los judios de Ochacastro, Bergano, Villaharta, Quintanar, Villa de Poza, Val de San Vicente, San Garcia, Estondeche.
Bejar	3430	—	—	—	7000	Bejar del Cactanar con los judios de Herbas.
Berlanga (Verlanga) .	3347	1272	3347	1272	700	Berlanga con los judios de Puente Pinilla.
Brihuega	304	—	—	—	1000	
Buitrago	6098	—	—	—	3300	
Burgos	87760	22161	87760	22161	700	
Calahorra	11692	2898	11692	2898	3000	
Carrion	73480	18507	73480[1])	18507	1000	
Castiello	4200	2520	4200	2520	—	
Cea	4923	1215	4923	1215	1800	
Cifuentes	2029	1143	4850	1143	—	
Coca	990	—	792	990	700	
Cuellar , ...	1923	—	—	—	3000	
Cuenca	70883	—	—	—	1700	Cuenca de Villalon.
Dueñas	1820	600	1807	600	1500	
Fronteras de Andalucia	191898	—	—	—	—	

[1]) Con Saldaña y con Monzon.

Abgaben der jüdischen Gemeinden in Castilien.

	I. Im Jahre 1290.		II. Im Jahre 1291.		III. Im Jahre 1474.	
	en cabeza	servicio	en cabeza	servicio	servicio é medio servicio	
Fuendidueña	4463	—	—	—	1000	
Guadalajara	16986	—	—	—	6500	
Hita	313588	—	—	—	3500	
Huete con Alcocer . .	46672	—	—	—	5700	Huete con los judios que moran en Buendia.
Leon, Reino de . . .	218400	—	—	—	2600	
Lerma, Nuño y Palenzuela	9900	1950	7950	1950	—	
Logroño	35008	4720	15008	3720	550	
Medinaceli con Siguenza	25835	8382	25835	8382	2500	Medinaceli, Siguenza con los judios de Cifuentes é de Baidesi de Aldéa Sca. serv. 2100 mrv.
Medina del Campo . .	44064	—	—	—	5000	Medina del Campo, Bobadilla, Fuentesol.
Medina de Pumar, Oña y Frias . . .	12000	—	12042	—	3000	Medina del Pomar sin Frias é Oña é Valmaséda, é con los Judios de Arroyuelo.
					servicio é medios servic.	
					Oña . . 400 Friascon Herrera 500	
Madrid	10600	—	—	—	1200	Madrid, Ciempozuelos, Pinto, Barajas, Torrejon de Velasco.
Maqueda	11162	—	—	—	2500	Maqueda con los Judios, que moran en la Torre de Esteban Ambran é Camarena.
Miranda	3312	744	3312	744	3500	Miranda del Cactañar.
Montiel	1525	—	—	—	—	
Murcia, Reino de . .	22414	—	—	—	5800	
Najera	19318	4788	19318	4788 (Navarra)	300	Najara.
Olmedo	3617	939	3617	939	500	
Olmedo (Obispado de Avila).	21659	—	—	—	—	
Osma	14510	4536	14510	4536	500	
Palencia	23380	8607	33380	8607	2000	
Pancorbo	23850	6615	23850	6615	1000	Pancorbo, Bustos sin los judios de Santa Agueda.

Abgaben der jüdischen Gemeinden in Castilien.

	I. Im Jahre 1290.		II. Im Jahre 1291.		III. Im Jahre 1474.	
	en cabeza	servicio	en cabeza	servicio	servicio ó medio servicio	
Paredes de Nava	41985	10800	41985[1])	10800	2400	Con la Torre de Mormojon.
Pedraza	3653	966	3653	966	—	
Peñafiel	6597	1719	6597	1719	2000	Peñafiel, Pinel de Suso.
Piedrafita, Bonjella y Valdecornejo	21026	—	—	—	—	
Plasencia	16244	—	—	—	5000	Con los judios que moran en su tierra ó con los judios que moran en Galisteo, ó en Aldeanueva del camino.
Roa	6086(?)	1365	6085	1365	1000	
San Fagunt, Sahagunt	23203	6450	23203	6450	2500	San Fagund con los Judios, que moran en Monesterio de Bejar.
Sant Esteban	16861	5271	16861	5271	1300	San Esteban de Gormás
Segovia	16806	9893	1906[2])	9894	11000	Segovia, Turuégano ó con los ayudes que con ellos pueden pechar.
Sepulveda	18912	5046	18912	5046	—	
Soria	31351	8544	31351	8544	5000	
Talamanca	1014	—	—	—	700	Talamanca, Algete.
Talavera	24771	—	—	—	2500	
Toriega	2030	600	2030	600	—	
Toledo, con aquellos que pecharon hasta aqui	216500	—	—	—	3500	Toledo, Torrijos, Galves, Lillo.
Trujillo y otras juderias	7117	—	—	—	7500	Trujillo con los judios de Jeraiçejo ó de Montanches.
Uceda	2816	—	—	—	800	
Uclés	28514	—	—	—	2000	
Valladolid con todas las aljamas que pechaban con ellas	69520	16977	69520	1977	5500	Valladolid, Zaratan, Portillo, Cigales, Muçientes.
Verlanga	3347	1272	—	—	—	
Villabuena (Villanueva)	25775	5963	25775	5963	—	
Villadiago	13770	3537	13770	3537	500	
Villareal	26486	—	—	—	—	
Vitoria	8521	2871	8521	2871	3000	

[1]) Con Cisneros.
[2]) En la particion de Huepte (Huete) fincó en 43300.

Abgaben der jüdischen Gemeinden in Castilien.

	I. Im Jahre 1290.		II. Im Jahre 1291.		III. Im Jahre 1474.	
	en cabeza	servicio	en cabeza	servicio	servicio é medio servicio	
Zurita	6893	—	—	—	—	—
					2000	Astorga.
					7500	Badajos.
					3550	Benavente.
					3500	Bobadilla.
					1200	Cordova.
					4000	Coruña.
					3000	Herrera.
					800	Illescas.
					2500	Merida.
					600	Monzon.
					4800	Salamanca.
					2500	Sevilla.
					900	Tordesillas.
					2000	Toro.
					2300	Valencia.
					1500	Xeres de la Frontera.
					6500	Zamora.

Druck von Oskar Leiner in Leipzig.